戦国期宗教勢力史論

安藤　弥　著

法藏館

戦国期宗教勢力史論＊目次

第Ⅱ部　戦国期本願寺教団の社会的位置

戦国期宗教勢力史論

序論

一

本書は、戦国期宗教勢力の歴史的実態について、本願寺教団を主な検討対象として論ずるものである。

ここで言う「戦国期」とは、およそ十五世紀後半から十六世紀にかけての時代のことである。すなわち中世後期のさらに後半期であり、十六世紀末についてはさらに織豊期と呼称されることもあるが、本書では基本的に戦国期と統一して呼称する(1)。

戦国期は日本社会が政治・経済・文化等さまざまな局面において大きく変革した時代とされる。その一方で緩やかな移行の局面もあったとされ、近年は「中近世移行期」と表現されることが多い。しかし、強い意識をもってその表現を用いているのならば理解もできるが、何となく使用されているかのような状況もあり、そうであるならば問題がある。本書では「中近世変革期」という捉え方を意識して行論していきたい。

日本社会が中世から近世へと歴史的に展開していくこの時代の理解をめぐり、変革か、移行かという二者択一、二項対立の議論に終始してもまた問題ではある。とはいえ、かつては一九七〇年代を中心に、戦国期の宗教史をめぐる評価が、この時代を変革期と捉える一つの鍵になっていた。それは、中世後期の民衆闘争のうねりが一向一揆などの宗教一揆によって最高点に達したが、これを克服し近世社会の幕を開けたのが統一権力であるという捉え方であった。すなわち、宗教一揆の克服が、近世統一政権成立の歴史的前提とされ、活発に議論されたのである。その後いくつかの具体的反証が示されて議論は沈静したが、こうした研究史の動向があった以上、必ず意識する必要がある。

戦国期に起こったさまざまな事象を考えれば、この時代に大きな社会変動があったことは確かである。そして、そうした時代社会において「宗教」状況もまた大きく揺れ動いた。時代社会が大きく揺れ動くとき、新たな「宗教」が誕生しやすいことはよく指摘されている。戦国期には確かにさまざまな「宗教」が新たに生まれたが、それは激動する時代社会において、人びとがいかに生きるよりどころとして「宗教」を求めていったか、ということにほかならない。こうした大きな歴史的課題についてはさまざまな角度からの議論が可能であるが、本書では全面的議論の用意はなく、まずは「宗教勢力」という語を用い、検討課題を絞り込んでいくことにする。

「宗教勢力」という語を用いる理由は次のとおりである。ここでいう「宗教」とは人間が生きるよりどころとなる教えとひとまず定義する。その意味で「宗教」は見えないものである。そして、その教えを信仰し、組織的に結集する人びとの集合体（社会集団）を「宗教勢力」と定義する。これは見えるものである。すなわち、本書は「宗教」という見えないものの存在を前提にしつつ、具体的には「宗教勢力」という見えるものを検討対象とする。[2]「勢力」という以上、信仰・思想面よりも、社会的動態面が問題となる。しかし「宗教」という以上、定義において信仰・思想の要素を外せば、それはもはや宗教史の問題にならない。この点は意識しておきたい。

研究史において類似する語としては黒田俊雄氏が示した「寺社勢力」がある。これは南都・北嶺など中央の大寺社を中心に組織され、公家や武家の勢力とも対抗していた一種の社会的・政治的な「勢力」と定義された。[3]おそらく黒田氏はあえて「宗教勢力」とせず、「寺社勢力」と表現したのであり、それは一つの確かな学問的姿勢と考える。

ところで、戦国期に限らず、宗教史を考える上で、避けて通れないのが個別宗派史観の問題である。平雅行氏は、「宗教史研究・仏教史研究において常に課題とされてきたのは、宗派史的方法を如何に克服するかという問題であった」とした。そして、「高僧伝と寺誌の集積」で構成された「タテ割の宗派単位の歴史叙述を寄せ集め」たそれまでの中世仏教史を批判し、宗派史的方法の問題点として、①「しばしば護教的であり客観性に欠ける」こと、②「構造的把握に弱いこと」の二点を挙げた(4)。さらに②の問題点に関し、個別宗派発展史の並列だけでは、各宗派の勢力バランスの全体的変動や、各宗派の中世社会への影響力、また「中世国家は各宗派をどう序列化して編成、配置しようとしたのか」がわからないといい、その原因として、個別宗派史における全体的視角の欠如を指摘した。

ただし、ここで間違えてはならないのは、続いて平氏が述べるように「言うまでもないが、宗派史的方法からの脱却とは、個別宗派史研究の否定ではない」という点である。近年はやや安直に個別宗派史を軽視する風潮もあり、このことも研究動向に影響しているように思われる。「全体的視角を内包した個別研究」が必要であること自体は、宗教史・仏教史研究においても、今や確かに意識されている。問題は、それをいかにしてなすか、である。

この点について、平安・鎌倉期の宗教史・仏教史研究においては、平氏が黒田氏の顕密体制論を発展的に継承し、「政治史・経済史・芸能史等々を包み込んだ一種の総合史・全体史として構想」したように、また中世寺院史を中心に数々の研究が積み重ねられたように、確かな成果が挙がっていると言えよう。しかし、中世後期、とりわけ戦国期にいたっては、かなり心許ないのが現状である。そもそも、戦国期宗教史の大枠を提示しようとした議論自体がほとんどなく、研究史を広い観点から見渡そうとする基礎整理も見当たらない。個別研究の成果は相当に蓄積されているものの、宗派的枠組みを超えた議論の試みが不足していると言わざるをえない。

戦国期の宗教勢力を論じる際、それが中世宗教勢力の一類型か、戦国期に固有のものなのかという問題がある。大石雅章氏は、中世宗教勢力について、寺社勢力をその一類型とし、①世俗権力に対し政治的にも経済的にも一定の自立を保ち得ていること、②その勢力内に被支配者層である百姓勢力を含み、「民衆」化する要素を有していることを条件とした。そして、「民衆」化が深化する中世後期において、本寺末寺支配の動揺から地域勢力として自立的行動をとる地域寺院（根来寺など）や一向宗勢力は「民衆」的中世宗教勢力であるとし、「寺院の在地性の深化」「百姓勢力の宗教的自立化」などを前提に、一向宗勢力を「中世末期を代表する中世宗教勢力と評価」した。(5) 個別宗派史を超えて総合的理解を目指していく重要な提言である。

しかし、たとえば、社会経済史の視点から、中世前期の寺社勢力が荘園制を経済基盤とするのに対し、戦国期の新たな宗教勢力は当該期に発達する貨幣経済を基盤とする違いを指摘することができる。また、交通・流通・商業の視座から「中世後期における商業・金融活動の活発化を前提」に「戦国期宗教の都市型教団としての性格」が本願寺に見出せ、「戦国期固有の宗教勢力と認定する必要性」が指摘されてもいる。(6)

また、「民衆」性を指標にするならば、大桑斉氏が述べるような、戦国期に新たな「民衆救済の宗教」が成立した点を含み込んだ議論が必要である。(7) さらに、「民衆」が宗教勢力の主体的な担い手となっていく実態を戦国期の大きな特徴として捉えようとする時、宗教勢力が宗派・教団化し、民衆がその正式な構成員（担い手）になっていく点も、的確に理解していく必要がある。個別宗派史への批判的論調において、戦国期以降の仏教史の歴史的特徴である宗派・教団化という歴史的実態を軽視するような傾向もあるが、それはまったくもって妥当ではない。

以上、まずは戦国期宗教勢力の定義とそれに関する課題を整理して提示した。次に戦国期宗教史研究の軌跡をたどり、課題をさらに論じていきたい。

二

中世後期、とりわけ戦国期の宗教史研究は、今なお個別宗派史の並列的提示の傾向にあるが、この点に関して、原田正俊氏は一九九八年時点で次のように述べている(8)。

従来、中世後期仏教を語るときには室町幕府の五山禅宗の手厚い保護による繁栄が述べられ、応仁文明の乱による幕府の衰退、それにともなう五山・旧仏教の衰亡、そして一向一揆、法華一揆をあげ、民衆への浄土真宗、法華宗の展開といった流れで扱われる。いわば、各宗派史の成果に基づく接ぎ木のような形で中世後期の仏教は、叙述されることが多い。

この端的な説明からも導かれるが、研究者のみならず、一般的な理解に至るまで、戦国期の代表的な宗教は一向一揆・法華一揆すなわち浄土真宗（本願寺）・法華宗と考えられてきたことは確かである。なかでも、本願寺・一向一揆への注目とそれに関連する研究の蓄積が群を抜いていることも事実であり、それが良くも悪くもこれまでの研究史の特徴を示している。

ところで、戦国期宗教史の全体像を問題にしようとする時、根本的には戦国期そのものに立脚した議論の構築が必要である。しかし、戦国期が中世から近世への変革期であることからすれば、その前後の時代における議論、すなわち、主に中世前期に立脚した顕密体制論や近世の幕藩制仏教論などに学ぶことも大切である。実際にそうした議論が研究史上にあることを意識しながら、以下に整理していく。

1　一九四五年までの研究

そもそも、宗教史研究については、江戸時代に各宗門（宗派・門流）内において研鑽されてきた故実研究が前提となる。そのため宗派史という枠組みは外せないのが特徴であった。それが明治・大正期には、西洋歴史学の方法の流入により、科学的学問であることが問われ、内・外の視点を交えながら批判的に研究が進められた。

仏教史学の先駆者である村上専精氏の著『日本仏教史綱』(9)は明治中期に刊行され、初めての本格的な日本仏教通史と評価されている。とはいえ、同書における戦国期宗教史に関する叙述は、中世仏教全般を浄土・禅・日蓮時代とした上で、日像と京都の日蓮宗、浄土真宗の蓮如・真慧、「石山の戦争並一向一揆」、天台真盛派、安土宗論に関わる浄土宗が羅列的に触れられるにとどまる。真宗僧侶でありかつ東京帝国大学印度哲学講座の初代主任教授となった村上氏が、当時の学界の批判に耐え得るだけの実証性をもって通宗派的な日本仏教史を叙述したことは画期的であったものの、その内容はやはり祖師・列祖の行実とその流派史にあった。ただし、当時の学界動向としては実証主義の姿勢から祖師の歴史的実在性に懐疑の目が向けられていたから、それへの反批判が課題でもあった。それゆえに実証的な検討そのものは格段に進んだことは評価できるであろう。

国史研究者の立場から、教理史への言及は留保しつつ、「日本文化史の一部としての仏教史を叙述せん」とした辻善之助氏の『日本仏教史』(10)は、刊行されたのは戦後であるが、執筆は戦前とされる。網羅的実証主義で日本仏教通史を構築した点においては不朽の成果であり、戦国期宗教史の叙述も村上氏のそれに比して大幅に増加している。しかし、枠組み自体に大きな違いはない。また、注意すべきは、今もって近世仏教史研究に大きく影響を及ぼす堕落史観が実は室町・戦国期の叙述にも及んでいることである。辻氏に限らず、中世前期の祖師たちの時代に比べ、中世後期への注目が薄いのが昭和前期までの傾向であった。ただし、宗教勢力の動向に関して、現在あらためて注目すべき論点が記されていることもあり、看過することはできない。

以上のような通史的叙述の一方で、個別研究については、たとえば谷下一夢『真宗史の諸研究』[11]、鈴木泰山『禅宗の地方発展』[12]などは注目に値する。谷下氏の研究は、中世後期の一般的史料を用いながら、蓮如・一向一揆論や門跡・院家論など注目すべき課題に先鞭を付けており、戦国期真宗史研究の礎になっている。また、鈴木氏の研究も禅宗史の先駆的業績であり、「多く地方に教線を拡張した新仏教が、旧仏教の勢力に接近し肉薄してこれに比肩し、遂には一歩を先んじて仏教界の主流をなすに至ったのは、中世末期より近世初期にかけての事」という指摘がすでにあることは興味深い。

さらにいくつかの視座から一向一揆研究が始まっているが[13]、ここでは長沼賢海氏による宗教一揆論・本願寺法王国論の提唱についてのみ言及しておきたい[14]。『岩波講座日本歴史』に収録された論文で、戦国期宗教史がすなわち本願寺・一向一揆を中心とする宗教一揆であることを示し、これが結果的にその後の岩波講座の戦国期宗教史枠を規定することになったからである[15]。

2　一九四五〜七〇年代の研究

さらに一九四五年以降、戦国期宗教史研究は本願寺・一向一揆研究を中心に展開していくことになった[16]。戦後社会における民主主義の進展、高度経済成長のなかで親鸞思想の革新性や真宗と資本主義の関係などが学際的に注目され、さらに民衆運動と蓮如・一向一揆の関連性へと視点は移り、さまざまな言及がなされた。

農民闘争史（〜五〇年代）、権力闘争史（六〇年代）、人民闘争史（七〇年代）と研究・議論が深まっていくなかで、本書に関わる主な論点としては、一向一揆と本願寺門徒の主な担い手と社会的基盤、畿内政治史・統一政権論における本願寺・一向一揆の位置付けなどが挙げられる。本願寺・一向一揆の構造検討において、「本願寺と一向一揆は別物[17]」という問題提起がなされる一方で、守護領国制から大名領国制への展開と関連付けられながら本願寺領国＝法王国論も議論され、「本願寺の俗的権力の及ぶ地域は、守護領国の緩やかな支配の下に、潜在的に、しかして隔地間的に、全国的連関をもって存在している[18]」という議論も提示された。

そして、一九七〇年代には畿内政治社会史研究・統一政権論が進展するなかで、本願寺・一向一揆の位置付けが活発に議論された。主な論点は、武家（「侍」）の支配を拒否する「百姓」の国家構想が一向一揆と本願寺法王国に現出したという議論、一向一揆（「百姓」）と統一権力（「侍」）の対決である「石山合戦を転回軸とする法王国の崩壊、統一政権と本願寺の結びつきは、天下統一の実現にとって不可欠の要件」であったという議論である[19]。

さらに、本願寺法王国の現出をとくに、「寺内町」の展開に見出し、大坂本願寺とその「寺内」を頂点として、「大坂並」を根拠に「寺内」特権を獲得していく地方諸「寺内」の展開が、「本願寺の広域的な都市・流通路支配を支え、法主の権威支配を補強する重要な政治的・経済的基礎であり根拠であった」という、いわゆる「大坂並」体制論も提唱された[20]。こうした寺内町ネットワークの解体が都市・流通路支配を志向した統一権力の課題であったという問題提起がなされた。本願寺・一向一揆に加えて「寺内町」が論点になることにより宗教史を含む諸分野を統合した全体理解が進められたのである。これが前述した宗教一揆の克服を統一政権成立の歴史的前提と見る議論である。

さて、本書が課題とする戦国期宗教勢力史論において、前提となる議論も一九七〇年代に生まれた。

一つは、黒田俊雄氏による顕密体制論の提起である[21]。中世仏教の「正統」は、いわゆる鎌倉新仏教ではなく、「八宗」（南都六宗・天台・真言）を枠組みとする顕密仏教であったとされ、中世仏教史の全体理解を大きく動かすことになった。しかし、すでに指摘されるように、これは主に中世前期の分析に立脚した議論であり、黒田氏も、その議論を受けて展開した研究史も、中世後期については見通しと概論にとどまっていた(22)。

黒田氏は、中世後期については荘園制社会＝権門体制の衰退と同様、顕密体制も変容・再編を反復しつつ衰退する時期とされ、そこでは一向一揆・法華一揆・きりしたん一揆などの「異端」＝宗教一揆が、領主権力に対するのみならず「正統」＝顕密寺社と鋭く対立することにより、顕密体制が基底から崩壊、さらに顕密寺社と宗教一揆の両方に最終的打撃を加えたのが統一権力であったという(23)。中世末＝戦国期に関する黒田氏の論調は、顕密体制の解体・崩壊の契機について、仏教革新運動＝一向一揆とその理念を準備した蓮如の教説の意義を最重視するところに特徴がある(24)。

こうした黒田説への疑問・批判はすでに多くあり、たとえば大田壮一郎氏は「戦国期の宗教一揆に「着地点」を設定したがゆえに、顕密体制論では中世後期を長い衰退期と措定せざるをえなかったのではないか」とし、それに影響を受けた研究史における中世後期宗教史の議論不足を指摘している(25)。また、この黒田説で重視され、本書の検討対象である本願寺については、とくに本願寺が門跡になった歴史的事実から、むしろ最後の中世的権門となり統一権力と対決したのではないかという指摘もある(26)。

大田氏は中世後期宗教史研究の進展のために武家政権の宗教政策をめぐる議論の必要性を問題提起し研究を進めた。ただし、同時に進めていかなくてはならないのは、黒田説において顕密体制論に併置され、その実証的な部分に大きく関わる寺社勢力論の検討である(27)。一から始めるということではなく、これまで個別宗派史とされてきた研究のなかで蓄積されてきた実証的成果を、国家的宗教編成や民衆の生活運動の視点から、包括的に理解していくことが重要と考える。

もう一つ、大きく注目すべきは藤井学氏のいわゆる戦国仏教論である。藤井氏は、親鸞や日蓮の教説が一定の社会的基盤をもって民衆社会に広く受容されたのは戦国期以降であり、「真宗も法華宗も、鎌倉仏教というよりは、戦国仏教と考えたほうがはるかに実態に即した呼称」であると提言した(28)。「民衆への受容」を大きな指標としつつ、真宗・法華宗の動向を大きく評価している点、また「仏法領」「釈尊御領」といった聖性を伴う領域理解を重視する点が特徴的である。

この戦国仏教論は、顕密体制論にも連関する学説と捉えられ、すでに多くの研究者から支持され(29)、研究の起点として説明されることが多い(30)。教説が民衆に受容され、社会的存在としての宗教勢力が形成されていく捉え方が提示された学説として、本書における戦国期宗教勢力史論の起点としても確かに位置付けられる。ただし、藤井説はまず真宗・法華宗を「戦国仏教」に措定して議論したものであり、戦国期に展開した他の宗教勢力については課題のまま残されていると言わざるをえない。戦国期宗教史の全体像を把握するには、むしろ藤井説を前提にするのではなくそれを超えていく議論の必要がある。

以上、一九七〇年代を一つの到達点として全体像理解を試みる多くの学説が提起されるに至った。さまざまな視点や分野があるにせよ、全体として、戦国期をめぐり中世から近世への大きな変革の図式が強調され、そのなかで本願寺・一向一揆を中心とする宗教勢力の位置付けを重要な鍵と考える研究史の潮流があったと見ることができる。

3　一九八〇〜九〇年代の研究

一九八〇年代になると、それ以前に提示された全体像理解の学説に対して、具体的な実態検討による反証の提示が相次いだ。

早くに提示されたのは、「石山合戦」期にすべての「寺内町」が織田信長勢力に反していたわけではないという指摘であった(31)。「寺内町」については一九九〇年代に至るまで、文献史学のみならず考古・歴史地理・建築史等からも注目され、学際的な研究により精力的にその具体像が検討されてきた(32)。しかし、具体像の解明が進むにつれ、「仏法領」の現出、あるいは宗教的理想都市という捉え方が理念的に過ぎることが指摘されるようになった。そのため、「大坂並」体制論も慎重に議論されるようになり、それを前提にした統一政権の畿内支配政策をめぐる議論は低調となり現在に至っている(33)。

「寺内町」だけでなく本願寺・一向一揆についても同様の指摘がなされていく。戦国期本願寺教団に関する研究は、一九七〇年代の研究動向をうけて飛躍的に進展した。そのなかで独特な見解を提示し、中世から近世への変革の図式に疑問を呈したのが神田千里氏である(34)。

神田氏は、一向一揆を民衆運動に基づいた反体制的なものと考えず、一向一揆・本願寺教団と統一権力は不倶戴天の敵対勢力ではなく共存可能であったと言う。中近世社会大変革論は作られた筋書に過ぎず、移行期村落論などに基づき、ゆるやかな移行を主張する神田氏は、本願寺も「石山合戦」前後に教団の変質はないとし、その根拠として、信長に与した「寺内町」の存在や、「石山合戦」後も本願寺の軍事力が大名勢力などに期待されていたこと、教団の近世におけるさらなる発展などを挙げている。また、本願寺教団の戦国大名的な性格を検討し、提示している。こうした点から、神田氏は「石山合戦」の歴史的性格を、「百姓」と「侍」の階級闘争や宗教戦争というものではなく、戦国期畿内社会の覇権をめぐる政治的争乱・合戦と見るのである。

神田説への疑問・批判は別に整理したが(35)、根本的に違和感があるのは中近世移行・本願寺教団不変質論という説明である。神田氏が明らかにした本願寺・一向一揆の歴史的実態のいくつかは「変革」「変質」として評価すべき問題であり、なお議論を重ねる必要がある。とくに神田氏による独特な「一向宗」理解は問題ではあるものの、提示された「一向衆」の実態は、宗派的枠組みにとらわれず、戦国社会の下層部で躍動する宗教勢力の一事例として注目すべきと考える。

神田氏の研究と同時期に、石田晴男氏は「惣国一揆」概念を提唱し、一向一揆内における非門徒の存在を検証しつつ、諸階層による共同戦線という性格を指摘した(36)。一揆論のなかに一向一揆を類型化していく研究動向に位置付けられる。さらに石田氏は、大坂本願寺と武家・公家・寺家等の諸勢力との頻繁な音信関係を論じて本願寺の孤高性を否定し、諸勢力との関係構築により戦国期を生き抜いたのであり、本願寺「門跡成」もその一環であったと論じた(37)。宗教勢力の実力関係をめぐる論証内容には疑問もあるが、石田氏が提起する本願寺教団の社会的位置というテーマは重要な課題である(38)。

ところで、一九八四年時点で一向一揆研究史を回顧した新行紀一氏は「中世後期史の総体的解明に、一向一揆研究は不可欠」であるが、「社会経済史の到達点を宗教史・教団史研究の成果と連携させねば一向一揆の本質には迫りえないという問題意識の希薄化傾向」があると指摘した(39)。それだけが問題ではないが、同じく一九八四年に戦国大名論集の一冊として『本願寺・一向一揆の研究(40)』が編まれはしたものの、研究史の全体的な動向としては一向一揆研究が低調になっていった。

そのなかで、「教団＝一揆」論を掲げ、一向一揆に関わる本願寺教団の組織構造を精力的に解明し続けているのが金龍静氏の研究である。金龍氏はまず本願寺門徒の番衆制度、宗主（本願寺住職）権力、内衆下間氏、一門一家衆制度などの教団構造と加賀・越中などの一向一揆の歴史的実態を論じた(41)。次に一向一揆を戦う本願寺門徒の行動原理については、遠藤一氏の提言を受けて(42)、「一向衆のあらゆる行為は、阿弥陀如来と聖人親鸞よりたまわった信心（御恩）に報い感謝する「報謝行」であり、「平時の報謝行が門徒の宗教役」で「非常時の報謝行が一揆衆の軍役」であったとした(43)。

遠藤氏はまた本願寺「門跡成」による教団構造の変容についても重要な問題提起を行なった(44)、さらに、教団の結集原理については、草野顕之氏が儀式・年中行事との密接な関係を指摘したことなどから議論が深められていった(45)。戦国期本願寺教団の組織構造については、ここに一つの到達点があると言える。ただし、各氏の研究を総合した理解の提示と、戦国期宗教史研究の全体像における議論の位置付けなどが必要である。

以上の研究動向はさまざまに評価できようが、宗教一揆の克服を統一政権成立の歴史的前提と見る学説が議論されなくなるに従い、本願寺・一向一揆研究自体の実証研究は進んだにもかかわらず、全体史における言及が減少したことは問題である。それは真宗史が内発的に全体史への視点を用意できていないということであり、反省と新たな視点の模索と提示が必要と考える。

さて、顕密体制論の提唱以後、中世仏教史研究が総合的に進展したが、それが戦国期にまで十分に及ばなかったのは前述のとおりである。一九八〇年代では、たとえば佐藤弘夫氏と佐々木馨氏が、やはり中世前期を中心としたそれぞれの研究の展望において戦国期にも言及したが(46)、いずれも全体的な衰退、新仏教の融和・妥協という理解である。問題は、中世前期からの延長ではなく、中世後期、戦国期の時代そのものに立脚した全体理解の提示が必要ということであろう。

そのなかで、大桑斉氏は独自の思想史の視座から藤井氏の戦国仏教論を発展的に深め、戦国期宗教化状況論を提起した(47)。すなわち、日本社会の中世から近世への「変革の顕在化としての戦国期」に、民衆救済という課題をきわめて現実的に突きつけられた鎌倉仏教（祖師の教理に基づく思想）が民衆救済の宗教として再編成されたとし、信仰儀礼の整備とその教理的意味付けにより宗派教団化が志向され、そのような宗教化状況から「戦国仏教」が生まれたという理解を提示した。そしてその形成過程の究明は真宗や法華宗などを個別的に考えるだけでは不充分であり、宗派的立場を超えた総合的把握が必要とした上で、東アジア世界における日本戦国期の宗教化状況をめぐり、多神教・汎神論を前提とした一神教・最高神観念・心神観念への志向、諸教一致的な編成志向などを論じたのである。

この大桑説は、民衆思想史の視座に拠りながら戦国期宗教史の全体像を捉えようとした研究であるが、あまり研究史上に位置付けられていない。しかし、分析対象は仏教（真宗・禅宗が中心）・神道（吉田兼倶）・儒教の広範におよび、戦国期宗教勢力の思想的特徴が提示されたものと考える。これを受けてさらに、そうした思想的特徴を持つ戦国期宗教勢力の社会的動態の検討が必要となる。これが本書の課題である。

戦国期における真宗以外の宗教勢力の歴史研究について網羅的把握はできていないが、各宗派における研究には重要な蓄積があるものの、やはり祖師の生きた鎌倉時代が中心で室町・戦国期への言及は少ない傾向が見受けられる。そのなかで法華宗については藤井学氏による研究が重ねられ、戦国期法華門徒の社会的実態を解明していく端緒が開かれた(48)。また禅宗ではとくに戦国期の地域的展開の研究として廣瀬良弘氏の研究が注目される。廣瀬氏は「中世から近世における宗教と地域社会との関連という観点からの研究では、真宗に関する研究に比べると、禅宗に関するそれは遅れているといわざるをえない」が、戦国期に曹洞宗や五山派・林下禅林が大きく地域展開したことは確かであるとし、その実態解明を進めた(49)。

禅宗に限らず、戦国期の地域社会においては戦国大名はじめ在地有力者の外護による禅・浄土・時宗の寺院形成が見出される。戦国大名の宗教政策が個別に研究されるなかにおける論及と、自治体史における研究が重要である(50)。ただし、それらを包括していく議論はまだなされていない。

また、戦国期地域社会論のなかで、地域社会の結集核を担う地方（地域）寺社の存在が本格的に注目され始めたのが一九九〇年代以降の傾向である。これはどちらかと言えば、それまで顕密寺社すなわち天台宗・真言宗などの末寺・末社であった存在が、荘園制経済の弱体化により廃滅するものもある一方で、在地有力者や民衆の支持基盤を得て再編・存続し、在地勢力化する動向もあって、そうした実態への注目が顕著である。たとえば、紀伊国の根来寺・粉河寺、北陸の豊原寺・平泉寺などに関する研究の進展は注目すべきものである(51)。

そのほかにも戦国期における仏教について「教団の枠を離れて巷間を徘徊する僧侶たちが、遊行の聖者として多様な動き」をすることが見出せるとする指摘があり(52)、修験道勢力の動向とその顕密寺社下への組織的再編なども注目され論じられるようになった(53)。また、十六世紀中葉に始まるキリスト教の流入に関わる諸問題も提起され始めた(54)。個々の議論は着実に蓄積されるようになったと言える。

4 研究の現状と課題・視点

以上の研究動向については一方で研究が個別分散したという批判的理解がある。その傾向をそのまま引き継いでいるのが二十一世紀初頭の研究状況と言えるが、それはそれとして、近年の新たな研究動向を見ていきたい。

真宗史研究においては、一九九八年の蓮如五百回忌を契機として、蓮如教団を中心とした総合的研究と、法宝物史料論の新たな方法が提示され、研究が積み重ねられている(55)。そうした研究潮流のなかで、中世後期の仏教史は教団形成の時代であり、「日本の仏教史上初めて、社会的に明確な輪郭を持つ教団が成立」したという見解(56)、さらに本願寺蓮如が日本史上初めて現代的な意味に通じる宗派（教団）を開いたという見解が提示された(57)。

一向一揆論については金龍静氏と神田千里氏の両説の並立が続く(58)。金龍氏は「教団＝一揆」論を説くが、自ら成した教団史研究の重要な成果を残念ながらいまだ一書にまとめられていない。神田氏は島原の乱という新たな研究対象に取り組みつつ、また独自の戦国期宗教史像を提示し始めている(59)。

その一方、戦国期畿内政治史研究の進展のなかで、たとえば池享氏が述べるように、「一向一揆は、他の惣国一揆と同様、畿内政権の枠組みに包摂された地域権力の一形態」という理解が進む(60)。この理解に関わる実証的成果としては、たとえば戦国期畿内地域社会における守護権力と本願寺教団との協調関係を重視した小谷利明氏の研究が挙げられる(61)。本願寺教団が有した治水技術と地域住民との関係などの論点は一九七〇年代にも議論されているが、それを畿内政治史の到達点から論じ直した点に意味がある。交通・流通の視点から、同じ淀川水系を基盤とする石清水八幡宮(中世寺社勢力)と本願寺教団(戦国期宗教勢力)を比較検討し、また「寺内町」の歴史的性格を新たに捉え直す鍛代敏雄氏の研究も注目される(62)。とくに「村の寺内」の提言は重要である(63)。

さらに、地域寺社論が蓄積されていくなかで、矢田俊文氏は、各地の寺院権力を論じつつ、戦国期の「宗教権力」を「独自の軍事力を持ち、地域支配を行ない、自らの支配領域に町場を持つ権力」と定義した(64)。寺社勢力の政治権力体としての一面をかなり重視した議論であるが、中世の宗教権力体制が戦国期もなお強靭に存続したという見解は、宗教権力体制なるものの変容・再編部分が議論されていない点に疑問がある。寺院のみならず、同じように中世の地域社会における宗教秩序の核を担った一宮の研究が進展したが(65)、戦国期の議論はまだ少ない。戦国期地域神社論の必要性も感じる。

ところで、戦国大名と禅宗の関係について、東アジア世界を舞台にした外交論の視点から新たな研究動向が生まれた。従来、十四・五世紀の室町幕府と「外交機関としての五山」を中心に議論が進められてきたが、十六世紀の幕府権威の衰退後、戦国大名が外交・貿易に力を入れて携わっていく実態、それに関わる五山派に限らない多様な禅僧の実態などが検討され始めたのである。[66] ただし、議論の主眼は外交・貿易論であり、東アジア世界の宗教秩序の問題としてどう捉えていくかが課題である。

さて、「宗教勢力」論については河内将芳氏の研究が重要である。[67] 河内氏は、門跡を本寺として頂き、顕密僧（集団）である寺僧と「新仏教」系の僧（集団）である本願という存在が競合しつつも形成する〈寺院内社会〉と、門跡を頂点に頂き、顕密僧たる大衆の惣寺が他の惣寺と交流を持つ一方で、本願寺、専修寺など「新仏教」系の寺院と宗教的・思想的に対立しつつも本末関係を結んで経済的・社会的に相互補完し形成する〈寺院間社会〉の二構造を措定した。そして、その解体（石山合戦が宗教戦争と広く認識されたが、物理的な軍事力の勝敗によって決着した）と再編（京都東山大仏千僧会に統一権力を結節点として新たに再編された宗教秩序をみる）を議論した。門跡・寺僧・本願、あるいは惣寺などを素材に戦国期の顕密寺社勢力を実証的に論じた点は、中世宗教史研究が長らく課題のままにしてきたところである。また、京都東山大仏千僧会に大きな歴史的意義を見出すのが特徴的で、これにより近世宗教史研究との議論の接続も期待される。

ただし、河内氏の研究の問題点は、従来の戦国期宗教史研究を飛び越えた議論をしていることである。同氏の指摘のように研究における「中世史と近世史との断絶」は克服すべきであるが、当該期の「実証的研究の蓄積もきわめて乏しい」というようなことはない。河内氏が提示した構図と先行研究の成果のつきあわせが必要である。また、顕密寺社としては清水寺、新仏教としては法華教団に主眼を置いた研究のため、禅宗勢力・地域寺社・神祇・キリシタンなど言及されていない素材・論点が多くあり、やはり議論の統合をはかる必要がある。本書では河内氏の研究に学びながら、浄土真宗・本願寺教団を主な素材とする研究から、この課題に接近していきたい。

以上、戦国期宗教史に関する主な研究史の軌跡をたどってきた。これらを見渡しながら総合的な全体像を示すことは容易ではないが、議論は開始すべき段階である。ところで、宗派の枠組みを超えた総合的理解をしようとする時、ただちに指摘されるのは国家権力による編成である。確かに室町幕府や統一政権が宗教秩序の枠組みを規定していく力を持ち、その動きを見せていくのではあるが、それだけで規定されるものではない。一方で、民衆の主体性を重視する捉え方も重要であるが、それもまた宗教秩序を規定しきるものではない。国家と民衆の双方向からの作用があることを前提に、宗教勢力が宗派・教団化していく動向とその方向性を取らない一部の動向があるのが、宗教史における中世から近世への大きな変革の動きと考える。

三

戦国期（十五世紀後半〜十六世紀）とその前後における宗教状況の全体像はどのように捉えられるのであろうか。戦国期宗教勢力史論の構想をめぐり、とくに、宗教勢力状況の変動過程について、本書における展望を示しておきたい（**参考概念図**）(68)。

〔**十四世紀後半〜十五世紀前半**〕　中世仏教の中心・正統である顕密仏教（八宗…南都六宗〈三論・成実・法相・倶舎・華厳・律〉・天台・真言）の動揺（中心の弱体化）が始まる。荘園制経済を基盤とする顕密寺社は衰退の一途をたどる、自己再編を図るなどさまざまな動きが見られたが、とくに後者においては、これまで寺社組織外と見なしていた修験者・勧進聖などを寺社下部組織に編入し、体制的に補完する動きがある。

また、室町幕府は禅宗を積極的に登用し、顕密と並置する体制を補完・構築し、これとあいまって見られた各地への禅僧・禅宗寺院の展開が地域社会の宗教秩序の変動を促した。

参考概念図

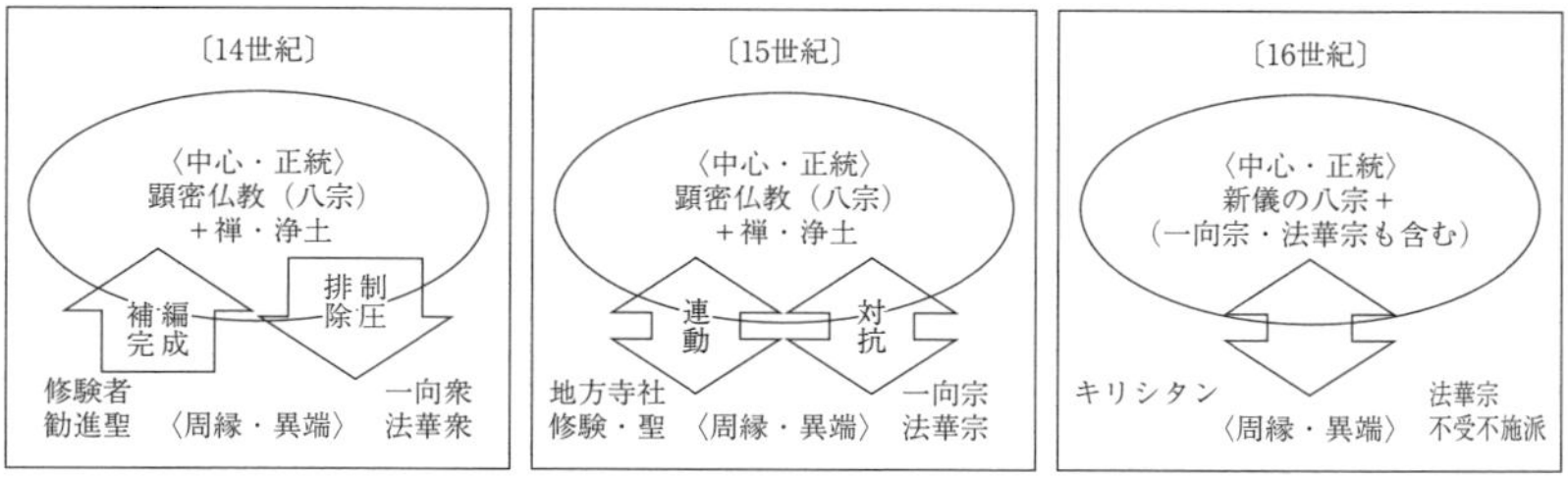

この段階では、中世仏教の異端・周縁であった一向衆（本願寺）・法華衆などは天台宗秩序のまさしく末端部に位置し、洛中ではしばしば比叡山・祇園社から一向堂や法華堂への一方的破却・制圧が見られた。

〔十五世紀後半〜十六世紀初頭〕　顕密仏教の動揺は進み、一向宗（本願寺）・法華宗などが新仏教として、新たな宗派・教団化の志向を見せ、顕密仏教と対抗的状況に入る（中心の弱体化の進展と周縁の活性化）。いわゆる「寛正の法難」（比叡山による本願寺破却）時の金森一向一揆の発生は、弾圧に対する初めての軍事的蜂起・抵抗であり、宗教一揆の始まりである。ただし、この段階では表面的にはあくまで比叡山側は宗内問題と認識し、新たに本末関係を契約することで事態収拾となった。しかし、裏面には明らかに本願寺側は金銭納入のみの本末関係という理解で内部介入を拒み、自立性を確保し始めている。

また、顕密寺社の自己再編のもう一つの動向として、地域寺社の変貌が見出される。地域の領主・民衆による信仰、とくに葬送・供養の意識の深まりとその実践から寺社への土地や堂舎造営への寄進行為が増大した。こうした地域的基盤の獲得によって寺社の存続が図られたが、これは同時期に進展した禅宗・浄土宗寺院の地域的定着と同じ実態状況である。勧進活動や寺社参詣の動きも増大し、この点からも周縁の活性化が指摘できる。

〔十六世紀中盤〜十七世紀初頭〕　一向宗（本願寺）・法華宗などが民衆的基盤をもっ

て社会的勢力化し、宗派・教団としての実質的独立を確保していく。政治力・軍事力も保有・発揮し、政治的状況下の宗教一揆が相次いで発生する（天文一向一揆・天文法華一揆など）。

その後、朝廷・公家社会と一向宗・法華宗が強く結び付いていく一方で、新たな異端としてキリシタンが登場することで、宗教秩序が大きく変動する。キリシタンを異端視することで「日本（的）宗（教）」の枠組みが意識され、それは豊臣政権による京都東山大仏千僧会の「新儀の八宗」という過渡期的現象を経て、宗派・教団化を枠組みとする近世的な「日本仏教」秩序世界の形成へと至る。一向宗・法華宗という戦国期に新たに台頭した宗教勢力（周縁・異端）がその歴史的帰結として、国家的仏教（中心・正統）の末端ながらもその枠組みのなかに組み込まれていくという図式（周縁から中心への運動）である。

この過程において同時に統一権力による「宗教」支配が課題となる。その最も顕著な事象として最終段階の宗教一揆と統一権力の対決がある（「石山合戦」など）。

以上の展望的理解を前提にして、本書における戦国期宗教勢力史論の基本的な捉え方を整理しておきたい。それは、戦国期の民衆が、戦乱・飢饉といった社会的状況を背景に、救済希求に基づく主体的な信仰活動を実践しつつ、寺社の構成主体や運営に深く関与する、あるいは教団の正式な構成員にすらなっていくというものである。それは、顕密仏教的な救済・呪縛・支配の対象、それに基づく経済基盤からの脱却志向を意味すると同時に、新たな宗派・教団化という枠組みへの再編成の志向性を有した。その典型が本願寺教団である。

ここで最新の研究展望を確かめておくと、大田壮一郎氏は、戦国期宗教論に注目して中世仏教＝顕密仏教という枠組みの転換点〈分水嶺〉を探るとし、そこで神田千里氏の議論をとりあげ、「寺院勢力・教団組織ではなく、信仰主体としての民衆に視点を置くことで、戦国期研究における宗教の重要性を提示」したと整理した。そして、中世後期を「顕密仏教の衰退期」（空洞化？）と理解するのではなく、十三世紀後半以降に胎動する新たな諸宗秩序の展開過程と捉えることを問題提起した[69]。

西尾知己氏は、中世後期の寺社勢力について、地方寺社と地域社会、中央寺社と室町幕府、中央寺社と地域寺社の関係という三つの枠組みから論点整理を行なった[70]。そこで、「地域寺社化」という視角を提示し、「自立」か「壊滅」かではなく、新たな「編成」による存続と理解した。

いずれも室町仏教論から戦国期まで射程を伸ばした研究展望であるが、本願寺・法華宗などの新仏教勢力と宗教一揆の位置付けは課題として残されたままである。ここで重要なのがやはり宗派・教団化という議論である[71]。その方向性を取らない多様な実態もあるが、戦国期から近世にかけて宗派・教団化の傾向が進展したこともまた実態的に確かであり、戦国期宗教史の全体像の把握および近世仏教論への議論の架橋という点からも不可避の論点と考える。

四

十六世紀における宗派・教団化の動向について、以下二点を点描しておきたい。一点目は、前述したように、中世後期における変動過程を経て十六世紀に宗派・教団としての主体性を確立した本願寺教団や法華宗教団は、その運動の最終段階として、中央の秩序への包摂が志向される。これには朝廷・公家社会が強く関与していた。さらに、この問題はキリシタンをめぐる動向と関連付けられる。

十六世紀の中ごろに流入したキリシタンについては、織田信長や西国大名の一部が好意的に受け入れたことはよく知られ、その一神教的性格から真宗に類似するといった論点も比較宗教学の観点から指摘されている。黒田俊雄氏の顕密体制論ではキリシタンは当該期の異端の類型に入れられるものの、注意すべきはこれがまったく異質な外来宗教である点である。

永禄八年（一五六五）、正親町天皇の綸旨によりキリシタン宣教師が京都から追放されたが、ルイス・フロイスは、宣教師らの帰京をめぐる最大の障害は万里小路惟房・輔房父子であると認識していた。万里小路はこの時期、本願寺とつながりの深い公家である。また、この宣教師追放の方針決定には法華宗信徒の公家竹内季治が強く絡んでいたという。(72) ここから、当該期の朝廷・公家社会は、かつて国家的弾圧を強いた異端（本願寺・法華宗）を自らの秩序内へ取り込み、一方で新たな異端（キリスト教という外来宗教）を見出したと説明することができよう。キリシタンという外来異宗教が意識されることで、宗教秩序の日本的枠組みが自覚され、かつての異端をも取り込むかたちで再編が促進されたのである。これが十六世紀における宗教秩序の総体的変革であり、大仏千僧会における新儀の「八宗」や、キリシタン禁令における「宗」意識の歴史的前提である。

なお、近世初期の島原の乱においても、南蛮の宗教に対する「日本宗」の意識が見られることが神田千里氏により指摘された。(73) 包括して考えていくべき課題である。

二点目は、本願寺「門跡」の歴史的位置である。永禄二年（一五五九）、本願寺顕如が勅許により門跡に成ったことは、戦国期の宗教秩序に大きな衝撃を与えたが、この歴史的評価はいまだ定まってはいない。

門跡に注目する理由は、それが中近世変革期の過程で一貫して宗教秩序内に重要な位置を占め続け、この課題を読み解く重要な鍵の一つと考えられるからである。河内将芳氏の研究においても、寺院内社会・寺院間社会の双方で頂点にすえられる「門跡」は重視されている。(74) ちなみに関連する歴史的事象を一つ挙げれば、元亀二年（一五七一）織田信長の比叡山焼討により、大衆組織が壊滅に追い込まれる一方で、門跡体制は影響を蒙らず存続したことは周知のとおりである。また、門跡勅許以前の大坂本願寺が山門西塔院を中心とする大衆組織との音信では終始消極的態度であるのに対し、青蓮院門跡とは僧位・僧官獲得や文化的交流などを通して濃密な関係を構築していることから、大衆組織と門跡体制の二重構造が見出される。比叡山の大衆と門跡は本願寺への音信を各々別個にしており、両者はまったく交錯しない。この両者の乖離と本願寺の門跡への傾斜は、戦国期宗教史の注目すべき事象と言える。戦国・近世の門跡については朝廷・公家社会の一員としての「門跡衆」と限定して捉える見解もあるが(75)、このように宗教史の視点から本願寺門跡などの実態も視野に入れれば、門跡の歴史的評価も再検討が必要である(76)。

中世の「門跡」は、永村眞氏の研究によれば、(A)法流、(B)門徒、(C)院家・院主、(D)貴種住持の院家、貴種の院主という語義を持ち、次第に変容していくが、南北朝期以降に門跡制度が形成され、門跡を頂点とした諸院家の再編・系列化が進むという(77)。室町期における武家門跡の発生、戦国期の本願寺「門跡成」も、この構図の上に位置付けが可能である。

戦国期の門跡編成については、脇門跡・諸院家が没落傾向にあり(78)、名跡の統合や取得も行なわれたようである。もともと青蓮院門跡の「候人」であった本願寺が出世・院家、そして門跡へと上昇していく重要な歴史的背景である。このように門跡編成が揺らぐ一方で、戦国期に天皇の権威が浮上するという議論があるように(79)、天皇を頂点とし門跡衆も含みこんだ朝廷・公家社会自体は、無視できない動向を見せてはいた。水野智之氏によれば、室町前期の将軍家出身門跡は後退し、将軍猶子も減少する一方で天皇家・宮家・摂関家出身の門跡が増大する傾向にあったという(80)。後奈良天皇の弟で天台座主になったことがあり、本願寺の地位上昇運動を統制する力を発揮した青蓮院門跡尊鎮や、近衛前久の弟で大名間の争乱に下向し調停役を務めた聖護院道澄の存在などは注目される。とはいえ、尊鎮死後の青蓮院門跡の一時的弱体化が本願寺「門跡成」を許したとも見られ、実態状況の総合的把握は課題である。

本願寺「門跡」勅許は、正親町天皇の勅使として万里小路秀房が大坂本願寺に下向したことから知られるように、天皇・公家衆の直接的な動きによるものであった。この時期の天皇権威について、脇田晴子氏は「権力としての実質を失った天皇・朝廷が（中略）未開拓の新興勢力に目をつけて、延命策として必死に編成した結果」、「天皇の勅許は、既成権力の秩序の体系化に利用される面と、新興勢力の格づけや自治都市の名分化に役立つ面との両面性があった」という。(81) 戦国期の朝廷・公家社会は、天皇権威を宗教的側面から支えていた門跡の相次ぐ衰退・没落により天皇権威の失墜の可能性が危惧され、これを補完するために、新たな宗教勢力として台頭していた本願寺を新たな門跡として勅許し、朝廷秩序内に取り込んだのである。本願寺の側から見れば、「門跡」勅許は本願寺を本山寺院とする教団体制の確立とその公的保障であり、激動する時代社会を生き抜くために選んだ道筋でもあった。このため、教団が広く社会的に認知される一方で、本願寺「法王国」の可能性は、天皇権威への連結というかたちで限定され、教団のその後を強く規定することにもなったのである。

このように、本願寺「門跡」勅許は真宗史の個別問題ではなく、戦国期宗教史全体に関わる重要な論点である。先行研究との関連では、本願寺門徒や一向一揆勢力が支持する本願寺住職（宗主）の宗教的権威に、さらに門跡の権威が付されたことにより、門跡―一向一揆体制ができあがり、そこに宗教的紐帯も生み出される。この紐帯を断ち切ることが統一権力の課題であったと見ることができる。(82) また、本願寺「門跡」の問題は、善知識信仰を媒介に、最高神観念の問題にも結び付く。近世の門跡信仰の問題まで射程に入れて考えるべき課題である。(83) 前掲した宗教勢力秩序の変動過程においては、宗教秩序の周縁部に位置した本願寺が宗派・教団化を遂げ、中心部へと位置を変える大きな契機が「門跡」勅許であった。この動きにより宗教秩序の総体的変革・再編が促されたがゆえに、本願寺教団が戦国期宗教勢力として最も注目すべき存在なのだとも言えるのである。

五

以上の問題関心を前提に、本書では戦国期宗教勢力としての本願寺教団の歴史的実態について検討する。

第Ⅰ部では、その教団内構造について、浄土真宗・本願寺における最大の法要行事（信仰儀礼・教団儀式）である「報恩講」に注目し、そこに見出される教団内身分の歴史的実態を解明する。すなわち「報恩講」の歴史的研究が軸となる課題である。戦国期宗教勢力が日常いかなる〈信仰・組織・運動〉を行なっていたのか。とりわけ信仰儀礼への注目は日本史研究において乏しく議論が希少である。また、真宗史研究においても信仰儀礼の歴史的実態への注目は意外にも少ない。しかし、「宗教」勢力である以上、この問題を取り上げないまま議論しても意味がない。本書では、これまで誰も総合的には研究していない戦国期本願寺の「報恩講」とそれに関わる諸問題について、史料に基づき可能な限り解明する。これはそのまま戦国社会を生きた人びとの信仰に関する歴史的営みの解明である。

第Ⅱ部では、戦国期本願寺教団の社会的位置について検討する。ここでも〈信仰・組織・運動〉が注意されるべき視点となるが、第Ⅰ部で解明し提示する内部構造を持った宗教勢力が戦国社会においてどのように宗派・教団化し、その位置を確立していくのかについて、段階を追ってたどっていく。すなわち、戦国期における本願寺「教団」の歴史的成立・展開・変容を検討していくのであるが、前述したように、本願寺「門跡」勅許が軸となる課題である。本願寺は歴史的事実として、「門跡」教団になることで、中世から近世への激動する時代社会を生き抜いていった。そして、その最終局面として、京都東山大仏千僧会への出仕と、教団の東西分派がある。ここに戦国期宗教勢力の重要な歴史的帰結が見出されるものと考え、その意味を論じてみたい。

注

（1）本書の内容は行論上、十三～十五世紀前半や十七世紀初頭についても取り扱う部分がある。さらに十七世紀中葉における近世宗教秩序の本格的形成も視野に入れて考えている。なお、この序論は拙稿「戦国期宗教勢力論」（中世後期研究会編『室町・戦国期研究を読みなおす』〈思文閣出版、二〇〇七年〉）の内容をベースに大幅な増補・改訂を行ない成稿したものである。

（2）「勢力」には自己の勢いをもって他者を支配し得る力という含意がある。本書はあくまで歴史的実態としての「宗教勢力」を史料に基づき研究するものである。こうしたまわりくどくも思える説明が必要と考える理由は、明らかに研究者により「宗教」理解（価値観）と定義が異なり、そのことに起因する議論の混乱があると感じているからである。

（3）黒田俊雄「中世寺社勢力論」（『岩波講座日本歴史』第六巻〈岩波書店、一九七五年〉、『黒田俊雄著作集』第三巻〈法藏館、一九九五年〉所収）、黒田俊雄『寺社勢力――もう一つの中世社会――』（岩波新書、一九八〇年）。

（4）平雅行『日本中世の社会と仏教』（塙書房、一九九二年）。

（5）大石雅章「寺院と中世社会」（『岩波講座日本通史』第八巻〈岩波書店、一九九四年〉。同『日本中世社会と寺院』〈清文堂出版、二〇〇四年〉所収）。

（6）鍛代敏雄『中世後期の寺社と経済』（思文閣出版、一九九九年）。

（7）大桑斉『日本近世の思想と仏教』（法藏館、一九八九年）。

（8）原田正俊『日本中世の禅宗と社会』（吉川弘文館、一九九八年）。

(9)　村上専精『日本仏教史綱』上・下（金港堂書籍、一九八八・八九年）。
(10)　辻善之助『日本仏教史』第五・六巻（岩波書店、一九五〇・五一年）。
(11)　谷下一夢『真宗史の諸研究』（平楽寺書店、一九四一年。のちに同『増補真宗史の諸研究』〈同朋舎出版、一九七七年〉）。
(12)　鈴木泰山『禅宗の地方発展』（畝傍書房、一九四二年。吉川弘文館より一九八三年に再刊）。
(13)　金龍静『一向一揆論』（吉川弘文館、二〇〇四年）、拙稿「一向一揆研究の現状と課題」（新行紀一編『戦国期の真宗と一向一揆』、吉川弘文館、二〇一〇年）。
(14)　長沼賢海「宗教一揆」（国史研究会編『岩波講座日本歴史』、岩波書店、一九三五年）。
(15)　拙稿「宗教一揆論という課題」（『日本史研究』第六六七号、二〇一八年）。
(16)　一向一揆研究に関する詳しい研究史整理については前掲注(13)拙稿。
(17)　鈴木良一「戦国の争乱」（『岩波講座日本歴史』第八巻、一九六三年）。
(18)　井上鋭夫『一向一揆の研究』（吉川弘文館、一九六八年）。
(19)　朝尾直弘「「将軍権力」の創出」（『朝尾直弘著作集』第三巻〈岩波書店、二〇〇四年〉、初出一九七〇〜七四年）、藤木久志「大名領国制論」（同『戦国大名の権力構造』〈吉川弘文館、一九八七年〉、初出一九七五年）、同「統一政権の成立」（『岩波講座日本歴史』第九巻、岩波書店、一九七五年）など。
(20)　峰岸純夫「大名領国と本願寺教団」（同『中世社会の一揆と宗教』〈吉川弘文館、二〇〇八年〉、初出一九七四年）、前掲注(19)藤木論文群など。
(21)　黒田俊雄『日本中世の国家と宗教』（岩波書店、一九七五年）。
(22)　大田壮一郎『室町幕府の政治と宗教』（塙書房、二〇一四年）。
(23)　前掲注(21)黒田著書。
(24)　黒田俊雄『日本中世の社会と宗教』（岩波書店、一九九〇年）。
(25)　前掲注(22)大田著書。
(26)　今谷明『室町の王権──足利義満の王権簒奪計画──』（中公新書、一九九〇年）、遠藤一『戦国期真宗の歴史像』（永田文昌堂、一九九一年）。
(27) 前掲注(3)黒田論文・同著書。
(28) 藤井学「近世初期の政治思想と国家意識」（『岩波講座日本歴史』第十巻〈岩波書店、一九七五年〉、同『法華文化の展開』〈法藏館、二〇〇二年〉所収）。
(29) たとえば、前掲注(4)平著書。
(30) たとえば、河内将芳a『中世京都の民衆と社会』（思文閣出版、二〇〇〇年）、同b『中世京都の都市と宗教』（思文閣出版、二〇〇六年）、湯浅治久『戦国仏教――中世社会と日蓮宗――』（中公新書、二〇〇九年）。
(31) たとえば、脇田修「寺内町の歴史的特質」（『講座日本の封建都市』第一巻、文一総合出版、一九八二年）。
(32) 大澤研一・仁木宏編『寺内町の研究』全三巻（法藏館、一九九八年）。
(33) むしろ細川・三好政権をめぐる研究の深化が顕著で、たとえば、古野貢『中世後期細川氏の権力構造』（吉川弘文館、二〇〇八年）、天野忠幸『戦国期三好政権の研究』（清文堂出版、二〇一〇年。増補版二〇一五年）などの成果がある。そのなかで「寺内町」政策がどうであったのかという議論が期待される。
(34) 神田千里『信長と石山合戦――中世の信仰と一揆――』（吉川弘文館、一九九五年）、同『一向一揆と戦国社会』（吉川弘文館、一九九八年）など。
(35) 前掲注(13)拙稿。神田氏の「一向宗」理解については、すでに新行紀一「一向一揆と民衆」（『日本史研究』第二六六号、一九八四年）などにより疑問・批判は呈せられているが、本書でも第Ⅱ部補論3で論じる。
(36) 石田晴男「守護畠山氏と紀州「惣国一揆」――一向一揆と他勢力の連合について――」（『歴史学研究』第四四八号、一九七七年。峰岸純夫編『本願寺・一向一揆の研究』〈吉川弘文館、一九八四年〉所収）。
(37) 石田晴男「『天文日記』の音信・贈答・儀礼からみた社会秩序――戦国期畿内の情報と政治社会――」（『歴史学研究』第六二七号、一九九一年）、同「戦国期の本願寺の社会的位置」（『講座蓮如』第三巻、平凡社、一九九七年）。
(38) 本書第Ⅱ部の主題の前提になっているが、第三章では石田説への実証的批判も提示する。
(39) 前掲注(35)新行論文。
(40) 前掲注(36)峰岸編論集。

(41) 金龍静氏の研究成果については金龍静『一向一揆論』〈吉川弘文館、二〇〇四年〉を参照。本書において多大に参照している(各章の注を参照)。
(42) 遠藤一「「本願寺法王国」論への一視点」〈北西弘先生還暦記念会編『中世社会と一向一揆』、吉川弘文館、一九八五年。遠藤一『戦国期真宗の歴史像』〈永田文昌堂、一九九一年〉所収〉。
(43) 前掲注(41)金龍著書。
(44) 前掲注(42)遠藤著書。
(45) 草野顕之「戦国期本願寺教団における年中行事の意味」〈『大谷学報』第六七巻第一号、一九八七年。同『戦国期本願寺教団史の研究』〈法藏館、二〇〇四年〉所収〉。
(46) 佐藤弘夫『日本中世の国家と仏教』〈吉川弘文館、一九八七年〉、佐々木馨『中世国家の宗教構造――体制仏教と体制外仏教の相剋――』〈吉川弘文館、一九八八年〉。
(47) 大桑斉 a「十五、十六世紀宗教化状況における神観念――東アジア世界史の視点から――」〈『仏教史学研究』第三一巻第一号、一九八八年。同『日本近世の思想と仏教』〈法藏館、一九八九年〉所収〉。この前提として大桑氏は、顕密体制論に触発されつつ、近世仏教の捉え方をめぐって幕藩制仏教論を提起した。近世教団における本末制の結合紐帯に門跡の権威(天皇の権威)を指摘し、天皇権威に基礎付けられる将軍権力の宗教的権威化(東照宮)の問題を論じ、「天皇制―門跡制」という理解を提示した。大桑斉 b「幕藩制仏教論」〈『近世仏教――史料と研究――』第四巻第一号、一九七九年。同『日本近世の思想と仏教』〈法藏館、一九八九年〉所収〉参照。つまり大桑氏の視点も近世からの射程によるものであることを学ばなくてはならない。
(48) 藤井学氏の研究については同『法華文化の展開』〈法藏館、二〇〇二年〉、同『法華衆と町衆』〈法藏館、二〇〇三年〉にまとめられている。
(49) 廣瀬良弘『禅宗地方展開史の研究』〈吉川弘文館、一九八八年〉。
(50) ぼう大にあるが、たとえば筆者が関わった自治体史として『愛知県史』中世2・織豊〈愛知県、二〇一八年〉を挙げておきたい。
(51) 多くの研究が蓄積されているが、たとえば海津一朗編『中世都市根来寺と紀州惣国』〈同成社、二〇一三年〉、勝山市編『白山平泉寺――よみがえる宗教都市――』（吉川弘文館、二〇一七年）などの成果が挙げられよう。

(52) 中尾堯「戦国時代と仏教」（同編『論集日本仏教史6　戦国時代』、雄山閣出版、一九八八年）。

(53) 長谷川賢二「中世後期における顕密寺社組織の再編」（『ヒストリア』第一二五号、一九八九年）、同『修験道組織の形成と地域社会』（岩田書院、二〇一六年）。戦国期の勧進聖・山伏や修験道をとりあげた歴史研究は近年、新たな展開を見せている。たとえば、工藤克洋「戦国期における愛宕山五坊・山伏の諸国勧進」（『同朋大学仏教文化研究所紀要』第三五号、二〇一六年）、近藤祐介『修験道本山派成立史の研究』（校倉書房、二〇一七年）など。

(54) 村井早苗「キリシタンの「天皇観」」（『講座前近代の天皇』第五巻、青木書店、一九九五年）、同『天皇とキリシタン禁制』（雄山閣出版、二〇〇〇年）。

(55) 同朋大学仏教文化研究所編『蓮如名号の研究』（法藏館、一九九八年）、同編『蓮如方便法身尊像の研究』（法藏館、二〇〇三年）など。

(56) 大隅和雄「蓮如の思想史的背景」（『講座蓮如』第四巻、平凡社、一九九七年）。

(57) 金龍静『蓮如』（吉川弘文館歴史文化ライブラリー、一九九七年）。

(58) 前掲注(41)金龍著書、神田千里『一向一揆と石山合戦』（吉川弘文館、二〇〇七年）。

(59) 神田千里a『島原の乱――キリシタン信仰と武装蜂起――』（中公新書、二〇〇五年。講談社学術文庫として二〇一八年再刊）、同b『宗教で読む戦国時代』（講談社選書メチエ、二〇一〇年）、同c『戦国と宗教』（岩波新書、二〇一六年）。

(60) 池享「戦国期の地域権力」（『日本史講座』第五巻、東京大学出版会、二〇〇四年）。なお、『岩波講座日本通史』（岩波書店、一九九三―九七年）以降、最新の『岩波講座日本歴史』（岩波書店、二〇一三―一五年）に至る間に多くの通史シリーズが刊行されたが、そのなかで宗教一揆・一向一揆を主題に論じたもの、戦国期宗教史を独立して取り上げたものは皆無である（唯一の例外が河内将芳「宗教勢力の運動方向」〈前掲注(60)『日本史講座』第五巻、前掲注(30)河内著書b収録〉となる）。これ自体が研究状況を示している。

(61) 小谷利明『畿内戦国期守護と地域社会』（清文堂出版、二〇〇三年）。なお、小谷氏は「織豊期の南近畿の寺社と在地勢力――高野山攻めの周辺――」（小谷利明・弓倉長年編『南近畿の戦国時代――躍動する武士・寺社・民衆

——』（戎光祥出版、二〇一七年）において「中近世変革期」の視点を重視する姿勢を示している。
(62) 鍛代敏雄『中世後期の寺社と経済』（思文閣出版、一九九九年）、同『戦国期の石清水と本願寺——都市と交通の視座——』（法藏館、二〇〇八年）。
(63) 拙稿「書評『中世後期の寺社と経済』」（『日本史研究』第五〇二号、二〇〇四年）。
(64) 矢田俊文「戦国期宗教権力論」（『講座蓮如』第四巻、平凡社、一九九七年）。
(65) 一宮研究会『中世一宮制の歴史的展開（上・下）』（岩田書院、二〇〇四年）。
(66) 伊藤幸司『中世日本の外交と禅宗』（吉川弘文館、二〇〇二年）。この研究動向はさらに深まっているが、本書では接続する議論を用意できず、今後の課題としたい。本願寺と遣明船の関係が糸口になるのではないかと考えている。大畑博嗣「遣明船をめぐる本願寺・土佐一条氏・大内氏・堺の関係——『天文日記』を中心に——」（『歴史の広場——大谷大学日本史の会会誌——』第九号、二〇〇七年）参照。
(67) 河内氏の研究については前掲注(30)同著書群。
(68) この第三節については前掲注(15)拙稿第二節「戦国期宗教勢力論の再検討」を改訂増補した。
(69) 大田壮一郎「中世仏教史の〈分水嶺〉」（荒武賢一朗他編『日本史学のフロンティア2』法政大学出版局、二〇一五年）。そのなかで、川本慎自「室町幕府と仏教」（『岩波講座日本歴史』第八巻中世3、岩波書店、二〇一四年）の中世後期における「門派」から「宗派」への展開という議論にも触れている。
(70) 西尾知己「中世後期寺社勢力の構成と機能」（『歴史評論』第七九七号、二〇一六年）。また、芳澤元「宗教勢力としての中世禅林」（同前）は、中世宗教勢力像を深めるためには、顕密寺社や宗教一揆に、中世禅林も適切に加えること、そして最終的には社会生活史の視座にまで高めるべきことを提言した。村上紀夫「「聖」再考」（同前）は、顕密体制の解体状況を決定的にしたのは〝民衆としての僧〟〝僧の民衆化〟であり、民衆化の果てに出現する宗教一揆であるという黒田俊雄氏の議論を重視すべきとした。
(71) 近年「宗派化」という研究視角も提示されており（踊共二「近世の宗教と政治」『歴史学研究』第九四一号、二〇一六年）、示された論点は比較史的研究の視座からも重要である。
(72) 前掲注(54)村井論文・同著書。

(73)前掲注(59)神田著書a。
(74)前掲注(60)河内論文。
(75)高埜利彦『近世日本の国家権力と宗教』(東京大学出版会、一九八九年)、杣田善雄『幕藩権力と寺院・門跡』(思文閣出版、二〇〇三年)など。
(76)前掲注(47)大桑論文b。
(77)永村眞「「門跡」と門跡」(大隅和雄編『中世の仏教と社会』〈吉川弘文館、二〇〇〇年〉所収)。
(78)下坂守『中世寺院社会の研究』(思文閣出版、二〇〇〇年)。
(79)脇田晴子『天皇と中世文化』(吉川弘文館、二〇〇三年)。
(80)水野智之『室町時代公武関係の研究』(吉川弘文館、二〇〇五年)。
(81)前掲注(79)脇田著書。
(82)前掲注(13)金龍著書など。
(83)前掲注(47)大桑著書など。

第Ⅰ部　戦国期本願寺教団の儀式・組織

第一章　本願寺「報恩講」の始源

――親鸞～覚如期・親鸞三十三回忌――

はじめに

本書第Ⅰ部を通しての課題は、戦国期宗教勢力としての浄土真宗・本願寺教団における宗教儀式と組織体制の関係について、とくに「報恩講」という教団の中心法要の歴史的展開を中心に検討し、明らかにすることである。

本願寺教団において「報恩講」とは、宗祖親鸞の命日である十一月二十八日を正当として毎年執行する法要のことである。現在、真宗大谷派・真宗本廟（東本願寺）では新暦の十一月二十一日から二十八日の一七日法要を毎年勤めている。最終日における結願日中の「坂東曲」は、その独特の様相が、京都における冬の風物詩の一つとしても知られている。浄土真宗本願寺派・西本願寺では旧暦の十一月二十八日に相当する一月十六日を結願日としてやはり一七日法要を勤めており、真宗高田派本山専修寺も同様である。そのほかの真宗諸派の本山もそれぞれ「報恩講」を勤めている。また、全国各地の各本山別院や各真宗寺院においても、それぞれに「報恩講」は勤められる。さらに、真宗門徒の各家庭あるいは地域においても「御引上《ごいんじょう》」「御取越《おとりこし》」などの名称で「報恩講」勤めのなされるところがある。「真宗門徒の一年は、報恩講に終わり、報恩講に始まる」という言葉がある。真宗門徒にとって、最も大切な法要として位置付けられているのが「報恩講」なのである。

また、毎年の「報恩講」からさらに五十年ごとに執行されるようになった「御遠忌」についても、本願寺教団において、その歴史的意味は重要である。近時では、平成二十三年（二〇一一）に親鸞七百五十回御遠忌法要が勤められ、蓮如五百回忌も平成十年（一九九八）に勤められている。本願寺教団は五十年ごとの「遠忌」に、その時々の教団の課題を問いながら法要を勤めてきたと言える。なお、一般に「遠忌」は「おんき」と読むが、真宗大谷派では「御遠忌」を「ごえんき」と読む。

さて、このように重要視されているはずの「報恩講」「御遠忌」であるが、その重要性や一般的知名度の高さにもかかわらず、これまでにまとまった歴史的研究はない。さまざまな課題や情報がどこかに経験的に蓄積されているかもしれないが、学術的に公表されたことはない。これまでに研究がない理由には、それが現在も継続的に執行されている信仰活動であるため研究対象にそぐわないという、ある種の憚りのようなものがあったかもしれない。あるいは儀式を研究対象にすることが、教学・史学をはじめ関係するさまざまな研究領域において、方法的に確立されていなかったのかもしれない。しかし、本書では、「報恩講」「御遠忌」を研究対象として捉え、とりわけ、その歴史的研究に取り組んでいきたいと考えている。

第一節　研究史の動向と論点の確認

真宗史研究において、これまで「報恩講」が注目されてこなかったのは、「報恩講」儀式が静態的なものと見なされ、教団史のなかで動態的に把握すること、すなわち儀式論と教団論を結ぶ視座・方法が未確立であったことが大きい。また、まとまった史料の不在も課題であった。

しかし、戦国期本願寺教団史研究が高まりをみせた近年の研究状況のなかで、草野顕之氏が「年中行事は本願寺教団の組織編成や、さらにはその組織を本願寺へ結集させる宗教意識を考える上で、もはや無視できない研究対象である」(1)と述べた。そして、草野氏が年中行事（儀式）史料を検討しながら、本願寺教団における儀式参加と教団内身分の獲得の関係性について論じたことで、戦国期を中心に研究が少しずつ進展し始める。続いて、青木忠夫氏が戦国期本願寺の「報恩講」に関する良質な新出史料を多数紹介しながら、本格的な「報恩講」の歴史的研究に初めて取り組んだ(2)。そして、遠藤一氏が、草野・青木両氏の研究をふまえながら、「本願寺という寺院の結集核を御影崇敬とみ、教団編成の根本が親鸞御影への勤仕体制であり、それを支える宗教儀礼が「報恩講」で」あり「それぞれの時期の「報恩講」のあり方に当該期の本願寺教団の歴史的課題が集約される」(3)と述べるにいたり、本願寺「報恩講」を歴史的に研究していく基本的視座がようやく定められたと言えるのである。

また、日本史研究・仏教史研究においても法会論の潮流があり、そこから学ぶべき点も多い。法会論が進展したのは、仏教集団にとって法会の遂行が、その集団そのものの存立に関わる重要な問題と考えられたからである(4)。そのなかで、寺院建築史から寺院社会生活史へと研究を展開し、「法会」に注目した山岸常人氏は、宗教的活動たる「教学と法会」が「他の権門や社会集団と異なる寺院の独自性の淵源である」とし、「執行の財源たる荘園の経営などの経済的側面、政治権力の法会執行への関与などの政治的側面など、法会のいわば外皮とでも言うべき部分だけを論ずるのではなく、法会そのものの内容を分析して、そこから法会のもつ歴史的意義を解明することが、寺院史の重要な課題である」とした(5)。法会そのものを分析し、その歴史的意義を解明する視座は、そのまま本願寺「報恩講」研究をも見据えられるものである。

ただし、山岸氏自身は禅宗と戦国仏教については考察から除外し、顕密仏教を対象とした研究を展開している。

その他の法会論においても、真宗法会に注目した研究はない。そこで、本願寺「報恩講」を課題にする本書は、日本史研究・仏教史研究における法会論に対して独自性と意義を持つことになる。本書における具体的分析の蓄積、提示により、法会論はさらに対比研究、また包括的把握への展望が開けるであろう。

本願寺「報恩講」をめぐる先行研究に戻れば、草野氏の研究は儀式と教団の関係を重視し、「直参」制度を中心に検討している。ただし、「報恩講」そのものについては、親鸞三百回忌に関する言及はあるものの、それ以外は取り上げていない。青木氏の研究は「改悔」や「頭人勤行」に関する史料から「報恩講」における門徒民衆の位置付けを議論する上で優れた成果であるが、「報恩講」儀式の全体的解明・把握については課題のままである。遠藤氏の研究は、提示される視座が鋭く、『報恩講式』や文明十二年（一四八〇）「報恩講」についての検討内容も示唆に富むものの、詳細の理解や全体の把握に少なからざる課題を残している。以上のような問題を乗り越えていくためには、視座のみならず方法の確立が求められていると言える。

そこで、本書では⑴儀式そのものの実態解明――史料の基礎検討、⑵儀式執行主体への注目から教団構造を理解、⑶執行状況から教団の社会的地位を問題化、という方法論を提示して取り組んでいく。儀式から教団の課題を導き出すことは、いずれの先行研究にも見出せるのであるが、より明確な意識をもって行なっていきたい。本願寺「報恩講」については、それが教団の最重要法要であり、教団の構成員のすべてが関わるべきものであればこそ、「報恩講」儀式の全体像は、そのまま本願寺教団の全体像として捉えていくことができる。すなわち、「報恩講」儀式の検討はそのまま本願寺教団論となるのである。具体的には、「報恩講」儀式のどの部分に、どのような教団構成員が携わるか、それが教団の内外からどのようにみられるか、といった点が問題となり、そこから本願寺教団の内部的な組織構造論と対外的な社会関係論が導き出されてくることになる。

第二節　本願寺「報恩講」の歴史的段階

本願寺「報恩講」は、当然のことではあるが、歴史的に生成されたものである。どの段階で「報恩講」となるのか、その後どのように展開し、変容したかという視点から、中世における本願寺「報恩講」の歴史的諸段階を追っていく必要がある。

中世本願寺における「報恩講」儀式に「教団」の諸問題をみていくならば、中世本願寺教団論の進展にどのように寄与するかという点について確かめておかねばならない。中世本願寺教団論については、一向一揆研究からの要請もあり戦国期の教団構造論を中心に近年まで議論はかなり活発であった。中世本願寺の歴史的展開と寺院・教団内の諸身分の成立時期については、本書第Ⅰ部第三章等でもとりあげるが、ここでも簡単に確認しておきたい。

本願寺という寺院の成立は、覚如が親鸞廟堂（墓所）を寺院化したことにある。ただし、この時点で本願寺「教団」はまだ成立していない。親鸞廟堂＝本願寺はその当初、「大谷一向宗堂」(6)「青蓮院境内之候仁」(7)などと認識され、比叡山延暦寺の秩序の周縁部に位置する小さな一宇に過ぎなかった。初期本願寺を中心としたわずかな人的結集は、汎浄土教系諸「門流」の一つでしかなかったのである。蓮如期以前、東山大谷にあった本願寺には「留守職」（・「住持職」）のほか、歴代の家人として、寺院の「青侍」や「御堂衆」の機能を果たした下間氏や、蓮如期までに、本願寺歴代の親族集団として運営に関わる「一家《いっけ》衆《しゅう》」の存在が断片的にうかがえるが、同時代史料は少ない。

蓮如の登場により本願寺「門流」は爆発的な集団形成を見せ、宗祖を親鸞に、本尊を阿弥陀如来一仏に措定することで他の中世仏教集団にさきがけて「宗派」を形成した(8)。ここに初めて本願寺「教団」が歴史的存在として登場してくる。坊主・門徒集団の参画により、一寺院に過ぎなかった本願寺が本山寺院化し、これを頂点とする教団は組織体として多様性を持ち始める。山科・大坂（石山）にあった本願寺については、実如・証如期までに、一家衆の制度的な強化再編成（「一門一家制度」）[9]、御堂衆への一般坊主衆の参画[10]、下間氏の「坊官」化[11]、「直参」を理念とする坊主衆制度の整備による「定衆」「常住衆」身分の発生[12]、殿原・青侍・仲居・綱所などの寺院内身分[13]、「内儀」をめぐる女性の位置[14]、また坊主・門徒集団において編成された宗教役勤仕（「報謝行」）を行動・組織理念とした「番衆」[15]や、法要行事において「斎《とき》」「非時《ひじ》」などを調進する「頭人」集団[16]などの諸問題が、先行研究において論じられている。

　大坂本願寺時代の永禄二年（一五五九）には、本願寺顕如が門跡に勅許された。これにより本願寺住職（宗主）は天皇権威に連なる「門跡」「門主」としてその存在を絶対権威化し、「院家」「坊官」制度が導入されるなど、本願寺の寺院・教団構造は大きな変容を遂げる。この点については十分に論じられているとは言えず、近世教団論との連続性なども含めてさらに解明していくべき課題である[17]。近世本願寺組織に関しては、連枝身分、坊官集団[18]、御堂衆[19]の存在が注目されてはいるが、宗務機構[20]の実態と変遷も含めた総合的研究はほとんどないのが現在の研究状況である。

　このような本願寺教団論に対して、本書第Ⅰ部で取り組む「報恩講」の歴史的研究においては、『報恩講式』拝読に関わる宗主・一家衆・御堂衆の位置付け、「改悔」や「斎」「非時」における坊主衆・門徒衆のありようを中心に、新たな論点を提示することができる。とりわけ、本願寺「教団」の形成・確立において、御堂衆の位置付けが一つの重要な鍵になるという見通しがある。御堂衆研究は立ち遅れているだけに重要な研究成果を示すことになる。また、「門跡成」による「教団」変容を、親鸞三百回忌という初めての「御遠忌」に見ていくことも、これまでになく、本格的に研究を進展させることになる。

以上をふまえ、さしあたり「報恩講」の歴史的段階を次のように整理しておきたい。

①親鸞の忌日法要…親鸞没後、その家族や門弟が親鸞を偲び勤めた儀式。門弟のそれはただちに②の性格を帯びていくことにもなる。

②門流の祖師忌…親鸞門弟の各門流が親鸞の忌日法要を勤めていることを前提として、覚如が親鸞三十三回忌を機縁に『報恩講式文』を撰述し、本願寺への結集を企図する。

③教団の中心法要…蓮如が「報恩講」という名称を確定させる。宗祖＝親鸞という意識を明確化した本願寺教団の形成により、「報恩講」が教団の年中行事の中心に位置付けられる。

④門跡寺院格の法会（法要）…本願寺「門跡成」をうけた親鸞三百回忌（「御遠忌」）のはじまりとしても位置付けられる）により儀式内容と性格に変容がみられ、教団の動揺も惹起する。

本章では、鎌倉後期から南北朝室町初期、すなわち蓮如以前に相当する①②の段階を中心に検討していく。直に関わる先行研究としては山田雅教氏、遠藤一氏、岡村喜史氏らによる論究がある(21)。これらの研究を批判的に継承しながら、筆者なりの視点と筋道で歴史的展開をたどることにする。

第三節　親鸞の「報恩講」観と親鸞の忌日法要

本節では、①（第一段階）の諸問題を検討する。「報恩講」が本来、師の遺した恩徳に報謝する法要であるとすれば、親鸞自身の「報恩講」観についても確かめておく必要がある。すなわち、親鸞における法然忌の問題である。

ただし、親鸞がどのような儀式を執行したかについては未解明で、次の二点のみが関係史料である。

【史料1】『親鸞聖人御消息集』略本第八通（広本第十三通）(22)

（前略）聖人ノ廿五日ノ御念仏モ、詮スルトコロハ、カヤウノ邪見ノモノヲタスケン料ニコソ、マフシアハセタマヘトマフスコトニテサフラヘハ、ヨク〳〵、念仏ソシランヒトヲタスカレトオホシメシテ、念仏シアハセタマフヘクサフラフ、（後略）

【史料2】『拾遺古徳伝絵詞』第九巻第七段(23)

（前略）ヤ、ヒサシクアリテ入洛、五条西ノ洞院ワタリニヒトツノ勝地ヲシメテスミタマフ、コノトキ先師聖人没後ナリトテ、ソノ聖忌ヲムカフルコトニ、声明ノ宗匠ヲ屈シ、緇徒ノ禅襟ヲト、ノヘテ、月々四日四夜ツ礼讃念仏トリオコナハレケリ、コレシカシナカラ先師報恩謝徳ノタメナリト、云々、

【史料1】は親鸞が関東の門弟に送った手紙の一つである。文中に「聖人ノ廿五日ノ御念仏」とみえる。ここでいう「聖人」は法然にほかならず、法然の命日は確かに正月二十五日である。親鸞や関東の門弟集団が、法然を先師として、その忌日の念仏法要を意識して営んでいることがうかがえる。

【史料2】は覚如が撰述した真宗系法然伝である。なかには親鸞の行実も多く記されており、いわゆる『親鸞伝絵』に見られない内容もある。ここに掲げたのもその一か所で、関東から京都に帰った親鸞が法然忌日に報恩謝徳のため、声明の宗匠を招いて月々四日四夜の礼讃念仏をしたと伝えるものである。これは覚如撰述のため、厳密に

は覚如の意識を通した親鸞像として捉えなくてはならない。それゆえ「追善」表現が気にかかるものの、「先師報恩謝徳」という意識も明確であり、注目しておく必要がある。

以上、親鸞においても、先師法然の忌日に報恩謝徳の法要を行なっていた様相を捉えることはできる。

次に、親鸞没後の忌日法要の実態について見ていきたい。まず親鸞七回忌の年に相当する文永五年（一二六八）に出されたと推定できる『恵信尼書状』第十通に見るべき内容がある。

【史料3】『恵信尼書状』第十通(24)

（前略）又くりさわ、なに事やらん、のつみと申やまてらに、ふたん念仏はしめ候はむするに、なにとやらんせんし申ことの候へきとかや、申けに候、五てうとの、御ためにと申候めり、（後略）

「くりさわ」とは親鸞息男の栗沢信蓮房明信であり、越後で恵信尼の近くにいたらしい。「五てうとの」（五条殿）が親鸞と考えられている。すなわち、息男信蓮房が父親鸞のために越後の山寺で不断念仏をしたということである。山寺で不断念仏をする行為をどう説明するかという問題は残るが、少なくとも親鸞の忌日を機縁とした行為であることは認められるであろう。

一方、京都では親鸞没後十年の文永九年（一二七二）冬に、墓所を改め移転して大谷廟堂が成立すると、門弟たちが廟堂に年々参詣したという。

【史料4】『親鸞伝絵』廟堂創立段(25)

文永九年冬比、東山西麓鳥部野北、大谷の墳墓をあらためて、同麓より猶西、吉水の北辺に、遺骨を堀(掘)渡て、仏閣をたて影像を安す、（中略）彼報謝を抽る輩、緇素老少面々あゆみを運て、年々廟堂に詣す、（後略）

これもまた覚如の記述であり、そのまま実態を示しているかどうかについては注意が必要ではある。もっとも大谷廟堂で親鸞の忌日法要がなされていたことは、たとえば次に掲げる弘安三年（一二八〇）十一月十一日付の信海・顕智・光信連署状に、関東門弟による「毎月廿七日御念仏」の費用負担が記されていることから、明らかである。

【史料5】「大谷廟堂創立時代文書」(26)

（前略）御念仏衆之中に令申候、抑国々故上人之門徒人々、毎月廿七日御念仏用途、雖為乏少、相はけみ候之処、時々懈怠之由、歎存候（中略）念仏衆けたい候はゝ、他僧をも請して、可致勤修其役候、（中略）

十一月十一日　信海（花押）
顕智（花押）
光信（花押）

念仏衆御中へ

これによれば、大谷廟堂で毎月二十七日に念仏法要が執行されていることになり、逮夜勤めであることが知られる。ただし、同文書では念仏衆の懈怠が危惧されており、執行状況の実態については不審もある。

親鸞の忌日法要は大谷廟堂だけではなく、門弟集団においても執行されていた。

【史料6】『了智の掟』(27)

（前略）

一　毎月廿八日ニハ、イカナル大事アリトイフトモ、ミナ集会シテ、仏法ノ修理荘厳ヲイヒアハスヘシ、コレスナハチ行者ノ信不信ヲ糾明センカタメナリ（後略）

了智は長野県松本正行寺第二世に数えられ、『弥陀如来名号徳』を書写した応長元年（一三一一）に五十七歳であったという(28)。『了智の掟』は、実質六か条からなる。最初に念仏勤行の意義が説かれ、最後の六条目に毎月二十八日に集会すべきとしている。そこで行者の信・不信が糾明されたというから、この集会に、のちの改悔批判に相当する儀式と、そうした性格があったこともうかがえる。

ところで、『弥陀如来名号徳』が書写された応長元年（一三一一）は親鸞五十回忌に相当する。さかのぼって西本願寺本『教行信証』の書写も、書写完成の前年が親鸞十三回忌に相当する文永十二年（一二七四）である。それぞれ法要執行などを示す史料は残されていないものの、周忌年を機縁とした聖教書写の営為と見ることができる。

以上、わずかな残存史料から、親鸞の忌日法要をめぐる断片的状況をうかがった。いまだ「報恩講」という表現は確認されず、原初的な実態である。しかし、当初から血縁親族のみならず、門弟集団においても法要執行が意識されていたことは間違いない。このことは、それが単なる親鸞個人の忌日法要ではなく、門流の祖師忌としての意味を次第に強くしていく状況を必然的にもたらすものでもあった。そして、親鸞三十三回忌を一つの画期としてさらに展開していくことになるのである。

第四節　覚如の『報恩講式』撰述と親鸞三十三回忌

続いて本節では、②（第二段階）に焦点を当てる。覚如は永仁二年（一二九四）の親鸞三十三回忌にあたり、『報恩講式』（式文）を撰述した。【史料7】は覚如の二男従覚が門弟乗専の求めに応じ撰述した覚如伝である。そこでは永仁三年（一二九五）六月中旬に「報恩謝徳」のため、いわゆる『親鸞伝絵』（初稿本）二巻を撰述したことが明記されるが、「往年」に『報恩講式』を撰述したとあるものの、年次は明記されていない。そのため近世中期の寺誌である【史料8】に拠らざるをえないが、撰述年次は親鸞三十三回忌に相当する永仁二年（一二九四）と見る以外にはないであろう。

【史料7】『慕帰絵』第五巻第二段(29)

永仁三歳ノ冬応鐘中旬ノ候ニヤ、報恩謝徳ノタメニトテ本願寺聖人ノ御一期ノ行状ヲ草案シ、二巻ノ縁起ヲ図画セシメシヨリ以来、門流ノ輩、遠邦モ近郭モ崇テ賞翫シ、若齢モ老者モ書セテ安置ス、将又往年ニヤ、報恩講式トイヘルヲ作セリ、コレモ祖師聖人ヲ歎徳シ奉レハ、遷化ノ日ハ月々ノ例事トシテ今モカナラス一座ヲ儲テ三段ヲノフルモノナリ、

【史料8】『大谷本願寺通紀』巻一(30)

永仁二年、著㆓報恩講式三章㆒、是年当㆓祖師三十三回忌㆒、

【史料8】によれば覚如二十五歳の所為となるが、この『報恩講式』撰述の歴史的意義は大きい。それは、これにより「報恩講」が始まったということではない。故人の年忌法要については三十三回忌で終えるものとされる。それゆえ、覚如には親鸞の忌日法要を、大谷廟堂（のちの本願寺）を中心とする真宗門流の祖師忌として明確に意義付け、以降も継続していくために、儀式の整備をする必要があったものと考えられるのである。すなわち、『報恩講式』により、親鸞の忌日法要が真宗門流の祖師忌であることが明確にされ、さらにこの『報恩講式』三段の拝読を中心に据えた儀式の整備がなされたのである。『報恩講式』で親鸞の遺徳を讃嘆し、『親鸞伝絵』で親鸞の行状を顕彰する。大谷廟堂を継承しようとする覚如の方向性は明確である。

このようにして整備された法会の儀式的実態については、いくつかの史料からうかがうことができる。再び**【史料7】**を見てみれば、毎月二十八日に法要一座があり、毎回『報恩講式』三段が拝読されたという。また、覚如の撰述である『口伝鈔』の奥書には、元弘元年（一三三一）十一月下旬の段階で、一七日法要の執行が記されている。親鸞の命日である十一月二十八日を結願としていることは疑いない。

【史料9】『口伝鈔』奥書(31)

元弘第一之暦辛未仲冬下旬之候、相当祖師聖人本願寺親鸞報恩謝徳之七日七夜勤行中談話先師上人釈如信面授口決之専心専修別発願之次、所奉伝持之祖師聖人之御己証、所奉相承之他力真宗之肝要、以予口筆令記之、（後略）

『口伝鈔』も覚如が先師如信より聞き伝えた親鸞伝の集成であり、それを親鸞への「報恩謝徳之七日七夜勤行中」に撰述していることも注意すべき点である。

　このようにしてみれば、この段階に「報恩講」のはじまりを認めたいようにも思われるが、それは正解ではない。なぜならば、覚如により整備されたこの法会であっても、まだ法会自体の名称は「報恩講」とされていないからである。【史料9】にも「報恩講」の名称は見えず、また、覚如の長男存覚（一二九〇―一三七三）の一代記である『常楽台主老衲一期記』（存覚一期記）によれば、存覚がたびたび当該法会へ参詣しているが、やはりそこでも「報恩講」とは記されていない。ちなみに存覚は、貞和二年（一三四七）に大和国柏木願西らが覚如による二度目の存覚義絶の解除を同年十一月の「御報恩別時」の際に交渉したが、不調に終わったため、参詣を果たせず下国した。観応元年（一三五〇）の義絶解除後は、再び頻繁に当該法会に参詣するようになっている。関係する記事を掲げれば、次のとおりである。

【史料10】『常楽台主老衲一期記』（存覚一期記）[32]

五十七歳　貞和二（中略）同十一月、御報恩別時之時、（後略）
六十一歳　観応元（中略）以下十一月、恒例七ヶ日御報恩参籠、廿八日結願了、（後略）
六十二歳　観応二（中略）参籠大谷、逢七ヶ日御報恩、自彼報恩結願、上臈病臥、（後略）
六十三歳　文和元（中略）十一月、大谷恒例御報恩念仏、予又参籠、（後略）
六十四歳　文和二（中略）十一月廿七日、御報恩参籠如前々、（後略）
六十五歳　同四、十一月、御報恩中参籠又如前々、
六十八歳　同二（延文）（中略）大谷念仏不参籠往返、
六十九歳　同三、大谷念仏不参籠往返、（後略）

七十歳　同四（中略）霜月御報恩今年又復旧参籠、

表現は不統一ではあるが、大谷（本願寺）において別時念仏として七か日にわたり執行される恒例の「御報恩（念仏）」仏事であるという認識はうかがえる。「報恩」という名称は定着しつつあるが、「講」が付されないことは決定的である。

遠藤一氏によれば、覚如は『報恩講式』を法然忌における『知恩講式』にならい撰述しており、『報恩講・式（私記）』ではなく、『報恩・講式』であるという[33]。講式とは、経典のような漢文ではなく、和文を用いる声明で、仏・菩薩や高僧の徳を式文と讃嘆により讃えるものである。つまり、覚如はそうした仏教儀式の通例に則り親鸞への「報恩」の「講式」を撰述し、親鸞忌の儀式的整備をしたのである。なお、そうであるがゆえに、のちに蓮如が『報恩講私記』と読み替え、『報恩講・式』である認識を打ち出したことの意義も明らかになってくることであろう。次章で論じるが、本論では「報恩講」名称の確立を蓮如期にあると考えている。

ところで、存覚は延文四年（一三五九）に、本願寺善如の求めに応じ、親鸞の遺徳を讃える『歎徳文』を著している。三段にわたる『報恩講式』に対して『歎徳文』は一巻である。本願寺においては蓮如がこの二つをセットで書写して用いていることがやはり注意される。

むすびにかえて

以上、本章では親鸞在世中の祖師忌に対する意識、親鸞没後に血縁親族や門弟集団が勤めた忌日法要、親鸞三十三回忌を機縁とした覚如による『報恩講式』撰述の歴史的意義について検討してきた。とりわけ、親鸞の忌日法要が門流の祖師忌として展開していく過程を確かめることができた。ただし、それが門流の祖師忌である以上、次のような問題があった。金龍静氏らの研究に学びながら確認しておきたい[34]。

門流とは中世仏教の集団形態の一つで、師の教えを弟子が受け継いで次第相承していく、いわゆる師資相承・法脈相承を軸とするものである。この集団形態の特徴は、唯一の開祖（宗祖）を共有して結集する方向性を必ずしも取らず、先師の没後はその教えを継承した弟子が次第にその集団の師（善知識）となり、先師はその当代の師（善知識）を通して集団に位置付けられるようになることである。そうすると、時代を経れば経るほど先師の記憶は薄れることになり、そして集団は強固な結集組織を持たず、拡散的に展開することになる。

初期真宗、すなわち本章で注目した親鸞没後から蓮如以前の時代に活動した親鸞の弟子とその集団も、門流の形態で歴史的に展開した。であるがゆえに、時代を経るにつれ、各地の初期真宗門流には、親鸞を必ずしも唯一の開祖（宗祖）と捉えず、脈々と継承される法脈のなかで相対視する傾向も見られた。初期真宗の光明本尊や高僧連坐像における親鸞の描かれ方を見れば一目瞭然である。

こうした状況においては、いかに覚如が親鸞の廟所たる本願寺で親鸞の忌日法要を門流の祖師忌として打ち出し結集を呼びかけたとしても、親鸞の系譜を持つ初期真宗門流が本願寺に結集するとは限らないのである。事実、断片的に知られる蓮如以前の歴史的実態を見る限り、覚如の方策は成功したとは言い得ない。つまり、宗祖＝親鸞の忌日法要を儀式的中核とする「教団」形態は、初期真宗「門流」の段階では見出せないのであり、それを成しとげたのが戦国時代の蓮如だったという見通しになるのである。

ところで、本章が課題とした時代範囲において、応長元年（一三一一）が親鸞五十回忌、康安元年（一三六一）

が百回忌、応永十八年（一四一一）が百五十回忌に相当するが、遠忌法要の執行もまた、史料上には確かめられない。この点も、「報恩講」名称の未確立、そうした儀式を中核とする「教団」形態の未成立の問題と関係する。親鸞の遠忌法要については親鸞三百回忌を検討する本書第Ⅰ部第四・五章で詳しく論じたい。

注

（1）草野顕之「戦国期本願寺教団における年中行事の意味」（『大谷学報』第六七巻第一号、一九八七年。のちに『蓮如大系』第三巻再録、草野顕之『戦国期本願寺教団史の研究』〈法藏館、二〇〇四年〉第Ⅲ部第二章）。

（2）青木忠夫「戦国期本願寺報恩講「改悔」に関する一考察」（『仏教史学研究』第三七巻第一号、一九九三年。のちに『蓮如大系』第三巻〈法藏館、一九九六年〉再録、青木忠夫『本願寺教団の展開 戦国期から近世へ』〈法藏館、二〇〇三年〉第四部第一章）、同「顕如上人筆、報恩講等の「讃頭」について」（『名古屋教学』第一〇号、一九九六年）、同（史料紹介）「本願寺証如筆、報恩講等年中行事関係文書」（『同朋大学仏教文化研究所紀要』第一八号、一九九九年）、同「本願寺顕如筆「讃頭」関係文書考――永禄・天正期年中行事――」（蓮如上人研究会編『蓮如上人研究』、一九九八年。のちに前掲青木著書第二部第一章）、同（史料紹介）「本願寺准如筆「慶長期報恩講日記」」（『同朋大学仏教文化研究所紀要』第一九号、二〇〇〇年。のちに前掲青木著書第四部第二章）、同（史料紹介）「本願寺准如筆「慶長期報恩講日記」（其の二）」（『同朋大学仏教文化研究所紀要』第二〇号、二〇〇一年。のちに前掲青木著書第四部第二章）。

（3）遠藤一「本願寺報恩講確立と蓮如の宗教活動――文明十二年報恩講の歴史的意義――」（徳永大信編『蓮如上人の総合的研究』、永田文昌堂、一九九七年）。

（4）山岸常人『中世寺院の僧団・法会・文書』（東京大学出版会、二〇〇四年）。中世仏教史研究における法会論については多数の成果がある。

（5）前掲注（4）山岸著書序章・第Ⅰ部第五章。

(6)『祇園執行日記』正平七年（一三五二）三月二十八日条（『群書類従』第二五輯）。
(7) 本善寺文書（真宗大谷派教学研究所編『蓮如上人行実』、東本願寺、一九九四年）。
(8) 金龍静「一向宗の宗派の成立」（『講座蓮如』第四巻、平凡社、一九九七年）、同『蓮如』（吉川弘文館歴史文化ライブラリー、一九九七年）。
(9) 森岡清美『真宗教団と「家」制度』（創文社、一九六二年）、笠原一男『一向一揆の研究』（山川出版社、一九六二年）、金龍静「蓮如教団の発展と一向一揆の展開」（『富山県史』通史編Ⅱ、富山県、一九八四年）、日野照正「中世本願寺一家衆と鎰役――特に一家衆の諸問題について――」（平松令三先生古稀記念会編『日本の宗教と文化』、同朋舎出版、一九八九年）、草野顕之「戦国期本願寺一家衆の構造」（前掲『日本の宗教と文化』、一九八九年。のちに前掲注(1)草野著書第二部第三章）。
(10) 片山伸「中世本願寺における寺院組織と身分制」（『真宗総合研究所紀要』第四号、一九八七年。のちに『蓮如大系』第三巻再録）、日野照正「鎰役と御堂衆の成立と展開――本願寺の場合――」（『講座蓮如』第三巻、平凡社、一九九七年）。
(11) 谷下一夢「本願寺の坊官下間氏について」（『龍谷学報』第三二一号、一九三八年。のちに谷下一夢『増補真宗史の諸研究』〈同朋舎出版、一九七七年〉所収）、金龍静「戦国時代の本願寺内衆下間氏」（『名古屋大学文学部研究論集』史学二四、一九七七年。のちに『蓮如大系』第三巻再録）、横尾國和「本願寺の坊官下間氏」（『國學院雑誌』第七八巻第四号、一九七七年。のちに峰岸純夫編『本願寺・一向一揆の研究』〈吉川弘文館、一九八四年〉再録）。
(12) 草野顕之「戦国期本願寺坊主衆組織の一形態――「定衆」「常住衆」の位置――」（北西弘先生還暦記念会編『中世仏教と真宗』、吉川弘文館、一九八五年。のちに『親鸞大系』歴史篇第八巻「戦国期の真宗教団」〈法藏館、一九八九年〉再録、『蓮如大系』第三巻再録、のちに前掲注(1)草野著書第二部第二章）、同「戦国期本願寺直参考」（福間光超先生還暦記念会編『真宗史論叢』、永田文昌堂、一九九三年。のちに前掲注(1)草野著書第二部第一章）。
(13) 前掲注(10)片山論文。
(14) 荒木万紀子「『天文日記』中の内儀と年中行事」（福間光超先生還暦記念会編『真宗史論叢』、永田文昌堂、一九九三年）。

(15) 金龍静「「卅日番衆」考」(『名古屋大学日本史論集』上巻、一九七五年。のちに『親鸞大系』歴史篇第八巻「戦国期の真宗教団」再録)、ほかに番衆の軍事役の(一向)一揆化を論じた遠藤一「戦国期本願寺教団における一揆的様相――番衆の場合――」(『龍谷史壇』第九〇号、一九八七年。のちに遠藤一『戦国期真宗の歴史像』〈永田文昌堂、一九九三年〉第二部第四章)。宗主家の一揆的構造を教団のものとして捉えた神田千里「戦国期本願寺教団の構造」(『史学雑誌』第一〇四巻第四号、一九九五年。のちに神田千里『一向一揆と戦国社会』〈吉川弘文館、一九九八年〉第二部第一章)。

(16) 早島有毅「戦国期本願寺における「頭」考――勤仕の性格と問題情況――」(『真宗研究』第二六輯、一九八二年。のちに『蓮如大系』第三巻再録)。

(17) 本願寺「門跡成」に関する教団史的研究としては、谷下一夢「本願寺門跡に於ける院家の起原に就いて」(『龍谷学報』第三〇五号、一九三三年。のちに谷下一夢『増補真宗史の諸研究』〈同朋舎出版、一九七七年〉所収)、遠藤一「「本願寺法王国論」への一視点」(北西弘先生還暦記念会編『中世社会と一向一揆』、吉川弘文館、一九八五年。のちに遠藤一『戦国期真宗の歴史像』〈永田文昌堂、一九九三年〉第二部第六章)、草野顕之「戦国期本願寺教団と天皇」(『大谷大学史学論究』第四号、一九九一年。のちに『蓮如大系』第四巻再録、前掲注(1)草野著書第Ⅲ部第四章)、本書第Ⅱ部第五章。

(18) 大桑斉「東本願寺の奏者について」(『大谷学報』第四九巻第二号、一九六九年)、首藤善樹「本願寺坊官下間諸家の成立と変遷」(千葉乗隆編『本願寺教団の展開』、永田文昌堂、一九九五年)。

(19) 草野顕之「近世本願寺坊主衆身分の一考察」(『大谷大学研究年報』第四二号、一九九一年。のちに前掲注(1)草野著書第Ⅱ部第六章)。

(20) 谷端昭夫「近世における東本願寺の宗務機構について」(『真宗研究』第二一輯、一九七六年)。

(21) 山田雅教「初期本願寺における法要儀礼」(『教学研究所紀要』第三号、一九九四年)、前掲注(3)遠藤論文、岡村喜史「報恩講成立の歴史的背景」(『中央仏教学院紀要』第二五号、二〇一四年)。なお、親鸞六百五十回忌の明治四十四年(一九一一)、『無盡燈』第十六巻第四号に、山田文昭「親鸞聖人の儀式観」(同『真宗史之研究』、破塵閣書房、一九三四年)という短い論考がある。

(22)『真宗史料集成』（以下『集成』と略称）第一巻（同朋舎出版、一九七四年）四五八―四五九頁。

(23)『集成』第一巻五九〇頁。『大系真宗史料』（以下『大系』と略称）特別巻「絵巻と絵詞」（法藏館、二〇〇六年）一六六頁。

(24)『集成』第一巻五一八―五一九頁。

(25)『集成』第一巻五二九頁。『大系』特別巻二九頁。

(26)『集成』第一巻九八六頁。

(27)『集成』第一巻一〇二八―一〇二九頁。

(28)『集成』第一巻解題（同書八七頁）。

(29)『大系』特別巻一九〇頁。『集成』第一巻にも収載されているが『大系』の写真版によった。

(30)『集成』第八巻（同朋舎出版、一九七四年）三五五頁。

(31)『集成』第一巻六五二頁。細かい指摘になるが、前掲注(3)遠藤論文は、この『口伝鈔』奥書によって元弘元年（一三三一）に一七日法要として確立したとする説明には疑問がある。元弘元年（一三三一）以前に、すでに一七日法要になっていたとするのが適当である。

(32)『集成』第一巻八七四―八七九頁。

(33)前掲注(3)遠藤論文。遠藤はさらに『報恩講式』を「親鸞の月忌仏事のマニュアル」というが、この説明には疑問がある。これもまた細かい指摘とはなるが、講式はいわば和語声明であり、マニュアルではないであろう。

(34)金龍静『蓮如』（吉川弘文館歴史文化ライブラリー、一九九七年）、同「一向宗の宗派の成立」（『講座蓮如』第四巻、平凡社、一九九七年）、脊古真哉「荒木満福寺考――満福寺歴代の復元と源海系荒木門流の拡散――」（『寺院史研究』第一一号、二〇〇七年）、同「真宗絵画史料」（『新修豊田市史』21別編「美術・工芸」、豊田市、二〇一四年）。

第二章　本願寺「報恩講」の確立

――蓮如～実如期・「教団」形成との関係性――

はじめに

本章では、本願寺「報恩講」の歴史的確立について、蓮如期の本願寺「教団」形成との関わりのなかで論じる。蓮如期の本願寺「報恩講」をめぐる歴史的考察に関しては、いくつかの先行研究があり、なかでも青木忠夫氏と遠藤一氏の議論は、前提として確認しておく必要がある。

青木氏は「報恩講」名称の確立に文明五年（一四七三）の画期を見つつ、戦国期本願寺における「改悔」に注目した。(1)「改悔」とは本願寺の法要儀式における門徒の信仰告白儀礼である。青木氏は「改悔」に関する新出史料を紹介しながら、その歴史的実態を検討し、そのなかで蓮如期・山科本願寺時代の「報恩講」とその「改悔」にも論及した。青木氏の「改悔」論は中世真宗門徒の信仰実態に関する研究として大いに注目すべきものである。

遠藤氏は青木氏の研究をうけながら、初期真宗の儀式的実態にも触れた上で、蓮如期「報恩講」の性格について、「信・不信の分別」（文明五年・一四七三）から「改悔・懺悔」（文明十二年〈一四八〇〉）へ、という展開で捉えた。(2)蓮如の宗教活動の画期性を捉えた上で、そのなかで「報恩講」をめぐる歴史的検討をした重要な研究である。

遠藤氏はまた、存覚の『歎徳文』（一三五九成立）、『浄典目録』（一三六二成立）に「報恩講」化の画期を見た。たしかに『浄典目録』には「報恩講私記」「報恩講　歎徳文」と記される写本があり、大きな意識的転換を認め得るが、これをもって「報恩講」名称の確立、また「教団の中心法要」化と見ることについては慎重に考えたい。なぜならば、存覚の時代から蓮如の時代に至る間に、そのような実態を確認し得ないからである。

ところで、金龍静氏は、蓮如が親鸞を唯一の宗祖、阿弥陀如来を唯一の本尊と明確にし、本願寺を中心とする「教団」をつくりあげたという。(3) たしかに、初期真宗の礼拝物であった光明本尊・高僧連坐像を用いず、親鸞・蓮如連坐像、さらには単独の親鸞影像を有力門徒に下付し、また紺地金泥十字名号、のちには草書六字名号を多数やはり門徒に下付したところから、宗祖親鸞、本尊阿弥陀如来という蓮如の意識は明白である。こうして蓮如は、それまで拡散的に展開していた初期真宗「門流」の各集団を、本願寺を中心とする「教団」組織のなかに漸次、組み込んでいくこととなった。ここに戦国時代に大きな展開を見せる宗教勢力＝本願寺「教団」の出発点を見出すことができる。蓮如によって「門流」から「教団」という新たな段階を迎えることになったのである。

さて、ここにこそ親鸞の忌日法要（親鸞忌）が教団の中心法要になっていく状況も見出すことができる。すなわち、本願寺における各種儀式のなかで、宗祖親鸞の忌日法要が「報恩講」として上昇し、「報恩講」の執行を主軸とした年中行事の編成と、それに基づく教団組織の形成、信仰活動の展開が促されることになったのである。

以上のような問題を前提に、本章では、本願寺蓮如の「報恩講」確立をめぐる歴史的事象を『御文』の検討を中心に考察する。さらに次代実如（一四五八―一五二五）期も射程に入れながら、「改悔」と斎・非時の問題を通じて、門徒（僧俗）の「報恩講」における位置付け、ひいては本願寺「教団」における位置付けを論じていきたい。

第一節　本願寺蓮如の「報恩講」観

本節では、「報恩講」関係『御文』を中心とした史料の基礎検討を課題とする。『御文』とは蓮如が著した書状形式の仮名法語で、すでに多くの研究が蓄積されている。その『御文』のなかに、「報恩講」に関係するものが少なからずある。それを一覧にしたのが本章末尾に掲げる【表1】（以下、本文中のNo.は【表1】と対応）である。以下、時代を追って検討していきたい。

1　吉崎以前

現存する蓮如の最初の『御文』は、寛正二年（一四六一）三月に著されたものである（No.1）。この年は親鸞二百回忌にあたり、遠忌方法の実施は同時代史料からは確かめられないものの、『御文』の執筆自体が遠忌を契機としたものであろうことは疑いない。しかし、その最初の『御文』には「報恩講」（親鸞忌）に関する内容はない。

そもそも、長禄元年（一四五七）に四十三歳で蓮如が住持を継職した大谷本願寺の時代、そして寛正六年（一四六五）正月十日の比叡山衆徒による大谷破却以後、いわゆる近江流寓の時代に、「報恩講」（親鸞忌）に関する蓮如の直接的言及は残されていない。もちろん、大谷本願寺において親鸞忌が連綿と執行されていたこと自体は推測可能である。と言うのも、この時期の途絶をうかがわせる材料もないからである。

大谷破却で本願寺が消滅し、親鸞影像もまた流寓となった時期の親鸞忌の執行については、『金森日記抜』『本福寺由来記』『本福寺跡書』に記録がある。これらの史料はのちに編纂されたものであるため、扱いに注意は必要であるが、成立は戦国時代とみられ、見逃せない内容が多く含まれている。これらによれば、親鸞忌は、文正元年（一四六六）は金森、応仁元年（一四六七）は堅田、応仁二年（一四六八）は堅田大責《おおぜめ》に遭ったため再び金森で勤められている。

【史料1】『**金森日記秘**』(4)

湖東御経回之事

寛正六年ノ春大谷御退転ノ後ハ、野須・栗太ノ坊主ト門徒ヲ力ニ思召テ、金森ニ三年オハシマス、文正元年ノ御仏事、十一月ノ廿一日ヨリ金森ニテ御イトナミ候、（後略）

【史料2】『**本福寺由来記**』(5)

一、御本尊（寺）様之生身之御影像本福寺へ御下向之事、

寛正六歳大簇中旬ノ比、京都室町ニ御座アリテ、ソレヨリ今法寺へ御移リナリ、其後御座ミフヘカヘサセラレ、ヤカテ江州栗本ノ郡、安養寺カウシ坊ノ道場へ御下向アリテ、七十日ハカリ御座候ナリ、サテ赤野井ヨリ御ウシロサマニオイタテマツリ、ソノ浦ヨリ御船ニメサレ、

応仁元ノ暦交鏡《二月》（夾鏡）上旬ノ比、当所下ハ、カラサキノハマへ、御船ヲツケ申サレ、馬場本福寺道場へ御光臨ヲハシマシ、ソノ年ノ霜月廿一日ノ夜ヨリ、蓮如上人様御下向アリテ、廿八日マテノ七昼夜ノ智恩報徳ノ御仏事ノ御ツトメ、スル〳〵トナンナク、ワタラセオハシマストコロ、希代未曾有ノ御イトナミ、世上代モ中比モ、タメシスクナクコソオハシマス、ヨロコヒノナカノヨロコヒ、幸ノ中ノ幸、本懐マンソク何事カコノ一事ニ

シカンヤ、諸々ヨリ御参詣、イクラト申スカキリヲ存セス、

【史料3】『金森日記秡』(6)

御本寺御開山様ノ御影様再ヒ金森ニ御移之事

応仁二年三月堅田大責トアヒフレテ、廿九日ニハカタキノ武者、雄琴・苗鹿ノアタリヲ追払フ事アリテ、シツカナラサレハ、御影像ノ御座ヲカへ奉ラハヤト内談ス、金森ニハ用害タヨリアルトコロナレハ、カシコニ移スへ申サントテ、同初秋ノ頃、夜ニ入リテヨリ船ニ乗セ、赤ノ井ノ浜ニ着岸シ、ソレヨリ金森ニ移シヌ、霜月ノ廿一日ヨリ御仏事御イトナミ候テ、ホトナク堅田ニ御帰座アリヌ、応仁三改元文明元ノ二月十三日、堅田ヨリ大津ニ御移座ト云々、

堅田は法住、金森は道西というように、蓮如の初期の活動を支えた門徒の中核は近江の堅田・金森を両輪とする集団であった。本来は大谷本願寺で執行されるべき「御仏事」が、その両所でなされたことは本願寺門徒の歴史的研究においても大きな意味を持つ。ここで注意しておきたいのは、大谷本願寺に安置されていた親鸞影像が「生身之御影像」と意識され、その安置されるところで「御仏事」が執行されたことである。大谷本願寺は一時的になくなっているけれども、親鸞影像の前で執行されることに意味があったのである。なお、やはりここでも「報恩講」とは記されず、「七昼夜ノ智恩報徳ノ御仏事」という認識であった。門徒側の認識・表現としても注意すべき点である。

さらに**【史料3】**によれば、応仁三年（一四六九・文明改元）に親鸞影像は大津へ移されているが、関連して注目

すべき記事が『本福寺跡書』にある。【史料4】によれば、「近松殿」すなわち大津三井寺南別所に建立されたと伝えられる顕証寺において、大谷本願寺の親鸞影像が安置され、山科本願寺が開創されるまで、この「近松殿」において「御仏事」が勤められていたということである。さらに本福寺門徒が「御仏事」に対する「御頭」を勤めていたという記事も重要であるが、これは本章第二節で論じたい。

【史料4】『本福寺跡書』(7)

東山大谷殿様ニテノ十八日存如上人様ノ毎月御仏事、別テ廿八日ノ御仏事、御開山様、知恩報徳ノ御イトナミヲ、御破ノノチ、堅田へ御下向ノ已後、近松殿へヒカセラレ、野村殿様御開白、近松殿ニテノ御仏事、毎月両度ノ御頭ヲ、野村殿様へヒカセ、ツトメサセラレタマヒオハリヌ、

去程ニ東山大谷殿様ニテ、毎年五月廿八日ノ御開山聖人様ノ御頭ヲ往古ヨリ退転ナクツトメ行申ス処ヲ、大谷殿様破サセタマヒテ已来、近松殿へヒカセラレ、毎月両度ノ御講各々ツトメキタレリ、シカルニ野村殿様御建立アリテ、近松殿ニテツトメサセラレシ御講コト〳〵クヒカセラレ、東山大谷殿様ニテノコトク、野村殿様ニテ勤行セラレケル、(後略)

蓮如はその後、文明三年(一四七一)に北陸へ下向し、七月二十七日に越前国吉崎において坊舎を構えた。以来、文明七年(一四七五)八月に吉崎を退去するまで、活動場所を北陸とすることになった。しかし、大谷本願寺の親鸞影像は大津の近松顕証寺に置いたままであった。【史料4】の内容も考え合わせれば、吉崎御坊は本願寺ではなく、蓮如があくまで隠行のかたちをとり下向したものと考えられるのであるが、吉崎の蓮如のもとへは、門徒と

なった北陸の民衆が次第に群集することになった。

2　吉崎時代

さて、蓮如の『御文』における「報恩講」文言の初見は、文明五年（一四七三）十一月二十一日付『御文』（帖外）である（No.4）。

【史料5】文明五年十一月二十一日付『御文』(8)

抑、今月廿八日ハ、忝モ聖人毎年ノ御正忌トシテ、于今退転ナク、ソノ御勧化ヲウケシヤカラハ、イカナル卑劣ノモノマテモ、ソノ御恩ヲオモンシマフサ《ソ》ヌ人、コレアルヘカラス、シカルニ予、去文明第三ノ暦夏ノ比ヨリ、江州志賀郡大津三井ノフモトヲ、カリシメナカライテシヨリコノカタ、此当山ニ幽栖ヲシメテ、当年文明第五ノ当月ノ御正忌ニイタルマテ、存命セシメテ、不思議ニ当国加州ノ同行中ニソノ縁アリテ、同心ノヨシミヲモテ、カタノコトク両三个度マテ、報恩謝徳ノマコトヲイタスヘキノ条、悦テモナヲ喜ヘキハ此時ナリ、依之、今月廿一日ノ夜ヨリ、聖人ノ知恩報徳ノ御仏事ヲ、加賀・越前ノ多屋ノ坊主達ノ沙汰トシテ、勤仕マフサル、ニツイテ、マツ心得ラルヘキヤウハ、イカニ大儀ノワツラヒヲイタサレテ、御仏事ヲ申ルトイフトモ、当流開山聖人ノス、メマシマストコロノ、真実信心トイフコトヲ、決定セシムル分ナクハ、ナニノ篇目モアルヘカラス、（中略）マツ他力ノ大信心トイヘル事ヲ決定シテノウヘノ仏恩報謝《盡》トモ師徳報謝トモ申スヘキ事ナリ、（中略）コノ一七个日ノアヒタノ報恩講ノウチニオイテ、信不信ノ次第分別アラハ、コレマコトニ自行化他ノ道理ナリ、別シテハ聖人ノ御素懐ニハ、フカクアヒカナフヘキモノナリ、

于時文明第五霜月廿一日

書之

まず、この『御文』の文面から、吉崎に移った後も親鸞の「御正忌」は勤められていたことがうかがえる。そのことはNo.2・3からも確かめられる。

続いて文面半ばでは「報恩謝徳ノマコト」「聖人ノ知恩報徳ノ御仏事」と記されているが、最後に「コノ一七个日ノアヒタノ報恩講」とある。ここに「報恩講」という表現が出てくる。明確に親鸞の「御正忌」を指して「報恩講」と呼ぶ史料上の初見である。

また、この『御文』において、「報恩講」の意義が説かれている。それは「開山聖人」すなわち親鸞の勧める「真実信心」「他力ノ大信心」を決定することが何よりも大事で、その上での「仏恩報尽・師徳報謝」だという。しかし、この「信心決定」がなかなかできないので、この「報恩講」中に「信・不信ノ次第」の分別をすべきだと説くのである。

本章冒頭で紹介したように、遠藤一氏は文明五年（一四七三）の「報恩講」を「信・不信の分別」の場と指摘する。それはそのとおりであるが、これにより「門徒の信心の正邪の審判を本願寺宗主の専権事項とする方向が生まれた」とまで言うところは疑問である。蓮如は「報恩講」に参詣する人びとのなかに「信・不信ノ次第」が問題化する実態を歎きながら、「分別」を門徒に対して求めているのではないだろうか。遠藤氏はまた「報恩講」の意義を「宗祖の教えを直接に聞きながら「信・不信の分別」を弁える場＝自信を問う場」とも説明する。これをうければ、本願寺住職（宗主）による審判の場と言うよりも、門徒自身が問う場として考えたほうが意義深い。

何よりも蓮如自身が、「報恩講」の意義を「信心決定」「報恩謝徳ノ御仏事」と示していくわけである。この確かめこそが重要なところである。蓮如は実際に、これ以降も「報恩講」＝「開山聖人御正忌」とした上で、そこでの「信心決定」こそが、親鸞への「報恩謝徳」であると繰り返し強く説いていく（No.5〜11）。

以上から、文明五年（一四七三）「報恩講」に一つの画期があることは確かめられよう。しかし、なぜ文明五年（一四七三）なのか。理由は判然としないが、状況としては、この「報恩講」直前の十月に、いわゆる「多屋衆御文」が出されている。蓮如はこの年、吉崎周辺の不穏な動きを避けて藤島に一時退避したが、門徒衆の意向もあり吉崎に戻ってきている。つまり、次第に一向一揆の機運が高まるなかでの『御文』であることが注意される。蓮如が「信心決定」こそ門徒の肝要と説くにもかかわらず、翌文明六年（一四七四）には加賀文明一向一揆が勃発することになるのである。遠藤氏が言うように、多屋内方の信仰姿勢への批判が込められていることは確かであろう。

文明五年（一四七三）に蓮如が『正信偈』『和讃』を開版していることも、関連する大きな画期である。それまでの本願寺では六時礼讃を勤行に用いていたとも言われるが、これ以降、勤行の中心に親鸞の著した『正信偈』『和讃』が据えられたのは、宗祖を親鸞とする教団であることの確かな儀式的表明である。

繰り返すように、吉崎御坊は本願寺ではない。しかし、その吉崎時代に「報恩講」が明確化され、教団の中心法要となっていく決定的段階を迎えたと考えられる。それを促したのは、一向一揆を含む北陸門徒の歴史的状況であった。門徒民衆の実態から突きつけられた現実に対して、蓮如は、自ら形成した本願寺「教団」においていかなる信仰儀礼が必要か、否応なく考えさせられることになったのであろう。その一つの答えが「改悔」ということになるのである。続いて、吉崎退去後、出口逗留期を経て山科に建立・再興された本願寺において、教団の中心法要に位置付けられた「報恩講」が、信仰儀礼としてどのように再編成されたかを問題にしていきたい。

3　山科時代（蓮如期）

文明七年（一四七五）八月、蓮如は吉崎を退去し、畿内を経廻して河内国出口に入った。ここに坊舎（のちに光善寺）を構えて畿内で再び活動を始めた。この年の報恩講は出口坊で勤められたと考えられるが、そこで著した『御文』がNo.9である。

【史料6】文明七年十一月二十一日付『御文』(9)

（前略）今月廿八日ノ御正忌七日ノ報恩講中ニヲヒテ、ワロキ心中ノトヲリヲ改悔懺悔シテ、ヲノ〳〵正義ニオモムカスハ、タトヒコノ七日ノ報恩講中ニヲイテ、足手ヲハコヒ、人マネハカリニ報恩謝徳ノタメト号ストモ、サラニモテナニノ所詮モアルヘカラサルモノナリ、（後略）

この『御文』は「タトヒ牛盗人トハヨハルトモ」で知られる『五帖御文』三帖目第十一通であるが、「ワロキ心中」を「改悔懺悔」し「正義」におもむくべしとするところに、吉崎退去をめぐる歴史的背景がうかがえよう。ここに「改悔」という表現が登場してくる。ただし、遠藤氏が言うように、この段階では「改悔」儀礼はまだ本格化しない。大谷本願寺の親鸞影像が近松殿（顕証寺）に預けられたままだったからである。

続いてNo.10・11は、いわゆる「御俗姓」の内容を持つ『御文』である。この段階で「御俗姓」を著した背景を推測すれば、それは山科建立に向けた朝廷・幕府との折衝において、あらためて宗祖親鸞の出自（俗姓）等を強調する意味があったものと考えられる。No.10（文明九年・一四七七）とNo.11（文明十一年・一四七九）には若干の文面の相違があるが、相違点の背景にある最大の状況変化は、文明十年（一四七八）に蓮如が出口を出て山城国山科に入り、翌年から本願寺再興に向けた造作に取り掛かったことである。№11には「今月聖人御影前参詣之儀ハ」とあり、親鸞影像の前への参詣が明記されている。

文明十二年（一四八〇）、ついに山科本願寺御影堂が完成し、近松顕証寺から「根本之御影像」（大谷本願寺の親鸞影像）を迎えて堂内に安置した。そして同年十一月二十一日から再興を果たした本願寺御影堂において「報恩講」が勤められたのである。

【史料7】文明十二年十一月二十一日付『御文』(10)

夫当所者、宇治郡山科郷小野庄野村西中路也、然者、於此在所有何《ナル》宿縁不思議、文明十年之春比、一宇坊舎ヲタテ、其後アクル同キ文明十二歳二月初比ヨリ、御影堂ヲ如形柱立ハカリ志ストコロニ、（中略）無程造立シテ、既ニ当月十八日ニハ根本之御影像ヲ奉移畢、（中略）而今月廿八日ハ、祖師聖人之御正忌トシテ毎年之例時、信不信ヲイハス、道俗男女門下之類、此御正忌ヲシテ本トスル事、于今無其退転、（中略）於毎年自往古、此一七个日之間、如形一味同行之沙汰トシテ、為報恩謝徳、無二之丹誠ヲコラシ、勤行之懇志ヲヌキイツル処也、然ニ此七个日報恩講之砌ニ当テ、門葉之類来集スル事、於于今無退転、（中略）然則、不信心之行者ニ於テハ、此一七个日之報恩講中ニ於ゝ、御影前ニアリテ改悔ノ▨▨意ヲオコシテ、相互ニ信不信之次第ヲ懺悔セハ、誠以報恩謝徳之本意ニ達スヘシ、（中略）依之、此一七个日報恩講之砌ニ於テ、未安心之行者ハ、スミヤカニ真実信ヲ決定セシメテ、一向専修ノ行者トナラン人ハ、誠以今月聖人之御正忌之可為報恩謝徳者也、穴賢々々、これは蓮如が山科本願寺において記念すべき「報恩講」の初日に著した『御文』（No.12）である。山科建立による本願寺再興（No.13も関連）、「根本之御影像」（「性本之御影像」とする『御文』もある）の移座、往古からの「報恩講」不退転を説いた上で、この七日間の「報恩講」中に「不信心之行者」は「御影前」において「改悔懺悔」し「信心決定」して「一向専修之行者」になることが「聖人之御正忌」における本当の「報恩謝徳」であるという。その裏側には、親鸞の教えにないことを主張する輩がかたちばかりの報恩講参詣をする実態のあることへの危惧も込められているが、何よりも門徒にとっての「報恩講」、宗祖親鸞への「報恩謝徳」は、「改悔懺悔」による「信心決定」であることが明確に定められたことが重要である。門徒民衆からの方向性を持つ信仰儀礼が採用されたことの意義はきわめて大きいと考えられる。

その後、文明十四年（一四八二）ごろにかけて連続して出された「報恩講」関係『御文』では、蓮如はしきりに「改悔」を門徒に勧めているが、注意してみると、「改悔廻心」「改悔・廻心懺悔」として「毎日毎夜カタルヘシ」と促している（No.14・15）。「廻心」という表現が加えられていることが重要で、さらにそれが「改悔」によりもたらされるという論理である。

ところで、文明十五年（一四八三）、阿弥陀堂の瓦葺もなり山科本願寺が完成に至ると、「改悔・廻心」を促す内容に加えて、掟文言が入るようになる。いわゆる「報恩講」参詣掟（No.16〜20）である。『五帖御文』の四帖目第六〜八通（No.16・18・19）がこれに相当し、後々にも重視された内容である。掟には三・六・七・八か条が見受けられるが、まず、文明十五年（一四八三）の三か条（No.16・四帖目第六通）の内容を見ると、掟の前提として、「報恩講」に参詣して「報恩謝徳」の「懇志」を運び、「廻心懺悔」をすることの重要性を説いた上で、①仏法を棟梁し、物知り顔でえせ法門をするな、②京都本願寺御影前への参詣中に仏法のことを顕露にするな、③人から尋ねられても当流の念仏者と答えるな、という内容である。この三か条の掟は、世間に対して本願寺門徒であることを顕著に見せてはならないということが主眼で、大桑斉氏はこれを「信心内心不表外相」と捉え、「山科本願寺造営が終わったとき、このような念仏者の姿が求められた」と言う。(11)さらに大桑氏は、この『御文』（No.16）末尾の「コノ両三年ノアヒタ報恩講中ニヲイテ、衆中トシテサタメヲクトコロノ義」に注目して、この掟が「山科本願寺の報恩講に集う人々によって制定」されたものであると指摘した。また、掟を破れば「ナカキ世開山聖人ノ御門徒タルヘカラサルモノナリ」と、すなわち教団からの追放処分の文言も添えられているが、いずれにせよ「衆中トシテ」「衆中ニヲイテ」という文言があるように、本願寺側からの一方的な制法という性格ではなく、教団を構成する門徒民衆の世界と、そこからの方向性をうかがわせるものである。

「報恩講」掟『御文』は毎年出されて内容が次第に増補されていく。文明十七年（一四八五）の八か条（No.19・四帖目第八通）になると、①参詣道中に当流仏法者としての姿を見せるな、②当流の教えにない内容を語るな、③七日間の報恩講で改悔懺悔し信心獲得して帰国すべし、④真実信心に基づき心中をありのままに語ること、⑤信心不足の坊主が門徒同朋の信心一筋に腹を立てるのは言語道断、⑥坊主は酒を飲みすぎるな、⑦信心決定の人も同行会合の際に尋ね合えば真宗繁昌、⑧当流の信心決定は南無阿弥陀仏の六字の姿、という内容となる。参詣道中における世間への対応のみならず、「報恩講」中における振舞についても掟化しているのが特徴である。掟を定めざるをえないところに、参詣者の実態もうかがい知れるが、一方で、それだけ「報恩講」参詣が繁昌していたということでもある。その背景の一つには、この時期、佛光寺経豪（興正寺蓮教）とその一派の本願寺教団参入に代表される諸派参入がある。それまで拡散的に展開していた真宗諸門流が蓮如の山科本願寺を本山と認め、その教団傘下への参入を果たしていく傾向が認められる。それは教団規模の拡大であるとともに、教団内にさらに多様な信仰実態を生じさせるものでもあった。そうした多様性を持つ門徒を教団傘下に組み込んでいく際、最も重要な結集核として宗祖親鸞の「御正忌」「報恩講」が教団の中心法要として位置付けられ、整備されていったのである。

4　小結

蓮如は本願寺「教団」を形成していくなかで、宗祖＝親鸞であることを明確にしつつ、その忌日法要を「報恩講」とし、教団の中心法要としていった。歴史的段階としては、吉崎時代に一向一揆への機運という状況を背景としながら、報恩「講」を門徒の信仰儀礼として確立し、山科時代に本山本願寺における中心法要として整備し、門徒が行なう重要な信仰儀礼として「改悔」を設定した。門徒には必ず「報恩講」に参詣するよう促し、そこで重要なことは人まねのかたちばかりの参詣ではなく、それぞれの信心決定が宗祖親鸞への報恩謝徳であると説いた。「開山聖人之御正忌」＝「報恩謝徳之御仏事」こそが蓮如の「報恩講」観であったということができる。

第二節　本願寺「報恩講」における門徒民衆

本節では、前節での検討をふまえながら、本願寺「報恩講」における門徒民衆の位置について検討したい。問題視角としては、蓮如による本願寺「教団」形成は民衆を門徒として教団の正式な構成員に組み込む画期的な集団形成であったと捉える戦国期宗教勢力史論[12]が前提にある。本願寺「教団」における門徒民衆は、教団から一方的に教化され救済される対象ではなく、また教団により一方的に収奪される経済基盤でもなく、主体的かつ行動的に「教団」の基本活動に関わることができる存在であった。

「教団」の基本活動に関わり、その中心的信仰儀礼にはすべての教団構成員が参加するものであるとすれば、本願寺「報恩講」に門徒民衆がいかに主体的・行動的に参加できるかという点が問題となる。すでに、文明五年（一四七三）の「報恩講」は「多屋ノ坊主達ノ沙汰トシテ勤仕」（No.4・【史料15】）とあり、また山科本願寺時代においても「報恩講」掟が「衆中トシテ」（No.16）定められていることから、「報恩講」に門徒の主体的な信仰儀礼としての性格があることは確かである。もちろん、その一方で「報恩講」の儀式的全容を考えてみると、本願寺の中枢部である宗主・一家衆・御堂衆らが独占する儀式もあるが、それは次章の課題として、本節では門徒に焦点を当てることにしたい。

山科本願寺時代における「報恩講」の一日の流れは、

朝勤（晨朝）―斎―日中―非時―斎頭人勤行―逮夜―非時頭人勤行―讃嘆（改悔）

というものである（実如期の後半には斎・非時頭人勤行を讃嘆の前後に変更）[13]。法要の基本型は前日夜の逮夜、当日の朝勤（晨朝）、そして日中のいわゆる三時法要である。「報恩講」においては、もちろんそれらが軸なのであるが、門徒参加の視点からすれば、その前後にある儀式にも注目する必要がある。すなわち、斎・非時、斎・非時頭人勤行、そして讃嘆（改悔）である。

1　改悔

まず、前節でも検討した「改悔」をとりあげ、次に、斎・非時に関する問題を論じる。

【史料8】文明十四年十一月二十一日付『御文』(14)

（前略）所詮今月報恩講七昼夜ノ内ニヲヒテ、各々ニ改悔ノ心ヲヲコシテ、我身ノアヤマレルトコロノ心中ヲ心底ニノコサスシテ、当寺ノ御影前ニヲヒテ、廻心懺悔シテ、諸人ノ耳ニキカシムルヤウニ、毎日毎夜ニカタルヘシ、（中略）コレソマコトニ今月聖人ノ御忌ノ本懐ニアヒカナフヘシ、コレスナハチ報恩謝徳ノ懇志タルヘキモノナリ、（後略）

これは『五帖御文』にも所収の『御文』（四帖目第五通）であるが、ここに改悔の意味が端的に示されている。すなわち、「報恩講」中に参詣の門徒が行なう信仰儀礼であり、それぞれ改悔の心を起こして、自身の誤った心中を山科本願寺御影堂に安置される宗祖親鸞の「御影前」において廻心懺悔し、ほかの人びとに聞かせるように毎日毎晩語るものである。それが、宗祖親鸞への報恩謝徳の懇志になるというのである。

「改悔」は、厳密に言えば「報恩講」以外でも執行されたが、ここでは「報恩講」改悔にしぼり考えたい。

前節でも述べたように、蓮如が「改悔」という信仰儀礼を設定した背景には、北陸における門徒民衆の実態があった。彼らは主体的に行動する性格を帯び、時に一向一揆を起こしたが、その根底には戦国社会を生きていく上においての、宗教的な救済への希求があったものと考えられる。大桑斉氏は「一向一揆の人々が、一揆せざるをえない業縁に泣いたとき、それこそ救済の機であるという本願に出会い、そこから懺悔が起こるのであろう。山科本願寺の報恩講における改悔出言の儀礼化は、そうした一揆の人々の内から湧きあがったものを、蓮如が巧みに捉え返した」と言う(15)。まさしく「改悔」は、救済希求を声に出していきたい門徒の現実を見据えた蓮如が、その声を聞き取り、信仰儀礼化したのである。門徒民衆の能動性を前提とする信仰儀礼と言い換えてもよい。

八か条の「報恩講」掟のなかに、「近年仏法ノ棟梁タル坊主達、ワカ信心ハキハメテ不足ニテ、挙句門徒同朋ハ信心ハ決定スル」（No.19）とある。それがどこまで実態であるかは別の問題として、僧侶の信心不足に対して、門徒の信心決定が言われるのは、「改悔」に積極的に取り組んだのが門徒民衆であったということにもなろう。「報恩講」掟ではまた、参詣道中での多言を戒めているが、その分、「御影前」においては徹底的な改悔出言をすることになった。いずれも門徒民衆の能動性を示唆するものとして捉え返せる。

それでは改悔儀礼はどのようにして執行されたのか。よく知られている史料の内容を次に掲げる。

【史料9】『山科御坊事幷其時代事』第二八条(16)

一、太夜過てハ、坊主衆・御堂衆はかまハかりにて手に蠟燭をともし持て、御堂衆同前に人をこと〳〵くえらひ出され、御堂の庭にも人一人もなく、御門を打て閑に候つる、さて聴聞に望なる人ハ縁々に五人・三人、後に仏前に被出候間、人多みえ候時も百人とも候ハす候、五・六十、七・八十人か多勢の分にて候間、坊主衆斗一人つゝ、改悔せられ、一心のとおり心しつかに被申、惣の衆五人か十人か後、終に被申間、殊勝なる改悔にてたふとく候つる、聴聞の衆も耳によく入候き、談合は五時まて、果候て日没ハあり、七日の間かくのことし、廿八日には如常日没あり、

【史料9】は天正三年（一五七五）の成立で、著者は蓮如十男実悟である。大坂本願寺において山科本願寺時代を回想しながら記した内容である。改悔儀礼は、逮夜法要の後、堂内で粛々と行なわれたようで、坊主衆・御堂衆が袴を着して手に蠟燭を持ち、改悔出言者ら全員が堂内に入り御堂の庭には一人もおらず、門も閉ざされ静かであっ

たという。改悔出言者は多い時でも百人で、五十人から八十人がせいぜいであったという。それでも十分に多いとは思えるが、坊主衆は一人ずつ心静かに改悔出言を行ない、門徒衆も五人から十人ほど改悔出言し、殊勝なる改悔で尊いものであったという。七日間の「報恩講」中における信心決定の信仰儀礼として「改悔」が常に執行され、それは静粛なものであったことが伝えられている(17)。

ところが、これもよく知られているように、実悟が「享禄の錯乱」後の教団追放から赦免されて戻った大坂本願寺における「改悔」は驚くべきことになっていた。

【史料10】『山科御坊事幷其時代事』第三一条(18)

一、此近年天文以来まいり候て報恩講にあひたてまつり難有候、聴聞申候に、讃嘆ハしまり、改悔五人三人被申歟とおもへハ、兎角して一度に五十人百人大声をあけてよはゝりあけて被申時ハ、興さめてきもゝつふれ、たふとけもなく候、喧嘩なとも出来候歟ときゝなし候事古へなき事にて候、古ハ縁のはし庭より一心の改悔を申候ハ、曲言とて申させられす、生後の一大事の中事なと、縁からや庭からや垣こし物こしに申事、成敗候き、今ハ庭の聴衆千万人居ならへ申させられ候事、無勿体事にて候、（中略）京にて人のきゝて語候ハ、大坂にて安心を申すとて、大声をあけてわめきいふとても、これにて仏に成、と本願寺にハいひひろめられ候か、おかしき事を沙汰候、とわらひ申候事とて候、（後略）

改悔讃嘆を聴聞しようとした実悟が、三〜五人の改悔かと思えば一度に五十〜百人が大声で叫ぶもので、興ざめして非常に驚き、尊さもなかったという。庭にまで多くの聴衆がいた様子で、山科本願寺時代とは人数規模が違い、心静かに信仰告白をするような雰囲気はなく、京のうわさでは、「安心を申す」と申して大声でわめいただけでも、本願寺は「これにて仏に成」（救われる）と言いひろめているらしいが、おかしなことだと笑われている、と記す。(19)

信仰儀礼の静粛さと根本的な内容が崩壊している点では、教団の規模が拡大したがゆえの陥穽とも言えようが、救済を希求する強い信仰力を持つ門徒民衆の姿を示すものと見ることにも意味はある。信仰の内実・実態はともかく、こうした信仰儀礼を通して、本願寺教団が門徒民衆を組み込んでいったことは確かである。

2　斎・非時

門徒民衆の「報恩講」参加を考える上でまた重要な行事が斎・非時である。

斎とは僧家の食事（午前食）のことである（仏事・法要そのものを指して用いられることもある）。非時は本来、僧が食事をしてはならない時を意味したが、のちに斎（午前食）だけでなく、午後にも出されるようになった食事の呼称となった。戦国期の本願寺では、上山した坊主衆・門徒衆が、各種法要における斎・非時に関して「頭人《とうにん》」として調進するのが日常風景であった。ところが、斎の研究も多くはなく、かつて佐々木孝正氏が「共同飲食の場」としての斎の性格には注目したが、民俗学的な概略把握にとどまるものであった。(20)

この斎頭役の勤仕を教団の組織体制と結び付けて論じたのが早島有毅氏である。(21)早島氏は「報恩講」のみならず本願寺教団の年中行事における斎頭役の勤仕状況を見渡して検討し、それが本願寺の収納組織として制度化され、坊主衆・門徒衆は本願寺との直参関係を軸として役勤仕したと言う。門徒が斎頭人となり本願寺における宗教役を勤める組織体系は、番衆制度と並び戦国期本願寺教団の組織的根幹をなすものである。(22)これにより、門徒と本願寺の間に宗教的紐帯が結ばれ、教団の結束力を強固にした。この点についてはもちろん、本願寺住職（宗主）から門徒に至るまで、儀式に関わった人びとが同座して食事をする「共同飲食の場」という性格とも連関するものである。

斎頭役を媒介とする本願寺と門徒の宗教的紐帯がいつから始まったかについては判然としない。ただ前掲**【史料4】**では、近江本福寺門徒団が大谷本願寺時代から毎年五月二十八日の親鸞月忌における頭役を勤めており、親鸞影像が近松顕証寺に移座後も、そして山科本願寺に移座後も、変わらず勤めていると伝えられている。

「報恩講」の斎・非時については延徳元年（一四八九）の次第を次の史料が伝えている。

【史料11】『第八祖御物語空善聞書』第一〇～一三・一七・一九・二〇条[23]

一、同元年十一月廿一日夜ヨリ報恩講ノ次第、
一、廿二日朝ノ御時（斎）、浄恵・福田寺・誓願寺、夕部ハ慶乗、御式ハ御坊様、御念仏ハ上様、
一、廿三日御時（斎）、本遇寺、夕部ハ浄願ノ衆、御式ハ今小路殿ナリ、
一、廿四日御時（斎）、道顕、夕部ハ仏照寺、夜ルノツトメスキテ、福田寺ノ福松・才松トカミヲソル、（中略）
一、廿五日、出口対馬、夕部、吉野衆、御式ハ上様、仏光寺殿、時（斎）ニメシケリ、（中略）
一、廿六日、大和祐淳、夕部ハ美濃尾張両国、御式ハ御坊様、御念仏ハ上様、
一、廿八日、御黙（点）心ト御時（斎）ノアヒタニ、五時ヨリ四時半マテ、御式ハ上様、御念仏御坊様、御荘厳ハ五具足、
真ニハアヒオヒノ松、菊ミヤマシキヒ、下草ハ水仙花、イツレモ上様ノ御タテ候、

蓮如の常随弟子の一人であった空善の聞書をのちにまとめたものであるが、たとえば二十二日午前中の斎頭役は浄恵・福田寺・誓願寺の近江衆が勤め、非時（夕部）頭役は慶乗が勤めたと記録されている。この担当は事情によ

り変更されることはあったが、無作為なものではない。たとえば二十六日の非時頭役は、天文四年（一五三五）にいたっても美濃・尾張衆が勤め続けている（『私心記』同条）。

ところで、早島氏は斎頭人による調進を宗教的役勤仕として検討したが、彼らによる頭人勤行については正式勤行でなく練習的読経とした。しかし、頭人勤行とは斎・非時を担当負担した坊主衆・門徒衆の代表が願人となって調声する勤行のことで、のちの「石山合戦」期においても天正七・八年（一五七九・八〇）の頭人勤史料が残っている[24]。それを見る限り、一向一揆や戦乱で上山できない坊主衆・門徒衆に代わって御堂衆が調声をしていることが判明する。これはすなわち、練習的読経の類ではなく、中止することのない儀式なのであり、頭人勤行もまた「報恩講」の正式行事であることを示している。前述のように、実如期後半には、「報恩講」の一日の流れに少し変更が生じており、その変更点は斎・非斎頭人勤行の位置であった[25]。

朝勤（晨朝）―斎―日中―非時―逮夜―斎頭人勤行―讃嘆（改悔）―非時頭人勤行

斎・非時の位置はその性格上、変えられないが、坊主・門徒の役割が大きい儀式が逮夜後にまとめられたとも考えられる。

稲城正己氏によれば、「報恩講」の中心儀礼は日中法要の式文拝読であり、そこでは宗主（またはその代行者）が主宰者であるが、斎・非時では坊主・門徒側が主宰者になるという[26]。また坊主・門徒が主宰者となる斎・非時も「報恩講」の重要行事と捉えることで、「報恩講」儀式の多重性とその特徴が明らかになってくる。参加者それぞれが主宰者となれるところに、「報恩講」の儀式的性格があると言えるのである。

むすびにかえて――報恩「講」と実如期の一断章

本章では、本願寺蓮如が親鸞を宗祖とする「教団」を形成していくなかで、教団の中心法要として「報恩講」を確立していったことを確かめた。

「報恩講」名称の確立が、本願寺のない北陸吉崎時代に求められることについては、そこで蓮如が門徒民衆とともに取り組んだ信仰活動との関係も考えられる。すなわち、門徒民衆がさまざまな活動の場とした講・寄合における信仰実践である。中世真宗の講については、その存在を疑問視する見解、寄合にその実態が見られるという見解など、議論がある(27)。しかし、いずれにせよ、蓮如は門徒民衆の信仰確立の場として「講」を汲み上げ、もともとは「報恩の講式」から展開している「報恩講」という名称に、報恩「講」の意味を重ねていったものと捉えることができるのではないだろうか。

蓮如はそれを、山科における本願寺再興において、式文拝読と「改悔」という儀式体系を重ね合わせた「報恩講」として教団の中心法要に据えたのである。

ところで、そうは言っても、蓮如期の「報恩講」については、前掲の**【史料11】**のような断片的内容以外に、儀式自体の実態を明らかにするものはない。蓮如の後を継ぎ本願寺「教団」を大成したとされる実如の時代についても同様に、「報恩講」儀式の全容を示す史料は見出されていない。しかし、前述のように、実如期に儀式の強化があるとするならば、「報恩講」についてもさらに研究していく必要がある。そこで、『永正十七年元旦ヨリ儀式』にある「十一月御正忌」の記述を見ておこう。

【史料12】『永正十七年元旦ヨリ儀式』(28)

十一月御正忌　廿一日御逮夜ヨリノ躰

ウチシキハ毎年御定リ候キンラン、水ヒキハチヤ《(茶)》ノモンシヤ、五カサリノ香炉ヲウヘ《香ハンノ》ニアケヲキ、アホ香炉ヲシタニヲキ候、サテ廿二日御日中ヨリ、アホ香ロヲ香ハンヘアケ、コトウヲシタニサケ候、サテ御頭人ノ御ツトメハ、御時《(斎)》ノハタ《ユミ》サリ六ノ時分ニ仕ラレ候テ、其マ、御讃嘆御座候、和讃三首也、又正信偈ヲ中ヒヤウシニ、イカニモカロクハヤクスヘシト永正十六年ヨリ被仰出候、サテ御ヒシ《(非時)》ノ御ツトメハ御讃嘆スキ、。申サレ《御ツトメヲ》候テ人ヲ被出候、又通夜ノサマヲ入候時ハ、衣ヲ着シナカラ入申、廿五日ノ朝ヨリ興正寺殿ナイチンヘ御参候テ、御ツトメ御沙汰候、南ノ中ホトヨリササケ申候テ、和讃ツクヘヲオキ、同サハ《小ヲ》リマテ用意申、御ラツソクハ少ヲ一方《北》二立申、御ウカ、ヒ候テ御申、焼香アリ、

「報恩講」という表現が見えない意味も考えなくてはならないが、ここでは、頭人勤行が明確に讃嘆（改悔）の前後に置かれ、さらに和讃三首・正信偈を中拍子で軽く早くするよう永正十六年（一五一九）に定められたとする点が注意される。この年は一門一家制度の制定など教団体制全体の強化がなされている時期であり、儀式強化も確かに連動することが判明する。それとともに、頭人勤行における正信偈の読み方にまで細かな指示がなされていることが重要である。正信偈勤行の定着度がうかがえよう。そのほか、願得寺実悟の『山科御坊事并其時代事』にも実如期「報恩講」の情報が断片的に見られる（第五〇～五二・五六条など）(29)。ただ、それが証如期に至ると儀式のさらなる充実ぶりを記すとともに次第に変容していくとも、実悟は歎くのである。

注

（1）　青木忠夫「戦国期本願寺報恩講「改悔」に関する一考察」（『仏教史学研究』第三七巻第一号、一九九三年。のちに『蓮如大系』第三巻〈法藏館、一九九六年〉再録、青木忠夫『本願寺教団の展開 戦国期から近世へ』〈法藏館、二〇〇三年〉第四部第一章）。
（2）　遠藤一「本願寺報恩講確立と蓮如の宗教活動――文明十二年報恩講の歴史的意義――」（徳永大信編『蓮如上人の総合的研究』、永田文昌堂、一九九七年）。
（3）　金龍静『蓮如』（吉川弘文館歴史文化ライブラリー、一九九七年）ほか。
（4）　『真宗史料集成』（以下『集成』と略称）第二巻（同朋舎出版、一九九一年改訂版）七〇二頁。『大系真宗史料』（以下『大系』と略称）文書記録編3「戦国教団」（法藏館、二〇一四年）二三〇頁。
（5）　『集成』第二巻六六九頁。『大系』文書記録編3二三六頁。
（6）　『集成』第二巻七〇二―七〇三頁。『大系』文書記録編3二三一頁。
（7）　『集成』第二巻六三二頁。『大系』文書記録編3一六四頁。
（8）　『集成』第二巻一六九―一七〇頁「諸文集（42）」。『大系』文書記録編6「蓮如御文」（法藏館、二〇〇八年）一〇頁。
（9）　『集成』第二巻二一四―二一五頁「諸文集（91）」。『大系』文書記録編6一九九―二〇〇頁。
（10）　『集成』第二巻二四二―二四三頁「諸文集（120）」。『大系』文書記録編6三六―三七頁。
（11）　大桑斉『戦国期宗教思想史と蓮如』（法藏館、二〇〇六年）第二編「御文の思想史」第六章「四帖目における救済と掟」。
（12）　拙稿「戦国期宗教勢力論」（中世後期研究会編『室町・戦国期研究を読みなおす』、思文閣出版、二〇〇七年）。
（13）　『山科御坊事幷其時代事』第二六条（『集成』第二巻五四七頁、『大系』文書記録編13「儀式・故実」〈法藏館、二〇一七年〉二二三頁）。
（14）　『集成』第二巻二四七―二四八頁。
（15）　前掲注（11）大桑著書第二編「御文の思想史」第五章「一向一揆と六字釈」補論「山折哲雄「悪と往生」との関連

から」。

(16)『集成』第二巻五四八頁。『大系』文書記録編13二三頁。

(17)『山科御坊事幷其時代事』第二八条、さらに『本願寺作法之次第』五八条（『大系』文書記録編13五三頁）も同様の問題を伝える。

(18)『集成』第二巻五四八頁。『大系』文書記録編13二四頁。

(19)『山科御坊事幷其時代事』第三二条のみならず、第三一〜三四条、『本願寺作法之次第』第五八条も関連（『大系』文書記録編13二四—二五・五三頁）。

(20)佐々木孝正「本願寺教団の年中行事」（『日本仏教学会年報』第四三号、一九七八年。のちに佐々木孝正『仏教民俗史の研究』〈名著出版、一九八七年〉所収、『親鸞大系』歴史篇第八巻「戦国期の真宗教団」再録）。

(21)早島有毅「戦国期本願寺における「頭」考——勤仕の性格と問題情況——」（『真宗研究』第二六輯、一九八二年。のちに『蓮如大系』第三巻再録）。

(22)草野顕之『戦国期本願寺教団史の研究』（法藏館、二〇〇四年）序章。

(23)『集成』第二巻四二〇—四二二頁。『大系』文書記録編6「蓮如法語」（法藏館、二〇〇八年）。

(24)青木忠夫「本願寺顕如筆「讃頭」関係文書考——永禄・天正期年中行事——」（蓮如上人研究会編『蓮如上人研究』、一九九八年。のちに同『本願寺教団の展開——戦国期から近世へ——』〈法藏館、二〇〇三年〉第二部第一章）

(25)前掲注(13)『山科御坊事幷其時代事』第二六条。

(26)稲城正己『〈語る〉蓮如と〈語られた〉蓮如——戦国期真宗の信仰世界——』（人文書院、二〇〇一年）。

(27)草野顕之「蓮如の教団意識について——講を中心に——」（『龍谷大学仏教文化研究所紀要』第三一集、一九九二年。のちに草野顕之『戦国期本願寺教団史の研究』〈法藏館、二〇〇四年〉第Ⅰ部第四章）。

(28)大谷大学博物館（粟津文庫）蔵、『大系』文書記録編13一〇—一一頁。

(29)『集成』第二巻五五二—五五三頁。『大系』文書記録編13二九—三〇頁。

【表1】「報恩講」関係『御文』

No	発給年月日	部類	文面（冒頭・抜出）・内容	備考（内容補足）	出典
1	寛正2年（一四六一）3月　日	帖外1	当流上人ノ御勧化ノ信心ノ一途ハ、（中略）当流ニタツルトコロノ一念発起平生業成トマウスモコノココロナリ……	最初の御文。当年は親鸞二百回忌に相当（執行を示す同時代史料はないが、三月引上なら日付が合致）。	『真宗史料集成』第二巻（以下「集成」）1
2	文明4年（一四七二）11月27日	1帖4通	抑親鸞聖人ノ一流ニオイテハ、平生業成ノ儀ニシテ来迎ヲモ執セラレサフラハヌヨシ、（中略）下至一念トイフハ信心決定ノスカタナリ、上尽一形ハ仏恩報尽ノ念仏ナリ……	参考。吉崎時代。大逮夜に読み聞かせられたものであろう。問答形式で平生業成・不来迎・正定聚などの意を指し示し、最後は「仏恩報尽の念仏」を確かめる。	集成19
3	文明5年（一四七三）10月3日	帖外16	抑去文明第三之暦林鐘上旬候ヨリ当年マテハ、（中略）程ナクハヤ聖人之御正忌モチカツク間、又当年モ此方ニオイテ報恩謝徳ノ御イトナミヲイタスヘキ歟之間……	「聖人之御正忌」を当年も吉崎で勤めることへの感慨（坊主・門徒の信心決定が親鸞への報恩謝徳と吉崎に留まっていたが、藤島に移動。しかし吉崎多屋衆に呼び戻されたという背景）。	集成38
4	文明5年（一四七三）11月21日	帖外18	夫今月廿八日ハ忝モ聖人毎年御正忌トシテ于今退転ナク（中略）此一七ヶ日ノアヒタノ報恩講ノウチニオイテ信不信ノ次第分別アラハ……	蓮如御文における「報恩講」表現の初見。多屋坊主の沙汰で勤められる報恩講にあたり心構え（信心決定の上の仏恩報尽・師徳報謝）を説く。	集成41・42
5	文明5年（一四七三）12月8日	2帖1通	抑今度一七ヶ日報恩講のあひたにをひて、多屋内方もそのほかの人も大略信心を決定し給へるよしきこへたり……	報恩講による信心決定を喜ぶが、そのまますてれば信心が失せるとして、とくに女人・在家の心構えを説く。	集成43・44・45
6	文明6年（一四七四）11月21日	高田本	倩以、夫吉崎ノ当山ニヲイテ此四ヶ年ノ日月ヲオクリシ由来ヲオモイツ、（中略）此一七ヶ日ノ報恩講ノ内ニヲイテ不信心ノ人ハスミヤカニ信ヲトリテ、今度ノ往生ノ大益ヲトケンヲコソ……	「当年ノ開山聖人遷化ノ御正忌」を迎える「宿縁」を喜び、「今月廿八日ハ聖人御正忌タル間」として「毎年不闕ノ報恩謝徳ノ御仏事」の心構え（格好ではなく信心決定が大事）を説く。	集成82

7	文明6年（一四七四）11月25日	5帖11通	抑コノ御正忌ノウチニ参詣ヲイタシ、ココロサシヲハコヒ、報恩謝徳ヲナサントオモヒテ、聖人ノ御マヘニマイランヒトノナカニヲヒテ……	参詣者に信心獲得の人もいれば不信心の人もいることを問題視、六字釈を説きつつ「他力ノ信心」を心得る「念仏ノ行者」の姿を示す。	集成83
8	文明7年（一四七五）5月28日	3帖9通	抑今日ハ鸞聖人ノ御明日トシテ、カナラス報恩謝徳ノココロサシヲハコハサル人コレスクナシ……	吉崎退去直前。当年5月の月忌法要（毎月28日）で、報土往生決定が「聖人報恩謝徳ノ懇志」と説くが、背景に未安心の輩への歎きがある。	集成90
9	文明7年（一四七五）11月21日	3帖11通	ソモ〳〵今月廿八日ハ、開山聖人御正忌トシテ、毎年不闕ニカノ知恩報徳ノ御仏事ニヲヒテハ（中略）今月廿八日ノ御正忌七日ノ報恩講中ニヲヒテ、ワロキ心中ノトヲリヲ改悔懺悔シテ、ヲノ〳〵正義ニヲモムカスハ……	出口時代最初。報恩講での「改悔懺悔」の初見か。「当国」で初めて今年聖人御正忌ノ報恩講」を勤める「宿縁」を喜び、「タトヒ牛盗人トハヨハルトモ仏法者後世者トミユルヤウニフルマフヘカラス」と王法・仏法論を説く。	集成92
10	文明9年（一四七七）11月初	高田本	ソレ祖師聖人之俗姓ヲイヘハ（中略）抑今月廿八日者、祖師聖人遷化ノ御正忌トシテ（中略）此七ヶ日報恩講ノ砌ニアタリテ、門葉ノタクヒ国郡ヨリ来集於于今其退転ナシ（中略）此一七ヶ日報恩講中ニオイテ他力本願ナリヲネンコロニキ、ヒラキテ……	いわゆる「御俗姓」。親鸞の遺徳・遺訓を讃えつつ、報恩講で仏法の信不信をたずね信心決定し「専修一向の念仏行者」になることが真実の「報恩謝徳ノ御仏事」になると説く。	集成104
11	文明11年（一四七九）11月20日	帖外32	ソレ開山聖人ノ尋本地……	集成104と内容はほぼ同じだが（文言は少なからず相違）、「今月聖人御影前参詣之儀ハ」が追加（文明10年より山科建立開始のため）。	集成113
		西宗寺真	抑当所者、山城国宇治郡山科郷小野庄野村之内西中路ト云所也（中略）今月廿八日ハ祖師聖人ノ御正忌トシテ（中略）不	完成した山科本願寺御影堂における最初の報恩講初日に読まれたもの。山科建立の経緯が記された後、集成82や集成104	集成120（・119）＊118も関連

12	文明12年（一四八〇）11月21日	本・旧願泉寺本	信心之行者ニ於テハ、此一七ヶ日之報恩講中ニ御影前ニアリテ改悔之意ヲオコシテ相互ニ信不信之次第ヲ懺悔セハ誠ニ報恩謝徳之本意ニ達スヘキモノ也……	「報恩講」（御俗姓）の文章が組み込まれて繰り返し述べられ、信心決定の大事が説かれ、不信心者には御影前における改悔懺悔が促される。	
13	文明13年（一四八一）	帖外36	ソモ〳〵当所ハ、山城国宇治郡山科郷（中略）此一七ヶ日報恩講中ニヲイテ、近国近郷之門葉之輩群集シテ幾千万ト云数ナシ（中略）当年前住廿五回忌ニ相当テ阿弥陀堂如形建立……	集成119と内容はほぼ同じ（とくに報恩講に関して）。前住存如二十五回忌相当年で阿弥陀堂建立、「亀山院伏見院両御代ヨリ勅願所」の言説が見える。	集成121（・117）
14	文明13年（一四八一）11月24日	帖外38	抑今月廿八日ハ開山聖人遷化之御正忌トシテ往古ヨリ毎年ヲイハス此一七ヶ日之念仏勤行、ソノ退転ナク報恩謝徳之忠勤ヲヌキイツルトコロナリ……	「無言之体ニテ悪心ヲモ改悔廻心セスシテ居タラン輩ハ、マコトニアサマシキ次第ナリ」。	集成123
15	文明14年（一四八二）11月21日	4帖5通	夫レ中古已来、当時ニ至ルマテモ、当流ノ勧化ヲイタスソノ人数ノナカニヲヒテ、（中略）抑今月廿八日ハ、毎年ノ儀トシテ懈怠ナク、開山聖人ノ報恩謝徳ノタメニ、念仏勤行ヲイタサント擬スル人数コレオオシ……	「流ヲクンテ本源ヲタツヌル道理」（『報恩講式』の文言）が見える。報恩講中に改悔の心を起こして、御影前において廻心懺悔して「諸人ノ耳ニキカシムルヤウニ毎日毎夜カタルヘシ」という。	集成124
16	文明15年（一四八三）11月　日	4帖6通	抑当月ノ報恩講ハ、開山聖人ノ御遷化ノ正忌トシテ例年ノ旧儀トス、（中略）コノ両三年ノアヒタ報恩講中ニヲイテ、衆中トシテサタメヲクトコロノ義ヒトツトシテ違変アルヘカラス、コノ衆中ニヲイテ万一相違セシムル子細コレアラハ、ナカキ世開山聖人ノ御門徒タルヘカラサルモノナリ……	毎年七昼夜の念仏勤行に励むことが真宗繁昌、参詣者は御影前で廻心懺悔して真実信心を設けよという。教説の異義を説いて法義を乱すを憂い、三か条の掟（①えせ法門をかたるな、②参詣中に仏法を顕露にかたるな、③人に問われても当流念仏者を名乗るな）を確認する。	集成128

17	文明15年（一四八三）11月22日	帖外40	報恩講／抑当月廿八日者、例年ノキウキノタメ開山聖人御遷化之正忌タル処ナリ、	集成128とほぼ同（少し相違）。	集成127
18	文明16年（一四八四）11月21日	4帖7通	抑今月報恩講ノ事、例年ノ旧義トシテ七日ノ勤行ヲイタストコロ、イマニソノ退転ナシ、（中略）右六ヶ条ノヲモムキヨク〳〵存知スヘキモノナリ……	「真実ニ仏法ニ志ナクシテ、タ、人マネハカリ」の状況を嘆き、六か条（①坊主分の不信心、②門下の聴聞を坊主分が怒る、③参詣路次中の仏法讃嘆、④当流念仏者を名のること、⑤仏法領解を人に確かめず我心にまかせること（⑥もほぼ同）の内容を戒める。	集成130
19	文明17年（一四八五）11月23日	4帖8通	ソモ〳〵今月廿八日ノ報恩講ハ昔年ヨリノ流例タリ（中略）ソモソモコノ八ヶ条ノヲモムキカクノコトシ、シカルアヒタ当寺建立ハステニ九ヶ年ニヲヨヘリ、毎年ノ報恩講中ニヲイテ面々各々ニ随分信心決定ノヨシ領納アリトイヘトモ、昨日今日マテモソノ信心ノヲモムキ不同ナルアヒタ所詮ナキモノ歟……	八か条：①参詣路次中の仏法顕露の禁止、②不正の法門讃嘆の禁止、③改悔して真実信心を獲得せよ、④心中をありのままに語れ、⑤信心不足の坊主が門徒同朋の信心決定に腹立てるは言語道断、⑥坊主は酒を飲みすぎるな、⑦信心決定者も聴聞談合を続けよ、⑧六字釈	集成133（・集成132）
20	文明18年（一四八六）11月26日	帖外57	抑今月廿八日報恩講者、為往年之流例、致昼夜之勤行……	七か条：集成133の八か条から⑦を抜き、⑧で『安心決定鈔』の披見を勧める記述を追加。	集成136
21	明応3年（一四九四）11月21日	帖外44	抑今月廿八日者毎年為㆓報恩謝徳㆒（中略）此一七ヶ日報恩講中ニヲイテ報土往生ノ信心ヲヨク〳〵決定セシメテ……	信心決定しなければ「聖人ノ報恩講御忌」に参詣しても「聖人ノ御意」にはかなわないという。	集成142
22	明応5年（一四九六）11月21日	帖外61	ソモ〳〵当所山科ノ野村ニイカナル宿縁アリテカ（中略）シカレハ今月廿八日ハ開山聖人ノ御正忌トシテ……	集成119と主張点はほぼ同じ。山科建立から十九年。	集成146
23	明応6年（一四九七）11月21日	帖外69	抑報恩講ノ事、当年ヨリ毎朝六ツ時ヨリ夕ノ六ツ時ニヲイテミナコト〳〵ク退散	報恩講への参詣時間の変更指定（夜間の参詣が問題化か）	集成157

			アルヘシ、コノムネヲアヒソムカントモカラハ門徒タルヘカラサルモノナリ		
24	明応6年（一四九七）11月25日	帖外70	抑此在所大坂ニ於テ何ナル往昔ノ宿縁アリテカ（中略）当年聖人ノ報恩講ヨリ来集之門徒中、一向ニ往生極楽ノ他力信心ヲトラシメテ、今度ノ一大事ノ報土往生ヲトケシメタマハ、是併今月廿八日ノ聖人之可相叶御本源者哉……	大坂建立を機縁とした報恩講参詣中への御文か。	集成158
25	明応7年（一四九八）11月21日-	4帖15通	抑当国摂州東成郡生玉之庄内大坂トイフ在所ハ（中略）コノ一七ヶ日報恩講ノウチニヲイテ、信心決定アリテ、我人一同ニ往生極楽ノ本意ヲトケタマフヘキモノナリ……	大坂建立の御文。	集成182
26	無年紀	高田本	抑カノ乗念トイヘル法名ヲヨク〳〵カンカヘミレハ（中略）違例スコシ子細ナキアヒタ霜月廿一日ノ夜、聖人一七ヶ日報恩講ノ座中ニ出仕……	乗念なる坊主が体調不良をおして報恩講に参詣したところ、体調不良を持ち直し七日間聴聞し終え、多屋に帰って五日後に往生したという。	集成190
27	無年紀	帖外30上半	夫今月廿八日ノ聖人ノ御恩徳ノフカキ事……	御影の在所をめぐる空念と法住の問答。	集成194
28	（年未詳）11月28日	書状	抑於毎年態々御音信返々悦入候、為報恩講百疋絹壱疋綿一把慥に請取候、（後略）	越前国和田本覚寺からの報恩講懇志に対する礼状。	集成272
29	（年未詳）12月28日	書状	抑自四講為報恩講志分代物拾参貫文慥請取候、（後略）	（加賀国?）四講中からの報恩講懇志代物に対する礼状。	集成297
30	（年未詳）12月28日	書状	今後報恩講中志とて千疋慥請取候、返々難有こそ候へ（後略）	（加賀国?）四講中からの報恩講懇志に対する礼状。	集成303

第三章　本願寺「報恩講」の展開
――証如期・「教団」構造との関係性――

はじめに

本章の課題は、戦国期本願寺「報恩講」の儀式内容をめぐる基礎検討と、「報恩講」儀式に見出される寺院・教団構造論の諸問題について、とくに本願寺住職（本章では以下、「宗主《しゅうしゅ》」とする。その意味は第二節で示す）・一家衆・御堂衆という存在を中心に検討することである。焦点を当てる時代としては、本願寺「教団」の社会的勢力化が進んだ証如（一五一六―五四）期である。とりわけ、次代顕如期にも入る大坂（石山）本願寺時代（一五三二―八〇）を問題にしていく。というのは、当該期の本願寺教団の基本史料であり、「報恩講」を含む儀式の実態の多くを読み取ることのできる『私心記』(2)『天文日記』(3)があるためである。もちろん、これらの史料が残っているのも偶然ではなく、この時期に教団儀式の充実が図られていたからこそである。ただし、それらの貴重な史料があるにもかかわらず、宗教勢力として戦国期社会に展開した本願寺教団が、その日常性としていかなる信仰儀礼を有し執行していたか、という議論や検討はこれまでほとんどない。本章は前章に続き、やはり基礎検討をしていく。

まず、第一節では、蓮如により確立し、教団の中心法要となった「報恩講」が、さらなる教団の拡大・展開とあいまって、どのような儀式の展開を遂げたのか。本願寺教団の年中行事全体におけるその位置、一七日法要の儀式内容の基礎検討をする。この検討を通じて、「報恩講」の中心儀式である『報恩講式』拝読（以下「式文拝読」とする）の執行主体として、宗主・一家衆・御堂衆という存在が抽出されてくることになる。

続いて、第二節では、宗主・一家衆・御堂衆の「報恩講」執行をめぐる役割・座配などの状況検討を手がかりにして、各々の教団における機能、身分的性格について考察する。「報恩講」儀式に寺院・教団の構造を読み出す検討をするのであるが、焦点となる宗主・一家衆・御堂衆は、いずれも実如・証如期に顕著な歴史的展開を見せている。ここではその対外的動向を追うのではなく、彼らの本願寺僧侶としての日常的営為を、「報恩講」を中心とした儀式執行の世界において捉えることが課題である。

宗主・一家衆・御堂衆については、戦国期本願寺教団史研究において、それぞれ先行研究が少なからずある。研究史の到達点を前提としてさらに志向するのは、諸身分の個別検討の蓄積に学んだ上での諸身分相互の組織的関係性や全体的構造の把握を進めることである。そこで重要なのは、本願寺の「寺院」としての枠組みを意識した検討である。

従来の教団構造論は、一向一揆研究との連動もあり、また、それ以前の教団・宗派史が本願寺史・門主伝に概略とどまるものであったことへの反省から、本願寺と門徒・民衆の関係性に視点を集約させる傾向にあった。これにより多くの研究成果が挙がったが、そのなかで本願寺の支配権力の構造については議論があるものの、教団の本山寺院としての機能、とりわけ法会（教団法要）執行の場として果たした役割、そして法会（教団法要）をめぐる人的諸集団の動向については注目が少ない。しかし、法会（教団法要）執行という、最も基本的な活動の実態を論じることは必要不可欠なことと考える。寺院・教団の構成員がどのように寺院・教団の儀式に関わっていたのか。そうした儀式を検討することで、寺院・教団の実態も浮かび上がってくるという見通しである。

第一節　本願寺「報恩講」儀式の基礎検討

本願寺における「報恩講」の歴史的展開については、第一章において、①親鸞の忌日法要、②門流の祖師忌、③教団の中心法要、④門跡寺院格の法会、という諸段階を見通した。そして、前章までに③に至る過程を論じている。本章では以下、とくに③段階から④段階へと展開する直前期の天文年間の諸問題を中心に検討していく。

研究史においては、草野顕之氏が山科本願寺時代の永正十七年（一五二〇）ごろに本願寺教団の年中行事が確立したと論じ、(4)さらに大坂に寺基移転後、両堂形式が整う天文十一年（一五四二）ごろの画期と、永禄二年（一五五九）本願寺門跡勅許に際しての画期を指摘した。しかし、天文年間の画期については具体的な検討がないという問題がある。実際には、この時期に教団体制の強化（収納組織の整備と教団内身分の再編成）と連関して儀式の再整備が進められたと見られ、「報恩講」儀式においてもその充実がうかがえ、何よりも基本史料がある。よって検討すべき重要な課題として捉えていく。

1　本願寺年中行事のなかの「報恩講」

まず、『天文日記』から判明する本願寺の御堂年中行事を【表1】（次頁）に示し、検討する。顕如筆とされる『御堂年中行事御記』も参照した。(5)

佐々木孝正氏は本願寺教団の年中行事について、(1)本願寺独自の行事、(2)通仏教的行事、(3)非宗教的行事の三つに分類し、(6)(1)は「報恩講」や歴代・前住の忌日法要、(2)は修正会、彼岸や盆などとする。【表1】は(1)(2)に相当し

【表1】　本願寺御堂年中行事

月　日	法要名
1月1日～（7日間）	修正会
1月4日	如信命日
1月15日～（7日間）	?
1月19日	覚如命日
1月25日	法然命日
2月2日	前住（実如）命日
2月末日～（7日間）	彼岸
2月22日	太子命日
2月29日	善如命日
3月25日	蓮如命日
4月24日	綽如命日
6月18日	存如命日
7月13日～15日	盆
8月20日	円如命日
8月末日～（7日間）	彼岸
10月14日	巧如命日
11月21日～28日	報恩講（親鸞命日）
12月20日	煤払（ス、ハキ）
12月31日	年越（オオツゴモリ）

よう。これに(3)が加えられる。ひとまず大坂本願寺時代に限る必要はあるものの、たとえば菱の祝、生霊玉、年越の祝など、[7]あるいは正月佳例の儀における宗主と内衆の対面の場である「とおり[8]」などの存在が指摘されている。

この佐々木氏の整理については、(1)―教団、(2)―寺院、(3)―家の行事として捉え直すことができる。宗教役・経済負担を媒介にした教団内身分獲得の場と見なされるのは、「斎」が設けられ、その頭人が定められていた(1)である。明確に本願寺教団の年中行事とできるのはこの(1)であろう。(2)についても、涅槃会の不執行などの特徴があるものの、儀式参加と教団内身分は連関しているものとみられ、実質的に教団の年中行事化しているものとみてよいと考えられる。(3)は宗主家における血縁・主従関係を確認する場として評価されるが、これが即座に教団行事として見てよいかについては慎重な姿勢が必要である。執行場所も(1)(2)が御堂であるのに対して、(3)は内儀等である。区分した把握が必要と考える。ただし、(3)にも教団の年中行事的な意味合いを持たせたところに本願寺教団の特徴があるとも言える。

ところで、年中行事とは異なるが、儀式としてはほかにも、宗主一族の得度・祝言・葬儀といった通過儀礼、歴代・前住以外の血縁者の年忌法要などもある。さらに『天文日記』を検討していくと、諸国門徒が上山して本山本願寺で血縁親族の年忌法要として「斎」を調進する記事が多見される。門徒民衆の信仰実態として注意すべきことがらである。こうした事例も含み、本願寺御堂における一年間の儀式執行状況を体系的に見渡すと、やはり年忌法要を機軸にした儀式体系が捉えられることになる。その中心に「報恩講」が位置付けられるのである。

ただし、以上のような把握のなかで、「報恩講」をどのように位置付けるかについては、さらに検討が必要である。まず⑴への分類が考えられようが、はたしてそれで捉え切れるものであろうか。確かに「報恩講」を本願寺の多くある年中法要の一つとして、宗祖親鸞の恩徳へ報謝するという理念的問題や他の年中行事に比類のない儀式的規模の大きさで説明するということでもよいのかもしれない。しかし「報恩講」がさまざまな儀式・儀礼を包括する複合的な形態をとるように展開したと考えれば、「報恩講」は⑴教団の行事でもあり、同時に⑵寺院の行事でも、⑶家の行事でもあったと捉えることができるのではないだろうか。式文拝読を祖型とし、勤行や斎、改悔を包摂、さらに法会の周辺に能などのさまざまな非宗教的行事も配置したところに、「報恩講」の本願寺教団における最大の年中行事としてのその位置・性格が見出されるものと考える。

2　「報恩講」儀式の基礎検討

次に、天文年間の大坂本願寺における「報恩講」の儀式内容について、『私心記』『天文日記』から整理して検討する。

【表2】 報恩講日程（『私心記』『天文日記』より適要。参考：青木論文一九九三）

21			掃除・御影拭				初太夜	改悔			※初太夜は御文なし。
22		朝勤	斎	日中		非時	太夜	斎勤行	改悔	非時勤行		
23		朝勤	斎	日中		非時	太夜	斎勤行	改悔	非時勤行		
24		朝勤	斎	日中		非時	太夜	斎勤行	改悔	非時勤行		
25		朝勤	斎	日中		非時	（太夜）	斎勤行	御伝鈔拝読	非時勤行		※改悔なし。
26		朝勤	斎	日中	勤稽古	非時	太夜	斎勤行	改悔	非時勤行		
27		朝勤	斎	日中	勤稽古	非時	太夜	斎勤行	勤稽古・改悔	非時勤行	通夜	※改悔（多）。
28	朝勤	点心	結願日中		斎	掃除	御影供					

法会日程

「報恩講」の法会日程を**【表2】**に示した。毎年十一月に執行され、二十一日初逮夜（太夜）より二十八日結願日中まで、三時法要が一七日にわたり勤められている(9)。

「報恩講」前の準備においては、宗主自らが一家衆とともに、親鸞影像の「御身拭」と内陣掃除を勤仕する。ここには宗主自身の宗教役勤仕ということと内陣の家的空間性という問題が見出される。

初逮夜には勤行後の御文拝読がなく、改悔讃嘆に多くの時間が割かれた。二十二日から二十七日までの一日の流れは「朝勤―斎―日中―非時―太夜」である。逮夜後には「斎頭人勤行―改悔（聴聞・讃嘆）―非時頭人勤行―日没勤行」と、参詣坊主・門徒衆が中心となる儀式が行なわれた。

二十五日逮夜には御堂衆一老による「御伝鈔拝読」（「御文ナシ」）。『天文日記』によれば、御堂衆一老は先立つ二十一日夜に宗主から、改悔執行の指示とともに、拝読する『御伝鈔』を下げ渡されている。二十六・二十七日の日中と非時の間には、一家衆等による「勤稽古」が行なわれるのが常であった(10)。『私心記』には、宗主の指示により一家衆の主導で御堂衆らを呼び、「勤稽古」が行なわれていた様子が散見される。

二十七日夜から通夜を行ない、二十八日の結願日を迎える。「朝勤」を前日までより早く開始し、続いて「点心」。結願日中を勤め終えた後、「斎」「掃除」「御影供」。法会終了後には「宴酒」や、「猿楽」などの芸能が行なわれていた。

勤行内容

三時法要（太夜・朝勤・日中）における勤行内容について整理する。逮夜・朝勤においては正信偈・念仏・和讃

【表3】 報恩講式文拝読・念仏・伽陀担当表（『私心記』より作成）

伽陀	念仏	式	月日	年
祐信	実従	証如	1122	天文2
浄照坊	実従	証如	1123	
祐信	祐信	実従	1124	
筑前	＊	＊	1125	
浄照坊	＊	証如	1126	
＊	＊	＊	1127	
＊	実従	（証如）	1128	
西宗寺	実従	（証如）	1122	天文3
西宗寺	西宗寺	実従	1123	
＊	＊	証如	1124	
＊	＊	（証如）	1125	
＊	＊	実従	1126	
＊	＊	（証如）	1127	
祐信	実従	（証如）	1128	
浄照坊	蓮淳	証如	1122	天文4
賢勝	実従	蓮淳	1123	
浄照坊	蓮淳	実従	1124	
賢勝	蓮淳	証如	1125	
浄照坊	実従	蓮淳	1126	
賢勝	蓮淳	実従	1127	
浄照坊	蓮淳	（証如）	1128	
浄照坊	＊	証如	1122	天文5
賢勝	実従	蓮淳	1123	
浄照坊	蓮淳	実従	1124	
賢勝	蓮淳	証如	1125	
浄照坊	実従	蓮淳	1126	
賢勝	蓮淳	実従	1127	
浄照坊	蓮淳	証如	1128	
浄照坊	＊	証如	1122	天文6
賢勝	実従	蓮淳	1123	
浄照坊	蓮淳	実従	1124	
賢勝	蓮淳	証如	1125	
浄照坊	実従	蓮淳	1126	
賢勝	蓮淳	実従	1127	
浄照坊	蓮淳	（証如）	1128	
浄照坊	蓮淳	証如	1122	天文7
賢勝	実従	蓮淳	1123	
常光寺	蓮淳	実従	1124	
浄照	実従	証如	1125	
超願寺	実従	蓮淳	1126	
賢勝	蓮淳	実従	1127	
浄照坊	蓮淳	（証如）	1128	

伽陀	念仏	式	月日	年
浄照坊	蓮淳	証如	1122	天文14
盛光寺	蓮淳	実従	1123	
盛光寺	蓮淳	実従	1124	
浄照坊	蓮淳	証如	1125	
超願寺	実従	蓮淳	1126	
賢勝	蓮淳	実従	1127	
(浄照坊)	(蓮淳)	(証如)	1128	
浄照坊	実従	証如	1122	天文15
賢勝	実円	実従	1123	
盛光寺	実従	実円	1124	
浄照坊	実従	証如	1125	
超願寺	実円	実従	1126	
賢勝	実従	実円	1127	
(浄照坊)	(蓮淳)	(証如)	1128	
浄照坊	蓮淳	証如	1122	天文16
賢勝	蓮淳	実従	1123	
盛光寺	蓮淳	証如	1124	
*	*	証如	1125	
祐玄	蓮淳	実従	1126	
賢勝	実従	証如	1127	
浄照坊	蓮淳	証如	1128	
浄照坊	実従	証如	1122	天文17
*	実誓	実従	1123	
盛光寺	実従	証如	1124	
浄照坊	実誓	実従	1125	
超願寺	実従	証如	1126	
賢勝	実誓	実従	1127	
浄照坊	蓮淳	(証如)	1128	
浄照坊	蓮淳	証如	1122	天文18
賢勝	蓮淳	証如	1123	
盛光寺	蓮淳	実従	1124	
浄照坊	蓮淳	証如	1125	
超願寺	蓮淳	証如	1126	
賢勝	蓮淳	実従	1127	
(浄照坊)	(蓮淳)	(証如)	1128	
浄照坊	蓮淳	証如	1122	天文19
賢勝	実従	蓮淳	1123	
常光寺	蓮淳	実従	1124	
浄照	実従	証如	1125	
超願寺	実従	蓮淳	1126	
賢勝	蓮淳	実従	1127	
浄照坊	蓮淳	(証如)	1128	

伽陀	念仏	式	月日	年
賢勝	蓮淳	証如	1122	天文8
常光寺	実従	蓮淳	1123	
超願寺	蓮淳	実従	1124	
賢勝	蓮淳	証如	1125	
常光寺	実従	蓮淳	1126	
超願寺	蓮淳	実従	1127	
(賢勝)	(蓮淳)	(証如)	1128	
浄照坊	蓮淳	証如	1122	天文9
賢勝	実従	蓮淳	1123	
盛光寺	蓮淳	実従	1124	
浄照坊	蓮淳	証如	1125	
祐玄	実従	蓮淳	1126	
賢勝	蓮淳	実従	1127	
(浄照坊)	(蓮淳)	(証如)	1128	
浄照坊	蓮淳	*	1122	天文10
賢勝	実従	蓮淳	1123	
常光寺	蓮淳	実従	1124	
浄照坊	蓮淳	*	1125	
超願寺	実従	蓮淳	1126	
賢勝	蓮淳	実従	1127	
(浄照坊)	(蓮淳)	(証如)	1128	
浄照坊	蓮淳	(証如)	1122	天文11
賢勝	実従	蓮淳	1123	
盛光寺	*	実従	1124	
浄照坊	蓮淳	証如	1125	
超願寺	実従	蓮淳	1126	
賢勝	蓮淳	実従	1127	
浄照坊	蓮淳	(証如)	1128	
浄照坊	蓮淳	証如	1122	天文12
賢勝	実従	蓮淳	1123	
超願寺	蓮淳	証如	1124	
浄照坊	蓮淳	証如	1125	
賢勝	実誓	蓮淳	1126	
祐玄	蓮淳	証如	1127	
浄照坊	蓮淳	証如	1128	
浄照坊	蓮淳	証如	1122	天文13
賢勝	実従	蓮淳	1123	
盛光寺	蓮淳	実孝	1124	
浄照坊	蓮淳	証如	1125	
超願寺	蓮淳	実従	1126	
賢勝	実従	蓮淳	1127	
(浄照坊)	(蓮淳)	(証如)	1128	

伽陀	念仏	式	月日	年
浄照坊	実従	顕如	1122	弘治3
盛光寺	実誓	実従	1123	
盛光寺	実従	実誓	1124	
浄照坊	実従	顕如	1125	
超願寺	実誓	実従	1126	
賢勝	実従	実誓	1127	
(浄照坊)	実従	顕如	1128	
浄照坊	実従	顕如	1122	永禄元
賢勝	実誓	実従	1123	
浄照坊	実従	実誓	1124	
賢勝	実従	顕如	1125	
浄照坊	実誓	実従	1126	
*	*	*	1127	
(浄照坊)	(実従)	(顕如)	1128	
浄照坊	実従	顕如	1122	永禄2
浄照坊	実誓	実従	1123	
浄照坊	実従	実誓	1124	
浄照坊	*	顕如	1125	
浄照坊	実誓	実従	1126	
法専坊	実従	実誓	1127	
*	実従	(顕如)	1128	
賢勝	実従	顕如	1122	永禄3
明覚寺	実誓	実従	1123	
乗賢(初)	実従	顕誓(初)	1124	
賢勝	実従	顕如	1125	
明覚寺	実従	実誓	1126	
乗賢	実誓	実従	1127	
浄照坊	実従	顕如	1128	
浄照坊	実孝	証如	1122	天文20
賢乗	実従	実孝	1123	
盛光寺	実孝	実従	1124	
浄照坊	実孝	証如	1125	
超願寺	実従	実孝	1126	
賢勝	実孝	実従	1127	
(浄照坊)	実孝	(証如)	1128	
浄照坊	実孝	証如	1122	天文21
賢勝	実従	実孝	1123	
祐玄	実孝	実従	1124	
浄照坊	実孝	証如	1125	
賢勝	実従	実孝	1126	
超願寺	実孝	実従	1127	
浄照坊	*	(証如)	1128	
浄照坊	実誓	証如・実従	1122	天文22
賢勝	実従	実誓(初)	1123	
超願寺	実誓	実従	1124	
浄照坊	実従	証如	1125	
浄照坊	実従	実誓	1126	
超願寺	実誓	実従	1127	
浄照坊	実従	証如	1128	
浄照坊	実円	実従	1122	天文23
賢勝	実従	実円	1123	
祐玄	実従	実誓	1124	
浄照坊	実円	実従	1125	
賢勝	実従	実誓	1126	
超願寺	実従	実円	1127	
浄照坊	実円	実従	1128	
浄照坊	実従	顕如(初)	1122	弘治元
賢勝	実誓	実従	1123	
超願寺	実誓	実従(代)	1124	
浄照坊	実従	顕如	1125	
賢勝	実従	実誓	1126	
*	*	実従	1127	
浄照坊	実従	顕如	1128	
浄照坊	実従	顕如	1122	弘治2
法専坊	実誓	実従	1123	
祐言	実従	実誓	1124	
浄照坊	実従	顕如	1125	
賢勝	実誓	実従	1126	
祐玄	実従	実誓	1127	
(浄照坊)	実従	顕如	1128	

※参考：親鸞三百回忌役担当表

経打切	経伽陀	式(太夜)	月日	年
願証寺	賢勝	順興寺	319	永禄4
*	乗賢	教行寺	320	
教行寺	教明	順興寺	321	
願証寺	明覚寺	教行寺	322	
顕証寺	賢勝	順興寺	323	
慈教寺	乗賢	教行寺	324	
*	明覚寺	順興寺	325	
顕証寺	教明	教行寺	326	
慈教寺？	明覚寺	順興寺	327	
*	*	−	328	
*	浄照坊	−	1126	
教行寺	賢勝	顕証寺(初)	1127	
*	*	教行寺(代)	1128	

（4）北座2	（5）南座3	（6）北座3	備　考
－	－	－	
－	－	－	実乗没45
光善寺実順兼珍47④	教行寺実誓兼詮30	－	
光善寺実順兼珍48④	顕証寺実淳兼盛45③	－	
光善寺実順兼珍49④	顕証寺実淳兼盛46③	－	
光善寺実順兼珍50④	顕証寺実淳兼盛47③	－	
光善寺実順兼珍51④	顕証寺実淳兼盛48③	－	
光善寺実順兼珍52④	顕証寺実淳兼盛49③	－	
光善寺実順兼珍53④	顕証寺実淳兼盛50③	－	
光善寺実順兼珍54③	－	－	実淳没51。※阿弥陀堂上棟
光善寺実順兼珍55⑤	慈教寺実誓教清25③	常楽寺証賢純恵29④	
教行寺実誓兼詮39⑤	願証寺証恵教幸29③	光善寺実順兼珍56④	
光善寺実順兼珍57③	－	－	
教行寺実誓兼詮41⑤	光善寺実順兼珍58③	常楽寺証賢純恵32④	
光善寺実順兼珍59④	常楽寺証賢純恵33③	－	
光善寺実順兼珍60⑤	常楽寺証賢純恵34③	式部卿賢勝琇宣④	
式部卿賢勝琇宣④	常楽寺証賢純恵35③	－	実順没61
教行寺実誓兼詮45⑤	式部卿賢勝琇宣③	慈教寺実誓教清32④	蓮淳没87。顕誓・実悟復帰
教行寺実誓兼詮46⑤	光善寺実玄珍充43③	顕証寺証淳教忠19④	
顕証寺証淳教忠20⑤	慈教寺実誓教清34③	式部卿賢勝琇宣④	
慈教寺実誓教清35⑤	常楽寺証賢純恵39③	光善寺実玄珍充45④	実孝没59
慈教寺実誓教清36⑤	常楽寺証賢純恵40③	光善寺実玄珍充46④	証如没39→実従式文拝読
光善寺実玄珍充47⑤	式部卿賢勝琇宣③	顕証寺証淳教忠23④	実円没58
慈教寺実誓教清38⑤	顕証寺証淳教忠24③	常楽寺証賢純恵42④	
慈教寺実誓教清39⑤	常楽寺証賢純恵43③	光善寺実玄珍充49④	
慈教寺実誓教清40⑤	常楽寺証賢純恵44③	光善寺実玄珍充50④	
慈教寺実誓教清41⑤	常楽寺証賢純恵45③	光善寺実玄珍充51④	※12月、本願寺門跡勅許
教行寺実誓兼詮55(5)	願証寺証恵教幸45(3)	－	※院家勅許
慈教寺実誓教清43(5)	顕証寺証淳教忠29(3)	常楽寺証賢純恵47(6)	※親鸞三百回忌

【表４】 巡讃一家衆内陣座配

	（1）南座１	（2）北座１	（3）南座２
天文２	順興寺実従兼智36①④	常楽寺実乗光恵44③⑥	教行寺実誓兼詮28②⑤
天文３	順興寺実従兼智37①④	光善寺実順兼珍46③⑥	教行寺実誓兼詮29②⑤
天文４	光応寺蓮淳兼誉72①⑥	顕証寺実淳兼盛44⑤	順興寺実従兼智38②
天文５	光応寺蓮淳兼誉73①⑥	教行寺実誓兼詮31⑤	順興寺実従兼智39②
天文６	光応寺蓮淳兼誉74①⑥	教行寺実誓兼詮32⑤	順興寺実従兼智40②
天文７	光応寺蓮淳兼誉75①⑥	教行寺実誓兼詮33⑤	順興寺実従兼智41②
天文８	光応寺蓮淳兼誉76①⑥	教行寺実誓兼詮34⑤	順興寺実従兼智42②
天文９	光応寺蓮淳兼誉77①⑥	教行寺実誓兼詮35⑤	順興寺実従兼智43②
天文10	光応寺蓮淳兼誉78①⑥	教行寺実誓兼詮36⑤	順興寺実従兼智44②
天文11	光応寺蓮淳兼誉79①⑤	順興寺実従兼智45④	教行寺実誓兼詮37②⑥
天文12	光応寺蓮淳兼誉80①	順興寺実従兼智46④	教行寺実誓兼詮38②
天文13	光応寺蓮淳兼誉81①	本善寺実孝兼継50⑥	順興寺実従兼智47②
天文14	光応寺蓮淳兼誉82①⑤	順興寺実従兼智48④	教行寺実誓兼詮40②⑥
天文15	光応寺蓮淳兼誉83①	本宗寺実円兼澄49⑥	順興寺実従兼智49②
天文16	光応寺蓮淳兼誉84①⑥	順興寺実従兼智50⑤	教行寺実誓兼詮42②
天文17	光応寺蓮淳兼誉85①	順興寺実従兼智51⑥	教行寺実誓兼詮43②
天文18	光応寺蓮淳兼誉86①⑥	順興寺実従兼智52⑤	教行寺実誓兼詮44②
天文19	本善寺実孝兼継56①	本宗寺実円兼澄53⑥	順興寺実従兼智53②
天文20	本善寺実孝兼継57①	順興寺実従兼智54⑥	式部卿賢勝琇宣②
天文21	本善寺実孝兼継58①	順興寺実従兼智55⑥	教行寺実誓兼詮47②
天文22	順興寺実従兼智56①	教行寺実誓兼詮48⑥	式部卿賢勝琇宣②
天文23	本宗寺実円兼澄57①	教行寺実誓兼詮49⑥	式部卿賢勝琇宣②
弘治元	順興寺実従兼智58①	教行寺実誓兼詮50⑥	慈教寺実誓教清37②
弘治２	順興寺実従兼智59①	教行寺実誓兼詮51⑥	光善寺実玄珍充48②
弘治３	順興寺実従兼智60①	教行寺実誓兼詮52⑥	式部卿賢勝琇宣②
永禄１	順興寺実従兼智61①	教行寺実誓兼詮53⑥	式部卿賢勝琇宣②
永禄２	順興寺実従兼智62①	教行寺実誓兼詮54⑥	光教寺顕誓兼順62②)
永禄３	順興寺実従兼智63(1)	光教寺顕誓兼順63(4)	本宗寺証専教什21(2)
永禄４	本宗寺証専教什22(1)	教行寺実誓兼詮56(4)	願証寺証恵教幸46(2)

＊１：『天文日記』『私心記』より作成。
＊２：名前の次の数字は年齢（『日野一流系図』参照）。○内の数字は巡讃順（推定）。
＊３：席次については天文４・５～10と天文11～永禄２では基準が異なる可能性がある。永禄３年以降も変化する。
＊４：実従が順興寺を号するのは天文19年からのことであるが、本表では便宜上、統一した。

が勤められる。日中には式文拝読を中心に執行された。「初中後」すなわち二十二・二十五・二十八日の日中には宗主が、その他の日は一家衆筆頭格が拝読するのが原則であり、式間念仏の調声は一家衆筆頭格、式伽陀は御堂衆筆頭格が勤めた（【表3】）。結願日中のみ式文拝読に式間和讃が付され、その巡讃には内陣出仕の一家衆が差定された（【表4】）。史料には明確には記されていないが、式文拝読後には正信偈・念仏・和讃を勤めていたとみて間違いないだろう。ちなみに『私心記』には「ユリ」（淘）に関する記述が散見され、大坂本願寺時代における声明の内容的充実また試行錯誤がうかがえる。[11]

こうした勤行内容は慶長年間にいたっても確認できる基本形態である。[12] 親鸞三百回忌などで採用された浄土三部経の読誦といった特別次第は、親鸞三百回忌以降の遠忌法要のみに限定して見られるものであったことには注意が必要である。

依用装束

天文年間「報恩講」において依用された儀式装束（法衣）の詳細は史料の直接関係記事からは明らかにならない。他の三時日中形態を有する法要においては、逮夜・朝勤には白小袖・絹袈裟（・扇）、日中には裳付衣を基本としたとみられる。[13]「報恩講」装束も同様と見てよいものと思われる。

この時期の本願寺の装束については、実如への香袈裟免許[14]、証如への「鰭袖ナシ」拝領一件[15]などから、宗主の依用装束の権威化、宗主・一家衆が貴人と対面する際の「素絹」「絹袴」[16]着用、葬儀・得度儀礼などにおける装束の多様化が知られる。しかしながら「報恩講」装束に法服・七条袈裟などが導入されるのは親鸞三百回忌以降のことであり、法会における儀式装束の華美化、それによる身分的序列の可視化は、顕如が門跡になる以前には大きくは

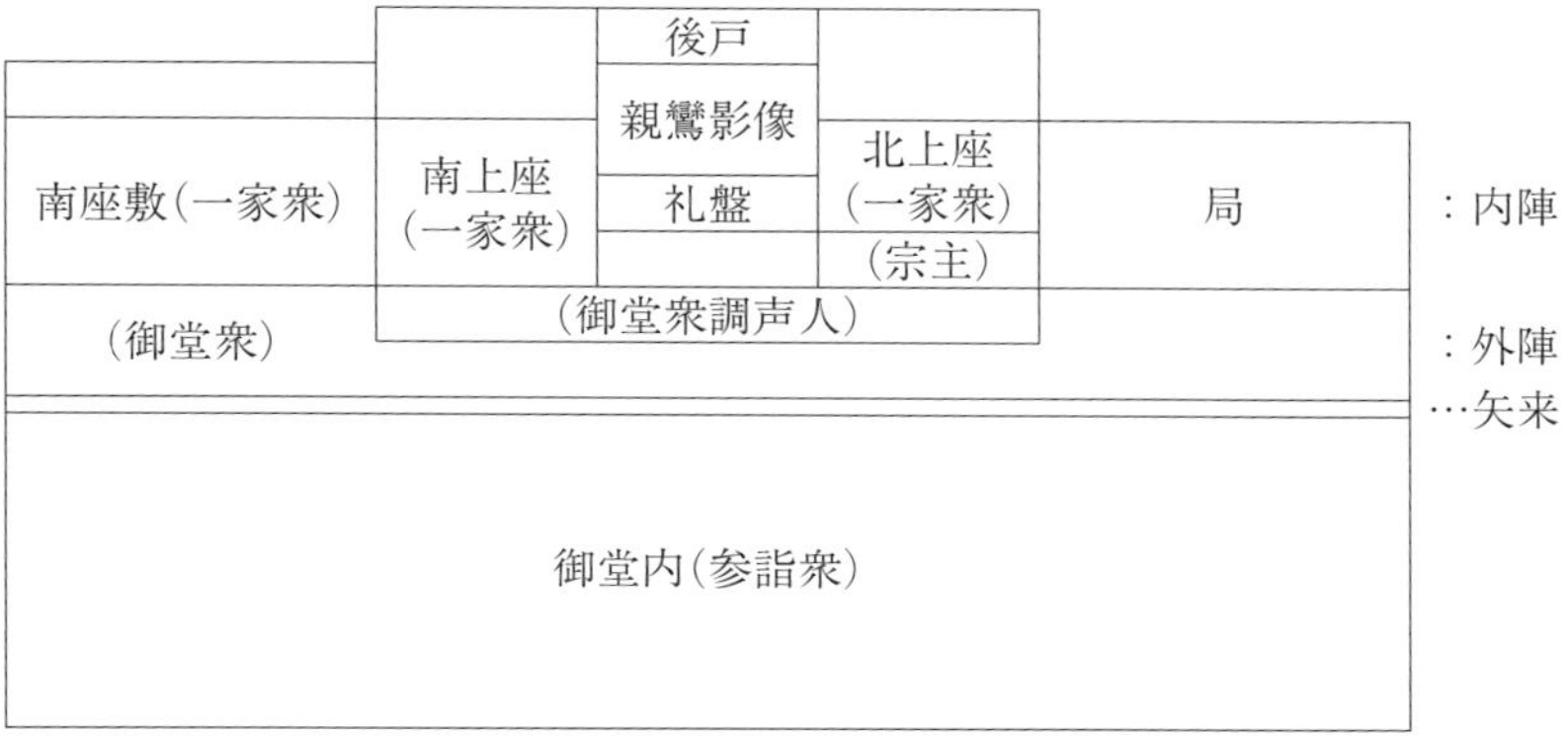

【図1】　報恩講御堂着座概念図

表出していない。

堂内座配

『今古独語』(17)もさらに参照し、堂内座配を【図1】（第Ⅰ部第四章【図1】と同じ）に示す。内陣に座配されるのは宗主と巡讃一家衆である。ただし巡讃しない一家衆が座ることもあった(18)。巡讃一家衆の座次は南座一が最上座だったとされ、現行との相違が指摘されている(19)。宗主の通常位置は明確でないが、実如期には「北の本座」に着座した(20)。巡讃しない一家衆や、随時上山して出仕する末一家衆らは、南座敷に着座した。御堂内陣は生身の親鸞の御座所と目され、門跡勅許以前の内陣出仕は宗主とその一族に限られていた。

御堂衆と「連経坊主衆」はいわゆる外陣に座配される。参詣の人びとは「矢来」をへだてて座した。下間氏・青侍の位置は明確にならないが、『今古独語』には親鸞三百回忌における彼らの出仕が記されている。

教団構成員すべてが参加する性格を持った「報恩講」の堂内座配は、ある意味、本願寺教団内の階層的な秩序構造が顕現するものであった。それゆえに座次争論にはそのまま教団構造原理をめぐる諸問題が顕現するものと考えられるが、儀式装束と同様、異なる身分間における争論は天文年間には見出せない。ここにも門跡勅許以前の戦国期本願寺教団の特徴があり、門跡勅許以後との相違が想起されよう。

3　小結

以上、戦国期本願寺「報恩講」の性格や位置、儀式の具体相について概括した。「報恩講」に教団史論のさまざまな課題が多く見出されること、役配や座配に教団内のさまざまな人びとの動向が知られることが理解されよう。さて、以下、このなかから本章で焦点を当てていくのは、宗主・一家衆・御堂衆の役割とその位置である。「報恩講」の中心儀式は式文拝読である。それゆえに、この儀式の執行に関わる宗主・一家衆・御堂衆は、教団・門末に対し、その宗教的権威を最も顕著に可視化させる存在であった。儀式主宰者である宗主と、それを内陣に位置して支える一家衆、外陣に位置して支える御堂衆。これはそのまま三者の関係性を示すものでもある。すなわち一家衆は宗主を親族集団の惣領として、御堂衆は宗主を住持（あるいは主人）として、それぞれ独立した系統の関係を持っていた。この重層構造が儀式において融合し、さらに教団に敷衍されていくところに、本願寺における「報恩講」儀式の性格があり、それがそのまま教団構造の特徴として見ることができるのである。彼らが本願寺教団における不可欠の構成要素であることは先行研究からも明らかであるが、儀式においてもそれが如実に顕われていたと言えよう。

そして彼らもまた、それぞれの位置から宗教役を勤仕することにより、その教団内における身分と権威を得ていたのである。この点にあらためて注意する必要がある。宗主・一家衆・御堂衆という三者の身分的性格は、門末に対する宗教的支配権力の行使という点のみでなく、彼ら自身の宗教役勤仕の内実と、彼ら（宗主は除く）内部の集団形成（序列編成）をも併せて検討しなければ明らかにならない。そして教団の内部構造への位置付けも不可能である。次節では、以上の点に注意し、前掲した【表2】【表3】【表4】を参照しつつ、個々に論じていきたい。

第二節　本願寺「報恩講」における宗主・一家衆・御堂衆

1　宗主について

「宗主」という語は本願寺歴代を指す研究上の概念として用いられる。現在の東西両本願寺教団においては「門主」（本願寺派）・「門首」（大谷派）と呼ばれるが、近世・近代には「門跡」（門主）あるいは「法主《ほっす》」と呼ばれていた。蓮如期の史料には「住持」としか見えないことから「宗主」の使用を疑問視する見解もあるが、多様な性格すべてを包括する概念として「宗主」を用いるものと理解すれば、問題なのはその内容である。(21)

金龍静氏は本願寺宗主権力を、門末に対する「法主」、寺内住民・加賀領国に対する「領主」、下間氏などの内衆に対する「主人」の三性格に峻別して分析した。(22)これは、人間関係の重層性に留意して一向一揆や寺内町との関係をも総合的把握を試みた点で優れていたが、本章の視座からすれば、「住持」つまり寺院の問題が明確にならないところに課題がある。

本願寺門主（宗主）の機能を整理した青木馨氏によれば、宗主は本尊・影像・聖教授与（下付）権、相伝権を持つとともに教団の儀式主宰権を司るものであるという。(23)この儀式主宰権が、もともとは「住持」から発生する機能である。本来、寺院は法会儀式の執行の場であり、その儀式主宰権は「住持」にある。そこに本願寺の本山寺院化と「住持」の宗主化という論点を併せれば理解できる。

さて、大坂本願寺時代の宗主証如は、「報恩講」において儀式主宰者として、⑴教団に対しては日程の指示、依用聖教・和讃の指定、一家衆への巡讃衆の差定、御堂衆への改悔執行、『御伝鈔』拝読の指示など、儀式全般にわたる差定を行なっていた。そして同時に、⑵宗祖親鸞に対しては御影堂に安置される生身御影の「御身拭」、そして報恩讃嘆の式文拝読をしていたのであるから、二方向への立場と権限・役割を持っていた。

⑴は儀式執行にあたり、一家衆と御堂衆それぞれに権能を一時的に分掌するものとも言える。日程や依用聖教の決定に関しては一家衆筆頭格の補佐が常にあったらしく、差定もその一家衆筆頭格を介していた。御堂衆は教団・門末に対する儀式部分を主に担当している。

⑵は宗主自身の宗教役勤仕である。宗祖親鸞の後裔として、自ら「報恩講」教団の先頭に立つことが、宗主としての教団に対する勤めであった。「開山の御名代」である宗主はさまざまな教団内身分を保障したが、宗主自身、宗教役勤仕をもって自らの身分的保障を行なっていたのである。『反古裏書』[24]における、若き宗主顕如が「掟」を遵守している徴に大坂本願寺は健在である、という言説もその意味で理解されよう。

2　一家衆について

本願寺において「一家衆」とは宗主の親族集団の総称である。蓮如期までは史料上に散見されるものの実態の不明瞭な「一家衆」は、実如期の永正年間に教団内身分として確立し（「一門一家制度」[25]）、「一門衆」と「一家衆」は、宗主の代替わりごとに血縁の濃淡や法義相伝の要素により再編成された。一家衆は本願寺においては宗主を補佐し、地方教団においては宗主の代理的存在としてあった、というのが従来の研究史のおおよその通説的理解である。[26]

基本線はそのとおりであろうが、「一門一家制度」の史料的根拠が、永禄年間成立とされる史伝『反古裏書』の

【系図１】　本願寺系図抄（「日野一流系図」（『続真宗大系』第16巻）より摘要）

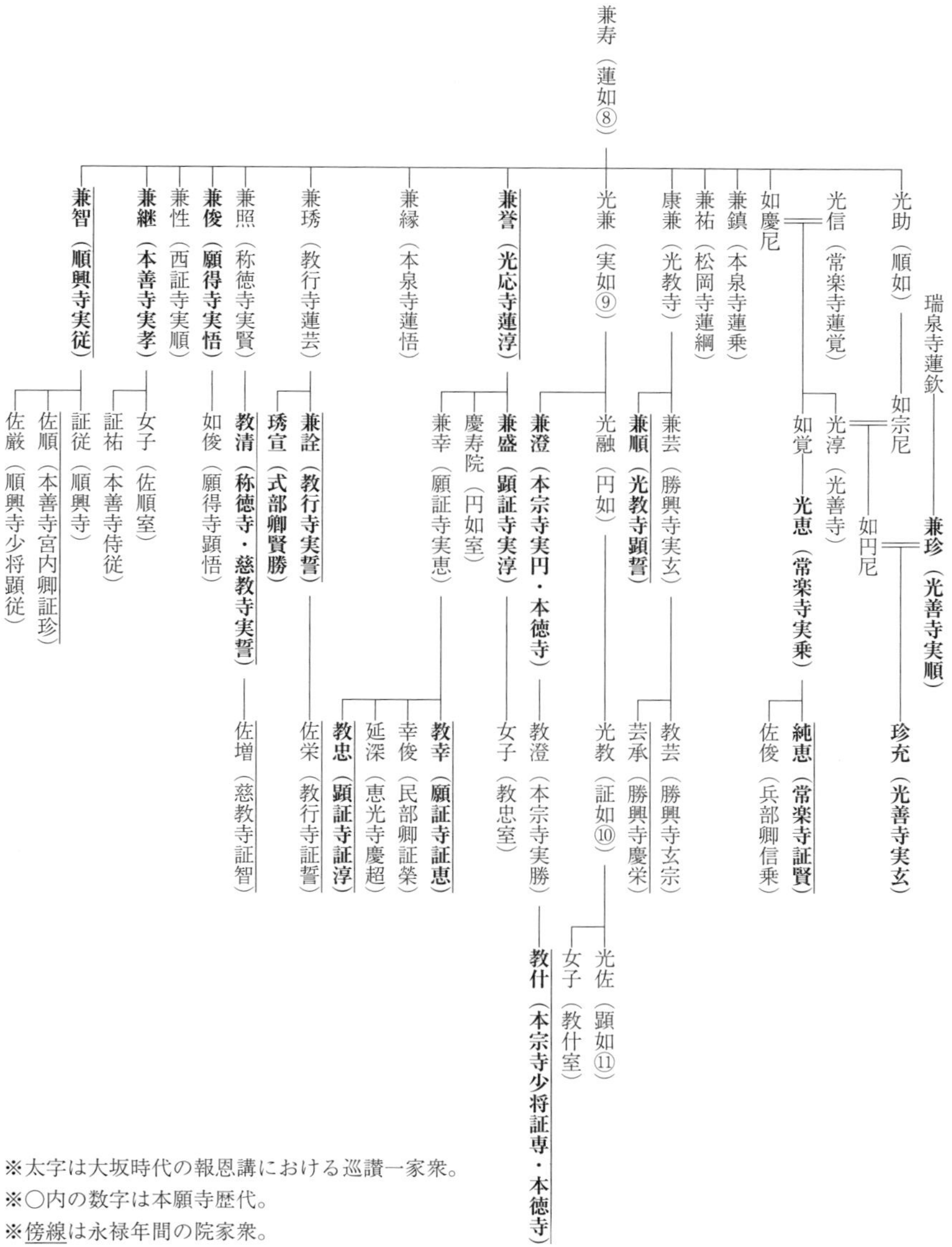

※太字は大坂時代の報恩講における巡讃一家衆。
※○内の数字は本願寺歴代。
※傍線は永禄年間の院家衆。

みであり、『天文日記』などから大坂本願寺時代（証如・顕如期）の一家衆内部の身分的構造を見ると、必ずしも先行研究が指摘するところの「一門一家制度」の原則が符合するとは言えない点が散見される。また一向一揆研究側からのアプローチにより地方教団における一家衆の存在と機能が論じられた一方で、本願寺における役割についてはいまだ検討が十分とは言えないことが問題点として挙げられる。

ここでは報恩講における一家衆の役掌とそこに顕現する一家衆内部の身分的構造について論じ、この二点の問題について考える。当該期の一家衆の人的構成については**【系図1】**を適宜、参照されたい。

宿老・一老

報恩講の式文拝読儀式において、式文拝読を宗主の代わりに勤める一家衆が存在する（**【表3】**）。この一家衆は式念仏の調声も勤め、内陣における一家衆の最上座、つまり一家衆の筆頭と目される位置にある。

天文年間におけるその具体的人物としては光応寺蓮淳・本善寺実孝・左衛門督実従・本宗寺実円・教行寺実誓が挙げられる。このうち常に本願寺に在ったのは蓮淳と実従であり、実孝、実円は稀に上山したときに勤仕、実誓は彼らの死去後の昇格である。このうち先行研究が主に注目したのは証如の外祖父である蓮淳と唯一の叔父である実円であるが、その際に強調された論点は、本願寺における機能というよりも、地域教団における影響力あるいは政治的位置であった。視点を変えて、本山役（本願寺におけるその機能）に焦点を当てた場合、彼らの位置はどのように説明できるであろうか。

草野顕之氏は本願寺に常住して宗主を補佐する一家衆の存在を指摘した[27]。本願寺常住を指標にした場合、それは蓮淳、実従に加え、顕証寺実淳（蓮淳息男）となり、彼らには、後述するように確かにそれぞれに担う重要な役掌があった。ただし、実孝や実円らとの座次順を考えたとき、常住一家衆がそのまま一家衆筆頭格とはならない。

蓮淳（蓮如六男）が天文十九年（一五五〇）に没するまで一家衆筆頭格にあったのは確実である。そのあとは本善寺実孝（蓮如十二男）が勤め、実孝の没後は順興寺実従（蓮如十三男）がその座にあった。このように見る限り、その序列は実如兄弟つまり蓮如子弟寺院の年齢階梯による序列である。とくに蓮淳存命中、同様に本山に常住し次席にあることが多かった実従ではなく、実孝が筆頭勤仕をしたという点が大きい。

また次席に目を転じてみれば、蓮淳期には通常は実従である。実孝、実円が式文拝読に関わる場合もあるが、「御身拭」の勤仕も併せ考えれば、基本的な組み合わせとして、蓮淳―実従、実孝―実従、実従―実誓という展開が確認できる。このような実態からして、「一老」に次ぐ「二老」の座の存在も認められると考えてよい。

一家衆筆頭格について、興味深い示唆がある。実悟は『山科御坊事幷其時代事』などで、宗主代行は「一家衆ノ一老」「宿老」の役であり、山科本願寺においては蓮淳がその役にあったと述べている。(28) 実悟の言説の背景には自らが宿老格でありたいという主張と、この時期に大きく台頭していく御堂衆への批判があったと見られる。しかし、いずれにせよ、大坂本願寺において、この「一老」また「宿老」格という認識が、一家衆の筆頭格を指していたことになるだろう。よって大坂本願寺における蓮淳・実孝・実従ら一家衆の筆頭格的存在を「一家衆宿老（一老）」と名付けたい。

巡讃一家衆（一門衆）

内陣座配（**【表4】**）から巡讃一家衆の序列編成について考える。彼らは、『反古裏書』の言説から「一門衆」と呼ばれる人物らとほぼ一致するが、この措定基準は必ずしも明確ではない。また内陣座配についても原則変化が推測され（天文十一年〈一五四二〉・永禄三年〈一五六〇〉など）、序列編成を読み取る際には注意が必要となる。しかしながら【表4】からある程度の傾向がつかめることは確かである。

まず検討しておきたいのは、本宗寺実円の位置である。宗主証如の唯一の叔父となる実円は、三河本宗寺と播磨本徳寺を兼帯しつつ、大坂本願寺においては、証如の補佐役の位置にあったとされている。三河と播磨、そして大坂を往来する多忙さゆえか「報恩講」への出仕回数は少なく、天文十五・十九・二十三年（一五四六・五〇・五四）の三回が確認されるのみである。この実円と実従の位置関係が明瞭でない。天文十五・十九年において両者は、内陣においては実円が上座であるが、斎相伴においては実従が上座である（【表5】）。証如が死去した天文二十三年には実従が儀式主宰を代行し、式文の筆頭拝読者となる。実円は式念仏調声者である。明確な基準は想定し切れないものの、一度集団形成した「一門衆」の内部序列に関しては、年齢階梯による基準と、実如連枝寺院の存在感がうかがえる。実円の場合は一家衆宿老にはなっておらず、本善寺実孝より上座にはないからである。

次に指摘したいのは、「一門衆」が宗主の代替わりごとに再編されるという仮説について、実際には証如の死後、顕如の継職に際して一家衆内に位置の変動が何ら見られないことである。変動が見られたのは実は院家制度導入時であり、それ以前と以後で決定的な変化を遂げることになる。

門跡勅許以前の天文年間における巡讃衆の基本的な六人は、光応寺・順興寺・教行寺兄弟・光善寺・常楽寺である。のちに最初の院家寺院となる願証寺・顕証寺は、天文年間には出仕が恒常的でなく、座配は上位ではない。本宗寺証専・顕証寺証淳・願証寺証恵が内陣上位を与えられるのは、院家寺院に勅許された永禄三年（一五六〇）以降のことである。院家制度の導入によって年齢階梯による序列から寺格的な序列基準が優先されるようになったと見える。これは永禄七年（一五六四）に慈教寺実誓（四十六歳）、常楽寺証賢（五十歳）ではなく、顕証寺証淳（三十

【表５】 斎相伴一家衆（『天文日記』より作成）

天文20·11·28	本善寺実孝・順興寺実従・教行寺実誓・顕証寺証淳・式部卿賢勝・光善寺実玄・常楽寺証賢・本侍従（実孝子）・左宮内卿（実従子）・恵光寺慶超・実玄子・願行寺・毫摂寺・興正寺・超勝寺
天文21·11·28	本善寺実孝・順興寺実従・教行寺実誓・顕証寺証淳・慈教寺実誓・宮内卿（実従子）・式部卿賢勝・常楽寺証賢・光善寺実玄・二位（教・実誓子）・恵光寺慶超・今小路兵部卿（証賢弟）・毫摂寺・興正寺
天文22·11·28	順卿寺実従・光教寺顕誓・願得寺実悟・教行寺実誓・光善寺実玄・式部卿賢勝・常楽寺証賢・本善寺証珍・順宮内卿（実従子）・顕証寺証淳・富二位（教行寺子）・大弐・恵光寺慶超・今治部卿・専修寺・毫摂寺・興正寺

※報恩講斎相伴人数については多くは知られないので、参考までにその他の行事における斎相伴一家衆を下に記す（一部）。

天文５・２・２	光応寺蓮淳・左衛門督実従・顕証寺実淳・願証寺実恵・教行寺実誓・式部卿賢勝・光善寺実順・称徳寺実誓・大蔵卿（実順子）・常楽寺証賢・同兵部卿（証賢弟）・超勝寺刑部卿・西光寺・興正寺
天文７・２・２	光応寺蓮淳・子実淳・左衛門督実従・教行寺実誓・式部卿賢勝・慈教寺実誓・光善寺実順・子実玄・常楽寺証賢・弟信乗・興正寺証秀
天文８・２・２	光応寺蓮淳・子実淳・左衛門督実従・教行寺実誓・光善寺実順・願証寺証恵・大蔵卿実玄・恵光寺慶超・今小路兵部卿・「小浜宮内卿」・興正寺証秀
天文10・２・７	光応寺蓮淳・本善寺実孝・左衛門督実従・本宗寺実円・顕証寺証淳・教行寺実誓・光善寺・大蔵卿実玄・式部卿賢勝・願証寺証恵・慈教寺実誓・常楽寺証賢・恵光寺・今刑部卿・出兵部卿・今兵部卿・勝林・厳焰寺・本蓮寺・佐々木・超刑部卿・小浜宮内卿・本蓮宮内卿・端兵部卿・興正寺
天文16・１・15	常住之一家衆・光応寺蓮淳・本宗寺実円・顕証寺証淳・常楽寺証賢・光善寺実玄

二歳）が最上座（一老）に位置することからも察することができる。[29]

末一家衆

末一家衆は報恩講において、報恩講前の内陣須弥壇掃除役と南座敷出仕、斎相伴にその姿を見せる。顔ぶれとしては斎相伴一家衆（**【表5】**）のなかに、恵光寺、願行寺、毫摂寺、興正寺、超勝寺などが見出されるが、彼らは慶長年間にはほぼ一門格であることには注意が必要である。永禄四年（一五六一）には五十人を超える規模を持った末一家衆は権威の低下が懸念されるものの、親鸞三百回忌においては内陣一家衆と同様に権威的な装束を着して内陣を荘厳、その身分的地位を顕示することになったのである。

以上のように大坂本願寺の一家衆は、①一家衆宿老（一老・二老）、②内陣・巡讃一家衆、③末一家衆という内部階層を持っていたと考えられる。その序列基準については、門跡勅許以前には年齢階梯による基準が大きく、門跡勅許以降は院家という寺格が優先された。ただし、あまり制度的な厳密さはなかったとも考えるべきである。

ところで一家衆は、本願寺において「報恩講」出仕以外にどのような動きを見せ、どのような役割を担っていたのか。これについては、常住一家衆であった光応寺蓮淳の証如後見役、左衛門督実従の御堂鎰役、また宗主証如の御書案作成に携わっていたらしいこと、[30] また天文十一年（一五四二）の死去まで常住一家衆であった顕証寺実淳（兼盛）が証如の右筆を勤め、[31] また取次も勤めていたことを指摘しておきたい。[32]

このような一家衆の機能の多様性は、教団の一家衆体制・制度として評価するよりも、むしろ組織・制度体系の未確立、そして一家衆身分の私的存在性を示すものではないか。一家衆は報恩講の内陣座配が示すように本来的に私的存在であるがゆえに、どの機能にも携わることができた。と考えれば、それを教団内身分の序列化をめぐる一家衆と御堂衆の緊張関係の前提として理解することができる。教団制度の確立に関し門跡勅許を画期とすべき論点があらためて注目されるものと考える。

3　御堂衆について

本願寺の御堂衆については片山伸氏、草野顕之氏、日野照正氏の研究が注目されるが[33]、検討の余地は多分に残されている。たとえば、片山氏の研究は、本願寺の寺院内組織と身分制を顕密諸寺院の形態に比較して論じた点で優れている。ただし、片山氏は、本願寺御堂衆については本来、御堂荘厳に従事し宗教的行事に参加しない俗的身分であり、実如期以降、勤行・教学等にも関与することになった、と捉えている。しかしながら御堂荘厳の行為自体、宗教的行為である。また、報恩講に出仕して儀式的役割を担うことからすれば、御堂衆はもとから重要な宗教役を担う寺院内身分として考えなくてはならない。

本願寺の御堂衆については、その担い手が変容すること、役掌も時代によって変化すること、御堂鎰役については実従より一家衆に役掌が移行するため別途整理が必要なこと、これまで実悟の叙述を基本史料としたために、遡及実証としては信憑性に疑問が残ることなど、さまざまな問題から統一的な把握が難しい。初期本願寺においては家人下間氏がこれにあたっていたとされ、『山科御坊事幷其時代事』第一〇条によれば、綽如の時代まで下間丹後の同名一人が御堂衆となっていたという[34]。蓮如期には下間蓮応が丹後を称していたという伝えもある[35]。下間氏の御堂衆担当は後述のように、天文四年（一五三五）まで確認される。ただし、蓮如期より慶聞坊龍玄など一般坊主衆も御堂衆に参入している。龍玄の法義への精通などはすでに指摘されているところである[36]。蓮如期から実如期にかけて、山科本願寺時代の御堂衆としては、慶聞坊（龍玄）・法敬坊（順誓）・（水谷浄願寺）勝尊・（山科西宗寺）祐信・端坊（明誓）などの名がわかる(37)。

大坂本願寺時代の御堂衆については、『天文日記』『私心記』『今古独語』などから、その実態を検討することができる。厳密には、『私心記』『天文日記』からは誰が御堂衆であるかという確証は取れない。しかし、『今古独語』では、浄照坊明春・法専坊賢勝・教明・明覚寺・（光徳寺）乗賢・教宗が御堂衆とされる。よって彼らそして彼らと同様の位置にあるものを、御堂衆として間違いないだろう。そこで重要な役勤仕の一つである式伽陀の担当状況【表3】から御堂衆を割り出すと、天文三年（一五三四）までは西宗寺祐信・浄照坊明春ならびに下間丹後（頼玄）である。御堂衆を担う下間氏が丹後を称していることも確かめられる。『私心記』天文三年九月三日条には「御堂衆三人」と記されているから、この時期は三人体制なのだろう。しかし翌年、下間頼秀・頼盛兄弟ら一党が本願寺を退出すると、その後、彼らの父親である下間頼玄（丹後）の名も見えなくなる。さらに、十一月八日、西宗寺祐信が死去すると、賢勝が御堂衆に取り立てられることになる。この賢勝はのちに蓮如の常随弟子であった法専坊（播磨国）の名跡を継ぐことになる。なお、天文四年（一五三五）の「報恩講」の伽陀は浄照坊明春と賢勝が交互に勤めているから、この他に御堂衆はいなかった可能性が高い。

この天文四年（一五三五）の画期は大きい。これ以降、下間氏が御堂衆を担うことはなくなる。また山科本願寺時代からの御堂衆西宗寺祐信の死後、御堂衆に取り立てられていく顔ぶれには、明らかに摂津・河内とその周辺の坊主衆が増えていくことになる。これは、本願寺が山科から大坂に移転し、大坂本願寺を中心とする新しい教団体制が整備されていったことを意味している。この段階で一家衆・下間氏・御堂衆各々が担う機能が再分割整理され、御堂衆においては完全に一般坊主衆体制となっていくものと考えられる。

天文年間中期になると、明春・賢勝に加えて、盛光寺（常光寺）祐心と超願寺祐賢（祐玄・祐言）の存在が確認されてくるようになる。さらに天文十六年（一五四七）八月三日には明覚寺・光徳寺乗賢・西光寺教了・正誓（端坊性誓か）が御堂に召され（御堂衆昇格）、御堂衆体制が強化されていく。このなかで、光徳寺乗賢が永禄三年（一五六〇）にいたり初めて式伽陀を担当するようになり、明春・賢勝に次ぐ存在になっていく。

以上のような大坂本願寺における御堂衆の実数は『本願寺作法之次第』第一条[38]にある「六人供僧」という表現に基づく一般的理解とは差異がある。また御堂衆も宗主の代替わりごとに再編成されたことを推測させる史料[39]があるが、これも証如から顕如への代替わりの際にはその顔ぶれに変化が見られないことから、原則と実態の差異が明らかである。実態としては、御堂衆人数の増加とそれに伴う内部序列化（御堂衆―御堂僧）を推測するのが妥当なのであろう。一老・二老といった立場があることにも注意すべきと考える。

御堂衆の役掌について整理する。注意すべきは、御堂衆としての役掌と、その担い手個人が宗主の内衆としての立場から行なうものとの区別である。これが明確に分離していないところに、教団における身分的・制度的未確立を指摘することもできるが、混同するのも問題である。木越祐馨氏は『天文日記』から浄照坊明春の動向を御堂衆の役掌として取り上げている[40]が、前述の注意と、明春が御堂衆一老であり、さらに第四章で触れるように、個人的に突出した存在であったらしいことをふまえて整理し直すと、次のとおりである。

(A)御堂荘厳…御影供・灯炉点燭・掃除・参銭取次
(B)仏事儀式…「報恩講」・歴代周忌法要・葬送（調声・収骨など）・得度（剃髪など）
(C)宗主内衆…能役勤仕・斎相伴・使者・取次・接待・宿舎提供
(D)法義・教学…「報恩講」における改悔批判・日常的法義讃嘆（法談）

このうち、(A)が御堂衆の本来的役割であり、本願寺の仏事儀式の確立に伴い、(B)に役割が拡大していく。「報恩講」については、御堂衆が式伽陀の調声を担い、御堂衆一老が宗主から直接指示を受けて改悔批判ならびに『御伝鈔』拝読を担当することが特筆される。また、天文十五年（一五四六）には、報恩講前掃除における須弥壇掃除役が末一家衆より御堂衆へ移行するという役割担当変更の現象も見られる。(41) 御堂衆が次第に重用されていく一端を示すものであろう。なお、御堂衆は本山本願寺のみならず、各地の御坊や有力寺院の仏事にも出向した（堺坊仏事や興正寺報恩講など）。

(C)は御堂衆以外も担うことのある役割であるが、それを担いだすところに御堂衆の地位確立を見ることができる。とりわけ、浄照坊明春は宗主内衆としての役割も大きく担っている。(42) そして(A)(B)(C)を担当し、教団内地位を確立した御堂衆がさらに(D)をも担うことになる。宗主・一家衆に代行して法談する、また改悔批判を執り行なうことなどから、法義に関しても、御堂衆の門末に対する宗教的権威が生じ、近世にかけて教団教学の中心的地位を確保していったものと見通すことができる。

大坂本願寺時代における御堂衆の教団内位置は、以上のような役掌の拡大から、次第に大きなものになっていったと見ることができる。蓮如・実如期に形成の画期が指摘される御堂衆の教義・勤行体制(43)は、蓮如子弟寺院一家衆による『教行信証』（本書）の広本伝授の独占(44)からその形成が指摘される相伝教学(45)と異なり、教団法義の場において坊主・門末と直に接するところから研鑽、確立されていった。本願寺教団における一般坊主・門末の筆頭的存在に御堂衆が位置していったと見られるのである。

御堂衆はやがて、本願寺門跡勅許を経た時点で、一家衆と衝突していくことになる。本書第Ⅰ部第四章でとりあげる親鸞三百回忌における儀式的役割や、依用する法衣装束をめぐる問題、本書第Ⅰ部補論1でも論じる永禄十年（一五六七）の顕誓蟄居事件（御堂衆光徳寺乗賢と院家衆〈一家衆〉光教寺顕誓の対立状況が背景にあると考えられる）である。また、本書第Ⅰ部第四・五章で言及し、本書第Ⅰ部補論3で検討する『山科御坊事幷其時代事』『本願作法之次第』から読み取れる御堂衆批判なども相当する。御堂衆にしてみれば、本願寺門跡勅許による教団体制の変容が自身の身分を不安定にさせるという危機感もあってのことであり、御堂衆はこれらの摩擦を経て近世教団内身分を獲得していくと見通すことができるのである。

むすびにかえて——本願寺の寺院・教団構造

本章では、本願寺教団の中心法要として確立し、さらなる儀式整備をみた「報恩講」の基礎検討を行なった。そして、その中心儀式である式文拝読を指標にして宗主・一家衆・御堂衆の存在に注目し、そこから本願寺教団内における三者の実態を中心に検討した。これに基づき、本願寺の寺院・教団構造の全体図について展望する。

片山伸氏は、本願寺には「宗主—一家衆—直参坊主衆—門末」(寺僧系列)と「宗主—殿原(青侍)—堂衆—中居衆—綱所衆」(寺官系列)という二系列の身分序列が存在したとする。[46] しかし教団運営の実態に即してみた場合、御堂衆の位置が問題である。身分の序列・制度として考えれば、宗主との主従関係を原型とする身分であろう。しかし、その担い手が下間氏から一般坊主衆に移行し得る性格を持ち、実際に移行したこと、さまざまな宗教役を担うことからすれば、全体的に説明のやり直しが必要と考える。

御堂衆は本来、寺院内身分として住職(宗主)と紐帯を持つものであり(住職—堂衆)、儀式を中心にした宗教役を明らかに担っている。一方で、一家衆は本来、血縁・系譜を紐帯とした親族集団であり、これが強化編成されて惣領(宗主)を支えるところに戦国期本願寺教団の一家衆体制の特徴があるとされるゆえんである(惣領—イエ)。

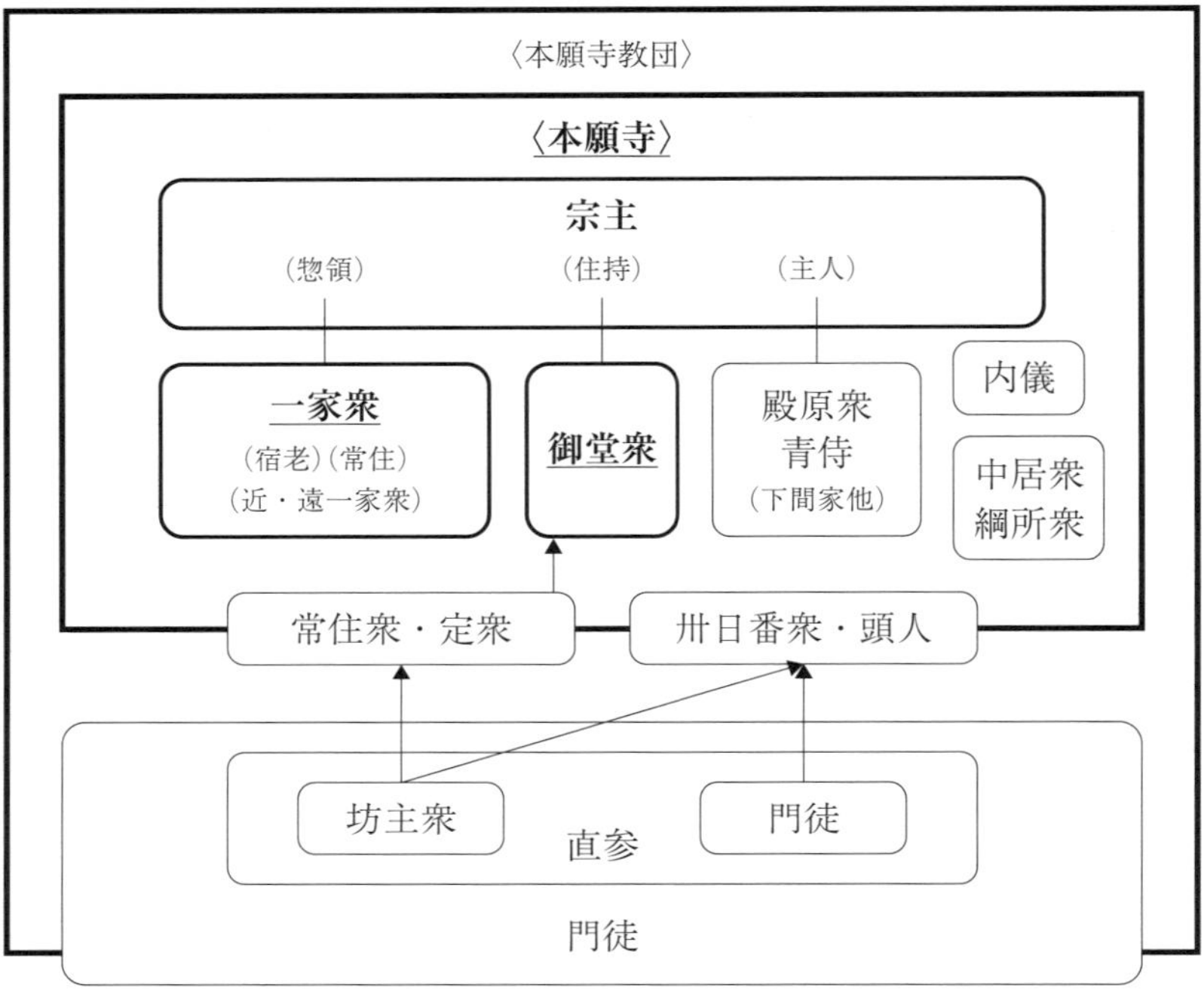

【図2】　本願寺（寺院・教団）概念図

一家衆・御堂衆という概念は、最初から教団内身分としてあったわけではなく、まずは別々の関係性から始まったものとみなくてはならない。そして、彼らを結びつけていった接点が、住職と惣領が一体化した宗主と、本山寺院本願寺という場であった（【図2】）。

この重層構造が「報恩講」という教団儀式の場において明確に顕現していると言えるのである。「報恩講」の中心儀式である式文拝読において、拝読は御影像の御前、礼盤にて儀式主宰者である宗主が担当する。そして式間和讃を内陣において一家衆が、式間伽陀を外陣において御堂衆が、それぞれ担当する。一家衆と御堂衆ともに役掌を明確に分担し、それぞれの性格をもって宗主を支えるのである。「報恩講」の式文拝読に関わる三者は、教団構造においても不可欠な存在であり、門末からすれば、ある意味で宗教的権威の象徴であった。

こうしてみれば、「門跡成」以前の戦国期本願寺は、片山氏が示すような二系列ではなく、【図2】のように三系列の重層構造を持っていたと言うべきである。すなわち、「宗主（住持）―（御）堂衆」系列を独立させて捉えたほうがよいと考える。(47)そして、その御堂衆が独特な成長を遂げ、大きな位置を占めてくるところに、戦国期本願寺教団の大きな特徴を指摘することができるのである。

さて、本願寺の寺院・教団構造は門跡勅許により大きな画期を迎える。「院家」「坊官」制度の導入は単に従来の教団形態にそれを当てはめたものではなく、深刻な教団体制原理の転回を予感させるものであった。本願寺が門跡に成るにあたり念頭に置いたのは、関係性の深い青蓮院の門室組織であった。親鸞の青蓮院得度伝承はともかく、初期本願寺が青蓮院門跡体制のなかにあったことは確かである。大坂本願寺時代についても、たとえば青蓮院坊官鳥居小路経厚の本願寺常住や、親鸞三百回忌における青蓮院出世松泉院応全の助言など、比叡山延暦寺（青蓮院門跡）との密接な関係性が指摘できる（本書第Ⅰ部第四章など）。実際に、門跡に成る前段階の本願寺証如期には、明らかに大坂本願寺は青蓮院門跡体制において院家格に位置付けられていた（本書第Ⅱ部第四章など）。

ところで、下坂守氏によれば、青蓮院の門室組織には執事と庁務の二つの役職があった。執事とは門室の評定機関をとりまとめる役であり、青蓮院の脇門跡・院家格が務めるもの、庁務は筆頭坊官がその役に就任して務め、門室組織の執行機関を司る庁の長官であったという。(48)門跡寺院の組織体制は執事（評定機関）すなわち院家、庁務（執行機関）すなわち坊官、の二系列の組織体系だったのである。下坂説と片山説の対応が確認されもするが、本願寺教団に実際にその組織体制が導入され、一家衆が院家に、下間氏が坊官に当てられたとき、御堂衆の位置が問題になってくるように思われる。そして、儀式・教学担当に傾斜し独自の存在として教団内に身分的位置を確立しつつあった御堂衆は、青蓮院門跡の法会儀式執行は門室執事が行なうものであったことから、本願寺教団の門跡組織体制への移行に際しては、寺官（坊官）系列ではなく、寺僧系列に自らを投入することで状況に対処していったと見通すことができるのである。

しかしながら、顕密仏教寺院の組織構造との対比研究には、有効な一面とともに限界もある。たとえば、稲葉伸道氏は中世寺院の権力構造について(1)政所系列、(2)惣寺集団、(3)院家組織の三要素の存在を指摘する。[49]あえて対応させるならば、初期本願寺は延暦寺秩序の周縁部に発生した私的な院・坊（房）の性格を持つものとしての(3)に属するのであろうが、爆発的な「教団」形成以降の本願寺の全体構造については、中世寺院史研究の枠組みだけでは、もはや捉え切れないだろう。ここにも、戦国期宗教勢力史論を独自に考えていく必要性を感じる。

以上の見通しをうけ、次章では「報恩講」に第四段階（④門跡寺院格の法会）の変容をもたらした顕如期・親鸞三百回忌の検討に入っていきたい。

注

（1）一般的には「石山本願寺」と呼称されてきたが、「石山」表現が同時代史料にないことを吉井克信「戦国・中近世移行期における大坂本願寺の呼称――「石山表現」をめぐって――」（『ヒストリア』第一五三号、一九九六年）が指摘した。よって本書では「大坂本願寺」とする。ただし「石山戦争」という呼称については一向一揆の歴史的評価も絡めて今後も議論すべき問題であり、現段階で全否定すべきではない。この問題に関しては、「特集・大坂の成立・展開と本願寺・信長・秀吉――「石山」呼称問題から都市論・権力論――」（『ヒストリア』第二六〇号、二〇一七年二月）での議論も見られたが、その内容には違和感があり、なお議論が必要と考える。

（2）蓮如十三男実従（本願寺一家衆・順興寺）の日記（天文元年〈一五三二〉～永禄四年〈一五六一〉。『真宗史料集成』（以下『集成』と略称）第三巻〈同朋舎出版、一九七九年〉、『大系真宗史料』（以下『大系』と略称）文書記録編10「私心記」〈法藏館、二〇一六年〉など）。

（3）本願寺証如の日記（天文五年〈一五三六〉～天文二十三年〈一五五四〉。『集成』第三巻、『大系』文書記録編8「天文日記Ⅰ」・『大系』文書記録編9「天文日記Ⅱ」〈法藏館、二〇一五・一七年〉など）。『集成』第三巻の翻刻に多く錯綜もあって注意が必要であったが、『大系』において網羅的な修正作業が施された。今後は『大系』を用いるべきである。

（4）草野顕之『戦国期本願寺教団史の研究』（法藏館、二〇〇四年）。

（5）『集成』第三巻、『大系』文書記録編13「儀式・故実」（法藏館、二〇一七年）。

（6）佐々木孝正「本願寺教団の年中行事」（『日本仏教学会年報』第四三号、一九七八年。のちに佐々木孝正『仏教民俗史の研究』〈名著出版、一九八七年〉所収、『親鸞大系』歴史篇第八巻「戦国期の真宗教団」再録）。

（7）荒木万紀子「「天文日記」中の内儀と年中行事」（福間光超先生還暦記念『真宗史論叢』、永田文昌堂、一九九三年）。

（8）片山伸「中世本願寺における寺院組織と身分制」（『真宗総合研究所紀要』第四号、一九八七年。のちに『蓮如大系』第三巻再録）、日野照正「鎰役と御堂衆の成立と展開――本願寺の場合――」（『講座蓮如』第三巻、平凡社、一九九七年）。

（9）『私心記』『天文日記』各十一月二十一～二十八日条。本章で以下、とくに史料的根拠を示さない場合はすべてこれらの箇所による。

（10）『本願寺作法之次第』第一三一条（『集成』第二巻〈同朋舎出版、一九九一年改訂版〉五八一頁、『大系』文書記録編13六六六頁）。

（11）たとえば『私心記』天文二十三年十一月二十八日条。

（12）青木忠夫（史料紹介）「本願寺准如筆「慶長期報恩講日記」（一）」（『同朋大学仏教文化研究所紀要』第一九号、一九九九年。のちに同『本願寺教団の展開――戦国期から近世へ――』〈法藏館、二〇〇三年〉第四部第二章）、同（史料紹介）「本願寺准如筆「慶長期報恩講日記」（其の二）」（『同朋大学仏教文化研究所紀要』第二〇号、二〇〇〇年。のちに前掲同著書第四部第二章）。
(13) たとえば『私心記』天文十一年十一月十一日条。
(14) 『華頂要略門主伝』二三（『大日本仏教全書』第一二八巻）。
(15) 『天文日記』天文十五年八月七日条。
(16) 『天文日記』天文五年九月二十三日条。
(17) 光教寺顕誓（蓮如四男蓮誓二男）の著、永禄十年（一五六七）成立とされる（『集成』第二巻、『大系』文書記録編3「戦国教団」〔法藏館、二〇一四年〕など）。
(18) 『天文日記』天文十二年十一月二十八日条。この条は同時に後述の内陣差定が南一から始まるということの証左にもなる。
(19) 青木忠夫「本願寺顕如筆「讃頭」関係文書考――永禄・天正期年中行事――」（蓮如上人研究会編『蓮如上人研究』、一九九八年。のちに前掲注(12)青木著書第二部第一章）。
(20) 『山科御坊事幷其時代事』第五一条、『本願寺作法之次第』第九四条（『集成』第二巻五五二―五五三・五七五頁、『大系』文書記録編13三〇・五九頁）。
(21) 「宗主」概念を疑問視する見解については、吉田一彦「実如の継職と初期の実如裏書方便法身尊像」（同朋大学仏教文化研究所編『実如判五帖御文の研究』研究篇下、法藏館、二〇〇〇年）などを参照。もちろん用いる言葉によって視座の偏りが露になる問題性は理解しているが、戦国期本願寺教団における証如などの位置・性格を考えたとき、それは「住持」という表現では捉え切るのは難しい。なお、「宗主」という表現については、近世後期に西本願寺で編まれた『大谷本願寺通紀』で用いられてはいる。その後、『本願寺史』（浄土真宗本願寺派、一九六一年）でも「宗主」表現がとられ、さらに用いられていったものと思われる。
(22) 金龍静「戦国期本願寺支配権の一考察」（『年報中世史研究』創刊号、一九七六年。のちに峰岸純夫編『本願寺・一向一揆の研究』〔吉川弘文館、一九八四年〕再録）。
(23) 青木馨「本願寺門主制の一考察」（『真宗研究』第四三輯、一九九九年。のちに同『本願寺教団展開の基礎的研究――戦国期から近世へ――』〔法藏館、二〇一八年〕第Ⅱ編第一章）。

(24)『集成』第二巻、『大系』文書記録編3。『反古裏書』の言説については本書第Ⅰ部補論2。
(25)「一門一家制度」は新寺建立禁止令・三箇条掟とともに実如期の永正三法令として評価されている。たとえば金龍静「蓮如教団の発展と一向一揆の展開」(『富山県史』通史編Ⅱ、富山県、一九八四年)を参照のこと。
(26)森岡清美『真宗教団と「家」制度』(創文社、一九六二年)、笠原一男『一向一揆の研究』(山川出版社、一九六二年)、金龍静「蓮如教団の発展と一向一揆の展開」(『富山県史』通史編Ⅱ、富山県、一九八四年)、日野照正「中世本願寺一家衆と鎰役——特に一家衆の諸問題について——」(平松令三先生古稀記念会編『日本の宗教と文化』、同朋舎出版、一九八九年)、草野顕之「戦国期本願寺一家衆の構造」(前掲『日本の宗教と文化』、一九八九年。のちに前掲注(4)草野著書第Ⅱ部第三章)。
(27)草野顕之「天文期本願寺教団の組織について」(仏教史学会大会報告、一九八七年)。
(28)『山科御坊事幷其時代事』第三・五・六条(『集成』第二巻五四四頁、『大系』文書記録編13一八—一九頁)など。
(29)青木忠夫「本願寺顕如筆「讃頭」関係文書考——永禄・天正期年中行事——」(蓮如上人研究会編『蓮如上人研究』、一九九八年。のちに前掲注(12)青木著書第二部第一章)。
(30)藤田実「久宝寺の御書——証如期文書発給の一断面——」(大阪真宗史研究会報告、二〇〇一年)。
(31)『証如上人書札案』天文十年三月二十一日付文書(『集成』第三巻)。
(32)『天文日記』天文五年十月三日条ほか。
(33)前掲注(8)片山論文・日野論文、草野顕之「近世本願寺坊主衆身分の一考察」(『大谷大学研究年報』第四二号、一九九一年。のちに前掲注(4)草野著書第Ⅱ部第六章)。
(34)『集成』第二巻五四五頁、『大系』文書記録編13一九—二〇頁。
(35)『本願寺作法之次第』第十三条(『集成』第二巻五六五頁、『大系』文書記録編13四五頁)。
(36)吉井克信「慶聞坊龍玄考——本願寺蓮如の常随弟子について——」(薗田香融編『日本仏教の史的展開』、塙書房、一九九九年)。
(37)『本願寺作法之次第』第一二五条(『集成』第二巻五八〇頁、『大系』文書記録編13六五頁)。
(38)『集成』第二巻五六四頁、『大系』文書記録編13四三—四四頁。

(39)「天正二十年顕如上人送終記」（『西光寺古記』〈本願寺史料集成、同朋舎出版、一九八八年〉）
(40) 木越祐馨「金沢御堂創建の意義について」（神社史料研究会編『社寺造営の政治史』、思文閣出版、二〇〇〇年）。
(41)『天文日記』天文十五年十一月二十日条。
(42) 木越祐馨「金沢御堂創建の意義について」（神社史料研究会編『社寺造営の政治史』、思文閣出版、二〇〇〇年）。
(43) 金龍静「戦国時代の本願寺内衆下間氏」（『名古屋大学文学部研究論集』史学二四、一九七七年。のちに『蓮如大系』第三巻再録）。
(44)『私心記』天文十五年三月二日条。
(45) 前掲注(26)草野論文、草野顕之「近世本願寺坊主衆身分の一考察」（『大谷大学研究年報』第四二号、一九九一年。のちに同著書第Ⅱ部第六章）。
(46) 前掲注(8)片山論文。
(47)「下間氏の限定的強化、御堂衆の独立化による教義・勤行体制の形成、一門による宗主輔弼体制の形成」の三方向を指摘する金龍静「戦国時代の本願寺内衆下間氏」（『名古屋大学文学部研究論集』史学二四、一九七七年。のちに『蓮如大系』第三巻再録）の指摘は参考になる。また、下間氏については拙稿「戦国期本願寺家臣団の基礎研究」（『東海仏教』第六三輯、二〇一八年）も参照。
(48) 下坂守「中世門跡寺院の組織と経営」（村井康彦編『公家と武家』、思文閣出版、一九九五年。のちに下坂守『中世寺院社会の研究』〈思文閣出版、二〇〇一年〉第四篇第一章）。
(49) 稲葉伸道『中世寺院の権力構造』（岩波書店、一九九七年）。

第四章　親鸞三百回忌の歴史的意義㈠

——顕如期・「報恩講」の変容——

はじめに

永禄四年（一五六一）、大坂本願寺において勤修された親鸞三百回忌[1]について、『今古独語』[2]は次のように叙述する。

【史料1】『今古独語』

抑開山聖人三百年忌、永禄四辛酉年ニ当リ給フ、コレニ由テ、諸国御門弟、御一門一家、ソノ外坊主衆参洛、但シ三月ノ比、引上《ヒキアケ》ラレ、勤修アルヘキ由、年内ヨリソノ沙汰コレアリ、兼テハマタ、今師上人禁裏ヨリ門跡ニナシ申サル、（中略）然ハ、御仏事ノ儀式、当分御門跡ニナシ申サレ候ト申シ、院家各々出頭、コトサラ御年忌邂逅《タマサカ》ノ御事ナレハ、他宗ノ参詣モアルヘシ、先、聖道ノ衣裳シカルヘキ由ニテ、法服・衲袈裟用意アリ、青蓮院門跡ノ出世松泉院法印ニ御談合ト云々、法事ノ作法ハ、日中三部経一巻ツ、伽陀アリ、読誦ノ後、マツ導師礼盤ニ向ヒ三礼、其後十四行偈ヲ始メ行道、次ニ漢音ノ阿弥陀経念仏廻向ナリ、導師ハ御堂衆、賢勝・教明・明覚寺・光徳寺カハル〳〵勤メラル、内陣行道ノ衆ハ、御門主・本宗寺・願証寺・顕証寺・教行寺・慈教寺・常楽寺、幷ニ御堂衆ナリ、役者ハ常ノ如シ、南ノ御座敷モ畳マハリ敷ニナサレ、著座ノ衆、順興寺、光教寺、願得寺、光善寺、本善寺等、ソノ外一家衆坂《ハン》東ノ阿佐布《アサフ》ノ専（善）福寺在京ノ間、末座ニ候セラル、坊官衆モ白袈裟・裳付衣ニテ、侍衆ノ前ニ出仕、坊主衆モ白袈裟・裳付衣ナリ、連経ノ衆ト云云、衣裳ハ、行道衆、法服・金襴衲袈裟・横被裳、水精七縈束数珠・檜扇・艸蛙、御堂衆同前、但シ行道ヨリ前ハ、後戸ノ縁（椽）ニ祗候、導師ノ衆ハカリ著座、南座敷ノ衆ノ出仕モ同シ、去ナカラ、太夜ハ織袈裟・素絹・裳付衣、但シ南座ノ衆ハ絹袴ヲ著セス、朝勤・斎・非時モ同シ、坊主衆モ白袈裟裳付衣ニテ、ソノマヽ、御堂ヘ出仕アリキ、浄照坊ハ、所労ノ事ナレハ出頭コレナシ、（中略）御仏事ハ十日ノ間ナリ、御影堂ノ内ニハ坊主衆・相伴ノ衆候シテ其外ハ矢埓《ヤライ》ノ外ニ参集、広縁（椽）ノ通《トホリ》ヨリ平張ヲ高ク打《ウタ》セラレ、阿弥陀堂ト同クヤ子ヲ仮葺《カリフキ》ニセラレシカハ、諸人モソノ中ニ祗候アリケリ、他宗ノ僧徒交リ、紛《マキラ》ハシクカタ〳〵御用捨ニヤ、例年ノ如ク法義懇談ニ及ハス、法事結願成就ノ後、御影前ニオキテ、猿楽宴酒ノ儀モ、寝殿ノ前ニテコレアリ、

『今古独語』は光教寺顕誓(3)が永禄十年（一五六七）に著したものとされる。史伝の類ではあるが、永禄四年（一五六一）から九年（一五六六）にかけての本願寺「報恩講」や院家成りなどについてまとまった叙述を持っていること、順興寺実従（蓮如十三男）の日記『私心記』(4)が永禄四年までしか残っていないことなどから、永禄年間の本願寺を知る上で非常に重要な史料である。『私心記』や『今古独語』からは「開山聖人三百年忌」のみならず戦国期本願寺の「報恩講」の法要次第、儀式作法、出仕装束・座配、御堂荘厳などもよく知られ、儀式変遷史という視点に限っても興味深い。その上、「報恩講」については前章までにも論じてきたように、その儀式的全容に教団の全容を読み取ることができるという点において、その検討は教団史を考える上でとても有意義である。さらに、『今

古独語』の叙述をめぐっては、親鸞三百回忌とそれにより生じた教団史の諸問題について、追求すべき論点を多く見出すことができる。

本章では、本願寺「報恩講」の歴史的展開過程における中世・戦国期の最終段階を論じることにしたい。すなわち、最大の焦点が永禄四年（一五六一）親鸞三百回忌（報恩講・御遠忌）ということになる。「報恩講」の歴史的展開の一過程として、いわゆる「御遠忌」執行の歴史的問題として、本願寺「門跡成」を経た戦国期本願寺教団の到達点とその歴史的性格を象徴的に著した儀式として、その歴史的意義は大きい。

まず、親鸞三百回忌執行の大きな歴史的前提となるのが、本願寺「門跡成」である。(5) 永禄二年（一五五九）、本願寺顕如は勅許により門跡になる。(6)「門跡」とは、法流の相承を指す意味から貴種が住持する寺院の称となる語である。本願寺教団においては長らく宗主（本願寺住職）を指して使用され、さまざまな歴史的課題を今も有している。しかしながら「戦国期」に「本願寺」が「門跡に成る」ということは、十六世紀の日本社会において、単に一宗教勢力の問題ではなく、広範に大きな衝撃・影響をもたらした歴史的画期として捉えられるものである。とすれば、本願寺教団史におけるその歴史的意義も多角的に捉えていく必要を感じる。

とはいえ、親鸞三百回忌の執行にあたっては、門跡寺院格の法会として、儀式内容を多く変更したために、その後の教団に大きな影響を与えることになった。「報恩講」に門跡寺院格の法会としての性格を持たせることは、当然ながら大きな矛盾を生じさせることになり、教団内に少なからぬ混乱が惹起することになったのである。

以上のような課題を意識しつつ、本章では、「門跡成」を経て勤修された親鸞三百回忌「報恩講」の歴史的実態に注目し、儀式の検討を通して「教団」の確立と門跡成による「教団」の組織変容の一端を検討する。

第一節　親鸞三百回忌の歴史的実態

本節では、親鸞三百回忌の歴史的実態について基礎検討する。親鸞三百回忌については、『私心記』『今古独語』に詳細に記されているにもかかわらず、これまで研究における注目度はあまり高くない。早くに『本願寺史』(7)がそれなりの紙幅を割いて述べているが、通史という性格上、概観にとどまっている。戦国期本願寺教団史研究が進展するなかで、儀式と教団の密接な関係を論じた草野顕之氏は、教団における年中行事確立と教団体制の強化を結び付け、永正期と永禄期の二段階を措定し、後者に「門跡成」による儀式改変の画期を指摘した(8)。これにより親鸞三百回忌を歴史的に検討する意義が高まったが、「門跡成」以降の見通しなど、いまだ検討すべき課題は多い。

1　親鸞三百回忌に至る過程

天文二十三年（一五五四）八月十三日に証如が死去し、その長男顕如は十二歳で本願寺を継職した。証如が死去する前日に父証如を師として得度した顕如ではあったが、同年「報恩講」では一家衆宿老実従が儀式主宰者を代行した。翌年から顕如の出仕が始まったが、当初は実従や慶寿院（顕如祖母）の補佐が『私心記』に散見される。顕如は天文二十四年（一五五五・弘治元年）四月十二日に直叙法眼となり、弘治三年（一五五七）四月十七日には細川晴元女（のちの如春尼）と結婚した。朝廷・公家社会や室町幕府との関係をさらに密接なものとし、永禄二年（一五五九）十二月十五日、門跡に勅許されることになったのである（第Ⅱ部補論1）。

さて、顕如が門跡となった翌永禄三年（一五六〇）、まず本宗寺証専・願証寺証恵・顕証寺証淳が十一月二十一

【系図1】　永禄年間の本願寺院家（▭が院家となった人物。○内の数字は本願寺歴代）

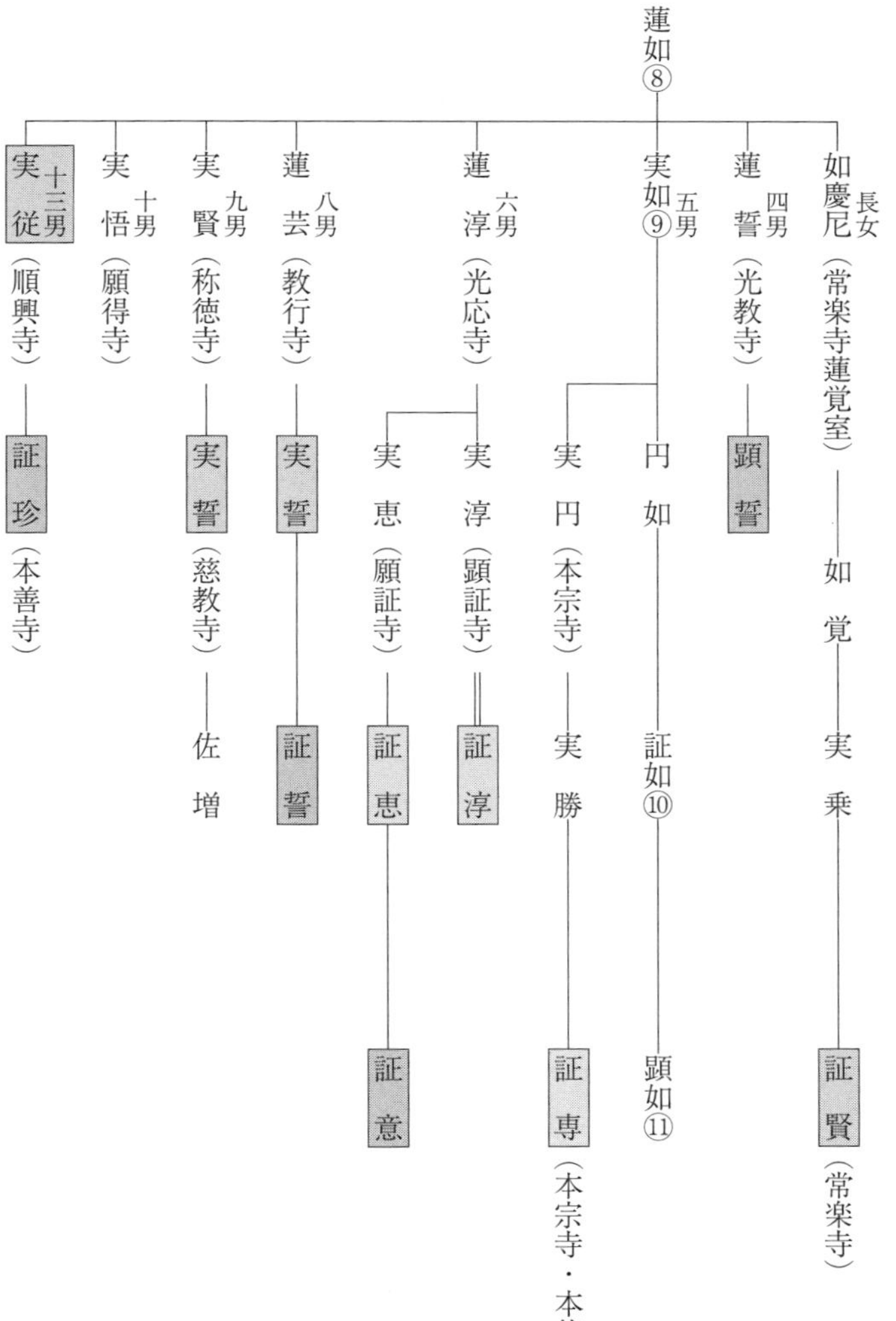

日に院家となり、同日に始まった「報恩講」に、従来「報恩講」では依用のなかった「素絹」を装束としてまとい、揃って内陣「南上座」に出仕した(9)。それまで比較的若年の彼らの座次は必ずしも高くなく、ここに院家制度という新しい価値観の導入が明らかに見出される(10)。続いて同年暮れに、これまで本山儀式役に重き位置を占めてきた順興寺実従・教行寺実誓・慈教寺実誓・常楽寺証賢が院家成りし(11)（【系図1】）、そしてその翌永禄四年（一五六一）三月、大坂本願寺は親鸞三百回忌を迎えたのである。

2　親鸞三百回忌の儀式的実態

永禄四年の親鸞三百回忌は、本章冒頭に掲げた『今古独語』に「御仏事ノ儀式当分御門跡ニナシ申サレ候」とあるように、儀式内容を門跡寺院格の法会として整備し執行されることになった。儀式内容や装束などに関しては、同じく『今古独語』に「青蓮院門跡ノ出世松泉院法印ニ御談合」ともあり、青蓮院門跡関係者に助言を得たことも注目される。さらに親鸞三百回忌だけではなく、「報恩講」をはじめさまざまなところでその影響が見られた。永禄三年（一五六〇）(12)には「他衆多候」ゆえ、儀式次第に浄土三部経（大無量寿経・観無量寿経・阿弥陀経）の依用を増やしたり、あるいは永禄四年二月には儀式内容・装束に関する談合が実従を中心に一家衆の間で持たれたりした(13)。「報恩講」を中心に、本願寺教団の法要行事全体の門跡寺院格化・他宗対応・通仏教適応化が進められたことが見て取れよう。

親鸞三百回忌の様相については『私心記』と『今古独語』に詳しく記されている。『今古独語』は本章冒頭に掲げたので、ここでは『私心記』の当該条を掲げる。

【史料2】『私心記』永禄四年三月十九日～二十八日条

十八日　掃除アリ、御尌(厨)子・内金ニ間ダヒ(ママ)被申候、今朝、五色花足十合参、檀ノ上ニ南北ニアリ、打敷ヒロシ、檀程也、礼盤新サセラル、卓等同之、南座敷二ノコヒ板ニサセラレ候、太夜、正信偈ユリアリ、如霜月、ソケンニ織物ケサ著候、余ノ衆ハモツケ衆也、

十九日　朝、阿弥陀堂勤、讃仏偈ト十四行偈ニ念仏百返、衣裳如太夜、御影堂勤、念仏正信偈・和讃六首・世尊我一心廻向也、御斎、汁二菜十一茶子四、慶寿院ヨリサセラル、日中、大経上巻、其後於内陣有行道、漢音阿弥陀経也、伽陀アリ、大経ノ時也、一家衆悉御堂衆ト、法服七帖(条)ケサ・ヒ扇・シタウヅ(襪)・サウカイ也、小経漢音ニテハテ候、念仏ナシ、非時、汁二菜六、茶子五、斎・非時御相伴、百人余也、太夜ニハ報恩講伽陀候テ式アリ、予ヨミ申候、勤如常、和賛三首、廻向也、夜、改悔ナシ、群衆候故歟、頭人等ノ事、別ニ記之、非時、五ケ山・川上ヨリ、大経打切、長嶋、予ハ行道不叶間、南座敷著候、

廿日　朝勤、如昨日両所勤也、素絹・織物・紫袈裟也、斎、汁二菜八、予・教行寺(実誓)・堅田・飯貝・出口、其外一家衆中ヨリ申入候、御斎之□アト、各イタ、キ候、出羽二十疋遣候、日中、昨日同、法服著候、下巻、伽陀アリ、其後行道アリ、小経漢音乗乗賢礼盤ニアカリテヲリテ初ラル、昨日ハ賢勝也、非時、汁二菜六、如昨日、太夜、報恩講伽陀アリ、式、富田ニヨマセラル、勤、毎月廿八日ニ同前、院家衆、素絹・紫袈裟、其外モツケ衣、アサキケサ著、斎・非時モ如此著候、

廿一日　朝勤、両所同前、御斎、汁二菜六菓子五、日中、法服著、観経一巻、小経ハナシ、漢音小経・行道アル故也、経伽陀・小経初、教御堂衆五六人行道也、御門跡、教行寺・本宗寺(証専)・願証寺(証恵)・顕証寺(証淳)・常楽寺(純恵)行道也、予ハ同道不成間、南座敷ニ着候、光教寺(顕誓)・願行寺(勝心)・光善寺(実玄)・本善寺(証珍)・富宮内卿・長兵衛督・堅侍従(証智)・少

将、此分南座敷、法服・七帖袈裟着、末ノ一家衆、其後ロニ着座五十人計、法服同着候、観経、御門跡被初候、打切富田、非時如昨日、太夜、伽陀・私記、予ヨミ申候、絹袴・ソケン下ニ着候、勤、和賛三首、如常、

廿二日　朝勤、阿弥陀堂、十四行偈ソノマ、ハヤ引也、斎、汁二菜八菓子七、日中、伽陀・小経、調声、明覚寺、上巻、打切、願証寺、日中ハ各法服也、非時同前、太夜、式、富田ヨミ被申候、太夜後、頭人勤アリ、讃嘆ナシ、改悔ナシ、

廿三日　朝勤同前、斎、汁三菜十一菓子七中日ノ心也、御南向・本宗寺・願証寺・顕証寺申候、日中、伽陀・小経、調声賢勝、大経下巻打切顕証寺、小経行道同前、非時同前、太夜、伽陀・式、予ヨミ申、勤同前、

廿四日　朝勤同、斎、汁二菜三、日中、法服同、伽陀・小経、調声乗賢、観経打切慈敬寺、行道同前、非時同前、太夜、伽陀乗賢、私記教行寺、あかゝ(証珍室)胸□候、

廿五日　朝、阿弥陀°堂勤之次ニハヤ引アリ、斎、汁二菜八菓子七、日中、伽陀・小経、調声・礼盤ヘアカル事、明覚寺、経上巻、行道小経、漢音同前、行道之時、南座敷ノ衆立テ各候、末一家衆マテ、非時同前、太夜、伽陀・私記、予ヨミ申候、

廿六日　朝勤等同前、斎如昨日、日中、同前、伽陀・小経調声教明、経下巻、打切顕証寺、非時同前、太夜、伽陀明覚寺、式富田、念仏、

廿七日　朝、ハヤ引、如廿五日、斎、汁二菜八、日中同前、伽陀明覚寺、観経調声慈敬寺、今朝、庭田殿(重保)御下候、夜、御礼参候、遣太刀持参候、太夜、伽陀・私記、予ヨミ申候、今夜不通夜、御用心ニタテラル、故也、

廿八日　朝勤、七打而鐘鳴候、六時過、点心、サウケイ・菱麦子三・饅頭・菜二ナマヒハス、サテ垸ニ」饅頭入而フタシテ、サウケイニ引カヘラル、フタニ汁入候、其後又ムシムキ折敷取出候テ、饅頭ニ引カヘ如常、日中

衣装、法服此間ノ如シ、先式・伽陀、其後御門跡式アソハシ、廻向、伽陀過テ、大経伽陀アリ、何モ賢勝サテ、上巻・下巻ハテ、阿弥陀経ニテ行道、此間ノ如クニテハテ候、式アヒ賛、土呂《（証専）》・長島《（証恵）》・顕証寺・富田・堅田・今小路《（純恵）》、念明《（仏）》富田也、和賛正像末也、予ハ此間ノ如ク、南ニ着座候、朝勤ト太夜計ニ内陣北座着座候、御斎、予素絹・織物袈裟着用、院家衆此分、残之衆、ハリ衣・織物ケサ・浅黄大略着候、萌黄ナト着候衆モアリ、朝勤・太夜・非時此分候、御斎、汁三菜十三十三、茶子七、点心、茶子同、七日間、太夜御文ナシ、夜改悔ナシ、他宗多キ故也、御堂面シラハリ、西東□《（ママ）》間、北南十□《（ママ）》間サセラル、大群衆也、

これによれば、法会日程は三月に繰り上げられ、十八日から二十八日まで十昼夜法要が営まれた。なお、十一月には「御正忌」として二十五日から二十八日までの三昼夜法要が営まれた。

儀式内容としては、日中法要では式文拝読はなく、浄土三部経の読経と行道が行なわれた（結願日中のみ、読経ではなく式文拝読が行なわれ、その後に行道となった）。伽陀の後、三部経のいずれか一巻が読経され、その後、十四行偈が始まり行道。次に漢音阿弥陀経、念仏廻向という次第である。導師は礼盤に上がった御堂衆が勤め、門跡顕如以下、院家衆と御堂衆が行道した。行道は、この親鸞三百回忌で初めて取り入れられた作法である。ただし、散華については十一月正忌における行道において初めて導入され、三月時点では導入されていない。

式文拝読については、初逮夜を除く各日の逮夜法要に執行されたが、顕如が拝読することはなく、実従か教行寺実誓が担当であった。「朝勤」（晨朝）は両堂にて執行され、阿弥陀堂では「讃仏偈ト十四行偈ニ念仏百返」、御影堂では「念仏正信偈・和讃」に「世尊我一心」の廻向が勤められた。

日中法要に読経が採用され、正信偈勤行がなく、式文拝読が逮夜法要に移されて執行され、そして逮夜法要後の

改悔・讃談もまったく不執行、朝勤においても『御文』の拝読が省略されたなど、本願寺特有の儀式・勤行が省略、あるいは変更・簡略化されたのが特徴的である。

こうした儀式の改変が諸方にもたらした影響の大きさは想像に難くない。儀式内容に関連しながら、さらにはっきりと見えた大きな変化が、出仕者の座配と用いられた法衣・装束であった。そして、それらをめぐり、教団内身分間に少なからぬ対立・摩擦・緊張関係が生じてしまうことになり、さらに法義をめぐる事件にも発展した。次節では、そうした問題を読み出すことのできる『今古独語』の叙述にあらためて注目し、検討していく。

第二節　法衣と法義をめぐる諸問題

1　『今古独語』の叙述

『今古独語』には「翌年ハ行道コレナシ、衣裳ハ去年ノ如シ、勤行ハ例年ニカハラス」とあり、永禄五年（一五六二）以降の報恩講は通常どおり、再び日中に式文拝読を執行する勤行次第に戻ったようである。永禄四年（一五六一）の儀式次第自体がその後の本願寺の法要儀式に一般化したわけではなく、この点は注意が必要である[14]。

ただし「聖道ノ衣裳シカルベキ」とされた法衣装束は、そのまま本願寺の儀式に用いられる法衣装束として定着が企図された。『今古独語』の永禄四年から九年にかけての報恩講をめぐる叙述には、実はこの法衣装束の問題が大きく取り上げられており、ここに重要な問題を見出すことができる。そこで、用いられた法衣装束の変遷をまとめ（**【表1】**）、検討を加えてみたい。ちなみにここに登場する法衣の順位は、上から「法服―鈍色―素絹―裳付―直綴」、袈裟は「七条袈裟（金襴袈裟）―織物袈裟（綾袈裟）―絹袈裟―白袈裟・布袈裟」と考えられる[15]。

【表1】 永禄四―九年の儀式装束変遷表（『今古独語』より作成）

		院家衆	一家衆	御堂衆	坊主衆	坊官衆
親鸞三百回忌（永禄四年三月）	日中	法服・七帖袈裟（金襴衲袈裟）			裳付衣・白袈裟	裳付衣・白袈裟
	太夜・朝勤・斎・非時	素絹・織物袈裟（紫袈裟）・絹袴	素絹・織物袈裟	＊	裳付衣・白袈裟	＊
永禄四年	日中	法服・七帖袈裟			＊	絹袴・裳付衣・白袈裟
	太夜・朝勤	素絹・織物袈裟・絹袴	裳付衣・織物袈裟（・絹袴）	裳付衣・綾袈裟（※絹袴不許可）	＊	＊
永禄五年		※「去年ノ如シ」			＊	＊
永禄六年		法服・七帖袈裟（※太夜に鈍色を導入）			＊	＊
永禄八年	日中・太夜	素絹・綾袈裟・絹袴		裳付衣・白袈裟	＊	＊
	朝勤・非時	直綴・絹袈裟・絹袴		＊	＊	＊
証如十三回忌（永禄九年）	日中	素絹・綾袈裟・絹袴		＊	白袈裟（※裳付衣禁止）	
	太夜	直綴・絹袈裟		＊		
永禄九年	太夜	素絹・織物袈裟・絹袴	直綴・絹袈裟	直綴・白袈裟	＊	＊
	日中		裳付衣・綾袈裟	裳付衣	＊	＊
	斎・非時	直綴・絹袈裟		＊	布袈裟	＊

まとめてみると、変遷にもいくつかの画期が見られる。親鸞三百回忌を第一段階として注目すると、「門跡成」以前の本願寺における一般的な儀式装束は、日中に裳付衣・青袈裟、太夜・朝勤には白小袖と見られるから[16]、永禄四年時点で初めて導入された法服・七条袈裟という日中装束は、明らかに門跡格を意識した権威的な法衣であった。法服・七条袈裟の依用が許されたのは、行道する宗主・院家衆・御堂衆と南座敷出仕の総一家衆、つまり内陣出仕者であり、外陣に座す坊官衆や「連経ノ坊主衆」は裳付衣・白袈裟であった。このなかで家臣的位置にある御堂衆が、主人とその一族（宗主と一家衆）と同格の装束着用を許可された点が注目される。永禄四年十一月正忌では、太夜・朝勤において、院家衆のみが素絹を着用し、一家衆以下は裳付衣、一家衆と御堂衆の間には絹袴着用の有無のみが格差として見られるが、日中装束は三月と同様であり、この状態が永禄七年（一五六四）まで継続している。

変遷の第二段階は永禄七年を期にした翌八年（一五六五）の再改変であり、ここではまず日中装束について法服・七条袈裟の着用が見られなくなる。そして、院家衆と一家衆の装束を同格とし、御堂衆は裳付衣・白袈裟に揺り戻され、格差付けがなされた。第三段階が翌永禄九年（一五六六）であり、太夜・日中において院家衆のみ素絹・絹袴が許され、再び一家衆との間に格差が、そして一家衆と御堂衆の間には袈裟による格差が設定された。

これらは何を意味するのか。単純に新制度導入期の混乱では説明できない問題、すなわち本願寺における教団内身分の再編成が背景に浮かび上がってくるようである。

永禄四年十一月と永禄九年の格差は、主に院家の問題が判断軸である。門跡成による院家制度の導入は、従来の本願寺の一家衆体制を保持しつつ行なわれた。永禄九年時点を例とすれば、前年より第二次院家成りが行なわれ、顕誓が院家になったほか、教行寺が実誓から証誓へ代替わり相続、本善寺証珍は実父順興寺実従の院家格を相続した（『今古独語』・**【系図1】**）。院家格の特別化という視座から見る永禄九年の法衣装束に関する差配は、法要儀式においては院家衆と一家衆に格差を付け、斎・非時の際には同格としたものである。対外的には院家の位置を階層分化させ、「一家」内部においては従来どおり血縁関係を重んじるという使い分けであった。

ただし一連の叙述が暗示する問題の主眼は、院家衆をめぐるものではなく、一家衆と御堂衆との相対的な位置関係にあった。永禄四年十一月正忌に関する『今古独語』の次の叙述に注意したい。

【史料3】『今古独語』

浄照坊望申サル、ニヨリ、法服衲袈裟著用ニテ導師勤仕アリ、綾ノ袈裟裳付衣一家衆ノ如シ、（中略）去ナカラ一家衆絹袴各々著用、浄照坊ハ、望申サレシカトモ、ソノ儀ナシ、

「所労ノ事」により三月の親鸞三百回忌に出仕しなかった御堂衆の長老浄照坊明春が、強く望んで行道導師を勤め、その装束姿はさながら一家衆のようであったという。明春はさらに一家衆のみに許された絹袴の着用を望み、これは許されなかったものの、御堂衆が一家衆並の処遇を望むという状況自体、それまで見られなかったものである。

さらに装束変遷の第二段階、永禄八年の揺り戻しのきっかけについて『今古独語』には次のようにある。ここから単純に依用する法衣装束のみならざる問題がうかがえる。

【史料4】『今古独語』

然ル処ニ、永禄七年十二月廿六日ハカラサルニ回禄ノ事アリテ、御坊中一宇モ残ラス焼失アリシカトモ、程ナ

ク御再興、造立事ユヘナク成就セシカハ、霜月報恩講ニハ、昔ノ如ク法事執行ヒオハシマス、サレハ近年御一流御掟ノ義ソノ沙汰ナキ事イハレナシ、コノ砌ヨリ前住ノ御在世ノ如ク、毎朝御法義、御影前ニ於テ讃嘆アルヘキ旨、御堂衆ニ仰出サレ畢ヌ、法事ノ作法モ同、

永禄七年（一五六四）に、大坂本願寺は「回禄」すなわち全焼した。[17]火炎は十二月のことなので復興後の「霜月報恩講」は永禄八年のことになる。この際に、毎朝の法義讃嘆の復活が顕如から御堂衆に指示された。顕如継職以後、法義讃嘆つまり改悔（信心告白）の場が疎少になっていたのであろう。顕誓は大坂本願寺「回禄」の所以をこの法義への油断に求めた。顕誓からすれば、華美になっていた法衣装束への戒めも、この法義問題、さらには大坂本願寺の行く末への危機感に直結するものであったに違いない。

ところが、その顕誓が永禄十年（一五六七）に顕如より蟄居処分を受けることになったのである（第Ⅰ部補論1）。『顕誓領解之訴状』[18]によれば、御堂衆光徳寺乗賢が顕如に顕誓の法義解釈に異ありと進言したことにより蟄居になったという。仮にこれが、先行研究が示唆するような政略的事件[19]であったとしても、法義をめぐり御堂衆をして一家衆を訴える論理的状況のあり得たことが問題である。[20]

ところで、顕誓のみならず一家衆から見た御堂衆への危機感は、実従や願得寺実悟（蓮如十男）の叙述からもうかがえるものであった。『今古独語』によれば、永禄四年十一月正忌の日中においては内陣北座に院家衆が、内陣南座には御堂衆が着座した。これに関しては実従が「御堂衆各内陣居候、如何」と疑問を呈し、また御堂衆の担当であった御堂荘厳や改悔の不執行に関しても不審の意を示した。[21]「石山合戦」下の天正三年（一五七五）、実悟が著した『山科御坊事幷其時代事』（第二一・三・五・四五・四六条）、あるいは同八年（一五八〇）著『本願寺作法之次第』

（第五一・九二・一二六・一二七条）[22]にも、一家衆側から御堂衆あるいは教団儀式のありようをめぐる批判的言説が見出される。[23]

以上のことから、「門跡成」以降の本願寺において、一家衆と御堂衆が一種の緊張関係にあったことは確かである。ここには、教団体制そのものの問題が浮かび上がってくる。顕誓が指摘した、内心における「御掟」（法義）、外見における「衣裳」（法衣装束）といった具体的問題は、顕如の継職以後、とくに「門跡成」以降の本願寺の教団存立基盤をめぐる問題を象徴するものでもあった。このように、本願寺における門跡寺院組織体制の導入は、従来の一家衆体制を保障する権威付与ではなく、新しい組織的価値観の注入と考えられる。つまり本願寺は、「門跡成」により「御開山ノ御チノミチ」[24]に基づく教団理念（一家衆体制）に完結しない組織体系を有する教団存立の方向性（門跡体制）が問われた。これらのせめぎあいが『今古独語』[25]（顕誓）の叙述ににじみ出ているのである。

2　大坂本願寺の御堂衆

これまでの検討でも強調してきたように、戦国期本願寺教団の展開過程において、御堂衆の存在がさまざまな意味において鍵となっている。そのため、ここで再び御堂衆について、大坂本願寺時代にしぼり検討を加えていきたい。前章でも述べたが、本願寺が山科から大坂に移転すると、大坂を中心とする教団体制が再構築されていくことになる。その際に、すでにあった摂津・河内門徒による大坂御坊与力体制の上に本山機能を移転させていくことになったため、自然とその後の教団体制のなかで摂津・河内門徒が主導権を握っていったことは推測に難くない。そして、御堂衆がその典型例の一つとなる。

大坂本願寺の御堂衆は、おおよそ摂津・河内地域とその周辺を出自とした。当該期の御堂衆の選抜基準に、個人の器量とは別に地域の問題があったことは、天文十六年（一五四七）の御堂衆新規選抜の事例からうかがうことができる。彼らは本山に常住して御堂勤仕する存在であると同時に、地域教団の代表格あるいはそれに密接に関係する存在であったため、その行動は地域教団の意向に左右された。教団の運営中枢におけるこのような地域色が、これまでに述べてきた状況をもたらす一つの要因であったことも、考えなくてはならない。

以上の点をうけて、先に見てきた状況のなかで、鍵となる重要な御堂衆の二人、すなわち浄照坊明春と光徳寺乗賢について、さらに検討を加えてみたい。

浄照坊明春は天文四年（一五三五）に御堂衆一老となり、本願寺儀式の執行に関しては御堂衆を統括するばかりでなく、証如に近侍して使者・取次・饗応など幅広い役掌を担った。大坂本願寺の御堂衆体制を盤石にした人物と言ってよい。かなりの発言力を有したようで、『反古裏書』によれば、天文十九年（一五五〇）の光教寺顕誓らの赦免、教団帰参に関して、明春の個人的な尽力があったとされる。のちに光徳寺乗賢とは対立する顕誓であったが、明春に対しては感謝と賛辞を惜しんでいない。

この明春は永禄三年（一五六〇）に、長らく勤めた御堂衆一老の座を法専坊賢勝に譲り、隠居したようである。すでに述べたように、翌年三月の親鸞三百回忌には（老齢による）体調不良のため不参であった。そして十一月正忌への出仕は老僧最後の勤仕だったと見てよい。明春の没年は知られていないが、『顕誓領解之訴状』によれば、少なくとも永禄十年（一五六七）には死去している。

ところで、浄照坊は、蓮如による大坂坊舎建立後に、河内国八尾慈願寺が通坊として大坂に設置したものとされている[26]。その浄照坊に興味深い文書が残されている（以下の翻刻紹介において原文の改行箇所は便宜上「／」で示した）。御堂衆一老が、あるいは浄照坊明春個人の力量かもしれないが、いかに本願寺の儀式作法に精通していたかを示す内容である。

【史料5】浄照坊文書A

此等之趣、御意に候／間、御返事可被申／上候、／然以飛脚ニ被申候、／前住様、此御坊へ／被成御出候時、御代々／御名(命)日朝つとめ、真に／させられ候つる哉、又／是々にて候つるや、廿五日／などニハ、法然上人和／讃、廿二日ニハ太子／和讃など、引せられ候哉、／其様体、浄照坊へ／能々御尋候て、急度／可注給候、又、廿八日御式／などのあそハし候つる／様体、是又くハしく／可承候、前々此方にての／事共、浄、御失念候歟、／先年、芳野本善寺殿／にて御式あそハし／候つる様体、懇ニ御尋候て／可注給候、廿八日之趣／御思案候て、遅候様ニ候ハ、、／先々明(命)日御朝つとめの／様体を具可承候、／廿八日之儀者、跡より重ねて／懇ニ可預注候、不可有／御油断候、恐々謹言、

十二月廿三日　大蔵法橋道嘉（花押）

大進法橋御房

御宿所

【史料6】浄照坊文書B

一昨日被仰出候／つる儀、以一書／言上之通、懇ニ／令披露候、猶又／廿七日なとの御／わさんの様体／何と覚られ候や、／被相尋可被申上候、此／より被仰出候、恐々／謹言、

極月廿五日　道嘉（花押）

海大法
御宿所

この【史料5・6】[27]は二点とも年次不詳であるが、差出人の「道嘉」は本願寺家臣の下間頼良である[28]。あて名にある「大進法橋御房」「海大法」は、『浄照坊一属』[29]（系図史料）が明春の息子を「海老名大進」とすることに当てたいが、後世の系図史料のため断定は避けておく。内容は、本願寺におけるさまざまな年中法要において用いる正信偈や和讃の種類、報恩講の式文拝読について、証如存命中はどうであったかと問い合わせているものである。明らかに明春の記憶を頼っての問い合わせである。ただし文書の内容を考えれば、一家衆宿老として儀式役に重きをなした実従の存命中に、式文拝読の作法まで明春に問い合わせるとは考え難い。よってこの二文書は、実従が死去した永禄七年（一五六四）より後、明春死去の下限である永禄十年（一五六七）より前、つまり永禄八年（一五六五）か九年（一五六六）のものと推定することができる[30]。

これだけの内容を問い合わせるということは、明春引退後の本願寺教団の儀式体制がいかに脆弱であったかという議論にもなりかねない。しかし、それはともかく、明春自身がいかに本願寺教団の儀式に精通していたかを示す好箇の二史料である。

次に、明春そして賢勝の後、天正年間に一老の座にあったと見られる光徳寺乗賢に注目したい。乗賢は父乗順とともに『天文日記』に頻出する。光徳寺は河内国秦に寺基を構えていたが、大坂寺内に宿所を持ち、ほぼ本願寺に常住していたようである。当番としての斎・樽の調進のほか、斎相伴にも頻繁に呼ばれていた。証如が「光徳寺宿」を訪問したこともある[31]。天文十三年（一五四四）には、大坂本願寺に寄寓していた前青蓮院坊官鳥居小路経厚の中陰が「光徳寺ニテ」勤められており[32]、乗賢の御堂衆昇格以前の事項として、鳥居小路との関係も含め、その教団内位置が注意される。

そして、前述のように乗賢は天文十六年（一五四七）に御堂衆に取り立てられたが、以後もかなりの研鑽を積んでいくことになった。天文二十年（一五五一）には実従の指示で版木を刷り[33]、天文二十一年（一五五二）には願証寺証恵・宮内卿証珍（以上、一家衆「広本伝授」）、明覚寺・端坊性誓・定専坊了誓・光永寺明誓とともに「向之座敷」にて実従から『教行信証』の講義を受けた[34]。この時期の『教行信証』伝授にあたっては一家衆の広本伝授と、御堂衆の間には差異があったが、この点も乗賢の研鑽にどう影響したであろうか。さらに『私心記』弘治二年（一五五六）正月十七日条には、実従が『教行信証』の校合を、山田（光教寺顕誓）本と乗賢本をもって行なったとある。一家衆系統の『教行信証』写本と御堂衆系統の『教行信証』写本があったと見ることができるかもしれない。乗賢はのちに『宗祖聖人三百年御忌之記[35]』も著しており、親鸞三百回忌以後、御堂衆の重鎮としての位置を確立していったと考えられる。

以上、大坂本願寺の御堂衆として浄照坊明春と光徳寺乗賢を取り上げ、彼らがいかに本願寺の儀式・教学に関わっていたかを示してきた。ところで、彼ら個人の力量とともに、その背景にある河内・摂津門徒の環境も考える必要がある。浄照坊にも光徳寺にも中世にさかのぼる真宗聖教が少なからず所蔵されており、そうした環境も彼らを後押ししたであろう。彼らを中心とする大坂本願寺教団の体制が確立したところに、実悟や顕誓ら北陸一門衆が復帰してみれば、摩擦が生じるのも自然な成り行きであった。一家衆と御堂衆の対立だけでなく、河内・摂津中心の大坂本願寺体制と、それ以前の北陸を基盤とするところの大きかった教団体制の残存がぶつかりあう状況でもあったのである。顕誓は乗賢の法義理解の問題を指摘しながら、浄照坊・法専坊亡き後の法義の乱れを歎いた[36]。親鸞三百回忌以降の法義疎略とも関連しそうであるが、顕誓による指摘の内容的当否はともかく、以上の状況を捉えて考える必要がある。

むすびにかえて

「門跡成」により本願寺は本山寺院としての確立へと向かい、「教団」はその実質的独立を社会に示した。内部構造においては、宗主は「上様」から「門主」へと昇華してその存在を絶対化し、その下において「一家衆」や「御堂衆」といった概念は、座次概念にも転化しつつ、寺格に置き換えられて再編されていった。「門跡成」による制度化を契機に、教団における法義・儀式の体系的一本化が志向され、同じくして教団内身分序列の一元化――これが近世の寺格制度に連なる――へ向かったと言えよう。それに関わって、本章で問題にしてきた永禄年間の本願寺・報恩講における歴史的諸事象は、血縁的支配から教団内身分へという体制的理念の展開（転回）を象徴的に示すものとして見ることができる。

永禄四年（一五六一）の親鸞三百回忌は、本願寺教団が「門跡成」を経て、その戦国期宗教勢力としての様相を内外に明らかに示した特別法要（門跡に成ったことを披露する一種の式典的儀式）であった。その儀式の実態は、門跡寺院格の法会として、他宗僧侶の参詣を見越しつつ、次のように変更され、さまざまな問題を内包するものであった。

①法事の作法…日中法要では読経・行道を執行（初めて行道を導入）。散華は十一月正忌に追加導入）。通仏教的内容の導入であり、本来の中心儀式である式文拝読は逮夜に行なわれた（『私心記』）。「報恩講」の本質的意味が問

われるべき事態である。

②聖道の衣裳…法服・金襴衲袈裟（＝七条袈裟…初導入）が用意され、内陣行道衆（門主・院家衆・御堂衆）が着衣した。教団内身分階梯を可視化し、のちの混乱につながった。法衣の華美化、本願寺の明らかな「聖道」化として問われるべき課題である。

③法義懇談（改悔）の不執行…盛大かつ華美な法会執行の一方で、最も大切であるはずの信心の確かめをしなくなった（法義疎略）。これこそ、その後の教団動揺（永禄八年の法義讃嘆復活の前後の危機的状況）の根本的理由に位置付けられる。

次章で論じるように、この親鸞三百回忌こそ、〝初めての御遠忌〟と歴史的に位置付けられるものであるが、「御遠忌」は最初から問題を多く内包する実態・状況で始められたのである。かつて井上鋭夫氏は「門跡成」を本願寺の貴族化と断じたが[37]、たしかにそうした批判的評価をすべき歴史的事象なのではあった。とはいえ、積極的評価も必要である。その点は次章で検討を進めていきたいが、本章の締めくくりとして「報恩講」の全体的座配をイメージしておきたい（**【図1・2・3】**）。この座配が戦国期本願寺の身分階梯的秩序を含む全体像を示すこともたしかであるが、同時に親鸞三百回忌におけるその空間的拡大には、「報恩講」さらには本願寺教団の社会的位置の拡大という論点を見出せる。

親鸞三百回忌には大群衆・他宗僧徒が多く参詣した。これには新しい「大坂門跡」への社会からの期待感を見ることができる[38]。民衆が本願寺門跡をどう認識したのか、また、「報恩講」の意味・概念がどのように認知され浸透していったのかなど、検討すべき点は多いが、戦国期本願寺の「報恩講」は、「門跡成」により、教団法要からさらに社会的法会として外に開かれていったと見通すことができるのである。

【図１】　天文年間報恩講

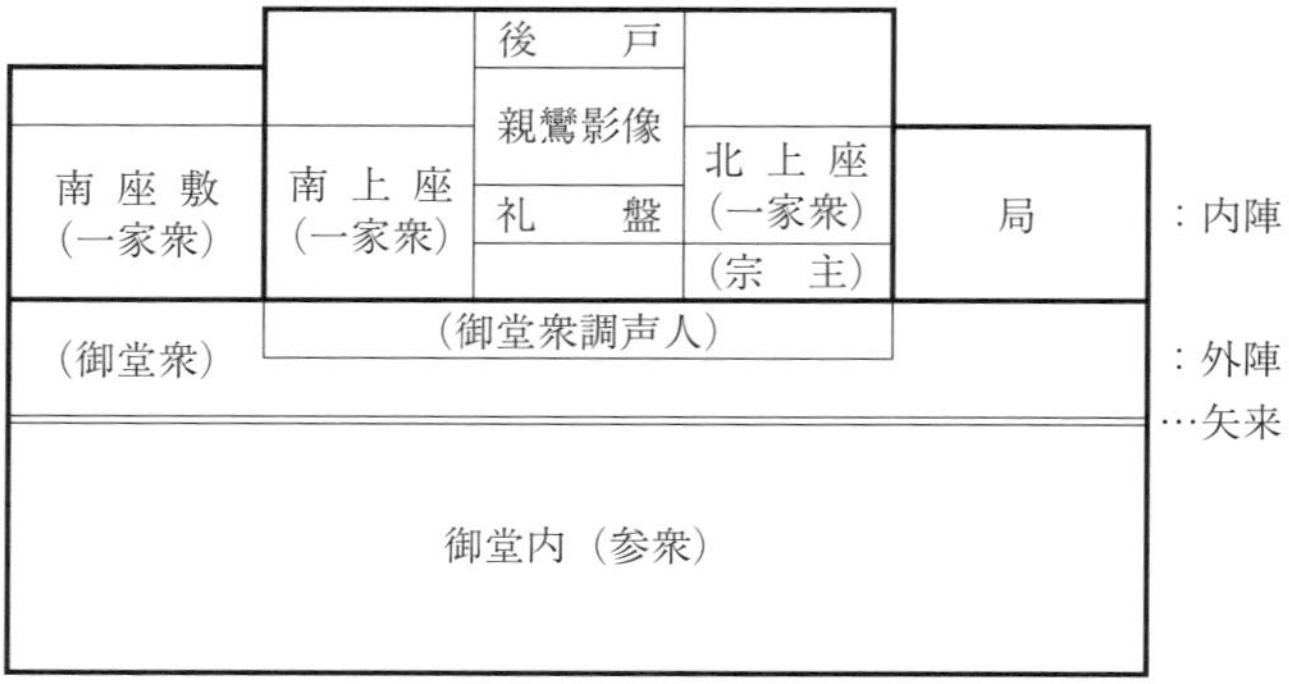

【図２】　親鸞三百回忌（永禄四年三月）

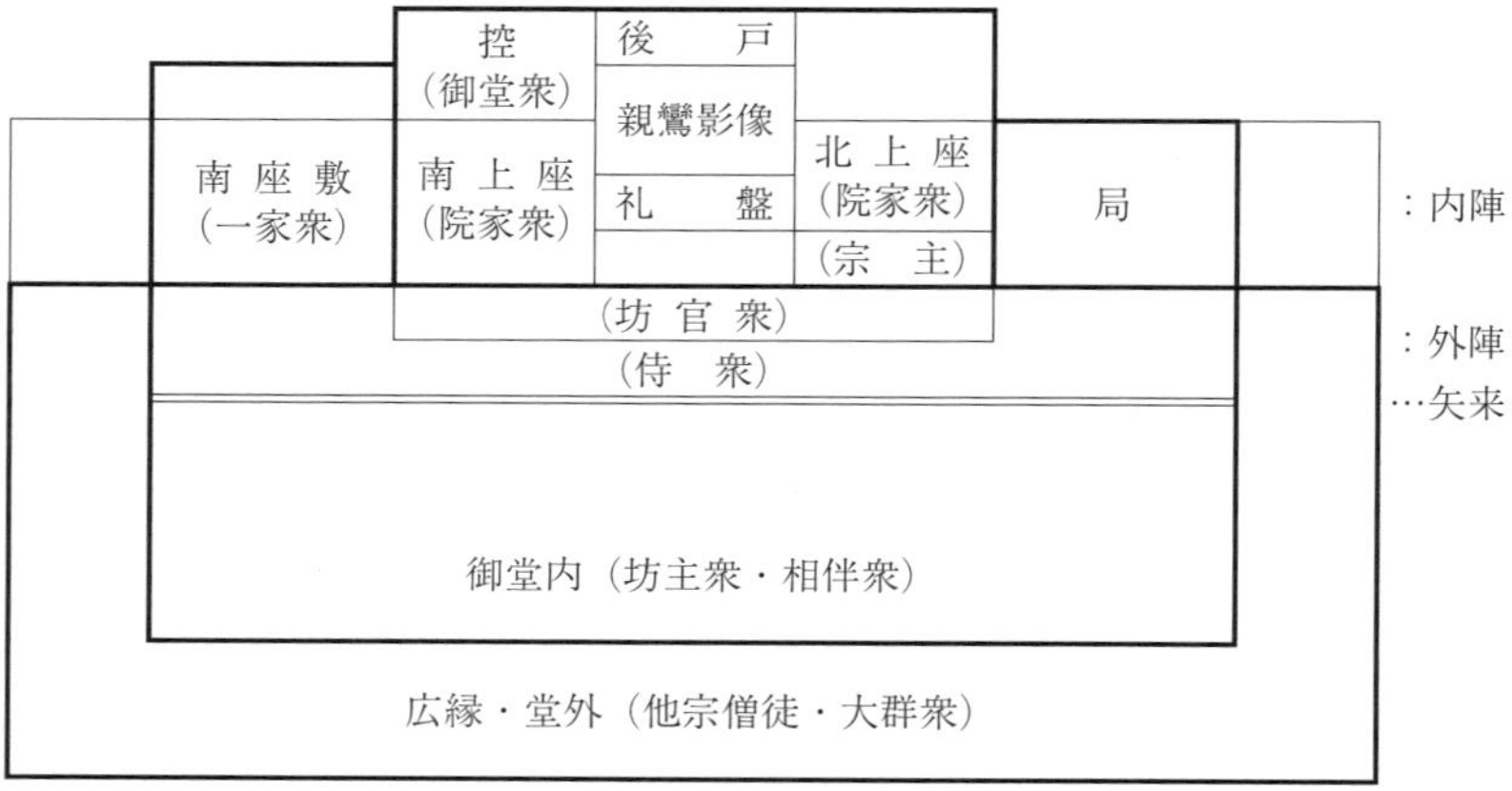

【図３】　永禄四年十一月正忌における内陣・外陣の様相

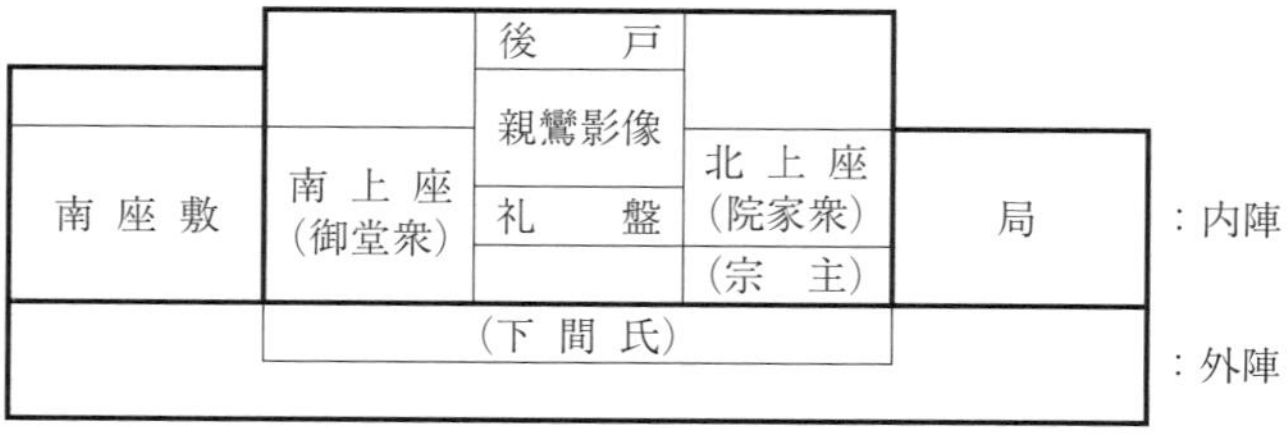

注

（1）谷下一夢『顕如上人伝』（浄土真宗本願寺派宗務所、一九四一年。のちに同『増補真宗史の諸研究』〈同朋舎出版、一九七七年〉所収）、『本願寺史』（浄土真宗本願寺派宗務所、一九六一年。増補改訂版が二〇一〇年に刊行）、『図録　顕如上人余芳』（本願寺史料研究所、一九九〇年）草野顕之「戦国期本願寺教団と天皇」（『大谷大学史学論究』第四号、一九九〇年。のちに『蓮如大系』第四巻〈法藏館、一九九八年〉再録、草野顕之『戦国期本願寺教団史の研究』〈法藏館、二〇〇四年〉第Ⅲ部第四章）。

（2）『真宗史料集成』（以下『集成』）第二巻（同朋舎出版、一九九一年改訂版）、『大系真宗史料』（以下『大系』と略称）文書記録編3「戦国教団」（法藏館、二〇一四年）。

（3）蓮如四男蓮誓子。顕誓の個人史とその著作物については北西弘『反古裏考証』（真宗大谷派宗務所出版部、一九八五年）、宮崎清『真宗反故裏書之研究』（永田文昌堂、一九八七年）。

（4）『集成』第三巻（同朋舎出版、一九七九年）、『大系』文書記録編10「私心記」（法藏館、二〇一六年）。

（5）親鸞三百回忌と本願寺「門跡成」については次章にかけて検討する。

（6）『お湯殿の上の日記』（『続群書類従』補遺、続群書類従完成会）永禄二年十二月二十七日条、『私心記』永禄二年十二月十六日条、『今古独語』。

（7）前掲注（1）『本願寺史』第一巻。

（8）前掲注（1）草野論文。

（9）『私心記』永禄三年十一月二十一日条。なお、院家とともに坊官も制度化され、下間氏一党が坊官になっている（『今古独語』など）。

（10）天文年間と永禄年間の座配を比較するとその差異は明瞭である。永禄年間の巡讃衆史料については青木忠夫「本願寺顕如筆「讃頭」関係文書考――永禄・天正期年中行事――」（蓮如上人研究会編『蓮如上人研究』、一九九八年。のちに同『本願寺教団の展開――戦国期から近世へ――』〈法藏館、二〇〇三年〉第二部第一章）。

（11）『私心記』永禄三年十二月二十一日条ほか。『今古独語』によれば勝興寺慶栄も同時に院家成りしたとする。

（12）『私心記』永禄三年三月十四日条。

(13)『私心記』永禄四年二月十一日条。
(14)たとえば、行道にしても永禄四年以降、次に史料的に確認されるのは慶長十六年（一六一一）の親鸞三百五十回忌のことである。慶長年間の報恩講の様相を見ても、親鸞三百回忌の直接的な痕跡はない。
(15)青木馨「教行寺実誓影像とその周辺」（蓮如上人研究会編『蓮如上人研究』〈思文閣出版、一九九八年〉。のちに同『本願寺教団展開の基礎的研究』〈法藏館、二〇一八年〉第Ⅱ編第二章）を参照。
(16)『私心記』『天文日記』の天文年間の報恩講記事には装束への言及がほとんどない。よって三時法要の形態を有する他の法要行事の記事から推測した。なお法衣装束については井筒雅風『法衣史』（雄山閣出版、一九七七年）、澤田和人「直綴の研究（上・下）」（『仏教芸術』第二五四・二五七号、二〇〇一年）などを参照。
(17)『言継卿記』（『新訂増補言継卿記』）永禄七年十二月二十七日条「去夜々半より大坂門跡を初、悉不残焼亡云々」、『お湯殿の上の日記』永禄七年十二月二十八日条「大さかにはかにやけて」。
(18)『集成』第二巻。本書第Ⅰ部補論1参照。
(19)前掲注(3)宮崎著書ほか。
(20)これらを背景に顕誓史料のテクスト性に注目すれば、『反古裏書』は善知識顕如宗主（門跡）を支える一家衆中心の体制理念の言説として読み解かれる。これに関連して名畑崇「本願寺の御影崇敬と霊場説」（北西弘先生還暦記念会編『中世仏教と真宗』〈吉川弘文館、一九八五年〉。のちに『蓮如大系』第三巻再録）の『反古裏書』未来記説が興味深い。本書第Ⅰ部補論2参照。
(21)『私心記』永禄四年十一月二十五～二十七日条。裏返せば当該期においてそれらの役掌を担うのが一家衆ではなく御堂衆になっていたことの証左である。
(22)両史料とも『集成』第二巻、『大系』文書記録編13「儀式・故実」（法藏館、二〇一七年）。石山合戦期における本願寺の儀式運営状況については前掲注(10)青木論文。
(23)実悟の言説については大桑斉「中世末期蓮如像の形成――願得寺実悟の場合――」（『大谷大学研究年報』第二八集、一九七六年。のちに『親鸞大系』第七巻「蓮如の生涯」〈法藏館、一九八九年〉再録、大桑斉『戦国期宗教思想史と蓮如』〈法藏館、二〇〇六年〉再録）、稲城正己『〈語る〉蓮如と〈語られた〉蓮如――戦国期真宗の信仰世界――』（人文書院、二〇〇一年）。しかしながら『山科御坊事幷其時代事』『本願寺作法之次第』については御堂衆への対抗言説としての史料評価が必要である。本書第Ⅰ部第八章・補論3を参照のこと。
(24) 遠藤一「「本願寺法王国論」への一視点」（北西弘先生還暦記念会編『中世社会と一向一揆』、吉川弘文館、一九八五年。のちに同『戦国期真宗の歴史像』〈永田文昌堂、一九九一年〉所収）。「一門一家制度」説にも再検討の必要があると考える。
(25) 『栄玄聞書』（『集成』第二巻、『大系』文書記録編7「蓮如法語」〈法藏館、二〇一二年〉）。
(26) 大澤研一「蓮如の大坂進出の前提について――浄照坊の動向を中心に――」（『大阪市立博物館研究紀要』第三一号、一九九九年）。
(27) 浄照坊所蔵。大谷大学調査資料（写真版）によった。
(28) 金龍静「戦国時代の本願寺内衆下間氏」（『名古屋大学文学部研究論集』史学二四、一九七七年。のちに『蓮如大系』第三巻再録）。
(29) 浄照坊所蔵。大谷大学調査資料（写真版）によった。外題「浄照坊一属」。書き足しが見受けられるが、基本的な部分は十七世紀中ごろ成立とみられる。史料の性格について、木越祐馨氏よりご教示を受けた。
(30) 『順興寺実従葬礼幷中陰記』（『大系』文書記録編13）や『大谷一流系図』（『集成』第七巻、同朋舎出版、一九七五年）によれば実従の没年は永禄七年（一五六四）である。
(31) 『私心記』天文十一年三月十日条。
(32) 『天文日記』天文十三年四月二十八日条、『私心記』天文十三年四月二十九日条。
(33) 『私心記』天文二十年十二月十五日条。
(34) 『私心記』天文二十一年正月二十五日条ほか。『天文日記』天文二十一年正月十五・二十二日・三月八日条。
(35) 『大系』文書記録編13。大桑斉「呼応としての御遠忌史」（『真宗研究』第五二輯、二〇〇八年）参照。
(36) 『顕誓領解之訴状』（『集成』第三巻）。
(37) 井上鋭夫『本願寺』（至文堂、一九六二年。二〇〇八年に講談社学術文庫で再版）。
(38) 『山科御坊事幷其時代事』第三一条・第三三条。

第五章　親鸞三百回忌の歴史的意義㈡

――「御遠忌」のはじまり――

はじめに

本章では、前章に続き、親鸞三百回忌の諸問題を検討し、その歴史的意義について考察する。結論を先取りして言えば、親鸞三百回忌は、現代において言うところの「御遠忌」の最初である。戦国期に新たな宗教勢力として社会的に台頭した本願寺教団の到達点（完成）を象徴的に示した歴史的法会であり、近世以降における遠忌法要の先駆的形態と考えられる。以下、この点を論じていくことにする。

ところで、本章では「遠忌」が重要な語になる。そこで、最初に辞書における理解を確認しておけば、(1)

①一般に十三年忌以上、五十年忌、百年忌などの遠い年忌。

②仏教諸宗で、宗祖や中興の祖の遺徳をたたえるため、五十年忌以後、五十年ごとに行なう年忌法会。

とある。そもそも、中陰や年忌については、仏教ではなく儒教・道教といった中国思想から生まれたものと考えられている。しかし、仏教を含む中国文化が日本にもたらされて以降、平安時代にはこの概念が見受けられる。①の意味での歴史的成立・展開を検討することも重要であるが、さらに②の意味での歴史的生成についても深く考える必要がある。日本仏教史において、宗祖・中興を明確にする教団形態は近世に入って成立したものと考えられる。

とすれば、戦国期に勤められた親鸞三百回忌の先駆性が指摘できるものと考えられる。

第一節　親鸞三百回忌の前提

1　親鸞三百回忌以前

浄土真宗の祖である親鸞の「遠忌」法要については、現代にいたるまで繰り返し勤め上げられ続けている。親鸞三百回忌以降、近世・近代を通じてその執行は史料上、おおよそ確認できるが(2)、三百回忌以前については実のところどうであったのか。まずはこの問題について、史料にあたりながら検討していきたい。

すでに本書第Ⅰ部第一章では、親鸞没後初期の忌日法要について少ない史料を網羅的に確認したが、本章では周忌法要に焦点を当てて、あらためて検討課題を抽出する。

親鸞が弘長二年（一二六二）の十一月二十八日に死去した後、史料上、明白に確認できる周忌法要は、実は覚如による永仁二年（一二九四）の三十三回忌まで待たねばならない。その間の周忌法要相当年に知られる出来事としては、三回忌に相当する文永元年（一二六四）に越後で恵信尼が五重の石塔の建立を発願したこと（『恵信尼書状』第七通。ただしこれは自身のための建立とも考えられる）、七回忌に相当する文永五年（一二六八）に越後で栗沢信蓮房が親鸞のために不断念仏を行じたこと、文永十一年（一二七四）に十三回忌を契機として『教行信証』（西本願寺本、建治元年〈一二七五〉完成）が書写されたらしいこと、がうかがえるのみである。文永九年（一二七二）冬には、親鸞墓所を改めて大谷廟堂を建立し、そこでは忌日法要が執行されているようであるから、周忌法要も行なわれていた可能性は否定できないであろう。しかし、確かめられる記述が史料から見出せるわけでもない。

永仁二年（一二九四）親鸞三十三回忌の歴史的意義については本書第Ⅰ部第一章で論じたが、問題はその後、いわゆる現在で言う五十回忌、百年忌、二百年忌といった「遠忌」が執行されていたかどうかである。

三十三回忌の次に想定される「遠忌」は五十回忌である。相当年は応長元年（一三一一）であるが、『常楽台主老衲一期記』（存覚一期記）(3)にそれをうかがわせる記述はない。『最須敬重絵詞』(4)でも、この年、如信十三回忌のため覚如が関東に下向したことが記されている一方で、親鸞五十回忌についてはやはり言及がない。百回忌に相当する康安元年（一三六一）についても、同時代史料にその手がかりは皆無である。

さらに時代は下り、寛正二年（一四六一）親鸞二百回忌、永正八年（一五一一）親鸞二百五十回忌についても、それぞれ蓮如・実如の時代に相当するにもかかわらず、同時代史料には言及がない。ただし『紫雲殿由縁記』(5)には、この二百回忌、二百五十回忌についての記述がある。

【史料1】『紫雲殿由縁記』寛正二年条

同二年春時、正三編共ニ奥書蓮如公有レ之、親鸞法師二百回之年忌、蓮如公思願、仏事ノ思召立有レ之ニツキ、関東門弟中ニ勧進、巡国ノ義兼栄公ニ深ク頼有、早速承諾有テ、四月四日京都出立、八月二十三日ニ帰京、為二謝礼一正信偈文ノ中、本願名号正定業ヨリ七言八句染毫シテ給レ之ト云云、（中略）
明照大僧都、法印明蓮律師ノ恩願ニテ親鸞大法師二百回忌、十月一七日ノ仏事供養、導師蓮如公、同十一月一七日大谷本願寺仏寺《ママ》供養有レ之、両日導師明照法印勤レ之、折節雪深キ仲冬ニテ関東ヨリ僧俗合テ七人登ル、其外参集ノ僧侶都合二十六人、当院師資並六院請待ニテ参拝セリ、二十八日群集、男女老少凡五・六十人モアルヘシト云云、

【史料2】『紫雲殿由縁記』永正八年条

十一月御正忌卜申、今年二百五十回忌ノ節トイヘトモ、関東ヨリ僧俗ニテ九人上洛、其外遠近都合坊主分五十八人、一家衆共也、其外参詣、二十六・七日ノ三日ハ御影堂満々タリ、山科ノ一郷貴坊建立已後ノ賑ナリ、委寺号其名別記、

しかし、これらは同時代史料ではないため注意が必要である。実際ここに記されている内容は、同時代史料から知られる戦国期本願寺の「報恩講」の実態と照らし合わせてみると、はなはだ妥当性を欠き、信憑性に乏しいと判断しなくてはならない。二百回忌、二百五十回忌の実施が確認できないということは、蓮如期における教団の成立、それに対応する「報恩講」の確立という捉え方からしても、注意すべき問題である。

以上のことから、三百回忌以前、親鸞の「遠忌」法要の執行は同時代史料からは確認できないことになる。このことは、「遠忌」法要が綿々と行なわれてきたであろうという漠然とした思い込みに再認識を迫るものと言えよう。

ところで、この問題は親鸞・浄土真宗に限ることではない。祖師の忌日法要をめぐり、当年が何百回忌相当であることを契機として特別な意味付けを与え、特別な内容・規模の法要を行なうという意味での祖師「遠忌」法要が、日本仏教史上、中世段階で一般的に行なわれていたか、という問題である。

2　中世日本仏教における祖師「遠忌」

現代に伝わる日本仏教諸宗派の祖師の忌日法要として主なものを挙げると、たとえば、真言宗では弘法大師空海の「御影供」、天台宗では天台大師智顗の「天台会」と伝教大師最澄の「山家会」（六月会）、浄土宗では法然の

に暇がない。

「御忌会」、法華宗では日蓮の「御会式」、あるいは禅宗各山の開山忌、はたまた聖徳太子の「聖霊会」など、枚挙に暇がない。

これらについて、空海の「御影供」[6]は延喜十年（九一〇）東寺灌頂院にて始められてのち、鎌倉時代後期には盛んになり、智顗の「天台会」も最澄が延暦十七年（七九八）に勤めた法華十講の執行が始源とされる[7]など、中世以前から行なわれていることは確かである。そのほか勅修斎会である延暦寺六月会や聖徳太子の「聖霊会」などの執行も、中世史料にまま見受けられる[8]。

しかし、各宗が祖師忌を教団最大の中心法要として結集していたようには見受けられない。これは中世段階における祖師概念の問題にも関係して、実は重要な問題であろう。また、さらに「遠忌」法要についても、その大々的な執行の歴史的実態を見出すことは困難である。現代における執行状況とは相当に異なると考えられる。

ただし、そのなかで、空海については、橋本初子氏の研究によれば、天文三年（一五三四）に「弘法大師七百年忌」が綸旨により執行されたという[9]。同時代史料よりうかがえることから、この空海七百年忌の執行は確かなことであり、親鸞三百回忌に先立つ「遠忌」法要として歴史的に評価できる可能性がある。そもそも生身の弘法大師への信仰自体、同じく生身と意識された親鸞への信仰に先立つものとして、その関係性は重要である。では「遠忌」法要についてはどうか。橋本氏によれば、この時期の東寺においては御影供が「近代退転」により、灌頂院御影供が西院御影供に併合されてしまう状況があり、その一方で七百年忌が執行されたことについては、「勅会の灌頂院御影供が、形をかえて弘法大師の遠忌になったのではなかろうか」という。つまり毎年の執行が困難な状況であったため、五十年ごとの遠忌という形に変えざるを得なかったということであろう。とすれば、空海七百年忌の東寺における執行については、親鸞三百回忌に先行する事例ではあっても、毎年の報恩講の上に盛大な「遠忌」を重ねた本願寺教団とは状況的にかなり異なるものであったと言える。

そのほか、禅宗寺院にも開山遠忌を示唆する史料は見受けられるし[10]、浄土宗の知恩院については、本願寺証如の『音信日記』天文十二年十二月六日条に[11]「知恩院へ（中略）為法然上人三百卅三回忌奉加五百疋遣之」とあり、天文十二年（一五四三）、知恩院に対して「法然三百三十三回忌」の奉加として五百疋を進上したことが記されている。博捜していけば、「遠忌」に関わる史料はさらに見出すことはできるだろう。

そもそも、史料上の「遠忌」という表現自体は、平安時代から見られるものである[12]。当初は故人の十三回忌をすでに「遠忌」と呼んでいるが、それが歴史的段階を経て、百年以上の「遠忌」が出現することになったのであろう。当然ながら、没後百年以上を経ても人びとの記憶に残る存在は稀有なのであり、そのこと自体、「遠忌」認識の歴史的推移に関係する。中世後期に、仏教諸集団の祖師「遠忌」の事例が増えてくるように見えることは、時代を経るから当然という以上に、そこに仏教宗派の結集核として意識された「祖師」概念の成熟していく方向性が指摘できるものと考えられる。

とはいえ、繰り返すが、本章で言うところの祖師の「遠忌」法要とは、集団（教団）の結集核としてその法会が執行され、さらにそれが月々年々ではなく五十回忌以上を数えて「遠忌」と認識され、「遠忌」であるがゆえにその集団（教団）にとって特別な意味が付され、通常とは異なる特別な内容・規模で執行された法要を指している。すなわち現代の感覚で言うところの「御遠忌」法要と同義になってくるが、この意味で厳密に見ていけば、中世段階では、それに類する法会の執行は少なくとも一般的ではないようである。

そうであれば、親鸞三百回忌は、日本仏教史上実質的に初めての、現代につながる祖師「遠忌」法要としての歴史的評価が可能になるのではないか。金龍静氏が言う宗派・教団の成立の問題とも関わらせて考えれば[13]、戦国期本願寺教団における親鸞三百回忌「御遠忌」「報恩講」の執行は、やはり重要である。

金龍氏は本願寺蓮如の歴史的意義を論じるにあたり、①本尊の設定、②宗祖（祖師）の設定を条件として、現代に続く意味での宗派・教団が成立するとし、その先駆けとして蓮如の本願寺「教団」が考えられると言う。そして、宗派成立の条件として③公的認可を挙げ、本願寺教団に関しては勅願寺化、「門跡成」、千僧会を経てそれが実現するとも言う。親鸞三百回忌「御遠忌」「報恩講」は、その執行が先立つ永禄二年（一五五九）の本願寺「門跡成」と大きく関わり、そして「開山聖人三百回忌」（『今古独語』）と明らかに記される法要である。本願寺教団という宗派・教団の成立と、親鸞三百回忌という祖師「遠忌」法要が密接に関係することは明らかであり、これは日本仏教史上の問題として考えるべきである。

以上が、親鸞三百回忌を考える上での歴史的前提となる。次節では親鸞三百回忌の歴史的波紋を検討し、戦国期宗教勢力としての本願寺教団の確立という問題に接続して考察したい。

第二節　親鸞三百回忌の波紋

1　本願寺「教団」の完成――教団内状況

親鸞三百回忌そのものについては前章で論じたので、ここからは親鸞三百回忌が諸方に与えた影響について検討していくことにする。

ところで、前章では親鸞三百回忌の歴史的意義をめぐり、法要儀式の変化に連動した教団内の身分的動揺を経て教団体制が変容を志向した経緯を、一家衆と御堂衆の対立を中心にして論じた。その結果、総じて親鸞三百回忌に戦国期本願寺教団の完成（到達点）を見るべきであるという見通しを立てた。これをさらに確実にするため、以下いくつかの論点を追加していきたい。

①関東系親鸞旧跡寺院の大坂本願寺参詣

まず、本願寺教団の全国的展開に関する問題として、大坂本願寺の親鸞三百回忌が真宗諸派に与えた影響を見ていきたい。とはいえ、この時期の専修寺・佛光寺両派等の動向は詳らかにならず、ここで注目するのはもっぱら関東系親鸞旧跡寺院の動向である。前章では、教団内の問題とは言いながらも、検討対象を本願寺という本山寺院周辺に限定したのに対して、ここでは教団内の末寺編成に関わる一局面を問題にする。

水戸願入寺の所伝に興味深い記述がある。次に掲げてみよう。

【史料3】『二十四輩牒』願入寺(B)本

永禄四年十一月廿八日相二当□開山聖人之三百年忌一、仍被レ取越二三月廿八日御報恩念仏被一レ執行一、近国衆太略上洛、遠国衆追々上着因茲常州御直弟衆、至二十月十一月一参洛、此時願入寺如空上宮寺明慶《明法房》両人予兼俊実悟願得寺初而参会、選択集伝受、翌年正月二十三日令二同道一、天満宮於二森中一、及二酒宴一、其夜横町火事、翌朝於二御影堂後挺（ママ）一、彼一巻予実悟拾二得之一、年号永正元年八月日奥郡御房以二御所持之本一、書二写之一云々、同日専称寺乗尊同巻物拾レ之、但此本ハ天文年中於二常州一写レ之、筆者善敬云々、其後招二如空一聞レ之、未レ及レ見レ之由返答、同砌如空明慶下国、又同七年両人上洛、其外御直弟衆令二参拝一、各々下向、但願入寺如空在京至二十一月中旬一、御門主様被二仰出一、報恩講装束法眼衲袈裟織物袈裟絹袈裟等免許、予又同比、亡父坊号蓮如上人御授与レ之、光闡坊之名今師証如上人給㆑之、就中先年如空書写一巻ハ於㆓本国㆒被㆑相㆓尋正本並願入寺代々法名記置一書、同如慶着服ノ絹袈裟随身持参、将又蓮如上人御自筆名号御書等㆒、先年予遂㆓拝覧㆒、奉㆓写留㆒畢、然処永禄七年十二月廿六日、御回録之時令㆓焼失㆒、雖㆑然彼一巻如空為㆓校合㆒借用ノ条、遁㆓彼難㆒、返㆓予手㆒不思議也、乍㆑去疎墨躰不如意間、重而以㆓彼所持ノ本㆒所㆓書写㆒也、

これによれば、永禄四年（一五六一）の「開山聖人之三百年忌」にあたり、三月に取り越されて「御報恩念仏」が執行された。近国衆が大略（大坂本願寺に）上洛した（三月の法会に参詣した）一方、遠国衆は追々上洛となり「常州御直弟衆」は十月・十一月に参洛したという。この時、願入寺如空と上宮寺明慶が初めて願得寺実悟（蓮如十男・本願寺一家衆）に参会し、『選択集』を伝授、天満宮の森中に酒宴を開くなど親交を深めた。同七年（一五六四）に再度、両人はじめ「御直弟衆」が上洛参拝し下向した。ただし願入寺如空のみ十一月中旬まで逗留していたところ、「門主」（顕如）より「報恩講装束」として法服・衲袈裟・織物袈裟・絹袈裟等を免許されたという。

これは、願入寺(B)本といわれる『二十四輩牒』[14]の奥書部分に相当するところであり、中略・後略部分で、この願入寺(B)本の筆者とされる願得寺実悟と願入寺の密接な関係が強調され、この書物の由来が述べられる。ここには如信を開基とする願入寺の二十四輩寺院としての思い入れが強く感じられる。ここでは書物自体の史料的性格の問題は措くとして、注意したいのは、親鸞三百回忌を契機として、「御直弟衆」すなわち親鸞の直弟の系統を引くことを自負する関東方面の親鸞旧跡寺院が大坂本願寺に上山したという状況が示唆されていることである。

同時代史料においても、『反古裏書』[15]に、真乗の息男が永禄八年に上洛して光教寺顕誓と語らっていることなど（**【史料4】**）、この願入寺伝と同じ脈絡のなかで考えられる事項が見出せる。顕誓が『反古裏書』に集積する関東系

親鸞伝承は、親鸞三百回忌を契機に寄せられた情報が多いのではないだろうか。

【史料4】『反古裏書』

蓮如上人東国御行化ノ時モコノ所ニ御逗留在シキ、即法名真乗ト被下ケル、然ニ百十四歳マテ存命、永禄五年往生、是ニ仍同八年彼息男上洛于時廿八歳、予対談セシメ、往時ヲ語リ給フ、

さらに関東系親鸞旧跡寺院に伝わる親鸞伝承法宝物に、本願寺歴代の、いわば極書のような添状・裏書が付されるようになることに関しても、この永禄年間に続く元亀・天正年間の顕如にいくつかの事例が散見される。(16)

【史料5】顕如極書（石摺名号）

本願寺釈顕如（花押）
元亀三年壬申□月廿日
信濃国埴科郡倉科庄
祖師聖人石摺名号
護法堂平林山本誓寺住物也
願主釈顕智

【史料6】 顕如裏書（親鸞真向御影）

本願寺釈顕如（花押）
元亀三年壬申九月廿□日
信濃国埴科郡倉科庄
祖師聖人真向御影
願王堂新田本誓寺住物也
願主釈顕智

この問題は、史料の信憑性など追求するべき課題も残されているが、次のような仮説として提示できる。すなわち、親鸞三百回忌を契機として、関東系親鸞旧跡寺院が、大坂本願寺を親鸞を宗祖とする「教団」の本山寺院として認めた、ということである。本願寺教団の全国的伸張としては、蓮如期に開始され、実如期に本格化し、おおよそ証如期段階までには、ほぼ本願寺末への編成が終了するものと見られる。しかし、なお親鸞旧跡を自負する寺院にとって、本願寺を本山寺院として認めるかどうかについては葛藤があった可能性はあろう。これに対し、親鸞三百回忌の執行、それに先立つ本願寺「門跡成」が、彼らの帰趨を促したと見られるのである。親鸞三百回忌における遠国寺院・門末の上山参詣の実態を探っていくことが重要となってくる。

②テクストの生成――歴史叙述・有職故実

蓮如に始まる戦国期本願寺教団の展開が、顕如の「門跡成」に基づく教団制度の再編成により、一つの到達点にいたったことは確かである。これを戦国期本願寺教団の完成と評価するために、次にテクストの生成という視座から論点を提示してみたい。

まず、歴史書『反古裏書』の成立である。(17)この書はすでに真宗史の一級史料として非常に著名であるが、これまでは、記されている親鸞・門弟伝承や、「一門一家制度」など永正年間（実如期）の教団編成強化に関する部分が抜き出され信憑性が吟味された上、事実史料として用いられる傾向が強かった。しかしこの書は、法然伝・親鸞伝、本願寺の成立から大坂本願寺時代にいたる「御一流」（＝本願寺教団）の歴史を叙述したものであり、これが永禄年間に叙述されたことに大きな意味がある。

著者とされる光教寺顕誓（蓮如四男蓮誓の二男）は「享禄の錯乱」以後の流寓を経て大坂本願寺教団に復帰したが、そこで見たものは、顕誓の理想とはかけ離れた教団の姿であった。そのため顕誓は本願寺一流の歴史を叙述し、若き宗主顕如に、歴史に基づく教団のあるべき姿を説こうとしたのである。『反古裏書』は「権化」（仏・菩薩の再誕）の出世から語り出し、次第に「霊場」本願寺の歴史を叙述するにいたる。「霊場」は「権化」により建立され、「権化」の再誕・相承（＝法脈の相承）により安泰、さらに「掟」の遵守・背反いかんで安泰・退転が方向付けられるという論理構成は、すべて顕如と大坂本願寺を中心とする「仏法」の「繁栄」のためのものであった。これは、門跡成、親鸞三百回忌を経た教団体制の動揺のなかで窮地に追い込まれた顕誓の危機意識に基づいて叙述されたものではあるが、このようなテクストの生成自体、歴史が叙述される主体としての本願寺「教団」という枠組みに関する意識の成立を示唆している。『反古裏書』は初めての本願寺教団史として評価できるのである（第Ⅰ部補論2）。

次に、故実書『山科御坊事幷其時代事』および『本願寺作法之次第』の成立である。(18)筆者である願得寺実悟は光教寺顕誓と並び最初の真宗史家と評される人物である。よく知られているように、蓮如伝の多くがこの実悟記に基づくものであり、顕誓記・実悟記なくして真宗史・蓮如伝は語れないと言ってよい。ところで、実悟記の多くが蓮如伝とその周辺を主題とするなかで、少し趣を異にするのがこの二書である。もちろんこの二書においても蓮如は重要な役割を果たしているが、それ以上に、連関するこの二書の内容と成立背景は、有職故実・儀式作法の問題を中心に戦国期本願寺教団の歴史を考えるにあたり重要な論点を与えてくれる（第Ⅰ部補論3）。

『山科御坊事幷其時代事』は天正三年（一五七五）六月、実悟八十四歳の著述と判断できる識語を持つ。識語からは願入寺の所望により実悟がこの書を記したと読め、前述した願入寺如空と実悟の関係にもつながり興味深い[19]。とすれば、関東から上山した願入寺が本願寺の儀式についてよく知らないため、実悟に著述を依頼したという状況が想定できるが、これを機に実悟が著したのは大坂本願寺の儀式の詳細を伝える内容ではなかった。その書名のごとく、山科本願寺とその時代、つまり蓮如により建立され、実悟ら北陸教団が教団の中心にあった、古きよき時代を理想化し、「当時」すなわち大坂本願寺の現状を批判する内容だったのである。この段階で、本願寺の儀式作法をめぐり、現状批判のために過去を振り返る意識が見出されるが、さらにこの書を増補改訂するかたちでその五年後に成立した『本願寺作法之次第』は、その名のとおり、戦国期本願寺教団における有職故実・儀式作法の総合書であった。つまり『山科御坊事幷其時代事』から『本願寺作法之次第』へと変わっていくところに、実悟の問題意識の展開を見て取ることができるのである。このことは実悟個人の意識の問題にとどまらず、戦国期本願寺教団における儀式作法の確立を示唆している。草野顕之氏は戦国期本願寺教団における年中行事の成立を実如期の永正年間に求めているが、一方で「門跡成」以降の時代にも儀式作法をめぐり画期を指摘している[20]。後者に重点を置くならば、『本願寺作法之次第』の成立は、その画期を象徴する重要な事項である。

およそテクストが生成されるにあたっては、当然のことながら、必ずその生成背景が実態状況としてある。戦国期本願寺教団においては、歴史叙述としての『反古裏書』、そして儀式作法を述べる『本願寺作法之次第』が、親鸞三百回忌を終えた時代に成立した。このことは、歴史・儀式を持つ主体的まとまりとしての本願寺教団の完成を、象徴的に表しているものと考えられるのである。

2　十六世紀「日本仏教」の社会的状況——教団外状況

続いて視点を転じ、親鸞三百回忌が行なわれた時代背景すなわち戦国期本願寺教団の外部状況について、とくに「日本仏教」の社会的状況の問題を中心に確認していく。

「日本仏教」は伝統的に「八宗」という枠組みを有して存在していた。「八宗」とは南都六宗・天台宗・真言宗である。この枠組みが九世紀ごろに成立したとみてよいのは、たとえば、かつて顕密体制論を提唱した黒田俊雄氏が「密教による全宗教の統合」がなされたのは九世紀と位置付けたり[21]、吉田一彦氏が日本仏教史の時期区分を試みるなかで九世紀前半より古典仏教（神仏習合）の時代が始まるとしたりしているところから、明らかであろう[22]。その後、浄土教や禅宗の展開などから、『元亨釈書』[23]が著された南北朝時代のころには「宗」の揺らぎも顕著に見出されてくるが、揺れ動きながらも、「日本仏教」は神道その他の諸勢力をも包括しながら、「八宗」を概念的枠組みとし中世宗教勢力として展開していた。

しかしながら、十六世紀「日本仏教」の社会的状況を端的に示せば、戦国期宗教勢力の社会的台頭とそれに伴う中世宗教勢力の相対的下降、と言える。十五世紀に社会的勢力として本格的に出現した浄土真宗とりわけ本願寺教団、あるいは法華宗教団[24]という新たな宗教勢力が、十六世紀に入り中世宗教勢力すなわち顕密仏教をしのぐ存在感を放ち始めたのである。その一方で、中世後期に入ると顕密仏教が担っていた国家的法会が次々と遅延停滞、実質上の退転を余儀なくされたことは、たとえば、南都興福寺の『大乗院寺社雑事記』に見る法会執行状況などから、うかがい知ることができる。中世寺社が経済基盤としていた荘園制の崩壊とも連動し、国家的法会が執行されなくなる。このことは中世の国家的宗教秩序の崩壊を意味している。

ところで、中世前期についての議論ではあるが、中世寺社の国家的法会には、五穀豊穣・鎮護国家の祈禱と同時に民衆救済の機能があったとされる(25)。中世前期と末期では歴史的段階・状況は異なるが、民衆救済と国家的法会の問題を関連付けて考えれば、戦国期における民衆の救済願望は、飢饉・戦乱による社会的不安や浄土教思想の成長とともに、相次ぐ国家的法会の退転をも状況背景として、高揚していったのではないか。つまり救済を希求する民衆の一部は、救済の場である国家的な仏事法会の開催を求めていたのであり、そのなかで盛大に執行されたのが親鸞三百回忌だったのである。その衝撃の大きさは想像に難くない。

実際に、『私心記』や『今古独語』によれば、親鸞三百回忌には大群衆が参詣しているという。また、『耶蘇会士日本通信(26)』には次のようにある。

【史料7】『耶蘇会士日本通信』

毎年盛なる祭を行ひ、参集する者甚だ多く、寺に入らんとて門に待つ者、其開くに及び競ひて入らんとするが故に、常に多数の死者を出す。而て此際死することを幸福と考へ、故意に門内に倒れ、多数の圧力によりて死せんとする者あり。

この宣教師が伝えるように、開門と同時に群集がなだれ込み、圧死者が出るという状況も、親鸞三百回忌前後の

「報恩講」を指していると言われる[27]。一般に仏事法会の記録にある「満堂」や「大群衆参詣」などは多分に形式的な感もあるが、この史料からうかがえる状況は具体的であり、その分だけ信憑性が高い。従来の「報恩講」ですら〝救済の場〟としての性格が色濃いところに、さらに一般民衆までも参詣に押し寄せた親鸞三百回忌の歴史的特異性とは何なのか。これについては前章でも論じたように、親鸞三百回忌はその前々年の門跡成をうけて執行された、いわば「門跡成」を内外に示す特別式典としてあった可能性が高い。①親鸞の忌日法要から②教団の中心法要になっていた「報恩講」が、さらに③門跡寺院格の法会へと性格を拡大させたところに、より広範な民衆の参詣を促した理由が求められよう。

さらに『私心記』『今古独語』によれば、親鸞三百回忌周辺には他宗徒の参詣も多く見られたという。この他宗徒の具体像は残念ながら知り得ない。しかし、このために真宗独自の勤行次第をしばらくやめて通仏教的に依用可能な浄土三部経や偈文などを中心とした儀式内容に変えたことなどから、他宗徒の参詣が続いたことは推測に難くない。すなわち、この時期の本願寺の仏事が、教団関係者による閉鎖的なものではなく、他宗徒にまで開かれていたと言うことのみならず、他宗徒が本願寺の仏事を認めていたことになる。また、仮にここで言う他宗徒の実態が、浄土教系統の僧侶のみならず顕密僧侶まで混じっていたものと見られるならば、これはさらに日本仏教そのものの枠組みが変容していく過程の一状況であったと評価することができよう。親鸞三百回忌は十昼夜にわたり執行されたが、それ自体、戦国期宗教勢力としての本願寺教団の実力を顕示している。もはやこの段階で本願寺に匹敵する教団体力を持つ中世宗教勢力は存在していなかったとすら言えよう。

以上、親鸞三百回忌が、十六世紀の戦国社会にかなりの衝撃をもたらした法会であった可能性は非常に高い。その意味で、親鸞三百回忌は、戦国期宗教勢力としての本願寺教団の到達点を象徴的に示したものである。

むすびにかえて――小結

本章の論点は次のとおりである。

①親鸞三百回忌以前に、親鸞の「御遠忌」法要は行なわれていない。

②日本仏教史においても中世の時点では、特別な意味付けで特別な内容・規模を持つ祖師「遠忌」法要は行なわれていない可能性が高い。

③親鸞三百回忌により、関東の親鸞旧跡寺院が、大坂本願寺を親鸞を宗祖とする教団の本山寺院として認めた。

④この時期における戦国期本願寺教団の完成を象徴するものとして、歴史叙述・有職故実に関するテクストの生成が挙げられる。

⑤中世後期、五穀豊穣・鎮護国家とともに民衆救済の機能も有した国家的法会が次々と退転するなかで、民衆救済は大きな課題となり、さらに宗主（本願寺住職）が門跡にも勅許された戦国期本願寺教団による親鸞三百回忌が執行された。それは、十六世紀日本社会に大きな衝撃を与えた。

以上のことから、親鸞三百回忌は、戦国期宗教勢力としての本願寺教団の完成、到達点を象徴的に示す歴史的出来事であるというのが、本章におけるひとまずの小結である。

注

（1）『日本国語大辞典　第二版』（小学館）。

(2) たとえば慶長十六年（一六一一）親鸞三百五十回忌ならば『高祖聖人三百五十年忌日次之記』（『本願寺史料集成 慶長日記』、同朋舎出版、一九八〇年）などがある。
(3) 『真宗史料集成』（以下『集成』と略称）第一巻（同朋舎出版、一九七四年）。
(4) 『集成』第一巻。『慕帰絵』を増補改訂して成立した覚如伝。文和元年（一三五二）、門弟乗専の述作。
(5) 『真宗全書』第七〇巻（蔵経書院、一九一五年）。近世成立の『大谷本願寺通紀』（『集成』第八巻、同朋舎出版、一九七四年）や『祖門旧事記』（『新編真宗全書』史伝編二、思文閣出版、一九七五年）なども『紫雲殿由縁記』の記述を引用して親鸞二百・二百五十回忌について記すのみである。
(6) 橋本初子『中世東寺と弘法大師信仰』（思文閣出版、一九九〇年）。
(7) たとえば武覚超『比叡山三塔諸堂沿革史』（叡山学院、一九九三年）を参照。
(8) 「延暦寺六月会」については、たとえば『百錬抄』『親長卿記』『二水記』など。「聖霊会」については『吾妻鏡』など。「御忌会」や「御会式」については、浄土宗・法華宗の歴史的展開時期の問題もあり、当然のことながら中世後期以降の成立となる。『古事類苑』宗教部（吉川弘文館）を参照。
(9) 前掲注(6)橋本著書。
(10) 『文明十一年乙亥十一月八日開山国師二百年忌諸塔幷現住衆奉加帳』『永禄七年甲子十一月十九日開山国師三百年諱(忌)納支簿』『永禄六癸亥年六月十二日観念寺分開山三百年奉加帳』（『東福寺文書目録』、文化庁文化財保護部美術工芸課、一九七八年）。
(11) 北西弘『一向一揆の研究』（春秋社、一九八一年）。
(12) たとえば『小右記』正暦元年（九九〇）十一月十三日条「相当（藤原尹文女）遠忌、以晴空令斎食」、『中右記』嘉保元年（一〇九四）二月二日条「今日故宇治殿遠忌」など。また村山修一『皇族寺院変革史――天台宗妙法院門跡の歴史――』（塙書房、二〇〇〇年）によれば、中世後期の妙法院において後白河法皇の遠忌（二百五十・三百・三百五十回忌）が勤められたという。
(13) 金龍静「一向宗の宗派の成立」（『講座蓮如』第三巻、平凡社、一九九七年）、同『蓮如』（吉川弘文館歴史文化ライブラリー、一九九七年）

(14) 重松明久『親鸞・真宗思想史研究』（法藏館、一九九〇年）三三二頁。
(15)『集成』第二巻（同朋舎出版、一九九一年改訂版）、『大系真宗史料』（以下『大系』と略称）文書記録編3「戦国教団」（法藏館、二〇一四年）。
(16)「石摺名号」（『親鸞聖人展』、中日新聞社、一九八七年）。「親鸞真向御影」（『東本願寺の至宝展』、真宗大谷派、朝日新聞社、二〇〇九年）。厳密に言えば、これらの法宝物史料については、〝表〟のみならず〝裏〟も、その真偽には疑いがかけられる。しかし、たとえ、これらのいくつかが後世の偽作であったとしても、親鸞三百回忌が行なわれた顕如時代に、何らかの画期が求められる可能性は十分にある。
(17) 本書第Ⅰ部補論2。
(18) 両書ともに『集成』第二巻、『大系』文書記録編13「儀式・故実」（法藏館、二〇一七年）。本書第Ⅰ部補論3。
(19)『二十四輩牒』願入寺(B)本の筆者が実悟とされるのも、この奥書部分が強く関係しているものと思われる。
(20) 草野顕之「戦国期本願寺教団と天皇」（『大谷大学史学論究』第四号、一九九一年。のちに『蓮如大系』第四巻再録、草野顕之『戦国期本願寺教団史の研究』〈法藏館、二〇〇四年〉第Ⅲ部第四章）。
(21) 黒田俊雄『日本中世の国家と宗教』（岩波書店、一九七五年）。
(22) 吉田一彦「日本仏教史の時期区分」（大隅和雄編『文化史の構想』〈吉川弘文館、二〇〇三年〉）。
(23) 元亨二年（一三二二）虎関師錬著。あるいは法然の「念仏宗」を批判した『興福寺奏状』においても「八宗」の枠組みが意識され、「念仏宗」の異端が強調されているのはよく知られたところである。「八宗」認識をめぐる問題はさらに大きな課題である。
(24) 戦国期宗教勢力としての法華宗教団の諸問題については、河内将芳『中世京都の民衆と社会』（思文閣出版、二〇〇〇年）などの成果から発展的に見出せるものと考える。
(25) かつての黒田俊雄氏の議論においては、古代的呪縛からの解放を目指した民衆の救済願望を密教の鎮魂呪術性により上から吸収再編したという筋道がえがかれていた（黒田俊雄『日本中世の国家と宗教』〈岩波書店、一九七五年〉ほか）。黒田氏の議論への批判はもはや枚挙に暇もないが、下からの救済願望とそれに対応する上からの救済の場の提供という図式は、たとえば上島享「中世国家と寺社」（日本史研究会・歴史学研究会編『日本史講座』第三巻「中世の形成」、東京大学出版会、二〇〇四年）の議論などにも見出せる。ただし、中世的な意味でのそれと、蓮如に象徴される戦国期以降の新たな民衆救済の宗教との質的相違などは、厳密なところで十分に検討されるべきである。大桑斉「戦国期宗教化状況における神観念――東アジア世界史における日本の十五・十六世紀と宗教――」（『仏教史学研究』第三一巻第一号、一九八八年。のちに同『日本近世の思想と仏教』〈法藏館、一九八九年〉第1編第一章）の議論を意識する必要がある。

(26)「一五四一年八月十七日付、堺発パードレ・ガスパル・ピレラより印度のイルマン等に贈りし書翰」（村上直次郎訳『耶蘇会士日本通信』上巻、雄松堂書店、一九六八年）。

(27) 青木忠夫「戦国期本願寺報恩講「改悔」に関する一考察」（『仏教史学研究』第三七巻第一号、一九九三年。のちに『蓮如大系』第三巻〈法藏館、一九九六年〉再録、青木忠夫『本願寺教団の展開――戦国期から近世へ――』〈法藏館、二〇〇三年〉第四部第一章）。

第六章　戦国末・近世初期の本願寺「報恩講」

はじめに

本章では、親鸞三百回忌以後の本願寺「報恩講」の歴史的変遷について、概観・展望しておきたい。直後の永禄五年（一五六二）から九年（一五六六）にかけての儀式と教団の動揺は、すでに本書第Ⅰ部第四章で論じた。その後、大坂本願寺教団は、織田信長勢と軍事的に対峙する「石山合戦」という事態に直面することになる。

第一節　「石山合戦」期とその後

「石山合戦」は、元亀元年（一五七〇）から天正八年（一五八〇）まで断続的に戦われたが、一向一揆のさなかでも、「報恩講」は勤められた。本願寺教団の根幹に関わる法要儀式だからである。ただし、その執行状況の実態については、確かめておくべきことがある。

願得寺実悟（蓮如十男、一四九二〜一五八四）は、天正三年（一五七五）六月上旬に『山科御坊事幷其時代事』を、同八年（一五八〇）三月二日に『本願寺作法之次第』を、相次いで著した。「石山合戦」中のことであり、戦時的な教団の危機もありながら、実悟が危惧していたのは何よりも当該期の本願寺儀式のありようであった。その廃頽こそがまた教団の危機であると、実悟は認識していたのである。「報恩講」に関連して実悟が批判している典型的な文章を次に二点、掲げる。(1)

【史料1】『山科御坊事幷其時代事』第三一条

一、蓮如上人の御時にハ、平生も申に及ハす、まして報恩講なとにハ、いかなるへやくわきくの人の集居られたる所にても、仏法の事ならてハ、かりにもいはし、物語もせしとせられたるとて候、人々口々にも法儀の方の事ならてハ申されす、と各物語候しに、近年は御堂にて仏像・御影の御前に御かほをまほりゐて(も)、仏とも法とも申出されす候事、上古にハ、大にかハりたるあさましき事にて候、

【史料2】『本願寺作法之次第』第五九条

一、一七日の間は仏法ハかりにて、世間の物語の一言もなき様に候つる、蓮如の御時の事をは皆々被申候、又ハ実如も報恩講中にハ蓮如御代の事を御物語候、御身ハ不信に御入候と申、無弁に候て、物語をも不申候と被仰候き、斎・非時の上にハ大概御法談候き、勤行の上にも時々御法談候きと、蓮如之御時之事被申候き、実如の御時も初・中・後の斎の上御法談候き、一家衆、斎・非時前にハ寄合、法儀談合候き、当時ハ且以無其儀候、

【史料1】は、騒々しい「改悔」の様子を批判する第三一条と第三三条の間にはさまれていることから、騒々し

い「改悔」では信心決定できないという実悟の批判意識のもと、蓮如時代を理想的に示しながら、大坂本願寺の法義をめぐる危機的状況を指摘したものである。蓮如の時代には、普段はもちろん、報恩講の時などには、どのような人の集まる所でも仏法のこと以外は語られず、人びとは口々に法義の事以外は申されなかったと皆が物語している。しかし、近年（大坂本願寺時代）は御影堂・阿弥陀堂の仏像・御影の前で、体面だけ守り、仏とも法とも申されない事態で、上古（山科本願寺時代）とは大いに変わり、あさましいことだという。

【史料2】も同様の批判意識に基づき、報恩講の一七日の間は仏法ばかりであって世間について物語することは一言もないようだったと、蓮如時代のことを皆が言っているという。また、蓮如の後を継いだ実如も、報恩講中には蓮如時代のことを物語し、自分自身は「不信」であるゆえに「無弁」で物語もしないとのことであった。斎・非時の際には大概、法談があり、勤行の際にも時々、法談があったと蓮如時代の事を語ったが、実如の時代にも報恩講の初日・中日・最終日の斎の際には法談があったとする。そして一家衆は斎・非時の前には寄り合い談合したものであるが、現在はまったくそのことがないと批判した内容である。

これらの場合、蓮如時代の内容が事実かどうかではなく、実悟が「近年」「当時」すなわち大坂本願寺の現況を問題視し、強い危惧を抱いていることが重要である。そのほかにも、実悟は『山科御坊事幷其時代事』第五〇条などで、報恩講における精進に関する問題についても批判的に述べた(2)。

【史料3】『山科御坊事幷其時代事』第五〇条

一、野村殿の報恩講ニあひたてまつり侍しに見及さる事の、大坂の御坊にて見侍るに、みくるしく侍る事あり、霜月廿八日に、はや結願の日中の比、無事に目出度なと少々申に、日中の前後より魚を板にすへて縁廊加(下)のはし〳〵にならへをく、これハいかなる事そ、ととへハ、明日の精進ほときに早速進上の物といへり、然らハ明日こそ出へきに、今日出候事ハ、聞も及ハす、見をよハす、あまりに〳〵みくるしく、これハ今日にきこしめし候歟とみえ侍り。惣して山科なとにてハ見及さりけるしたて、明日こそ可被進事にて候へ、さて〳〵今日ハいか丶と申事にて候、これハたれも〳〵御申候ハぬ歟と在候事候、可有停止事候、（後略）

野村殿すなわち山科本願寺の時代には見及ばなかったことが大坂本願寺ではあるという。それは、報恩講の結願日の日中法要の前後に早くも、本来は次の日に用意すべき精進ほどきの魚が縁廊下に並べられていたという光景で、あまりに見苦しいのに誰も何も言わないが、禁止しなくてはならない、という内容である。報恩講の際に、魚肉を食べず菜食をする精進を報恩講の一七日間はしていたこと、同時に、その期間が終わると精進ほどきをすること、また大坂本願寺では結願法要が終わる前からその準備が始められていたことがわかる。大坂本願寺の隆盛の一方で、本来あるべき姿を失いつつあった報恩講の様相がやはりうかがえる。ただし、この記事は、「石山合戦」開始以前のものと考えられる。「石山合戦」の戦時下においては状況が逼迫するからである。

「石山合戦」終結前後の天正六～十年（一五七八～八二）については、本願寺顕如が記した『報恩講中和讃』等をめぐる青木忠夫氏の研究がある。(3) 各年の末尾に十一月二十八日結願日中法要の式文拝読における式間念仏担当者と式間和讃の巡讃衆が記録され、その差異が見える点は重要である。また、各地の門徒集団が宗教役として勤めた斎・非時の頭人の代表による勤行の記録も紹介されている。青木氏の研究に基づき、**【表1】【表2】**を作成した。

天正七年（一五七九）の結願日中法要における式間和讃は、定数の六人を揃えて巡讃した（ここでは掲げなかったが、天正六年も同様に六人が揃った）。顕如の長男教如（光寿）が巡讃の首座にいたことが注目されよう。続いて常楽

【表1】 天正7・8年、式間念仏担当者ならびに式間念仏巡讃衆

年次	式間念仏	（1）	（2）	（3）	（4）	（5）	（6）
天正7年	光寿	光寿	純恵	佐厳	佐増	佐栄	佐超
天正8年	佐超	佐超	純恵	―	―	―	―

【表2】 天正7・8年、斎・非時頭人勤行担当者

年次	日	斎	非時
天正7年	22日	御堂 教宗	端坊
	23日	堂ノ 浄専	―
	24日	―	仏照寺
	25日	―	願入寺
	26日	堂 教宗	―
	27日	同 浄専	―
	28日		湯次 誓願寺
天正8年	22日	光永寺	覚応寺
	23日	覚応寺	三番 了顕
	24日	性応寺子 了寂	同前
	25日	覚応寺	嘉祥寺 浄光寺
	26日	性 了寂	真光寺
	27日	性 了寂	湯次
	28日	―	

寺証賢（純恵）・順興寺顕従（佐厳）・慈敬寺証智（佐増）・教行寺証誓（佐栄）・興正寺顕尊（佐超　顕如二男・本願寺脇門跡）と巡讃した。座次としては光寿・佐超・純恵・佐栄・佐厳・佐増の順で一門衆が揃った。

ただし、斎・非時の調進と頭人勤行については非常事態がうかがえる。すでに本書第Ⅰ部第二・三章で見た各日の斎・非時を担当し続けていた全国の地域門徒集団の本願寺上山は、戦乱のさなかでならなかったようで、勤め続けられたのは、二十四日非時の溝杭仏照寺（摂津国）のみであ

る。二十八日の非時を担当した湯次誓願寺（近江国）とともに、すでに大坂本願寺に籠城していたから出仕できたということではないか。願入寺は関東の親鸞旧跡寺院で、親鸞三百回忌前後から大坂本願寺との関係を強くし、上山してそのまま滞在、籠城したのであろう。そのほかは、御堂衆の教宗、浄専が頭人勤を担当した。彼らは斎・非時調進まで担当したか、勤行のみの代理であったか。記録されていないこともあることから、戦時下で斎・非時そのものすらなかった可能性もある。

その後、天正八年（一五八〇）の正月から閏三月についてはおそらくすべての儀式が中止されたのではないかと、青木氏は史料の分析に基づき指摘している。青木氏によると、勅命講和を受け入れた顕如が鷺森に下った後、四月十二日からは再開されると言う。そして、同年十一月の報恩講は鷺森御坊において勤められた。顕如とともに出仕したのは、興正寺顕尊（佐超）と常楽寺証賢（純恵）のみである。すなわち、この二人のみが顕如に随従し、天正七年には出仕していた残りの院家衆の三人はいずれも大坂退去時に顕如と路線対立して籠城を続けた後、顕如に合流を拒まれた教如に与する行動をしたということである。また、斎・非時頭人勤行の顔ぶれも大きく変わった。天正七年段階の担当者のほとんどは顕如に随従しておらず、天正八年は鷺森近辺の紀伊門徒衆を中心に支えられていたようである。

翌年の式間和讃には、前年の二人に加えて勝興寺（佐計）が加わっているが、やはり出仕人数は少ないままであった。天正十年（一五八二）の報恩講にいたって、同年六月に鷺森の顕如に合流した教如（光寿）の復帰出仕があり、四人で巡讃を勤めた。なお、天正九・十年の斎・非時頭人勤行も八年に準じた顔ぶれで勤められており、教団の中心法要として、ある程度の儀式的規模を何とか保ちながら執行し続けられたと考えられよう。

鷺森から貝塚に移転し、さらに大坂天満に移り本願寺として再興していった時期の報恩講の執行状況については知られていない。ただ、天正十三年（一五八三）天満本願寺における証如三十三回忌には教如派のほとんども帰参、出仕したとされ、これをもって教団は平時回復をしたという指摘がある[4]。天満本願寺時代の報恩講については、『西光寺古記』[5]二十五に天正十七・八年の記録が残され、簡潔に内容が知られる。

第二節　近世初期の本願寺「報恩講」

近世初期の本願寺教団における儀式の歴史的実態については、西本願寺では『西光寺古記』『慶長日記』[6]や『本山年中行事』『法流故実条々秘録』[7]などのすでに活字化された史料がかなりあり、これらを丁寧に読み解き分析することが課題である。東本願寺については『重要日記抜書』[8]をはじめ粟津家史料[9]などの手がかりはあるが、活字化されていないのものが多く、まずそれらの翻刻・史料紹介から必要な研究段階である。

報恩講に限れば、『西光寺古記』『慶長日記』に簡潔な史料が少なからずあり、その様相はある程度、想起できる内容が知られていた。これらは慶長十六年（一六一一）に西本願寺定衆となる性応寺了尊の記したものとされる。さらに本願寺准如筆『慶長期報恩講日記』が青木忠夫氏により史料紹介された[10]。本願寺住職の准如本人の直筆で、報恩講の様相を詳しく記録した日記であり、これまで知られてきた史料、また本書でこれまで論じてきた内容とも合致、対応するものである。同日記については青木氏による詳細な検討があり、ここでそれを繰り返すことはしない。ただし、今後のために**【表3】**を作成して整理し、前半の慶長年間に至る過程はたどっておきたい。

天正十九年（一五九一）、京都六条本願寺において初めての報恩講が勤修された。阿弥陀堂がいまだ造営途中であったために御影堂南ノ間に仮安置していた本尊（阿弥陀仏像）を、造営途中の阿弥陀堂に仮に移し、報恩講の終

【表3】近世初期本願寺報恩講関係史料

No	年　次	史料名（もしくは冒頭表記）	収録書籍
1	天正17年（1589）	天正十七年乙丑霜月廿一日、報恩講之日次日記	『西光寺古記』
2	天正18年（1590）	同十八年報恩講	『西光寺古記』
3	天正19年（1591）	同十九年報恩講	『西光寺古記』
4	天正20年（1592）	信楽院殿顕如上人様記	『西光寺古記』
5	文禄２年（1593）	文禄二年年報恩講之記	『西光寺古記』
6	文禄４年（1595）	同四年報恩講ノ記	『西光寺古記』
7	慶長元年（1596）	慶長元年霜月　（准如筆）	青木忠夫著書
8	慶長２年（1597）	慶長二年十一月　（准如筆）	青木忠夫著書
9	慶長６年（1601）	慶長六年霜月報恩講中記之　（准如筆）	青木忠夫著書
10	慶長８年（1603）	慶長八年報恩講之記	『慶長日記』
11	慶長９年（1604）	慶長九年霜月報恩講中之記等　（准如筆）	青木忠夫著書
12		慶長九年甲辰霜月報恩講日次日記	『慶長日記』
13	慶長11年（1606）	同（慶長十一）年霜月報恩講之記	『慶長日記』
14	慶長12年（1607）	慶長十二歳報恩講之記	『慶長日記』
15	慶長13年（1608）	慶長十三年霜月報恩講中之記　（准如筆）	青木忠夫著書
16	慶長14年（1609）	慶長十四年霜月報恩講中之記　（准如筆）	青木忠夫著書
17		慶長拾四年己酉年霜月報恩講之記	『慶長日記』
18	慶長16年（1611）	慶長拾六辛亥暮高祖聖人三百五十年忌日次之記	『慶長日記』
19	慶長18年（1613）	慶長十八年霜月報恩講中記之　（准如筆）	青木忠夫著書

了後にまた戻すという措置が取られた（【表3】3）。翌年の報恩講は、顕如がすでに絶命間近の状態で勤修された。二十四日の未刻（午後二時ごろ）に顕如が死去し、翌日の朝勤以降は教如・顕尊・准如の三兄弟での出仕となった。二十八日の朝勤までは教如はいつもの内陣南首座に座っていたが、結願となる日中法要では顕如の座所に出仕した。なお、二十五日の日中以降、顕如の遺体が亭において手輿に乗せられて直綴・袈裟（浅黄色）・木数珠の装束をまとう姿で畳上に据えられ、諸人の拝礼を受けたという（【表3】4）。

　文禄二年（一五九三）十一月の報恩講は、先立つ十七日逮夜から二十日日中まで顕如一周忌が勤められてから始まった。すでにこの年の閏九月に教如は豊臣政権により退隠させられ、准如が本願寺住職となっていた。その最初の報恩講であったが、冒頭に「当御所様准如上人御代々始也」とある以外は、通常の記載内容である（【表3】5）。

文禄四年（一五九五）も簡潔な記録が残り、そのなかに順興寺の問題行動が記されていて（【表3】6）、翌年の処分へとつながる(11)。

かくして慶長年間へといたるが、慶長伏見地震で堂舎に被害を受けたなかで、また、この時期、京都東山に建立されつつあった大仏に関わって執行されていた大仏千僧会(12)への出仕が要請されたなかで、本願寺の報恩講は確かに勤修され続けられた。基本的な儀式次第が戦国期から継承されたなかで、本願寺准如筆『慶長期報恩講日記』において史料上、初めて明確になることの一つに、改悔批判における御堂衆一老の権能があった。准如の指示を受けた御堂衆一老の光永寺が具体的に差配し、出言人の改悔が終わった後、それを批判する法談を行なった。御堂衆が教団の法義（教学）の中心にあったと言えよう。斎・非時頭人勤も御堂衆が勤めた状況が多く、権威化と形式化の傾向を見ることもできるであろう。

ところで、いわゆる「御遠忌」については文禄三年（一五九四）に親鸞三百三十三回忌が執行されたようで(13)、さらに慶長十六年（一六一一）には東西両本願寺において親鸞三百五十回忌法要が勤修された。『高祖聖人三百五十年忌日次之記』によれば、読経・行道など通常の報恩講と異なる儀式次第が、親鸞三百回忌と同じように用いられ、「御遠忌」が報恩講とは異なる論理も含み勤修された状況が確かめられる。注目すべきは同史料の「廿八日御日中」の条目文中に「御式相ノ念仏坂東節也」とあることで、これが「坂東曲（節）」の史料上の初見である(14)。西本願寺では寛永十四年（一六三七）の『報恩講中之次第』にも「バンドウフシ」とあるが(15)、その後、十四世寂如期に天台声明を再導入した大幅な儀式改訂があったとされ[16]、その際に坂東曲が消滅したと考えられている。東本願寺では坂東曲を含む古態を残すと言われるが、その詳細はまったく研究されておらず、史料の確認から必要な研究段階である。『御堂日記』から重要事項のみを抜き書きしたものという『重要日記抜書』[17]の慶長十六年項には「御開山様三百五拾年御忌御法事」と記され三月二十六日条のみ断片的な内容があるが、全体的な抜き書きがなされておらず、史料としては不十分と言わざるを得ない。

親鸞三百五十回忌については、西本願寺末の金宝寺の寺誌である『紫雲殿由縁記』[18]の関係記事が注目される。これによれば、東本願寺が成立して間もない時分のため、「表方」（西本願寺）と「裏方」（東本願寺）のいずれに帰するか判然としない門末も多くあり、親鸞三百五十回忌に際しては、日中は西本願寺へ、逮夜は東本願寺へ「出勤」する者があったという。西本願寺の家臣は、「御振舞料理」を坊主衆に下したなかで、酒とともに菓子を配り、そこで国所・寺号や名を記帳させ把握したという。また、東本願寺は配慮して、西本願寺の法要終了後に法要を開始し、能・振舞も別日にしたが、参詣数は東本願寺のほうが圧倒的に多かったという。編纂された寺誌という史料の性格上、参考にはとどまるが、興味深い内容である。

むすびにかえて

本書におけるここまでの検討により、中世本願寺の報恩講と、いわゆる「御遠忌」の歴史的実態、またそこに関わる寺院・教団構成員の動向については、おおよそ確かめられたと考える。ただ近世以降については、報恩講も「御遠忌」もなお基礎検討から必要な研究段階である。そのことを今後の課題としてあらためて明記した上で、ここでは最後に、本山以外の御坊、末寺の報恩講はどうであったかという問題について触れておきたい。

御坊は本山である本願寺の別坊・支院として戦国時代から各地に創建されたが、そこで行なわれた儀式についてはやはり史料が乏しい。慶長年間まで下ると、慶長十六年（一六一一）に西本願寺の大坂御坊ならびに堺御坊における報恩講の記録が残されている。大坂御坊は十月二十三日から二十八日まで、堺御坊は十一月一日から四日までの勤修である。これらは「御遠忌」の年ゆえに准如自らが下向して勤修したいわゆる「御取越」の「御遠忌」と考えられるため、その儀式次第には、本山の「御遠忌」と同様、読経や行道が取り入れられたことがわかる。またそのほかも基本的に本山に準じる形式で行なわれたことが確認できる。通常の報恩講でも、同様に本山に準じた執行があったと考えてよいであろう。

さらに史料に乏しいのが末寺の報恩講である。そのなかで、草野顕之氏が紹介した次の二点の史料が貴重であり、注目すべきである[19]。

【史料4】『末寺衆年中行事』

十一月

朔日、朝勤前にても、以後にても、法談、当年のうちに存命之満足、今月ニアヒタテマツリ、尤有かたし、今日からハ、各常よりも覚悟を御引かへ候て、日来のあやまりを飜て、たしなミ候へと催促尤ニ候、今日から廿八日迄ハ、おこたる人ハおしへ、化他の心かけ、自行化他輸(緩)怠有ましく候、

一、御開山御仏事取越ても、または当日をあてゝ、惑(或)は三日、あるひハ五日、入の待(逮)夜に御影供なし、翌日からハ、朝勤と日中の間ニすへかへ、昼夜御仏供・御影供を、結願まてすへとをし候、

一、結願ノ斎過候て、斎之衆退散なきうちに、御開山之御影供アゲ、正面ニ机ヲタテ、其上ニ御影供ノ鉢ヲすへ申候、鉢ともに机の上ニをき、先其寺の住寺(持)ニ是をいたたき、それより諸人ニひろめ候、
一、坊主タル人ハ、正(祥)月、小袖と心得タルハ不足なり、報恩講を年中の晴と心得、とりばうき・雑巾・畳の面かへまても、御正忌を専ニいたすへく候、

【史料5】『末道場年中行事記』

一、霜月報恩講、三日にても、五日にても、待(逮)夜から花束参、御仏事之間ハ、日中・待夜蠟燭・焼香参候、但、朝勤にハ蠟燭立不申候、但、御仏事之間ハ御影供、昼夜共其まゝ、但、朝勤ト日中ノ間に、盛替申候、
一、御仏事ニ入之御待(逮)夜にハ、御仏供・御影供備不申候、但、御台(逮)夜・非時之衆候へハ、御影供参候、
一、御開山様安置之所にハ、如来様ト御開山様御前計厳(飾)申候、御開山様安置所にハ、御代之御影様一尊へ厳申候、
一、結願ノ斎過テ、内陣取置申候、

【史料4】によれば、十一月は仏法を通常よりも覚悟をもってたしなむべきで、「報恩講」は一年における晴（ハレ）の日であり、何事も「御正忌」に専らにすべきであるという。**【史料4・5】**ともに、報恩講は三日もしくは五日の勤修とされ、とくに本尊・開山（親鸞）に対する御仏供・御影供の作法が記されている。

こうした末寺年中行事記から、本山のみならず門末にまでその勤修がひろがる報恩講の歴史的世界を垣間見ることはできるのである。

注

（1）『真宗史料集成』（以下『集成』）第二巻（同朋舎出版、一九九一年改訂版）五四八―五四九頁・五七一頁、『大系真宗史料』文書記録編13「儀式・故実」（法藏館、二〇一七年）二四―二五頁、五三―五四頁。

（2）『集成』第二巻、五五二頁、『大系』文書記録編13「儀式・故実」二九―三〇頁。『本願寺作法之次第』一四七・一四八条も同様の問題を指摘している（『集成』第二巻五八二頁、『大系』文書記録編13「儀式・故実」六八頁）。

（3）青木忠夫「本願寺顕如筆「讃頭」関係文書考――永禄・天正期年中行事――」（蓮如上人研究会編『蓮如上人研究』〈思文閣出版、一九九八年〉。のちに同『本願寺教団の展開　戦国期から近世へ』〈法藏館、二〇〇三年〉第二部第一章）。

（4）太田光俊「大坂退城後の坊主衆の動向」（大阪真宗史研究会編『真宗教団の構造と地域社会』〈清文堂出版、二〇〇五年〉）。

（5）『本願寺史料集成　西光寺古記』（同朋舎出版、一九八八年）。

（6）前掲注(5)、『本願寺史料集成　慶長日記』（同朋舎出版、一九八〇年）。

（7）いずれも『集成』第九巻（同朋舎、一九七六年）、『大系』文書記録編13「儀式・故実」等に所収。

（8）『続真宗大系』第十六巻（真宗典籍刊行会編、一九三九年）。

（9）大谷大学博物館蔵。

（10）青木忠夫（史料紹介）「本願寺准如筆「慶長期報恩講日記」」（『同朋大学仏教文化研究所紀要』第一九号、一九九九年。のちに前掲注(3)青木著書第四部第二章）、同（史料紹介）「本願寺准如筆「慶長期報恩講日記」（其の二）」（『同朋大学仏教文化研究所紀要』第二〇号、二〇〇〇年。のちに前掲注(3)青木著書第四部第二章）。

（11）参考、前掲注(10)青木史料紹介。

（12）本書第Ⅱ部第六章。

（13）『高祖聖人三百五十年忌日次之記』（前掲注(6)『慶長日記』）、『江戸時代の親鸞聖人大遠忌』（本願寺史料研究所、二〇〇七年）。

（14）前掲注(10)青木史料紹介、草野顕之『『改邪鈔』史考』（東本願寺出版部、二〇一八年）。

(15)　前掲注(10)青木史料紹介。
(16)　岩田宗一『声明の研究』(法藏館、一九九九年)。
(17)　前掲注(8)『続真宗大系』第十六巻。
(18)　『真宗全書』第七十巻(国書刊行会、一九一三年)。参考、松金直美「東西分派後の東本願寺教団」(同朋大学仏教文化研究所編『教如と東西本願寺』法藏館、二〇一三年)。
(19)　草野顕之「本願寺末寺年中行事の成立と意味」(伊藤唯真編『日本仏教の形成と展開』法藏館、二〇〇二年。のちに同『戦国期本願寺教団史の研究』〈法藏館、二〇〇四年〉第Ⅲ部第五章)。

第七章　大坂本願寺の御堂衆をめぐって

はじめに

本章では、これまでに論じてきた戦国期本願寺の「報恩講」と寺院・教団の諸問題において、とりわけ重要と考える御堂衆についてさらに検討する。とくに大坂本願寺における御堂衆の実態を明らかにし、その教団体系と摂津・河内（大阪府・兵庫県の一部。本章では以下「摂河」と略記）地域の関係性のなかに位置付けていくことが課題である。

「堂衆」と言えば、中世寺院を構成する内部身分の一つとして知られているが、本願寺の場合、親鸞の生身御影が安置される御影堂に仕えることから「御」が付され「御堂衆」という呼称で特化される独自の内部身分である。[1]この御堂衆に注目する理由は、その名が比較的よく知られ、部分的には言及が少なくないものの、それを主題にして実態に即した研究がこれまでにないからである。さらに言うならば、時代とともにその担い手や担う役割に変化が顕著な本願寺御堂衆の歴史的展開が、戦国期における本願寺の「教団」形成の推移に相沿うと考えられるからである。つまり御堂衆を検討することにより、本願寺教団の内部構造の歴史的特質を考える上で重要な手がかりを得ることができるのである。

戦国期本願寺の教団構造については多くの研究が蓄積され、宗主（本願寺住持）、一家衆（宗主血縁）、下間氏（家臣）、定衆・常住衆（坊主衆身分）、直参坊主衆、番衆、斎頭人などの実態が教団の編成原理や経済収納機構の問題とも絡めて明らかにされてきている。(2)これらの諸身分自体もまだ検討の余地は残されているが、さらに教団全体あるいは本山寺院である本願寺の内部構成に限っても、慶寿院（証如母）に代表される女性の位置や、大坂本願寺時代にその濫觴が見られる下間氏以外の家臣団編成、そして堂衆（御堂衆）の問題などが、なお本格的に検討されないまま残されている。それらを個別に検討しつつ、本願寺の寺院・教団としての全体構造を明確にしていくことが必要であり、その上で、他の中世・戦国期の諸寺院と比較検討していくことが課題として意識される。

さて、本書でここまで論じてきた「報恩講」とは、親鸞の残した恩徳に謝し報いるという理念で親鸞の命日である十一月二十八日を結願日として行なわれる法要であり、本願寺教団における最大の宗教行事である。(3)戦国期本願寺において宗祖親鸞への「報謝行」が門徒の行動原理、かつ教団の結集原理であるとするならば、それが最もよく顕現される儀式・宗教行事が「報恩講」である。つまり「報恩講」には本願寺教団の全体構造が儀式のかたちで顕現していると言える。この「報恩講」儀式の中心部分となる式文拝読の執行に御堂衆の存在が宗主・一家衆と並んで必要不可欠であることから、御堂衆の宗教的権威化を指摘できる。ところが、永禄二年（一五五九）の本願寺「門跡成」により、教団構造とともに「報恩講」の儀式内容にも変化がもたらされ、そこで御堂衆の位置にも変化が生じた。御堂衆は門跡制度の導入によりその身分的位置付けが一時的に不安定となり、法義理解や依用装束をめぐって一家衆身分と対立、その緊張関係を経て教団内におけるその位置を再認し、近世を迎えることになる。

これまでの検討により、戦国期本願寺の寺院・教団構造の全体像を把握するための見通しを確保するとともに、本願寺御堂衆の本山寺院における位置について、門跡勅許前後の揺れ動きを中心に明らかにすることはできたが、本章では、あらためて大坂本願寺の御堂衆の実態と性格について総合的な整理検討を行なう。注意したいのは、大坂本願寺において御堂衆に比定される人物が、ほぼ摂津・河内とその周辺地域に出自があり、それらの地域を基盤に活動していたと見られることである。この点から、大坂本願寺の御堂衆の実態を明らかにしていくことは、戦国期の大坂やその周辺諸地域をめぐる諸問題に関連していくものと考えられる。地域を基盤とする坊主衆の代表的存在が、同時に、教団の本山寺院である本願寺の寺院組織の中枢に一家衆・下間氏とともに深く関わることは、戦国期本願寺教団における教団体系と地域教団の関係論としてもきわめて重要であろう。付言すれば、すでに本書第Ⅰ部第四章で論じた御堂衆と一家衆の対抗関係の背景にも、地域的基盤の差異が想定されると考えられるのである。

以上の課題をふまえ、本章では、第一節で本願寺御堂衆に言及する先行研究と史料を整理し、課題を確認する。第二節では基本史料となる『私心記』『天文日記』[4]から大坂本願寺の御堂衆の顔ぶれとその動向を抽出し、当該期の御堂衆の実態と性格について整理する。その上で大坂本願寺と摂河教団の関係性をふまえて御堂衆の位置を検討し、また『山科御坊事幷其時代事』『本願寺作法之次第』[5]における御堂衆記事の意味にも触れ、最後に論旨を整理し展望を述べることにしたい。

第一節　研究史と史料——課題の整理

本願寺の御堂衆に言及する主な先行研究としては次に挙げる諸研究がある。[6]

日下無倫氏は、近世宗門学事草創期の学僧のほとんどが「堂僧」（御堂衆）であったとし、『東江御別之条』『御堂衆座次』『御堂日記』等の史料から、慶長年間の東本願寺教如時代における堂僧について網羅的に検討した。戦国期にはほとんど触れなかったが、「法文の是非邪正を沙汰するばかりでなく、安心の筋目正しき法談をなし、御文の拝読や改悔批判や、さては御伝鈔の伝授等に至るまで、御堂に於ける法務の万端が堂僧の手によって行われた」とし、門跡に准じられた証如時代に法談の担当有無をめぐり御堂衆の画期がある点を指摘したことから、先駆的研究として位置付けられる。

籠谷真智子氏もまた、近世学寮機関に重要な役割を果たした御堂衆の淵源を求め、「実悟記」や『私心記』を用いつつ中世・戦国期本願寺の御堂衆に言及した。明らかに一家衆である人物を御堂衆として記すなどの誤りはあるが、永禄二年の本願寺「門跡成」に伴う教団諸階層の職掌制定・整備の進行、また御堂衆の実態に六人という規定は見られず、本願寺の社会的な確立に伴い人員が増大化、といった点の指摘は本章の論旨に関わり重要である。

中世本願寺の寺院組織を中世顕密寺院のそれと比較し、本願寺という寺院の構成員を寺僧・寺官の二系列で捉えて整理した片山伸氏は、御堂衆を寺官系列に位置付けた。その根拠は正月朔日の「とおり（通）」（当時の社会一般で広く行なわれた儀礼）における酒杯授与の順次であり、そこから「殿原衆（青侍）—堂衆—中居衆—綱所衆」という組織系列が見出せると論じた。御堂衆の実態把握には問題があり、また寺官系列におさまらないところに本願寺御堂衆の特色があると考えられるが、寺院の全体構造のなかで捉え、さらに中世顕密寺院との類似性を検討していった点は評価すべきであろう。

戦国期本願寺の教団構造全体の解明を推し進めた草野顕之氏は、近世東本願寺における御堂衆と定衆の座次争論を検討したなかで、片山氏の所論をうけつつ戦国期本願寺の事例に言及した。戦国期の天文年間には①「常住衆」（定衆）を頂点とする直参坊主衆、②一門一家衆と御堂衆、③殿原衆・中居衆・綱所衆などの寺侍衆の三系列が、それぞれ異なる役割を持ち、宗主（本願寺住職）との関係性も異なっていたので、定衆と御堂衆が座論を起こすことはなかったとした。ただし、天文年間には御堂衆もまた坊主衆より選抜され、実際に常住衆との日常的関係がうかがえること、また前述のように一家衆と御堂衆が対立する局面があったから、やはり御堂衆の位置付けに課題が残る。

日野照正氏の研究は、西本願寺の御堂鎰役の通史的把握を試みたものであり、そのなかで御堂衆・下間氏・一家衆の問題に言及した。後世の史料を交えて中世・戦国期について述べたために、理解に混乱も見受けられるが、鎰役・御堂衆の起源は大谷廟堂の成立にあると整理し、戦国期に下間氏・御堂衆・一家衆の職能的分化が進んだとし、事例を広く見渡した点で参照すべきところが多い。

吉井克信氏は本願寺蓮如の「常随弟子」の一人であった慶聞坊龍玄について、関連史料を網羅的に掲げて検討した。龍玄が蓮如期本願寺の御堂衆であったことを正面に置いて論じてはいないが、蓮如に近侍して教学・声明に通じ、報恩講斎における讃嘆、御文拝読、蓮如葬送の際の調声人（導師）をした龍玄に御堂衆的性格を確認した研究と受けとめることができる。そこで宗主（本願寺住職）の「常随弟子」という性格と御堂衆の宗主（本願寺住職）個人への付属との関係性が注意される。

木越祐馨氏は、天文十五年（一五四六）金沢御堂創建について論じ、大坂本願寺から金沢に派遣された御堂衆の広済寺・慶信に注目した。検討のなかで『天文日記』から大坂本願寺の御堂衆浄照坊明春の動向を追い、御堂衆の職掌を整理した。この問題は本章でも再論したい。さらに金沢御堂の御堂衆と北陸一家衆との間の法義をめぐる対立に触れつつ、地方における御堂衆の宗教的権威を指摘した点も重要である。

以上の研究史については、まず近世の御堂衆が学寮（近世本願寺の教学・学問研鑽機関）の主たる担い手であったことから、その淵源を遡及していくという研究に始まり、次に一向一揆研究との連関で進展した本願寺の教団構造論のなかで論じる傾向が生まれ、具体的検討がいくつか提示されるようになったものと言えよう。ただしあまり議論が相互に連関しておらず、先行研究で明らかになった点は少なくないものの、一方で誤認も多く見られ、基本的理解が錯綜しているのが現状である。よって今なお、戦国期、とくに大坂本願寺における御堂衆について、同時代史料を用いて実態を整理検討することが必要とされる段階であると言えよう。

次に、検討する史料について煩瑣ながらまとめておきたい。御堂衆は、実態の不明な初期はともかく戦国期にいたっては、下間氏が担ったような本願寺の公的文書発給には関与しないものと考えられ、また今のところ私的文書の残存すらほとんど見出せない。そこで基本となる同時代史料は『私心記』と『天文日記』という日記史料となる。『私心記』は山科・大坂本願寺において常住一家衆として儀式執行に重きをなした順興寺実従（蓮如十三男）の日記で天文元年（一五三二）から永禄四年（一五六一）の記載を有する。『天文日記』は本願寺第十世証如の日記で天文五年（一五三六）から天文二十三年（一五五四）までの記載である（天文十四・十九年は欠とされる）。ともに本願寺教団内の問題のみならず、広く戦国期畿内社会を知る上で基本的な日記史料としてすでによく知られている。『私心記』から報恩講などの儀式における御堂衆の動向を、『天文日記』からさらに少し広く教団内坊主衆との関連や対外関係、地域社会における御堂衆の動向を読み取ることができる。片山氏は、これらの史料から堂衆の実態はあまりうかがえないとしたが、妥当ではない。むしろこれらにより大坂本願寺の御堂衆の実態についてかなりの情報を得ることができる。最初に検討すべき史料である。

次いで重要な史料としては、『山科御坊事幷其時代事』『本願寺作法之次第』が挙げられる。この二書は天正年間の本願寺一家衆願得寺実悟の著作である。従来の御堂衆研究はこの二書の記述に拠るところが大きかった。たとえば「古は御堂衆ハ六人候つると申、六人供僧とて、是ハ平生精進にて候き、妻子もなく、不断経論・聖教にたつさはり、法文の是非・邪正の沙汰斗にて候つる由候」（『本願寺作法之次第』第一条）から、初期本願寺には六人の御堂衆が存在し、妻子を持たぬ清僧で法義に精通した、と説明されるのが一般的である。しかしながら、初期本願寺の実態がうかがえる同時代史料は皆無に等しく、同様に戦国期に成立した両書の記述をそのまま、さかのぼる時代の事実史料として用いることはできない。それより前にすべきは、両書が天正三年（一五七五）・八年（一五八〇）の成立である以上、天正年間における本願寺の問題状況に照らし合わせて、その史料としての性格を明らかにすることである。両書からは、むしろ天正年間の大坂本願寺における御堂衆の実態がうかがえるのであり、一家衆実悟から見た御堂衆への批判的言辞などをふまえて、考えれば、両書に記される〝いにしえの御堂衆〟の姿は、多分に理想像が描かれている可能性が高い。以上の点をうけ、天正年間の大坂本願寺における御堂衆の実態と理想とについて個別に検討していくことに意味がある。

ちなみに『御堂衆略譜』(7)といった近世成立の史料についても、当然その内容を、さかのぼる時代の事実史料として即座に用いることはできない。ただし近世宗門内における故実研究の蓄積は充実したものがあり、参考史料として与えられる示唆も少なくないこともまたたしかである。

以上のように史料の性格を各々に検討した上で用いなければならないから、大坂本願寺以前についてはかなり慎重な姿勢を要するのではあるが、以下、現段階の見通しだけは述べて次節への導入としたい。

初期本願寺については本願寺住持と下間氏の関係のみを基軸とする線で考えられる（住持―下間氏）。そもそも当初は親鸞の墓所である大谷廟堂を預かり仏事を行なう親鸞子孫の家系そのものが、いわば堂衆的存在なのかもしれない。いずれにせよ本願寺という寺院とその住持職の確立に伴い、諸事（聖俗両方）を司っていた家人下間氏による、住持代替として御堂扉の開閉をするという行為が、御堂衆的機能として注目されたものと考えられる。

それが存如期・蓮如期の東山大谷本願寺時代になると、「本弘寺大進」や「御堂衆正珍」(8)といった下間氏以外の存在もうかがえるようになる。さらに蓮如期後半の山科本願寺時代になると、その常随弟子という存在が顕著に見出される。代表的な人物が、吉井氏により取り上げられた慶聞坊龍玄であり、そのほか法敬坊順誓・法専坊空善の名が知られている。慶聞坊龍玄は有力門徒金森道西の弟と伝わるが、下間氏のような家人身分ではない。一般坊主衆が御堂衆としてその役割を果たしたことが明確に見えてくるのが、蓮如期からそれ以降であり、これが「教団」形成に関わる門末の拡大、坊主衆の本願寺運営への参画として捉えられる。ただし吉井氏も確認しているように、彼らは宗主（本願寺住職）個人に付属したと考えられることから、御堂衆の宗主（本願寺住職）内衆としての性格についても注意する必要がある。実如期になると下間氏の位置は変わらないものの、一般坊主衆の台頭がさらに顕著である。『山科御坊事幷其時代事』第二条、『本願寺作法之次第』第一二五条によれば、慶聞坊を筆頭に法敬坊・勝尊・祐信・端坊などの一般坊主御堂衆の名を確認することができる。

第二節　大坂本願寺の御堂衆

1　山科から大坂へ

さて、大坂本願寺時代の御堂衆に焦点を当てていきたい。どの人物が御堂衆かを判断する基準はいくつかある。まず報恩講日中における式伽陀、年忌法要日中等における経伽陀の拝読、また報恩講中日夜の御伝鈔拝読を担当することが挙げられる。すでに本書第Ⅰ部第三章の【表3】において『私心記』から報恩講日中における式文・念仏・伽陀の担当者を割り出して整理した。これに『天文日記』『私心記』の御堂衆取り立てに関する記述、『今古独語』の御堂衆記述を加えて判明する大坂本願寺の御堂衆は次に掲げる【表1】のとおりである（以下の検討における史料的根拠は、とくに記さない限り『私心記』『天文日記』の該当年月日条）。

天文初年の畿内動乱により、山科本願寺はその寺内町とともに焼け落ち、本願寺は本山機能を大坂御坊へ移転した。宗主（本願寺住職）証如は先に大坂へと下ったが、御影堂安置の親鸞影像（御真影）は鎰役実従と下間丹後（頼玄）の供奉により天文二年（一五三三）七月に至って大坂へと下った。同年十一月の報恩講は非常事態下で役出仕者も少ないまま勤められたが、結願日中の参詣は「大群衆」であったという。ここから新造の阿弥陀堂が完成する天文十一年（一五四二）ごろまでに大坂御坊が本山本願寺として再整備されていった(9)。堂舎整備とともに教団体制の強化再編もなされ、大坂本願寺を中心とする新しい教団体系が確立していったのである。

さて、山科から大坂への移転という非常事態下における御堂衆の顔ぶれと動向は判然としない。天文二年の報恩講の伽陀担当状況を見ると西宗寺祐信と浄照坊明春の名が確認されるが、彼らは山科本願寺時代からの御堂衆であったと見られる。天文二・三年報恩講において問題となるのは、「筑前」（下間頼秀）が伽陀拝読を一回、「丹後」（下間頼玄）が御伝鈔拝読を一回、担当していることであり、この時期まで下間氏が御堂衆の役割を果たし得たことが確認できる。『山科御坊事幷其時代事』第二条には山科本願寺の御堂における下間丹後と慶聞坊の北方出仕が記されているので、おそらく山科時代には、下間丹後と坊主衆から選出された御堂衆筆頭の両名が、いわゆる一老・二老というような存在であったのだろう。

丹後頼玄の息男である筑前頼秀は、「享禄の錯乱」を含めた天文初年の動乱における重要人物である。彼ら頼玄系一党は天文四年（一五三五）九月十四日に本願寺を退出した。いわゆる本願寺内衆下間氏における頼玄系の追放と頼慶系の登用である。これ以降、下間氏が御堂衆としての行動を見せることはない。ここにおいて本願寺住職

【表1】 大坂本願寺の御堂衆

	山科	天文4年	天文7年	天文16年	天文17年	天文20年	天文21年	弘治3年	永禄3年	永禄4年
下間丹後頼玄	○	9月(退出)								
下間筑前頼秀	○	9月(退出)								
西宗寺祐信	○	11月(没)								
浄照坊明春	○		○	○	○	○	○	○	○	3月× 11月○…
法専坊賢勝		11月(昇格)	○	○	○	○	○	○	○	3月○ 11月○…
超願寺祐賢		?…	11月(伽陀)	○	○	○	○	11月(伽陀)		
盛光寺		?…	11月(伽陀)	○	○	11月(伽陀)…?				
明覚寺				8月(召置)					11月(伽陀)	3月○ 11月○
西光寺乗祐				8月(召置)						
光徳寺乗賢				8月(召置)					11月(伽陀)	3月○ 11月○
性誓				8月(召置)			2月(解雇)			
玄祐				?…	11月(相伴)…?					
益田				?…	11月(相伴)…?					
教明									?…	3月○ 11月○…?
教宗									?…	3月× 11月○…?

典拠：『私心記』『天文日記』『今古独語』

【付記1】 本章の論文としての初出（二〇〇五年三月）では **【表】** に誤記があったので、ここに記し、注意しておきたい。

【付記2】 大原実代子（史料紹介）「本願寺本『私心記』弘治三年・永禄元年」（『加能史料研究』第一七号、二〇〇五年三月。同史料は『大系真宗史料』文書記録編10に所収）により、永禄元年（一五五八）八月二十八日条に「超願寺往生云々」とあり、超願寺の死去が確認されたので修正した。また、同じく弘治三年（一五五七）四月十一日条には「十一日、朝飯汁二菜六、新発意ニ得度之礼シ候、御堂衆・坊主衆ヨフ也、予・新相伴候、賢勝・祐玄・教明・明覚寺・乗賢・称名寺・行心・了勝・ヒタ明心・康楽寺・聞名寺・正教・光永寺・玄誓・カ、最勝寺・シナノ勝善寺・ワカイ了明」とあり、ここで明覚寺と行心は明らかに別人であることが判明したので修正した。なお「行心」にも御堂衆のような動向がうかがえる。

（宗主）の内衆が、俗面を担う下間氏と聖面を担う御堂衆（一般坊主衆選出）とに完全に分掌されていったものと考えられる。なお、御堂衆下間氏に付属していた鎰役もまた天文四年に常住一家衆の実従に分掌され、その後は一家衆が司ることとなった。天文年間前半における教団再整備と下間氏の役掌分化はすでに指摘されているところではあるが、頼玄系下間氏の追放を画期として一家衆・下間氏・御堂衆各々が担う機能の再分割整理がなされ、御堂衆においては一般坊主衆体制が始まっていったのである。

さらに同年十一月八日には西宗寺祐信が死去し、以後は浄照坊一老体制となった。その構成を次に列記、整理していきたい。

2　御堂衆の構成

①浄照坊明春

浄照坊明春は大坂本願寺において傑出した存在感を見せた御堂衆筆頭である。前述のとおり山科時代末期には御堂衆であったようで、証如期を通じて御堂衆一老を勤め上げた。永禄四年（一五六一）十一月の報恩講正忌出仕以降に御堂衆を退き、永禄十年（一五六七）以前に死去した(10)。浄照坊は蓮如期の有力門徒である河内慈願寺法円の大坂進出を契機として慈願寺の大坂支坊として建立されたものであり、河内門徒と深い関わりを持ち続けた(11)。

明春は御堂衆一老として、毎年十一月二十一日報恩講初逮夜以前に、証如より、改悔執行の指示（天文六年十一月二十一日条ほか）と二十五日夜に拝読する『御伝鈔』の拝領を受けた（天文十三年十一月二十一日条ほか）。報恩講日中における式伽陀の調声は一老浄照坊を軸に担当が配分され、結願日は必ず御堂衆一老が勤めることを原則とした。歴代の周忌法要における経伽陀も同様である。興正寺報恩講や堺御坊の仏事にも御堂衆一老として、もう一人の御堂衆（賢勝・正誓・乗賢）とともに証如に供奉した（天文十五年十一月十九日条ほか）。

さらに御堂番衆の担当が替わる日である毎月二十八日の斎には、前月・当月担当双方の番衆が出席すること（天文六年二月二十八日条）、報恩講中御影堂における茶湯料は寺内直参講中が担当すること（天文十三年十一月八日条）などを証如に具申したり、報恩講改悔執行における坊主衆の妻の装束を規定したり（天文十五年十一月二十一日条）した。これは御堂衆一老としての浄照坊明春の強い発言力を示すものとも言える。御堂開閉の指示（天文十六年十二月三十日条）や寝殿における花立（天文十五年三月十七日条ほか）なども含め、御堂の仏事荘厳の差配を担う御堂衆一老の基本的性格がうかがえる。

また葬送調声（天文九年七月二十四日条・中山西向、天文十三年四月二十八日条・鳥居小路経厚、天文十六年六月十七日条・実従息）、取骨（天文十七年八月二十一日条・下間丹後）や一家衆の得度剃刀役にも携わった。天文二十三年（一五五四）八月十三日、死去した証如の髪を明春が剃ったことも特記されよう。

これまでまったく注目されてこなかったが、明春の法義への精通、研鑽についても、しばしば浄照坊宿や実従居所において実従や興正寺らとともに「正教会」（聖教会）を開き、「仏法談合」「改邪鈔談合」などを行なったことから、うかがうことができる（天文十年九月十二日条ほか）。永禄十年（一五六七）に院家衆（一家衆）の光教寺顕誓が「浄照坊・法専坊往生ノ後ハ経釈ノ外ナル事ヲ被﹂申候事オホク候」（『顕誓領解之訴状』）と明春・賢勝の死を悼み、彼らの死後における法義理解の乱れを憂い嘆いたことも注目されよう。

天文八年（一五三九）十月七日、明春は使者として横田能登とともに加賀国（石川県南部）に下った。これについて木越氏は、侍分の横田が軍事面を、明春が法義面を担当したものであると、御堂衆の本願寺における宗主（住職）内衆としての性格を指摘した。妥当な見解であろう。そのほか、明春は証如に近侍し取次・接待・供奉などを行なったが、斎相伴や能役勤仕も含めて、これらは御堂衆の基本的機能というより、御堂衆が宗主（本願寺住職）の内衆として機能した時、そのような役割をも担っていくようになったと見るべきではないだろうか。

以上、浄照坊明春は御堂衆一老であると同時に宗主（本願寺住職）の内衆としての動きも多く見せた人物であった。顕誓が『反古裏書』に、自らの教団帰参に関して、慶寿院や光応寺蓮淳に並び浄照坊の恩義を感じていると記したことからも、浄照坊明春が大坂本願寺においてかなりの実力者であったことがうかがえる。このことから、明春の担った役割すべてが即、典型的な御堂衆のそれであったと見なせるかについては、逆に注意が必要となるだろう。

②法専坊賢勝

賢勝は、天文四年（一五三五）十一月十日、先の御堂衆一老西宗寺祐信の死去により、御堂衆に昇格した。その後、一老となった浄照坊に次ぐ二老の位置にあって、永禄四年（一五六一）にいたるまで報恩講式伽陀を堅実に勤め続けたことが確認できる。永禄四年三月の親鸞三百回忌の際には、浄照坊明春の不出仕により御堂衆筆頭で出仕し、本願寺にて初の行道導師（礼盤登座、漢音小経調声）を勤めた（『私心記』『今古独語』）。そのほか証如・顕如の興正寺報恩講出仕への帯同（天文十五年十一月十九日条他）、一家衆の葬儀における差配・調声（天文十二年正月八日条ほか）、得度の剃刀役（天文五年二月二十八日条・本宗寺実勝）を担当した。また物語（法談）も行なった（天文二十二年閏正月十七日条）ので、この時期に御堂衆が法義から離れていたという見解は当たらない。

賢勝の動向として注目すべきは、その法義・学問の研鑽である。天文十五年（一五四六）三月二日より十一日にかけて、大坂本願寺の御堂後堂において実従が『教行信証』伝授を行なったが、賢勝もその席に連なった。この時、講義を受けたのは堅田慈敬寺実誓と実従の息男である証従、そして坂東報恩寺・賢勝・光徳寺乗順であった。また永禄三年（一五六〇）十一月三日、賢勝は学問の望みのため、枚方の順興寺実従を訪れた。四日間の逗留のうちに、順興寺の仏事にも出仕しつつ、本来は本寺である本願寺で教わるべき『愚禿鈔』の講義を実従から受けた。その後、本願寺においても『愚禿鈔』の講義の続きを、さらに『浄土文類聚鈔』も教わり、十一月二十日に講義終了の礼として実従に三十疋を進上した。もう一つ注目すべきは天文八年（一五三九）十二月十九日、御堂で行なわれた争論に常住衆とともに立ち会ったことである。これは御堂衆の〝聖〟性が争論立会に意味を持った可能性もあるが、ほかに事例は見られず、御堂衆の基本的役割とは言い難い。

賢勝は天文二十四年（一五五五）に法専坊の名跡を継承した。それ以前にも法専坊十七回忌・二十五回忌の志として斎を調進するなどしており、蓮如期の御堂衆として著名な法専坊空善の後裔とされているが、その関係性や出自などは詳らかにならない。その動向からは寺基の存在や地域的基盤はうかがい難く、仏事・学問への精励のみが顕著にうかがえる点で、典型的な御堂衆の姿と言えよう。没年も不詳であるが、『顕誓領解之訴状』では、浄照坊明春とともにその死去が惜しまれた人物であった。

③盛光寺（常光寺）

盛光寺は後述の超願寺とともに天文七年報恩講から式伽陀の担当が確認できるが、その名は子息が祐勝であることはたしかであるものの、御堂衆を勤めた父の名は『私心記』『天文日記』からは不詳である。

河内八尾に寺基を置く盛光寺とその子祐勝の動向は、天文五年（一五三六）正月二日の能役勤仕から確認される。父である盛光寺が本願寺に御堂衆として常住し、子の祐勝が代わって盛光寺の寺務を行なったという実態がうかがえる。御堂衆としては天文二十年（一五五一）まで伽陀調声を勤めたほか、葬儀の際に時念仏の鈴役を勤めたり

（天文九年七月二十四日条・中山西向）、取骨を行なったり（天文十六年六月二十五日条・証従）した。また天文六年（一五三七）八月二十六日には加賀四郡・山内へ横田出雲・森長門とともに使者として下向したので、これ以前に御堂衆であった可能性もある。御堂衆の役掌と直接は関係ないが、天文二十一年（一五五二）には本願寺内の作庭を盛光寺が行なったようで興味深い。

④超願寺祐賢（祐玄・祐言）

超願寺は天文年間には摂津に所在したと見られ、その名は祐賢と記される。また祐玄・祐言と記される人物も超願寺と推定される。「超願寺」の式伽陀担当は天文七年（一五三八）から天文二十四年（一五五五）までであった。前述した同一人物である可能性の高い「祐言」・「祐玄」の勤仕は弘治三年（一五五七）まで確認できる（**【表1】**付記2）。そのほかに目立った動きはないが、天文二十四年に毫摂寺の息男が死去した際、二十疋を実従から言付けられるなど、実従とのつながりがうかがえる。

⑤明覚寺

明覚寺・西光寺・光徳寺・性誓の四人は、天文十六年（一五四六）、浄照坊の推挙により御堂に召し置かれた新任の御堂衆として注目される。

明覚寺は、のちに本願寺の京都移転に伴い慶長年間には寺基を京都に移したが、天文年間（一五三二～五五）には摂津柱本に所在したとされている。天文年間の明覚寺の名は『私心記』永禄二年（一五五九）三月十六日条から「行心」と考えられなくもないが、別人のようである（**【表1】**付記2）。寺伝[12]では延徳二年（一四九〇）に開基教宗の建立とされる明覚寺は、御堂衆に取り立てられる以前から、大坂本願寺における御堂当番の勤仕や斎相伴をしたことが『天文日記』に頻出する（天文五年二月二日条ほか）。摂津地域を基盤として大坂御坊を支えた拠点寺院の一つと見ることができる。

明覚寺の報恩講式伽陀担当は永禄三年（一五六〇）まで待たなくてはならない。学問研鑽としては天文二十一年（一五五二）正月二十二日より光徳寺乗賢らとともに実従から『教行信証』を伝授された（また行心については、天文二十二年〈一五五三〉閏正月十九日の本善寺実孝、永禄二年〈一五五九〉三月十六日・十九日の実従室西向〈妙意〉の葬儀関連で剃刀役や鈴役、参銭取次〈永禄二年五月五日条〉を勤めた）。御堂衆として研鑽を積み、報恩講出仕を果たしたのであろう。永禄四年（一五六一）の親鸞三百回忌では法専坊賢勝・光徳寺乗賢に次ぐ存在として明覚寺の名が『私心記』『今古独語』に確認できる。戦国期の御堂衆は一代限りで世襲されなかったが、明覚寺は四代教順も、京都に移転した直後の本願寺において御堂衆役を勤めたことがわかる。(13)ここに御堂衆身分における近世への変容の一端を見ることができよう。

⑥西光寺乗祐

西光寺は天文年間には京都九条に所在し、近世初期の西光寺祐俊などは西本願寺の定衆として著名である。御堂に召し置かれる以前の西光寺は、天文五年（一五三六）の時点で坊主衆として斎相伴が確認され、天文十二年（一五三八）には常住衆の一人に数えられた。天文八年（一五三九）閏六月十九日に大坂寺内北町の九条西光寺家が焼失したことから、寺内に拠点となる屋敷を持っていたことも知られる。

ただし御堂衆としての西光寺については、天文二十一年（一五五二）の『教行信証』講義には出ておらず、永禄四年までの間に報恩講の式伽陀を担当した記録もない。とはいえ永禄四年二月十七日、学問のため枚方の実従のもとを訪れており[14]、順興寺の日中法要出仕や計紙の糊打ちなどの研鑽に取り組んだ。法専坊賢勝のそれに似通う事例であり、その後に御堂衆として台頭したものと推測される。「石山合戦」中には紀伊国（和歌山県）への使者としてたびたび派遣されており[15]、使者としての御堂衆の役割がこの西光寺の事例からよくうかがえる。ただし西光寺は顕如の大坂退出に従わなかったようで、顕如より叱責を受けた[16]。しかし明覚寺と同じく京都本願寺においても御堂衆になったことには注意が必要である。

⑦光徳寺乗賢

光徳寺は河内国秦に所在するが、乗賢の先代乗順の代には大坂に通寺（支坊）を構えていた[17]。『天文日記』『私心記』から乗順・乗賢・乗性の三代にわたる光徳寺の動向がうかがえるが、乗順は大坂六人坊主の一人であり、乗賢が天文十六年（一五四七）より御堂衆となった。乗性は父乗賢の御堂衆取り立て後、光徳寺として当番や斎相伴を勤め始めることになった。

乗賢の報恩講式伽陀担当も明覚寺と同じく永禄三年（一五六〇）が最初であった。ちなみにその時の式文拝読者が同じく初めて担当した一家衆光教寺顕誓である。乗賢は親鸞三百回忌の際、法専坊賢勝に次いで礼盤導師を勤めており（『私心記』『今古独語』）、浄照坊・法専坊の後には、御堂衆一老の座に就いたことが推測に難くない。

乗賢は天文二十一年（一五五二）の『教行信証』講義にも出席し、また興正寺報恩講へも浄照坊や法専坊の次席として供奉（天文十九年十一月十九日条ほか）、刀根山常楽寺にて関係者の葬送の調声も行なった（天文二十四年閏十月二十一日条）。さらに証如死去の前日となる天文二十三年（一五五四）八月十二日、幼き顕如の得度剃刀役を勤めたことは、その立場を決定的にしたものとして注目すべきである。さらに実従の指示により聖教の帖丁を誂えた（天文十四年五月二十五日条）、版木を刷った（天文二十年十二月十五日条）などほかに見られない動向があり、乗賢という存在には独自性がある。「乗賢本」とする『教行信証』も存在したことから（弘治二年正月十七日条）、乗賢の背景に河内を基盤とした独自の地域的教学体系が存在した可能性すら指摘できよう。

永禄十年（一五六七）、この光徳寺乗賢が若き本願寺顕如へ、院家衆光教寺顕誓の法義理解に異ありと訴え、その結果、顕誓が蟄居処分となった。院家衆が御堂衆によって失脚させられるという衝撃的な事件であり、個人的確執をはじめさまざまな要因が考えられている(18)が、おそらく当該期の、大坂本願寺における法義理解の主流に御堂衆光徳寺乗賢が属し、顕誓が属さなかったということであろう。

以上のように、大坂本願寺時代の顕如期における御堂衆一老としてその地位を確かにしていた光徳寺であったが、大坂退出の際には顕如に従わず、河内国秦に戻ったという。「石山合戦」の功を教如より褒賞されており、のちに教如・東派に属した（『大坂・天満真宗末寺由緒書』）。

⑧性誓（正誓）

性誓の出自はよくわからないが、美濃河野衆の正誓、押野正誓、加賀赤土正誓とは明らかに別人である（本書第Ⅰ部第三・四章では端坊である可能性は指摘した）。性誓は天文二十年（一五五一）、浄照坊とともに証如の興正寺報恩講出仕に帯同し、またその翌年の『教行信証』講義にも出席した。しかしその最中の二月二十五日、光永寺への誹謗悪口を御堂に向かう筋の廊下に一度ならず張り紙したことが露見し扶持を放たれた。この事件の詳細は不明であるが、光永寺は性誓らとともに『教行信証』を伝授されており、のちに京都本願寺にては御堂衆一老となる人物であろう。事件の背景に御堂における出世・勢力争いという状況があったのかもしれない。

⑨その他

『私心記』（本願寺本）天文十六年（一五四七）九月十八日条には「夕飯ニ御堂衆ヨフ、（中略）賢勝・盛光寺・超願寺・玄祐・乗祐・乗賢・益田・性誓、八人也」とある。玄祐は同年八月二十日の『天文日記』に常住衆としてその名が見えるため、御堂衆と常住衆の関係について注意が必要である。益田は、寺号・法名が並ぶところにその人名表現があることに違和感がある。『天文日記』では益田金光寺・益田真宗寺の名が知られ、さらに別人の存在もうかがえるが未詳である。また『今古独語』には永禄年間の御堂衆として教明・教宗という名も見え、この二人の名は『私心記』『天文日記』にも頻出する。前述の光永寺といった存在、後述する浄専・光徳寺乗性・慈明寺が大坂時代の御堂衆であったとする言説（『西光寺古記』）、また超願寺祐賢と祐玄・祐言、明覚寺と行心の問題なども考え合わせれば、なお検討すべき余地はあるが、今のところこれ以上の手がかりはない。御堂衆と常住衆の区分をめぐる問題も新たに浮上したが、戦国期本願寺教団の全体構造をめぐる議論のなかで検討すべき課題として、今は指摘のみにとどめたい。

3　大坂本願寺御堂衆の実態・役割・性格

以上、大坂本願寺の御堂衆について、個別にその実態を明らかにしてきた。ここから、先行研究が指摘する「六人供僧」という言説が、大坂本願寺の御堂衆の実態には即さないことは明らかである。六人は御堂衆の通史的な定員ではない。六字名号や蓮如期以前に用いられていたとされる六時礼讃などの六という数字にちなむ可能性もあるが、おそらくは御堂衆上座の原則的人数としてこれ以後に創出されたものと思われる（『慶長日記』）。実態としては、一老・二老を含む御堂衆上座の下に、さらに少なからぬ人数の御堂に仕えた御堂僧の存在を想定するのが妥当なところであろう。

一方で御堂衆が宗主（本願寺住職）個人に付属するという見解については、吉井氏が指摘する蓮如期の御堂衆慶聞坊龍玄と蓮如との関係、あるいは慶長年間の史料から、そのことが指摘されてきた。たとえば、証如の死に際しては御堂衆一老の浄照坊明春が証如の髪を剃ったのに対し、前日の顕如得度における剃刀役は光徳寺乗賢であったことは、それを裏付ける重要な出来事である。さらにこの顕如得度の事例から考えるに、天文十六年（一五四七）に御堂に召し置かれた四人は天文十二年（一五四三）に生まれた光佐（顕如）の御堂衆として育てられる計画であったと考えることができるだろう。ただし、これもまたあまり画一的な原則として捉えてはならない。西宗寺祐信の死去に伴う賢勝の昇格や、顕如期になお浄照坊・法専坊らが活躍したことなどから考えれば、代替わりによって人事一新されるわけでなく、ゆるやかに移行再編成されたのが実態であった。この代替わり再編の実態については一家衆の問題も同様である。総じて戦国期本願寺においてはいまだ「教団」は形成過程であり、むしろ制度的枠組みにはまらない動きを見せたのがこの時期の特徴と考えるべきである。

大坂本願寺において御堂衆が担った役割を分類してまとめてみれば、(1)御堂荘厳（御影供・灯炉点燭・掃除・参銭取次）、(2)仏事儀式（報恩講・歴代周忌法要・葬送・得度）、(3)宗主（本願寺住職）内衆（能役勤仕・斎相伴・使者・取次・接待など）となる。このうち(1)が御堂衆の本来の役割であり、本願寺教団における仏事儀式の確立に伴い、(2)に関し役割が拡大したと言える。(3)については御堂衆以外も担う役割であることに注意が必要である。たとえば能役勤仕は常住衆・御堂衆が、斎相伴は広く教団構成員が、使者は家臣団が、取次は一家衆が、といった具合である。

段階的に考えるならば、(3)にまで役割を拡大させていったところに、当該期の御堂衆が地位を強化し確立したと言えるのではないだろうか。さらに(4)法義・教学の問題がある。坊主として法義に通ずるのは当然のことであるが、御堂衆の場合、宗主（本願寺住職）あるいは一家衆に代行して物語（法談）をする、また門徒の信心告白の儀式である改悔批判を執り行なうといった点から、教団における宗教的権威となりえた。戦国期以降、そのようにして教団教学の矢面に立った御堂衆は、一方で相伝教学を形成する一家衆とせめぎあいつつ、近世初期教学機関の中心位置を確保していったと見通すことができるだろう。

4　大坂本願寺御堂衆と摂河地域

さて、大坂本願寺の御堂衆は、おおよそ摂河地域とその周辺に出自があったようである。このことは、当該期の御堂衆が単に本山本願寺に常住して御堂勤仕をするという存在であるのみならず、地域教団の代表格あるいは代表格に密接に関係していたことを示唆している。御堂衆は本山本願寺の構成員である以前に地域教団の構成員なのであり、当然その行動も所属する地域教団の意向に影響されることが大きかったのである。

ところで、天文初年に山科から摂津大坂に本願寺が移転したことは、それ以後、大坂本願寺を中心に教団が運営されたということであった。すなわち大坂本願寺教団における摂津・河内門徒の影響力・発言力の増大が容易に想定されよう。とすれば、大坂本願寺における御堂衆の動向もまた、摂河教団の坊主衆の動向に沿い、いわゆる大坂御坊（本願寺）体制のなかで捉えていく必要があることになる。

ここで言う大坂御坊体制とは、本願寺の支坊（掛所・別院）であり地域教団の結集核としての性格を帯びた御坊すなわち大坂を、摂津・河内の地域坊主・門徒が既存の地域寺院本末関係とは別軸で与力・護持・運営する体制のことである。[19] 前述の本願寺移転以前、そもそも大坂御坊は明応五年（一四九六）に蓮如の隠居所として建立されたのであり、それ以来三十有余年の歴史を持っていた。その間、注目されるのは、永正年間（一五〇四～二一）における蓮如九男実賢の大坂御坊住持と河内錯乱における実賢・実従とその母蓮能尼の大坂退出である。この時期にはすでに大坂御坊が摂河地域の教団の中心として機能していた。では実際にどのようにして大坂御坊が運営されていたのであろうか。[20]

草野顕之氏は、戦国期本願寺坊主衆組織の一形態として「定衆」「常住衆」について検討したなかで、大坂六人坊主（定専坊・光徳寺・祐光寺・恵光寺・光永寺・浄恵）についても言及した。[21] 草野氏はこれを大坂本願寺の寺中的寺院とし当初の「定衆」「常住衆」を担ったとしたが、言い換えれば、大坂六人坊主とは、本願寺が移転してくる以前の大坂御坊を与力していた摂河地域の代表寺院であった。つまり定専坊ら六人の坊主が摂河教団を代表して山科本願寺の掛所・支坊である大坂御坊を預かり、寺内に常住してその運営に当たっていたと捉えることができるのである。『天文日記』に「光徳寺申候とて周防申候、河内路七つの役所、分而十一所へ弐百文つゝ、毎年当坊明日四日ニ遣之由申候之条可遣《由》申候」（天文五年正月三日条）、「一、自当坊、毎年年始ニ、河面（西カ）陸地役所〳〵へ料足遣候分記て、以周防乗順申候間、遣候へと申出候」（天文六年正月六日条）とある。ここから、大坂御坊から毎年初めに河内路の各役所へ料足を納める慣わしであることを、光徳寺乗順が下間周防の取次を介して証如に上申し、証如も上申に従い料足を遣わしたことが確認できる。光徳寺が本願寺の大坂移転以前から大坂御坊を護持していた証左である。もちろん六人坊主は、世俗面だけでなく大坂御坊の仏事運営も主導したであろう。大坂寺内の六町や定専坊・光徳寺・浄恵らの宿（居所）は天文以前に存在していたとされるが、『天文日記』から、しばしば定専坊・光徳寺の宿が葬送の執行場になっていたことがうかがえる（天文十三年四月二十六日条ほか）。さかのぼって大坂御坊における儀式体系の一端を推察することもできよう。

以上のような摂河門徒を中心にした既存の運営基盤の上に本山機能が移転していったのだとすれば、摩擦は必至であったであろう。草野氏が論じた天文年間前半の大坂本願寺における常住衆・大坂六人坊主をめぐる混乱は、大坂御坊が本山本願寺として整備されていったなかでの内部矛盾として捉えられる。山科本願寺時代に常住衆であった福勝寺らの復帰、それによる大坂六人坊主衆の地位低下が指摘された。しかしながら、結局のところ大坂本願寺の運営は摂河教団寺院の護持なしにはあり得なかったことを強調しておきたい。定専坊はのちに常住衆に取り立てられ、光徳寺は御堂衆となることなどからして、大坂六人坊主の基盤は再編されつつ生き残ったとみたほうがよい。総じて大坂本願寺はその運営体制を一新し得ず、再編しながら本山寺院として確立していったのである。

ところで大坂本願寺の御堂衆の出自・基盤をあらためて確認してみると、浄照坊（大坂）・法専坊（不明…播磨?）・盛光寺（河内）・超願寺（摂津）・明覚寺（摂津）・西光寺（山城）・光徳寺（河内・大坂）・性誓（不明）である。御堂衆の選抜基準は個人の器量とともに、現実としては地域範囲が限定されていたようである。単純に遠近の問題というよりも、やはりこれは大坂本願寺の運営体制が摂河周辺地域を中心に考えられていたからと言うべきであろう。とくに天文十六年（一五四七）の浄照坊による四人の選抜には、摂河周辺から各地域に一人ずつという意図が感じられる。そのなかで光徳寺乗賢がその地域基盤を背景にしつつ、次第に次代一老の座を確実にしていったと考えることができよう。

しかし、前述のように、光徳寺は顕如の大坂退出に従わず教如の大坂抱様を支持した。御堂衆一老として顕如に従うよりも、自らの地域基盤としての摂河とその中心大坂を選んだものと言える。総じて摂河地域の坊主衆は顕如の大坂退去よりも教如の大坂抱様を支持した傾向が強くあり、顕如に従ったのは一家衆ら親族系統が中心であったと考えられる。ここに、大坂本願寺・摂河教団を基盤として一般坊主衆から選抜される御堂衆体制の限界があったのである。

以上、大坂本願寺の御堂衆体制が摂河周辺地域を基盤に編成されていたことを確認してきた。このことは大坂本願寺における法義の理解にしろ、儀式の執行にしろ、少なからず摂河地域の独自性に傾いていったことを意味していた。法義理解や儀式作法をめぐる地域的差異は、全国的な教団体系がいまだ確立したとは言い難い大坂本願寺時代の段階においては、よりさまざまな緊張関係を惹起させる要因であったと考えられる。「享禄の錯乱」における教団追放から二十年後の天文十九年（一五五〇）、帰参を果たした北陸一家衆、光教寺顕誓と願得寺実悟にとってみれば、大坂本願寺の実態には違和感が大きかったであろう。さらに証如から顕如への代替わり、そして本願寺「門跡成」によって教団内秩序の再編成が志向され、その結果、さまざまな内部矛盾が渦巻くことにもなった。永禄四年（一五六一）の親鸞三百回忌に端を発する一家衆と御堂衆の対立は、永禄末年の顕誓蟄居事件へと展開していったが、この事件における光教寺顕誓と光徳寺乗賢の対立構図は、院家衆対御堂衆であると同時に北陸対摂河の構図としても捉えることができるだろう。とすれば、天正年間に成立する『山科御坊事幷其時代事』『本願寺作法之次第』についても、御堂衆に関する故実史料であるということだけでなく、以上のような流れのなかで捉えていく必要があることになるのである。(22)

むすびにかえて

本章の論旨は次のとおりである。

①故実史料よりもまず日記史料などから同時代の御堂衆の実態を整理すべきである。
②天文年間初頭を画期として下間氏が御堂衆的役割を担当しなくなり、大坂本願寺の御堂衆は摂河周辺地域を出自・基盤とする坊主衆が担うようになった。彼らの動向は摂河教団が大坂を護持する体制を背景に考えることができる。
③彼らは御堂荘厳・仏事儀式に携わるのみならず、宗主（本願寺住職）内衆として使者・取次なども担った。この役割拡大は大坂本願寺時代の特徴である。ここに御堂衆の地位の強化が見られる。
④彼らは法義讃嘆も担当し、天文年間には学問研鑽も頻繁に見られ、永禄～天正年間には法義理解などをめぐり一家衆と対立する。この背景には本願寺門跡勅許以降の教団動揺と、基盤となる地域の差異が考えられる。

ここから全体的な議論へと展開していかなければならないが、以上のような本願寺御堂衆の歴史像は、他の諸宗寺院の堂衆とあまりに異なることのみが浮かび上がる。(23) たとえ片山氏が言うように淵源に類似性があったとしても、その展開した姿はもはや、独自性の際立つものとして評価するほうが妥当であろう。本願寺教団内部における位置付けについては、すでに本書第Ⅰ部第四章で見たように、寺官（下間氏）系列から寺僧（一家衆）系列へと揺らいだ後、御堂衆は御堂衆として独自の位置を確保するところにその到達点を見出せる。そして、そこからさらに近世に向けての展開を見通さねばならない。ここでは、大坂以降、京都に至る本願寺の御堂衆に触れて、むすびにかえたい。

天正八年（一五八〇）の本願寺の大坂退去後、天満本願寺において証如三十三回忌を勤めるまでの間、教団体制は非常事態にあった。紀伊国鷺森において報恩講が勤められたことは確認されているものの、(24) 前述した光徳寺・西光寺の動向から推して、本願寺常住の御堂衆や坊主衆の減少は想像に難くない。『貝塚御座所日記』(25) は年末（天正十四年十二月廿日）の煤払いにおける御堂衆の勤仕を記すが、その顔ぶれは不明である。また天満本願寺時代の御堂衆の構成も今のところ詳細は不明とせざるを得ない。しかし京都本願寺時代になると、『天正二十年顕如上人送終記』[26]では御堂衆一老光永寺明春の動向が確認でき、さらに葬礼における「助音ノ衆」として「面ノ御堂衆、新門様ノ御堂衆六人、興門様御堂衆三人、浄専・光得（徳）寺乗性・慈明寺、此三人ハ大坂ニテの御堂衆」と記されている。本願寺准如筆「慶長期報恩講日記」や『西光寺古記』『慶長日記』などから儀式に携わる御堂衆の実態が多く見出されるが、そこではもはや戦国期に見られた身分的動揺は見受けられないと言ってよい。

そして慶長十六年（一六一一）、親鸞三百五十回忌においては「御堂衆ハ、一老光永寺明春・覚応寺尊秀・徳応寺正観・西光寺祐従・願宗寺玄誓・極楽寺専乗・東坊了専・徳勝寺唯宗・本専寺空玄・金蔵寺正知・西教寺法道／右十一人也、但下間少進法印一老ノ上ニ出仕也、仍六人ツ、二行ニ着座候」（『高祖聖人三百五十年忌日次之記』[27]）という。御堂衆の人数、下間氏の位置、これを契機とする寺格の整備など、再び論ずるべき課題が浮上するが、いずれにせよ、親鸞三百回忌から五十年、親鸞三百五十回忌をもって近世本願寺教団が新たな出発点に立ったのである。

注

（1）『真宗新辞典』（法藏館、一九八三年）の「御堂衆」の項では「本山の御堂の仏事一般を勤仕し差配する職。蓮如の頃までは六名の清僧からなり、そのうち一名が下間氏から派出されて鎰役を務めたという。戦国時代以降、仏事だけでなく聖教の訓読教授の任にもあたった。蓮如の直弟としての慶聞坊・法敬坊などが著名である。証如の代以降、鎰役は下間氏から一門衆へ委嘱されたが、その他の職掌は直参坊主が交代でつとめた。近世初期になると、教学などを学ぶ職掌や宗主の代理として御坊などに派遣される職務も加わった。学寮の能化職は、御堂衆から分離したものである。なお、御堂で仏事を勤仕する役僧のことをも堂衆と呼ぶ場合もある」と説明される。

（2）本書第Ⅰ部各章注に示す先行研究を参照のこと。
（3）本書第Ⅰ部第一～六章。
（4）『真宗史料集成』（以下『集成』と略称）第三巻（同朋舎、一九七九年）、『大系真宗史料』（以下『大系』と略称）文書記録編8・9「天文日記Ⅰ・Ⅱ」（法藏館、二〇一五・一七年）、『大系』文書記録編10「私心記」（法藏館、二〇一六年）。
（5）両史料ともに『集成』第二巻（同朋舎出版、一九九一年改訂版）。
（6）日下無倫「東本願寺草創時代の御堂僧」（『日本仏教史学』第三巻第一号、一九四四年）、籠谷真智子「近世初期の御堂衆について」（『近世仏教　史料と研究』第二巻第三号、一九六二年）、片山伸「中世本願寺の寺院組織と身分制」（『大谷大学真宗総合研究所紀要』第四号、一九八七年。のちに『蓮如大系』第三巻〈法藏館、一九九六年〉再録）、草野顕之「近世本願寺坊主身分の一考察」（『大谷大学研究年報』第四二集、一九九一年。のちに同『戦国期本願寺教団史の研究』〈法藏館、二〇〇四年〉第Ⅱ部第六章）、日野照正「鎰役と御堂衆の成立と展開——本願寺の場合——」（『講座蓮如』第三巻〈平凡社、一九九七年〉）、吉井克信「慶聞坊龍玄考——本願寺蓮如の常随弟子について——」（薗田香融編『日本仏教の史的展開』〈塙書房、一九九九年〉）、木越祐馨「金沢御堂創建の意義について」（山本信吉他編『社寺造営の政治史』〈思文閣出版、二〇〇〇年〉）。
（7）『集成』第九巻（同朋舎、一九七六年）。解題によれば、筆者光瀬寺乗貞は元禄六年（一六九三）に西本願寺の御堂衆になった。
（8）『本福寺由来記』（千葉乗隆編『本福寺旧記』〈同朋舎出版、一九八〇年〉、『大系』文書記録編3「戦国教団」〈法藏館、二〇一四年〉）。ただしこれも戦国期成立の史料。
（9）ただし天文六年ごろまでは山科本願寺再建の可能性があったことが指摘されている。遠藤一『戦国期真宗の歴史像』（永田文昌堂、一九九一年）、藤田実「大坂本願寺はいつから」（『大阪の歴史』第六五号、二〇〇五年）参照。
（10）『顕誓領解之訴状』（『集成』第二巻）。
（11）大澤研一「蓮如の大坂進出の前提について——浄照坊の動向を中心に——」（『大阪市立博物館研究紀要』第三一号、一九九九年）。

(12) 柱本照映『桃源山明覚寺誌』(自照社出版、二〇〇二年)。寺伝では開基教宗の後、二世教明・三世順明が天文年間の明覚寺であったとされ、行心については言及がない。あるいは行心＝順明なのかもしれないが不詳である。

(13) 青木忠夫(史料紹介)「本願寺准如筆「慶長期報恩講日記」」・同(其の二)(『同朋大学仏教文化研究所紀要』第一九・二〇号、一九九九・二〇〇〇年。のちに同『本願寺教団の展開――戦国期から近世へ――』〈法藏館、二〇〇三年〉第四部第二章)。

(14) 順興寺実従と西光寺の関係について草野顕之「順興寺と枚方寺内町」(『講座蓮如』第三巻、平凡社、一九九七年。のちに前掲注(6)草野著書第Ⅱ部第四章)は西光寺が順興寺の与力寺院という可能性を指摘したが、御堂儀式を通じた個人的関係と見たほうがよいのではないだろうか。

(15) 『顕如上人文案』巻中(五)(七)(二〇)(『集成』第三巻、『大系』文書記録編4「宗主消息」〈法藏館、二〇一四年〉)。

(16) 『顕如上人文案』巻中(三一)(『集成』第三巻、『大系』文書記録編4「宗主消息」)。

(17) 『大坂・天満真宗末寺衆由緒書』(真宗大谷派大阪教区教化センター研究叢書Ⅰ、二〇〇二年)。

(18) 北西弘『反古裏考証』(真宗大谷派宗務所出版部、一九八五年)など。

(19) 金龍静「中世の宗教と一揆」(一揆4『生活・文化・思想』、東京大学出版会、一九八一年)、同『蓮如』(吉川弘文館歴史文化ライブラリー、一九九七年)。大坂御坊と同様の事例として、『天文日記』から、真宗寺・慈光寺・善教寺の三坊主の与力により運営されていたと見られる、堺御坊がある。

(20) これについては、大坂寺内町の研究や摂河教団論の蓄積が大いに参考になる。本章の内容との関連でとくに参照したものとしては、仁木宏「大坂石山寺内町の空間構造」(上横手雅敬監修『古代・中世の政治と文化』〈思文閣出版、一九九四年〉。のちに『蓮如大系』第四巻再録)、同「摂河泉のなかの大坂・寺内町――日本中世都市の達成――」(『歴史評論』第五四七号、一九九五年)、同「寺内町における寺院と都市民――大坂石山を事例に――」(『講座蓮如』第三巻〈平凡社、一九九七年〉)、上場顕雄『近世真宗教団と都市寺院』(法藏館、一九九九年)、大澤研一「戦国期大坂の本願寺門徒衆と寺院」(渡辺武館長退職記念論集刊行会編『大坂城と城下町』〈思文閣出版、二〇〇〇年〉)、小谷利明『畿内戦国期守護と地域社会』(清文堂出版、二〇〇三年)。

(21) 草野顕之「戦国期本願寺坊主衆組織の一形態――「定衆」「常住衆」の位置――」〈北西弘先生還暦記念会編『中世仏教と真宗』〈吉川弘文館、一九八五年〉。のちに『蓮如大系』第三巻再録、同『戦国期本願寺教団史の研究』〈法藏館、二〇〇四年〉第Ⅱ部第二章）。草野氏は「光徳寺乗賢」と記すが、この時期の光徳寺は「乗順」である。また浄恵に関しては『私心記』堺本天文八年三月六日条から福勝寺下坊主の可能性がある。なお前掲注(9)藤田論文は草野氏の見解をうけて大坂六人坊主を再論し、『実如上人闍維中陰録』（『集成』第二巻、『大系』文書記録編13「儀式・故実」〈法藏館、二〇一七年〉）には「大坂四人坊主」と見えることや、定専坊・光徳寺の主導性などを指摘する。

(22) 本書第Ⅰ部補論3。

(23) たとえば、徳永誓子「修験道当山派と興福寺堂衆」（『日本史研究』第四三五号、一九九八年）、衣川仁「「堂衆退散」と延暦寺の平和」（河音能平・福田榮次郎編『延暦寺と中世社会』、法藏館、二〇〇四年）などに見る南都・山門の堂衆の事例と比較しても明らかであろう。

(24) 青木忠夫「本願寺顕如筆「讃頭」関係文書考――永禄・天正期年中行事――」（蓮如上人研究会編『蓮如上人研究』〈思文閣出版、一九九八年〉。のちに前掲注(13)青木著書第二部第一章）。

(25) 『集成』第三巻。

(26) 『西光寺古記』（本願寺史料集成、同朋舎出版、一九八八年）「西光寺古記七」。ただし同書所収の「西光寺古記三十二」の『天正二十年御堂之記／同年顕如上人送終記』では「引導願入寺」となっている。『御堂衆略譜』（前掲注(7)参照）でも同内容が記されるが、これは検討の余地がある。

(27) 『慶長日記』（本願寺史料集成、同朋舎出版、一九八〇年）。

第八章　大坂本願寺における「斎」行事

はじめに

ここまで、戦国期本願寺教団における「報恩講」儀式と、そこにおける教団構成員の動向などを中心に検討してきたが、そのなかで「報恩講」儀式における「斎」行事の重要性も浮かび上がってきた。そこで、第Ⅰ部の最後に戦国期の大坂本願寺における「斎」行事をめぐる歴史的実態と意味を解明することを課題とする。とくに『天文日記』『私心記』(1)の関係記事を中心に検討する。

「斎」とは、「さい」とも読み、本来は身心の清浄を保つこととされたが、仏教における八斎戒の一つ、正午以降に食事をしないということから、僧家において正午以前に食することを指して「斎」(とき)と言われるようになったという(2)。これに対して、午後に食事することを、時ならぬ食事として「非時」(ひじ)と表現されるようになった。肉食をしない精進料理を指して「斎」と言うこともある。「おとき」(御斎)と言えば、仏教において檀家や信者が寺僧に供養する食事、または法要の時などに檀家で僧侶・参会者に出す食事の名称として、民俗学的にも注目され、現代社会においても伝存している表現・認識であろう。

この斎、そして非時が、戦国期の本願寺においても行なわれ、それが教団の儀式と組織という点からも重要な行事とされた。『天文日記』等によれば、大坂本願寺の最も日常的な法要儀式の一つとして斎の執行が見出される。佐々木孝正氏は、民俗学的に「共同飲食」の場として評価される斎が、大坂本願寺の重要な仏事となっていたことを指摘した(3)。早島有毅氏は、室町戦国期の諸史料に散見される頭・頭人という語が戦国期本願寺の諸記録にも見られるとし、それが斎を中心とした仏事に特定集団の坊主・坊主分を上番させる体制として整備されていたことを論じた(4)。草野顕之氏は、戦国期本願寺教団において、こうした頭人役（斎頭役）を勤めることが、一か月ごとに上山して諸役を勤めた番役（三十日番衆）と並ぶ宗教役勤仕として教団組織の形成・維持に重要な役割を果たしたと論じ、儀式執行と教団組織の密接な関係を指摘した(5)。

以上の先行研究はいずれも示唆に富み、本質的な議論を展開しているが、戦国期本願寺における「斎」をめぐってはなお検討すべき点がある。

『天文日記』『私心記』の斎関係記事の全容を見て気づくことは、斎が年中法要において行なわれたのみならず、各地の僧侶・門徒らからの申請によっても行なわれていたことである(6)。その申請理由は、家族・親類もしくは関係者の死去や年忌の志として、というものであった。一般に故人供養にあたるものと言えばわかりやすいであろう。ただし、「供養」や「追善」などの語は『天文日記』に限っても一切用いられていないことには留意が必要である。

とはいえ、これは教団法要における宗教役勤仕としての斎調進とはやや異なり、縁者の死去・年忌を契機とした申請者の自発的な宗教的行為である。これが生じる背景の一つとしては、戦国時代の地域社会における血縁・地縁関係の成熟と故人供養の意識と行動の高まりが想定されよう。そして、そうした門徒の宗教的意識と行動を、本願寺が中斎の設定というかたちで受けとめたことが重要な問題になり得るのである。

あらためてそうした信仰史的な観点と実態から捉え直そうとすれば、先行研究が主に注目した本願寺教団の各法要における斎・非時の頭役勤仕も、教団と門徒の組織的な紐帯という性格のみならず、信仰行動としての本質的な面からも再検討してみる必要性が浮かび上がる。

以上の問題関心に従い、本章では、第一節で先行研究の成果をうけながら、教団の各法要における斎調進の歴史的実態について確認し、第二節では僧侶・門徒民衆からの申請による斎（申斎）の実施について検討し、本願寺における斎の歴史的実態と意義を考えていくことにしたい。

第一節　教団法要における斎・非時

まず、『天文日記』と『私心記』の史料としての性格・価値について述べる。

『天文日記』は本願寺第十世証如（一五一六～五四）の日記である。天文五年（一五三六）から同二十三年（一五五四）までの自筆原本が現存し（天文十四・十七年を欠く）、戦国時代に教団が最も隆盛をみた大坂本願寺時代の歴史的実態を知ることができる史料である。本願寺と諸方（武家・公家・寺社など）との音信関係が多く記録されると同時に、本章で注目する「斎」など儀式に関する記事もよく見出される。

『私心記』は本願寺の一家衆（本願寺住職の親族集団からなる教団内身分）である順興寺実従（一四九八～一五六四）の日記である。天文元年（一五三二）から永禄四年（一五六一）までが現存し（ただし自筆原本は永禄三・四年分のみ）、やはり大坂本願寺とその教団の歴史的動向をよく知ることができる史料である。とくに実従は本願寺の儀式に深く関わる位置にあったため、『私心記』においては『天文日記』よりも儀式に関する記事の分量が多い。

次に、『天文日記』『私心記』から読み取れる当該期の本願寺教団の法要儀式と斎・非時、またそれを担当する頭人集団（地域門徒衆）について、早島氏の研究を参照しつつ、あらためて【表1】に示す。なお、本願寺における斎調進は蓮如（一四一五〜九九）期以前から行なわれていた可能性が指摘されているが、ここでは史料の確かな証如期に焦点を当てている。

本願寺教団の年中行事のなかで最大・中心法要は、十一月二十一日〜二十八日の報恩講（親鸞命日を正忌とする一七日法要）である。それに次ぐのが前住正忌で、証如期の場合、父の円如は歴代に数えられず、前住職は祖父の実如になるから、その命日である二月二日に法要と斎が行なわれた。さらに本願寺歴代と聖徳太子、法然の正忌についてもやはり法要日となり、毎月二日には前住（実如）の月命日、毎月二十八日には親鸞の月命日法要も行なわれた。ちなみに、この毎月二十八日の法要において、前月と次月の、本願寺に各地から上番して役勤仕する三十日番衆が交代した。加えて、年中行事としては彼岸や盆、また年によっては歴代の周忌法要があり、その際にも斎が行なわれることがあった。

斎は法要儀式後に行なわれ、証如とともに相伴衆が出て一緒に飲食する。相伴衆には斎頭人のほか、一家衆や定衆・常住坊主衆、また、その時に寺内にいた坊主衆を呼ぶこともある。たとえば天文五年二月二日の実如正忌法要の斎においては、一家衆十四人、坊主衆二十八人が斎相伴をした。斎の献立について詳しい内容は『天文日記』等では知られないが、おおよそ汁二〜三、菜三〜十一、菓子三〜七種といった構成であったことはわかる。斎の執行にあたっては頭人集団がその費用を負担し、各種の準備を担当した。また、斎に焼風呂が用意されることもあり、この費用も負担したものと思われる。なお、報恩講においては斎・非時の頭人勤行の場も設定されたが、その他の法要においても頭人にそうした役割が与えられていたかどうかはわからない。

注目すべきは、これらの法要において斎の頭人役を勤めた地域門徒集団は、途中で変更になる場合はあるものの、

【表1】 大坂本願寺の法要と斎（・非時）　　（出典：『天文日記』『私心記』）

日程	事項	頭人勤仕集団	出典・備考
正月4日	如信正忌	―	本願寺第二世
正月19日	覚如正忌	近江（湯次・石畠・日野本誓寺・瓜生津・法蔵寺）	本願寺第三世
正月25日	法然正忌	―	
正月28日	親鸞月命日	定専坊・富田光照寺	
2月2日	実如正忌	（一家衆）	前住（本願寺第九世）正忌
2月22日	聖徳太子正忌	―	
2月28日	親鸞月命日	金森両人	
2月29日	善如正忌	―	本願寺第四世。『天文日記』天文六年条のみ
3月2日	実如月命日	箕浦誓願寺→箕浦誓願寺・奈良衆	
3月25日	蓮如正忌	大坂本願寺寺内六町	本願寺第八世
3月28日	親鸞月命日	大和衆（百済・曾禰・吉野）→百済衆・二条衆	
4月2日	実如月命日	明照寺（・正崇寺）→明照寺・善照寺・若州	
4月24日	綽如命日	河内小山衆	本願寺第五世
4月28日	親鸞月命日	堺三坊主	
5月2日	実如月命日	尾州十六日講→尾州十六日講・仏照寺	
5月28日	親鸞月命日	奈良衆→美濃衆	
6月2日	実如月命日	小林光明寺・足近満福寺	
6月18日	存如正忌	―	本願寺第七世。『天文日記』天文七年条、『私心記』永禄三年条
6月28日	親鸞月命日	若江光蓮寺→加州四郡坊主衆	

7月2日	実如月命日	(無)→若江光蓮寺・高野衆・若州	
7月28日	親鸞月命日	摂津坊主衆(善源寺・滓上江・辻・放出・中嶋野田)	
8月2日	実如月命日	舟橋願誓寺→舟橋願誓寺・報土寺	
8月20日	円如正忌	(証如)	証如実父。『私心記』には毎月二十日斎の記載もある
8月28日	親鸞月命日	慈願寺(天文五年臨時)→興正寺門徒	
9月2日	実如月命日	美濃衆	
9月28日	親鸞月命日	西ノ浦・古市・大井衆	
10月2日	実如月命日	美濃・尾張河野衆→河野衆・奈良衆	
10月14日	巧如正忌	河内丹下衆	本願寺第六世
10月28日	親鸞月命日	近江高野衆→三河衆	
11月2日	実如月命日	福勝寺→福勝寺・百済衆	
11月22日	報恩講(11月21〜28日)	斎：北郡三ケ寺　非時：光応寺・顕証寺・超刑部卿	『私心記』天文四年当該条にまとまった記載
11月23日		斎：大坂六人坊主衆　非時：大坂講衆	
11月24日		斎：堺ノ三坊主　非時：是ヨリ御坊ヨリ	
11月25日		斎：所々坊主衆　非時：ミナミノ善源寺	
11月26日		斎：越前衆　非時：美濃・尾張	
11月27日		斎：慈願寺　非時：石畠	
12月2日	実如月命日	(無)→加州	
12月22日	実如月命日	福田寺→名称寺	正月二日を引上
12月28日	親鸞月命日	河内八里衆→河内八里衆・吉野衆など	

＊閏月においては定衆(水谷・福勝寺)が勤める。

ほぼ固定されており、それ自体が門徒集団の存在証明になった点である。たとえば、十月二日の実如月命日法要における斎頭役は、美濃・尾張河野衆が担い続けた（なお、報恩講二十六日の非時も美濃・尾張が担当した）。

次に『天文日記』の関係主要条を掲げて示す。

【史料1】『天文日記』天文五年（一五三六）十月二日条

一、斎、自河野両国之頭候間、可相懃由、先日番衆上候時、掃部方へ言伝ニ申上候由申候処ニ、今日人をのほせ申事には、国錯乱ニ付而、皆々山きはへのきて候間、つとめましきやうに申候へ共、早道具共買そろへ誘候間、於事不成者、借銭をしてなりとも、つとめられ候へと申候よし、上野申候、然者、頭つとむる分也、

【史料2】『天文日記』天文六年（一五三七）十月二日条

△一、今日之斎、自河野勤候、相伴ニ両人出候、仍汁二ツ、菜八ツ、菓子七種也、相伴ニ当番唐川了西ニ加候、法円又衛門も祗候候間、喚候、

【史料3】『天文日記』天文七年（一五三八）十月二日条

◬一、斎、如先々、従河野勤之、相伴ニ両人来候、即両国坊主衆也、

◬一、日昼過、百疋、為志出之、

【史料4】『天文日記』天文十年（一五四一）十月二日条

△一、斎相伴ニ自河野幷奈良七人来、奈良よりハ昨日五貫来候し、

△一、為志自河野百疋来、

【史料5】『天文日記』天文二十年（一五五一）十月二日条

一、斎、頭人雖為河野、一人も不上、又頭銭も不運上、絶言語次第也、依之、国へ其趣申下也、

【史料6】『天文日記』天文二十一年（一五五二）十月二日条

一、斎相伴自頭人河野五人来、又寺内玄誓来是▨《ハ》毎年呼度之由、去々年若州衆ニ申たるニ依也、

一、両川野依水損、餓死之輩多之由候、

一、毎年灯明料七月五百疋雖上之候、依餓死幷乱世、唯今四百疋ミの川の二百疋尾わり河野二百疋上之、

一、頭銭毎年八百疋、御明十《五歟》疋、志百疋雖出之、依。《不》相調候、六百。《五十》疋自尾張二貫五百自美濃三貫五百出之、御明幷志不出之、

天文廿二年十月三日頭銭之次ニ尋候へハ、六百疋ハ自両河野上之、五十疋者空念《尾州河野》、祐道《同》、慶誓《同》、別而為冥加

令持参、相伴ニ来之由候、

【史料7】『天文日記』天文二十二年（一五五三）十月二日条

一、斎、相伴自頭人四《河野》人来若州衆不来、

一、不来玄誓者勤番之間、是又別ニ（以下文章無）

ここには掲げていないが、他年の十月二日条にも同様に斎が行なわれた記事はある。これらによると、木曾三川流域を基盤に美濃・尾張両国にまたがる河野衆が、ほかの美濃衆、尾張衆とは別に、独自に頭人役勤仕をしていたことが知られる。戦乱や災害で役勤仕に支障をきたした年もあったが、それでも態勢を整え直し次第、また勤めるようになったことがうかがえる。とくに天文二十一年の状況を見れば、水害により餓死者を多数出したなかで、頭銭等については例年どおりの額を納めることはできなかったものの、調えられるだけの分を納めたのであり、河野門徒にとっては、そうした危機的状況を押しても斎頭人役は勤仕すべきものだったのである。それはおそらく、本願寺からの賦課や、役勤仕による直参身分の獲得といった議論だけではない問題としても考える必要がある。

なお、天文十・十一年には奈良衆の出仕も見られるが、奈良衆はその後、三月二日に付け替えられたようで継続していない。天文二十一・二十二年には若州衆・寺内玄誓の出仕についての言及があるが、これも継続はされていない。こうした紆余曲折があることもまたたしかではあるが、とくに天文十年以降、斎頭人役を勤める地域門徒集団の増加、年中行事体系への組み込みがよく見出される。前掲【表1】からもうかがえるように、時に編成替えが行なわれながら、大坂本願寺の教団法要において、門徒集団が頭役を勤める斎は行なわれ続けた。

その意味をあらためて考えてみると、門徒集団が積極的に教団法要の重要な一部分を担い続けているという点において、彼らの信仰活動の具体的実践としての評価が必要である。今のところ報恩講にのみ執行が知られる頭人勤行についても、そこで読誦される和讃の讃頭を、証如が記録として残していることから(7)、それが報恩講儀式の正式な構成要素の一部であることは明らかである。こうした斎とその頭人をたしかな構成要素として法要儀式を成立させているところに、戦国社会を生きる人びとの信仰活動の次元を含み込んで存立する、戦国期本願寺教団の歴史的特徴があると言えよう。

以上は先行研究の成果から若干の概要を示し、歴史的意味を確認したものである。さらに詳細な検討もすでにあり、その他の論点も指摘されているが、ここでは続いて「申斎」の問題に焦点を当てて検討を進めていきたい。

第二節　「申斎」の歴史的実態

斎は、戦国期本願寺教団において、本願寺と門徒を宗教的に結ぶ重要な儀式の一つであった。『天文日記』を見渡してみると、現存している条全体のうち「斎」記事は約六八〇条見出される。そのうち、教団法要における斎ではなく、申請による斎に関する記事は、約一七〇条である。一家衆ら本願寺親族や下間一族などが調進する斎もあったが、全国各地から大坂本願寺まで門徒が上山して調進する斎もあった。

まず、門徒の調進する斎について、いくつかの事例を見てみよう。

【史料8】『天文日記』天文五年（一五三六）正月二十九日条

有斎也、其子細者、濃州之国人宮河云者、去年打死候、為其志、斎つとめたきよし申間、今日之斎ニ相調候、斎之相伴者、光応寺親子三人、左衛門督、教行寺兄弟両人、堅田、刑部卿《超勝寺》、興正寺、一家此分、坊主衆、当所六人之衆、慶誓、御堂番衆、脇田江是ハ近郷ニ居住之、間、喚度之由申頭人女姓二人これなり、布施、愚ニ壱貫文、光応寺ニ五百文、此外一家衆皆三百文つゝ、坊主衆へハ如常百文つゝ、又其時、愚身ニ為志拾五貫文到来也、斎之菜十一、汁三ツ、菓子七種、此宮河と申者ハ、長井新九郎与力にて候、其故ハ新九郎内者と内縁ニ成候而与力分候、これによれば、宮河という美濃の国人が昨年討ち死にしたが、その志として斎を勤めたいと、頭人の女性二人がわざわざ美濃から大坂本願寺まで来て、斎を調進した。証如以下一家衆・坊主衆が相伴し、相伴した証如らにそれぞれ布施が納められた。こうした斎調進、斎への僧侶の相伴、その僧侶への布施行という実態には、仏教における「衆僧供養」の実践という意味を見出すことも可能であろう。布施は、証如に一貫文、光応寺蓮淳に五百文、八人の一家衆に各三百文ずつ、坊主衆らへも各百疋ずつ、さらに証如へ別途十五貫文であったから、かなりの額である。これはもちろん本願寺側が求めたものではなく、宮河母の志によるものであった。なお、この宮河は長井新九郎（斎藤道三）の与力であったという。地域社会の相当な有力者層である。

さらに興味深いのは、続いてその翌年、また天文八年（一五三九）にも、同人物の斎が行なわれた点である。

【史料9】『天文日記』天文六年（一五三七）二月十五日条

一、斎、濃州宮河母、為志し候、汁三ツ、菜十一、菓子七種、一堂の斎也、相伴兼誉、兼智、兼澄蟲気にて不出候、勤計ニハ被出候、兼盛、長島也、聖徳寺、福勝寺、顕祐あやまちしたるとて不出候、御堂番衆真宗寺、慶誓、福田寺、定専坊四人、正教、恵光寺歓楽にて、不出候、明誓、浄恵是も歓楽、乗賢、専勝寺《ミノフルハシノ》、西円寺子、性顕寺、永寿寺《フルハシ》、聚楽寺《ミノ》、宝光寺《ヲサ》就子歓楽之儀、昨日下向候由候、頭人尼公計也、布施愚二百疋、兼誉二五十疋、其外三人にハ卅疋つゝ、坊主衆にハいつものことく十疋つゝ也、

一、宮川母田地寄進候、

【史料10】『天文日記』天文八年（一五三九）三月十九日条

△一、斎、濃州宮河孫九郎母在名若森妙祐調之、仍汁三、菜十一、菓子七種也、一堂食之、（後略）

天文六年の「斎」記事において、頭人の女性は討ち死にした宮河の母親であることが示され、「尼公」とあるから法体になっていることもうかがえる。彼女は本願寺へ田地まで寄進した。また、斎相伴には西美濃の有力寺院坊主衆がほぼ勢揃いで出ている（天文五年の斎では脇田江西願寺のみ）。さらに天文八年の「斎」記事に至ると、故人の名が孫九郎であることや、頭人であるその母の法名（妙祐）まで明記されるようになる。

宮河母の場合、息子に先立たれたわけであるが、やはり一番多いのは「親年忌之志」「親の志」と示されるものである。

【史料11】『天文日記』天文八年（一五三九）四月十八日条

△一、斎を堺慈光寺門下木津屋了宗為親之志、調之候、仍汁三、菜十、菓子七種也、代物者千疋出之由候、相伴には兼誉、兼智、兼盛、堂之番衆、常住衆計也、又慈光寺、了宗、同弟、同子来候、布施者弐百疋、兼誉ニ五十疋、両人ニ卅疋つゝ也、

【史料12】『天文日記』天文八年（一五三九）八月五日条

△一、斎を南町屋厨屋次郎左衛門、為親之志、調之、白米一石、三貫、樽二荷出之、仍汁三、菜八、菓子七種也、相伴ニ兼誉、兼智、兼盛、福勝寺、当番、願人より両人来、布施百疋、兼誉へ卅疋、残両人へ廿疋つゝ也、

事例として二点のみ掲げたが、坊主や地域門徒ではない、屋号を持つ寺内町人も、しばしば縁者の年忌などのた

めに斎を調進した。大坂本願寺寺内町の住民のみならず近郷の屋号持ち商人や、堺の有力商人門徒の斎調進もよく見出される。彼らの信仰と財力は大きなものであっただろう。実際に、堺慈光寺門下の木津屋了宗は斎調進にあたりかなりの額を出した（【史料11】）。とはいえ、斎についての記事全体を見れば、内容の規模や布施の額面などはおおよそ慣例があったようではある。

父・母のほかには、祖母（天文十一年七月十九日条）、伯母（天文五年八月十八日条）、夫（天文七年二月九日条ほか）、兄（天文十五年八月四日条）、息子（前掲宮河の事例）、娘（天文五年九月十二日条）などを志の対象とした斎もあり、頭人にしても、親子（天文十二年八月五日条ほか）や兄弟（天文十三年四月十二日条他）など複数で勤める斎もあった。次の事例のみ条文を掲げて内容を確かめてみよう。

【史料13】『天文日記』天文十五年（一五四六）八月四日条

一、為斎於檜物屋五郎兵衛女《ムスメ》、為六人兄之志、調備之、仍六百疋出之云々、抑汁三、菜八、茶子七種也、人数者兼智、兼澄、坊主衆如常、浄教《アマ》依為坊主也、五郎兵衛、同聟両人来、

一、布施者百疋、兼智、兼澄へ廿疋宛、惣者如常、又日中後、小児へ廿疋有之、

檜物屋五郎兵衛の娘が六人の兄の志として斎を調進した。費用として六百疋を出し、斎相伴衆のなかには五郎兵衛と娘婿もいた。浄教は五郎兵衛家のいわゆる手次坊主であるため相伴に呼ばれたと考えられる。この場合、父である五郎兵衛でも婿でもなく、五郎兵衛の娘が頭人を勤めている点も注目されよう。

斎調進には全国各地から門徒が上山したが、最も遠くから来たのが日向国慶西門徒西了であった（『天文日記』天

文十一年〈一五四二〉十一月五日条・一周忌か)。この西了はその後、帰国しなかったようで、天文二十二年(一五五三)五月二十六日には大坂本願寺の寺内に居住しており、再び斎を調進した(『天文日記』同日条・十三回忌か)。摂津・河内を除くと美濃からの斎調進が多かったことも注目される。地域差の問題は、各地域の宗教状況が背景にあるかもしれない。

斎頭人役を勤める個人のみの志ではなく、こうした斎調進を集団で行なった事例も見られる。

【史料14】『天文日記』天文十三年(一五四四)二月十九日条

△一、為斎於恵光寺下河内西郡十人計衆之志、調備之、仍汁三、菜九、茶子七種也、相伴者、兼智、延深、常住衆、卅日番、自頭人方八人出也、

一、布施者、百疋、兼智へ卅疋、延深廿疋、坊主衆如常、

恵光寺(延深)の門下集団である河内西郡の十人ばかりの衆が志として斎を調進した。斎調進の理由は記されておらず、『天文日記』天文十六年二月五日条の美濃門徒の事例にあるような門徒が合同で行なう斎であった可能性、もしくは集団の結束を高めるために大坂本願寺に上山して斎調進を共同で行なった可能性がある。

集団結束の意味で言えば、次の事例も注目される。

【史料15】『天文日記』天文六年(一五三七)十月二十四日条

△一、尾張国小林浄了逝去之為志、子先日令上洛候(于時五歳)、斎したきよし申間、今日ニ定候、仍汁三ツ、菜八ツ、

菓子七種也、相伴ニ兼誉、兼盛、又定祗候之衆三人、番衆四人、小林門徒、坊主分衆六人来候也、布施、愚身ニ三百疋、兼誉ニ五十疋、兼盛ニ卅疋、坊主衆如常也、

尾張国知多に所在する小林光明寺の住職浄了が死去した志として、その子息が上洛し、斎調進を申し出てきたので、この日に行なうことが定められた。汁三、菜八、菓子七種の斎がふるまわれ、相伴には証如と一家衆、常住衆、番衆に加えて小林光明寺門徒の坊主分の六人が来たと記録されている。数え五歳の子息が単独で斎調進を申請できるはずはなく、実際に小林光明寺を支える六人の坊主分衆に伴われての大坂本願寺上山、そして斎調進であった。光明寺はその後、五歳の子息が長じて住職を継承していくことになり、それをまた六人坊主衆が支えることになっていくのであるが、その起点として、まず本山である大坂本願寺において、先代住職死去の志として関係者集団によって調進する斎が位置付けられるのである。

以上、いくつかの事例を挙げ、とくに本願寺門徒が縁者の死を契機に自らの意思で斎の調進を希望し実行していった実態の一端を示した。門徒による「申斎」の実行は、大坂本願寺における日常風景だったのであり、重要な事項であったからこそ、証如は、諸勢力との音信関係をはじめ、さまざまな記事を『天文日記』に残すなかで、斎についても多くの記事を残しているのである。(8)

むすびにかえて

天文二十三年（一五五四）八月十三日に証如が死去し、その息男である顕如が本願寺を継職すると、年中法要の

編成替えが行なわれることになる。すなわち、前住正忌は八月十三日となり、毎月十三日に月命日の法要が設定された。二月二日の実如正忌は歴代並となり、毎月二日の月命日は行なわれなくなった。そうなると、これまで実如月命日の斎頭人を担当していた門徒集団はどうなったのであろうか。

顕如は父証如の『天文日記』のような日記を残さなかったようで、教団法要全体の日常実態は明らかにならない。しかし、永禄四年（一五六一）まで現存する実従の『私心記』によれば、毎月十三日の証如月命日の斎頭人については、大坂寺内の講衆が毎月担当したことがわかる。講衆は三十人ほどであり（『私心記』永禄三年六月十三日条）、そのなかから二、三人が交替で頭人を勤めた（『私心記』毎月十三日条）。その一方で、実如月命日の斎頭人集団が他に付け替えられた徴証を見出すことはできない。

こうした体制転換の実態解明と意味については今後の検討課題となるが、いずれにしても、その後の「石山合戦」の勃発と本願寺の大坂退去により、さらに大きな体制転換が生じたものと想定され、教団組織の近世における再編の問題まで見据えて考察していく必要がある。

本章では、戦国期の大坂本願寺において行なわれていた「斎」行事の実態解明とその歴史的意味の考察を試みた。門徒が調進し、本願寺住職ならびにその親族集団である一家衆、さらに坊主衆が相伴して共同飲食する「斎」行事は、戦国期本願寺教団において重要な儀式であった。多くの場合、本願寺住職と門徒が直接対面して行なわれ、両者の宗教的結節点となる場であった。組織論としては、斎・非時を調進する頭人制度は、「番衆」制度と並び戦国期の教団体制を支えるものであった。信仰論としては、斎とその調進は、門徒の信仰の具体的な発露として、同じように法要儀式において信仰告白を行なう「改悔」と並び、特徴的な場であり実践となった(9)。ただし、経済的な問題として、「申斎」を行なえる門徒は、その社会的身分に相応して限られていたとも見られる。そうした個人の志で行なう斎が難しければなおさら、地域門徒集団で頭人役を勤める斎の実施を重視する門徒の姿も想定できよう。

いずれにしても、本願寺は戦国時代に広範な民衆的基盤を得て教団を形成し勢力を伸長していったと考えられているが、本章で注目した「中斎」は、まさに戦国社会を生きる人びとの浄土信仰の高まりを前提に成立していると言える。民衆の信仰意識と実践を含みこんで教団法要を成立させるところに、戦国期宗教勢力としての本願寺教団の歴史的特徴がある(10)。

なお、本章で触れたように、本願寺証如が記す『天文日記』の記述には、「追善」「供養」といった表現が出てこないことも、真宗信仰の歴史的特徴と言える。ただし、それが斎を行なう門徒の意識を反映したものであるかどうかはさらに論じなくてはならない課題である。それについては先に述べた地域差などの問題にも留意しつつ、戦国社会における浄土信仰の実態を広範に捉えながら、考えていく必要がある。

注

（1）『真宗史料集成』第三巻（同朋舎出版、一九七九年）。『大系真宗史料』文書記録編8・9「天文日記Ⅰ・Ⅱ」（法藏館、二〇一五・一七年）。ちなみに『天文日記』天文五年（一五三六）の記事全体を見渡してみると、閏月の入った全十三か月で条数は全九九八か条あり、そのうち「斎」記事は三七か条を数える。

（2）「斎」の辞書的理解については『日本国語大辞典』「斎」項を参照。

（3）佐々木孝正「本願寺教団の年中行事」（日本仏教学会編『仏教儀礼――その理念と実践――』〈平楽寺書店、一九七八年〉。のちに同『仏教民俗史の研究』〈名著出版、一九八七年〉所収）。

（4）早島有毅「戦国期本願寺における「頭」考――勤仕の性格と問題情況――」（『真宗研究』第二六輯、一九八二年。のちに『蓮如大系』第三巻〈法藏館、一九九六年〉再録）。

（5）草野顕之『戦国期本願寺教団史の研究』（法藏館、二〇〇四年）。

（6）門徒とはこの場合、一般的な説明としては本願寺教団に所属する信者を指して言う。僧・俗を包括して用いられるが、とくに俗人信者を指していう場合もある。なお、浄土真宗の場合、在家仏教の理念もあって出家・在家の区別が明確でない実態もあるため注意が必要である。

（7）青木忠夫「史料紹介　本願寺証如筆、報恩講等年中行事関係文書」（『同朋大学仏教文化研究所紀要』第一八号、一九九八年）。

（8）『私心記』にも「斎」記事はあるが、『天文日記』ほど多くはなく、また記録態度も異なる。斎は証如が相伴することに意味があり、証如が記録することに重要な意味があったと考えられる。

（9）改悔については青木忠夫『本願寺教団の展開――戦国期から近世へ――』（法藏館、二〇〇三年）。また本書第Ⅰ部第二章。門徒の信仰意識・活動においては本願寺住職もしくはそれに準ずる一家衆に斎の場に出てもらい、法要とともに飲食をともにしてもらうことが大きな意味を持ったものと思われる（青木馨氏よりご教示）。

（10）拙稿「戦国期宗教勢力論」（中世後期研究会編『室町・戦国期研究を読みなおす』思文閣出版、二〇〇七年）。

補論1　『顕誓領解之訴状』考

はじめに

これまで論じてきたように、親鸞三百回忌以後、大坂本願寺においては教団内部に一家衆と御堂衆の緊張関係が生じていた。それが実際に事件となってしまったのが、いわゆる顕誓異義事件である。この事件は、真宗教学史上の問題としても注目すべきもので、これまで北西弘、宮崎清両氏による『反古裏書』研究のなかで若干の言及はあったが(1)、基本史料の一つとなるべき『顕誓領解之訴状』(2)の基礎検討には及んでいない。しかし、戦国期本願寺教団における真宗教学をめぐる歴史的動態を考える上でも重要な問題であり、検討を加えておきたい。

第一節　顕誓異義事件

永禄四年(一五六一)に大々的に執行された親鸞三百回忌であったが、事後にはさまざまな矛盾や動揺が噴出した(第Ⅰ部第四・五章)。

さらに、永禄七年(一五六四)十二月二十六日の夜には、大坂本願寺の両堂(御影堂・阿弥陀堂)をはじめ諸殿が寺内町もろとも大火災により焼失してしまうという事態が起こった。これについて、教団内における法義粗略や掟の揺らぎを指摘していた顕誓は『反古裏書』(3)に、大坂本願寺焼失・再興の後、顕如が旧儀再興の方針を打ち出したことに諸人が安堵したと記した。この火災は、『言継卿記』『お湯殿の上の日記』などにも記され、寺内全焼が伝えられている(4)。最も詳しく伝えるのはフロイス『日本史』で、記録された日付に疑問は残るものの、キリシタン一行が大坂寺内に入り、宿に泊まっていたところ、「恐るべき大火」が起こったという。相当な被害であったこととともに、「大坂の仏僧」すなわち顕如は、この火災を「自分の敵の幾人かが故意に自分に仕掛けたもの」と考え、寺内の取り締まりを行なったため、キリシタン一行は捕縛の危機に陥ったが、関係者の手配で匿われ逃れたことなどが記されている(5)。

さて、顕誓異義事件は、こうした状況下で起こった。顕誓は蓮如四男蓮誓の二男で、加賀四か寺の一つの光教寺を継ぐ、本願寺の一家衆である。しかし、享禄四年（一五三一）の錯乱（大小一揆）において加賀四か寺は没落し、光教寺顕誓は願得寺実悟らとともに教団を追放された。赦免・帰参は天文十九年（一五五〇）末のことで、それ以降の顕誓は実悟とともに一家衆の長老格として主に大坂本願寺にあった。永禄二年（一五五九）に実従が河内枚方順興寺に入寺すると、代わりに御堂鎰役に任ぜられ、親鸞三百回忌にも出仕、永禄九年（一五六六）には円如十三回忌を前に院家に補せられたという（『今古独語』(6)）。

ところが、その顕誓が、『反古裏書』末尾に「于時永禄十一年六月十八日　当津蟄居徒然之余、染愚筆記之」と記し、蟄居状態に陥ったことが知られる。『大谷一流系図』(7)の兼順（顕誓）の項には、「永禄十年十月末、就法流之義蒙御不審籠居、元亀元年十月廿四日卒七十二歳」とある。永禄十年（一五六七）十月に教義理解をめぐり不審をかけられ蟄居処分になったとみられるのであるが、その判断自体は本願寺顕如（二十五歳）が下しているものの、仕掛けたのは御堂衆の光徳寺乗賢であったことが『顕誓領解之訴状』という史料によりうかがえるのである。

第二節　『顕誓領解之訴状』の検討

『顕誓領解之訴状』（以下『訴状』）とは、その名のとおり、顕誓の「領解」（教義理解）を顕如に訴えた書で、その内容は主に蓮如の『御文』を軸とし、『浄土文類聚鈔』『和讃』『末燈鈔』『大無量寿経』等を典拠にして述べたものである。具体的には、永禄十年（一五六七）夏に行なわれた「夏中の御文」という法要儀式において、『御文』拝読後に御堂衆光徳寺乗賢が行なった讃嘆（法話）で、顕誓からすれば不審な教義理解を述べたことへの疑義・反論である。乗賢の教義理解について『訴状』が問題にしている要点は、乗賢が「自然」（じねん）を「由《油》断ノ詞」とし、「嗜テ念仏申候人ヲ、自力ト申ス人ハ、オホキナルアヤマリ」と言ったことである。この問題に関する乗賢側の史料は残存しない。そのため、あくまで『訴状』の内容による限りであるが、乗賢が真宗教義の要語である「自然」を否定的に捉え、乗賢本人は認めていないものの、他力の信心に基づく真宗要義とは異なる、自力的な称名念仏を重視する理解に立っていたことになる。

『訴状』では、御堂衆の宿老であった浄照坊と法専坊が死去してのち、経論の解釈と異なることがよく述べられ、問題であるという。乗賢にいたっては経典解釈によらず虚説を参詣者に説き、さらには顕如側近（顕誓を含む）を誹謗しているので、糾明すべきだとする。徹底的に乗賢側の理解・言動を批判した内容である。しかし、実際に教義理解の誤りを理由に蟄居に追い込まれたのは顕誓であった。このことをどう捉えるべきか。

一つには、『訴状』どおり、明らかに乗賢が親鸞の言葉を軽視し、自力的称名念仏を主張していたと捉える見方があり得る。そうであるとすれば、乗賢の主張が顕如にも受け入れられたことは、乗賢の教義理解が当該期の本願寺における主流であったことを意味する。一向一揆を含む本願寺の能動的な動向の思想的背景と捉えることができ、興味深い。「石山合戦」へと展開する歴史的な前提状況として考えるべきであろう。

もう一つには、乗賢にそこまでの理解の齟齬はなく、あくまで微妙な理解の食い違いを含む対立であったという見方もあり得る。乗賢の教義理解の内容を他の史料から知ることができないのであるが、光徳寺は河内門徒を基盤とする有力寺院であり、少なくとも乗賢の父乗順の時代から大坂本願寺を支えた有力な坊主衆であった。それを背景に乗賢は御堂衆となったのであり、また『教行信証』の板木を所持したという、御堂衆としての教学研鑽を考える上で重要な事実も知られる。乗賢は顕如の得度の際に髪の毛をすべて剃り落とす役を担っており、のちには浄照坊・法専坊に次ぐ御堂衆の序列を得ていた。また、『宗祖聖人三百年御忌之記』という親鸞三百回忌に関する記録も執筆したと考えられている。こうした立場にあった乗賢が、親鸞三百回忌後の教団内身分の序列をめぐる動揺状況もあいまって、顕如側近の御堂衆として発言力を増していた状況は確かにあったものと考えられる。

(8) (9) (10) (11) (12)

むすびにかえて

なおも検討すべき問題はあるだろうが、いずれにせよ、一家衆・顕誓と御堂衆・乗賢の対立状況があったことはほぼ間違いなく、「石山合戦」以前の大坂本願寺の教団内部における実態として注目すべきである。顕如は御堂衆乗賢の進言を聞き入れた。それに対して、顕誓は『訴状』のみならず『今古独語』『反古裏書』を著して顕如に上奏しようとし、また「石山合戦」期には願得寺実悟も『本願寺作法之次第』を同じく顕如に上奏しようとした。若き顕如に一家衆の宿老格が諫言しようとした構図であるが、それがどこまで顕如に届いたであろうか。

注

（1）北西弘『反古裏考証』（真宗大谷派宗務所出版部、一九八五年）、宮崎清『真宗反故裏書之研究』（永田文昌堂、一九八七年）。

（2）『真宗史料集成』（以下『集成』と略称）第二巻（同朋舎出版、一九九一年改訂版）。その解題は簡単な説明にとどまり、典拠については『仏教古典叢書』所収本によったとし、その底本は江戸初期の写本としている。『仏教古典叢書』とはおそらく詳しくは『浄土仏教古典叢書』で、鷲尾教導の編集により、中外出版から一九二三年に刊行されたものと思われる。のちに一九八四年、国書刊行会より複製刊行された。

（3）『集成』第二巻（同朋舎出版、一九九一年改訂版）、『大系真宗史料』（以下『大系』と略称）文書記録編3「戦国教団」（法藏館、二〇一四年）。

（4）『大系』文書記録編5「戦国期記録編年」（法藏館、二〇一四年）二九六頁。

（5）『完訳フロイス日本史3安土城と本能寺の変――織田信長篇3――』（中公文庫、二〇〇〇年）。

（6）前掲注（2）『集成』第二巻。

（7）『集成』第七巻（同朋舎、一九七五年）。

（8）本書第Ⅰ部第七章。

（9）『私心記』天文二十三年（一五五四）八月十二日条（『集成』第三巻〈同朋舎、一九七九年〉、『大系』文書記録編10「私心記」〈法藏館、二〇一六年〉など）。

（10）本書第Ⅰ部第三・四章。

（11）『大系』文書記録編13「儀式・故実」（法藏館、二〇一七年）。

（12）また、摂津・河内を中心とする大坂本願寺教団体制において北陸一家衆である顕誓を構想外とする意図が働いた可能性もあろう（本書第Ⅰ部第七章）。

補論2　「権化の清流」は「霊場」へ
――『反古裏書』に読む戦国期真宗僧の論理――

はじめに

戦国期本願寺教団の形成、その到達点と枠組みの問題を考えようとする時、その枠組みを自覚した歴史書、儀式書の成立は重要な論点である。ここでは戦国期本願寺教団における歴史書の成立について論じたい。

『反古裏書』は、永禄十一年（一五六八）前後に光教寺顕誓により著されたものとされる。原本は所在不明、早期の写本として真宗寺本（大阪府堺市真宗寺蔵『真宗史料集成』第二巻）と、龍谷大学本異本反古裏書（龍谷大学蔵・写字台文庫旧蔵、『真宗全書』六八）がある。『反古裏書』は法然伝・親鸞・本願寺の成立から、大坂（石山）本願寺時代に至る本願寺一流の歴史を叙述したものである。これまで、書誌的に不明な部分がありながらも、真宗史・一向一揆研究における基本史料として重要視されてきた。

『反古裏書』の著者とされる光教寺顕誓は、本願蓮如の四男蓮誓の二男である。山田光教寺はいわゆる加賀四か寺の一つであり、本願寺一門として教団内また加賀の在地において大きな位置を占めていたが、「享禄の錯乱」（大小一揆・一五三一年）で四か寺は教団から追われた。その後の顕誓の動向は詳らかではないが、錯乱から二十年後の天文十九年（一五五〇）、加賀清沢願得寺実悟（蓮如十男）とともに赦免されて教団に帰参した。以後は多く大坂本願寺にあり、順興寺実従（蓮如十三男）らとともに一家衆の長老組として重きをなした。永禄二年（一五五九）には御堂鎰役を実従より受け継ぎ、同九年には「院家」となった。しかその翌年、法義不審とされて本願寺顕如より蟄居処分を受けた。これには御堂衆光徳寺乗賢の訴があったとされる。元亀元年（一五七〇）に七十二歳で死去するまでに、『今古独語』『顕誓領解之訴状』、そして『反古裏書』を著している。これらは「顕誓記」と総称され、近世にはすでに「実悟記」とともに宗史叙述における基礎史料となっていた（『大谷本願寺通紀』ほか）。

『反古裏書』の研究史については、延宝三年（一八七五）以前の刊行以来、宗門内における研鑽に始まり（『変古裏註』『真宗仮名聖教関典録』ほか）、明治期以降の書誌学的研究には鷲尾教導氏、宮崎円遵氏から北西弘氏、宮崎清氏までの成果があげられる[1]。これにより顕誓の事績や諸本の存在、本文の文意や典拠が詳細に検討された。また一向一揆研究や戦国期本願寺教団史論においては北西氏、井上鋭夫氏、金龍静氏、片山伸氏、草野顕之氏ら、ほかにも多数の研究者により多く事実史料として用いられ、とくに「享禄の錯乱」（大小一揆）、実如期教団体制の強化（いわゆる「永正三法令」のうち「一門一家制度」と「新寺建立禁止令」は『反古裏書』が唯一の史料根拠）などが論じられてきた[2]。

さて、以上の研究史から感じる問題点は、『反古裏書』の文章を、実証史料として耐え得るかどうかの判断から部分的に取捨選択し、〝切り貼り〟して史実化する傾向にあり、『反古裏書』そのものの叙述の全体像が問題化されていないということである。また書誌検討も、実証史料的可否という問題を前提にして行なわれ、〝顕誓個人の不遇な一生〟が執筆態度を曇らせたという見解を提出するにとどまる。すなわち『反古裏書』の成立背景として、永禄年間の本願寺教団が十分に議論されていないのである。

そこで、ここでは、『反古裏書』そのものが持つ課題を、永禄年間の本願寺教団の状況に照らし考察してみたい。

『反古裏書』が何を主張しようとし、そのためにどのような論理的展開を試みたのか。そしてその前提となるものは何か。こうした問題を読み取ってみたい。

ところで、歴史叙述として『反古裏書』そのものを問題化したのは名畑崇氏の研究がおそらく唯一である。(3) 名畑氏は『反古裏書』から、生身の親鸞影像が安置される本願寺の「霊場」性の言説を導き出し、この書を「石山合戦」の風雲急を告げる本願寺にとっての「未来記」であったとする。また北西・宮崎両氏は『反古裏書』における「掟」遵守の姿勢に注目している。これらを受け、さらに「権化」をキーワードに加え、『反古裏書』の世界を捉えてみたい。

第一節　『異本反古裏書』は異本か——書誌覚書

まず、『反古裏書』の書誌について、あらためてまとめる。

『反古裏書』は著名な史料にもかかわらず、その書誌については、確定しない点が多い。顕誓を著者に擬した近世成立の偽書という極論すらある。確かに内容の重複や錯綜、史実では天正年間とされる伊勢長島願証寺の退転をすでに記すなど、疑義を生じる点もある。しかしながらここではひとまず、永禄年間成立の顕誓著とみて考察する。その理由は後述していく。書誌学的検討の基本線については、北西・宮崎両氏の研究に拠るとして、ここで検討するのは真宗寺本と龍谷大学本『異本反古裏書』の位置関係である。そもそも『異本反古裏書』は異本なのかというのが基本的な疑問である。

『異本反古裏書』は、大正二年（一九一三）に鷲尾教導氏が発見したものである。西本願寺の写字台文庫旧蔵で、外題等はなく、奥書から「常楽寺本」と称すべきと鷲尾氏は言う。このときすでに『反古裏書』自体は版本もあり、『真宗法要』『真宗仮名聖教』などにも収められ、よく知られ定着した真宗典籍であった。そのために一方で「異本として対校せるものに比するに遥かに相違せる一本」という鷲尾氏の言質から、その後これに『異本反古裏書』という題簽が付されてしまった経緯が推測される。その一方で同氏による「原本に近きは言を待たず」という指摘はあまり考えられてこなかったのではないか。

現在では真宗寺本が『真宗史料集成』第二巻に採用されたことにより定本化した感がある。確かに真宗寺本は延宝年間刊行本とも若干の異同はあるものの同系列と推定される。しかしながら、世に流布していることと原本との距離は別問題である。

そこで、あらためてこれら早期の写本の二本を比較してみよう。結論から言えば、これまで「異本」と言われてきた龍谷大学本のほうこそが、完成本により近い写本ではないだろうか。龍谷大学本では文意が通るのに、真宗寺本では文章が不自然に切れる部分が散見されることや、龍谷大学本が奥書を分けて記し段階成立を示唆しているのに対して、真宗寺本が奥書を最後にまとめている不自然さも、真宗寺本が後写本であるからこそ生じたものと考えたほうがよいと思われる。

この二本の奥書を**【表１】**に掲げる。ちなみに、『真宗全書』の龍谷大学本の翻刻には誤字脱字が多い。ここでは正確に掲げておきたい。

一見してわかるように、真宗寺本の奥書（Ａ）～（Ｃ）は龍谷大学本のそれと同文であり、『反古裏書』の段階成立説自体、龍谷大学本のみで考察可能である。『真宗史料集成』第二巻の解題によれば、『反古裏書』は永禄十年（一五六七）までに〈55〉までの草稿が記され、同十一年六月十八日に添削が終わっている。さらに〈56〉～末尾

【表1】 龍谷大学本・真宗寺本奥書対校

【龍谷大学本奥書】	【真宗寺本奥書】
（※本文〈55〉…後掲する目次番号）	（※本文末尾）
(A)于時永禄十一年六月十八日、当津蟄居、徒然之余、染禿筆紀之、漸独吟一覧、今日終其功訖、不図存如上人御正忌相当侍、尤以叶本心者也、	(A)于時永禄十一年六月十八日 当津蟄居徒然之余、染㆓愚筆ヲ㆒記㆑之、漸独吟一覧、今日終㆓其功㆒訖、不図存如上人御正忌相当侍、尤以叶㆓本心ヲ㆒者也。
（※本文〈56〉～末尾）	
(B)　極月十三日書之	(B)　極月十三日　書之
(C)去永《エイ》禄十年、早写之本、去年加添削、今年三月十二日重而所書写也、	(C)去永禄十年早写之本、去年加㆓添削㆒、今年三月十二日重而所㆓書写㆒也、
(D)右此壱帖、従光闡坊、常楽寺殿江被為参候、写留者也、於末代、依為重宝如此候、自今已後、不可有外見者也而已、	
(E)令書写所者、永禄壱弐年三月上旬之比歟、此奥書者、文禄弐年仲秋下旬、願主依所望、重而令加添畢、 願主　釈性秀	

部分が加筆されて十二月十三日に書き上げられ、それが同十二年三月十二日に重ねて書写されたとする。

ほぼ妥当な見解と考えるが、奥書（C）の内容から十一年に重ねて添削したものを十二年三月十二日、実質的に〝清書〟したものと考えてもよいのではないか。奥書（D）は、その清書本を光闡坊顕誓が、常楽寺証賢に渡し、それを書写したこと、奥書（E）は文禄二年に奥書を追加したことを示す。顕誓が「光闡坊」と記されるのは、蟄居処分中だから隠居とみられたか、奥書（D）（E）がともに文禄二年段階のものであり、そのとき光教寺は琇孝（名塩教行寺琇宣子）が号していたからかのどちらかである。

以上は、従来の基本的理解に若干の知見を加えて再整理したに過ぎないが、ここで注意しておきたいのは、奥書（D）から示唆される、顕誓その人が『反古裏書』の清書本を、常楽寺八世証賢に渡したということである。ここで『反古裏書』の結語に記される「今師上人に一紙をささけ」を思い起こすべきである。この「一紙」を北西・宮崎両氏は『顕誓領解之訴状』とするが、そうではないだろう。顕誓はほかならぬ『反古裏書』を若き本願寺顕如に上奏したかったのであろう。蟄居中ゆえに直接上奏できないから、顕如に近侍する院家衆証賢に託したということであろう。明証はないが、以下に考察する『反古裏書』の主張からも、このことをうかがい知ることができよう。すなわち、『反古裏書』は〝書き手〟顕誓が〝読み手〟顕如を想定して著したものだということを。

第二節　「権化」「掟」「霊場」――『反古裏書』読解

1　『反古裏書』の構成

『反古裏書』の論理を読み取るために、まずその構成を見てみたい。龍谷大学本・真宗寺本ほか『反古裏書』諸本に改行・分段・小題は見当たらない。分段を試みたものとしては『続真宗大系』第十五巻の「摘要目録」がある（ほかに版本『変古裏』冒頭にも簡単な目次がある。これは五十九段に分けて、小段ごとに目星となる小題を付しただけのものである）。宮崎氏は独自の章題を付すが、小節に至っては段の冒頭分を抜き出したにとどまる。全体を見通した章立ては示されていないのである。そこで独自の分段を提示してみることにする。

前述のとおり、私見では『反古裏書』を読み解く重要語は「権化」「掟」「霊場」である。あらかじめ結論めいたことを述べておけば、『反古裏書』の論理は、善知識顕如（「権化」）が、大坂において正路（「掟」）を遵守する限り、本願寺（「霊場」）は健在、というものであった。これに従い、『反古裏書』の分段目次を掲げてみると、**【表2】**のようになる。

【表2】『反古裏書』の目次・構成

『反古裏書』		「摘要目録」（『続真宗大系』15）	
序文	諸仏諸菩薩の出世は時機相応の衆生済度の道を示すこと	1	源空上人、浄土宗を開く事
第1部	真宗の濫觴と霊場本願寺の成立—法然と親鸞—		
第1章	法然の出世と大原談義		
-1	法然誕生のこと	2	
-2	天台座主顕真との談義	3	源空上人、顕真僧正との談義の事
-3	大原談義	4	
第2章	法然と親鸞		
-1	法然の「上足の弟子」、親鸞	5	御弟子親鸞聖人の事
-2	法然門下の諸僧	6	其の他御弟子の事
-3	承元の法難と法然入滅	7	源空・親鸞流罪赦免及その後の事
第3章	親鸞の東国教化と伝説		
-1	越後浄光寺（勅願寺）、鳥屋院（貴場）のこと	8	親鸞聖人御旧跡の事
-2	相模真楽寺、三国伝来の名号石のこと	9	真楽寺名号石の事

－3	真楽寺真乗息男と顕誓、対談のこと	10	同上その後の事
第4章	親鸞影像のこと		
－1	横曾根性信房が申受の木像、猿島妙安寺の木像のこと	11	親鸞聖人御木像の事
－2	御頸巻のこと、安静御影のこと	12	御頸巻の事
－3	安静御影①―専海門流	13	安静御影の事
－4	安静御影②―「ウソブキの御影」由来と奥書	14	同上製作由縁の事
－5	安静御影③―副本・写本を顕誓、拝覧	15	同上御写の事、御影二本ある事
第5章	霊場本願寺の由来		
－1	親鸞入滅、遺骨・影像を安置して本願寺と号する、及び玉日伝説のこと	16	親鸞聖人御入滅、本願寺創立の事
－2	入西観察の影像のこと	17	入西発願の御影の事
－3	本願寺、勅願所・霊寺であること、留守職のこと	18	留守職覚恵の事
第2部　善知識の登場と霊場の建立、展開			
第1章	覚恵・覚如・存覚		
－1	親鸞再誕、覚如のこと	19	覚如上人の事
－2	存覚のこと、常楽台のこと	20	存覚上人の事
第2章	分立する諸寺		
－1	綽如と瑞泉寺	21	善如綽如上人、瑞泉寺の事
－2	如乗と本泉寺	22	如乗・蓮乗、本泉寺の事
－3	常楽台主の本願寺参拝	23	常楽台の事
－4	常楽寺歴代―光覚・空覚・蓮覚―	24	常楽寺蓮覚・空覚・光覚の事

第3章　一門のこと①―信証院の子弟時代―		
－1　順如と光善寺、常楽台のこと	25	順如上人光善寺の事
－2　教行寺蓮芸とその母、姉のこと	26	教行寺蓮芸、宗如尼寿尊尼の事
－3　蓮能尼と慈教寺実賢・西証寺実順・本善寺実孝・順興寺実従のこと	27	蓮能尼及その子の事実賢・実淳・実孝・実従
－4　実悟と本泉寺・願得寺のこと	28	願得寺実悟の事
－5　勝興寺実玄のこと	29	勝興寺実玄の事
第4章　本書執筆のこと	30	孝道につき述懐
第5章　一門のこと②		
－1　願証寺実恵のこと、及び一門一家を定めること	31	願証寺実恵の事、一門一家制の事
－2　本宗寺実円のこと	32	本宗寺兼本徳寺実円、その後の事
－3　実如、五人に遺言のこと	33	実如病中五人に遺嘱の事
－4　顕誓が芳恩忘れがたい人々（蓮淳・実円他）のこと	34	蓮淳実円本寺に留る事、顕誓赦免の事
第3部　大坂霊場本願寺のこと		
第1章　掟の提示と背反		
－1　円如御書健在と新坊造立停止令のこと	35	私建立の坊舎停止の事
－2　「寺内ト号シ人数ヲ集メ」への危惧	36	右の掟破れるの事
－3　「一宗繁栄ノ根元」と掟の重要性	37	坊舎建立についての意見
－4　顕如の掟遵守・蓮如の十カ条・掟の論理・掟軽視により山科退転	38	掟破れ一宗退転の事
－5　円如遺言と諸国総劇、大坂・勢州・参州はなお健在	39	超勝寺実顕の事、蓮淳等再興を謀る事
第2章　大坂貴坊草創の不思議		

-1	聖徳太子未来記のこと	40	大坂御坊建立の事、法安寺の事
-2	法安寺のこと	41	
-3	顕如、法流を相承すること	42	下間頼慶・光頼・真頼の事
第3章	各地の擾乱、そして顕如と大坂本願寺健在なること		
-1	超勝寺により北地乱る、また良き人々次々と入滅	43	超勝寺一族北地を乱す事
-2	掟破れ諸寺退転するも、顕如、内証よく大坂健在のこと	44	大寺退転の事
-3	良き人により繁栄、賢士なく再興なり難いこと	45	顕証寺・本宗寺子孫再興の志なき事
-4	天文十九年、顕誓帰参の経緯	46	顕誓等帰参に至るまでの経過の事
-5	円如三三回忌に一門一家、参集すること	47	帰参後顕誓の動静の事
第4部	諸寺帰参と超勝寺のこと		
第1章	諸寺帰参のこと		
-1	木部錦織寺、勝林坊、願行寺のこと	48	錦織寺の事、勝恵帰参の事
-2	出雲路毫摂寺、横越証誠寺、小浜毫摂寺のこと	49	毫摂寺乗専の事、玄秀善鎮帰参の事
-3	荒川興行寺のこと	50	花蔵閣周覚・西光寺永存の事
-4	桂島照護寺のこと	51	照護寺蓮真・西光寺蓮実の事
-5	瑞泉寺蓮欽・賢心、及び興行寺蓮助のこと	52	瑞泉寺蓮欽・興行寺蓮助の事
-6	佛光寺蓮教、及び興正寺蓮秀、一家に連なること	53	仏光寺蓮教帰参、蓮秀の事
第2章	超勝寺のこと		
-1	和田円善系門流のこと	54	大町如道及三門徒の事
-2	大町専修寺のこと	55	大町専修寺の事 高珍・蓮慶・了顕・顕誓
-3	超勝寺草創のこと	56	藤島超勝寺・粟津本蓮寺の事

一4	超勝寺歴代、及び実顕ら乱をなすこと	57	超勝寺其後の事
第5部	顕誓、一紙を捧げる		
第1章	証如入滅、顕如得度のこと	58	証如上人御入滅、顕如上人得度の事
奥書A			
補1	本宗寺実円・証専、顕誓の動向	59	本宗寺実円御葬式に会する事
補2	北陸の擾乱、及び霊場回禄と再興	60	証如上人入滅後の変動の事
補3	顕誓、一紙を捧ぐ	61	結語
奥書B・C・D・E			

第一部は法然伝・親鸞伝から本願寺成立までで、これは著者顕誓（読者顕如）にとっては〝神話の時代〟である。第二部は本願寺一門史、顕誓にとっての〝古きよき時代〟である。第三部は大坂本願寺時代、顕誓や顕如にとっての〝現在〟となる。第四部で一流に参入した諸寺が記されると同時に、この物語における〝悪役〟超勝寺の由縁も明らかにされ、第五部の結語へと向かう。

もちろん顕誓がすべての構成を意図して著したということではなく、このように読み得るというに過ぎないかもしれない。しかし「権化」「掟」「霊場」を中心に、そしてそれに関連するさまざまな語句により『反古裏書』という物語は構築されているのである。ほかにも教団を示す「真俗」、物語における〝悪役〟超勝寺のトリックスターとしての役割[4]などさまざまな論点を見出すことができるが、ここでは「権化」「掟」「霊場」の論理的連関が、『反古裏書』の根幹をなすものと考える。

2 「権化」

「権化」とは、仏・菩薩が衆生を救うために仮の姿でこの世に現れること、あるいはそのさまを言う。『反古裏書』の本文中においては、「善知識」「応化」「化身」「再誕」などが同義・類義語となる。仏教史研究における〝生身仏〟信仰論のなかで考えるべき課題でもある。

『反古裏書』は「夫諸仏菩薩の世に出給事、時をはかり機をかゝみて、衆生得脱の道を示し玉ふ……」という序文で説き起こされる。これは単に『拾遺古徳伝絵詞』（本願寺覚如撰述の法然伝）を典拠としただけのことではない。続いて叙述されていく本願寺一流の歴史が、「諸仏菩薩」の出世、すなわち「権化」（仏の再誕）がつぎつぎと世に現れていく歴史であることの提示である。そのように全体を見通すと、『拾遺古徳伝絵詞』『親鸞伝絵』を主な典拠として再構築された第一部では、「真宗繁昌」の始まりを説く法然伝のなかで法然は「三昧発得」し、「金色」に光る生身の善導より「仏可」を授かる〈2〉（…前掲**表1**内の番号。以下同）。親鸞は法然「上足の弟子」、「空師御所作の選択集御伝授」、「法然聖人の真影をうつしたまわしむ」として法然伝のなかから出現する〈5〉。そしてさまざまな奇瑞、「御影」「貴場」伝説にいろどられながら、親鸞の死去による「本願寺と号する霊場」の出現、親鸞＝観音、法然＝勢至の応化（化身）とする玉日伝説で締められる〈16〉。なお、入西観察の段が一見、不自然に付されている〈17〉のも、夢告のテーマからする玉日伝説との絡みで考えられる。

第二部では覚如が「開山聖人の御再誕」の「善知識」とされる〈19〉ことにより、法然・親鸞の時間軸がより彼方に位置付けられて神話化される。その後、覚如を起点とする本願寺「一門」の展開において「権化」譚は表に出てこなくなるが、第三部に至りそれが「権化の清流」〈38〉という言葉で表されることにより、隠されていた主張が知られる。すなわち、本願寺一流（「一門」）は「権化の清流」の歴史、なのである。

第三部以降は、本願寺を襲うさまざまな苦難を「内証冥慮に叶ひまします」〈45〉ことにより乗り越える「今師上人」顕如が、唯一絶対の「善知識」として称揚されていく。この「権化の清流」史は、さまざまな〝よき人びと〟によって支えられていた。彼らの健在により「むかしの法のにほひも世にみち侍り」〈42〉、彼らの「遠行」により「真俗たよりをうしない、いよいよ北地みたれ行」くとされる。顕誓により賞賛される〝よき人びと〟と、批判される人びとの存在が『反古裏書』のなかで読み分けられる。そして、その判断軸として「掟」遵守の問題が浮上する。

3　「掟」

真宗史において「掟」と言えば、初期真宗諸門流のそれや蓮如の制禁などについて、すでに多く論じられている。大坂本願寺においても『天文日記』から「宗体法度」「宗体之大法」の存在が知られ、教団の主体性や秩序維持の意識がうかがわれる。しかし、その法の内実や根拠についてはよくわかっていない。

『反古裏書』における「掟」とは、言うなれば「善知識」の「金言」、すなわち歴代善知識が遺した訓戒であり、その意味において、教団内における〝あるべき（守るべき）法〟であった。蓮如らの御書〈30・44・45〉・実如の遺言〈33・38・45〉、円如の「自筆御判の御書」や遺言〈35・39〉、証如の掟〈36〉、親鸞・蓮如の金言・掟〈37・38〉など第二部後半から集中的に見出される。

一例として「掟」が連発される〈35〜39〉に注目してみると、有名な一節「寺内と号し人数をあつめ、地頭領主を軽蔑」への戒として円如（実如法嗣）自筆御書の「奇妙の祥瑞」が語られる。この一連の危機は、掟を守らない人びとの存在によってもたらされ、証如が「御掟のむねをかたく仰出され」ることによって「再興の時節到来」するという。また、「一流の御掟」を談合し守ることが「一宗繁栄」であり、「善知識の御恩慮聖意難レ量り」であるが、これを理解しない人びとがいる。「権化の清流、一天四海にあまねき真宗念仏成仏の法を、私の自義をもて陵遅にをよふへきこと、誠に愚なる」ことであるが、「かの御掟いるへからさるむねはからひつのる末弟いて来たり、……権化の清流をけかす事興盛にして」、「御掟をやふられしゆへ」に「諸国惣劇……大略末寺退転におよひぬ」という事態になってしまう、と『反古裏書』は語る。

つまり「掟」を生み出した「善知識」の後裔、「掟」（善知識の金言）を遵守する〝よき人びと〟により仏法（この場合、本願寺一流）は興隆し、「権化」の「入滅」、「掟」に背く人びとによって仏法は乱れるという論理を繰り返し述べるのが『反古裏書』であった。この繰り返す退転・再興は仏教史の衰退史観や反復史観も想起させるが、大坂本願寺時代へと物語を進める前置きとなるようにも読める。

４　「霊場」

「霊場」とは、ある〝場〟が宗教的に意味付けられて信仰の対象として認識されることだとすれば、名畑氏の説は、本願寺という〝場〟が、生身の親鸞の御座所と認識されて「霊場」化したということになる。あるいは「開山の名代」である当代の善知識の御座所とも認識されるが、『反古裏書』の後半ではこの意味、つまり「権化」と「霊場」の一体化が著しく強調される。すなわち、顕如と大坂本願寺の一体性という問題である。

もちろん「霊場」の言説は冒頭から繰り返し述べられていた。「勅願寺」の言説については名畑氏の説にゆずり、ここでは言及しないが、本文から本願寺「霊場」説を探せば、「……遺骨を渡し仏閣を建て、御影像を安置し奉られ是本願寺と号する霊場也」〈16〉、「霊寺造立」〈18〉、「山科（野村）の貴坊」〈30・38〉、大坂（石山）〈39～41・44・45・60〉などがそれであり、「吉崎の御坊は御本寺の霊場」〈25〉という言説も関連するであろう。さらに言うならば、各地に建立され、多くは本願寺宗主の血縁が入寺していった「一門」寺院もまた、本願寺の分立として小「霊場」と暗示されている。いわゆる「御坊」である。各地の一門・御坊寺院の性格はこの点から、再検討すべき余地がある。これらの「霊場」は「権化」と一蓮托生の関係にあった。そして多くの「権化―霊場」の中心・頂点に「顕如―大坂本願寺」が存在するというのである。

『反古裏書』が著された永禄年間には各地で一向一揆が敗退し、小「霊場」は大略退転して、次第に残るは大坂のみという状況になりつつあった。〝よき人びと〟はつぎつぎにこの世を去り、その末裔には志が見えない、と『反古裏書』は言う。しかしながら、かえってそのことが、顕如と大坂本願寺の唯一性を高め、絶対的存在へと昇華させていった。「当住上人御内証あきらかにましますしるしに、大坂霊寺にをきてはそのわつらひなし、これ不思議」〈44〉となる。この言説は何度も繰り返される〈42・45・60〉。「善知識」顕如の存在と大坂本願寺の「霊場」性は一体のものとされ、これを「掟」や聖徳太子未来記が保障、種々の奇瑞が装飾したのである。

そして「霊場回禄の事あり」〈60〉。永禄七年（一五六四）に、大坂本願寺は焼けた。「諸国錯乱……仏法王法破滅」が危惧されるなかでのことであったが、事態はすでに、「霊場」が焼ける「不思議」によってしか「諸方の調略をのつからやみぬ」とならない段階に至ったことを示している。「かくて仏寺御再興の後は、今師上人真俗共に旧義の如く被仰付、諸徒安堵の思をなす」。もはや唯一の「霊場」となった大坂本願寺は、確かに風雲急を告げていたのである。

以上のように、『反古裏書』は「権化」の出世から語り出すが、次第にそれは「霊場」本願寺の歴史になっていく。『反古裏書』は、「権化の清流」が「霊場」へと流れ注がれていく歴史を叙述したのである。「霊場」は「権化」により建立され、「権化」の再誕・相承（＝法流の相承）により安泰、さらに「掟」の遵守・背反いかんで安泰・退転が方向付けられたという論理構造は、すべて顕如と大坂本願寺を中心とする「仏法」の「繁栄」のためであった。この意味で、やはり『反古裏書』は、顕誓によって顕如に捧げられた「一紙」なのではないだろうか。

第三節　『反古裏書』の位置

さて、以上のように読み解いた場合、『反古裏書』がどのような時代背景から生まれてきたのかを、あらためて考えなくてはならない。戦国期、とりわけ永禄年間前後の、本願寺教団を取り巻く諸問題をみる必要がある。

1　「門跡成」について

本願寺教団における永禄年間は、永禄二年（一五五九）の本願寺「門跡成」以降、「一家衆」（＝「血ノミチ」）体制から門跡寺院体制へという教団制度の移行期であり、教団内部にはさまざまな混乱や摩擦が渦巻いていた。状況としては親鸞三百回忌を契機として、主に一家衆と御堂衆の間に儀式装束や法義理解をめぐり緊張状態にあった[5]が、いわゆる顕誓蟄居事件にしても、『反古裏書』の出現にしても、このような流れのなかにあるものとみるべきである。

『反古裏書』における、一流が善知識に支えられ興隆・再興するという論理は、本願寺住職を一家衆が支える体制を正当化するものと読める。「門跡」となった善知識顕如の絶対権威性を説くとともに、戦国期本願寺の「教団」

形成を象徴する存在となった御堂衆が一家衆身分を脅かすという危機意識から、「院家」制度の導入を従来の一家衆体制への権威付与として強調する意味が隠されているのではないか。この意味で「一門一家制度」説は一度、永禄年間という時点における、「院家」制度を前提にした「一門」概念の創出という視点から捉え直す必要がある。のみならず、これまで事実史料とされてきた箇所も、この文脈で再解釈されたものであることを考える必要があるだろう。

2　実悟記との比較

『反古裏書』と同時期に成立したとみられる他のテクストはどのようなものであっただろうか。過去の歴史化が現在への危機意識を契機とするものであるなら、実悟記もまた『反古裏書』と同じ状況から出現している。とくに天正年間に著された『山科御坊事幷其時代事』『本願寺作法之次第』は『反古裏書』と同様、「門主」への上奏を前提として叙述され、そのなかで本願寺の現状に対し、御堂衆を中心に批判するものであった。

同じく一家衆の宿老として本願寺のあるべき姿を説いた二人ではあるが、その論理展開には相違がある。実悟は権者（仏の再誕）蓮如とその時代「山科」に理想像を収斂させていくのに対し、顕誓はあくまで当代の善知識顕如と大坂本願寺を中心に、あるべき様を説いたとみることができる。従来、実悟記に対し、蓮如について言及の少ない顕誓記への不審がよく言われてきたが、戦国期において「真宗再興」「中興上人」という蓮如像の形成はまだない(6)。とすれば、むしろ『反古裏書』の言説のほうが戦国期の思想状況に合致したものと言えよう。

これらが戦国期という時代社会の全体像にどのように位置付けられるかは今後、検討を重ねる必要があるが、一つには善知識の問題が大きな指標になる。

3　善知識信仰

戦国期真宗の善知識信仰に関して、研究史の諸説を見ておきたい。金龍静氏は、初期真宗だけでなく広く中世仏教一般に善知識＝「生き仏」観が見られ、蓮如により非如来等同説に立脚した新義の善知識観が説かれるものの、顕如段階では再び「善知識―御掟」が本願寺住職の権威化として出現する。そしてその背景には、「石山合戦」下における民衆の願望に合致するものがあったからだとする。(7)また、豊臣秀吉の朝鮮出兵に従軍した真宗僧慶念の『朝鮮日々記』には、親鸞（宗祖）・証如（前住）・顕如（当住・宗主）を善知識とし、救済者であり善知識である本願寺宗主への絶対的信順を前提にして、その御掟にもれることを嘆く、という善知識観が見られる。(8)中世〝生身仏〟信仰との関連も本格的に論じられつつあり、今後、地域差や時代における段階的展開の内実を意識して検討を進める必要はあるが、おおよその理解と見通しが得られたと言ってよい。

さて、『反古裏書』の善知識観もまた、以上のものと大枠で一致していると言える。ただし、『反古裏書』の特徴は善知識、掟のみならず、霊場も加えた論理的連関を示したところに際立っている。「善知識―霊場」という言説の提示、これが〝石山合戦〟へ向かう状況下において、大坂本願寺の性格をよく示したものと言えよう。

4　『反古裏書』の受容

付け加えて、近世における『反古裏書』の受容について少し考えておきたい。『反古裏書』は戦国期においては顕如への献上を意図された秘書であったが、近世において延宝三年（一六七五）以前に刊行されている。何を底本にしたか、出版に至る経緯などについては判然としないが、これにより世に知られていくことになる。しかしながら、同時期の刊行により、実悟記をもとにした一連の「蓮如上人伝」が、奇瑞あふれる物語として多くの読者層を獲得したのに比べ、『反古裏書』は、諸本の残存状況からしてその展開は限られたものであったと推測される。ただ、『変古裏註』などに見られる近世真宗学僧による『反古裏書』研鑽には注目すべきものがある。要するに、受容の方向性が異なっていたのではないか。

『反古裏書』が受容されたのは、主に宗史叙述のなかにおいてであった。そしてその際には物語としての『反古裏書』は解体され、「権化」も「掟」も「霊場」も、それ自体が問題化されるというより〝切り貼り〟された文章のなかに埋没していったようである。これにより『反古裏書』は史書としての位置付けが定着していったが、そのことと、ここで読み解いた戦国期における『反古裏書』の間には違和感がある。「権化」「掟」「霊場」こそが、『反古裏書』が示した戦国期真宗の世界ではなかったか。

むすびにかえて

以上、『反古裏書』読解を試みた。今後さらに読解していくにあたっては理論的強化[9]が必要と考える。むすびにかえて、繰り返しになるが、論点を簡単にまとめておく。

①『反古裏書』そのものの論理構造を、問題化して読む必要がある。
②これまで「異本」とされてきた龍谷大学本のほうが、完成本に近い写本である。
③『反古裏書』は、顕誓が顕如に上奏する意図を持ち著した歴史叙述である。
④『反古裏書』は、善知識顕如（「権化」）が、大坂において正路（「掟」）を遵守する限り、本願寺（「霊場」）は健

在、という論理・主張を持つ「権化の清流」史・「霊場」本願寺史である。

⑤『反古裏書』は本願寺「門跡成」を契機として、揺れ動く本願寺教団を背景として生まれたものである。しかし近世以降、その叙述は論理よりも史実として重視された。

最後に、真宗「土着」という課題について、自らの研究関心の志向に沿い考察し、ここでの検討内容についても位置付けを試みたい。

大桑斉氏の「仏教土着論」[10]によれば、〈土着〉概念には〈土着する〉(外部の内部化)と〈土着のもの〉(内部を内部としての確認)という二つの意味があるという。真宗を〈土着〉の主体に据えて考えれば、真宗が社会に〈土着する〉(住み着く)という問題は、中世に生まれた真宗が、戦国期における〝さまざまな戦い〟を経て、近世・近代にはその存在を当たり前のものとする、という歴史的展開である。この展開を経て、ある地域に〈土着のもの〉(住み着き)となった真宗はその地域の人びとの無意識に入り込み、さまざまな影響を及ぼす。現代にまで連続する課題である。

しかしながら、戦国期には、真宗はいまだ人びとの無意識に住み着いてはいない。戦国期は真宗が住み着き始める時期であった。真宗、とりわけ本願寺教団は戦国期に社会存在としてその姿を現し始めるのであるが、それこそ真宗〈土着〉の始まりの現れとして位置付けることができる。この意味からも、あらためて「戦国期仏教」としての本願寺教団の評価は重要である。ここで強調しておきたいのは、〈土着〉が住み着きや定着ということであるならば、真宗〈土着〉は民衆世界への浸透ということのみならず、国家的秩序への参入・定着も含めて総合すべき課題であろうということである。ここで本願寺「門跡成」が重要な課題となる。本願寺門跡の出現は、国家的秩序に波乱を含んだ変容をもたらし、民衆世界には大きな支持を受けて受容された。この問題が、本願寺教団の中世から近世への展開を理解するための、一つの鍵になると思う。

一方、戦国期社会において住み着き始める真宗は、すでに住み着いていたものとせめぎ合う。真宗が〝新出〟と認識されたときに始まる〝既存〟との対抗である。〈土着〉の課題は言い換えてみれば〝新出と既存のせめぎあい〟のなかに見出すことができるものではないか。これは社会状況においても、思想営為においても問題化して捉えることができる。後者において『反古裏書』を例にとれば、「権化」「掟」「霊場」などの語自体は、顕誓によって生み出されたものではなく、中世社会一般に認識されていたもので、おそらく顕誓はそれらを無意識に使ったであろう。だから、顕誓の思惟に住み着いていたものとして捉えることができる。しかしそれらの語は、顕誓によってつむがれることによって『反古裏書』の論理となり、戦国期真宗世界を示すものとなった。ここに〈土着〉を転換させる契機がある。

以上のように『反古裏書』を読み解くことにより、真宗史叙述に「土着」した『反古裏書』の問題性を捉える視座が定まってきたものと考える。

注

（1）　鷲尾教導「顕誓の撰述にかかる反故裏書古写本に就いて」（『仏教史学』第三巻第五号、一九一二年）、宮崎円遵「反古裏書」（初出一九三五年。『真宗聖典講讃全集』所収）、北西弘『反古裏考証』（真宗大谷派安居次講稿本、一九八五年）、宮崎清『真宗反故裏書之研究』（永田文昌堂、一九八七年）。

（2）　井上鋭夫『一向一揆の研究』（吉川弘文館、一九六八年）、『富山県史』通史編中世（金龍静氏執筆分、一九八四年）、草野顕之「戦国期本願寺一家衆の構造」（平松令三先生古稀記念会編『日本の宗教と文化』、同朋舎出版、一九八九年）ほか多数。

（3） 名畑崇「本願寺の御影崇敬と霊場説」（北西弘先生還暦記念会編『中世仏教と真宗』吉川弘文館、一九八五年。のちに『蓮如大系』第三巻〈法藏館、一九九六年〉再録）、名畑崇『本願寺の歴史』（法藏館、一九八七年）。
（4） 大桑斉『一向一揆という物語』（金沢別院、二〇〇一年）。
（5） 本書第Ⅰ部第四章ほか。
（6） 大桑斉『蓮如上人遺徳記読解』（真宗大谷派宗務所出版部、二〇〇二年）。
（7） 金龍静「中世一向宗の善知識観」（千葉乗隆博士傘寿記念会編『日本の歴史と真宗』〈自照社出版、二〇〇一年〉）。
（8） 『朝鮮日々記』（朝鮮日々記研究会編『朝鮮日々記を読む――真宗僧が見た秀吉の朝鮮侵略――』〈法藏館、二〇〇〇年〉所収）。大桑斉「善知識と「あさまし」の思想」（同書所収）。
（9） 前掲注（6）大桑著書、稲城正己『〈語る〉蓮如と〈語られた〉蓮如』（人文書院、二〇〇一年）の方法論に学ぶべき点が多い。
（10） 大桑斉編『論集 仏教土着』（法藏館、二〇〇三年）。

【付記1】 この補論2の内容は、一九九九年度大谷大学大学院修士課程演習（大桑ゼミ）における共同報告（大桑斉教授・川端泰幸氏・畑中良介氏・筆者が担当）をきっかけにして、筆者個人がさらに検討を重ね、二〇〇三年に成稿・公表したものである。

【付記2】 神田千里氏が『大系真宗史料』文書記録編3「戦国教団」（法藏館、二〇一四年）に真宗寺本『反古裏書』、龍谷大学所蔵本『反古裏書』（一名『異本反故裏書』）を所収した。神田氏はその解題において、龍谷大学本のほうがより原本に近いとする拙論に触れつつ、「龍谷大学本では常楽寺とのゆかりが強調されているのに比して、真宗寺本では常楽寺に関する記述がむしろ希薄に感じられる」と指摘し、「この二つの写本には、単に想定される原本との距離に留まらない、異なった立場からの成立を想像させるものがある」との見解を示した。たしかに両本の性格、相互関係については再検討する必要を感じたが、拙論の内容はその課題のみに留まらないため、ひとまず論旨は初出段階のまま収録した。

補論3　戦国期真宗僧の歴史認識
――『山科御坊事并其時代事』から『本願寺作法之次第』へ――

はじめに

ここではさらに、戦国期本願寺教団における儀式書の成立について論じる。願得寺実悟という戦国期を生きた真宗僧の歴史認識はいかなるものであったか。具体的には実悟の著作である『山科御坊事并其時代事』と『本願寺作法之次第』に注目し、その叙述のなかに問題を見出し、検討していく(1)。

歴史認識と言えば、歴史学における重要な理論的課題であり、現代社会においてもさまざまな問題が展開している。ここではその歴史認識論そのものを議論する準備はないが、筆者の基本的理解と問題意識を示せば次のとおりである(2)。

歴史認識とは、究極的には自己認識である。私たちは歴史的存在であり、歴史の上に立っている。このことを自覚しなければ、そもそも歴史は問題とならない。歴史とは、それを自覚的に問題とする人間にのみ、意味あるものとして見出される。そして、見出された歴史は叙述されることによりその姿を現す。歴史を叙述することが、「歴史家の営み」である。すべての歴史叙述、過去を歴史化する意図が内在化した文章は、書き手（歴史家）の強烈な問題意識に支えられて成立する。その問題意識とは多くの場合、危機意識である。書き手は、書き手にとっての現在への危機意識を契機とし、過去を歴史として捉え、抽出して叙述し、そして、未来へ向かうため、あるべき姿を語る。

以上の問題意識から、過去を見渡していくと、十六世紀すなわち戦国期の本願寺教団において、願得寺実悟という一人の書き手（歴史家）が、歴史的問題として見出される。

願得寺実悟は、本願寺蓮如の十男である。(3) 明応元年（一四九二）に生まれ、天正十一年（一五八三）に死去したという（一説に天正十二年死去ともいう）。出生から百日で、兄であり北陸教団の中心にあった本泉寺蓮悟のもとに養子に出されたが、蓮悟に実子ができると不遇に処され、のちに清沢願得寺を別立した。享禄四年（一五三一）に起こった教団の内訌（「享禄の錯乱」または「大小一揆」という）により教団追放処分となり各地を流浪、天文十九年（一五五〇）に帰参したが、宿老的位置にはあったものの、教団の主流を占めることはなかった。実悟は、その波乱に満ちた生涯のなかで多くの著述をなしたことで非常によく知られた人物である。同じような存在に今ひとり光教寺顕誓がいるが、実悟記と顕誓記なくして真宗史や蓮如は語れないと言っても過言ではない。

さて、実悟記は従来、蓮如伝研究の基本史料として注目されてきたが、そこでは、蓮如の実像を探るか、もしくは言行録として注目する場合が多かった。その一方で、実悟の叙述態度や叙述状況を積極的に問題化した研究は少なかったと言える。そのなかで大桑斉氏の研究と稲城正己氏の研究は重要である。(4)

大桑氏は「歴史家としての実悟」「批判する実悟」という視点から実悟の著述を問題化した。「ものを書く」ということは自己主張（自己確認）であり、「同時にするどい批判精神が要求される」として、実悟の多くの著述を検討した上で、「石山戦争終結以前のものは本願寺批判で満ちている」と指摘した。具体的には、破門や後生御免という教団の封建的な性格への批判であったとし、そのような危機状況に対して、実悟は「権化の再誕」である蓮如を描くことにより教団のあるべき理念を示した、と論じている。そして、『山科御坊事幷其時代事』についても、「単なる故実の羅列ではなく、故事旧例を説くことにおいて、現実の石山本願寺のありさまへの激烈な批判が展開されている」と述べ、「単なる老人のくりごとを越えて、本願寺のあり方そのものへの問題提起」として見るべきものとしたのである。

今ひとり稲城氏は、儀礼テクストとしての『山科御坊事幷其時代事』を論じ、「蓮如と実如の時代、とりわけ前者が真宗の故実として規範化され、回顧されている」とし、「それが編集された天正年間頃に行われていた本願寺の儀式や慣習の多くが、蓮如の思想を実現するために始められたという神話的起源を物語るテクスト」であったと言う。テクスト論を用い、テクストの生成とテクストを取り巻く社会的コンテクストを問題化する方法は、実悟記を事例とするならば、実悟の著述とそれを取り巻く歴史的状況を捉えるものとして有効である。実悟を取り巻く歴史的状況とは、すなわち大桑氏が論じた「石山合戦」期の本願寺教団の危機的状況であり、本書で課題としている本願寺「門跡成」以後の教団状況とその揺れ動きである(5)。

以上の研究状況をうけ、『山科御坊事幷其時代事』と『本願寺作法之次第』（以下、『山科御坊事』『作法之次第』と適宜、略記する）をめぐる実悟の①叙述態度・内容（批判精神と掲げた理想像）と②叙述状況・背景（戦国期本願寺教団が到達した歴史的位置とその性格、問題状況）を検討し、実悟の歴史認識を読み解き、儀式書の成立と教団の成立を関係付けて考えることが、本論の課題である。

第一節　『山科御坊事幷其時代事』の成立状況と叙述内容

『山科御坊事』『作法之次第』の両書については、実悟記の多くが蓮如伝とその周辺を主題とするなかで、やや趣を異にする。蓮如の言行ではなく、本願寺の儀式・故実に関する叙述を中心とするからである。まず『山科御坊事』から検討していきたい。

『山科御坊事』は、その識語によれば天正三年（一五七五）六月、実悟八十四歳の著述である（【史料1】）。『真宗史料集成』第二巻の解題では「実悟の著作であるが、蓮如言行録というのでなく、全七十九か条のうち前半は本願寺の儀式、作法に関する事項について叙述しており、後半には歴史的事項が記してあって、他にみられない記述がある。自筆本が門真市願得寺に所蔵されている」と説明された。前半とは、第一条～第四八条であり、その後に識語がある。識語の後に追記されている第四九条～第七九条が後半である。

【史料1】『山科御坊事』識語

右此条々者、御所望により思出るにしたかひて注遣する也、一句一言も虚言は有へからす候、但外見ハ大には、かりなり、努々他見あるへからす、炎天の術なくねふりの間、すちなき事しるし進候、やかて可被入火者也、

天正参年乙亥林鐘上旬日　苾蒭兼俊八十四歳

願入寺　江　（花押）書之

さて、【史料1】によれば、この書は願入寺の所望により実悟が叙述したことになる。願入寺とは、この場合、如信開基を伝える関東の初期真宗由緒寺院である大網願入寺のほかには考えにくい。願入寺と実悟の関係を示す同

時代史料がほかにないのが問題ではあるが、大網願入寺に所蔵される三本の『二十四輩帳』写本のうちの一本が、実悟書写本の写しとされ、実悟が記したという書写奥書に興味深い記述がある。[6]

その記述（注(6)【参考史料】）によれば、永禄四年（一五六一）親鸞三百回忌法要が大坂本願寺において三月に引き上げ勤修され、近国・遠国の坊主衆が参洛した。十月・十一月には願入寺如空も上宮寺明慶とともに参洛し、その折に実悟と初めて会い、『選択集』を伝授されたという。さらに実悟と願入寺らは翌年正月に天満宮の森において酒宴を催したが、その夜、横町に火事があった。翌朝、御影堂の後拯（後堂か）において、実悟が『二十四輩帳』一巻を拾得したというのである。願入寺如空の大坂本願寺参詣、実悟との交流、『二十四輩帳』の書写事情が語られた内容である。「今師証如上人」と記すなどの明らかな間違いも見受けられる一方で、如空に免許されたという法衣の問題や、永禄七年の大坂本願寺回禄を日付まで正確に記すなど、検討すべき点のある内容である。

同時代史料ではないため厳密には史料批判が必要であり、記述の細部は逆に『山科御坊事』の識語を手がかりにして後世に語られたものという可能性もある。ただし、同時代史料である『今古独語』[7]に阿佐布善福寺の親鸞三百回忌への出仕が記されることなどを併せて考えれば、関東の初期真宗由緒寺院が、親鸞三百回忌という契機に大坂本願寺に参詣したという状況はあり得る。とすれば、従来、なかば独立的存在であり本願寺との関係の薄かった願入寺が、参詣を契機として、実悟に対し本願寺の儀式について尋ねたという状況が想定されてこよう。[8]

細かな状況の実否はともかくとして、天正三年時点の実悟はまた、一家衆（院家衆）の教行寺証誓佐栄の所望により『天正三年記』[9]（実悟贈佐栄十六箇条）を記すなど、他者の求めに応じて精力的に著作活動を行なっていたことがうかがえる。

さて、注意すべきは、願入寺からの所望を契機に実悟が記した『山科御坊事』は、大坂本願寺の儀式の詳細を伝える内容ではなかったことである。ここに『山科御坊事』の歴史叙述としての問題性が現れる。『山科御坊事』は、書名が表すように山科本願寺とその時代について記したものであり、しかも、蓮如により建立され、実悟ら北陸教団が教団の中心にあった、その古きよき時代（＝山科本願寺時代）のありようが理想的・規範的に示され、「当時」「近代」すなわち大坂本願寺の現状への批判を展開する歴史叙述になったのである。

『山科御坊事』に見出される批判内容を整理してみると、①御堂衆批判、②一家衆批判、③儀式批判、④法儀批判、となる。以下、詳しく見ていこう。

①御堂衆批判

『山科御坊事』『作法之次第』の両書で徹底的に批判されるのが御堂衆である。(10) 中世本願寺における御堂衆とは、御堂の荘厳や儀式の執行に従事し、さらには法義に精通し、清僧であることが求められた身分で、初期は下間氏を中心に御堂衆集団が形成されていたが、次第に一般坊主衆から選出されるようになり、大坂本願寺時代には、儀式執行に大きな権限を掌握するようになっていた。本願寺における儀式執行の最高主宰者はもちろん本願寺住職であったが、もともと、それを支えたのは、その親族集団である一家衆であり、時に住職に代行して儀式の調声を勤めたのは一家衆の宿老格であった。しかし、永禄四年（一五六一）の親鸞三百回忌以降、その宗主代行をしばしば御堂衆が勤めることとなった。(11) これを批判したのが『山科御坊事』の第二・三・五条である。第一条が山科本願寺の草創に関わる序文のような条目であるから、それに続き最初に御堂衆批判が行なわれていることに、実悟の意識が見える。例として第五条を次に掲げてみたい。

【史料2】『山科御坊事』第五条

一、早引の後の短念仏は、むかしハ五十返也、宿老衆物語候き、近年は、実如の御時より卅返に成候、此近年ハ、御堂衆少被申ハ如何候や、此調声は御堂衆などハ不被勤之由、古ハ被定て、御住持御指合之時ハ、一家衆ならては不被始のよし、光応寺蓮淳等以下物語候き、今ハ御堂衆被勤事如何之事候や、

この第五条には三点の内容が記されている。一点目は、早引後の短念仏が近年は五十返から三十返と少なく（＝③儀式批判）、これを行なっているのが御堂衆であるという批判である。二点目は、この調声を御堂衆は行なわないと古（いにしえ）は定められ、住持指合の時の代行は一家衆であったのに、今は御堂衆がしていることへの批判（＝①御堂衆批判）である。そして三点目は、批判の根拠となる古（いにしえ）の定めを、光応寺蓮淳（蓮如六男）ら、かつての一家衆宿老衆の物語として伝えていることである。

さらに『山科御坊事』には、御堂衆は清僧であるべきである（第九・十条）、かつての御堂衆の法談には感涙に咽ぶ人が多くいたのに、「当時ハ、人の信なきゆへ候か」、法談に感じる人の声がない（第十四条）、御堂衆の内儀も法義をたしなむべきである（第四五・四六条）、御堂衆の心構えは「弥陀如来、開山へのみやつかへ」である（第四七条）、といった批判を見出すことができる。

②一家衆批判

御堂衆批判の裏側に、他の一家衆や若手僧侶に対する不満も散見される。第七条では、かつて願証寺実恵は父蓮淳より私記・伽陀を習い稽古したが今は誰も稽古しないと言い、第四十条では「此比ハ、昔にかハり候ハ、御堂幷

茶所にて朝とくハ、おさなき人々、若き坊主達、数十人ならひ居られ、経論聖教をよむ人おほく聞候つる、此比ハ一人もなく候」と、学問をしない状況を憂い、「蓮如上人の御時ハかたく物よむへき旨被仰付、昼夜物をよみ、仏法の讃嘆より外ハ、人々不被申候様に候し」と蓮如時代を理想的な姿として示している。僧侶全般の学問研鑽の不足を嘆くとともに、御堂衆の台頭を許している一因に、一家衆のとくに若手における儀式や法義への取り組みの甘さがあることを、実悟は感じているようである。

③儀式批判

大坂本願寺における儀式に対する批判には、まずもって儀式内容が簡略化されていることへの懸念が見出される。前掲第五条のほか、第十二・二三条も同様に短念仏の簡略さを指摘し、念仏和讃はかつて九重であったのが、今は三重になっていると指摘する第八条もある。また、法衣の色は賀古の教信にならい、薄墨であるべきところ、今はすべて黒衣であるのは、親鸞・蓮如の心にかない難いと嘆く第十一条、また若手僧侶の稽古場として持仏堂があるべきところ、永禄七年（一五六四）の火災以降、持仏堂が置かれないことを懸念する第二二条や、報恩講の様子が山科本願寺の最初のころと大坂本願寺の近年では「事外に相違」していると言い、斎・非時頭人勤行の時期の違いを指摘しながら、讃嘆・談合への参詣者の減少を指摘する第二六条なども注目される。この第二六条からも示唆されるように、実悟は儀式の相違すべてを批判するのではなく、むしろそういった簡略化が法義への粗略につながる場合を重点的に懸念しているように読み取れる。

④法儀批判

人への批判、儀式への批判から、次第に法義の粗略に関わる問題が、『山科御坊事』の識語以前において展開されていく。第二六〜三二条は、本願寺教団の中心法要たる報恩講における儀式・法義が問題にされている。山科本願寺時代には「仏法談合は不断」に行なわれ（第二七条）、「殊勝なる改悔」に聴聞衆もよく耳を傾けたと言い（第二八条）、蓮如の時代には普段は言うまでもなく、報恩講の時などには仏法以外のことを口にもしなかったことが理想像として示される（第三一条）。しかし、勤行内容は今昔ほぼ同じながら、「ふしはかせ」が次第に衰え変わるなか（第二九条）、改悔は大声でわめくだけの興ざめしたものになり（第三一条）、阿弥陀や親鸞の前でさえ体面を気にして仏法を申さない（第三二条）、さらに人びとの往生を宗主（本願寺住職）が判定するという、いわゆる後生御免が、経論や親鸞の言葉に根拠がないにもかかわらず、大坂本願寺において行なわれていることを批判する（第三三条）。この第三三条はしばしば注目される条目で、京都でのうわさとして、三か条が挙げられ、一つには法事の際に大勢で「安心」と大声でわめくこと、もう一つには、本願寺が門跡になったことにより、一家衆が袈裟をかけたまま魚を食べるようになったこと、さらに三か条目として前述の後生御免が問題とされるのであるが、これを大桑氏は、「集団的熱狂的信仰を組織し、往生の可否を判定する権限を法主に集中し、もって石山戦争を戦い続けた本願寺への批判」と説明する。(12) 戦国期以降の本願寺における善知識信仰の問題として重要であるが、『山科御坊事』の叙述の問題に戻れば、ここでは「本願寺のおほかめ念仏」が、永正年間すなわち実如時代のころからのうわさであり（第三四条）、実悟がそういったうわさ、いわば他者の目を引き合いにしていることが、叙述の特徴として指摘できる。『山科御坊事』は以降、識語まで規範的な条目が多く配置され、識語以降は故実が連々と叙述され、批判の言辞は後退していくことになる。

以上のような『山科御坊事』が、「天正年間頃に行われていた本願寺の儀式や慣習」の「神話的起源を物語るテクスト」であり、とくに蓮如時代が「真宗の故実として規範化」される性格を持ったという稲城氏の指摘は正しいが、神話・故実と「当時」「近代」「近年」「今」と記される天正年間の実態との相違を問題化した叙述であることに注意する必要はある。(13)

さて、『山科御坊事』段階では、叙述の契機ともなる批判意識と、故実をできるだけ正確に伝えようとする姿勢とがかなり交錯した内容・構成展開になっているが、識語以降に追加された内容も考え併せれば、全体としては故実書の性格が強いと言える。これを執筆し、完成させた後、実悟のなかで次なる課題が明確化してくることになる。稲城氏が言うように、「蓮如が強調した信心獲得」が、「戦国期という時代にあっては、儀礼という場で一定のシステムを通して実現されるものだと認識されていた」とすれば、実悟が感じていたのは、本願寺教団における儀礼（儀式）の重要性である。それが、『山科御坊事』から『作法之次第』への展開に見出せる。

第二節　『本願寺作法之次第』の成立状況と叙述内容

『山科御坊事』の成立から五年をかけ、大幅に増補改訂されるようなかたちで『作法之次第』が叙述された。従来この二書については、増補改訂を指摘した上で内容をまとめて把握する傾向にあったが、両書の差異も読む必要がある。すなわち、書名の変化に実悟自身の意識の変化を見出すことができるのであり、それは故実書から儀式作法書へという展開であった。

『作法之次第』はその識語によれば、天正八年（一五八〇）三月二日、実悟八十九歳の時の叙述である（【史料

3】）。

【史料3】『作法之次第』識語

右、条々者、実如上人御時、城州山科郷野村里御坊之時、細々令上洛、行事以下諸事奉相候之間、不忘申次第連々書付之、但不同雖無正体、自然古之儀者有御存知度事共侍覧と書付申候也、落字以下如何憚之者也、愚存分雖有恐、一言虚説等不書付申者也、仍御局迄進置之条々也、以御分別御目一不可有他見儀奉憑者也、

天正八年三月二日　　実悟（花押）

八十九歳書之

御局　参

また、内表紙中央に「門主可進入条々　約束申条也」と記されていることに注目すべきである。これにより、『作法之次第』は、「御局」を通して「門主」すなわち顕如への上覧（上奏）を意図して書かれたものと考えられる。これは、光教寺顕誓の『反古裏書』執筆とまったく同様の構図であり、(14) この時期に実悟と顕誓という本願寺一家衆の宿老の位置にいるべき二人が、それぞれの危機意識から叙述したものを顕如に見せようとしていたことになる。彼らはなぜそのようなことを企図したのか。まずは『作法之次第』の構成とその内容をうかがい、検討を進めたい。

『作法之次第』について、『真宗史料集成』第二巻の解題では、「蓮如以降三代にわたって見聞した本願寺の行事故実、儀式作法について記録したもので、一七三箇条に及ぶ。目録には本文と一致しない条項があり、三十二箇条は『山科御坊事』より」引用したという。両書の内容の対応を【表1】で示す。

【表１】『本願寺作法之次第』『山科御坊事幷其時代事』対応表

『本願寺作法之次第』		『山科御坊事幷其時代事』	
1	御堂衆之事	9	六人の供僧の事
2	綽如上人御時御戸役之事	10	鎰取の事
17	番屋掟条々事幷鐘数之事	36	番屋口々の僻書事
20	客人もてなし遊山時事	37	寺内外へ御出の時精進の事
21	他所へ御出時も道中ハ精進事		
28	霜月廿八日ニ明日之御精進ほとき進上事廿九日可参	50	霜月廿八日出魚物事
30	末々一家衆袴着せられ候事	63	末々一家衆袴被着事
51	御本寺御指合時勤の調声人事	2	同両所勤行等事　＊同両所＝山科御坊事阿弥陀堂御影堂事
		3	阿弥陀堂勤行事
		5	早引の勤行の事　品々
52	同勤せゝ事	6	昔ハ正信偈せゝ希の事
54	廿二日勤儀被仰事	44	太子講・念仏行道堂の事
57	蓮如上人より代々御年忌亭勤事	18	前住御仏事の時南殿亭（チン）勤事
58	昔の報恩講様体事	28	同講中成敗の様讃嘆事　＊同講＝報恩講
63	本堂漢音経事　同百返念仏事	12	御影堂の短念仏、同阿弥陀堂念仏事
68	普請あかりの鐘をそく打せられんとて太夜の早く成事	24	太夜早く八時にある事
82 81	野村殿にて時両所に打事	35	時の太鼓両所にありたる事
89	霜月上洛衆小袖被下事	43	勤行斎に扇事

91	御堂辺ニて老少正教よみ申たる事	40	経論正教よむ人なき事
94	私記よみ帰候時の事	51	私記あそハし御帰候時の事
95	衣の色くろき事	11	衣の色の事
98	御堂の打置をハのけられ卓斗をかせられたる事	57	押板・打敷をハかれぬ事
101	座上にをかるゝ人々の事	15	法儀ある人と遠国衆座上事
126	鐘の前に本堂に実如仰事に蓮如仰を御物語事	14	法敬坊・慶聞坊・法専坊等讃嘆事
		45	御堂衆仏法に就て可被語事
		46	一人不審を御堂衆ニ可被晴との事
137	蓮如上人朝勤に御はたより物めしかへたる事	48	蓮如暁毎に物をめしかへらるゝ事
150	家衆有所事 前ニ在之	42	同御坊にて座敷以下事　＊同＝野村御坊
158	六時礼讃ハ存如上人御代迄也、幷四反返之事	60	六時礼讃を申たる事
		77	同四反返事　＊同＝勤念仏
173	蓮如上人新衣をめし候ては聖人の御前へ御参まいり御用にて著し候と御申候体の事	69	同前住新物めしたる時の事　＊同＝蓮如上人

これによれば、『作法之次第』では、引用した『山科御坊事』の条目の配列にしても大幅に組み替えており、かなりの取捨選択もなされている。したがって増補改訂と言うより、異なる構成意図があったと考えたほうがよい。ただ、全一七三か条に及ぶ内容は、明確な編纂構想のもとで整然と章立てされているわけでもなく、その意味では各所ににじみ出る実悟の意識を拾い出していくほかはない。とはいえ、全体的に見渡した時、『作法之次第』は、過去（蓮如・山科本願寺時代）を理想化して現在（顕如・大坂本願寺時代）の教団批判をするにとどまらない。歴史

に問いかけながら、儀式執行などに関する総合的な作法書を著すことにより、未来の本願寺教団のありようを見通し、顕如に献策しようとしたものと考えられる。批判意識と批判対象は『山科御坊事』段階と大きな変化はないが、叙述する意識と叙述の傾向には変化が見出せる。それは批判から規範化への展開であった。

①御堂衆批判・規範（第一・二・五・五一・五六・五八・七七・九二・一一八・一二四〜一二七・一三二・一五二・一五八条）

従来あまり注意されていないが、『作法之次第』が御堂衆規定（第一条）から始まること自体、重要な問題であろう。実悟は御堂衆を批判するが、決して全否定しているわけではなく、むしろ本願寺の儀式執行に最も重要な位置を占めるがゆえに厳しい目線を向けていたとも言える。またこれは、一家衆の実悟が直接、御堂衆に伝えるべきものでもなかった。あくまで儀式の最高主宰者たる宗主（本願寺住職）に献策し、〈宗主―御堂衆〉の関係性において儀式が執行されていくところに必要な作法書の提示であったとも言える。

『作法之次第』における御堂衆関連条目は、批判や疑念を呈して終わる叙述ではなく、御堂衆らに、このような儀式作法・声明稽古・法義研鑽に関して、その規範を指し示す叙述表現に変化していることが特徴となる。

ところで、前掲した**【史料２】**に対応する『作法之次第』第五一条は次のとおりである。

【史料４】『作法之次第』第五一条

一、宿老衆物語申されしハ、御本寺にハつとめの調声人、御本寺にハ御堂衆、御同宿衆などにははしめさせられす、必す御留守などの時は一家衆にはしめらさせられ候事にて候よし申されし、虚言申さぬ衆の物語にて候つる事、わずかな変化であるが、批判・疑念の表現が削除され、その代わりに内容が宿老衆、すなわち虚言を申さぬ衆の物語として強調されるようになっていることが特徴である。蓮如の言葉の金言化とともに、蓮如の言葉を聞いた確かな人びと（宿老衆・虚言申さぬ衆）から、実悟が聞いた話として叙述し、内容に普遍性を付与しているとも言える。一家衆の宿老衆という存在がうかがえるとともに、天正年間の実悟が一応その位置にあるはずであることもまた察せられよう。

②一家衆批判・規範（第二七・三〇・三五・三六・五九・七二・八六・八九・一〇五〜一〇七・一三二・一六五条）

『山科御坊事』ではわずかな言及であったが、『作法之次第』にいたると、一家衆に関する条目が増加する。叙述表現は、御堂衆が規範提示に変化する一方、新たに言及される一家衆に対しては苦言を呈するような箇所が多い。

【史料5】『作法之次第』第五九条

一、一七日の間ハ、仏法ハかりにて世間の物語の一言もなき様に候つる、蓮如の御時の事をは皆々被申候、又ハ実如も報恩講中にハ蓮如御代の事を御物語候、御身ハ不信ニ御入候と申、無弁に候て、物語をも不申候と被仰候き、斎・非時の上にハ大概御法談候き、勤行の上にも時々御法談候きと、蓮如之御時之事被申候き、実如の御時も初中後の斎の上御法談候き、一家衆、斎・非時前にハ寄合、法儀談合候き、当時ハ且以無其儀候、

ここでは、報恩講の斎・非時の前に行なわれるべき一家衆の寄合、法儀談合が、「当時」すなわち大坂本願寺時

代においては行なわれていないことが指摘されている。さらに『作法之次第』では、若い一家衆に対して学問研鑽や声明稽古に励むべしとする内容が多く見出される。とくに聖教拝読について、「当時」は読める人がいなくなったことを繰り返し歎いている。ここには一家衆における相伝教学の問題や、御堂衆に対する教学的対抗の問題があるが、実悟としては何よりも、若者に対する叱咤激励と規範提示に意識があったと考えられる。

また【史料5】から、「当時」と蓮如時代の間に実如時代をはさむことが叙述の特徴として指摘できる。そのほかにも、蓮如時代を着実に継承しようとした実如時代に触れ、実如そして証如の時代に早くも批判すべき点が発生していることを述べることで、そこからさらに時代が下り、明らかに継承が疎かになっている「当時」すなわち顕如時代の問題性を浮かび上がらせる叙述がしばしば見出される。衰退史観的な歴史認識が指摘できよう。

③儀式批判・規範（多数）

『作法之次第』こそ、総合的な儀式作法書であるから、儀式批判、儀式規範に関する叙述が最大を占めることは一目して明らかである。ここでぼう大なその内容を逐一は挙げられないが、叙述表現において注目しておきたい点がある。それは、「他宗人も難し申事にて候」（第三十条）や「他宗の人々事外に難し申候御事候」（第三八条）といった、他宗の人びとの目を気にする表現が増加することである。『山科御坊事』でも他者の目を引き合いに出す表現は見出されたが、『作法之次第』ではより明確に「他宗」を意識している。この背景には、本願寺「門跡成」以降の通仏教的儀式内容の導入や、門跡寺院になったことによる他宗からの注目度の増加が指摘できる。同時に「他宗」を意識することは、自宗、すなわち自ら「一宗」としての枠組みを持ち、他宗に対して独立的な意識が自覚的にあることを示す。この自己認識こそ、この段階で『作法之次第』が成立したことと密接な関わりがあり、本願寺教団と儀式の問題を考える上で重要な指標となる。

④**法儀批判・規範**（第三二・五八・九一・一〇一・一〇二・一六八・一六九条）

法儀の粗略を嘆く内容は『山科御坊事』とあまり変化はないが、破門生害と後生御免に対する、悲しみのこもった批判を『作法之次第』の末尾近くの第一六八・一六九条に配置し直したことに、実悟の意識を感じ取ることができる。さらにその後に、識語にいたるまで、蓮如の言葉やふるまいが規範的に示されて締められる。結びに蓮如が配置されていることにより、『作法之次第』もまた、実悟による蓮如言行録の叙述状況のなかに位置付けられていたことが、ようやく理解できる。

以上、『作法之次第』の叙述について、注目すべき点を中心に、若干の検討を試みた。このような『作法之次第』を成立させた歴史状況がある。(15)また、『反古裏書』という歴史書、『作法之次第』という儀式作法書の成立は、歴史・儀式作法を有する本願寺「教団」の存在を象徴するものでもある。(16)本願寺「教団」の枠組みが認識されなければ、本願寺「教団」の歴史書・儀式作法書は執筆されない。顕誓や実悟の著作が成立した要因には、両者が秀でた書き手であっただけでなく、その前提に戦国期本願寺教団の成熟があったと考えるべきである。この視点から『作法之次第』にしぼってもう少し考察を進めていくと、儀式と教団の関係を論じた草野顕之氏の研究が問題となる。(17)

草野氏は戦国期本願寺教団が年中行事（儀式）の執行により教団の結集をはかっていったとし、その画期として(A)永正年間と(B)永禄～天正年間の二つの時期を指摘する。年中行事の成立期としての(A)、すなわち実如時代を重視する論調である。

これに対し、『作法之次第』の成立は(B)の時期に当たり、顕如時代を象徴するテクストの一つと考えられる。戦国期本願寺教団の確立期をどこと考えるかという議論とも関連するが、整合的に理解しようとするならば、蓮如から実如にいたる(A)の時代は、山科本願寺の成立を前提に、本願寺教団が自己確立した段階と捉えたい。そこではまず本願寺内部に宗派・教団としての主体性が確立したが、他宗との関係性についてはあいまいな点が残っていた。それが証如から顕如にいたる(B)の時代には、本願寺「門跡成」という歴史的画期ともあいまって、他宗との関係のなかで本願寺教団の輪郭が明確になってきたと考えるのである。『作法之次第』で実悟が他宗を意識することには、このような意味を付すことができる。

逆に言えば、教団年中行事の成立期である(A)の段階で『作法之次第』のようなテクストが成立しないのは、それを必要とする状況にいまだなかったからである。それが、(B)の時代にいたると、教団の数的拡張や質的変容が問題化していくなかで、「信心の獲得」や「教団の維持」を正しく行なっていくためには、正しい儀式作法を教団内で統一的に行なうことが重要と認識された。そのために儀式作法書というテクストが必要とされたのである。これも逆に言うと、統一的に行なう規範が未成立の段階であり、それゆえ教団は揺らぎ、危機状況に陥り、そして崩壊しかけたのである。その崩壊の最たる象徴が「石山合戦」であり、実に『作法之次第』は、その「石山合戦」における勅命講和（三月十七日）の直前（三月二日）の奥書を持つのである。

むすびにかえて

『山科御坊事』から『作法之次第』へと展開する実悟の歴史認識の流れを、叙述態度と叙述状況を中心に再度まとめてみると次のとおりである。

『山科御坊事』では、願入寺の所望により、本願寺の儀式をまとめる機会を得た実悟であったが、折しも自らの理想像とかけ離れた大坂本願寺の実態に対し持っていた危機意識をさらに増大させ、過去を振り返って、歴史に問題をたずねていくことになる。そこで拠るべき理想像として歴史的に見出されたのが、蓮如と山科本願寺のありようであった。もともと蓮如像を追い求めていた実悟からすれば当然の帰結でもあったが、これを拠りどころに実悟の視点が大坂本願寺の現状に戻された時、儀式のありようへの批判を御堂衆に対する批判を中心に行なうことになる。現状批判は同時に今後の教団のありようへの危機意識にもつながっていく。

実悟は単なる老人の懐古主義にとどまらず、未来の本願寺教団のありようを考え、『作法之次第』をも叙述する。そこでは現状批判のみならず、拠るべき規範が提示されている。それは完成された儀式作法体系を示すところまでは到達しえなかったが、歴史的伝統に基づく儀式作法を確かに行なうことが重要であるという意識から叙述された、初めての儀式作法書であったと言える。実悟は理想となる蓮如像を模索し提示すると同時に、同時代に生きる真宗僧侶が何をすべきかを問いかけ、その規範を示したのである。その意味で、この両書は実悟記のなかでも異なる位置を占めるものであった。

以上、願得寺実悟の数多い著作のなかから『山科御坊事』と『作法之次第』の二書に焦点を当てて検討し、以上のような実悟の歴史認識を見出すことができた。最後に残された問題から二点について述べておきたい。

一つは、願得寺実悟の数多い著作の全体像のなかで、ここで検討した問題がどのように位置付けられるかである。この点についてはすでに冒頭で紹介した大桑斉氏の全体的検討がある。たとえば、大桑氏は、実悟が提示した歴史的展望をめぐって、次のように見通している(18)。

天正年間には蓮如言行録および故実書の編纂により権者（仏の再誕）蓮如の姿を描き出し、「石山合戦」を戦う本願寺教団への批判を展開した実悟であったが、「石山合戦」終結後は、その蓮如像を転換し、権者としての蓮如よりも、教化者蓮如の姿を強調する。それは宗教的世界に限定された蓮如像すなわち本願寺「法主」像であり、幕藩体制下における本願寺教団のありようを先取りしたものであった。そこで描かれようとしたものは、どのような性格を持ったにせよ、拠るべき蓮如像が主題であったと言える。

これに対して『山科御坊事』『作法之次第』の独自性は、拠るべき蓮如像、「法主」像の提示というより、それを拠りどころにしながらも、本願寺教団の今後を担う人びとが、どのようにふるまうべきかを説くことのほうに重点があり、主題の置きどころが異なると言える。さらに両書、とくに『作法之次第』の成立背景に本願寺教団という枠組みの成熟を見たことが、今回の検討における独自の論点である。

もう一つ、留意しておくべき点は、顕誓・実悟がともに大坂本願寺においては非主流だったことである。それぞれ苦境のなかでの執筆であり、顕如への献策を企図したとはいえ、実際に上奏され、顕如がこれを読んだかは不明である。当時の状況からして、おそらく読む機会はなかったのではないかと思われる。すなわち、『作法之次第』にしても、執筆された段階では閉ざされた言説であった可能性が高く、それゆえ、その内容が同時代に妥当性を持ったかどうかはわからないのである。今回の検討では、叙述された内容からとくに叙述の特徴や叙述された状況を読み解くことに主眼を置いた。叙述内容を実証的に用いようとするならば、別の分析が必要となる。ただ、いずれにせよ、戦国期本願寺教団においては、検討すべき重要な書物が多く成立している。さらに研究していくことが必要である。

注

（1）両書ともに『真宗史料集成』（以下『集成』と略称）第二巻（同朋舎出版、一九九一年改訂版）、『大系真宗史料』（以下『大系』と略称）文書記録編13「儀式・故実」（法藏館、二〇一七年）。

（2）参考文献として、ここではE・H・カー『歴史とは何か』（岩波新書、一九六二年）、野家啓一『物語の哲学』（岩波書店、一九九六年）、大桑斉「歴史学の危機」（『歴史の広場』第二号、一九九八年）を挙げておきたい。

（3）実悟については、たとえば、宮崎円遵「願得寺実悟の生涯と業績」（同『真宗史の研究』（下）所収、初出一九四一年）や前掲注（1）『集成』第二巻の解説を参照。

（4）大桑斉Ａ「中世末期における蓮如像の形成――願得寺実悟の場合――」（『大谷大学研究年報』第二八集、一九七六年。のちに『親鸞大系歴史篇』第七巻〈法藏館、一九八七年〉に再録。大桑斉『戦国期宗教思想史と蓮如』〈法藏館、二〇〇六年〉所収）、大桑斉Ｂ「開山上人以来なき御事候――願得寺実悟――」（大桑斉・福島和人『大地の仏者』、能登印刷出版部、一九八三年）、稲城正己『〈語る〉蓮如と〈語られた〉蓮如』（人文書院、二〇〇一年）。

（5）本書第Ⅰ部各章。

（6）重松明久「二十四輩伝承の成立」（同『親鸞・真宗思想史研究』〈法藏館、一九九一年〉所収、初出一九七三年）。

【参考史料】『二十四輩牒』願入寺（Ｂ）本

永禄四年十一月廿八日相二当□開山聖人之三百年忌一、仍被レ取越二三月廿八日御報恩念仏被レ執行一、近国衆太略上洛、遠国衆追々上着、因茲、常州御直弟衆、至二十一月一参洛、此時願入寺如空上宮寺明慶《明法房》両人予兼俊実悟願得寺初而参会、選択集伝受、翌年正月二十三日令二同道一、天満宮於二森中一、及二酒宴一、其夜横町火事、翌朝於二御影堂後挺（ママ）一、彼一巻予実悟拾二得之一、年号永正元年八月日奥郡御房以二御所持之本一、書二写之一云々、同日専称寺乗尊同巻物拾レ之、但此本ハ天文年中於二常州一写レ之、筆者善敬云々、其後招二如空一聞レ之、未レ及レ見レ之由返答、同砌如空明慶下国、又同七年両人上洛、其外御直弟衆令二参拝一、各々下向、但願入寺如空在京至二十一月中旬一、御門主様被二仰出一、報恩講装束法眼衲袈裟織物袈裟絹袈裟等免許、予又同比、亡父坊号蓮如上人御授与レ之、光闡坊之名今師証如上人給レ之、就中先年如空書写一巻ハ於二本国一被レ相二尋正本並願入寺代々法名記置一書、同如慶着服ノ絹袈裟随身持参、将又蓮如上人御自筆名号御書等一、先年予遂二拝覧一、奉二写留一畢、然処永禄七年十二月廿六日、御回録之時令二焼失一、雖レ然彼一巻如空為二校合一借用ノ条、遁二彼難一、返二予手一不思議也、乍レ去疎墨躰不如意間、重而以二彼所持ノ本一所二書写一也、

(7)『集成』第二巻。『大系』文書記録編3「戦国教団」（法藏館、二〇一四年）。

(8)本書第Ⅰ部第五章。

(9)『集成』第二巻。また、稲葉昌丸『蓮如上人行実』（法藏館、一九四八年）には、天正八年（一五八〇）二月二日の識語を持つ『実悟贈越前三尼公百箇条』写本が紹介され、偽作とされているが、所望により著し贈るという識語が同じように記されることは興味深い。

(10)戦国期本願寺の御堂衆については本書第Ⅰ部第三〜五・八章。

(11)親鸞三百回忌前後の問題状況については本書第Ⅰ部第四・五章。

(12)前掲注(4)大桑論文A。

(13)前掲注(4)稲城著書。

(14)本書第Ⅰ部補論2。

(15)本書第Ⅰ部各章。

(16)本書第Ⅰ部第五章。

(17)草野顕之『戦国期本願寺教団史の研究』（法藏館、二〇〇四年）。

(18)前掲注(4)大桑論文A。

第Ⅱ部　戦国期本願寺教団の社会的位置

第一章　中世の本願寺造営史

――大谷・山科・大坂・天満――

はじめに

第Ⅱ部では、戦国期宗教勢力としての本願寺教団の社会的位置を研究していく。まず、本章では、中世の本願寺造営史について、大谷・山科・大坂（石山）・天満の各時代の歴史的展開を概括し、導入とする。(1)

本願寺という場を信仰の拠点として、浄土真宗・親鸞の教えを受け継いできた人びとの歴史がある。中世の本願寺において繰り返された造営と、それに関わった人びとの歴史的実態を明らかにすることは重要な研究意義を持つ。本願寺の歴史自体については実に多大な研究史があるが(2)、寺社「造営史」という視点からあらためて捉え直したい。寺社造営史研究の意義は、単に一寺社史にとどまらない。〝信仰の場〟を造営する人びとの精神的意義、造営をめぐる人びとの信仰史・教団（組織）史、技術史（建築史）・産業史、社会経済史、あるいは社会・文化や政治権力との関係史など、実にさまざまな分野の歴史的課題が複合的に論じられるところに多くの意義がある。

本願寺造営史に焦点を当てれば、繰り返される堂舎造営のなかで、本願寺の歴代や教団を構成する僧侶・門徒集団がどのような意識で造営活動に関わり、実際にどのような活動をしたか。また、造営の実際においては建築をめぐる専門的な技術が必要であり、そこで関与する大工等の職人集団がどのような実態を有し、どのような技術を展開し、またどのような意識で造営に関与したか。さらに、造営に関わる諸経費の工面など教団内外における経済的実態の解明も重要であり、同時代の政治権力が、その造営をどのように認知したか、同時代の人びとがどう見たかといった課題にいたるまで、さまざまな問題が想起される。

以上の視点から、建築史の研究成果(3)も参照しながら、検討を進めていく。

第一節　大谷本願寺から山科本願寺へ

中世本願寺の歴史的展開を、所在地の変遷から確認すれば、京都東山大谷→（越前国吉崎→）山城国山科→摂津国大坂（石山）→（紀伊国鷺森→和泉国貝塚→）摂津国天満（大坂中島）となる。そして天正十九年（一五九一）に京都六条へと移転（西本願寺現在地）、慶長七年（一六〇二）から九年にかけて東本願寺が分立する、という流れである（**【図表1】**）。

このうち、吉崎は本願寺所在地ではないが、大谷本願寺を破却された後、蓮如が近江からさらに北陸に逃れたのちに逗留し拠点とした場所として、真宗史上、著名なので、参考までに記した。吉崎を本願寺としないのは、蓮如が御影堂に安置すべき親鸞影像（木像）を近江国大津に残して北陸へと旅立っており、吉崎に御影堂・阿弥陀堂が建立されたわけではないことが主な理由となる。ここで、本願寺たる条件としては、親鸞影像を安置する御影堂と阿弥陀堂（本堂）という、両堂の建立が挙げられる。

この条件からすれば、鷺森も貝塚も、親鸞真影は安置されたものの、両堂が建立されなかったと考えれるから、本願寺とは言えない。しかし、真影を奉じた教団の中枢が一時的であれ拠点としたことから、本願寺の歴史を説明する際には、やはり外せない地である。本願寺住職ら教団の中枢が存在したこと、あるいは吉崎にせよ、鷺森・貝塚にせよ、祖師親鸞の恩徳に対する報謝の儀式として教団の中心法要に位置付けられた「報恩講」が執行されたことなどの歴史的条件も考え併せていくならば、それらもまた本願寺と位置付けられるという別の説明も成り立つであろう。しかし、本章ではひとまず両堂の存在を本願寺たる基本的条件と規定し、中世本願寺の造営史を大谷・山科・大坂・天満にしぼり検討する。また、造営の全体像から言えば、諸殿舎の建設や寺内町の形成なども重要な検討対象であるが、基本的に両堂造営を主な検討対象とする。

【図表1】　本願寺系図・寺基移転

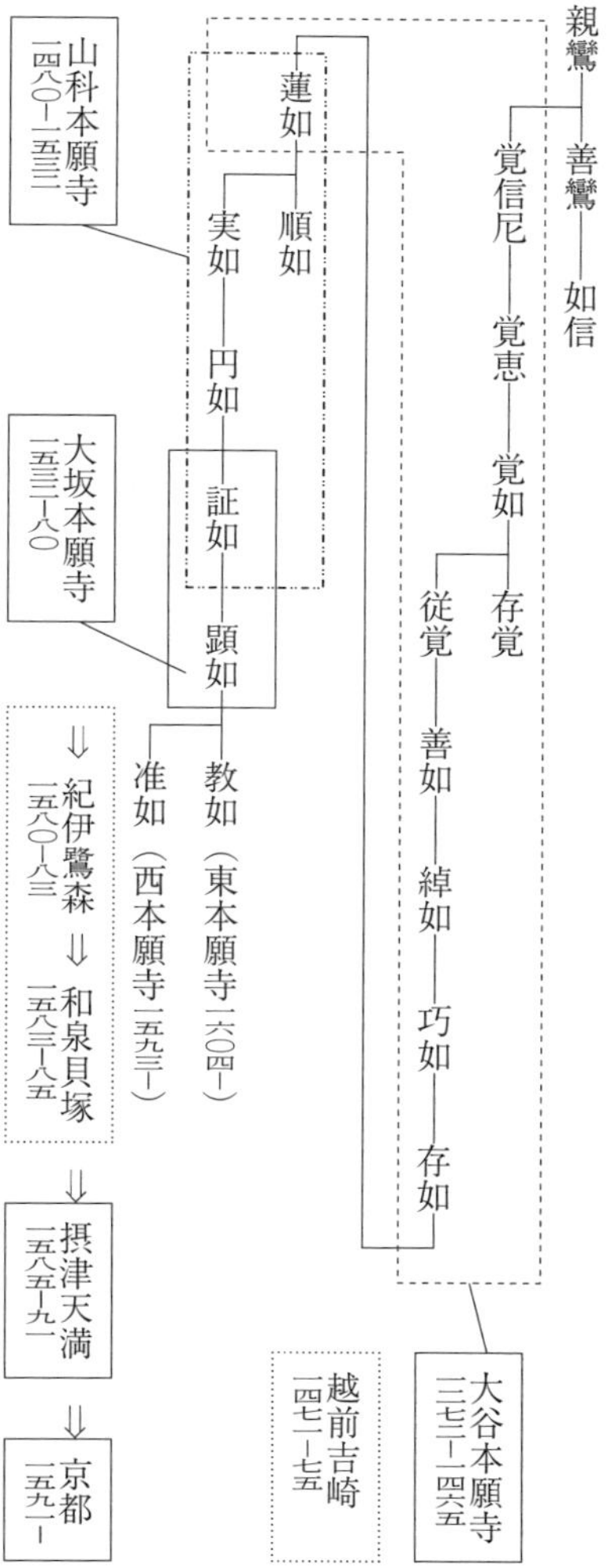

1　大谷本願寺

まず、本願寺の濫觴となる大谷時代から確認していきたい。弘長二年（一二六二）十一月二十八日に親鸞が死去し、東山大谷に墳墓が建てられ、十年後の文永九年（一二七二）冬には吉水北辺に墓を移し、堂を建てて影像を安置することになった。これが、のちに本願寺となる大谷廟堂の成立である。親鸞の曾孫覚如が著した親鸞の一代記『親鸞伝絵』(4)には「東山西麓鳥部野北、大谷の墳墓をあらためて、同麓より猶西、吉水の北辺に遺骨を掘渡て、仏閣をたて影像を安す」と記されている。

最初の堂舎（仏閣）は、『親鸞伝絵』の絵相によれば、小さな六角堂であり、その前に拝殿があったとみられる。その建築過程を知る手がかりはないが、堂内に安置される親鸞真影は、のちの応長元年（一三一一）十一月二十八日付「青蓮院下知状案」(5)に「彼影像者、為門弟顕智等之造立」とあることから、親鸞の門弟であった下野国高田の顕智らによる造立とみられる。また、土地の所有者は小野宮禅念、すなわち親鸞末娘覚信尼の配偶者であり、当地は文永十一年（一二七四）には禅念から覚信尼に譲られ、さらに覚信尼が「上人の御はかところ」（親鸞墓所・大谷廟堂）(6)に寄進し、親鸞門弟中にその管理を依頼したのである(7)。

ここから、大谷廟堂の創立・維持が覚信尼と親鸞門弟らの協働によるものであったことはよく知られている。造営史の視点から重要な問題としては、覚信尼の「本願主」としての性格が指摘される(8)。前出「青蓮院下知状案」にも「守本願主覚信素意、全影堂、可興行念仏之由、被仰下了」とあり、念仏興行を本願とした覚信尼の意志が、廟堂の成立・維持の拠るべきところとなっていることが読み取れる。

さて、京都東山に成立した大谷本願寺の歴史としては、三回の堂舎破壊がある。一回目は、覚如と異父弟唯善が大谷廟堂の管領権を争った、いわゆる「唯善事件」においてである。延慶二年（一三〇九）青蓮院の裁断により敗北が決定した唯善は、堂舎を破壊して影像と遺骨を奪い、関東に逃走したという。その後、青蓮院より覚如に復旧指令が出され、堂舎が再興される。前出「青蓮院下知状」によれば、堂舎庵室の造営には法智以下の門弟に功があった。法智は関東安積に拠点を持っていた門弟とされる。また『存覚一期記』[9]によれば正和元年（一三一二）には、やはり法智の発起により「専修寺」額を掲げたという。この「専修寺」額は比叡山からの干渉により下ろされたが、その代わりに「本願寺」が採用されたものと考えられている。今のところ「本願寺」寺号の史料上の初見は元亨元年（一三二一）二月である。[10]紆余曲折を経て廟堂留守職に就いた覚如であったが、「唯善事件」からの復興は、明確に廟堂の寺院化という方向性をもって進めたものであった。

二回目は、建武三年（延元元年・一三三六）、南北朝戦乱による堂舎焼失である。[11]暦応元年（延元三年・一三三八）十一月、高田専空・和田寂静らにより、建物（「今御堂」）を三十六貫で購入して移築し、堂舎再興を果たした。[12]これにより、当初の六角堂から変わり方型堂舎になることとなった。なお、この時、覚如は阿弥陀像の安置も企図したが、それは高田専空らの反対により成し得なかったという。とはいえ、門弟懇志による廟堂の運営から、祈禱所・勅願寺たる寺院へと次第に性格変化していく方向性が明らかに見える。

ところで、大谷本願寺が両堂形式を整えた時期は明らかではなく、覚如の孫で留守職を継いだ善如期説と、蓮如の前代（父親）である存如期説がある。善如期説の根拠は、同時期の成立と推定される『源誓上人絵伝』[13]に大谷本願寺と想定され得る堂舎が両堂形式で描かれていることである。存如期説の根拠は、永享十年（一四三八）と推定されている本願寺存如書状[14]に「作事は坊計半作ニ候へとも、先々取立て候、御堂之事ハ近日候間、御影堂の柱計可立用意にて候」とあり、御堂と御影堂の存在を示唆することである。ただし、両説ともに留意すべき点があり、決定打はない。

いずれにせよ、存如期には成立していたであろう大谷本願寺の両堂の規模は、のちの史料であるが、『本願寺作法之次第』第三一条[15]に「大谷殿ハ本堂阿弥陀堂三間四面、御影堂ハ五間四面也、ちいさく御入候つる事候」とある（一間は約一・八〜一・九メートル）。後世の堂舎に比べれば相当に小さかった。初期の本願寺とその造営を支えた集団、すなわち初期真宗諸門流の社会的規模がうかがい知れよう。

三回目の堂舎破壊は、真宗史上、著名ないわゆる「寛正の法難」である。すなわち、寛正六年（一四六五）、比叡山衆徒による破却で大谷本願寺は消滅することになった。その時の住職は蓮如五十一歳。蓮如はその後、近江から北陸へと移り、吉崎御坊を構えて多くの事績を残すが、この吉崎御坊は本願寺ではない。親鸞影像は近江国三井寺（園城寺）に預けられ、また吉崎に両堂が建設された痕跡は皆無である。ただし、吉崎の参道には多屋が建設され、のちの寺内町の原型をうかがわせることは造営史の課題としても注目される。

2　山科本願寺

文明十年（一四七八）正月、六十三歳の蓮如は、河内国出口より山城国山科郷野村西中路に入り、「柴の庵」に居を構え、当地に本願寺造営を開始した。野村の地は、いわゆる『満済置文』[16]にも記録されているように、醍醐寺三宝院の所領であった。在地には海老名五郎左衛門（法名浄乗）という人物がおり、この海老名が寺地を寄進したという。そのほか山科選地の理由としては「京都本願寺」という意識があったとも指摘されている。[17]

山科本願寺造営の経過に関しては、蓮如の『御文』に詳しく記されている。[18] まず、山科郷野村という地は「往古より無双の勝境」であり、「山ふかく地しつかにして更ニワつらハしき事なく、里とをく道さかりて、かまひすしきなし」によって一宇の坊舎を建立したという。[19] 未開発の地を切り開いて造営したことを示唆し、吉崎や大坂にも通じる立地的特徴である。

蓮如が山科に居を構えて程なく新たに馬屋を造作したのみでその年は過ぎ、翌年正月十六日から「春アソヒ」として林の中にあるよい木立の松を掘って庭に植え、また「地形ノ高下ヲ引ナホシ」ている。土木作業の開始であり、実態は不明ながら、それを担う技術集団の存在したことは確実である。三月初旬には向所（綱所）を新造し、その後も造作は続いたが、四月初旬に摂津国堺御坊の古御堂を移築して寝殿を造り、四月二十八日には柱立が始まり、八月ごろには寝殿と庭園が形を整えている。[20]

十月に蓮如は自身が存命のうちに御影堂を造営したいと思い企てたところ、その志を知った門徒らのうち、河内門徒が大和国吉野の山奥に杣入りして、十二月中旬には柱五十本余をはじめとする材木を山科に献上した。[21]

さて、文明十二年（一四八〇）が御影堂造営の年である。まず、正月十六日に仮御堂あるいは御影堂造営モデルとして小棟造りに三帖敷きの小御堂を建立し、二月三日には造営開始。近郷の雑木を集め寄せて造営を進め、三月二十八日には棟上の祝いをした。番匠方の好粧も美しく、諸国門徒も祝いに駆けつけたという。棟上以降の造営については、長押・敷居を吉野の材木であつらえ、天井・立物などは門徒懇志により整え、屋根居の道具や板敷などは近江国大津でこしらえた。四方の縁は深草の宮にあった杉木を買得して造作し、屋根は仮葺きにした後、八月四日より檜皮葺の作業を開始した。八月にはほぼ完成し、二十八日、まず絵像の御影類が仮仏壇に移された。その夜、蓮如は御影堂建立成就のうれしさで明け方まで眠れなかったと述懐している。なお、十月には日野富子が山科本願寺を訪れており、山科本願寺造営の背景に室町幕府との良好な関係がうかがえる。その後は、橋隠・妻戸の金物なども調えられ、白壁を塗り、地形の高下なども直して十一月中旬ともなったので、十八日に長らく大津にあった

「根本之御影像」（木像の親鸞影像）を御影堂に移して、二十一日より報恩講を勤めた(22)。

続いて文明十三年（一四八一）に阿弥陀堂造営が開始された。蓮如は前年末に御影堂造営を喜びつつ、なお事は尽きていないとして阿弥陀堂造営を企図した。その理由は、本願寺が「忝モ亀山院伏見院両御代ヨリ勅願所之宣ヲカウフリテ、異于他在所」であるからと言う。ここにも山科本願寺造営の背景として朝廷との良好な関係の構築がうかがえる。そしてまずは吉野に人を派遣して大柱二十本余を用意させた。年が明けて正月十日より寝殿の大門の造作を始め二十二日に柱立、仮葺屋根をこしらえた。その後、二月四日より阿弥陀堂造営を開始し、材木などを取り計らいながら四月二十八日に棟上。その後も春夏と造営が続き、六月八日には仮仏壇を安置し、前住存如の二十五回忌を勤めるに至った(23)。

文明十四年（一四八二）の正月には、準備していた材木を用いて御影堂大門の造営を開始。十七日に番匠方の事始をさせ、二十八日には柱立し、ほどなく完成した。その後、阿弥陀堂の橋隠や四方の柱も造作し終え、続いて大門の地形を整備した。東西南北ともに地形が不同であり、降雨の際に水の流れが悪く坊の前に滞るので、南北に小堀を掘って水の流れをよくしたと言う。その堀の端に松を植え並べ、門前には橋をかけた。その後、冬の焚き火所として造作していた四間の「小梗」（小棟）を四月七日ごろに作り直し、取り置いていた吉野柱を用いて常屋も修造した。五月六日より未造作部分の工事を進め、寝殿の天井をようやく張り、阿弥陀堂の仏壇を造作して六月十五日に本尊を安置した。漆をあつらえ置いて閏七月七日より奈良塗師を雇い仏壇に漆を塗り九月二十日ごろに完成。さらに絵師を呼び寄せ彩色をさせ、杉障子や仏壇の後ろ障子に蓮を描かせ、次に正面の唐戸も調えた。翌年五月になり、残されていた阿弥陀堂の瓦葺にようやく取りかかり、河内国古市郡誉田之内野中之馬という瓦師を招き、また西山より瓦の土を運び、大葺屋を建てて五月中旬ごろから瓦を作り八月十二日に葺き終えた。これにより阿弥陀

堂の造営が終了したのである。(24)

以上、煩瑣ではあったが、蓮如の『御文』から知られる山科本願寺両堂とその周辺の造営過程を追ってみた。著名な史料であり、経過の概略はよく知られているものの、記述の細部に注目した分析は意外に少ない。とくに材木の調達経路や具体的に関係する門徒の地域、そして番匠・漆師・絵師などの存在は注目されるべきであろう。

このようにして造営された山科本願寺両堂については、『山科御坊事幷其時代事』第一条に実如時代のことして記録がある。(25)阿弥陀堂は次のとおりである。

【史料1】『山科御坊事幷其時代事』第一条

三間四面に、四方に小縁、東方の前にハ六尺の縁也、向はさましやうし《狭間障子》、しとみ《蔀》のことくに常の諸堂のことし、左右の脇ハ唐さま《狭間》、これ又諸堂のことし、さまにほり物あり名失念、本尊木像安阿作如今、左方北太子絵像讃如常蓮如御筆・六高僧御影、右南法然聖人一尊御影讃如常蓮如御筆、両方共に三具足灯台あり、御命日ハかり灯明まいる、

阿弥陀堂は三間四面の規模で大谷本願寺時代と同じであることや、本尊を中心に、さらに奉懸する御影類の種類などが判明する。御影堂については次のようにある。

【史料2】『山科御坊事幷其時代事』第一条

御影堂上檀三間四面、中ハ開山聖人、左方北前住蓮如上人御影、脇板に蓮祐禅尼香炉斗、卓以下如㆓当時㆒、右南押板代々御影一幅如信以下存如迄、卓・三具足・灯台以下当時のことし、猶南の二間押板に、中に无㝵光泥字也、(中略)

> 左右の脇にハ、夢中善導・法然上人の御影（中略）、此二尊の御前にハ何もをかれす、中尊ハかり三具足をかる﹅也、猶南に一間の押板にハ、初ハ盧山恵遠禅師唐筆墨絵の像をかけられ、前にハかふたて（香立）ををかれ、花を立られけり、後には蓮如の御筆の不可思議光如来の名号をかけられ、三具足を置かる﹅也、

また内陣（＝上檀）の北側に「北の局」という独立した部屋の存在も推定され、以上のことから、御影堂は東向き左右非対称の形式で正面幅七〜八間の規模と考えられている(26)。大谷本願寺時代の五間四面から考えれば、一回り規模拡大である。ちなみに内陣は「押板」形式で、現在の寺院には通例ある後堂がない道場形式が採用されたとも言われているが、一方で史料上に「後堂」の表現もあり、検討課題である。

なお、山科本願寺については境内の諸殿構成や「寺内町」の形成過程なども重要な問題であり、多くの点が判明しているが、ここでは触れない。

明応八年（一四九九）に蓮如が死去し、五男実如が継職して大永五年（一五二五）に死去するまでの間に、山科本願寺を本山とする戦国期本願寺教団の社会的勢力化は大きく進んだ。「寺中広太無辺、荘厳只如二仏国一云々(27)」とまで評されるほどの繁栄を見た山科本願寺であったが、実如の後を継いだ証如の時代、天文元年（一五三二）八月二十四日に近江六角氏・京都法華衆徒らの軍勢の焼き討ちに遭い、焼失した。山科本願寺の御影堂が完成した文明十二年（一四八二）から五十年目のことであった。

第二節　大坂本願寺の隆盛

本願寺証如は、享禄四年（一五三一）の「享禄の錯乱」（大小一揆）から打ち続いた一向一揆の戦いのなかで、天文元年（一五三二）の山科本願寺陥落、焼失の際には、大坂方面に出撃していたとされる。天文一向一揆の戦いが混迷していくなかで、証如は大坂御坊を新たな拠点と定め、八月二十七日には大坂に入ったようである。以降、教団の本山機能が大坂に移され、大坂本願寺が成立していくことになる。(28)

1 大坂御坊の建立――大坂本願寺前史

さて、証如が新たな拠点にしようとした大坂御坊とはどのようなところなのか。時間をさかのぼり、その成立から見ていくことにしたい。

大坂は、蓮如が自らの隠居所として明応五年（一四九六）に見出した地である。(29)大坂は摂津国と河内国の境界に位置する上町台地上に所在し、とくに水上交通の要衝であった。周辺に集落の存在もうかがえるが、願得寺実悟（蓮如十男）が著した蓮如伝の一つである『拾塵記』(30)に「虎狼ノスミカ」と象徴的に記されるような性格を持った土地であったと考えてよい。以上の地理的条件は、かつて蓮如が北陸において拠点とした吉崎に酷似するものであった。蓮如は九月二十四日に大坂に入り、二十九日に造作を始め、十月八日には草坊が建ったという。同月二十六～二十八日には報恩講も勤められ、その後、蓮如は三年間、この大坂御坊に居住した。(31)本格的な堂舎が完成したのは明応六年（一四九七）十一月下旬のこととされる。(32)なお、この大坂御坊は、蓮如が名号を多く門徒に授与し、その礼金により建立されたと伝えられる。(33)

蓮如は最終的には大坂ではなく山科に戻り死去したが、その後、実如もまた大坂を隠居所と定めていたらしい。ところが、永正三年（一五〇六）に起こった「河内錯乱」（大坂一乱）の際、大坂には蓮如の最後の妻であった蓮能尼（畠山氏出身）とその息実賢（蓮如九男）・実従（十三男）が居住しており、大坂御坊は実賢が住持していた[34]。御坊は、本願寺の支坊として、本願寺住持が兼帯したり、本願寺住持の一族（一門一家衆）が住持として入寺したりして、実如期には各地に建立され、各地域教団の拠点的性格を持った。すなわち、大坂御坊は実如の弟実賢が住持する有力な御坊として戦乱渦巻く摂津・河内の国境の要衝にあり、そして摂津・河内門徒から与力護持される存在となっていたのである。そして実賢らの大坂退出後も、その拠点的重要性や御坊の与力体制は変わらなかったものと考えられる。大永五年（一五二五）に死去した実如の葬送・中陰を記録した『実如上人闍維中陰録』には、「大坂殿講中」「大坂殿寺内衆」「大坂殿坊主衆四人明祐、定専坊乗順、恵光寺」などといった、大坂御坊に関わる僧侶・門徒集団の存在が見出せる[35]。

　次に、その大坂御坊の堂舎構成や規模について確認したいが、関係史料がほとんどなく不明である。わずかに、蓮如時代より「敬信閣」という持仏堂が存在し、しかも二か所あったという記録がある[36]。ただし、この建物としての持仏堂は、天文年間にはなかったようである。

　御堂の規模について手がかりになるのは、本願寺の大坂移転に際して、元からあった御堂を御影堂に転用したということである。後述するように、その際に再整備の造作がなされているが、関係史料のなかに、堂舎規模そのものを拡張したという記録はない。本願寺証如の日記である『天文日記』の天文五年（一五三六）正月十五日条や翌年二月二十四日条[37]の御堂における演能で御簾を懸ける記述から、御堂内の正面幅は七間と読み取れる。山科の御影堂の正面幅は前述のように八〜九間と考えられているから、少し小さいものの、大坂御坊は本山の山科本願寺にほぼ匹敵する堂舎規模を備えていたと推測される。公家の三条西実隆は『高野参詣日記』大永四年（一五二四）四月十九日条において、大坂御坊について「心ことばもをよばれざる荘厳・美麗のさまになむ侍りし」と記した[38]。本願寺になる以前の大坂御坊が、すでにかなりの規模を持ち、世に知られていたことがうかがえる。

2　大坂本願寺の成立――本山寺院としての整備

続いて、大坂本願寺の成立・整備の過程をたどっていきたい。[39] 天文元年（一五三二）に証如が入った大坂御坊は、なお戦乱の渦中にあった。畿内天文一向一揆が収束に向かい、和睦がなったのは天文四年（一五三五）末から翌五年にかけてのことである。証如はその間、山科に帰る可能性を考えていたらしい。天文五年（一五三六）正月四日には大工の棟梁が山科で柱を立ててきたらしく、三月三十日には加賀国石川郡から山科柱立の祝い金が証如に送られた。[40] しかし、天文六年（一五三七）には山科以来の本山常住坊主衆があらためて大坂出仕となり、[41] 大坂を本願寺とする方向性が定まったようである。

大坂を本願寺にするのであれば、御影堂・阿弥陀堂を備えた両堂形式を整える必要がある。また本山寺院として必要な諸殿の整備も必要である。大規模な造営事業の開始であったが、前述のように、元あった大坂御坊の御堂（本堂）を御影堂に転用することとし、阿弥陀堂を新造する計画となった。ところで、大坂本願寺の堂舎をめぐる建築史的研究を行なった櫻井敏雄氏は、大坂本願寺の時代を三期に分けて捉えた。[42] それをうけ、次のような三期区分で造営事業の展開と大坂本願寺の発展を見ていくことにしたい。

〔第一期〕御堂単独期（御影堂・阿弥陀堂一堂併用期）……天文元年（一五三二）～天文十一年（一五四二）
〔第二期〕新阿弥陀堂の造営～堂舎造営期……天文十一年～永禄七年（一五六四）
〔第三期〕両堂焼失後の再建～大坂退去……永禄七年～天正八年（一五八〇）

まず、新阿弥陀堂の造営終了すなわち両堂形式が整うまでを第一期と考えて、その経過をたどっていく。実従

（蓮如十三男）の日記『私心記』によれば、天文二年（一五三三）七月二十五日、実従は親鸞木像（本願寺の御影堂に安置する「開山御影」「御真影」）を奉じて大坂御坊に到着した(43)。前月に休戦協定が結ばれ、戦闘が収まったことが前提にあったものと見られる。実従は「酒殿」において下間筑前に会い、「御亭」において証如と対面し、「御ウヘ」にも参った上で、「座敷ナキ」により、阿佐布所に逗留した。ここから、大坂御坊には御堂のほか酒殿（主殿・寝殿）、亭があり、証如一家の住居空間はあったものの、一門一家衆が逗留する座敷まではなく、御坊の外に坊主衆の居を構える宿所のあったことが知られる。そして、同年の報恩講が始まる十一月二十一日には、「開山御影」（親鸞木像）を御堂北の押板に移し、押板を西に広げた。

【史料3】『私心記』天文二年十一月二十一日条(44)

八時ニ開山御影、御堂北之押板へ被奉写（移）候、押板ヲ西へヒロケラレ候、御影供三色也、三具足・打敷等如常、押板ニサマ障子立候、

ここから、大坂御坊も御堂は東向きで、内陣が押板形式であったことが判明するが、本願寺御影堂の親鸞木像を置くには狭かったということである。また、三具足と打敷は常と同じで、押板には狭間障子が立てられた。親鸞木像が安置されたからであろうか、七日間とも「大群衆」の参詣があったという(45)。

ところが、天文三年（一五三四）五月末に再び戦端が開かれ、翌年にかけて摂津・河内で激戦が続き、大坂御坊もたびたび窮地に陥ったようである。ただし、そのなかでも日々の法要行事は勤修されており、堂内の場に関する情報を読み取れる。『私心記』天文三年の各条を見ると、歴代忌日の日中法要を「内陣」で執行したことを特筆し

て（如信・正月四日日中など）いる一方で、法然（正月二十四日太夜）と聖徳太子（二月二十一日太夜）に関しては「南座敷」で執行したという記述がある。また「御堂局」という場所の存在も確認できる（正月十五日）(46)。
　また、造営事業の動きもあり、天文四年（一五三五）五月二十六日には親鸞木像が御堂内南座敷に移され、厨子に入れられた。

【史料4】『私心記』天文四年五月二十六日条(47)

　開山御影、南座敷ヘウツシ申候テ、御厨子ニ奉入ラレ候、

　この時、内陣改修に入ったのではないかと思われる。同年十一月末、細川晴元・木沢長政との間にようやく和議が結ばれ、戦乱は終結した。実質的には本願寺の敗北であったため、証如は諸方とのやりとりに腐心することになったが、そのなかで朝廷・公家社会との関係性を強めていったのが大きな特徴である。
　さて、大坂を新たな本願寺と定めた証如は、天文七年（一五三八）七月二十一日、大坂本願寺は御堂の本尊左右に「今上」（後奈良天皇）の「寿牌」と、「先皇」（後柏原院）の「位牌」を安置した。

【史料5】『天文日記』天文七年七月二十一日条(48)

　△一、堂ニ今上御寿牌今上皇帝本命元辰ト有之先皇後柏原院御位牌後柏原院尊儀与有之置之、本尊之左右有之、

この天牌安置により、大坂本願寺は、天皇の御代を祈る勅願寺としての性格をあらためて表明することになった。

この時期の大坂本願寺の社会的位置を知る一つの重要な指標である。

そして、天文十一年（一五四二）、ついに新阿弥陀堂の造営にとりかかった。その実態は『天文日記』（以下、適宜『天』と略記）、『私心記』（以下、適宜『私』と略記）、『天文十一年阿弥陀堂御礎等之記』[49]（以下、適宜『阿』と略記）から読み取っていくことはできる。ただし、基本的に日程的経過や造営関係者の顔ぶれとその人数規模、食事振舞などの情報が断片的に読み取れるのみである。堂舎規模などに直接言及する箇所はなく、完全な復元は難しい。

さて、まず造営に先立ち、五月十五日に「御堂食堂」を北に引き動かした（『私』）。もとはこの食堂が南にあり、それを動かした跡に阿弥陀堂を建立した可能性が高い。阿弥陀堂の造営は七月十六日に石礎、二十日に虹梁が上がり、二十一日に柱立、そして二十六日には上棟となった（『天』『私』）。石礎に関わった人びとは町衆一二〇人、加賀衆五七人、番方一四〇人に番匠たちという顔ぶれと規模であり、柱立には京番衆一三〇人、田舎番衆六〇人、加賀衆八〇人、そして番匠衆五一人、鍛冶衆八人、檜皮師一八人、小工九〇人であった（『阿』）。専門の職人集団に加えて、全国遠近から上山して本願寺の警護番なども含む日常運営に従事した番衆たちが造営に関わっていたのであり、寺内衆や加賀衆の関与も特筆される。逆に言えば、それ以上の動員体制が組まれていたわけでもなく、この点は江戸時代後期の再建事業[50]とは異なる様相と言えよう。なお、檜皮師がいたことから、新阿弥陀堂の屋根は檜皮葺であったと考えられる。

新造なった阿弥陀堂へ、同年十一月十九日に本尊を遷し、翌日には本尊の後ろに新仏壇を置いた（『天』『私』）。同日、御影堂となった元御堂内では報恩講前の掃除の後、親鸞木像が新しい厨子に移され、内陣の中央に安置された（『天』『私』）。ここに両堂の形式が整い、翌二十一日から報恩講が始まったのである。

3　大坂本願寺の発展――相次ぐ造営と教団の社会的位置

御影堂（元大坂御坊本堂）と阿弥陀堂（新造）の両堂形式を整え、天文十二年（一五四三）二月十九日には阿弥陀堂前で造営成就の演能が行なわれた大坂本願寺であったが、なおも諸殿の造営が続いていった（第二期）。さっそく同年八月二日には、親鸞木像を御影堂内陣北側の局に移し、狭小であった内陣を西に拡張する造作を始め、十七日に作業を終え、親鸞木像を局から戻した（『天』『私』）。この時、当初「押板形式」であった内陣が「後堂形式」に改められたのではないかと考えられている(51)。

『天文日記』等の記事を検討していくと、御影堂の内陣幅は三間で、南側（現在でいう南余間）に「南座敷」があり幅二間、対する北側（現在でいう北余間）には「局」があって同じく幅二間だったと考えられる。堂内は基本的に以上の七間と見られるが、さらに局の北側に「局次」があり、南座敷の南側に「南落間」「南大床」といった空間もあったらしい。「南大床」まで入れて九間を示す記事も見られる(52)。『今古独語』(53)によれば、永禄四年（一五六一）親鸞三百回忌の際には、御影堂の南座敷の畳を回り敷きにしたというから、基本的には詰敷きだったのであろう。「二ノ間」に親鸞絵伝四幅を掛けたともあり(54)、余間の多層な構成がうかがい知れる。なお、『天文日記』等から、阿弥陀堂も五間以上あり、また、内陣北側に「北六間」という空間のあったことなどが知られる(55)。

続いて、新阿弥陀堂造営後に相次いだ諸殿造営の様相を見ていきたい。

前述したように、本願寺に定まる以前から、大坂御坊には御堂に加えて酒殿（主殿＝寝殿）・亭・内儀（御上）・綱所・中居・食堂などが存在していた。その上で諸殿が増築されていったのであるが、旧建物もほぼ残して活用するかたちであった。天文十二年（一五四三）正月六日の「男子誕生」（顕如）をうけて六月二日に「小児居所」が新造され、昼には移住した（『天』）。そして翌年には「寝殿」が新造され、五月十日に石礎、十二日に柱立、六月三日に上棟した（『天』『私』『阿』）。また同年十一月八日には新「綱所」の柱立が行なわれた（『天』『私』『阿』）。

天文十四年（一五四五）正月二十九日には「古キ震殿」を東に引き動かし、六月二十三日には震殿（寝殿）の門が建った（『私』『阿』）。さらに、天文十五年（一五四六）二月二十六日には「北之方座敷」の石礎・柱立があり（『天』）、四月二十日には阿弥陀堂の前の四足門が建った（『天』『私』）。

天文十七年（一五四八）はひときわ精力的な造作が続いた。正月二十九日には新「中居」の石礎・柱立が行なわれた（『天』『私』）。続いて、新「御亭」は三月二十三日に石礎、翌日に柱立（『天』『私』『阿』）。新「御うへ」（内儀）は七月二十六日に地築踊り（『私』）、八月二日に石礎、翌日に柱立という造作進行であった（『天』『私』『阿』）。新「御亭」、新「御うへ」への移徙は九月三十日（『私』『阿』）。さらに、「北殿」（「御北面様」「大方様御座所」）が建造されて、十月二十三日に石礎、二十九日に柱立、十二月八日に移徙した（『天』『私』『阿』）。

また、天文二十三年（一五五四）に証如が死去し、顕如に代替わりした後の弘治三年（一五五七）には「御新造様」と呼ばれた座敷が造作され、正月十四日に石礎、十九日に柱立、二月三十日に移徙となった（『私』『阿』）。

以上、主要な殿舎の造営経緯を追ってきた。両堂以外の各殿舎は、基本的に証如ら本願寺住職（宗主）家に関わる公的・私的役割を担うものであったが、そこに教団の業務執行の場という機能も重なり、多面的性格を持った。寝殿は両堂以外で行なうべき儀式や対面の場、亭は宗主が昼間に常在して執務する場、内儀は宗主夫妻やその家族の居住空間、綱所は下間氏ら内衆（家臣）がいて取次や受付など対外的業務を支える場、中居は台所の経理なども含む対内的業務を担う場、食堂はおそらく集会所的な機能も併せ持った場であった。なお、大坂本願寺に新造された亭は二階建てで、さらに天文二十二年（一五五三）五月二十一日に三階が新たに増築された（『天』）。持仏堂については『私心記』に「二階持仏堂誘候」「持仏堂下へヲロシ候」という表現のあることから、(56) 大坂本願寺の持仏堂は建物ではなく、亭に置かれた内仏（仏壇）であった。

ところで、大坂本願寺の場合、内儀の問題が複雑である。証如は天文三年（一五三四）に公家庭田重親の娘（後に法名如従）を正室に迎えたが、内儀には証如の母鎮永（大方殿、後に慶寿院）がいて、証如夫妻は当初、新屋敷（新殿）に居住したようである。それが天文十七年（一五四八）に新造された内儀にようやく証如夫妻が入り、旧内儀を改造した「北殿」に慶寿院が移った。さらに弘治三年（一五五七）の新造座敷は顕如の婚儀に備えたもので、そこに慶寿院（顕如祖母）が移り、慶寿院がいた北殿に「大方殿」（如従＝顕如母）が移った。内儀には顕如夫妻が入ったと考えられる。

大坂本願寺において、このように相次ぐ造営を可能にした歴史的背景には、本願寺教団自体が組織体制を強固にし、造営をなし得るまでに培った大きな実力とともに、大坂本願寺を取り巻く社会的情勢の安定があった。天文年間初頭の苦境を脱した本願寺は、朝廷・公家社会や室町幕府、諸方の武家勢力や寺社勢力などと積極的に音信関係を結んで交流し、社会的位置を再構築していた。天文年間後半の畿内社会は、大坂本願寺の文化的・経済的活動により、〝本願寺の平和〟とも言われる一時的安定期に入っていた。

そうしたなかで、証如の後を継いで本願寺第十一世となった顕如は、永禄二年（一五五九）に門跡に勅許された。それをうけて、下間氏が坊官に、本宗寺・顕証寺・願証寺をはじめとする有力一門衆が院家となった。門跡とは天皇や摂関家・将軍の子弟が出家して入寺する寺院の称号である。本願寺「門跡成」の歴史的評価は難しい。戦国期本願寺教団の到達点として、宗派としての公的認可という評価が可能である一方で、朝廷・公家社会の秩序内に組み込まれた点に限界も露わになった。さらに現代に至るまで、本願寺教団の体質をめぐる深く重い課題が生み出さ

れることにもなったのである。(57)

「門跡成」をうけて、永禄四年（一五六一）には親鸞三百回忌が勤修された。すでに本書第Ⅰ部で論じたが、(58)これは真宗史上、〝初めての御遠忌〟ともいうべき性格を持ち、その大群衆の参詣を集めた盛大な執行は大坂本願寺の隆盛を戦国社会に顕示することになった。しかし、その一方で、教団内には身分的な緊張関係や、法義を疎かにする傾向などが見出され、深刻な危機がもたらされた。〝御遠忌〟には教団の課題が浮かび上がる。親鸞三百回忌を契機に戦国期本願寺教団は再び激動期を迎えていくことになった。

なお、親鸞三百回忌については『私心記』や『今古独語』に詳細な記録がある。『今古独語』には御影堂内の荘厳に関する記述もあり、親鸞木像を安置する厨子の内側を金にし、外の彫り物の彩色を直し、釣り灯台も金にあつらえたという。前机も大きくし、それに合わせて打敷・水引を新調し、華束は十合を仏壇に置き、香立も金地の上にさらに金で着色して唐華を書いた。絵伝の前卓には三具足を置き、両脇の大卓に経を安置して日中には面（表）に出したと記されている。(59)

4　永禄の両堂焼失と再建

永禄七年（一五六四）十二月二十六日、大坂本願寺の両堂は火災により焼失した。(60)火元は不明であるが、イエズス会宣教師フロイスが記した『日本史』には、顕如が敵対勢力の関与を疑ったとの言及がある。(61)その正否はともかく、当時の大坂本願寺の置かれた状況はうかがえよう。光教寺顕誓の『今古独語』は両堂の焼失・再建を契機とする法義讃嘆の復活を記し、また『反古裏書』では大坂本願寺を「霊場」として、その回禄（両堂焼失）により諸方の調略が止んだことを不思議であると記している。(62)大坂本願寺の両堂が焼けることにより何かを伝えようとしたかのような顕誓の捉え方である。背景には、諸国で再び一向一揆が起こり、そして敗北していった状況があり、本山たる大坂本願寺においても内部に動揺が生じていた。

両堂再建は永禄八年（一五六五）に行なわれ、十一月の報恩講は元のように執行された。この永禄の再建については『永禄八年阿弥陀堂之御礎之記其他』(63)がほぼ唯一の史料である。これによれば、正月二十三日に阿弥陀堂の石礎、二月三日が柱立で、同月五日には「御亭」の柱立（石礎はなし）があった。四月二十二日には顕如が退避先の興正寺から阿弥陀堂に移った。御影堂は八月十四日に石礎、九月二十六日に柱立、十月八日に上棟、十九日には瓦が葺き始められた。そして十一月十八日に御影堂へ親鸞木像の移徙が行なわれた。

永禄再建の阿弥陀堂は完全な新造ではなく、摂津国郡山の堂宇を転用したものであった。郡山御坊は、本願寺一門衆の教行寺実誓兼詮が摂津国富田の本坊とは別に支坊（別坊）として天文十六年（一五四七）に構えたもので、その本堂が寄進されたと考えられる。亭は新たに造営され、御影堂は瓦葺きであったことが知られる。両堂等の規模について別段の記載はないから、大きな変更はなかったのであろう。

造営に携わった人びとについては、たとえば、御影堂の石礎では、番衆が弓持・鑓持・荷持の三方で一五〇人、大坂番衆三五人、小屋の手伝い九人、鍛治の手伝い六人、屋根葺き六人、奉行衆二人、寺内町衆二一四人、加賀衆四五人、大工衆二六〇人、同小工、瓦師一八人、同小工一三人、壁塗り二〇人、小工同、鍛治四五人、小工一三人又三人、六町の長衆一〇〇人といった顔ぶれと人数の記録がある。また、鍛治衆、同火ふき、木引、杣衆、桶結、くわ引、仏具師、番匠衆といった集団も見出される。石礎はおそらく総出で地築踊りを行なう類のもので、それが直ちに造営集団の基本的な様相であったかどうかについては慎重であるべきかもしれないが、前後の造営過程における顔ぶれや人数を見ても大差はない。また、天文年間の造営と比較しても差異はなく、全国から上山した番衆、加賀衆、寺内町衆に加えて、大工をはじめとする専門の職人集団が関与した。ただし、これらの職人集団の出自は不明である。

ともあれ、以上のように再建なった両堂が、織田信長との戦いが終結する天正八年（一五八〇）までの十五年間、存続していくことになった。

大坂本願寺の時代は、いわば造営の時代であったとも言えるが、それは、大坂本願寺とその教団がそれだけ隆盛を見たということである。大坂本願寺には六町からなる寺内町が形成され、諸役免除や不入などの寺内特権が認められていた。寺内町には門徒のみならず、非門徒も集住し、活況を呈した。大坂本願寺・寺内町は、戦国期畿内社会において、宗教的拠点であったのみならず、政治・経済・交通・文化など多くの局面においても、諸方に大きな影響を与える存在だった。

そうした大坂本願寺は、織田信長勢と戦ったいわゆる「石山合戦」の果てに、天正八年（一五八〇）八月二日、寺内町もろとも焼失することになった。勅命講和を受けて顕如は大坂を退出したが、長男教如が徹底抗戦を主張して籠城を続け、大坂を退去する際に出火し、両堂をはじめ町場にいたるまで、すべて灰燼に帰したという。

第三節　天満本願寺の造営をめぐって——中世から近世へ

「石山合戦」後の展開を見ていくと、顕如は紀伊国鷺森御坊に移り天正十一年（一五八三）七月まで、そこから和泉国貝塚御坊に移り天正十三年（一五八五）八月まで拠点とし、同月末に摂津国天満（中島）に移った。鷺森・貝塚は顕如を中心とした本願寺中枢部が明らかに一時期、常住拠点としたが、顕如らはそこを本願寺とはしなかった。「石山合戦」後の本願寺教団は、織豊政権と緊張関係をはらみながらも関係を再構築しつつ本願寺再興を目指したが、その本願寺再興は、大坂城の対岸に位置する天満においてなされた。

1　阿弥陀堂の造営――天正十三年

天満（中島）本願寺の造営においては、阿弥陀堂が先に着工し完成した。まず天正十三年における貝塚からの移転経緯と阿弥陀堂の造営過程を追い、論点を確認してみたい。

本願寺家臣の宇野主水が記した『貝塚御座所日記』の天正十三年条(64)に「今度、門跡寺内ニ渡辺ノ在所ヲ可被仰付由、秀吉被仰也」とあり、豊臣秀吉により寺地が指示され、移転が決定した。五月三日に本願寺家臣の下間頼廉らが寺地受け取りに大坂城へ出向し、その翌日には秀吉自らが出向いて「縄打」をさせ、寺地の実測をした。

【史料6】『貝塚御座所日記』天正十三年条(65)

中嶋天満宮ノ会所ヲ限テ、東ノ河縁マテ七町、北へ五町也、但、屋敷へ入次第ニ、長柄ノ橋マテ可被仰渡云々、先以当分ハ七町ト五町也、元ノ大坂寺内ヨリモ事外広シ、

ここから、天満寺内の規模・構成は東西七町、南北五町で、大坂本願寺の寺内町よりも広い規模であったことがわかる。ちなみに、天満寺内には十二の町（樵斎町・樵斎下町・上町・北町・市場東町・市場町・長柄町・南町・サイカ町・西町・五日講町・西南町）が史料上で確認され（かつての大坂寺内の町数は十と考えられている）、周辺には港湾・浜・墓所や集落なども存在する複合都市地域で、寺内町居住商人の屋号は四十数種が知られ、多様な職業集団

を包括する商業都市と評価されている[66]。

その後、下間仲康（仲元・仲孝）を普請奉行として造営が進められた。『貝塚御座所日記』によれば、六月十二日には「天満宮ノ寺内屋敷之普請」につき興正寺顕尊（顕如二男）が大坂に出向き、同月二十七日には教如（顕如長男）が「中嶋ニテ寺内屋敷」を訪れている[67]。ついで『天正十三年阿弥陀堂御礎其他記』[68]によれば、八月四日、阿弥陀堂と、さらに御亭・御上・御台所の石礎が置かれ、同月十日に阿弥陀堂の立柱式。大工衆二百人規模の造作と知られる。ちなみに九月六日条には「阿弥陀堂ハかり立に御座候間」とある。阿弥陀堂はまず仮堂造営だったのである。

『貝塚御座所日記』によれば[69]、八月三十日に顕如らは貝塚から天満中島に移ったが、御供の諸侯人らの私宅はまだなく「不弁之式不及言語」という。「秀吉公より被仰付、当所ニまつ〳〵草堂ヲ建立アリタル也」とあり、やはり仮堂段階の状況がうかがえる。九月八日には本願寺顕如が、如春尼（室）、教如（長男）、興正寺顕尊（二男）、准如（三男）らを伴い大坂城に赴き、天満移転の礼を述べた。なお、九月十三日には、勅勘を蒙った山科言経が、冷泉為満・四条隆景らとともに興正寺顕尊の縁故（言経・顕尊の妻同士が姉妹）を頼り天満寺内へ入って居住した。その後、この山科言経による『言経卿記』が天満本願寺寺内町に関する重要史料となることを付記しておきたい。

以上のように天満移転の状況を見てきたが、秀吉自らが縄打に出るなど積極的な関与が知られ、豊臣政権と本願寺教団の関係が、この時期どのように構築されようとしていたのかという問題が浮かび上がる。もちろんこの問題については従来、議論があるので、次にまとめてみたい。まず、秀吉自身が一向宗門徒であったという説に史料的根拠はないが、フロイス『日本史』第二部第九三・一二〇章によれば、秀吉の母大政所は一向宗門徒であったという[70]。これは考慮に入れるべきであろう。とはいえ、問題は豊臣政権総体としての意図であり、先行研究によれば、それは次の二点に整理される[71]。

一つには、本願寺の監視とその中世的権威、勢力構造の解体である。キリシタン宣教師フロイスは以下のように記録している。

【史料7】『日本史』第二部第六六章[72]

大坂の仏僧（顕如）に対しては、彼が悪事をなさずなんらの裏切りなり暴動をなさぬように、秀吉の宮殿の前方の孤立した低地（中之島、天満）に居住することを命じたが、その住居に壁をめぐらしたり濠を作ることを許可しなかった

本願寺の京都移転に関しても、秀吉の意図の一つとして、フロイスは次のように記録する。

【史料8】『日本史』第三部第四四章[73]

天下を攪乱することがないよう、将来におけるなんらかの不穏な動きを抑制するために、自らの許に留め置くことを望んだからである

キリシタン史料という性格に留意するとしても、見逃せない指摘である。

ちなみに、よく知られている天正十五年（一五八七）に豊臣政権が発したとされる「キリシタン禁令[74]」の第六・八条は次のとおりである。

【史料9】「キリシタン禁令」（『御朱印師職古格』）

一、伴天連門徒の儀は、一向宗よりも外に申し合わせ候由、聞こし召され候、一向宗、その国郡に寺内を立て、給人へ年貢を成さす、ならひに加賀一国を門徒に成し候て、国主の富樫を追い出し、一向宗の坊主のもとへ知行せしめ、その上越前まで取り候て、天下の障りに成り候儀、その隠れなく候事、（中略）

一、国郡または在所を持ち候大名、その家中の者共を伴天連門徒に押し付け成し候事は、本願寺門徒の寺内を立て候よりもしかるへからさる儀に候間、天下の障りに成るへく候条、その分別これなき者は、御成敗を加えらるへく候事、

これ自体は、キリシタンを一向宗・本願寺とその寺内よりもさらに「天下の障り」として「外に」置くことを記しているのであるが、一向宗・本願寺とその寺内を、豊臣政権が問題視していた認識が確認できる。実際にこの時期はまだ北陸や東海の諸地域において一向一揆が再び起こる可能性が残っていた。本願寺・一向一揆への対処は、豊臣政権において緊張感をはらんだ課題であったと考えられる。そして本願寺の中世的権威の解体が、後述する天正十七年（一五八九）の寺内検断において進展することになったのである。

もう一つには、大坂城下町の複合的発展を企図し、本願寺教団の経済力と町の開発力に期待した点が挙げられる。大坂城は天正十一年（一五八三）、大坂本願寺の跡地に建設が開始され、天正十三年段階では城下町の整備が進められていた時期と考えられる。前出フロイス『日本史』第三部第三章でも、本願寺の京都移転を命じた秀吉の意図の一つとして、本願寺参詣者の盛んな出入りにより町が発展し、人口増加で豊かになることを欲したことが記されている。天満の場合も同様の理由を考えてよいだろう。

山科・大坂そのほか各地の寺内町を建設してきた本願寺教団・門徒は、明らかに土木技術を有していた。『貝塚御座所日記』によれば、天正十四年（一五八六）四月十五日には秀吉の命令により天満寺内河縁の堤の普請を請け負ったという。この年は四月から雨が降り、川が増水して六月一日から六日にかけては水が堤を越え、洪水になったと記録されている。

【史料10】『貝塚御座所日記』天正十四年条[75]

（前略）又六月一日ニ雨降、（中略）四日ニモ雨止テ空ハ曇、早旦ヨリ河ノ水連々ニ増、四日ノ晩景、河ノ堤へ一尺モ二尺モ水カヽル、（中略）去夜（五日夜）ノ間ニ、堤へカヽリタル水コト〳〵ク引、いまた平生ノ所ヨリハ水ハルカニ高シト云々、（中略）フル川ハ東西ノ岸ヲ越テ家々へ水入、東ノ方へハ猶以水入テ無正体式也、

堤の存在が確認されると同時に、前出フロイス『日本史』第二部第六六章で指摘される天満中島寺内の低地性も確認されるところであり、そこにあえて本願寺を置き、土地開発をさせた点が注意される。

2　御影堂の造営——天正十四年

続いて天正十四年の御影堂造営について見ていきたい。天正十四年一月～八月の間に発給されたと考えられる次のような顕如書状がある。

【史料11】『顕如上人文案』巻中（三〇）[76]

態染筆候、去年秋比より摂津中島のうちに寺内を再興せしめ、本尊・開山の真影を安置申事、予か満足大方ならす候、しかれば諸国門葉参詣の心さしあさからさる事、本望是に過す候、まつまつ、かりに草堂をとり立候へとも、此分にては余聊爾の体、一つは外聞もいかかにて候間、来八月十三日、前住年忌のまへに御堂建立の有増にて候、いまにはしめす候とも、門下の懇志なくてはたのむ事なく候、此砌同行たかひに志をはけまれ候て、弥難有報謝にも相叶候、それにつきてはーー猶真宗寺可申伝候、あなかしこ

月　日

西国門徒衆中

中国ーーーー

四国ーーーー

これによれば、御影堂造営は、本願寺前住証如の三十三回忌の前に完成するよう急いだことが知られる。また、この顕如書状は、造営に関する門徒の懇志をたのむ内容から、「慕化消息」の初見とされている[77]。確かに残存する消息史料群ではこれが確実な初見となるが、すでに見てきたように、本願寺そのものは常に門徒の懇志により成り立っており、造営の際にも、本願寺歴代の意志に呼応した門徒らの懇志が見出されている。あえて、この段階の画期を指摘するならば、長らく続いた「石山合戦」期において繰り返された懇志・馳走依頼を前提に、この天満造営に関する懇志依頼もあったということになろうか。

さて、造営の具体的経緯は、『貝塚御座所日記』にはまず次のようにある。

【史料12】『貝塚御座所日記』天正十四年条(78)

一、六月朔日ヨリ御堂屋敷ノ地ツキ、志次第ニ各罷出テハタラク、今日ハ礎ヲスユル所ヲ、まつ〳〵下ノ土ヲヨク築カタムル事也、四日礎ツキ有之、石ヲ少シスヘタル也、夫々ニスユヘキ由也、今日御日執ニヨツテノ事也、こは飯ニテ御祝儀アリ、作事奉行衆、其外奉行スル衆ニ、御祝儀ヲ被下訖、惣ヘハ無之、主水ナトハ御前にて御祝ヲクタサレタル也、（中略）

一、六月廿八日、御影堂柱立、但三日已前ヨリ連々ニ柱ヲ立テ、当日ハ儀式之体也、コウリヤウノ上ニ棟ノ小屋カマヘト云事ヲシタル也、コレカ柱立也（後略）

六月一日から地築が始まり、続いて四日から石礎、さらに二十六〜二十八日に柱立が行なわれた。『天正十四年天満御堂工作移徙記』(79)にも、「一、御堂御石つき、六月廿六日ヨリ御柱立申候シ、廿八日にハ棟まて上申候」とある。造営にはやはり多くの人びとが関与したが、たとえば、六月二十八日の柱立に関与した顔ぶれと人数については、『天正十三年阿弥陀堂御礎其他記』(80)には、大工衆五〇三人、小工衆、小引二一人、杣一一人、塗師五人、瓦師一人、畳さし二一人、屋根葺き七人、寺内衆一六五人、大坂之町衆一〇〇人、雑賀御供衆二〇人、小屋の手伝い衆一二人、かち衆二五人、番衆中三〇人、川端衆三〇人、奉行衆一一人、同下一五人、中居衆一〇人、下部衆二人とある。ここだけ見ても、技術集団と町衆を合わせて相当数の関与がうかがえる。

御影堂の棟上は七月十九日に執行された。次の史料は、棟上の様子を伝えるとともに、棟札を記録し、大工「藤原宗家」、棟梁「藤原家次」の名を伝えている。

【史料13】『天正十四年天満御堂工作移徙記』[81]

一、七月十九日、御棟上、十八日之晩ヨリ御堂之棟ニ南北ニ弓矢ヲ置申候、但北之方ハカリマタ、中ハ弊にて候、

御棟上天正拾四年丙戌七月十九日卯辰之間

此札之下ニ間を置候て、御大工　藤原宗家
棟梁　藤原家次　と書

一番ニ門守り両人出候て、御屋禰之両の脇ニ居、但弓箭を帯ス、其後槌を三人持て、御大工・棟梁之前へ出、二のつちハ内陣へ持て参、大かうの柱をうち申候、一のつちハ棟へ持て上り、後ニ棟梁、棟にてうち申候シ、

ところで、御影堂棟上に際しては、川を挟んで大坂城側との間で騒動があった。

【史料14】『貝塚御座所日記』天正十四年条[82]

一、七月十九日　御影堂御棟上、卯辰刻儀式別ニ注之、今日、参詣衆群集於川端、ムカヒノ武士之族、ツフテヲ打カケナトシテ、アケクニ両方タ、キアヒ、又大坂ノ町人ニ御門徒之衆モ出合テ防之、アマタ帷ナドヲ取、女房ドモヲ引サガシ畢、（中略）所ハ河端ノウラムカヒ也、

天満本願寺方・大坂城方相互の友好ならざる感情がうかがえるとともに、実は天満寺内のどこに本願寺が造営されたのかという問題が浮かび上がってくる。天満本願寺の立地については、①江戸時代の天満興正寺跡（寺内中央やや南）説と②川岸（寺内東端）説の二説がある。[83]前掲史料からすれば、つぶての届く川岸説が有利であり、またそれを示唆する近世史料もある。[84]しかし真宗寺院の基本は東向きであり、天満もそうであったとすれば、寺内東端川岸に立地したというのは、違和感がある。一方でそのような配置を強いたのだとすれば、豊臣政権の本願寺政策の意図の問題になろう。いずれにせよ、寺内町全体の議論のなかで歴史地理的分析もふまえて考えなくてはならず、今後も課題である。

御影堂が完成し、八月三日に移徙の法要が勤められた（『天正十三年阿弥陀堂御礎其他記』『天正十四年天満御堂工作移徙記』）。当日は朝勤を阿弥陀堂でした後、「御影様」（親鸞木像）が御影堂に移徙し、日中法要と斎が執行された。そして、六日から十三日にかけて、証如三十三回忌が勤められたのである。

【史料15】『貝塚御座所日記』天正十四年条[85]

六日、太夜ヨリ十三日、前住御仏事始行、国々御一家四十六人歟、諸国坊主衆三百人計参勤云々、七ケ日御経アリ別紙ニ注之、

法要には一家衆・諸国坊主衆、家臣団らが参列した。その際に彼らは本願寺顕如に誓詞を提出した。この証如三十三回忌の執行において、本願寺は平時回復を遂げたという指摘がある。[86]同年の別の儀式に関する『貝塚御座所日記』の記述にも「近年乱世ニヨッテ無其儀、当年旧儀御再興之体也」とあり、[87]象徴的な表現である。確かに両堂が

完成し、天満において本願寺が再興を果たしたのであり、「石山合戦」から続いていた「乱世」が終わり、本願寺は「再興」の時を迎えたのである。八月十八日には、秀吉が突如、天満を訪れ、完成した両堂を見学し、顕如らが秀吉を饗応した(88)。これ以後、天正十九年（一五九一）までのわずかな期間ではあったが、天満本願寺の時代が続くのである。

天満本願寺の御影堂の規模については、「十間四方」と記す史料がある。山科・大坂と同規模からそれ以上であるが、その史料『法流故実条々秘録』によれば、寛永八・九年のころに西光寺祐俊に対して、七十～八十歳の老人三人が、昔、天満本願寺に朝暮参詣した記憶として次のように伝えている。

【史料16】『法流故実条々秘録』第一巻六〇条(89)

（前略）先天満御座候時ハ、御堂ハ十間四方計、ヤネハトリフキ也、廻リノ屏《ヘイ》ハ高サ六尺計、ヤネハ小麦藁《コムキワラ》也、御対面所ハ上壇モ無之、御一家衆御斎之時、着座ノ敷居《シキイ》ノ内計ニ畳《タヽミ》シカレ、敷居之外《ソト》ニ間計ハウスヘリニテ、其末座ハ藁筵《ワラムシロ》シカレ、縁《ヘリ》ニハ竹ヲワリ打付被置候キ、当時、東西御多家者、御堂・御対面所・御台所等ニ至迄之美麗、参詣之度毎驚シレ目ヲ古ヲ存出候由被申候、

十間四方はあるものの、その造りは不十分なものであったといい、前出の同時代史料からも知られる突貫造営であったことを示す貴重な後世の証言である。とはいえ、次のようなキリシタン宣教師の記録もあり、天正十四年以降の造営による両堂などの整備を示唆する内容として注目される。

【史料17】『日本史』第三部第四四章(90)

大坂に近いところ（天満）にすでにかなりの大きさの町と多数の美しい寺院を造営し、そこを本拠としていた（中略）一向宗の信徒の、この僧侶（顕如）に対する帰依と愛情、ならびに従順さは非常なもので、短期間にして摂津天満に造営された市（まち）は、仏僧の宮殿や寺院に関しては、都のそれを凌駕するほどになっていた

その後、天満本願寺に対して豊臣政権は、天正十七年（一五八九）のいわゆる寺内検断事件(91)をもって介入した。秀吉の勘気に触れた者と罪科人の天満寺内居住をめぐり関係者が処分された過程で、従来の寺内特権が規制され、不入権が否定されたことにより、本願寺の中世的な寺内支配権が消滅し、近世的支配体制へと変容を余儀なくされたのである。同時に本願寺住職（宗主）家と家中（一家衆・家臣団）と寺内町民の宗教的紐帯が解体され、本願寺教団そのものの変質が進むことになった。

以上、天満本願寺の造営とその周辺について確認してきた。その造営に関して天満以前と大きく異なるのは、やはり豊臣政権という政治権力との関わりである。山科・大坂の造営の際も当然、室町幕府をはじめとした諸権力との良好な関係が背景に見出されるが、直接的に立地をはじめとする諸条件に政治権力の意図が加わるのは天満が最初である。当たり前のことであるが、確認しておきたい。その一方で、造営に関わる人びとの実態はなかなか明らかにはならないものの、史料の残る大坂と天満を比較しても、造営作業の実態はおそらくほぼ同じではないかと考えられる。繰り返された造営のなかで技術が培われ、経験が蓄積されたことは推測に難くない。また専門的集団のみならず、寺内衆や全国から上山する番衆による造営作業への関与が、地築や諸種手伝いなどに見出される。とはいえ、江戸時代のような体制整備を読み取ることは難しい。造営の歴史像に当該期の本願寺教団のありようを重ね

てみることは重要であろう。

むすびにかえて

天正十九年（一五九一）、本願寺は秀吉の指示により天満を退去し、京都へ移転した。『天正十九年京都七条へ御影堂移徙等記』[92]によれば、同年八月六日に御影堂移徙、十一月三日に阿弥陀堂の石礎、天正二十年（一五九二）六月二十一日に阿弥陀堂棟上、七月四日に移徙であった。京都移転の理由や歴史的意義についても諸説があるが[93]、豊臣政権の京都をめぐる宗教構想や、本願寺教団の中世から近世への変質を考えながら、六条（七条）寺内（西本願寺）の造営過程などをさらに検討していく必要がある。

また、天正二十年（一五九二）十一月二十四日には顕如が死去し、教如が継職したが、文禄二年（一五九三）十月、教如は豊臣政権により強制的に退隠させられ、弟の准如が本願寺を継職した。その後、慶長七年（一六〇二）に教如は徳川家康から京都東六条に寺地四町四方の寄進を受け、慶長九年（一六〇四）にかけて両堂を造営し、東本願寺を創立した[94]。江戸時代の東本願寺造営の実態解明も今後の重要な研究課題である[95]。

本章では、中世の本願寺造営史について基本史料や先行研究を確かめながら概括してきた。造営史の視点から当該期の本願寺教団の社会的位置を考える基礎理解を示すことができたと考える。

注

（1）本章は、真宗大谷派（東本願寺）の平成二十三年（二〇一一）親鸞七百五十回御遠忌事業の一つである「真宗本廟（東本願寺）造営史」研究の一環である。本章の成果の一部は『真宗本廟（東本願寺）造営史――本願を受け継ぐ人びと――』（真宗大谷派宗務所出版部、二〇一一年）にも反映された。

（2）たとえば『本願寺史』第一巻（浄土真宗本願寺派、一九六一年。増補改訂版二〇一〇年）、井上鋭夫『本願寺』（至文堂、一九六二年。講談社学術文庫で二〇〇八年再刊）、細川行信『大谷祖廟史』（真宗大谷派宗務所出版部、一九八五年）など。造営の視点から中世本願寺の通史に言及する論考として細川行信「本廟・本願寺の歴史――草創より幕末までの変遷――」（『明治造営百年　東本願寺』下巻、真宗大谷派本廟維持財団、一九七八年）。

（3）櫻井敏雄『浄土真宗寺院の建築史的研究』（法政大学出版局、一九九七年）、川上貢「大坂石山本願寺の殿舎について」（同『日本中世住宅の研究』〈墨水書房、一九五八年〉、初出一九五四年）、福山敏男「東本願寺の建築」（『寺院建築の研究』下、中央公論美術出版、一九八三年）、伊藤毅『近世大坂成立史論』（生活史研究所、一九八七年）など。

（4）『大系真宗史料　特別巻　絵巻と絵詞』（真宗史料刊行会編・小山正文担当、法藏館、二〇〇三年）18―19ほか。

（5）「大谷廟堂創立時代文書」（二二）青蓮院下知状案（『真宗史料集成』（以下『集成』）第一巻〈同朋舎、一九七四年〉九九四―九九五頁）。

（6）「大谷廟堂創立時代文書」（三）覚信尼大谷敷地寄進状（『集成』第一巻九八五―九八六頁）。

（7）園村義耕「覚信尼寄進状に就いての一考察」（『真宗研究』第三二輯、一九八七年）、草野顕之『『改邪鈔』史考』（東本願寺出版、二〇一八年）。

（8）木場明志「真宗本廟造営史への挑戦」（『同朋佛教』第四五号、二〇〇九年）。

（9）『集成』第一巻八七〇頁。

（10）「大谷廟堂創立時代文書」（二三）本願寺親鸞上人門弟等愁申状（『集成』第一巻九九五頁）。

（11）『存覚一期記』（『集成』第一巻八七三頁）。

（12）『存覚一期記』（『集成』第一巻八七四頁）。

（13）『真宗重宝聚英』第十巻（同朋舎出版、一九八八年）一八四頁。

（14）『蓮如と本願寺――その歴史と美術――』（図録、毎日新聞社、一九九八年）。

(15) 天正八年（一五八〇）願得寺実悟（蓮如十男）作の故実書。『集成』第二巻（同朋舎出版、一九九一年改訂版）五六七頁、『大系真宗史料』（以下『大系』）文書記録編13「儀式・故実」（法藏館、二〇一七年）四八頁。
(16) 服部幸子（史料紹介）「醍醐寺文書「満済准后自筆公家御祈以下條々置文」について」（『大谷大学史学論究』第八号、二〇〇二年）。
(17) 草野顕之「山科本願寺・寺内町の諸様相」（山科本願寺・寺内町研究会編『戦国の寺・城・まち――山科本願寺と寺内町――』〈法藏館、一九九八年〉六七頁）。草野顕之『蓮如上人と山科』（真宗大谷派山科別院長福寺、二〇〇二年）、草野顕之『戦国期本願寺教団史の研究』（法藏館、二〇〇四年）第Ⅲ部第一章「本願寺の堂舎と荘厳の変遷」（初出一九九四年）。
(18) 「諸文集」（一一〇）（一一四）（一一七）～（一二一）（一二五）（一三一）（一四六）（『集成』第二巻二三一―二六七頁）。
(19) 『集成』第二巻「諸文集」（一三一）。
(20) 『集成』第二巻「諸文集」（一一四）。
(21) 『集成』第二巻「諸文集」（一一七）。
(22) 『集成』第二巻「諸文集」（一一七・一一八）。
(23) 『集成』第二巻「諸文集」（一二一）。
(24) 『集成』第二巻「諸文集」（一二五）。
(25) 天正三年（一五七五）願得寺実悟作の故実書。『集成』第二巻五四三―五四四頁、『大系』文書記録編13「儀式・故実」一七―一八頁。
(26) 前掲注(3)櫻井著書、前掲注(17)草野著書などの議論を参照。
(27) 『二水記』天文元年八月二十四日条（『大日本古記録』所収。前掲注(17)『戦国の寺・城・まち』二七六頁、『大系』文書記録編5「戦国期記録編年」〈法藏館、二〇一四年〉一六二頁）。
(28) 一般書に見える「石山」という表現は、江戸時代以降の史料にしか確認されず、同時代における表現は「大坂」であるため、本書では「石山本願寺」という表記は正確ではないと考え、原則として採用せず、「大坂本願寺」と表記する。吉井克信「戦国・中近世移行期における大坂本願寺の呼称――「石山」表現をめぐって――」(『ヒストリア』第一五三号、一九九六年)、「特集　大坂の成立・展開と本願寺・信長・秀吉――「石山」呼称問題から都市論・権力論――」(『ヒストリア』第二六〇号、二〇一七年)参照。

(29)「大坂」の呼称自体を蓮如の命名とされることが多いが、さかのぼって鎌倉時代には確認されることが指摘された(参考、前掲注(28)『ヒストリア』第二六〇号特集)。

(30)『集成』第二巻六〇九頁、『大系』伝記編5「蓮如伝」二五頁。

(31)『拾塵記』(前掲注(30)同箇所)。

(32)明応六年十一月二十五日付『御文』(帖外70、『集成』第二巻「諸文集」(一五八)。

(33)『拾塵記』(前掲注(30)『集成』第二巻六〇七頁、『大系』伝記編5「蓮如伝」二三頁)。

(34)『山科御坊事幷其時代事』第七三条(『集成』第二巻五五六―五五七頁、『大系』文書記録編13「儀式・故実」三五―三六頁)。

(35)『集成』第二巻七七二頁、『大系』文書記録編13「儀式・故実」四七六―四七七頁。

(36)『山科御坊事幷其時代事』第二二条・第七九条(『集成』第二巻五四七・五五七頁、『大系』文書記録編13「儀式・故実」二二・三六頁)。

(37)『集成』第三巻(同朋舎、一九七九年)、『大系』文書記録編8「天文日記Ⅰ」(法藏館、二〇一五年)一一・一四八頁。

(38)『大系』文書記録編5「戦国期記録編年」(法藏館、二〇一四年)一二三頁。

(39)参考、拙稿(史料紹介)「戦国期大坂本願寺造営記録二冊」(『年報中世史研究』第三五号、二〇一〇年)。

(40)『天文日記』各同年月日条(『集成』第三巻四・二二頁、『大系』文書記録編8「天文日記Ⅰ」六・三五頁)。

(41)『天文日記』同年三月二日条(『集成』第三巻九九頁、『大系』文書記録編8「天文日記Ⅰ」一五二頁)ほか。

(42)前掲注(3)櫻井著書。

(43)『私心記』同年月日条(『集成』第三巻五四九頁、『大系』文書記録編10「私心記」一九頁)。

(44)『集成』第三巻五五三頁、『大系』文書記録編10「私心記」二一頁)。

(45)『集成』第三巻五五四頁、『大系』文書記録編10「私心記」二二頁)。
(46)『私心記』天文三年条(『集成』第三巻五五五―五六八頁、『大系』文書記録編10「私心記」二三―三六頁)。
(47)『集成』第三巻五七三頁、『大系』文書記録編10「私心記」三九・四五頁)。
(48)『集成』第三巻一八〇頁、『大系』文書記録編8「天文日記Ⅰ」二七三頁)。
(49)前掲注(39)史料紹介。
(50)拙稿「近世真宗門徒の信仰・組織・運動――東本願寺寛政度再建と三河門徒――」(『同朋大学論叢』第九四号、二〇一〇年)、前掲注(1)『真宗本廟(東本願寺)造営史』。
(51)前掲注(3)櫻井著書など。
(52)『私心記』天文五年二月二十八日条から「御堂南ノ落間」、『天文日記』天文十年八月二日条から「局次」、『天文日記』天文六年三月二日条には「御堂うしろの座敷」の存在が確認できる。『天文日記』天文六年正月八日条には仏事のために「南ノ縁カコワレ候、二間ノ分也」とあったり、天文十四年八月二十五日条にも「御堂内七間ト又南庭縁ト八間座敷ニ一ツニナリ候」とあったりすることから、広縁・大床部分などは可変的な造りになっていたものとも考えられる。
(53)光教寺顕誓(蓮如四男蓮誓の子)著。『集成』第二巻七二三頁、『大系』文書記録編3「戦国教団」(法藏館、二〇一四年)三一頁。顕誓については本書第Ⅰ部補論1・2参照。
(54)前掲注(53)『今古独語』。
(55)『天文日記』天文二十二年(一五五三)九月四日条には「阿弥陀堂北二間」や「南三間」、『私心記』永禄三年(一五六〇)四月二十七日には「阿弥陀堂北六間」とあり、御影堂に匹敵する規模になっているのではないかと推測される。
(56)『私心記』天文二十二年六月十三・十五日条(『集成』第三巻七八七・七八八頁、『大系』文書記録編10「私心記」二八四・二八五頁)。
(57)本書第Ⅱ部第五章。
(58)本書第Ⅰ部第四・五章。

(59)　前掲注(53)。
(60)　『言継卿記』永禄七年十二月二十七日条、『お湯殿の上の日記』永禄七年十二月二十八日条など（『大系』文書記録編5「戦国期記録編年」二九六頁）。
(61)　『完訳フロイス日本史3』（中公文庫、二〇〇〇年）。
(62)　『集成』第二巻七二四・七五七頁、『大系』文書記録編3「戦国教団」三二一・五七（・八三）頁。
(63)　前掲注(39)史料紹介。
(64)　『集成』第三巻一二三〇頁。『貝塚御座所日記』については『寺内町研究』創刊号〜第六号（一九九五〜二〇〇二年）において大澤研一氏による正確な史料翻刻・紹介がある。その後、『大系』文書記録編14「東西分派」（法藏館、二〇一六年）にも収録された。
(65)　『集成』第三巻一二三〇頁、『大系』文書記録編14「東西分派」三三五頁。
(66)　鍛代敏雄『中世後期の寺社と経済』（思文閣出版、一九九九年）第二編第四章「寺内町の解体と再編」（初出一九八七年）。また天満寺内の都市史的研究として、伊藤毅『近世大坂成立史論』（生活史研究所、一九八七年）「天満の成立――摂津天満本願寺寺内町の構成と天満組の成立過程――」（初出一九八七年）、『日本都市史入門Ⅰ　空間』（東京大学出版会、一九八九年）、『天満本願寺跡発掘調査報告』Ⅰ〜Ⅴ（大阪市文化財協会、一九九五〜二〇〇三年）なども参照。
(67)　『集成』第三巻一二三一―一二三二頁。
(68)　拙稿（史料紹介）「天満本願寺・京都本願寺造営記録（各一冊）」（『年報中世史研究』第三六号、二〇一一年）。
(69)　『集成』第三巻一二二三頁。
(70)　『完訳フロイス日本史4』（中公文庫、二〇〇〇年）一六七―一六八頁。『キリシタンが見た真宗』（東本願寺、一九九八年）二五六・二六二頁も参照。
(71)　前掲注(66)鍛代論文ほか。
(72)　『完訳フロイス日本史4』（中公文庫、二〇〇〇年）五四頁。
(73)　『完訳フロイス日本史5』（中公文庫、二〇〇〇年）一七九―一八〇頁。

(74)『御朱印師職古格』（伊勢神宮文庫）。安野眞幸『バテレン追放令――16世紀の日欧対決――』（日本エディタースクール出版部、一九八九年）参照。
(75)『集成』第三巻一二三〇頁、『大系』文書記録編14「東西分派」四七頁。
(76)『集成』第三巻一一七四―一一七五頁、『大系』文書記録編4「宗主消息」（法藏館、二〇一四年）三八四―三八五頁。
(77)『集成』第六巻（同朋舎出版、一九八三年）四六頁。
(78)『集成』第三巻一二三一頁、『大系』文書記録編14「東西分派」四七―四八頁。
(79)『西光寺古記（本願寺史料集成）』（同朋舎出版、一九八八年）一七三頁。
(80)前掲注(68)史料紹介。
(81)前掲注(79)同一七三頁。
(82)『集成』第三巻一二三一頁、『大系』文書記録編14「東西分派」四八頁。
(83)『天満別院誌』（天満別院誌編纂委員会編、一九六一年）。
(84)『上壇間日記』元文五年（一七四〇）五月「口上覚」「一、当天満御坊者往古川崎御堂にて御座候処、教如上人様御在寺被遊候節、川辺に被成候故、只今之敷地へ御引移被遊候（後略）」（前掲注(83)『天満別院誌』四四頁）。
(85)『集成』第三巻一二三二頁、『大系』文書記録編14「東西分派」四九頁。
(86)太田光俊「大坂退城後の坊主衆の動向――一六通の起請文からみた顕如・教如対立の一断面――」（大阪真宗史研究会編『真宗教団の構造と地域社会』、清文堂出版、二〇〇五年）。
(87)『集成』第三巻一二二八頁。
(88)『集成』第三巻一二三二頁。
(89)『真宗史料集成』第九巻（同朋舎、一九七六年）四一三頁、『大系』文書記録編13「儀式・故実」一九〇頁。
(90)『完訳フロイス日本史5』（中公文庫、二〇〇〇年）一七九―一八〇頁。
(91)前掲注(66)鍛代論文・伊藤論文、早島有毅「豊臣政権の寺社政策」（朝鮮日々記研究会編『朝鮮日々記を読む――真宗僧が見た秀吉の朝鮮侵略――』所収、法藏館、二〇〇〇年）などを参照。

(92) 前掲注(68)史料紹介。

(93) 大桑斉「都市文化の中の聖と性」（岩波講座近代日本の文化史2『コスモロジーの「近世」19世紀世界2』、岩波書店、二〇〇一年）、佐藤文子「京都本願寺の境内地をめぐって」（『本願寺展』、朝日新聞社、二〇〇八年）など。

(94) 本書第Ⅱ部第七章。

(95) 同朋大学仏教文化研究所編『江戸時代の東本願寺造営』（二〇〇九年）、前掲注(1)『真宗本廟（東本願寺）造営史』など。

第二章　戦国期本願寺「教団」の形成

はじめに

前章では、寺院造営史を軸として中世本願寺の歴史的展開をたどったが、本章ではまた別の角度から、とくに戦国期本願寺における「教団」の歴史的形成過程について考察し、論点を提示したい。

本章の基本的な軸にあるのは、研究史において示された、中世真宗史における「門流」から「教団」へという捉え方である。(1)これに関わる論説も今や少なくはないが、ここで筆者なりの理解を示しておきたい。まず研究史における理解を整理し直せば次のとおりである。(2)

かつて、親鸞門弟時代の諸集団を「初期教団」と表記する傾向が研究史にはあったが、現段階では注意が必要である。もちろん理念的に「僧伽（サンガ）」と言うべき実態をそこに読み取ることは可能である。しかし、教えとそれを恒久的に継承する体制を維持する組織・制度を安定的に有しているという意味での「教団」の成立は、歴史的に言えばまだない。それが実現するのは戦国期、本願寺蓮如の時代以降のことであった。(3)金龍静氏によれば、蓮如（一四一五〜九九）はその宗教活動において、本尊を阿弥陀如来一仏とし、宗祖を親鸞とする「教団」の形成を志向し、強力に推し進めた。(4)それは蓮如以前のありかたを大きく批判的に継承するとともに、蓮如以降のありかたを大きく規定し、方向付けるものであった。

こうした理解においては、のちに浄土真宗の祖と位置付けられる親鸞の死後、本願寺蓮如の時代に至る以前の時代を「初期真宗」と呼び、その時代のいわゆる「真宗」勢力の歴史的実態は「門流」形態と説明されることになる。そして、その「門流」形態から「教団」形成へと向かったのが本願寺蓮如の歴史的意義である。さらに蓮如を継承した本願寺実如（一四五八～一五二五）期の教団の動きも重要である。以下、三節に分けて論じる。

第一節　初期真宗「門流」をめぐって

1　初期真宗「門流」の展開

『歎異抄』第六条の(5)「親鸞ハ弟子一人モモタスサフラウ」はとてもよく知られた言葉であるが、それはあくまで親鸞本人の宗教的自覚であり、実際には親鸞を師と仰ぐ門弟（門徒）集団（門流）が歴史的に存在した(6)。主な集団としては、関東に始源・拠点を持つ横曽根門流、高田門流、大網門流、鹿島門流、また三河和田門流などが挙げられるが、さらに多くの親鸞直弟子とその門流、そして師資相承、法脈継承が繰り返されて分流し、広域的・拡散的な展開を見せた。ただし、当代師僧との関係を基本とする「門流」形態においては、師資（法脈）相承を繰り返すと先師の存在感は薄れ、当代師僧のなかに包摂されていく傾向を持った。そのため、親鸞が確固たる祖師として位置付けられず、したがって、もちろん「浄土真宗」としての宗派・教団意識などはなく、その成立もない。客観的に見れば、天台系の念仏聖集団の活動として捉えられたであろう。これをかつて井上鋭夫氏は汎浄土教系的性格と指摘した(7)。親鸞墓所としての本願寺は成立したが、覚如（親鸞曽孫）や存覚（覚如長男）の動きは注意されるものの、本願寺への結集は必ずしもなし得ていないのが、この時期の歴史的実態である。

初期真宗の諸門流は、関東から各地へと拡散的に展開し、とくに山間部に広がりながら北信越方面へ、また鎌倉街道をはじめとする街道筋や水運を用いて遠江・信濃から三河に入っていった。そこで一定度の定着をしながら、さらに矢作川流域を下り、知多半島を通り伊勢湾に出て、尾張木曽三川流域を北上していく動きがあった。とともに伊勢湾から南伊勢に入り大和へと展開した痕跡もある。信濃から美濃・尾張に入る展開もあり、そこからさらに北陸越前方面へ、また、畿内から西国地域への動きもみられる(8)。

以上は主に三河・尾張地域を中心に説明したもので、全国的にはさらに多様な展開があるが、このなかで、とくに注目すべきは、高田専修寺門流はもちろんながら、それ以上に専信房専海門流と光信房源海門流である。この二門流は高田門流と同一視されることもあるが、明らかに独自の歴史的性格と地域的展開を持っていた。専信は高田顕智よりも上位の親鸞直弟子で、『教行信証』書写と御影（のちの安城御影）所持を許された重要人物である。その門流は前述の関東から遠江、そして三河へ、さらに北陸越前へと展開していったことが、各地に伝存する高僧連坐像から示唆される(9)。

荒木門流はしばしば荒木門徒とも呼ばれ、武蔵国荒木を拠点とした源海を祖とする門流集団であった(10)。源海の師は真仏で、これを高田門流の真仏とするのが一般的であるが、別の真仏とする説もある(11)。

荒木門流は、初期真宗門流の特徴を最もよく示し、実は最大規模を有していた可能性がある。その布教形態は、掛幅・絵画をよく用い、絵解き・物語りをよくしたと考えられている(12)。また、その担い手は、「山の民」「川の民」(13)と呼ばれるような非農業民・非定住民が中心で、また夫婦（男女）・家族での信仰形態がよく見出される(14)。こうした担い手の民衆性が、そのまま初期真宗の社会的位置を示すとも言える。

この門流の系譜に連なる人びとは多彩で、西国にその痕跡の豊かな明光や、佛光寺を開いた了源などが見出される[15]。とくに佛光寺は、『本福寺由来記』に「シルタニ（渋谷）佛光寺コソ名張（帳）・ヱケイツ（絵系図）ノ比ニテ、人民クンシフ（群衆）シテ、コレニコソル[16]」と語られ、名帳・一流相承系図（絵系図）を用いた民衆布教により繁栄したと言われている。蓮如以前の本願寺が、同書では「人《シン》セキタヘテ、参詣ノ人一人モミエサセタマハス、サヒ〳〵トスミテオハシマス[17]」とされて、よく対照的に示される。実際には蓮如以前の本願寺にも、北陸への教線伸長、近江門徒の獲得などの発展的動向を見出せるのであるが、大きく勢力関係が動くのは、やはり蓮如の時代になってからである。ただし、そこで衝撃的なのは、山科本願寺を建立・再興した蓮如に、佛光寺住職の経豪本人が帰依し、大多数を連れて本願寺教団に参入したとされることである[18]。佛光寺の信仰・布教形態は、蓮如からすれば克服すべき内容を持っていたが、佛光寺が民衆性を強く持つこと、そうした佛光寺の民衆性をも包摂することのできた蓮如の宗教活動を、よく考えなくてはならない。

2　初期真宗「門流」信仰の問題

こうした門流集団の地域的展開は、各地に伝存する法宝物史料からうかがえる。『改邪鈔』第二条[19]によれば、親鸞は十字名号（帰命盡十方无㝵光如来）を根本の本尊としたという。本人の直筆名号も実際に残っているが、初期真宗の本尊は、紺地金泥の十字名号・九字名号（南无不可思議光如来）、光明本尊や高僧連坐像、聖徳太子像など多様であった。太子像は十六歳孝養像、二歳南無仏像を中心に伝存し、真宗と太子信仰の深い関わりを示唆する。また、聖徳太子絵伝や善光寺如来絵伝、法然絵伝・親鸞絵伝なども、初期真宗の特徴的な法宝物である。さらには、前述のように、佛光寺系の名帳・一流相承系図も外して考えることはできない。

こうした法宝物（礼拝対象）の多様さは、そのまま初期真宗時代の本尊や信仰の歴史的特徴を確かに示しており、そうした歴史的理解を進めていく必要がある。絵画史料としての歴史的価値も高く、すでに多角的な研究課題が見出されている[20]。ただし、浄土真宗の本尊とは何か、宗祖は誰かという視点に立つ時、次のような問題を持つことも確かである。

光明本尊は、浄土真宗において重要な存在を大きな一幅のうちにすべて描き収め礼拝対象としているが、名号を中心には置くものの、さらに二つの名号、阿弥陀・釈迦の両絵像、天竺・晨旦・和朝の高僧、聖徳太子とその眷属、法然とその高弟、そして親鸞とそれ以後の先徳も描いている。すべてが名号の光明内に摂め取られて描かれているとも言えるが、それぞれが同格の礼拝対象と見なされた可能性があり、本尊と宗祖の唯一性は表現されていない。親鸞は連坐像の流れのなかに描かれ、その独自性は示されていない。

同様に、高僧連坐像も親鸞を一連の流れのなかに描き、その始発は善導で、そこから法然、親鸞という法脈相承を描き示す。そこに阿弥陀如来（名号・絵像）は描かれないので、この高僧連坐像を礼拝対象とすれば、仏ではなく人師を礼拝し信仰していることになる。聖徳太子もまた観音菩薩の化身ではあるが、本尊として礼拝すれば、阿弥陀如来を中心とした信仰ではないことになる。

こうした初期真宗の信仰形態に対して、蓮如は本願寺を継職して以降、あくまで本尊は阿弥陀如来、宗祖は親鸞という指針を持ち、活動していくことになる。そこでは「アマタ御流ニソムキ候本尊以下、御風呂ノタヒコトニヤカセラレ候[21]」という行為すら伝えられるが、最も克服すべき課題としたのは、善知識（人師）信仰と法脈相承であったと考えられる[22]。中世仏教の基本的な特徴でもあったそれらを乗り越えることで、蓮如は「門流」を「教団」へと転換させていったのである。

第二節　本願寺蓮如の歴史的意義

蓮如は、鎌倉時代に親鸞が開いた浄土真宗の教えを、戦国時代に多くの人びとに説きひろめ、広範な民衆的基盤をもって浄土真宗・本願寺教団を形成し、社会的に定着させていった。この点が最も大きな歴史的意義である。本願寺を中心とする「教団」形成は、日本仏教史上、現代に通じる意味での「宗派」成立の先駆であったとも言われる(23)。ここで、あらためて蓮如の生涯を簡潔に追い、さらに蓮如の宗教活動とその特徴について、論点を整理したい(24)。

1　本願寺蓮如の生涯

八十五年にわたる本願寺蓮如の生涯について、先行研究に学びながら、次の六区分に整理して略述する(25)。

(1)**誕生～継職**…蓮如は応永二十二年（一四一五）、京都東山大谷本願寺において存如の長男として生まれた。六歳で実母と生き別れ、十七歳で得度し、四十三歳で継職するまで長く後継者の立場で活動した。この時期に父存如のもとで聖教の書写・執筆活動を行ない、それが蓮如教学の基礎になったとされる。長禄元年（一四五七）、存如の死去に伴い、本願寺住職となった。この時、異母弟応玄と継職をめぐる相論があった。存如正室如円尼が支持した応玄に決まりかけたところ、北陸より叔父如乗が本願寺に参じて蓮如を支持し、蓮如の継職が決まったという。なお、蓮如は自身を本願寺七世と認識していた(26)。

(2)**宗教活動の開始**…本願寺住職となった蓮如は、親鸞の思想に基づき、真宗の本尊が阿弥陀如来であることを再確認した。それを掛軸装の紺地金泥十字名号で表現し、本尊として本願寺門徒に授与した。これを受けた近江国の堅田法住や金森道西らが、蓮如に帰依した初期の有力門徒であった。蓮如は道西の求めに応じて『正信偈大意』を著し、また『御文』を書き始めた。こうして近江・北陸、そして東海地域に本願寺の教線は伸びたが、急速な勢力拡大が問題視され、また本尊は阿弥陀一仏であると明確にしたことが他の仏神への軽視と受けとめられ、比叡山延暦寺の警戒を招くことになった。

(3)**「寛正の法難」とその後**…寛正六年（一四六五）、延暦寺衆徒が東山大谷に押し寄せ、本願寺は破却された。蓮如は抵抗せずに逃れたが、翌年には延暦寺衆徒の攻撃を受けた金森門徒が初めて軍事的に抗戦し、相手方の大将を討ち取った。これが史上初の一向一揆と言われる。応仁元年（一四六七）、延暦寺は本願寺を赦免し、これまで青蓮院門跡の「候仁」であった本願寺は、延暦寺西塔院の末寺と位置付けられた[27]。この赦免交渉に関して三河国の佐々木如光の尽力があったという。そのつながりで翌年、蓮如が三河に来訪したのであろう。このころ、蓮如は十字名号に替え、六字名号（南無阿弥陀仏）を用いるようになった。

(4)**北陸吉崎時代**…文明三年（一四七一）、蓮如は親戚筋にあたる興福寺大乗院経覚の勧めもあり、北陸に下向し、越前と加賀の国境にある吉崎に坊舎を建立し居住した。隠居するかたちであったが、六字名号や『御文』などを用いて蓮如がわかりやすく説く浄土真宗の教えを聞きたいと、民衆が吉崎に群集した。そのため、北陸でも、天台宗の平泉寺・豊原寺や真宗高田派から、またも警戒を受けることになる。そして、文明六年（一四七四）には加賀国の守護富樫家の内紛に本願寺門徒が関与し、一向一揆が勃発した（文明一揆）。さらに翌年にも軍事的紛争が続いたため、蓮如は吉崎を退去して畿内に帰還した。

(5)**山科本願寺建立**…蓮如の残された人生最後の志願として本願寺の再興があった。文明十年（一四七八）、蓮如は河内国出口から山城国山科郷野村に入り、坊舎の造営事業を始めた。文明十二年（一四八〇）には御影堂を建立

【図版1】蓮如妻子関係図（5人の妻　13男14女）

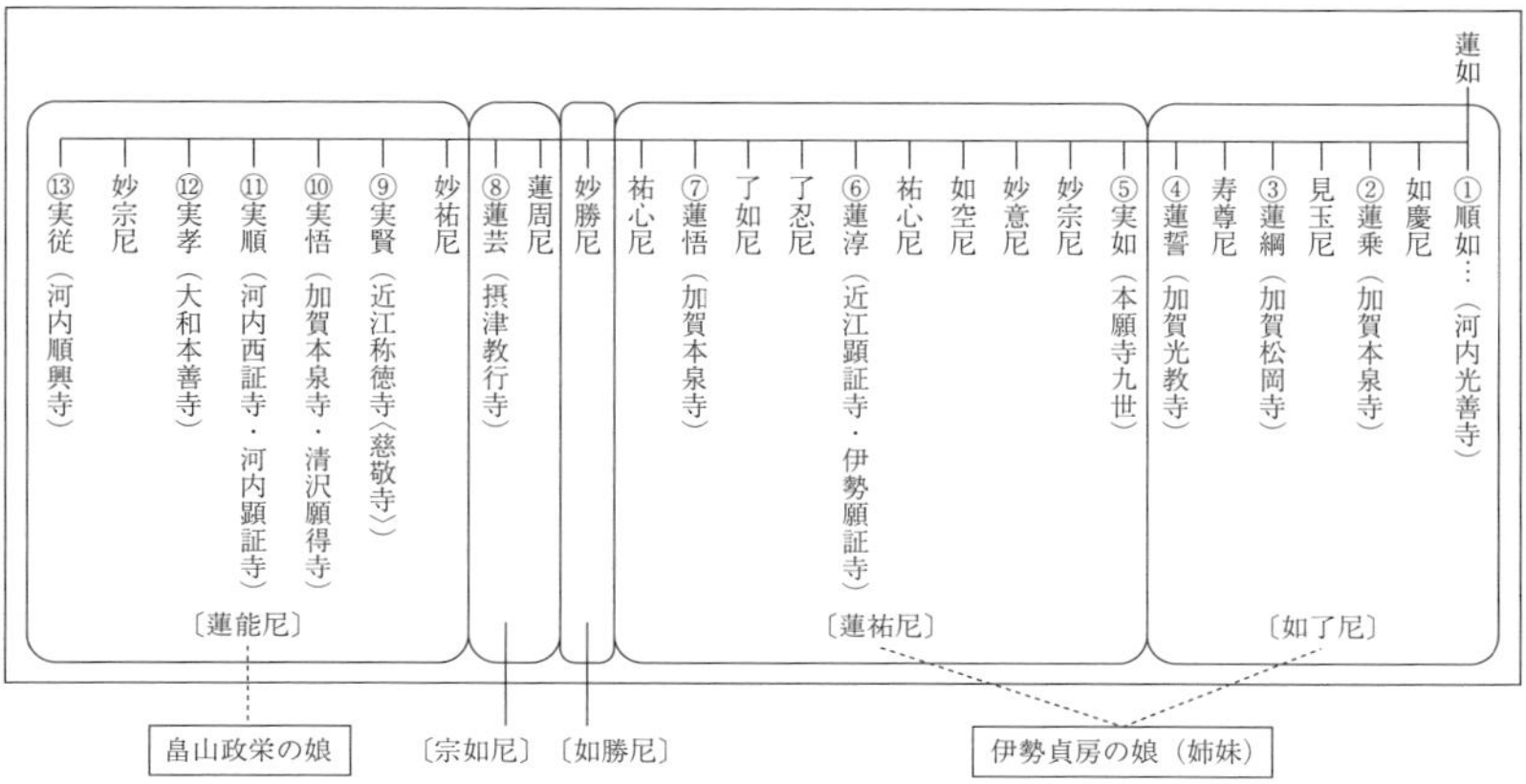

し、近江国三井寺（園城寺）に預けていた親鸞木像（御真影）を迎えて報恩講を勤修した。文明十五年（一四八三）には阿弥陀堂も完成し、山科本願寺が成立したが、同年には本願寺住職をしていた長男順如の死去という悲痛もあった。このころ、佛光寺経豪が蓮如に帰依したことをはじめ真宗諸派の参入が相次ぎ、本願寺教団はさらに勢力を拡大し、全国教団化が進んだ。

(6)晩年、そして往生…順如の先逝により再び本願寺住職の役割を担った蓮如であったが、長享二年（一四八八）には加賀国で再び一向一揆が勃発した（長享一揆）。守護富樫政親を攻撃して勝利した本願寺門徒勢は以後、百年にわたり加賀国を実質的に統治していくことになった。ただし、この一件の責任を室町幕府に問われた蓮如は翌延徳元年（一四八九）に隠居し、五男実如が本願寺住職となった。明応五年（一四九六）には隠居所として摂津国大坂に坊舎を建立したが、やはり山科で最期を迎えるべきと考え、山科本願寺の南殿において明応八年（一四九九）三月二十五日、蓮如は八十五歳でその生涯を終えた。

以上はまったくの略述であるが、本書での要点は示した。もう一つ特筆しておきたいのは、よく知られたことではあるが、蓮如はその生涯で五人の妻を持ち（いずれも死別後の再婚）、二十七子（十三男・十四女）をなしたことである（【図版1】）。十三人の男子はそれぞれ教団において重要な役割を担い、十四人の女子も含めて、諸方と婚姻関係を結んで縁戚の世界を広げ、そのことが戦国期本願寺教団の社会的地位の獲得に大きな役割を果たしていったのである。

2　本願寺蓮如の宗教活動――その歴史的特徴

次に、蓮如が浄土真宗の教えをどのように伝えたのか。あらためて先行研究の論点、とくに金龍静氏の研究[28]を継承しながら、その宗教活動の歴史的特徴を考える。

(A)**本尊**…蓮如は、親鸞の思想に基づき、浄土真宗の本尊が阿弥陀如来ただ一仏であることをあらためて明確にした。蓮如以前の初期真宗門流の時代においては必ずしもそのことがはっきりしておらず、多様な本尊が用いられていたが、蓮如により形成された本願寺教団においては本尊の統一がなされていく。本尊にも木像、絵像、名号などがあったが、蓮如はとくに名号を重んじて用いた[29]。

〔名号〕文字で仏の名をあらわす名号には十字（帰命盡十方无㝵光如来）・九字（南無不可思議光如来）・六字（南無阿弥陀仏）などがあり、「寛正の法難」以前の蓮如は紺地金泥十字名号を用いたが、その後は数え切れないほど多くの六字名号を手書きで製作した。そこには、出遇った門徒一人ひとりに本尊を授けたいという蓮如の意図があったのではないか。なお、名号は蓮如の後を継いだ実如ら本願寺歴代も、よくあらわしている。

〔絵像〕門徒が増加し、地域に門徒集団が寄り合う道場（のちの寺院）ができると、その道場本尊として方便法身尊像（阿弥陀如来絵像）が授与された。軸裏には何（方便法身尊像）を誰（蓮如ら本願寺住職）がいつ（年月日）どこ（地域）の誰（願主）に授与したかが記され（裏書）、本願寺と門徒の宗教的な結び付きを読み取ることができる。

こうした絵像本尊の授与は蓮如・順如期に本格化し、実如期にピークを迎えた(30)。

(B)**宗祖**…蓮如は親鸞を宗祖とする宗派＝本願寺教団を形成した。それ以前は汎浄土教的性格が強く、善導―法然―親鸞に始まる師資相承により法脈を受け継いでいく門流のかたちをとっていたが、蓮如は、宗祖とする親鸞に直参してその教えを直接的に聞く姿勢を明確にし、門徒にもそれを促した。なお、蓮如は二度、親鸞寿像である安城御影を修復し、安城御影にならった親鸞影像を制作して門徒に授与し始めた。

〈正信偈・和讃〉文明五年（一四七三）三月、蓮如は『正信偈』『三帖和讃』を開版した。それ以前の勤行では善導の『往生礼讃』に基づく六時礼讃が主に用いられてきたとされるが、これ以降は、宗祖である親鸞が撰述した「帰命無量寿如来」から始まる七言百二十句の『正信偈』と『三帖和讃』が本願寺門徒の勤行の中心となっていった。もっとも門徒の多くは文字ではなく口承でその内容を覚え、朝夕の勤行をしたと考えられる。

〈報恩講〉そして同年十一月、蓮如は親鸞正忌を「報恩講」と称して執行し、これを教団の中心法要と位置付けていった(31)。そこでは他力の信心を確かに獲得することが真実の報恩謝徳の営みとされた。さらに文明十二年（一四八〇）からは「御影前」（御影堂内の親鸞木像の前）における「改悔」儀式が始められた。これは法要に参詣する僧侶・門徒による信仰告白儀式であった。また、斎・非時（食事）の場が設けられ、これを調進することが門徒の大切な宗教役であった。

(C)**講・寄合**…蓮如は教化の場として講・寄合を重視した。中世真宗の講は未成熟であったという見解はあるものの、寄合は確かに存在し(32)、名称はともかく、門徒が寄り合い儀式を行ない、仏法を語り合う場はあった。それは日常的な生活の場がそのまま仏法の場となるものであった。村落内規模のものから広範な地域にわたるものまであるが、いずれにせよ、僧侶・門徒による講・寄合という地域的結合が本願寺教団の重要な基盤となった。

〔讃嘆〕「仏法ハ讃嘆、談合ニキハマル、（中略）仏法ハ一人居テヨロコフ法也、一人居テサヘタウトキニ、二人ヨリアハ、、イカホトカアリカタカルヘキ、仏法ヲハ、タ、、ヨリアヒ〳〵、讃嘆申ヘキ」(33)という言葉が伝えられるように、門徒同士で仏法を語り合い讃嘆することの大切さを蓮如は説いた。そのなかで信心が確かめられ深められていくとともに、人的関係も構築されていったのである。

〔御文〕名号とともに蓮如の教化の大きな特徴とされるのが『御文』である。消息形式の仮名法語といわれる『御文』は、浄土真宗の教えの内容を当時の言葉でわかりやすく記し、説くものである。勤行後などに拝読され、聴聞する門徒民衆はその音声を耳で聞いて教えを体感していった。蓮如の『御文』は二百通以上あると言われるが、のちに『五帖御文』八十通がまとめられ、その拝読を通じて、教えはさらにひろまった。

以上のような本願寺蓮如の歴史的意義は、実は生前の事績にとどまらない。蓮如が説いた浄土真宗の教えにより戦国乱世を生き抜く力をつけた門徒民衆は、蓮如を慕い、憶い続け、彼が残した名号や『御文』を通じて、浄土真宗の教えを次世代に伝えた。そしてそれが地域社会に定着し現代にまで伝え続けられてきたという点が、また根本的に重要である。その意味で蓮如伝承・信仰の世界が重要な問題であるが、本書ではその研究課題には踏み込まず、次節では、直接的に蓮如を継承した次代の実如の諸問題へと視点を移していくことにしたい。

第三節　本願寺実如期という課題

本願寺実如は蓮如を忠実に継承したという見地(34)もあれば、実如自身に大きな意図と実践があったという捉え方(35)もある。いずれにしても、戦国期本願寺教団の歴史的形成を考える際、一般的によく注目される蓮如のみを評価して終わってはならず、むしろ実如期にこそ焦点を当てて検討する必要がある。

実如の生涯を、金龍静氏は少青年期、継職併存期、単独宗主期、円如執権期、晩年期に分けて捉えた[36]。綿密なその区分を理解の前提にしながらも、実如が本願寺住持に在職していた時期を中心に大きく分けると、永正年間前半の戦乱動揺期、永正年間後半の教団整備期というように見ることも可能であろう。

永正三年（一五〇六）に起こった全国的動乱のなかで、本願寺実如は河内錯乱に関与し、室町幕府管領の細川政元の要請を断れず、初めて自身の指令による一向一揆の発動へと踏み込んだ。しかし、摂津・河内門徒には蜂起の要請を拒まれ、加賀門徒を動員することになった。さらに北陸で一向一揆が戦われた一方で、大坂では実如の代わりに弟実賢を宗主に擁立しようとする動きが起こるにいたった（大坂一乱）。この事件は実賢の大坂御坊退出によりひとまず沈静したが、これは実如の本願寺住職（宗主）としての権力の不安定さを露呈する事件であった。

そのため、永正年間後半になると、実如は後継ぎの円如の補佐を受けつつ、さまざまに教団の支配体制を強化していった。一つには金龍氏が永正三法令と呼ぶ「三箇条掟」（攻戦・防戦・具足懸）、「一門一家衆制度」、「新坊建立停止令」の制定により、一向一揆の禁止と地域における「寺内」の軍事拠点化の抑制、増えすぎた「一家衆」（本願寺親族集団）の階梯的整理を行ない、教団内外における政治的な体制強化に取り組んだ[37]。もう一つには、蓮如の『御文』を聖教化して『五帖御文』を編纂し、また年中行事の体制も強化した[38]。

ところが、実如を支えていた円如が大永元年（一五二一）に死去、さらに、北陸でまた一向一揆が勃発する事態となり、そして、実如自身も大永五年（一五二五）に六十八歳で死去した。後を継いだのは数え十歳の孫、証如であった。

こうした実如期本願寺の社会的位置の問題を考えるために必要な議論を、ここでは以下の三点に絞って提示する。

1　方便法身尊像の授与

とくに戦国期の本願寺は、本山寺院として、教団に所属せんとする各地の真宗道場・寺院に、絵像本尊として「方便法身尊像（形）」と表記された阿弥陀如来絵像を授与した。これは蓮如期に本格化し、実如期に最盛期を迎えた。蓮如以前にもわずかに見られ、実如期以降も証如・顕如期から近世に至るまで確認されるが、実如期が最も多いということは、まさしくこの時期に本願寺教団が全国的展開・発展を見せ、広範な民衆的教団基盤を構築したということである。実如が授与した方便法身尊像は、北は蝦夷地域、南は薩摩地域まで見出され、総点数はいまだ把握しきれない。金龍氏の研究段階（二〇〇〇年）で九百五十点ほどといい[39]、それ以降も調査研究により発見が続いているので[40]、すでに一千点は超え、なお増え続けることが確実である。

こうした絵像本尊には裏書があるのが基本で、そこには①何を、②誰（本願寺歴代）が、③いつ、④どこの、⑤誰に授けたかという文字情報が記されている[41]。真宗の法宝物にある裏書の史料的価値は絶大であるが、ここでは、こうした絵像本尊の授与、裏書というかたちでの宗教的関係の契約明示により、本山である本願寺と地域の有力な門徒民衆が宗教的紐帯を持ち、戦国期本願寺教団の形成が強固に進展した点を、とくに強調しておきたい。門徒民衆と言っても、蓮如期の近江堅田の法住、同金森の道西、三河佐々木の如光らの歴史的実態を見れば、彼らは商工業に関わりかなりの経済力を持つ地域有力者である[42]。蓮如に山科野村の地を寄進した海老名五郎左衛門（法名浄乗）は山科七郷の有力な郷民であり、かつ門徒となった存在で[43]、こうした人びとが全国各地で門徒化していく状況があったということである。

本願寺が制作し授与した方便法身尊像は画相が定型化し、絵画史料としての多彩さには欠けるが、来迎を基本とする一般的な阿弥陀信仰と異なり、明らかに本願寺流の信仰を表現し指し示している。受け取る側の意識もさまざまであろうが、画相等が何でもよかったわけではない。むしろ、同じ本願寺流の絵像本尊が急速に全国各地に多数、流布していったこと自体、戦国期本願寺教団の社会的基盤を考える際に重要な問題として指摘しておかなくてはならない。

2　山科本願寺・寺内町の形成

寺内町とは、とくに真宗寺院の「寺内」であることを根拠に諸役免除や守護不入などの権利を獲得し、周囲に堀や土塁を築いて、そのなかに町場を形成する都市・集落である。真宗史のみならず、政治史・経済史・都市史・地理学・考古学など学際的に注目され、研究も相当に蓄積されたが(44)、そのなかで、歴史上初めての本格的な寺内町が山科本願寺において形成されたことは誰もが認めるところであろう。

ただし、寺内町の建設についても、従来は蓮如の業績として語られることが多く、実際には段階的な形成であること、とりわけ、町場の拡大や土塁の構築に関しては、それが実如期であることはあまり注目されていない。この点を丁寧に検討したのが草野顕之氏の研究である(45)。

草野氏は、山科本願寺の創建期には政治的危機がなく、防御を考えない平地にあって当初の囲いは築地塀であったが、蓮如晩年の加賀長享一向一揆後に土塁に変更されたと推測した。また、蓮如期には、山科寺内町はいわゆる第一郭（御本寺）のみであったのが、実如期の永正初年ごろに第二郭（内寺内）、永正十年（一五一三）ごろに第三郭（外寺内）が普請され、形成されていった可能性が高いという。

これらの理由や背景については、教団内の問題のみならず当該期の政治的・軍事的情勢とも連関させてさらに検討しなくてはならないが、永正二年（一五〇五）に山城守護代の香西元長と対峙した室町幕府管領の細川政元が山科本願寺に軍勢を動かし(46)、おそらく寺内町に入ったと考えられる。第二郭が形成され、細川方の軍事拠点として機能しだしているのであり、これが、翌年の河内錯乱にあたって政元が実如の一向一揆の軍勢動員を要請したことにつながるのであろう。永正十年は室町将軍足利義稙が五月に京都帰還を果たしたが、その時点でまだ普請は行なわれていなかった(47)。第三郭の形成は、ただ山科本願寺の勢力拡大のみを背景とするのかもしれないが、義稙帰洛時に山科の葬所の無常堂を布で隠した逸話(48)と連関させれば、蓮如墓所もある寺内町北東の葬所を包みつつ、主に北側の街道方面を軍事的に強化したと捉えることはできよう(49)。

寺内町には本願寺門徒のみならず非門徒も集住し、活発に経済活動が行なわれたと考えられている(50)。山科に限れば直接的な史料は少ないが(51)、考古学の調査においても多量の輸入陶磁器が発掘されて、山科本願寺・寺内町の繁栄ぶりが裏付けられた(52)。まさしく天文元年（一五三二）の焼失時に「及四、五代富貴誇栄花、寺中広太無辺、荘厳只如仏国云々、在家又不異洛中「也」《（補入）》、居住之者各富貴、仍家々者《（嗜）》随分之美麗云々(53)」と公家鷲尾隆康に記録され、財宝が山のごとくあったとされることと合致しよう。

山科本願寺は、寺内町という場を形成することで政治的・軍事的・経済的力量を持ち、それを増幅させた。その分、政治的危機も増えていくことになったが、社会的地位の上昇も図られた。こうした歴史的性格は次の大坂本願寺とその寺内町にも継承され、さらに勢力を拡大することになる。

3　天皇・青蓮院門跡との関係

本願寺と天皇・青蓮院門跡との関係については伝説的な内容も多く、慎重に考えていく必要があるが、山科本願寺は、朝廷や室町幕府とかなりの折衝を行ない、周知の上で、その建立を実現させたものである。蓮如は『御俗姓御文』で親鸞の出自を説き直し、さらに文明十三年の『御文』では本願寺が亀山天皇・伏見天皇の時代より勅願所であったという由緒を強調した。[54] 本願寺自体は、いわゆる「寛正の法難」以後に比叡山延暦寺三塔の一つである西塔院の末寺となって末寺銭を払うことになったが、いわゆる寺格としては青蓮院門跡の「候仁」であった。[55] それが山科本願寺・寺内町の勢力拡大と強い経済力を背景に上昇を図っていくことになった。実如期においては実質的に青蓮院の外様院家格の位置にあり、さらに次の動きを見せた。

(1)永正十一年（一五一四）、後柏原天皇皇子の清彦親王（のちの青蓮院尊鎮）の得度料が不足していたところ、実如が二千疋を進納し、香袈裟の着用を許可された。[56] 実如はさらに香袈裟免許の礼銭として別に五千疋も進上した。

(2)永正十五年（一五一八）、今度は青蓮院尊鎮（清彦親王）の受戒料について実如が一万疋を進納し、これに対して実如が尊鎮より五か条（①若年より三方膳の事、②袈裟浮紋の事、③僧綱以後、紫袈裟着用あるべき事、④香鈍色の事、⑤生裳の事）の内容を許可された。[57]

(3)大永元年（一五二一）、後柏原天皇の即位料を実如が調進したとされる。[58] これには三条西実隆の仲介があったという。

以上の事項については先行研究でも触れられているが、[59] 戦国期本願寺教団の社会的位置を確保していく歴史的な流れのなかで、あらためてその意味が重要になる。こうした動きは蓮如期に確認されず、実如期に至り始まったものである。そして、それは次の証如・顕如期になるとさらに活発となったのである。

むすびにかえて

本章では、本願寺蓮如の歴史的意義として論じられることの多い戦国期本願寺「教団」の形成について、その前後にも射程を広げて論じてきた。本書第Ⅰ部における教団内編成の問題と併せて理解を深めていきたい。次章からは、実如の後を継いだ本願寺証如の時代の検討に入っていく。

注

（1）金龍静『蓮如』（吉川弘文館、一九九七年）、同「一向宗の宗派の成立」（『講座蓮如』第四巻、平凡社、一九九七年）、脊古真哉「荒木満福寺考――満福寺歴代の復元と源海系荒木門流の拡散――」（『寺院史研究』第一一号、二〇〇七年）、同「真宗絵画史料」（『新修豊田市史』21別編「美術・工芸」、豊田市、二〇一四年）など。なお、金龍静氏の学説については、斎藤信行「真宗史における蓮如教団の位置」（『仏教史研究』第五五号、二〇一七年）が詳しく整理検討しており参考になる（ただし、論旨自体には問題があり、残念でならない）。

（2）初期真宗史（原始真宗史・初期教団史）に関する先行研究については蓄積がぼう大にあり、ここですべてを掲出することは不可能である。以下の注において比較的近年の代表的な研究を挙げるのみでお許しいただきたい。

（3）草野顕之『戦国期本願寺教団史の研究』（法藏館、二〇〇四年）。

（4）前掲注（1）金龍著書など。

（5）『真宗史料集成』（以下『集成』）第一巻（同朋舎、一九七四年）五〇三頁。

（6）拙稿「関東門弟――親鸞書状にみる門弟の動向――」（同朋大学仏教文化研究所編『誰も書かなかった親鸞――伝絵の真実――』法藏館、二〇一〇年）。

（7）井上鋭夫『一向一揆の研究』（吉川弘文館、一九六八年）。

（8）こうした初期真宗の歴史的実態について、筆者は関与した自治体史事業の『新編安城市史1通史編　原始・古代・中世』（安城市、二〇〇七年）、『愛知県史　通史編2中世1』（愛知県、二〇一八年）において論及した。拙稿「中世知多半島地域における真宗勢力の展開」（『愛知県史研究』第一二号、二〇〇八年）、拙稿「三河と播磨をつなぐ南伊勢の真宗」（『真宗研究』第五八輯、二〇一四年）なども参照。また、三河地域真宗史研究については、織田顕信『真宗教団史の基礎的研究』（法藏館、二〇〇八年）、青木馨『本願寺教団展開の基礎的研究――戦国期から近世へ――』（法藏館、二〇一八年）からの学恩が大きいことを特記しておきたい。

（9）脊古真哉「専海系三河門流の北陸への展開――高僧連坐影像二点の紹介によせて――」（早島有毅編『親鸞門流の世界――絵画と文献からの再検討――』法藏館、二〇〇八年）など。

（10）前掲注(1)脊古論文など。

（11）早島有毅「中世社会における親鸞門流の存在形態――中太郎真仏を祖とする集団を中心として――」（『真宗重宝聚英』第八巻、同朋舎出版、一九八八年）。

（12）塩谷菊美『語られた親鸞』（法藏館、二〇一一年）。

（13）井上鋭夫『山の民・川の民――日本中世の生活と信仰――』（平凡社、一九八一年。二〇〇七年にちくま学芸文庫より再刊）。

（14）西口順子『中世の女性と仏教』（法藏館、二〇〇六年）、遠藤一『中世日本の仏教とジェンダー――真宗教団・肉食夫帯の坊守史論――』（明石書店、二〇〇七年）など。

（15）佛光寺編『佛光寺の歴史と文化』（法藏館、二〇一一年）など。

（16）『集成』第二巻（同朋舎出版、一九九一年改訂版）六六一頁、『大系真宗史料』（以下『大系』）文書記録編3「戦国教団」（法藏館、二〇一四年）一二六頁。

（17）前掲注(15)同。なお、『本福寺跡書』では、「ソノ比《コロヲイ》、大谷殿様ハ、至《イタリ》テ参詣《サンケイ》ノ諸人《ショニン》カツテ《曾》オハセ《御座》ス、シカル《然》ニ　谷《シル》佛光寺名帳《ミヤウチヤウ》・絵系図《ヱケイツ》ノ比《コロ》ニテ、人民雲霞《ニンミンウンカ》ノ如《コトク》コレニ挙《コソル》、耳目《シホク》ヲ驚《ヲトロカ》ス」とある（『集成』第二巻六三一頁、『大系』文書記録編3「戦国教団」一六一頁）。

(18)『反古裏書』(『集成』第二巻七五四頁、『大系』文書記録編3「戦国教団」五三—五四・七九頁)。
(19)『集成』第一巻(同朋舎、一九七四年)六五六頁。
(20)小山正文『親鸞と真宗絵伝』(法藏館、二〇〇〇年)、津田徹英『中世真宗の美術(日本の美術第四八八号)』(至文堂、二〇〇六年)、前掲注(9)早島論集所収の諸論考、山田雅教「光明本尊の成立背景」(『日本宗教文化史研究』第二一巻第一号〈通巻第四一号〉、二〇一七年)など。
(21)『蓮如上人一語記(実悟旧記)』第一五八条(『集成』第二巻〈同朋舎出版、一九九一年改訂版〉四五九頁、『大系』文書記録編7「蓮如法語」〈法藏館、二〇一二年〉二三二頁)。
(22)前掲注(8)自治体史(筆者執筆分)で文明年間の「異安心」事件に論及したが、そこでも問題点の一つに善知識信仰が浮かび上がってくる。
(23)前掲注(1)金龍著書・論文など。
(24)本節については拙稿「蓮如上人の生涯」(『應仁寺と三河の蓮如上人展』図録、碧南市藤井達吉現代美術館、二〇一八年)を改稿。
(25)本願寺蓮如に関する先行研究もまたぼう大にあり、すべて掲出することは不可能である。ここでは、前掲注(1)金龍著書、前掲注(3)草野著書第Ⅰ部第一章「蓮如の生涯」、神田千里『蓮如——乱世の民衆とともに歩んだ宗教者——』(山川出版社、二〇一二年)のみ挙げておきたい。また、以下の注で示すのも比較的近年の研究成果の一部のみである。いずれもご了解いただきたい。なお、史料的根拠もすべてに付すことは紙幅の関係上、困難なので、史料集として真宗大谷派教学研究所編『蓮如上人行実』(東本願寺出版部、一九九四年)を挙げるに留める。
(26)吉田一彦「大谷本願寺第七世釈蓮如」(早島有毅編『親鸞門流の世界——絵画と文献からの再検討——』法藏館、二〇〇八年)など。
(27)本書第Ⅱ部第四章。大田壮一郎「初期本願寺と天台門跡寺院」(大阪真宗史研究会編『真宗教団の構造と地域社会』清文堂出版、二〇〇五年)。
(28)前掲注(1)金龍著書。
(29)蓮如名号の研究については、同朋大学仏教文化研究所編『蓮如名号の研究』(法藏館、一九九八年)、青木馨『本願寺教団展開の基礎的研究──戦国期から近世へ──』（法藏館、二〇一八年）の成果が絶大である。
(30)　前掲注(1)『蓮如方便法身尊像の研究』など。
(31)　本書第Ⅰ部。
(32)　前掲注(3)草野著書第Ⅰ部第四章「蓮如と講・寄合」における議論を参照。
(33)　『蓮如上人一語記（実悟旧記）』第一三六条（『集成』第二巻四五六頁、『大系』文書記録編7「蓮如法語」一九頁）。
(34)　金龍静「実如の生涯」（同朋大学仏教文化研究所編『実如判五帖御文の研究　研究篇上』法藏館、二〇〇〇年）。
(35)　吉田一彦「実如の継職と初期の実如裏書方便法身尊像」（同朋大学仏教文化研究所編『実如判五帖御文の研究　研究篇下』法藏館、二〇〇〇年）。
(36)　前掲注(34)金龍論文。
(37)　『富山県史』通史編Ⅱ中世（富山県、一九八四年）。
(38)　前掲注(34)金龍論文、前掲注(3)草野著書、岡村喜史「実如期の本願寺教団と御文の聖教化」（前掲注(34)『実如判五帖御文の研究　研究篇上』）など。
(39)　前掲注(34)金龍論文。
(40)　方便法身尊像については、吉田一彦氏と脊古真哉氏による精力的な調査研究の成果が前掲注(1)『蓮如方便法身尊像の研究』でまとめられ、さらに調査研究は進められている。筆者もまた同朋大学仏教文化研究所や関与する自治体史（愛知県史・安城市史・豊田市史・西尾市史・高浜市史）の調査研究活動において取り組んでいる。
(41)　『新修豊田市史6』資料編古代・中世（豊田市、二〇一七年）第十一節「真宗法宝物裏書史料集成」節扉解説（筆者執筆）。
(42)　たとえば三河佐々木の如光については前掲注(8)自治体史（筆者執筆分）、織田著書、青木著書など。
(43)　原田正俊「戦国期の山科郷民と山科本願寺・朝廷」（津田秀夫先生古稀記念会編『封建社会と近代』〈同朋舎出版、一九八九年〉、のちに『蓮如大系』第五巻〈法藏館、一九九六年〉・『寺内町の研究』第二巻〈法藏館、一九九八年〉再録）。

(44) たとえば『寺内町の研究』全三巻（法藏館、一九九八年）。
(45) 前掲注(3)草野著書第Ⅰ部第六章「山科本願寺・寺内町の様相」・第七章「創建時山科本願寺の堂舎と土塁」。
(46)『実隆公記』同年九月十日・十一日条（『大系』文書記録編5「戦国期記録編年」〈法藏館、二〇一四年〉八九頁）。
(47)『本願寺作法之次第』第一四四条（『集成』第二巻五八二頁、『大系』文書記録編13「儀式・故実」〈法藏館、二〇一七年〉六八頁）。
(48) 前掲注(46)同。
(49) そうであるがゆえに、天文元年（一五三二）山科本願寺陥落時には北側ではなく南西側からの攻撃、侵入を許し、敗北したと考えることもできるであろう。
(50) 前掲注(43)『寺内町の研究』全三巻。
(51)『本願寺作法之次第』第一七条より「魚売買」のあったことが指摘されたり、同第一〇八条より「絵師」の存在が見出されたりしている（『集成』第二巻五六五・五七七頁、『大系』文書記録編13「儀式・故実」四五・六二頁）。
(52) 柏田有香「発掘ニュース76山科本願寺のお宝」（リーフレット京都 No.215、二〇〇六年）。
(53)『二水記』天文元年八月二十三日条（『大系』文書記録編5「戦国期記録編年」一六二頁）。
(54)『集成』第二巻二二六頁・二四三―二四五頁「諸文集」（一〇四）（一二二）。
(55) 本書第Ⅱ部第四章。
(56)『桂蓮院宮御得度記』（『大系』文書記録編5「戦国期記録編年」一〇七―一〇八頁）。
(57)『華頂要略』門主伝二十三（『大系』文書記録編5「戦国期記録編年」一一二―一一三頁）。
(58)『興福寺略年代記』（『大系』文書記録編5「戦国期記録編年」一一八頁）。
(59) 前掲注(3)草野著書第Ⅲ部第四章「戦国期の本願寺教団と天皇」、前掲注(34)金龍論文。

第三章　本願寺証如『天文日記』について

はじめに――『天文日記』とは

本章で取り上げる『天文日記』とは、本願寺十世証如（一五一六～五四）の日記である。(1)天文五年（一五三六）正月一日から天文二十三年（一五五四）八月二日までが現存する（天文十四・十九年を欠く）。蓮如（一四一五～九九）により形成された戦国期本願寺教団が、いわば最盛期を迎えた大坂本願寺時代に記されたもので、本願寺教団のことのみならず、当該期の政治・社会情勢を知る上で、きわめて貴重な日記史料である。

記主である本願寺証如（諱光教、号信受院）は、永正十年（一五一六）十一月二十日に山科本願寺で生まれた。父は本願寺九世実如の二男円如（一四九一～一五二一）、母は本願寺蓮如の六男蓮淳の娘鎮永（一四九三～一五七一。のちに慶寿院と号する）である。証如の父円如は兄の照如が早世したために実如の法嗣として活動していたが、その円如も大永元年（一五二一）に死去した。そこで証如は数え六歳で祖父実如の法嗣となり、大永五年（一五二五）実如の死去により、数え十一歳で本願寺住職を継いだのである。継職した証如は、外祖父蓮淳や叔父実円の補佐を受けたが、「享禄の錯乱」（大小一揆）と言われる教団の内訌、そして山科本願寺の焼失に直面することになった。享禄四年（一五三一）に証如を擁する蓮淳・実円らは、それまで北陸方面を統括し本願寺を支えていた一門衆寺院の加賀四か寺（本泉寺・松岡寺・光教寺・願得寺）を軍事的に粛清して加賀一国への支配権を強めるとともに、畿内・東海を中心とする教団体制への転換を図った。翌天文元年（一五三二）には内訌の隙を突かれるかのように、山科本願寺が近江六角氏と京都法華一揆の軍勢に挟撃され、陥落した。証如は紆余曲折はありつつも大坂の坊舎に移ったが、各地で蜂起した本願寺門徒の一向一揆をとりまく軍事的情勢は厳しく、教団存続の危機に陥っていた。その後、法華一揆が室町幕府・比叡山と対立を強めたこともあり（天文法華の乱）、和与・終息に転じていったのは天文五年（一五三六）にかけてのことであった。『天文日記』はまさしくその天文五年正月から残されている。証如二十一歳の年である。

『天文日記』の書誌はやや複雑で理解に注意を要する。まず、日記名としては『天文御日記』『証如上人日記』その他の呼称がある。前者は外題で、後者は後世の尊称となるが、史料名称としては前者から『天文日記』とするのが妥当であろう。ちなみに『石山本願寺日記』というのは活字本刊行物の書名なので、史料名称として用いてはならない。なお、「石山本願寺」という呼称自体、後世のもので、中世の呼称としては「大坂本願寺」を用いるべきであるというのも、研究レベルではもはや常識である。(2)

次に、『天文日記』の原本は浄土真宗本願寺派（西本願寺）の所蔵である。江戸時代の天保十四年（一八四三）に同寺の宝庫から発見、万延元年（一八六一）に整理され、現状は冊子に調製されたものが断簡本を含めて四十六冊、巻子装のものが年次不詳分も含めて八巻であるという。年次不詳分があるとともに、同じく証如筆の『音信御日記』などいくつかの日記・記録類とひとまとまりになっているようで、既刊の活字本はそれらの仕分や整理・復元に苦心した。(3)ここで年次不詳分について触れておくと、そのなかには調製の際の脱落、『天文日記』本文で書き尽くせなかった内容を別紙に記したもの、後日清書のための覚書（草稿）があるものと見られる。日記を書きまとめていく営みの実態が浮かび上がる。また、それぞれに意味を持たせた複数の「△」記号表記や、随所に見られる合点に説明書きを加えるなど、『天文日記』に付される記号の多様さは、証如の几帳面ともいうべき性格を示すものと言えよう。

『天文日記』には大坂本願寺の内外にわたる貴重な記述がぼう大にある。とくに天文年間の畿内・西国社会の動静を詳しく伝えるため、この日記史料を用いた研究は多くある。しかし、『天文日記』そのものを主題とする研究は、あまり多くはない。北西弘氏による『真宗史料集成』第三巻の解説・解題のほかには、大坂本願寺の日常や寺内町の実態をめぐる解明、とくに音信関係の記述に注目して本願寺と武家・公家・寺家の社会的関係を論じた石田晴男氏、贈答・饗宴に用いられたさまざまな品々を検討し本願寺年中行事の意味を論じた水藤真氏、女性史の視点をふまえて大坂本願寺における内儀と年中行事の詳細を明らかにした荒木万紀子氏、大坂寺内における本願寺の法的支配の性格を検討した神田千里氏らの研究が挙げられる。(4) そのほかに特筆すべきは、本願寺・一向一揆の加賀国支配をめぐる研究の蓄積、(5) 大坂本願寺寺内町研究の蓄積である。(6)

以上の先行研究はいずれもすぐれた成果を示しているが、『天文日記』研究はさらに進めるべき課題にあふれている。本章では、研究史に学びながら、いま一度『天文日記』そのものに立ち返り、その日記としての世界をうかがってみることにしたい。

第一節　『天文日記』にみる本願寺証如の歴史像

『天文日記』の記主である証如という一人物には多様な性格が内在している。神田千里氏は証如には四つの顔があるとした。そして、第一に大坂寺内町という商業都市の領主、第二に本願寺教団の指導者、第三に本願寺門徒の一揆が支配する加賀の国主・大名、第四に自身が九条尚経の猶子であり、本願寺が勅願寺であることなどから公家社会の一員であると示した(7)。その分類自体はおおむね妥当であるものの、表現や順番には疑問がある。もっとも、都市大坂の領主を第一にしたのは「寺内の法」が趣旨の論考であったがゆえであろう。とはいえ、領主的性格は従来、神田氏の言う第三と並んで論じられるものであり、重要な要素ではあるが第一義ではない。ここで整理し直し、表現し直したい。

ところで、本章では『天文日記』を主にとりあげるが、証如はほかにも日記・記録を残している。前述の『音信御日記』(8)、また『賀州本家領謂付日記』『加州所々知行被申趣又申付方記之畢御記』、そして『御堂卅日番上勤座配次第』も『天文日記』と同じまとまりで残されているものである(9)。以上四点のなかには証如の自筆のみならず異筆分もあるようで、検討の余地はあるが、こうした史料にも証如の多面的な性格が表れている。また、『天文日記』天文五年十一月二十一日条に「報恩講之様体別紙ニ記之」、天文六年十一月二十一日条に「七ヶ日斎、非時之様体呈別紙了」とあり、実際にいくつかの証如による報恩講関係文書が残っている(10)。さらに、報恩講日記はのちに慶長年間の本願寺准如（西本願寺第十二世）のものがまとまって残されているので(11)、同様のものが証如にもあったと想定してよい。ただし、他の本願寺歴代を通じて見れば、証如の長男顕如（本願寺第十一世）に報恩講和讃記録があるものの(12)、蓮如や実如などにそうした日記・記録類の残存する痕跡は今のところない。それだけに証如の日記・記録類の残存数は際立っている。ちなみに、日記・記録類以外にもちろん書状（原文書や書札案）、そして門末に授与・下付する絵像本尊等法宝物の裏書類などが史料として挙げられ、これらを総合的に用いることにより、ようやく本願寺証如の歴史像の全容を明らかにすることができる。

1　僧侶（本願寺住職）としての証如

さて、証如という人物の第一義は、当たり前のことであるが、僧侶である。たまたま本願寺に生まれ、そして、その住職を継がねばならない立場にあった。僧侶としての証如がさらにさまざまな顔を持つのであり、その逆ではない。

証如は僧侶であるが、一僧侶ではなく本願寺の住職となり、その本願寺は多くの僧侶・門徒が所属し大きくなりつつあった教団の本山寺院であった。そのため、一寺院の法要儀式・年中行事を執行するにとどまらず、さらにさまざまな活動を行なったのが証如であった。『天文日記』にはそうした証如の諸活動が多く記録されている。

本願寺教団における最大の法要儀式・年中行事は、十一月二十一日から二十八日にかけて行なわれる報恩講である(13)。報恩講とは浄土真宗の祖師親鸞の遺徳に報謝し、その命日十一月二十八日を結願日とし一七日の日程で毎年、行なわれる法要儀式である。その日程中は毎日、逮夜（前日午後）・朝勤（晨朝）・日中の三時法要が繰り返し行なわれ、日中法要では親鸞を讃嘆する『報恩講式』の拝読（式文拝読）、そして正信偈・念仏・和讃の勤行が行なわれた。証如はおそらくほかにも記録を残したため、『天文日記』だけで報恩講の全容は読み出せないが、最終日の結願については必ず記録がある。当初は「七昼夜無何事結願候」などとともに『報恩講式』三段の間に詠唱する和讃（式間和讃。いわゆる「坂東曲」で勤められたと推定されている）の種類（高僧和讃か正像末和讃）を記す程度であったのが、のちには巡讃衆（内陣出仕して和讃を順番に調声する本願寺一門衆）や斎相伴衆の名前なども記録するようになった。儀式主宰者としての自覚が鍛えられていったのであろう。その指導は、蓮如の十三男で山科時代から本願寺の鎰役という御堂儀式の重要な役職を担い、この時期は大坂本願寺に常住していた一門衆である実従（のちにがる。

順興寺）によるところが大きい。実従の日記『私心記』と併せ読むと報恩講や本願寺儀式の実態がさらに浮かび上がる。

親鸞命日勤行は毎月二十七日～二十八日にも同様に三時法要で行なわれた。そして、本願寺前住の命日法要が報恩講に次ぐ儀式であり、証如期には二月二日の実如命日であった。その次に本願寺歴代命日の法要がある。これらを軸に、正月二十五日の法然忌、二月二十二日の太子会、春秋の彼岸や盆などで、本願寺の年中行事が組み立てられており、本願寺住職である証如はこれらの儀式を主宰する立場にあった。

ところで、こうした年中法要の際に行なわれる重要な行事に斎・非時がある。(14) 斎・非時はこの場合、法要儀式の際に設ける食事の席であるが、この斎調進（費用負担）を全国各地の門徒集団が担当し、本願寺と門徒をつなぐ重要な宗教役勤仕となった。担当は儀式により地域がほぼ固定されており、組織的に行なわれていた。また、『天文日記』には各地の寺院・門徒が当番として樽を持参するという記事も頻出する。本願寺の儀式、教団の運営は、こうした全国各地の門徒集団の上山奉仕により支えられていた。その中核・頂点に証如がいて、斎・非時には必ず一門衆や坊主衆らとともに相伴するのが役目でもあった。

なお、『天文日記』には門徒による中斎の記事がしばしばあることに注意したい。これは明らかに門徒民衆側による故人供養の意識を前提にしたもので、これらを取り込んだ儀式体系の形成がなされていると考えられ、そうした場における証如の宗教的立場も考える必要がある。

儀式以外でも、教団の統括者として門末との関係を結ぶのが証如の立場である。本願寺教団ではとくに蓮如以降、帰依した地域門徒に対して「方便法身尊像」（阿弥陀如来絵像）を道場本尊として下付・授与した。(15) 加えて親鸞影像をはじめとする掛幅装の法宝物を下付・授与し、それにより本願寺と門末の宗教的関係を結んだ。それらの法宝物には裏書と呼称される文字情報が付され、貴重な同時代史料になっている。証如期のこうした法宝物下付・授与の事例も全国に多数知られる。『天文日記』には、法宝物下付・授与そのものに関する記載はあまりないものの（近世の事例から遡及すれば、おそらくその記録自体は取次を担当する家臣団の管轄）、門徒の帰属関係をめぐるやりとりなどが記されている。とくに地域における本末関係の訴訟に対する裁断については、三河本證寺・尾張（美濃）報土寺一件（天文十年〈一五四一〉八月十九日条。本章では以降、『天文日記』からの引用は年月日条のみ示す）など、注目すべき記述が多い。

また、門徒は前述の斎調進のような本願寺への宗教役を勤めることにより、教団内身分を確保した。そうした宗教役の最たるものが卅日番衆といわれ、地域門徒はそれぞれ一か月周期で本願寺に上って御堂番警固をはじめとする本願寺の日常運営に当たった。「番衆」「当番」記事は『天文日記』に頻出する。

2　公家としての証如

日記を書くことは公家的要素とも言えるから、日記を課題とする本章では、これを第二義としたい。本願寺歴代は日野家の流れを汲み、蓮如は広橋兼郷の猶子、実如は日野勝光の猶子であったとされる。しかし、蓮如以降、公家との姻戚関係の構築を積極的に進め（**【図1】**）、山科本願寺時代に朝廷・青蓮院門跡・室町幕府等との関係を強化した結果、証如は享禄元年（一五二八）関白九条尚経の猶子となった。これは九条尚経自身が、舅である三条西実隆の反対にもかかわらず青蓮院尊鎮らと図り実現させたものである[16]。

家格・寺格の上昇が、この時期の本願寺の大きな課題であった。たとえば、天文九年（一五四〇）には青蓮院門跡を通して勅書を受け、系図を朝廷に提出した。

【図1】 本願寺・公家関係系図

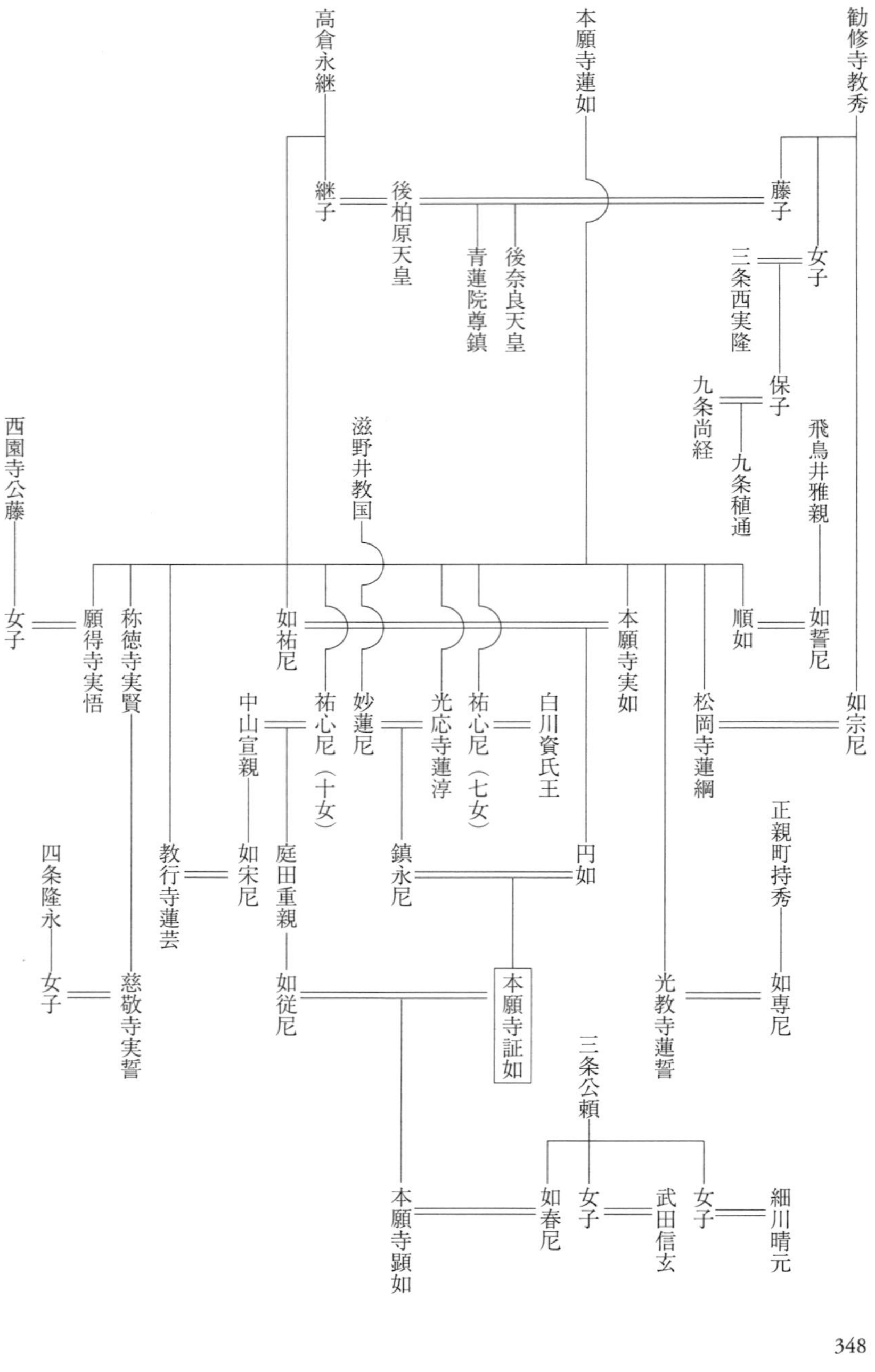

【史料1】『天文日記』天文九年十月十六日条

一、就（畏由申入候）禁裏此方系図叡覧事、門跡へ被成　勅書候、雖有他事、系図事候間、被見下之由候、過当之至、対
経厚愚札可進之、即可備　叡覧之由、被仰越候、

朝廷・後奈良天皇が本願寺系図を確認することにより、本願寺の公家的系譜が公的に認知されていくことになったのである。ところで、この系図の作成には九条稙通が関与した（天文五年九月十三日条）。九条稙通は尚経の息男で、すでにこの時には関白を辞任し流寓の境遇にあった。ただし、稙通が持つ家格的権威は本願寺にとってなお重要なものであった。証如の息男顕如は九条稙通を猶父にしたとされる。のちに証如は稙通に二千疋を送るなどの経済的支援を行なった（天文十八年六月十八日条）。ちなみに、本願寺ではこれ以降、願得寺実悟（蓮如十男）による『日野一流系図』[17]が制作されていくことになった。

『天文日記』における本願寺と朝廷の主な関係記事をまとめたのが【表1】である。系図叡覧、勅願寺化に加えて、証如の大僧都、権僧正という僧官の上昇が注目される。蓮如・実如までは法印権大僧都であったとされ、それを越える僧侶身分の獲得がなされていった。また、相前後して著名な『三十六人家集』の下賜などがなされており、そうした下賜関係の充実ぶりもうかがえる。この背景には本願寺による朝廷・公家への経済的支援（献納金）があった。本願寺は朝廷へ毎年佳例の十合十荷を進上することを基本として、さらにさまざまな音信関係を構築した。証如の権僧正の御礼にあたっては二千疋を献納した（天文十八年二月二十五日条）。

文物の下賜に関わり、注目すべきは本願寺の文化的戦略である。家格の上昇に見合う公家文化の吸収が課題であった。まず見るべきは演能であろう。いく人もの大夫を大坂本願寺に呼んでは演能の場を設け、また常住坊主衆

【表１】『天文日記』に記載される本願寺と朝廷の関係の主要事項

天文５年(1536)12月27日条	青蓮院門跡を通して証如の大僧都の口宣案到来。
天文６年(1537)正月14日条	証如の大僧都昇進につき朝廷に御礼。
天文７年(1538)７月21日条	御堂本尊の左右に天牌を安置(勅願寺)。
天文８年(1539)６月９日条	朝廷より伏見院宸筆の歌一巻と杯一枚を拝領。
天文８年(1539)９月27日条	朝廷より慶寿院(証如母)に『栄花物語』下賜。
天文９年(1540)10月16日条	『本願寺系図』を叡覧のため朝廷に提出。
天文９年(1540)10月19日条	毘沙門堂門跡を通して宸筆『観無量寿経』拝領。
天文16年(1547)４月17日条	朝廷より「鷹手本」(尊円親王詩歌書簡)拝受。
天文17年(1548)４月26日条	朝廷へ「鷹手本」を返却。
天文17年(1548)６月10日条	朝廷へ「鷹手本」御礼として唐糸等を献納。
天文18年(1549)正月20日条	朝廷より『三十六人家集』下賜。
天文18年(1549)正月30日条	青蓮院門跡を通して証如の権僧正昇進が通達。
天文18年(1549)２月25日条	朝廷へ権僧正、『三十六人家衆』の御礼献納。

や下間氏等の家臣もよく舞った。さらに、飛鳥井雅綱（二楽院）と「鞠道師弟契約」を結び（天文七年三月十七日条）、蹴鞠装束の免許を受ける（天文九年三月五日条）、甘露寺伊長より和歌の指導を受ける（天文七年三月二十四日条）といったこともあった。この時期の公家衆が経済的困窮を背景に自らの有する中央の公家文化を地方へ伝播させ、経済的支援を受けていたことはよく知られているが、本願寺もまたその範疇にあったと言える。前述の系図作成や、そもそも『天文日記』という日記を書く行為自体、本願寺証如がいかに公家的性格を強めていたかを示すものである。中世の本願寺歴代において、まとまった日記が現存しているのは証如だけなのである。

ところで、本願寺の家族・一族で行なう諸行事にも公家的性格が顕著である。たとえば、天文十二年（一五四三）正月六日に証如の息男顕如が生まれたが、その成長過程においては公家的な通過儀礼が見出される。誕生を祝う行事の後、同年七月十一日には「小児生霊玉」として生御霊（盂蘭盆会の行事）、十二月十七日には「髪置」の儀式（通例なら三歳ごろに行なうが前倒し）が行なわれた。五歳で「深曾木」（髪そぎ）の儀式（天文十六年〈一五四七〉

正月十四日条）、十一歳で「眉直幷歯黒」の儀式（天文二十二年〈一五五四〉十一月六日条）があり、『天文日記』にそれらの様子が記されている[18]。生御霊は本願寺の内儀における行事として注目され[19]、とくに女性の位置・役割などを見出すことができる。

こうした本願寺の公家的文化の吸収は、まず縁戚関係を持つ中山家、滋野井家、勧修寺家などの支援が強力であったが、さらにはこの時期、青蓮院坊官の鳥居小路経厚が大坂本願寺に下向してほぼ常住したことも注目すべきである。経厚の役割は、証如に公家・寺院社会におけるさまざまな作法を教えることにあったと考えてよい。

3　領主としての証如

総じて本願寺住職は全国に散在する門徒に対し宗教領主的一面を見せるのであるが、『天文日記』の諸記述からは、とくに加賀国と大坂寺内（町）に対する本願寺証如の領主的性格が読み出せる。

まず、一向一揆研究と関連して早くから注目されたのが、本願寺の加賀国への政治的支配権である。長享二年（一四八八）の加賀一向一揆の戦いで守護富樫政親が討ち滅ぼされてから、天正八年（一五八〇）に織田信長の家臣柴田勝家により金沢御坊が陥落するまでの約百年間、加賀国は実質的に本願寺領国であったとされる。

それを示す要点としては、①加賀から本願寺へ年貢等の上納が行なわれていたこと、②寺院門徒集団のみならず非門徒を含む郡・組からも、本願寺へ番衆が上山してその運営に関与していたこと、③加賀への国役賦課の通知が本願寺に対して出され、また荘園領主が加賀国内の領地からの年貢上納について百姓等に申し付けるよう本願寺に依頼していたことから、朝廷・幕府をはじめとする諸勢力が明らかに本願寺を加賀国守護と見なしていたこと、などが挙げられ、『天文日記』にはその実態を示す記述が多々ある。

加賀一向一揆研究では、さらに本願寺門徒が実権を掌握した加賀四「郡」（江沼・能美・石川・河北）の在地支配と守護公権との関係が議論され、『天文日記』から本願寺の加賀「国・郡」支配をめぐる検討が進められた[20]。そこでは、本願寺の指令が四郡の行為を権威付け（領主権）、同時に本願寺の指令が四郡の衆議で承認された（一揆）という相互関係なども指摘された。

『天文日記』の具体的な記述をいくつか紹介してみると、天文五年（一五三六）九月十九日には「加州年貢之日記、只今掃部あけ候」とあり、加賀からの年貢に関する日記の存在が知られる。加賀番衆の記述はぼう大にあり、「就当番儀、加州番衆前本折円宗下法師慶心如毎月樽出之」（天文八年四月二十二日条）などをはじめ、寺内警固や道路工事にいたるまで多彩な活動実態が見出される。その一方で、「加州番衆各以所免之也、云国之引懸、云於寺内狼藉、旁雖難優免事、余外聞不宜次第之条、此分也」（天文十三年十二月三十日条）と証如の不興を買って罷免される事態も見出される。

また、室町幕府が日吉十禅師新礼拝講につき諸国に三百貫文の賦課をかけた際、本願寺にもその要求が来たが、証如は「是ハ加州ヲ此方令進退儀ニ付ノ由、興禅申候」（天文六年九月二十八日条）と記した。加賀国内の通行便宜に関する依頼もしばしばあったが、状況に応じた返答であった（天文五年正月二十一日条ほか）。もっとも、通行便宜等はほかにもしており、加賀にとどまらず〈本願寺—門徒〉領国の世界を実態的に見ていく必要がある。

次に、寺内町研究の進展のなかで深められたのが、大坂本願寺の寺内町に対する領主権の問題である。かつては寺内裁判権・警察権などを本願寺が強固に掌握し、その支配下に町と住民が置かれていた、という見方が強かった。しかし、『天文日記』の諸記述を中心とする検討が進み、大坂寺内町の都市共同体としての自律性、町民らの主体的動向と権限などが解明され、寺と町の相互関係のなかにある実態を捉える重要性が提起された[21]。

そのことをふまえながらも、あらためて本願寺証如の寺内町領主権を示す要点は、やはり、①寺内町から年貢・地子を収納していたこと、②寺内町特権（諸公事免許）取得の主体になっていたことから諸勢力が本願寺を大坂寺内町の領主とみなしていたこと、③非門徒を含む寺内町民に対して裁判・検断を実行していたこと、④町組織を主導する年寄衆と対面・贈物を通した儀礼的（上下）関係にあったこと、などが挙げられる。

本願寺が寺内町から年貢・地子銭を収納していたことがうかがえるのは次の条項である。

【史料2】『天文日記』天文五年十二月二十九日条

一、与三次郎年貢之日記上候、又町之地子之内（カ）本役之儀、只今以周防申候、

詳細に見れば領主権は複雑に入り組んでもいたが、外部への年貢納入も含めて本願寺が深く関わっていたことは確かである。寺内町特権に関しては、天文七年（一五三八）七月九日条に「従細川制札諸公事免許来候、自木沢方取次之」とあり、細川晴元から制札を獲得した。正確には再獲得であり、山科本願寺時代のそれを継承したものである。裁判・検断に関しては、寺内町民同士の相論のみならず、寺内町民と外部勢力の被官衆とが喧嘩をした場合なども、町民に対する検断を本願寺がしていたことに注意すべきである（天文十二年八月五日条など）。事件によっては町民側の抵抗的行動もあったが、検断権行使が諦められた事例はない。そして、こうした本願寺の領主性は、何よりも町組織との日常的な儀礼関係が前提になっていた。寺内町民は正月一日の年頭挨拶をはじめとする儀礼関係にあり、さらに三月二十五日の蓮如命日法要の斎を毎年、六町が勤めることは、宗教的関係としても注目される。

第二節　『天文日記』にみる大坂本願寺の日々

『天文日記』には本願寺証如の日常が記録されている。日記という史料からは、非日常的な事件を拾い出すだけではなく、むしろ記主とその周辺の日常風景を読み取ることができる。むしろその点に日記史料の意義があろう。ここでは試みに天文七年（一五三八）に焦点を当て、さらに『天文日記』の世界を確かめてみたい。

天文七年は、本願寺とその周辺で打ち続いた戦乱状況がほぼ終息し、戦後処理も一段落した時分であった。大坂本願寺に細川晴元から諸役免許の制札がもたらされ、山科へ還住しないことが明言された（天文七年十一月五日条）。証如が大坂を新たな本願寺と定め、その流れを軌道に乗せつつ、平時回復と再出発をはかっていった時分であり、そうした動きがよく見出せる年と言えよう。

『天文日記』天文七年の条数は、一月が一五四条、二月が六三条、三月が九三条、四月が八二条、五月が四九条、六月が七二条、七月が五六条、八月が八一条、九月が八二条、十月が六三条、十一月が九七条、十二月が一一五条の合計一〇〇七条である。ちなみに天文五年が閏月ありで九九八条、天文二十一年が六七五条で、年月により条数にばらつきはある。たとえば天文十一年六月は一五条しかない。これはこの年に新造の阿弥陀堂建立事業をしており（七月二十一日に立柱式）、多忙のため日記を書く時間が取れなかったものと見られる。天文七年は、大坂本願寺と証如の日常が経過するとともにいくつかの事件も起こっており、注目すべき一年間である。

1　春（一月～三月）

大坂本願寺の一年は正月一日、御影堂内における「佳例之儀」から始まる。修正会であろう。証如は寅時（午前四時ごろ）に、素絹（法衣）を着て参仕。夜明け過ぎ坊主衆と対面。毎年のように「かん《（羹）》」と酒をふるまう。定住坊主衆、御堂衆、中居衆、綱所衆、大坂衆、加賀衆の順で「とをり《（通）》」（正月の対面儀礼）を行なう。続いて内儀で正月「菱の祝い」があり、一家衆・親族、坊主衆、地域門徒衆、寺内町衆等と年始挨拶の対面。三日まで「菱の祝い」で二日には歌会始と演能。三日は大坂寺内の光応寺蓮淳（証如祖父）の居所に年始挨拶の返礼に訪問。四日は本願寺家臣奏者筆頭の下間上野（頼慶）による恒例の供御（食事）があり、中酒三返の後、雑煮が出てまた呑む。この年は五日未明に降雪があり、朝には打雪を興じ、夜はまた「大酒ニ成候」という。六日より寺外の諸勢力から来る年始挨拶の使者との対面が始まる。この年は木沢長政の使者小野民部丞が最初であった。

本願寺証如の日常は人に会うこと、そして食事をふるまい、酒を呑むことのようである。とくに年頭はその傾向が強く、三月に入るまで三一〇条中、実に一九九条が対面儀礼と飲食の記事である。問題は正月十三日条で、寺内にある興正寺で点心に呼ばれ、呑ませ合いのなかで「腹中き《せ》あけ、盃むさく成候」という事態になっている。

諸方との対面・音信のなかで注目すべきは、昨年和与につき室町幕府へ二万疋を献上したことに対する細川方書状（正月十四日）や将軍御内書（二月二十日）の到来、渡唐船完成につき堺衆と対面・音信（正月十七日・二月五日・三月二十一日）、比叡山延暦寺西塔院への末寺銭の納入（三月二・五・六日など）などである。

その一方で、加賀では昨年の下田（鈴見）長門別心事件がくすぶり（二月八日）、下間筑前（頼秀）生害の報がもたらされ（三月二十五日）、寺内では加賀番衆内に潜んでいた岡新左衛門（下間頼盛派）の捕縛を試みて失敗し討ち取る（二月九日）といった記述が見出され、「享禄の錯乱」（大小一揆）から続く混乱の余波がなお教団内にあることが知られる。

さて、年中行事については、法要儀式として毎月二十八日の祖師親鸞の月命日法要に加えて正月二十五日の法然正忌、二月二日の前住実如正忌が記され、そこで催される斎（食事）には坊主衆・門徒衆の相伴があった。本願寺教団の最も基本的な場である。また、正月の馬血取初（十二日）、針初（十三日）などの行事、二月十七日からの彼岸入り、さらにたびたび金春大夫ら能役者が呼ばれて興じられる能なども、大坂本願寺の日常的な世界であった。

2　夏（四月〜六月）

大坂本願寺における毎月定例の法要儀式は、二日の前住実如の月命日と二十八日の祖師親鸞の月命日であった。法要の内容は『天文日記』に記されていないが、順興寺実従の日記『私心記』によると、二日は浄土三部経いずれかの読経が中心、二十八日は『報恩講式』拝読が中心の次第であった。『天文日記』が記すのは、その際に設けられる斎と風呂焼きについてであり、とくに斎を調進する頭人と斎における汁・菜・菓子の数が書き留められている。頭役の勤仕者は決まっており、たとえば、四月二十八日は必ず「堺三坊主」、五月二日は必ず「尾張国」坊主衆、という具合であった。こうした地域坊主・門徒集団による役勤仕は本願寺との重要な宗教的紐帯であり、このほかに当番として樽等を調進したり、三十日番衆といって一か月ごとに本願寺で番役を勤めたりする宗教役があった。

本願寺と地域門徒の関係については、伊勢辰田西勝寺門徒が本願寺直参身分を重ねて望み（四月二十一日）、六月四日についに認められたという記述がある。天文五年（一五三六）以来の混乱状況に決着がついたかたちであったが、これにより辰田門徒は、西勝寺を通さず直接、本願寺に宗教役を勤める教団内位置（直参身分）を獲得することになった。

ところで、四月二十八日条には、二楽院すなわち公家の飛鳥井雅綱に対して、三月十六日に蹴鞠道の師弟契約が認められ、八境図・葛袴・鴨沓を免許されたことへの御礼として太刀一腰・絞二十具・金七両を送っている記事がある。さかのぼる三月二十一日には、公家の甘露寺伊長が一週間、大坂に逗留して証如らに歌詠みの指南をしているなど、公家文化の吸収が盛んに行なわれたことがうかがえる。

また、四月二十七日には、大坂寺内町に近接し本願寺の影響下にあった森という地において、勧進猿楽の上演があった。これにつき、証如が森の代官に対して猿楽の宿を法安寺に申し付けないよう伝えたところ、森の代官は、不便ではあるが森の集落に宿を申し付けると返答した。法安寺は京都相国寺鹿苑院末であるが、大坂寺内町の一角を占め、そうした法安寺に対し本願寺は次第に影響力を強めていった。五月一日には勧進猿楽をした三宅三郎左衛門の子が証如を来訪し、肴一献で対面した。本願寺でも猿楽一番を演じたい希望があったが、実現しなかった（五月十日）。ただし、その後も勧進猿楽や勧進能はしばしば行なわれ、証如はそれを見物した。

なお、五月五日は端午の節句である。下間上野（頼慶）から帷が贈られ、菖蒲蓬の風呂が焼かれた。

3　秋（七月～九月）

七月九日、細川晴元より、大坂寺内町の「諸公事免許」の制札が木沢長政の取次で到来した。これは先立つ五月十四日に、かつて細川政元、澄元からもらった制札を示しながら、証如が晴元に申請した結果であった。その礼として八月二十一日、本願寺は太刀一腰と三千疋を細川方に送った。しかし、同月二十七日、細川方から示された文言が「大坂寺内相除」であることへの疑義を伝えるため木沢方に使者を送り、九月一日に帰った使者藤井から下知文言が細川方の代官山中藤左衛門の意向によるものであったことを聞いた。そこで早々に「成懸」と号し取り直すべきと考え、木沢方の担当者である中坊堯仙から「於大坂寺内者、縦雖為郡中共以被免除訖」への文言修正を引き出すこととなった。このようにして大坂本願寺の寺内町特権が固められていき、さらにこれが他の寺内町における特権獲得の前提にもなっていったのである（天文十年十二月十五日、久宝寺寺内町への制札が到来）。しばしば「大坂並」といった表現で議論された課題である（永禄三年〈一五六〇〉富田林寺内町制札文言）。

こうした寺内町特権をめぐる動向の一方で、波風が立ち始めたのは比叡山（山門）延暦寺との関係であった[22]。問題は、洲崎氏という加賀一向一揆の将が、山門西塔院北谷正観院の加賀にある末寺佐那武寺を押領したことへの対処を、山門側が本願寺に求めたことにあった（七月十九日）。本願寺方の返事に納得しなかった山門方は、八月十二日には三院（東塔・西塔・横川）の連署で洲崎・河合両氏の問題を申し立て、使者として西塔院執行代・西学坊・尊林坊と公文両人（上総行事・松井坊）の合計五人が大坂まで下向し証如と対面した（八月十二日・十四日）。山門に対する証如の返答は、洲崎・河合のことは本願寺教団側の「宗体法度」があるので、「上意」（室町幕府）を含めどこから示されても、また山門衆徒の列参があっても、承引することはないというものであった。この事件は十月、十一月まで続いていく。

ところで、七月中旬のお盆、生霊玉の行事も終わった二十一日に、天牌（今上寿牌・先皇位牌）を御堂の本尊左右に置いたことも、注目すべき事項である。大坂本願寺が勅願寺としての性格を明確にしたのであるが、この寿牌・位牌は先んじて甘露寺伊長が下賜を手配したものであった（六月二十九日・七月十八日）。なお、本願寺は親鸞の木像（「開山御影」「御真影」）を中央に置く御影堂と阿弥陀堂の両堂を有するのが特徴であるが、天文七年はまだ大坂御坊時代の御堂一宇を改修して用いていた。それを御影堂としてさらに新阿弥陀堂を造営するのは、天文十一年（一五四二）のことである[23]。

4　冬（十月〜十二月）

十月二十二日、先の洲崎・河合両人の一件について、延暦寺三院より列参と号して同月十七日に大坂まで下向してきた衆徒約二十人に対し、本願寺証如は最初は取次不要と取り合わなかったが、再三の申し出によりいちおう聞くことにして十九日に返答し、この日、三院衆議の一書を受け取った。しかし結局はあらためて申し入れを受け入れる必要がまったくないことを返答し、三院下向衆とは対面せず、進上物も「祝着」と述べ即時返却した。十一月二日には逆に平井七郎右衛門を使者として山門に派遣し、平井は十三日に帰ってきたが、惣山を論破してきたと証如に報告した。本願寺はいわゆる「寛正の法難」（寛正六年〈一四六五〉比叡山衆徒による大谷本願寺破却）の事後処理により山門西塔院と本末関係を契約し、毎年末寺銭を納めていたのであるが、その関係をむしろ逆手に取って、西塔院に惣山の儀を破るよう要請した。この一件については完全に大坂本願寺優位の関係で進んでおり、形式的関係はともかく、もはや彼我の実力関係は完全に逆転していたのである。

さて、十一月は本願寺教団最大の年中行事である報恩講の季節であるが、前述のようにほかに報恩講日記があった可能性もあり、『天文日記』自体に関係する記述は少ない。天文七年（一五三八）については二十六日に加州四講また六日講からの報恩講志の受取を記し、二十八日に巳刻（午前十時）以前に何事もなく結願したこと、『報恩講私記（式）』拝読における式間和讃は高僧和讃であったことを記すのみである。

報恩講を無事に終えた証如は、翌十二月一日、唐船見物のために隠密に堺まで下向し、慈光寺道場に入り板原次郎左衛門の馳走を受けた。晩に及んで唐船の船中まで見物し、その後、堺において毎月二日の実如命日法要を勤め、二日昼過ぎに大坂に帰った。この唐船はすでに天文六年（一五三七）三月十日条に見えているものであり、証如は実際に見た後、翌天文八年（一五三九）二月三日には大坂まで廻船させた。

十二月九日、証如は青蓮院門跡から鰭袖無の法衣を許可され拝領した。これは天文五年（一五三六）、それ以前に本願寺の脇門跡成りが調わなかったことと関連して許可されたものと見られる。青蓮院の院家格まで上昇していた本願寺であったが、門跡格を得るのは証如の後を継いだ顕如の時代であった。しかし、証如は特別な法衣の着用許可を青蓮院から獲得し、さらに青蓮院門跡体制のなかでの上昇を図っていったのであった。

むすびにかえて

以上、天文七年（一五三八）の一年間を取り上げ、大坂本願寺の日々、証如の日常について寸描した。そこには静と動の両面があるが、とりわけ活気あふれる状況が顕著で、戦国期宗教勢力の本山寺院たる大坂本願寺の隆盛が見て取れる。その一面は相次ぐ堂舎造営からもうかがえよう(24)。

また、大坂本願寺とその寺内町には本願寺関係者ならびに寺内町民が多数居住し、その人口数はわからないが、永禄五年（一五六二）の寺内町火災の際には二千軒が焼失したという規模である(25)。そして、『天文日記』に記されるとおり、大坂本願寺には頻繁に多数の来訪者があり、証如は彼らの多くと対面する毎日であった。天文二十三年（一五五四）に三十九歳で死去した証如の死因をめぐっては、毎日の対面儀礼で酒を呑み過ぎていたことも関わった可能性があろう。本願寺に常住する坊主衆や家臣団、一か月交替で全国から上山して常駐し本山運営に携わる番衆などの本願寺関係者に加えて、寺内町は門徒衆のみならず非門徒も多数居住する空間であった。彼らは証如を宗教領主として仰ぎつつ、その日常にはしたたかに生きる面も多分に有していた。さらに寺内町には本願寺と対立する者すら入り込み、捕縛されることもあったが、当然それ以上に出入りがあったであろう。後年にはキリシタン宣教師すら寺内町に入ったのである(26)。

こうした多面的立場を持つ人びとが多数、居住し出入りする大坂本願寺とその寺内町は、まさしく躍動感あふれる戦国社会の坩堝と言える。証如は、その中心にいて多くのことがらを『天文日記』に記し続けたのである。

注

（1）一九七五年に国重要文化財指定。既刊活字本としては、上松寅三編『石山本願寺日記』上巻（大阪府立図書館長今井貫一君在職二十五年記念会、一九三〇年。のち一九六六年に北西弘編で清文堂出版より復刊）、『真宗史料集成』第三巻「一向一揆」（北西弘編、同朋舎、一九七九年）がある（そのほかに『天文日記抄』として『続真宗大系』第一三巻〔真宗典籍刊行会編、一九三八年〕もある）。読みにくい字を全翻刻紹介しており貴重であるが、誤字・錯綜も少なくはなく、また少し独特な編集表現があるなど、注意が必要である。「一、」を「◇」で示す、原本では改行しているところを適宜、追い込む、頻出する「△」等は原本にも記載される表現であるが、実際にはさらに墨付きが加わるものもあり何種類もの「△」表記があるといったことである。正確な翻刻・表記を期した史料集としては、『大系真宗史料』文書記録編8・9「天文日記」Ⅰ・Ⅱ（法藏館、二〇一五・一七年）が刊行されたので、今後はこれを用いるべきである。なお、『天文日記』の索引としては、『近世仏教　史料と研究』第一〜五号（一九六〇〜六三年）に北西弘氏による「天文日記国別引得（一）〜（五）」（未完）があり、『石山本願寺日記』の復刊本には、これまた北西弘氏による索引が付され（『石山本願寺日記　上巻索引』清文堂出版、一九六六年）、いずれも参照すべき成果である。

（2）前掲注（1）参照。

（3）詳細については『真宗史料集成』第三巻「解題」（北西弘氏執筆）参照。

（4）『真宗史料集成』第三巻「解説」（北西弘氏執筆）、石田晴男「「天文日記」の音信・贈答・儀礼からみた社会秩序

——戦国期畿内の情報と政治社会——」（『歴史学研究』第六二七号、一九九一年）、水藤真「大坂寺内町の日々——『天文日記』から——」（『国立歴史民俗博物館研究報告』第三九集、一九九二年）、荒木万紀子「『天文日記』中の内儀と年中行事」（福間光超先生還暦記念会編『真宗史論叢』、永田文昌堂、一九九三年）、水藤真「贈答・饗宴の品々、そして年中行事——『天文日記』から、「大坂寺内町の日々」（二）——」（『国立歴史民俗博物館研究報告』第六六集、一九九六年）、石田晴男「戦国期の本願寺の社会的位置——『天文日記』の音信・贈答から見た——」（『講座蓮如』第三巻、平凡社、一九九七年）、神田千里「『天文日記』と寺内の法」（五味文彦編『日記に中世を読む』吉川弘文館、一九九八年。のちに神田千里『戦国時代の自力と秩序』〈吉川弘文館、二〇一三年〉所収）。

（5）神田千里「加賀一向一揆の展開過程」（『東洋大学文学部紀要』第四八集・史学科編第二〇集、一九九五年。のち同『一向一揆と戦国社会』〈吉川弘文館、一九九八年〉所収）など。

（6）仁木宏「寺内町における寺院と都市民」（『講座蓮如』第三巻、平凡社、一九九七年）など。

（7）前掲注（4）神田論文。

（8）北西弘『一向一揆の研究』（春秋社、一九八一年）に翻刻掲載。

（9）いずれも『真宗史料集成』第三巻に翻刻掲載。

（10）青木忠夫「本願寺証如筆、報恩講等年中行事関係文書」（『同朋大学仏教文化研究所紀要』第一八号、一九九八年）。

（11）青木忠夫『本願寺教団の展開——戦国期から近世へ——』（法藏館、二〇〇三年）。

（12）前掲注（11）青木著書。

（13）本書第Ⅰ部。

（14）本書第Ⅰ部第七章。

（15）本書第Ⅱ部第二章。

（16）『実隆公記』享禄元年（一五二八）九月五日条。

（17）天文十年（一五四一）奥書、天正年間まで増補。『真宗史料集成』第七巻（同朋舎、一九七五年）。

（18）本書第Ⅰ部補論1。

(19) 前掲注(4)荒木論文。
(20) 前掲注(5)神田論文。
(21) 前掲注(6)仁木論文。
(22) 本書第Ⅱ部第四章。
(23) 本書第Ⅱ部第一章。
(24) 本書第Ⅱ部第一章。
(25) 『完訳フロイス日本史3』(中公文庫、二〇〇〇年)。
(26) 前掲注(25)同。

第四章　戦国期の大坂本願寺教団と比叡山延暦寺

――『天文日記』の検討を中心に――

はじめに

本章の課題は、戦国期、とくに天文年間の大坂本願寺教団と比叡山延暦寺の関係について、本願寺証如の日記『天文日記』(1)における関係記述を検討し、明らかにすることである。戦国期に新たな宗教勢力として台頭し、その規模を拡大させた本願寺教団と、既存の中世宗教勢力として最大規模を持った比叡山延暦寺が、十六世紀前半（天文年間）という時期に、どのような関係を歴史的実態として有したのか。日本仏教史研究上の非常に重要な論点と考える。

ところで、「本願寺教団と比叡山」と言えば古典的課題であるが、従来の真宗史研究は寛正六年（一四六五）の比叡山による大谷破却、いわゆる「寛正の法難」にその課題を収斂させてきた。本願寺蓮如の宗教活動による「教団」形成が大きく評価され、比叡山との訣別が強調される傾向は、戦国史研究全体から一般にも大きな印象を与えた感がある。そのため、蓮如期のみに焦点が当てられすぎ、それ以降は等閑視されているように見受けられる。

これに対して、本章では十六世紀前半、すなわち本願寺証如期に注目するのが大きな特徴である。『天文日記』には大坂本願寺と比叡山延暦寺の日常的関係が人的交流を中心に多く見られるが、従来あまり注目されてこなかった。そうしたなかで、主な先行研究としては、谷下一夢氏、遠藤一氏、草野顕之氏、石田晴男氏の議論が挙げられる。

まず、谷下氏による先駆的研究がある。本願寺の朝廷・青蓮院へ経済援助、証如の九条家猶子成りなどに見る本願寺の家格上昇、僧官位獲得、「本願寺は青蓮院の院家」、また西塔院との本末関係などがすでに論じられ(2)、真宗史の通説的理解に大きな影響を与えている。

次に、遠藤氏(3)は本願寺・一向一揆体制を論じるなかで、中世寺院としての本願寺を意識し、大谷廟堂成立期の寺院史的意味を議論した。また「門跡成」にあらためて注目し、これを本願寺教団における宗主権力の安定化の制度的保障と評価した。さらに、本願寺は青蓮院門跡の門流支配体制のなかに、いわゆる「三綱の家」クラスの寺院として組み込まれていたと指摘し、山科本願寺の成立と文明十二年（一四八〇）の報恩講に戦国期本願寺の画期があったと論じた。

戦国期本願寺教団の編成原理に「儀式」との連関を見る草野氏(4)は、遠藤氏の所論を一部批判しつつ、永正十七年（一五二〇）の教団制度化と永禄二年（一五五九）の本願寺「門跡成」の二つの画期を論じた。そして「門跡成」の前提状況となる実如・証如期の青蓮院・朝廷への接近と本願寺教団の制度化が対応することを指摘した。

一方で石田氏(5)は、谷下氏の研究を再評価しつつ、本願寺証如と戦国期畿内社会における諸勢力（武家・寺家・公家）の音信関係に注目して『天文日記』などを分析、そのなかで山門西塔院・青蓮院門跡との関係についても論じた。この分析から導かれた、本願寺は戦国期社会の孤児でも覇者でもなく、既存の社会秩序体制の上にあって相互依存・扶助の関係を維持していた、また本願寺の「門跡成」にしても、財力にものを言わせて成し得られるものではなく、その前提に人脈と社会的地位の獲得が必要であった、という指摘は重要である。

以上の議論を確かめた上で、本章ではあらためて「本願寺教団と比叡山」の関係について論じていく。従来の研究史と異なる本章のさらなる独自性は、比叡山延暦寺における大衆組織と門跡体制の並立構造に注目することである。(6)『天文日記』を見る限り、本願寺は山門西塔院・青蓮院門跡とはそれぞれ別個に音信・交流を行なった。(7)すなわち大衆と門跡はまったく交錯しないのであり、この注目すべき事象を検討することは、一方で戦国期比叡山延暦寺の実態解明にも寄与することになろう。そこで、本章では以下、第一節で戦国期本願寺と山門西塔院との関係、第二節で戦国期本願寺と青蓮院門跡との関係について、各個に検討し、最後にそれがどのような歴史的意味を持つのか考えてみたい。

第一節　戦国期本願寺と山門西塔院

本節では、戦国期本願寺と山門西塔院（・大衆組織）の関係について検討する。そもそも、「山門」とは同じ天台宗の園城寺（三井寺）派を「寺門」とするのに対して延暦寺派を指す呼称である。比叡山延暦寺には山上の三塔十六谷と山下の近江坂本の寺家から構成される僧俗の人的集団＝大衆組織があり、山上の三塔の一つが西塔院である（【表1】。残りの二つは東塔・横川）。その山門西塔院と本願寺が、いつどのようにして関係を結び展開したかについては後述するとして、まず『天文日記』を確かめてみると、その関係記述は、⑴末寺銭納入、⑵諸問題（日蓮党退治など）への対処・合力要請、⑶山門法会への役負担・奉加、⑷山門領をめぐる交渉、の四点に整理できる。

石田晴男氏はこれらを検討し、「本願寺が西塔院の末寺であると認識されていたことは間違いのない事実」であり、「末寺には、本寺からの厳しい規制」があったとして、比叡山側からの強い規制を強調し、本願寺の立場を限定する議論を展開した[8]。しかし『天文日記』から、相互の交渉過程における人的交流の実態や、本願寺の山門に対する態度を読み取ると、山門側が本願寺を厳しい規制下においていたとは言えない。西塔院と本願寺が「本末」関係にあったことは史料上、確かであるとしても、その内実がどうであったか、さらに詳しく検討する必要がある。そこでまず、⑴末寺銭納入について見ていきたい。

1　西塔院への末寺銭納入

【表1】 比叡山西塔地区（十六世紀ごろ・推定）

惣堂分	釈迦堂、西塔院、法華堂・常行堂、宝幢院、相輪塔、丈六堂、西塔大日院、政所
北谷	瑠璃堂、東陽坊、正観院（鞍馬寺本坊）、正教坊（後に石泉院）、別所黒谷
東谷	鎮守六所宮、妙観院、阿弥陀坊
南谷	椿堂
南尾谷	経蔵院、西学坊、上乗院
北尾谷	竹林院、蓮実堂、尊林坊

※『天文日記』、また『回峯手文古記』（一五二三年ごろ）・『巡礼所作次第』（一五九七年ごろ）に見られる堂舎名。
※参考：渡辺守順他編『比叡山』（法藏館、一九八七年）、武覚超『比叡山三塔諸堂沿革史』（叡山学院、一九九三年）、同『比叡山諸堂史の研究』（法藏館、二〇〇八年）。

山門西塔院と本願寺の本末関係は、寛正六年（一四六五）の大谷破却、いわゆる「寛正の法難」の事後処理において成立した関係である[9]（後述）。それ以前については、本願寺の前身である大谷廟堂の敷地をめぐり覚恵・覚如が唯善（覚如異父兄）と争った事件（いわゆる「唯善事件」）や、覚如・存覚の学僧活動などから、青蓮院門跡と初期本願寺との関係は指摘できる。ただし、三塔十六谷や山門大衆と本願寺との関係は、同時代史料からはうかがうことができない。

青蓮院との関係については第二節で述べるとして、三塔十六谷との関係についてわずかな史料を探ってみると、戦国期の史料ではあるが、「本福寺記録」[10]に横川飯室谷を指して「カツテノ谷」と記されている。初期本願寺が横川飯室谷に所属していたことを思わせるが、本願寺の本所であった妙香院（青蓮院院家）が横川飯室谷に所属していたことが前提にあるものと見られる。[11]またこれは『親鸞伝絵』[12]の「とこしなへに楞厳横河の余流をたゝへて」という言説にも符合し、伝統的な天台浄土教との関係が想起される点でも注目すべきである。[13]そのほか、同時代史料に見える山門大衆との接触と言えば、『祇園執行日記』[14]正平七年（一三五二）三月二十八日条に見出される「大谷一向宗堂」破却が大きな問題ではあるが、概して日常的交流は確認し難い。

さて、大谷破却、いわゆる「寛正の法難」とは、本願寺蓮如の活動に対し危機感を抱いた山門が大衆・犬神人を発向し東山の大谷本願寺を破却した歴史的事件である。ただし、この事件の実態は、前掲の「大谷一向宗堂」破却と同格である。山門にとっては「他宗」攻撃というものではなく、あくまで自らの秩序内における異端の浄化であった。この破却が一方的に断行されたこと自体、蓮如時代・寛正年間の本願寺が、社会的な認識と実態としては完全に山門の支配秩序下にあったことを示している。すなわちこの時点における社会的勢力としての本願寺「教団」の形成を過大評価すべきではないと考える。

ここで問題になるのは、事件の帰結として出された「比叡山三塔集会事書」[15]、とくに西塔院政所集会事書の内容である。破却の翌年の応仁元年（一四六六）、比叡山の三塔が、それぞれ執行代（東塔・西塔）・別当代（横川）と学頭の連署で、本願寺を安堵する事書を発給した。西塔院の集会事書写を次に掲げる。

【史料1】西塔院政所集会事書写

山門西塔院政所集会議曰

右白河大谷本願寺者、可専弥陀悲願処以凡情僻執之宗為本之間、去寛正六年京洛云辺里云、根本枝葉皆以令刑罰処也、爰彼末孫光養丸、守根本一向専宗置畢、新加当院末寺、釈迦堂奉寄分毎年参仟疋可奉献之由、依為青蓮院境内之候仁、自御門跡重々御籌策之間、被濃談者也、雖然背契約之旨、且興邪教、且返奉寄、速可令追罰者也、仍為後証亀鏡、十学頭連暑（署）之状如件、

応仁元年三月　日　西塔院執行代法印慶隆

一学頭法印北谷叡運在判　一学頭法印鏡運在判

一学頭法印東谷快運在判　一学頭法印覚信在判

一学頭法印権大僧都木慶在判　一学頭法印木厳在判

一学頭法印南尾頼誉在判　一学頭法印権大僧都永隆在判

一学頭法印遍算在判　一学頭法印祐秀在判

本願寺雑掌

この事書には、白河大谷本願寺は阿弥陀如来の悲願を専らにすべきところ、凡情により「僻執之宗」を本としたので、去る寛正六年（一四六五）に京都・近郊すべての関係者を処罰したとある。そして、「彼末孫光養丸」（実如）は「根本一向専宗」を守るということで、新たに当院（西塔院）の末寺に加え、釈迦堂への奉寄分として毎年三千疋を奉献すべきとした。この点については、（本願寺は）「青蓮院境内之候仁」であるため、（青蓮院）門跡より「重々御籌策」があり、「濃談」して決定した。しかし、この契約に背いたならば、すみやかに追罰する、という内容が、西塔院執行代法印慶隆と十学頭の連署で述べられた。

ここに本願寺が西塔院に対し毎年末寺銭三千疋を納入するという関係、つまり本末関係を結ぶという内容が盛り込まれたのである。こののち、山科本願寺時代を通じて山門との関係推移や末寺銭の納入実態は詳らかにはならないが、『天文日記』天文五年（一五三六）六月十日条に「山門へ末寺銭如毎年卅弐貫《三千疋》かわしニにして遣候」や天文二十三年（一五五五）三月十七日条に「西塔院より末寺銭去年分事、催促状来候間、可遣之由、所申付也」とあることなどから[16]、末寺銭納入は毎年、継続的になされていたことがわかる[17]。ただし、年末に出される催促状に応じてすぐに納めた時もあれば（天文七・八・九・十一・十三年）、年が明け山門から再度の催促状を受けてから納めた場合も多い（天文五～六・六～七・十～十一・十五～十六、二十～二十一、二十一～二十二、二十二～二十三年）。本願寺側が積極的な姿勢を持っていない[18]のは当然と言えば当然である。

ところで、なぜ西塔院なのか。この結びつきに関する直接的な要因は明らかにならない。山門側の要因としては、実際に破却に向かった西塔院の意向、また青蓮院の「濃談」の内容が想定されるが、詳細は不明である。

一方で、本願寺側の要因として一つ想定されるのは、蓮如門弟として著名な法住が帰依して以来、本願寺の有力基盤となった堅田（法住の拠点）と比叡山との関係である。『本福寺由来記』[19]では、大谷本願寺破却の後、応仁元年に堅田に下向した蓮如が、山門の赦免を得るために堅田大宮の鳥居に礼銭を積んだと伝えられている。同書は続いて破却後の「扱」において、本願寺実如の本坊は西塔正教房、下間筑前の本坊は同じく西塔西覚房（西学坊）、堅田法住の本坊は知音のある東塔北谷覚恩房と記す。また「其後山門十六谷ニ方々ヨリ三千貫入トカヤ、三十ケ年経テ、西覚坊、本願寺ヨリ銭ヲ取タル者、果悪シト悟ラレケル、カク末寺ト申カケ、末寺役ニ毎年三十貫文三塔へ御登アル、西覚坊支配トソ」ともある。すなわち、末寺銭納入についても、おおよそ『天文日記』の内容と合致する内容を記している。さらに三塔以外の堂舎への奉加については、横川飯室谷へ、青蓮院慈鎮と親鸞の故実、「カツテノ谷」であることを理由に、灯明料を毎年寄進しているともいう。

このなかでとくに注目すべきは、実如の本坊を西塔正教房とする言説である。一方で『日野一流系図』[20]によれば、蓮如長男の順如は青蓮院の院家である「定法寺大僧正実助弟子」、実如は「青蓮院准后尊応門人」ともいう。これら史料の前後関係や整合性などさらに検討すべき点はあるが、長男順如ではなく、応仁元年当時、数え十歳の五男実如が後継者に定められたことと、これらの言説の間には何らかの関係が想定されよう。

以上から天文年間以前の本願寺についてまとめれば、寛正六年以前の本願寺は「青蓮院境内之候仁」であり、かつ三塔十六谷への所属としては本所妙香院を通じた横川飯室谷が考えられる。それが大谷破却により一旦関係が清算され、あらためて青蓮院とも相談の結果、末寺銭納入を媒介とする本末関係を西塔院と結んだ。これにより比叡山西塔院末寺としての所属が定まった。そしてそののちも継続的な関係が見出せるのである。これらのことから、大谷破却以降、蓮如の本願寺教団が比叡山と訣別したという一般的見解に修正が必要なことは間違いない。次の課題は、この末寺銭納入のみを媒介に結ばれた本末関係が、蓮如から実如・証如と相承し、教団が形成、確立していく戦国期本願寺にとって、はたしてどれほどの実態や意味があったかである。そこで次に、『天文日記』に記された、本末関係が絡む具体的な一事件について検討する。

2　「洲崎・河合」一件

ここでとりあげる天文七年（一五三八）のいわゆる「洲崎・河合」一件は、西塔院と本願寺の「本末」を含む関係の実態を象徴的に示す事件として重要である。この事件についてはすでに、井上鋭夫氏、北西弘氏らによる言及があり、また石田晴男氏によっても検討されたが[21]、あらためて史料に即して事件の内容を検討、考察する。

事件の直接的な発端は天文七年八月十二日のことである。次に掲げる**【史料2】**によれば、山門が三院の連署で洲崎・河合の「侘言」について本願寺に申し入れてきた。使者として西塔院執行代・西学坊・尊林坊の三人が来訪し、さらに公文両人も大坂に下向してくることになったと記されている。

【史料2】『天文日記』天文七年八月十二日条(22)

▽一、（返事候）従山門三院以連署、洲崎并河合侘言之儀被申候。為使西塔執行代、又西学坊、尊林坊此三人来候。又公文両人来之由候。

ここに出てくる「洲崎」は洲崎兵庫、「河合」は河合八郎左衛門のことで、両人とも加賀河北郡の「郡中」の人物であり、加賀一向一揆の大将格であった。彼らは在地に強力な実権を持ち、荘園を次々と押領していた。先立つ天文六年十二月、同じく「郡中」の一人である鈴見長門が、享禄四年（一五三一）の大小一揆（享禄の錯乱）の際に小一揆（加賀三か寺）方についていたことが発覚して本願寺証如から処罰を受けた。その際に鈴見に同調した洲崎・河合両人も証如の勘気を蒙り、加賀から飛驒へ退いた。その彼らが、山門を仲介人として「侘言」を申し入れてきたのが、この天文七年八月のことである。続いて次の**【史料3】**を詳しく検討する。

【史料3】『天文日記』天文七年八月十四・十五日条(23)

▽一、（返事シ候）山門西塔院使ニ今日対面候、仍従西塔一院五種十荷来、使者西学坊、西執行代、尊林坊、公文所（上総行事也）、又公文一人（松井坊）此五人なり、両人の公文役者候間、衆徒ニひとしきよし候間、相伴ニ出候ハんよし申候へ

共、以七郎右衛門内儀にて余ニ多人数候間、其詮《ママ》の取てと申候へハ、上総行事をはよひ候てと申候間よひ候、此方相伴に者、兼誉、経照、左衛門大夫計也、二献にてあひ候、初献愚身はしめ候西学へ礼二度仕候へハ、即酌取候間、各へ不能礼候、其盃西学愚前ニテ呑候間酌シ候、二献西学に坏はしめさせ候也、此末盃松井坊をよひ出候てのませ候ハんと思候へ者、盃一返回候へハ、はや各立候間不及是非候、各帰候時座敷にてそと送候、

十五日

⚠一、山門へ返札出之、口状申事ニハ、先各遠路下向劬労之由、又西塔院よりの樽祝着之由申候、抑洲崎河合事条々子細共候、殊宗体法度有之事候条、重助言ヲ此段不可被申之候、此儀上意へ申入、被成御心得之由、被仰出候、細川、少弼なとへも成其届候へハ不可有許容之由候、此儀者自何方雖示給候、不可令承引儀候間、各烈参可有之由候、仮令雖下向候、令領状間敷候、至其期述仏無其曲之由、不可被申之候、為案内申候。於○〔無〕等閑者、坂本ニ居住之由候間、被相払候者、可為祝着之由申出之候、

八月十四日、大坂本願寺に下向してきた山門の使者五人に証如は「二献」にて対面した。ここで「初献」を証如、「二献」目を山門使者西学坊が始めたことは、両者の上下関係を考える上で大きな注意が必要である（後述）。

翌十五日、証如は山門方に返札を出したが、その際に洲崎・河合については、「宗体法度」の儀があることを理由に山門の口入を拒否した。さらに「上意」（室町幕府）や「細川」（晴元）・「少弼」（六角定頼）に届けたことも理由に「不可有許容」といい、この件はどこから示されても「承引」できないと述べた。これに対して山門は「烈参」をちらつかせたが、証如は、たとえ下向してきても「領状」しないと念を押し、さらに坂本に居住している洲崎・河合両人を追い払うよう、逆に要請さえしたのである。

これをうけて山門の大衆二十人ほどが、十月に至って大坂に列参してきた。その際の経緯は次の記述による。

【史料4】『天文日記』天文七年十月二十二・二十三・二十六日条(24)

▽一、返事申従延暦寺三院、衆徒廿人計号列参、去十七日雖下向候、最前以申候筋目、左衛門大夫不可取次之由、申候て候へとも、重而以書状被申候間、余ニ承事候間、雖有折檻、一往可申聞歟之由、十九日比ニ返事遣之訖、
仍今日為衆儀之一書被出之洲崎一書同被添之、彼一書五ヶ条雖有之、取其要、讒訴人申通、此方ニ正之由候、又可遂糾明なと被申候、洲崎・河合両人事也、
△一、返事、遠路下向劬身労察入候、彼両人事者、先度被申候時委曲申述候訖、上意辺まて申入候事候条、自何方雖承候、不可令承引候間、各扱ヲ可被相止候、又一書通一々雖可令其返事候、申扱ましく候間無其儀、然而余ニ不及是非候へハ如何候条、取其要申候とて、使の手日記とて記之遣之、其謂者長門悪逆付而可成敗由申付(候)□処、号謀書不用之、剰▨此方之儀令馳走輩相果之、逐払之、恣令進止、▨乱▨国中奴原候間、可有分別哉。此上者讒訴人も無之、糾明之沙汰にも不及由申候。使者平井七郎右衛門也。雖可有見参候、咳気之条不及是非候、仍五種十荷遣之、可有賞翫之由申遣之候、両人一書相違儀候由申候、

廿三日

▽一、返礼候従三院下向候衆、拾合十荷以役者公文所到来候、即祝着之由申て返之候、（中略）

△一、廿六日今旦山門衆悉帰候、

十七日の山門大衆下向に際し、左衛門大夫（下間光頼）は、以前に伝えた「筋目」（すなわち「宗体法度」）を理由に一度は証如への取次を拒否した。しかし、重ねて書状で申し入れてきたため、証如は「折檻」があるけれども「一往」申し聞くべきかとして十九日ごろに返事をしたところ、二十二日に山門は「衆儀之一書」五か条に「洲崎一書」を添えて出してきた。その返事として証如は、両人のことは先にも述べた理由のため承引できない、山門は仲裁をやめてほしいとして、「使の手日記」なるものを遣わした。その内容は、鈴見長門の悪逆につき「成敗」を申し付けたところ、「謀書」と号して従わないばかりか本願寺からの「馳走輩」に乱暴を働き、国を乱す連中であるから「分別」すべきで、さらに讒訴人もそもそも存在しないので糾明の必要自体がないというものであった。使者として平井七郎右衛門を遣した。山門衆と対面すべきであったが、風邪気味だったのでしなかった。「五種十荷」を遣わし、「賞翫」してほしいと伝えた。両人（洲崎・河合）の一書に違いがあることも伝えた。

二十三日には山門下向衆から「拾合十荷」が「公文所」を通じて到来したが、即「祝着」と伝えて返した。山門衆は二十六日に帰った（以上、【史料4】）。

事件は十一月に至って収束へと向かった。

【史料5】『天文日記』天文七年十一月二日条(25)

▽一、（返事候）山門三院へ為先度下向衆ヨリ十合十荷来返礼以平井七郎右衛門遣之候、彼加州洲崎河合事、向後可被止助言候者、祝着之由申候、

【史料6】『天文日記』天文七年十一月十三日条(26)

▽一、自山門七郎右衛門帰候、惣山、左衛門大夫へ返状候、衆悦之由候、惣中申事▨ニハ、今度之儀無曲候、如此之儀申もならひ候。又無承引儀も▨有之事候。各罷下之処不対面之段、無曲との憤候由、西塔院執行代申候間、使申事ニハ、最前被申事ニハ彼洲崎河合事条々子細有之間、重而被申儀候共不可有承引候、至其期不及述懐之様にと申たる事にて候、日連(蓮)党類儀なとを此方より申候共可有承伏候哉、是以可有分別候、其折節少□用共と候へハ被立候事候処、承之通難令分別之由、使申て彼方をつめ候、西塔院事ハ本末之儀候間、惣山之儀可申破と申候つるよし候、

▽一、西塔院祝着之由、執行代返事候、

▽一、西学坊、蓮花院、星輪院祝味之由返状共候、（後略）

証如は、使者として平井七郎左衛門を（十一月二日以前に）比叡山へ派遣し、洲崎・河合両人のことについては今後、助言を止めてほしいと伝えた（**【史料5】**）。

十一月十三日、比叡山から平井が、「惣山」（山門三院全体）からの左衛門大夫（下間光頼）への「返状」を携え、大坂本願寺に帰った。「惣中」（山門三院全体）の言い分は、今回のことはおもしろくないことである。このように申しかけることは世間の道理である。また「承引」できないということもあることである。比叡山からの下向衆に対面しなかったのは問題で憤慨している、というものであった。西塔院執行代がこれを平井に伝え問い詰めてきたのに対して、使者である平井は次のように返答した。

洲崎・河合のことについてはいろいろ問題があるので、重ねて申しかけられても「承引」できない。ここに至っ

ては述懐に及ばないということである。日蓮党（法華衆）らのことについて、本願寺が比叡山に申しかけても比叡山は「承伏」するだろうか（いや、できないだろう）。これをもって「分別」すべきである。

平井はこのように西塔院執行代を逆に問い詰め、「西塔院事ハ本末之儀」であるならば、むしろ西塔院が「惣山之儀」を申し破るべきであると要請した。これに対し西塔院から「祝着之由」が執行代より返事され、西学坊・蓮花院・星輪院よりも「祝味」の返事が出された（以上、**【史料6】**）。これにて山門と本願寺との緊張関係は収束したと見てよいだろう。ちなみに洲崎・河合はこの翌年、実権回復をねらい越前に攻め入るが、果たせなかったという。

以上、事件の経緯を追った。この一件の背景には畿内・北陸の政治情勢が深く絡み、当該地域における山門秩序の影響力などの問題も興味深い。しかし、ここで注目するのは、この一件で本願寺が示した「宗体法度」と「西塔院事ハ本末之儀」という二つの論理の存在である。この事件に言及した石田晴男氏と下坂守氏は、ともに後者のみを強調し、本寺西塔院の影響力を示す事件として捉える。[27]しかし、事件の内容を見れば、むしろ本願寺側が主体的に、そして主導権を引き寄せながら対処していった相互関係性が顕著である。そこで、本願寺が二つの論理を同時に用いたところにこそ問題があるものと思われる。

ここには、本願寺が自らの宗派・教団としての独自性を主張したことと、山門秩序（本末関係）もいちおうは尊重する姿勢の並立が見出せる。本願寺側は、教団内部の問題として山門側の介入を拒否する姿勢で一貫しており、さらに本願寺と洲崎・河合の関係を、山門と日蓮党の関係に比して分別を求めた。ここに本願寺の独立「宗」としての自己主張が、さりげなくも実は強烈に示されているとも言えよう。「宗体法度」は実在法かどうかという問題よりも、明らかに本願寺教団が自らの枠組みを強く認識して示した表現であることが重要と考える。[28]

その一方で西塔院に対しては、「本末之儀」を理由として「惣山」の決定を覆すよう要請したのは、内部干渉を拒否しつつ本願寺側に利する要請のみ行なったということである。「本末之儀」を尊重しているようで実は逆手に取った本願寺側の姿勢である。

結局のところ、山門は末寺であるはずの本願寺に対し、「列参」などいちおう作法に則って要求はしたものの果たせず、結果的に本願寺教団内部の問題にはまったく介入できなかったのである。そもそも山門にしてみれば、この一件はあくまで、洲崎・河合からの依頼に応じて本願寺に要請をかけたに過ぎず、積極的に本願寺への介入を試みたわけでもなかったのかもしれない。しかし結果的にこれは、当該期の比叡山と本願寺の関係状況が鮮明に浮び上がる事件になったのである。

以上のことから、証如期・天文年間にいたっては、すでに比叡山が本願寺を実質的支配下に置くことはできない勢力関係にあったと見るのが妥当である。前述した蓮如期・寛正年間とは明らかに状況の異なる相互関係が見出せ、ここに本願寺教団の、戦国期宗教勢力としての社会的位置の上昇が確かに指摘できる。

3　本願寺に対する山門大衆の動向

次に、『天文日記』に見られる、本願寺に関与した山門大衆の人的動向の具体相を検討することで、さらに考察を進めていきたい。

①末寺銭納入の経路

まず、あらためて山門西塔院と本願寺の関係の基軸となる末寺銭納入について、その経路を確認してみよう。『天文日記』からは、毎年末に西塔院から本願寺への催促状が到来、それに応じて末寺銭を納めたことが知られる。

天文六年（一五三七）十二月二十八日条には「▽一、従山門西塔院末寺銭為催促、西学坊へ対シ、一院連署有之。又彼坊書状もあり、又四至内坊状もあり」とあり[29]、西塔院一院、使者西学坊、寺家四至内坊が各々書状を出したことがわかる。ここに坂本の寺家を経由して到来・納入する経路が見出される。なお、この末寺銭納入を差配する西学坊は専ら山門内の本願寺担当者であった。その坊舎は前述の「本福寺記録」には下間氏の本坊とされており、末寺銭納入という経済関係の背景としても興味深い。

②本願寺への使者と西塔院執行代

『天文日記』に見える山門西塔院からの本願寺への使者としては、西学坊のほかに、正教坊、阿弥陀坊、尊林坊らが確認できる[30]。また「西塔院執行代」と注記される人物も、「喜楽坊」（天文五年三月二十四日条）、「西学坊」（天文五年九月二十三日条）、「阿弥陀坊」（天文九年九月十一日、同十三年八月二十三日条）、「正教坊」（天文十三年八月二十三日条）である。つまり使者と執行代を担う人物はほぼ一致していると言える。そこでさらに山上西塔において戦国期に存続していたと推測される坊舎群[31]と本願寺への使者・執行代の坊名を重ね合わせてみると、およそ各谷の代表者が執行代を担うのが実態であることもうかがえる。

戦国期成立とされる延暦寺寺家の故実書『驤驢嘶餘』[32]によれば、「東塔西塔ハ執行ト云也、横川ハ別当ト云ナリ、衆僧ノ一老任之役也、執行代別当代ニ若キ衆徒任之」とある。すなわち、山門大衆組織は各院の頂点に「衆僧ノ一老」が就任し、「若キ衆徒」が執行代（別当代）すなわち実働責任者という形態が見出される。これは『天文日記』に見える執行代の実態とも合致する。

以上のことから、山門の執行代個人の身分的地位はそれほど高くなかったと考えられる。これは大坂本願寺との相互関係を考えるにあたって大きな問題となる。

③本願寺証如と山門使者の対面儀礼

山門大衆の身分的位置について、実際に本願寺に下向した際に証如と行なった対面儀礼からうかがってみたい。西学坊ら山門大衆が使者として大坂に下向した際には、二献あるいは三献にて対面が行なわれたが、いずれも証如が先に始め、使者に酌をさせる関係であった[33]。

このような対面儀礼は基本的に相対する個人の身分的位置、この場合は僧位・僧官、の上下に関わるものである。どちらが先に始めるかという問題については、天文五年（一五三六）九月七日に醍醐水本報恩院が大坂本願寺を訪れた際、「初献ハ報恩院より盃まいらせ候ハんと覚悟候処ニ、酌被取候て、愚ニのミ候へと被申候間、無力のミ候」[34]とあるように、基本的に身分の上位にあるものが先に始めるのが通例と見られる。

西塔院と本願寺の寺院相互の本末関係と、僧侶個人の本願寺住職（宗主）が使者・執行代よりも上位にあるという矛盾状況が、対面儀礼の場においても表出していると言えよう。

④その他の関係

以上の検討をうけ、本節冒頭で整理した『天文日記』の関係記述(2)(3)(4)を捉え直してみたい。

(2)の具体例は天文五年（一五三六）の「日連《蓮》宗退治」への合力要請[35]、天文十年（一五四一）の根来寺覚鑁大師号事件[36]である。下坂・石田両氏によれば、これらは本末関係に基づくものというが、山門側としてはまったくそのとおりの認識であろう。たしかに天文五年の事例では、本願寺は要請の翌月に三万疋を三院に上げており、異論なく合力した。しかしこれには、先立つ天文一向一揆に関する赦免金の意味が強くあったのではないか。また天文十年の段階では、本願寺は矢銭要請には承知しつつも「公武」に対し事を構えることには「無先例」として懸念を表明した。姿勢・状況の変化が見出せるようである。しかし、いわゆる合力銭の類については、基本的に本願寺は協力する態度を見せていた。

ところが、(3)山門法会への役負担や奉加の場合、本願寺はまったく異なる態度であった。天文八年（一五三九）の元三会捧物役(37)や天文十五・十六年（一五四六・四七）の日吉社新礼拝講執事役など(38)、山門（横川楞厳院・西塔院）から突然やってくる法会役差定については、「殊前々如此之儀無之事候」（天文八年十月五日条）、「先々勤仕之例無之通、堅申放」（天文十五年四月二十五日条）など、前例がないとして本願寺はことごとく辞退した。執拗な要請にもかかわらず、本願寺は山門法会の役差配については一切拒否の対応だったのである。

一方で、奉加については適宜納めていた。たとえば天文十三年（一五四四）七月に洪水で流失した山門黒谷法然上人御影堂の再建には千疋を奉加した(39)。これには青蓮院・知恩院との関係が背景にあり、また法然と親鸞の関係が前提にあると考えれば当然のことかもしれない。もう一例、天文二十二年（一五五三）十二月二十七日、日吉二宮遷宮に関しても千疋の奉加が確認できる(40)。とはいえ、いずれにしても以上における本願寺の態度は、本寺からの厳しい要求に支配されていたと言うより、主体的な判断により決定していたと見るのが妥当である。

最後に(4)については、たとえば、加賀・伊勢など本願寺が影響力を持つ在地に所在した山門領に問題が発生した場合に口入を求める事例(41)である。これは、西塔院に限らず多方より要請され、山門内の他院においても西塔院を通さず個別に本願寺に音信していたから、「本末」関係に基づくものではない。本願寺の在地への影響力に基づくものであって、証如もそれぞれの事例で異なった対応を見せたのである。

4　まとめ

本節の検討を総じて見るに、山門西塔院に対する本願寺の態度は一貫して受動的であることが明確である。本願寺から西塔院に対して働きかけた事例はおよそ確認できず、したがって本願寺側が実際にその関係をどれだけ重視していたかは、かなり疑問である。とすれば、西塔院と本願寺の本末関係とはいったい何であったのか。

十四世紀、山門は祇園社を別当・執行補任権を掌握するかたちで末社支配を行ない、また大衆・公人の連携も密接に行なわれるような関係にあったという(42)。これが中世における本末関係の典型的な例であるとすれば、本節で見てきたような西塔院と本願寺の関係は、かなり異質である。

一方で、本願寺と同様に戦国期宗教勢力に位置付けられる法華教団の寺院もまた、十六世紀に山門への礼銭納入を誓約したという(43)。このような十五・十六世紀に見られる金銭納入を媒介にした本末関係は、出現し台頭する「戦国期宗教勢力」に対する既存勢力側のやむなき対応策だったのではないか。補任権の掌握のような人的介入がもはや不可能な実力関係のなかで、なお山門秩序につなぎとめておくために、金銭を媒介にし、個人ではなく寺院間の「本末」契約が用いられたものと考えられよう。

下坂守氏は中世における「本末之契約」を論じ、本願寺などもその一例として取り上げた(44)なかで、本末契約に関し、末寺の義務に末寺銭上納などを、本寺の義務に朝廷・幕府への訴訟の取次などを挙げた。しかし西塔院と本願寺の事例を見れば、西塔院はまったく本寺としての義務を果たせてはいなかった。むしろ末寺銭納入のみを糸口に、本願寺に対し、さまざまな経済的要求をしていただけ、というのが実態である。それに対して、もはや何のメリットもない本願寺が何故それに応じていたかと言えば、それは蓮如期以来の先例に従った安全保障に過ぎなかったと言えるのではないだろうか。

ここに、〈戦国期宗教勢力〉本願寺教団の社会的台頭と、〈中世宗教勢力〉比叡山延暦寺の実力低下という、対比的状況を見出すことができよう。

第二節　戦国期本願寺と青蓮院門跡

本節では、戦国期本願寺と青蓮院門跡の関係について検討する。前述したように、青蓮院と本願寺の関係史については史実・伝承を取り混ぜてよく知られているが、中世・戦国期の実態に即して把握し直す必要がある。先行研究も前述のように谷下氏、遠藤氏、草野氏、石田氏らの研究があり(45)、また脇田晴子氏(46)も検討を加え、本願寺の貴族化を論じたが、本章の問題設定に従い、あらためて検討してみたい。

そこで再び、手がかりとなる『天文日記』における関連記述を見ていくと、①青蓮院門主に対する儀礼（年季挨拶・贈物）、②門跡・院家の各種法会・堂社修造への奉加（香典）、③加賀領国関係をめぐる諸所との仲介、④禁裏（朝廷）との取次、と整理できる。これらがどのような関係構造のなかで行なわれていたか、青蓮院門跡の門室組織と本願寺の関係を検討しつつ、論じていきたい。

1　青蓮院門室組織と本願寺

①青蓮院門跡と初期本願寺

まず、初期本願寺時代における青蓮院門跡との関係について触れておきたい。親鸞が慈鎮（慈円）のもとで得度したという『親鸞伝絵』の物語もあり、また一般的に「本願寺は青蓮院の末寺」と言われがちであるように、両者の関係は自明のように考えられる傾向にある。しかしながら同時代史料から両者の関係が確実に見えるのは、いわゆる「唯善事件」の途中からであり、これとて両者が寺院間本末関係にあることを示してはいない。この問題については別に検討が必要であるが、おおよそ以下のように見通しておきたい。

本願寺の前身である大谷廟堂は「青蓮院境内之候仁」（【史料1】）であり、その敷地は青蓮院門跡の有力院家妙香院に所領されていた[47]。「候仁」は「候人」である。『驪驢嘶餘』に「一、候人ハ門跡ニ召使ハル惣衆ヲ云也」とあるが、門跡被官の総称程度の意味合いしか読み取れず、その実態はわからない。永村眞氏の研究によれば「候人」は坊官を指すという[48]。しかしそれは南都の事例からの指摘であり、また本願寺が青蓮院の坊官であったとは言えない。天台・真言・南都の門跡・寺院組織には、それぞれに相違が多く見受けられることに注意する必要がある。

また遠藤一氏は、本願寺住職（宗主）は日野一流出自の僧として僧位・僧官を得て青蓮院門跡の門流支配体制に組み込まれ、本願寺は「三綱の家」クラスで寺家を構成する寺院であったと言う[49]。僧侶・寺院の地位・身分においては妥当と思われるが、初期本願寺が実際に青蓮院門跡内において「三綱の家」として機能していた実態はうかがえない。山田雅教氏が論じた、覚如・存覚らの学僧的活動のみが際立って見出せるといったところである[50]。

ところで、大田壮一郎氏は、妙香院を本所とした初期本願寺について、南北朝の青蓮院門跡の錯綜した状況下に位置付けて再検討した。東山大谷に所在する青蓮院門跡がその領域内に浄土教諸門流・諸寺院を広範に抱え込んでおり、本願寺もそのような宗教環境のなかに存在していたという[51]。

これらをうけて言い換えれば、初期本願寺の社会的位置は、青蓮院門跡の周縁部に位置した汎浄土教系集団の一門流の小拠点と説明できる。人的な法流関係や門跡内の寺院的機能があったにせよ、あくまで傍流に過ぎないのが実際のところであっただろう。この位置に大きな変化をもたらした画期が、遠藤氏が指摘する山科本願寺の成立であり、その延長線上に天文年間の大坂本願寺が位置付けられる。

②天文年間青蓮院門室組織の実態と本願寺

次に、十六世紀、とくに天文年間の青蓮院門室組織の実態について検討し、本願寺の位置付けについて考えてみたい。青蓮院門跡の形成と展開については稲葉伸道氏の研究[52]、中世青蓮院門室組織の研究としては伊藤俊一氏や下坂守氏の研究[53]がある。いずれも本章で扱う十六世紀までは言及していないが、前提となる議論を展開している。

『驥驢嘶餘』には「山門三門跡、脇門跡、院家、出世清僧、坊官妻帯、或有浄同位、、侍法師、山徒・衆徒同位也」とあり、天台門跡には階梯的な秩序構成がうかがえる。伊藤・下坂両氏によれば、青蓮院の門室組織は、門主（門跡）を頂点とし、「執事」と「庁務」が実務を担う運営形態であったという。執事は門跡の家政を統括した役職で評定衆（評議機関）の代表者であり、『華頂要略』[54]によれば脇門跡や院家、時に出世がこれに就任した。坊官が務めた庁務は、執行機関「庁」の代表者であり、この就任の変遷も『華頂要略』に記されている。この運営形態は天文年間においても見出せる。『華頂要略』に記されている青蓮院の脇門跡・外様院家・院家・諸院家・坊官を参考にしつつ、次に整理してみよう（【表2】）。

〔門主〕天文十年（一五四一）に天台座主となった尊鎮が絶対的な存在感を持っていた[55]。尊鎮は時の後奈良天皇の弟であり、朝廷に対する強い発言力がうかがえる。尊鎮が天文十九年（一五五〇）に死去した後は、伏見宮邦輔親王息が、門室を相続したとされながら入室のないまま天文二十四年（一五五五）に十二歳で死去した。そして、その弟（のちの青蓮院尊朝）が四歳で門室相続したというが、当初は曼殊院門跡「竹内覚恕」が補佐、永禄五年（一五

【表2】 青蓮院門跡とその脇門跡・外様院家・院家・諸院家・坊官

門跡	青蓮院（東塔南谷青蓮坊）
脇門跡	本覚院（西塔東谷）、浄土寺山上号金剛寿院、寂場坊号仰木（横川）、般若院号裏築地門跡（西塔惣堂分 or 横川般若谷）、実乗院号岡崎門跡（山上禅定坊）、**曼殊院**号竹内門跡**（善法院）**
外様院家 今称准門跡	**本願寺（妙香院領）**、**東本願寺**、毫摂寺非准門跡伝載諸院家下、付録：専修寺、仏光寺、興正寺、錦織寺
院家	**定法寺**、安居院（東塔北谷竹林院）、聖光院（上乗院）、**知恩院（宇治平等院）**、**尊勝院（横川般若谷 or 解脱谷）**、東南院（尊勝院）、**真珠院（尊勝院）**、常楽院（山上無動寺、尊勝院）、**上乗院（西塔南尾谷）**、依正院（尊勝院）
諸院家	蓮実院（西塔北尾谷）、功徳院、**法輪院（横川解脱谷）**、石泉院（西塔北谷正教坊）、真性院真亦作心、**妙観院（毘沙門堂流室）**、**明応院**応亦作王**（東塔北谷）**、報恩院、南光院、禅明院、照泉院照亦作松、蓮泉院、智楽院、蓮門院、仏心院、十乗院、**密乗院（上乗院）**、無量寿院、妙解院、金剛寿院（脇門跡浄土寺）、宝光院（東塔東谷）、宝光明院、不動院、三光院（東塔東谷密蔵院）、阿閦院、東福院、徳寿院、詮量院、蓮光院、毫摂寺
坊官	**鳥居小路家**、同庶流、大谷伊予家、同庶流、**長谷家**、大中臣棟長流、谷家、五条家、筋野刑部卿家、鹿谷家

※『華頂要略』を基に作成。傍線および太字は『天文日記』『経厚法印日記』でも確認できる存在。

六二）に覚恕を戒師として十一歳で得度したという（『華頂要略』）。この時期の青蓮院門主の実質的不在については、谷下一夢氏が、天文二十三年（一五五四）の証如死去前日に、顕如への得度戒師の執行が行なわれたことをその状況背景として指摘したが[56]、このことは、さらに永禄二年（一五五九）の本願寺「門跡成」の状況背景としても捉えられる。

〔**脇門跡**〕下坂氏によれば、曼殊院（竹内門跡）以外は、十五世紀後半までに廃絶していたという[57]。確かに『天文日記』には「竹内殿」は多出するものの、その他は山門蓮華院が加賀「浄土寺門跡」領について問い合わせた一例があるのみである。下坂氏は、伝統的な脇門跡の事実上の廃絶に伴い、有力院家である定法寺・尊勝院などの脇門跡格化が志向されていたと言う。とすれば、これも天文五年（一五三六）に本願寺が脇門跡成を望んだ状況の背景になるだろう。

〔院家・諸院家・出世〕これらもまた、中世後期にはかなりの廃絶や吸収・再編などがうかがえる。『経厚法印日記』享禄四年（一五三一）八月二十八日条には[58]、定法寺・尊勝院・上乗院・妙観院・松泉院・法輪院の実動が確認できる。このうち上乗院・定法寺・尊勝院は、永正十五年（一五一八）の本願寺実如への「五箇条免許」にも署名し[59]、歴代門室執事も務めた有力院家である。ただし『天文日記』では上乗院が天文五年（一五三六）、定法寺も天文七年（一五三八）「公助僧正遠行」以降、音信関係は絶え、定法寺の後に門室執事となった尊勝院のみが、天文以降、永禄に至るまで本願寺と関係を持ち続けたことが読み取れる。

妙観院・松泉院・法輪院といった諸院家・出世のうち『天文日記』で確実に人の実動が確認できるのは法輪院のみである。法輪院猷静僧都は、天文六年（一五三七）十二月十二日に青蓮院門跡御殿の修造に関し鳥居小路経乗とともに大坂本願寺に来訪しており[60]、使者としての役割が確認できる。また、松泉院応全は、永禄四年（一五五九）親鸞三百回忌の際に天台の儀式作法を大坂本願寺に教えた「青蓮院門跡ノ出世」として、『今古独語』[61]にその名が確かめられる。

〔坊官（庁務）〕『華頂要略』に、大永七年（一五二七）から天文十一年（一五四二）までが鳥居小路経厚、同年から天文二十年（一五四九）までが鳥居小路経乗、その次は永禄元年（一五五八）まで長谷玄顗と記され、『天文日記』からも相応する実態が確認できる。このうち鳥居小路父子と大坂本願寺の関係については後述する。

〔本願寺〕『華頂要略』には「外様院家」に立項、「当寺雖非台家自旧属青蓮院殿門下、被称外様之院家也」とされる。そのほか、谷下氏が[62]「本願寺は青蓮院の院家」とする史料的根拠を確認すると、『天文日記』天文十年（一五四一）九月三日条に記録されている「朝倉右衛門入道」が本願寺に送った末代門下（弟子）となる旨の誓約書の一条に「一、参郡　御院家様江進上可申上事」とあり、同じく記録されている下間丹後への書状にも「一、御院家様江申上儀、弥可然之様、頼尭御取合憑入事」とある。また『言継卿記』天文十三年（一五四四）五月二十五日条には「一、今日八時分、白光院、本願寺へ礼に被行、従彼方時分被申候了、院家へ太刀持、馬、代、同母儀慶寿院百疋（後略）」とあり、慶寿院は証如の母であるから、山科言継は間違いなく証如を指して「院家」と記したことが確められる。これらの史料から、天文年間には本願寺が青蓮院の院家であるという社会的認識が広くあった可能性を指摘できる。

ただし、前述の「境内之候仁」、また慶長年間の史料ではあるが「元祖真鸞（親）上人ハ青蓮院門跡ノ出世也[63]」という言説があること、さらに中世後期における従来の秩序崩壊という状況背景からすれば、「候仁」「出世」から「院家」へという階梯的上昇を想定するのが妥当であろう。そしてその延長線上に、脇門跡成申請（天文五年）、門跡成（永禄二年）が位置付けられるのである。

2　大坂本願寺と青蓮院門跡の音信関係

これまでに検討した関係を前提として捉えつつ、ここからは大坂本願寺と青蓮院門跡の具体的関係について『天文日記』を中心に検討していく。

①年季挨拶・贈答儀礼

本願寺証如は毎年、青蓮院に年頭礼・歳暮の音信・贈答を行なっていた。年頭礼は門跡尊鎮と取次の坊官（鳥居小路経乗など）の二者に行なった。歳暮は、天文九年（一五三九）十二月二十三日の事例では証如の音信に加え、鳥居小路経厚の一札が添えられた(64)。また各地の門徒からの上納と見られる蕅（蓮根）・白瓜・蜜柑・桃・江州木練・青苔・水仙花・小塩和布など多彩な献上品が、本願寺から青蓮院にしばしば送られた(65)。

一方、青蓮院からの音信もさまざまで、天文六年（一五三六）三月二十七日には門跡より初めて御書が下され、同時に「勅作」の「黒方十貝」拝領(66)、天文十年（一五四〇）正月二十七日には本願寺前住実如の十七回忌に「小経一巻」拝領(67)、また天文九年（一五三九）八月五日に「万葉集八巻幷註尺（釈カ）五冊」借覧返納、同年十月十六日には「愚問賢注」「伊勢物語」拝領など、文化的交流も豊かである(68)。

以上のやりとりをめぐる記述から確認できる青蓮院・本願寺間のルートは次のようなものである。

尊鎮↔経乗↔（経乗↔兼盛・下間↔）証如

青蓮院は庁務（坊官）を通じて本願寺へ音信、本願寺も基本的に家臣下間氏を通じて経乗に応対、門跡への上京使者としては麻生・八尾新四郎といった家臣の存在もうかがえるが、鳥居小路経厚が存命中は、この経厚を経由してその息子で庁務を務めた経乗へ、という場合が多かった。さらに、本願寺からとくに何かを望む場合、本願寺常住一家衆である兼盛（顕証寺実淳）から経厚を通じるルートもあった。

②各種法会・堂社修造への奉加

香典については、尊鎮母の一周忌・三回忌・七回忌法要に三百疋、(69)天文六年（一五三七）の十楽院二十五回忌に千疋、(70)天文十一年（一五四二）の後柏原院十七回忌、(71)さらに天文二十一年（一五五二）九月十一日の尊鎮三回忌にも香典千疋を進上した。

奉加については、先に法輪院を検討したところで述べた青蓮院門跡御殿の修造に対し、天文七年（一五三八）四月十一日に五千疋を進献、(72)門跡代替後の天文二十二年（一五五三）九月二十六日にも御殿新造のため五千疋を進上した。(73)さらに門跡のみならず、天文六年（一五三七）十二月六日には知恩院（『華頂要略』「諸院家」）の求めに応じて同惣門の再興にも奉加するなど、山門三塔に対する態度とは異なり、青蓮院関係についてはむしろ積極的に対応し、奉加していたように見受けられる。

ところで天文七年の事例をもう少し詳しく見てみよう。門跡御書と執事定法寺の一札を携えて、院家法輪院と上座大蔵卿（鳥居小路経乗）が使者として到来し証如と三献対面したが、対面においては鳥居小路経厚と下間上野頼慶の二人が相伴し、経厚は証如の下に座した。盃は一献を証如、二献を法輪院が始め、三献を大蔵卿に申し付けたが、大蔵卿が固辞したため、また証如が始めた。これは証如が大僧都、法輪院が僧都、大蔵卿が坊官という僧綱的階梯に基づくものであった。本願寺と青蓮院の院家・坊官の実際の身分関係を示す事例として注目できる。

③禁裏御料・門跡所領などに関する交渉

第一節でも触れたように、本願寺は、実質的に領国化していた加賀国の在地や、その他の有力門徒が所在する地域の諸問題をめぐり、諸方から各種の要請を受けることが多かった。ただし、『天文日記』上においては、直接、青蓮院領に関するやりとりは問題化していない。青蓮院が出てくるのは、たとえば「禁裏」（朝廷）が「御料所」である加賀国軽海郷における公事未納を問題視し対処を要請したことを本願寺へ伝える中継役としてである。(74) これが青蓮院門跡を経由して行なわれたのは、後奈良天皇と門主尊鎮が兄弟の関係にあることも背景にあろう。

あるいは、長期的に相論が繰り広げられた加賀国長楽寺・明王院をめぐる住持職問題において、天文五年（一五三六）には青蓮院が介入を試みたが、(75) 本願寺証如は必ずしも青蓮院尊鎮の意向を汲む差配はしなかった。

青蓮院の脇門跡である竹内（曼殊院）門跡については、その所領が加賀国富墓にあって、各種の交渉がなされた。(76) ただし、この場合も、竹内門跡の意向を汲むわけではなく、在地の状況に対応した判断を証如は行なった。

すなわち、こうした問題についても、本願寺は必ずしも青蓮院、曼殊院といった上位の門跡からの支配的影響下にあったわけではないということである。

④禁裏（朝廷）への取次

(A)「勅願所御樽」、(B)文化的交流、(C)僧綱補任をめぐる音信が見出され、これに加えて注目すべき出来事として(D)天文五年前後の脇門跡成申請却下がある。

(A)「勅願所御樽」は大坂本願寺が「勅願所」（勅願寺）として毎年、青蓮院を通じ年始の礼として樽十合十荷を朝廷に進上したものである。たとえば、天文五年（一五三六）二月二十二日には、使者横田出雲を上京させ、門跡（青蓮院）への当年礼とともに「勅願所の御樽禁裏へ進上候」という。(77) 以降、年次によっては記述がない場合もあるが、(78) 天文二十三年（一五五四）五月四日にも「禁裏へ、恒年之十合十荷代五百疋」を進上したことが確認できるので、毎年のことと考えてよいだろう。本願寺がいつから勅願寺だったかについては詳しい検討の必要があるものの、天文七年（一五三八）七月二十一日に、大坂本願寺の御堂本尊左右に天牌（今上・先皇）を設置したことは確かである。(79)

本願寺が青蓮院を通じてこれを行なったのは、石田晴男氏が指摘したように、本願寺が直接に参内し贈答できる位置になかったからであるが、天文十九年（一五五〇）の尊鎮死後、その取次が青蓮院ではなく庭田重保になったことは大きな転機と見なくてはならない。『天文日記』天文二十年（一五五一）三月十一日条には「禁裏へ、恒例十合十か進上之、門跡無御座之間、庭田へ申遣之、則一札載遣之也、使芝田也」(80)とあるが、伏見若宮の青蓮院門跡相承決定後も復することなく、庭田重保を通じて披露する経路に移行した。(81)庭田重保は証如室の兄弟であり、石田氏や脇田氏らの指摘のように、本願寺はこのような公家との縁戚関係を通じ、朝廷への直接経路を開いていったのである。

(B)文化的交流は戦国期の朝廷・公家社会における本願寺の位置を示すものである。具体的には前述した青蓮院との交流に加え、天文八年（一五三九）六月九日の伏見院宸筆の歌・盃の拝領、同年九月二十七日の慶寿院（証如母）の「栄華物語」拝領、天文九年（一五四〇）十月十九日の後奈良天皇宸筆「観無量寿経」拝領、天文十八年（一五四九）正月二十日「三十六人家集」拝領などが確認できる。(82)さらに天文九年（一五四〇）正月二十三日の青蓮院尊鎮の大坂本願寺下向、同年十月十六日「本願寺系図」叡覧が特筆されるが、(83)この「本願寺系図」も九条稙通が天文五年（一五三六）に作成したものであり、(84)享禄元年（一五二八）の証如の九条家猶子成りから一連の流れのなかにあるものと見られる。(85)

(C)僧綱補任については、中世後期の僧位・僧官について論じ、本願寺の事例についても網羅的に言及した小笠原隆一氏の研究がある。(86)これにより関連事項を拾い出してみると（**【表3】**）、証如は、享禄元年（一五二八）九月五日

【表3】 本願寺の僧位・僧官（証如・顕如期）

年月日	寺院・僧名	前官位	叙任官位	血縁関係など	備考（史料根拠など）
享禄元・9・―	本願寺証如		直叙法眼	円如長男（九条尚経猶子）	『お湯殿の上の日記』『実隆公記』
享禄2・6・―	本泉寺蓮悟		法印	蓮如七男	『お湯殿の上の日記』
天文5・4・―	本願寺証如		大僧都	（既出）	『お湯殿の上の日記』『天文日記』『私心記』
天文9・3・28	本善寺実孝		権少僧都	蓮如十二男	『本善寺文書』（口宣案）
天文10・12・―	下間丹後光頼		法橋	（本願寺内衆）	『天文日記』
	下間周防頼順		法橋	（本願寺内衆）	
天文14・4・―	本願寺証如	直叙法眼	法印	（既出）	『お湯殿の上の日記』
天文17・7・―	下間備前玄頼		法橋	（本願寺内衆）	『天文日記』
天文18・正・17	本善寺実孝	権少僧都	権大僧都	（既出）	『本善寺文書』（口宣案）
天文18・正・26	本願寺証如	大僧都	権僧正	（既出）	『本願寺文書』『お湯殿の上の日記』『天文日記』『私心記』『華頂要略』
天文18・3・―	下間丹後光頼	法橋	法眼	（既出）	『お湯殿の上の日記』
天文20・12・―	本善寺実孝		法印	（既出）	『私心記』
	順興寺実従		法印	蓮如十三男	
天文22・7・―	教行寺実誓		法印	蓮芸長男	『お湯殿の上の日記』『私心記』
	慈敬寺実誓		法印	実賢長男	
天文22・8・―	勝興寺玄宗		大僧都	蓮誓長男実玄長男	『お湯殿の上の日記』『私心記』
	光善寺実玄		大僧都	（順如系譜寺院）	

天文24・4・―	本願寺顕如		直叙法眼	証如長男	『お湯殿の上の日記』『私心記』
永禄元・3・17	本善寺証珍		少僧都	順興寺実従二男（本善寺を相続）	『お湯殿の上の日記』『惟房公記』
永禄2・12・15―	下間大蔵卿頼良		法橋	（本願寺坊官）	『今古独語』
	下間上野頼充		法橋	（本願寺坊官）	『今古独語』
	下間丹後頼総	法橋	法眼	（本願寺坊官）	『今古独語』
永禄4・4・―	本願寺顕如		権僧正	（既出）	『お湯殿の上の日記』
永禄9・8下旬	本宗寺証専		法印	実如子実円孫・顕如妹が正室	『お湯殿の上の日記』『今古独語』
	慈敬寺実誓		法印	（既出）	
	常楽寺証賢		法印	蓮如長女如慶尼曾孫・証淳妹が正室	
	光教寺顕誓		法印	蓮誓次男	『お湯殿の上の日記』＊さらに二人（教行寺証誓・願証寺証意カ）
	本善寺証珍		法印	実従次男	

に直叙法眼、天文六年（一五三七）正月十四日に大僧都、天文十四年（一五四五）四月二十日に法印、天文十八年（一五四九）正月三十日に権僧正に補任。内衆下間氏は、天文十年（一五四一）十二月十二日に丹後光頼と周防頼順が法橋、天文十七年（一五四八）二月二十七日に備後頼重が法橋、天文十八年（一五四九）二月二十七日に丹後光頼が法眼。一家衆では天文二十年（一五五一）十二月三十日、本善寺実孝・順興寺実従の法印、天文二十二年（一五五三）七月二十九日の教行寺実誓・慈敬寺実誓の法印、同年九月七・八日の勝興寺玄宗・光善寺実玄の大僧都が

注目される。証如の大僧都・権僧正、丹後・周防の法橋の事例では青蓮院の取次が確認できるが、天文二十・二十二年の事例では『お湯殿の上の日記』から庭田重保・中山孝親の執奏が見出される。前述した天文十九年（一五五〇）尊鎮死去後の取次担当の変化がここでも確認できる。なお蓮如以前の本願寺住持における法印権大僧都は散位の僧綱と見られることなどはすでに指摘されているが(87)、青蓮院が本願寺の僧綱を掌握していたにせよ、散位ではなく勅叙が確認できる戦国期の画期には注意すべきであろう。

(D)天文五年脇門跡成申請却下についてもすでに先行研究によって注目され、却下の代わりに「鰭袖なしの御衣」を拝領したとされているが(88)、さらに検討すべき点がある（【史料7】）。

【史料7】『天文日記』天文五年十月三日条(89)

一、自門跡庁務迄去月下旬ニ被仰出候を、庁務同廿八日ニ兼盛迄被申候。其子細者、門跡御所存ニ此方へ何事かなとおほしめし候へ共、不事成候間、鰭《ハタ》袖なしの○御衣、黒染薄墨之のか候ほとに、それを愚身ニ被下候ハんするか如何候へくや、後室、又知己の一家にも談合候へと、被仰候よし被申候よし候ほとに、肝をつふして、定法寺へ去年可着用よし承候通懇ニ申候て、飛脚差上候処、今朝帰候間、則庁務を喚、定法寺書状之旨申候て、色々の事共申候。其後ニ申事にハ、前々之儀者規模共思候ハて着候事候。今又御免あるへき事も忝く存せす候。又仰の以筋目着用候へハ、以前之脇門跡望之事、自此方内儀心得而、殿下被仰候▨へと、憑申たるニ成候なと種々申候て、其御返事鳥居少路被申上候。此儀者はや〱これにて相果事候。此儀門跡被思食事候間、此方思分候へなと、以兼盛種々鳥居少路四日被申候へ共、今之儀者如右記固辞申候也。

この件に関し、青蓮院側は確かに「鰭袖なし」授与をもって事態を収拾しようとしたのであるが、これに対し、本願寺側は「去年可着用よし承候」と門室執事の定法寺に申上した。さらにその「筋目」で着用すれば、脇門跡申請のことが本願寺から内々に青蓮院に頼んだことになってしまうとして、鳥居小路経厚の説得にもかかわらず、三日の段階では固辞する態度を見せた。それが同月十五日に青蓮院より「鰭袖なしの薄墨衣御免之事、重而可有御免由候被仰候也」、同月十八日に「鰭袖なしの衣の事者、以同前筋目脇門跡之事、依不事調着用候と申儀可有之候間、斟酌之通申候」とあって、ようやく承知したものと見られるのである(90)。

その後、天文七年（一五三八）十二月九日「鰭袖無色白為御免一領令拝領候」、さらに天文十五年（一五四六）八月七・十・十七日「紫鰭袖無拝領」とある。すなわち、本願寺は青蓮院から、門跡格の法衣と考えられる「鰭袖無」を三回にわたり拝領したことがわかる(91)。「紫鰭袖無」の時も、本願寺はまずは「門跡御衣同様之儀者不可在」として固辞したが、重ねて尊鎮より「尤着用可為御本懐、○代々可用紫衣之由候」と伝えられて拝領に及んだ。ちなみにここに「但幼年之時者白色可然」とあり、白色の「鰭袖無」が幼年の門跡の着用法衣であることも知られる。

以上、天文年間に本願寺は薄墨・白・紫の三色の「鰭袖無」を入手していたことに注目すべきである。これは何を意味するのか。戦国期本願寺の教団体制の強化と儀式の整備の連関を論じる草野氏は、儀式主宰者である宗主の権威化の必要性を指摘した(92)。すなわち本願寺教団内部において証如の宗教的権威を高めようとする意図が大きかったとするならば、その視覚化として門跡と同様の法衣である「鰭袖無」の着用は有効だったと考えられる。脇門跡に勅許されなくとも、ひとまず本願寺内部の儀式に限るとはいえ、実質的に門跡と同様の衣体と振舞いを青蓮院から許可されたことは、実質上、院家からさらに次なる段階へ進んだものと言えよう。

3　大坂本願寺と青蓮院坊官・院家

ここからは、大坂本願寺に深く関係する青蓮院の坊官・院家について検討していく。これまでの検討から、とくに鍵となる人物として、坊官鳥居小路経厚・経乗父子と院家尊勝院慈承の存在が指摘できる。

①坊官鳥居小路経厚・経乗

鳥居小路経厚とその子経乗の動向を追ってみよう。『華頂要略』によれば、経厚は天文九年（一五四〇）まで青蓮院庁務の職にあったが、それ以前から大坂本願寺に居住していたことが『天文日記』などから確認できる。『天文日記』年次未詳分四月十七日条からは[93]、大坂寺内に「鳥居少路座敷《河端》」があったこともわかる。経厚不在の青蓮院においては、実質上、経乗が庁務の実務を遂行していたと見られ、この時期の青蓮院・本願寺間の音信はこの父子の密接な連携のもとに行なわれていた。

さらに注目すべきことに、天文十二年（一五四三）十一月二十三日には「鳥居小路成門徒度之由、去中旬之比より以頼尭被申候[94]」とある。経厚から自ら本願寺の門徒になる望みが出され、下間頼尭が取り次いだところ、光応寺・慶寿院ともその意思を確認の上、証如が許可、同日太夜には後堂にて聴聞した。経厚は翌年四月二十六日、大坂本願寺にて死去した[95]。証如はその死を「言語不言」と記し、さらに経厚の葬儀・中陰などはすべて大坂本願寺において行なわれたのである。

この経厚の動向はかなり特異で、明らかに青蓮院坊官の枠を逸脱したものである。そこでより詳しく経厚の動向を見ていくと、天文六年（一五三七）正月十四日に証如大僧都昇進の際、禁裏各方面への御礼内容は「鳥居少路任異見、差上候」[96]とある。また天文六年（一五三七）十二月十二日に青蓮院から法輪院と経乗が到来した事例[97]、その他にも山門はじめ各方面との折衝（一例…【史料3】）や賓客が来訪した際などに、とくに証如に近侍して身分的上下関係やそれに基づく儀礼作法について数々の助言をしたことが確かめられる。つまり経厚は証如の参謀・助言者のような役割を果たしていたのである。証如は元青蓮院坊官を側近に置くことで、対外関係を円滑に進めたものと見ることができる。

一方で、青蓮院側の事情を考えれば、経厚の門徒成りはひとまず死去直前の個人行動としても興味深くはあるが、やはり第一には青蓮院の本願寺への経済的依存度の高さが指摘できよう。そのことは本節2で検討した奉加の事例からもうかがえ、さらに小笠原氏の研究によれば、当該期、本願寺の礼金はほかと比較しても破格であったという[98]。経厚の死後、経乗の庁務在任中においても、本願寺から門跡・経乗への日常的音信・贈答は頻繁に見出される。さらに天文二十年（一五五三）に青蓮院の庁務に就任した長谷三位玄顕も、翌年八月三十日「伏見殿若宮〈御歳六歳〉」の青蓮院門跡相続に際し、本願寺に下向して「斟酌」を求めるなど[99]、継続した関係が確かめられるのである。

②院家尊勝院慈承

尊勝院は代々日野一族を出自とし、門室執事を担った院家である。慈承の先代光什は、前述のとおり永正十五年（一五一八）実如への「五箇条免許」に庁務・無量寿院・上乗院・定法寺とともに連署したが[100]、天文年間半ばには尊勝院以外の彼らの動向はほとんど見出せない。この尊勝院と本願寺の関係について『天文日記』『私心記』から見てみよう。

天文十三年（一五四四）三月十九日、尊勝院慈承は堺下向のついでに大坂本願寺へ来訪している[101]。この際の三献の対面儀礼においては尊勝院が先に酌を持ったため、証如が「是非に及ばず」と先に始めた。経厚が「尊院之当官正大僧都」と助言したためという。確かに証如も天文五年（一五三八）に大僧都に昇進しているがゆえと言えるが、尊勝院のほうが先任で、従来は明らかに格上だったはずである。三献目も作法により譲り合いをした結果、尊勝院が「強而被申間」ということで証如がまた始めた。ここに尊勝院と本願寺の関係の変化が如実に見出せる。

その後も日常の音信から門跡代替時の音信などが確認できるが、さらに『私心記』[102]によれば、永禄年間にいたると尊勝院慈承は大坂本願寺に長期逗留するようになっていた。この時期には、たとえば、永禄元年（一五五八）に大坂へ下った烏丸光康[103]のように京都の戦乱を避けて大坂の本願寺に寄寓する公家衆の存在が見出せる。彼らは本願寺をいわば〝文化サロン〟としながら、同時に本願寺の対外関係において助言・折衝など重要な役割を担っていたと見られる。この本願寺常住公家とも言える存在については、さらに天満・京都本願寺の山科言経などが顕著な事例として挙げられるが[104]、参謀・助言者としての性格から言えば、鳥居小路経厚がその先駆的存在であり、尊勝院慈承もまたそれに連なるものと言えよう。

4　まとめ

本節の検討により、大坂本願寺と青蓮院門跡の関係が、従来の研究よりもかなり具体的に明らかになった。大坂本願寺は、青蓮院門跡とは積極的に関係を構築したのであり、これは山門西塔院との場合とは明確に異なる。一方で、青蓮院門跡もその関係を重視していたことは明らかであるが、さらに言えば、庁務そして執事までもが揃って大坂本願寺に密着したことから、単なる経済的な依存状況のみならず、門室組織そのものが本願寺と不可分な関係に至っていたと言えよう。

その後、本願寺は顕如の時代に至り永禄二年（一五五九）、門跡に勅許された[105]。これについて青蓮院門跡の関与が確認されないのは、弘治元年（一五五五）に数え四歳で門跡を相続した尊朝がいまだ幼少で、実質的には門主の不在状況にあったからと考えられる[106]。脇門跡として曼殊院覚恕が健在であったはずであるが、関与は確認できない。しかし、前述した親鸞三百回忌における院家松泉院の関与[107]、のちに天正二十年（一五九二）に死去した本願寺顕如への院号「信楽院」が青蓮院からの諡号であったこと[108]、文禄四年（一五九五）に始まる京都東山大仏千僧会への出仕にあたって作法や装束などについて本願寺が青蓮院に相談したこと[109]などから、本願寺が門跡になって以降も青蓮院との関係は継続してうかがえる。

とはいえ、ここに至っては、本願寺が比叡山延暦寺の秩序下にあったという捉え方ではなく、新たな把握の枠組みが必要であろう。それは、「日本仏教」そのものの全体的な枠組みの再編につながる問題と考えるので、次章以下、引き続き論じていきたい。

むすびにかえて

本章で検討したことは以下のとおりである。大坂本願寺は山門西塔院と本末関係にはあったが、それは西塔院が本寺として本願寺に対し強圧的な末寺支配ができる関係だったのではない。実態的には、むしろ本願寺が西塔院を凌駕する関係にありつつも、なおいわば安全保障のために形式的な寺院間本末関係を結ぶ状況であった。また「本願寺は青蓮院の末寺」ではなく、青蓮院との関係は法流・僧綱などの個人的関係を前提としたものであった。青蓮院を頂点とする門跡体制のなかで、当初は「候仁（人）」、そこから出世、院家、門跡へと上昇経路をたどったのが本願寺であった。

とくに注意しておきたいのは、大坂本願寺と比叡山延暦寺の関係を見たとき、比叡山側において西塔院（大衆）と青蓮院（門跡）がまったくの並列状況にあったことである。これは比叡山延暦寺という〈中世宗教勢力〉の構造上の問題としても重要である。下坂氏によれば、中世後期の門跡体制には、大衆を門徒（被官）化し寺社組織の実権を公武権力側に奪回する意図があったという。[110] とすれば、この十六世紀の時点ではそれが達成されていたと見ることができよう。

中世から近世へと時代社会が大きく変革していった十六世紀において、比叡山延暦寺の大衆組織は壊滅（ただし、のちに復興）、門跡体制は存続という展開をたどった。ここには〈衆議運営〉（ヨコ）から〈権威支配〉（タテ）への転回という図式を見てとることもでき、それは社会構造全体の変容の問題にもつながるものであろう。そのような総体的な流れのなかで、〈戦国期宗教勢力〉たる本願寺教団は、大衆組織を基盤とした西塔院とは距離を置く一方、門跡体制の構造を持った青蓮院とは積極的に関係を構築し、ついには自ら門跡となる方向を選択したと考えることができるのである。[111]

注

（1）『真宗史料集成』（以下『集成』）第三巻「一向一揆」（同朋舎、一九七九年）、『大系真宗史料』（以下『大系』）文書記録編8・9「天文日記」Ⅰ・Ⅱ（法藏館、二〇一五・一七年）。詳しくは本書第Ⅱ部第三章を参照。

（2）谷下一夢「本願寺門跡に於ける院家の起原に就いて」（『龍谷学報』第三〇五号、一九三三年。のちに谷下一夢『増補真宗史の諸研究』〈同朋舎出版、一九七七年〉再録）。本願寺「門跡成」については浅野長武「本願寺の准門跡勅許に関する研究」（『史学雑誌』第三三編第九号、一九二二年）、谷下一夢『顕如上人伝』（真宗本願寺派宗務所文書部編集課・代表宇野本空、一九四一年。のちに前掲谷下著書再録)。

(3) 遠藤一「本願寺成立の特質――真宗教団史論の一前提――」(『仏教史研究』第一八号、一九八三年。のちに遠藤一『戦国期真宗の歴史像』〈永田文昌堂、一九九一年〉第二部第五章)、遠藤一「『本願寺法王国論』への一視点」(北西弘先生還暦記念会編『中世社会と一向一揆』、吉川弘文館、一九八五年。のちに前掲遠藤著書第二部第六章)、遠藤一「戦国期本願寺の開幕と蓮如の宗教活動」(『講座蓮如』第三巻、平凡社、一九九七年)。

(4) 草野顕之「戦国期の本願寺教団と天皇」(『大谷大学史学論究』第四号、一九九〇年。のちに『蓮如大系』第四巻〈法蔵館、一九九六年〉再録、同『戦国期本願寺教団史の研究』〔法蔵館、二〇〇四年〕第Ⅲ部第四章)。

(5) 石田晴男a「『天文日記』の音信・贈答・儀礼からみた社会秩序――戦国期畿内の情報と政治社会――」(『歴史学研究』第六二七号、一九九一年)、石田晴男b「戦国期の本願寺の社会的位置――『天文日記』の音信・贈答から見た――」(『講座蓮如』第三巻、平凡社、一九九七年)。

(6) この問題については、黒田俊雄『寺社勢力――もう一つの中世社会――』(岩波新書、一九八〇年)、衣川仁「中世前期の延暦寺大衆」(大山喬平教授退官記念会編『日本社会の史的構造〈古代・中世〉』、思文閣出版、一九九七年)、衣川仁「中世延暦寺の門跡と門徒」(『日本史研究』第四五五号、二〇〇〇年)、下坂守『中世寺院社会の研究』(思文閣出版、二〇〇一年)などを参照。

(7) 管見では一件のみ『天文日記』天文五年十月十八・十九日条(『集成』第三巻六三頁、『大系』文書記録編8一〇〇頁)に山門星輪院の知行地について、青蓮院が介した事例があるが、これは青蓮院と星輪院の間に前提となる何らかの関係があるものと思われる。

(8) 前掲注(5)石田論文b。

(9) 「寛正の法難」という表現には、護法史観・宗派史観の印象があり注意が必要である。この事件自体については本書では詳しく論じない。『本願寺史』(浄土真宗本願寺派、一九六一年)、藤島達朗「寛正法難後の蓮如上人の動向について」(大谷大学国史学会編『論集　日本人の生活と信仰』、同朋舎出版、一九七九年)、草野顕之「「寛正の法難」について」(大谷大学総合研究所編『蓮如の世界』、文栄堂書店、一九九八年。のちに前掲注(4)草野著書第Ⅰ部第二章)を参照のこと。

(10)『本福寺由来記』『本福寺跡書』（千葉乗隆編『本福寺旧記』〈同朋舎出版、一九八〇年〉、『真宗史料集成』第二巻〈同朋舎出版、一九九一年改訂版〉、『大系』文書記録編3「戦国教団」〈法藏館、二〇一四年〉にも収録）。
(11) 渡辺守順他編『比叡山』（法藏館、一九八七年）。
(12)『真宗史料集成』第一巻（同朋舎出版、一九七四年）。
(13) なお近世成立の比叡山の坊舎伝来記録などからは東塔との関わりが示唆されるが、これは伝承との判別が明らかではない（武覚超『比叡山三塔諸堂沿革史』〈叡山学院、一九九三年〉、同『比叡山諸堂史の研究』〈法藏館、二〇〇八年〉参照）。
(14)『群書類従』第二五輯（続群書類従完成会）。
(15)「本善寺文書」（真宗大谷派教学研究所編『蓮如上人行実』、東本願寺出版部、一九九四年）。
(16)『集成』第三巻三五頁・五二九頁、『大系』文書記録編8五五頁、『大系』文書記録編9四一〇頁。
(17) 前掲注(5)石田論文ａｂ。なお、『天文日記』以後、末寺銭納入がどうなったのか示す史料は皆無である。ただ永禄二年（一五五九）の本願寺「門跡成」以降も納め続けたとは考え難い。
(18)『集成』第三巻五〇六頁、『大系』文書記録編9三七一頁。
(19)『集成』第二巻六七三頁、『大系』文書記録編3一四二頁。本福寺明宗（天文七年〈一五三八〉死去）著。同書と『本福寺跡書』などの「本福寺記録」には比叡山大衆と堅田衆の人的関係が少なからず記録され、独特の世界を読み取ることができる。
(20)『集成』第七巻（同朋舎、一九七五年）。
(21) 井上鋭夫『一向一揆の研究』（吉川弘文館、一九六八年）、北西弘『一向一揆の研究』（春秋社、一九八一年）、前掲注(5)石田論文ｂ。
(22)『集成』第三巻一八三頁、『大系』文書記録編8二七七頁。
(23)『集成』第三巻一八三―一八四頁、『大系』文書記録編8二七七―二七八頁。
(24)『集成』第三巻一九二頁、『大系』文書記録編8二九〇―二九一頁。
(25)『集成』第三巻一九三頁、『大系』文書記録編8二九二頁。

(26)『集成』第三巻一九四—一九五頁、『大系』文書記録編8二九五頁。
(27) 前掲注(5)石田論文b、前掲注(6)下坂著書。
(28)「宗体」の事例についてはさらに三例、『天文日記』天文五年十二月十四日条(『集成第三巻七五頁、『大系』文書記録編8一一七頁)と、『本福寺由来記』(『集成』第二巻六六八頁、『大系』文書記録編3一三五頁)、照蓮寺文書(『高山別院史』史料編、真宗大谷派高山別院、一九八三年)にその語がみえる。
(29)『集成』第三巻一五四頁、『大系』文書記録編8二三〇頁)。
(30) 天文五年九月二十三日、同六年三月七日、同七年八月十四日、同九年九月十一日、同十三年八月二十三日条(『集成』第三巻五三・一〇〇・一八三・二六〇・三六〇頁、『大系』文書記録編8八五・一五四・二七七・四〇五頁・『大系』文書記録編9一一一頁。
(31) 前掲注(11)『比叡山』、前掲注(13)武著書を参照。
(32)『群書類従』巻二八。前掲注(6)下坂著書を参照。
(33)『天文日記』天文五年九月二十三日条、同六年三月七日条、同七年八月十四日条(『集成』第三巻五三・一〇〇・一八三頁、『大系』文書記録8八五・一五四・二七七頁…**【史料3】**)など。
(34)『天文日記』天文五年九月七日条(『集成』第三巻五〇頁、『大系』文書記録編8八〇頁)。また対面儀礼の実態についでは天文六年六月七日条(『集成』第三巻一一六—一一七頁、『大系』文書記録編8一七七—一七八頁)に見える六角氏家臣と対面する事例が詳細である。
(35)『天文日記』天文五年六月十七日・七月十七・二十二日条(『集成』第三巻三六・四一・四二頁、『大系』文書記録編8五七・六五・六六頁)。
(36)『天文日記』天文十年正月二十三・二十四日条(『集成』第三巻二七三頁、『大系』文書記録編8四二八頁)。
(37)『天文日記』天文八年九月二十四日・十月五日条(『集成』第三巻二二五・二二七頁、『大系』文書記録編8三四六・三四八—三四九頁)。
(38)『天文日記』天文十五年四月二十五日、同十六年二月二十日・二十五日条(『集成』第三巻一四一頁、『大系』文書記録編8一八一—一八二頁)。

(39)『天文日記』同年十二月八日・二十九日条（『集成』第三巻三六八・三六九頁、『大系』文書記録編8一二四・一二七頁）。
(40)『天文日記』同日条（『集成』第三巻五二〇頁、『大系』文書記録編8三九五頁）。
(41)たとえば『天文日記』天文七年（一五三八）七月十九日条（『集成』第三巻一八〇頁、『大系』文書記録編8二七二頁）。
(42)福眞睦城「中世祇園社と延暦寺の本末関係――祇園検校、別當の関与から――」（『早稲田大学大学院文学研究科紀要』第四二巻第四分冊、一九九六年）、三枝暁子『比叡山と室町幕府――寺社と武家の京都支配――』（東京大学出版会、二〇一一年）。
(43)河内将芳『中世京都の民衆と社会』（思文閣出版、二〇〇〇年）。
(44)前掲注(6)下坂著書。
(45)前掲注(2)～(5)。
(46)脇田晴子『天皇と中世文化』（吉川弘文館、二〇〇三年）。
(47)この問題については大田壮一郎「初期本願寺と天台門跡寺院」（大阪真宗史研究会編『真宗教団の構造と地域社会』、清文堂出版、二〇〇五年）が詳しい。
(48)永村眞「中世東大寺の「門跡」とその周辺――東南院「門跡錯乱」をめぐって――」（『史艸』第四二号、二〇〇一年）。
(49)遠藤一「戦国期本願寺の開幕と蓮如の宗教活動」（『講座蓮如』第三巻、平凡社、一九九七年）。
(50)山田雅教「初期本願寺教団における顕密諸宗との交流――覚如と存覚の修学を基にして――」（『仏教史研究』第二七号、一九九〇年）、山田雅教「初期本願寺における浄土宗諸派との交流」（三﨑良周編『日本・中国仏教思想とその展開』、山喜房佛書林、一九九二年）、山田雅教「初期本願寺における公家との交流」（『仏教史学研究』第三八巻第二号、一九九五年）。
(51)前掲注(47)大田論文。また、九条家と浄土宗の関係については小山正文「『比良山古人霊託』の善念と性信」（『同朋仏教』第三八号、二〇〇二年。のちに同『続・真宗と親鸞絵伝』〈法藏館、二〇一三年〉も参照。

(52) 稲葉伸道「鎌倉期における青蓮院門跡の展開」(『名古屋大学文学部研究論集』史学第四九号、二〇〇三年)、同「青蓮院門跡の成立と展開」(河音能平・福田榮次郎編『延暦寺と中世社会』、法藏館、二〇〇四年)。
(53) 伊藤俊一「青蓮院門跡の形成と坊政所」(『古文書研究』第三五号、一九九一年)、前掲注(6)下坂著書。
(54) 青蓮院の寺誌である『華頂要略』(『天台宗全書』一〇―一二、『大日本仏教全書』一二八―一三〇に部分所収)は近世後期(巻頭に享和三年〈一八〇三〉の自序)の成立だが、稲葉伸道氏のご教示によれば、引用史料等についての信頼性は高いと見てよいという。
(55) 「後柏原院第三皇子。母豊楽門院藤子勧修寺贈左大臣教秀公女」(『華頂要略』)。勧修寺家との関係も重要である(前掲注(5)石田論文b参照)。
(56) 前掲注(2)谷下著書。
(57) 前掲注(6)下坂著書。
(58) 『改訂史籍集覧』第二五巻。青蓮院坊官鳥居小路経厚の日記で当該年次のみ残存。
(59) 『華頂要略』巻十二(『大系』文書記録編5「戦国期記録編年」〈法藏館、二〇一四年〉一一二頁)。ただし、この際に署名していた無量寿院は『天文日記』段階では見出せない。
(60) 『天文日記』同日条(『集成』第三巻一四九頁、『大系』文書記録編8二二四頁)。
(61) 『集成』第二巻七二三頁、『大系』文書記録編3三〇頁。永禄十年(一五六七)光教寺顕誓著。
(62) 『集成』第三巻二八九頁、『大系』文書記録編8四五五―四五六頁。
(63) 『義演准后日記』慶長十四年正月十一日条(当該条は『大日本史料』第十二篇之五の慶長十三年十二月二十七日条が掲げられる箇所において引用、提出)。
(64) 『天文日記』同日条(『集成』第三巻二六七頁、『大系』文書記録編8四一六頁)。
(65) 天文六年四月二十八日(蕗〈蓮根〉・白瓜)、天文八年十月二十八日(蜜柑)、天文九年五月二十四日(蕗〈蓮根〉)、天文九年六月十二日(桃)、同年九月九日(江州木練)、天文十年十二月一日(蜜柑・青苔)、天文十三年正月二十六日(水仙花五百本)、同年四月二十一日(小塩和布)。以上、すべて『天文日記』当該条(『集成』第三巻一〇九・二三〇・二五二・二五三・二六一・二九六・三四九・三五四頁)。なお、こうした食物・品物については

『天文日記』にはさらに多くの種類が記されており、文化史的視点からも貴重な史料である。
(66)『天文日記』当該条（『集成』第三巻一〇三頁、『大系』文書記録編8一五八頁）。
(67)『天文日記』当該条（『集成』第三巻二七四頁、『大系』文書記録編8四二八頁）。
(68)いずれも『天文日記』当該条（『集成』第三巻一〇三・二七四頁、『大系』文書記録編8一五八・四一〇頁。
(69)『天文日記』天文五年正月九日、天文六年正月九日、天文十年正月十日条（『集成』第三巻六・八六・二七〇―二七一頁、『大系』文書記録編8九・一三三・四二三頁）。
(70)『天文日記』天文六年十一月十九日条（『集成』第三巻一四四頁、『大系』文書記録編8二一七頁）。なお十楽院は青蓮院の名門院家ではあるが、『天文日記』ではすでに人的実動が確認できない。
(71)『天文日記』天文十一年四月五日条（『集成』第三巻三一一頁、『大系』文書記録編9一五頁）。
(72)『天文日記』天文六年十二月十二・十三日、同七年四月十一・十八日条（『集成』第三巻一四九・一七二―一七三頁、『大系』文書記録編8二二四―二二五・二五九―二六〇頁）。
(73)『天文日記』当該条（『集成』第三巻五一四頁、『大系』文書記録編9三八五頁）。
(74)『天文日記』天文七年（一五三八）十一月二日条（『集成』第三巻一九二―一九三頁、『大系』文書記録編8二九二頁）。
(75)『天文日記』天文五年六月五日条（『集成』第三巻三四頁、『大系』文書記録編8五四頁）ほか。
(76)『天文日記』天文五年四月二十六日条（『集成』第三巻三四頁、『大系』文書記録編8二六頁）ほか。
(77)『天文日記』当該条（『集成』第三巻一六頁、『大系』文書記録編8二六頁）。
(78)『天文日記』当該条（『集成』第三巻五三一頁、『大系』文書記録編9四一四頁）。前掲注(46)脇田著書では大坂本願寺の勅願寺榑上納は天文六年からとするが、ここで示すように天文五年にすでに認められる。
(79)本書第Ⅱ部第一章。
(80)『天文日記』当該条（『集成』第三巻四六〇頁、『大系』文書記録編9二八四頁）。
(81)『天文日記』天文二十三年（一五五四）五月四日条（『集成』第三巻五三一頁、『大系』文書記録編9四一四頁）。
(82)いずれも『天文日記』当該条（『集成』第三巻二一六・二二六・二六四・四三八頁、『大系』文書記録編8三三

〇・三四七・四一一頁・文書記録編9二四七頁)。
(83) いずれも『天文日記』当該条(『集成』第三巻二四一・二六四頁、『大系』文書記録編8三七二・四六一頁)。
(84)『天文日記』天文五年九月十三日条(『集成』第三巻五一頁、『大系』文書記録編8八二頁)。
(85)『実隆公記』享禄元年(一五二八)九月五日条(『大系』文書記録編5一三八頁)。なお前掲注(47)大田論文・前掲注(51)小山論文が指摘する青蓮院・九条家と汎浄土宗寺院の歴史的関係に引き付けて考えれば、実は証如の九条家猶子成りもその脈絡のなかにある可能性も指摘できよう。
(86) 小笠原隆一「中世後期の僧位僧官に関する覚書」(『寺院史研究』第四号、一九九四年)。
(87) 前掲注(3)遠藤論文など。
(88) 前掲注(4)草野論文など。
(89)『集成』第三巻五七—五八頁、『大系』文書記録編8九一—九二頁。
(90) いずれも『天文日記』当該条(『集成』第三巻六一・六二頁、『大系』文書記録編8九七・九九頁)。
(91) いずれも『天文日記』当該条(『集成』第三巻一九七・三八三—三八四頁、『大系』文書記録編8二九九頁・文書記録編9一五〇—一五二頁)。
(92) 前掲注(4)草野論文。
(93)『集成』第三巻では天文十六年に置かれ、『大系』文書記録編9では天文十七年に置かれる。いずれにせよ、経厚の死去後である。つまり、その後を継いだ経乗も、常住こそしなかったとみられるものの、大坂本願寺への頻繁な下向があったものと考えられる。
(94)『集成』第三巻三四三頁、『大系』文書記録編9八〇頁。
(95)『天文日記』天文十三年四月二十六・二十八～三十日、同年七月三十日条(『集成』第三巻三五四・三五九頁、『大系』文書記録編9一〇〇—一〇一・一〇九頁)。
(96)『集成』第三巻八七頁、『大系』文書記録編8一三五頁。
(97) 前掲注(60)。
(98) 前掲注(86)小笠原論文。

(99)『天文日記』当該条（『集成』第三巻四九二頁、『大系』文書記録編9三四一頁）。
(100)前掲注(2)谷下著書。
(101)『天文日記』当該条（『集成』第三巻三五一—三五二頁、九五—九六頁。
(102)たとえば、永禄二年九月三十日、永禄三年八月十八日・二十一日、永禄四年正月二十九日「尊勝院宿」、同年閏三月七日条（『集成』第三巻八六四—八六五・九〇二—九〇三・九二四・九三二—九三三頁、『大系』文書記録編10「私心記」四七二—四七三・四九八—四九九・五一三・五一九頁）。
(103)従来、烏丸光康の大坂下向は永禄二年（一五五九）とされてきたが（『国史大辞典』）、『私心記』永禄元年二月十七日条（『日本仏教史学』第一巻第四号、一九四二年。『大系』文書記録編10四五一—四五二頁）ですでにその下向が確かめられ、そしてその後、長期滞在（常住）の様相が確認できる。
(104)西口順子「興正寺と山科言経」（『真宗研究』第二四輯、一九八〇年）。
(105)本書第Ⅱ部第五章。
(106)太田光俊「本願寺「門跡成」と「准門跡」本願寺」（永村眞編『中世の門跡と公武権力』（戎光祥出版、二〇一七年）においてもそのことの指摘がある。
(107)本書第Ⅰ部第四章も参照。
(108)『青蓮院殿ヨリ諡号信楽院殿顕如上人様記』（『西光寺古記　本願寺史料集成』〈同朋舎出版、一九八八年〉四八頁）。
(109)本書第Ⅱ部第六章。
(110)前掲注(6)下坂著書。
(111)拙稿「戦国期宗教勢力論」（中世後期研究会編『室町・戦国期研究を読みなおす』思文閣出版、二〇〇七年）。

補論1　本願寺顕如の誕生・継職

はじめに

本願寺第十世証如の後を継いで本願寺第十一世となった顕如（一五四三〜九二）は、いわゆる「石山合戦」においで長期にわたり織田信長と軍事的対決をした人物として、日本史上よく知られる。さらに顕如には「石山合戦」のみならず多くの事績がある。「石山合戦」以前には、門跡に勅許され、親鸞三百回忌を勤修した。「石山合戦」以後は、その終結以降、断続的に見出される長男教如との対立的状況、豊臣政権下における本願寺の天満再興、京都移転、そしてその翌年に死去、という激動の人生である。「石山合戦」終結期の勅命講和の問題や東西分派問題の始まり、死去後の譲状の問題なども含め、歴史的論点は多い。

顕如の生涯をめぐる研究については、古くは『顕如上人伝』(1)といった成果があり、本願寺の歴史においても必ず大きく論及されている(2)。また、顕如四百回忌を機縁に『顕如上人余芳』(3)、千葉乗隆『顕如上人ものがたり』(4)といった成果も出され、そして二〇一六年には初めての人物伝論集として金龍静・木越祐馨編『顕如――信長も恐れた「本願寺」宗主の実像――』(5)が世に問われた。この補論もその一部であるが(6)、本願寺「門跡成」を論ずる次章への導入として、ここで顕如の誕生から継職までを中心にまとめ、提示しておきたい。

第一節　誕生・得度・猶子成り

まず、本願寺顕如の誕生から得度・猶子成りに関する問題を検討する。

顕如は、大坂本願寺において、天文十二年（一五四三）正月六日、父証如、母顕能尼（公家庭田重親の娘）の長子として生まれた。本願寺は天文元年（一五三二）には山科にあったが攻撃を受け焼失し、大坂へと移転していた。天文初年ごろは本願寺の存続すら危ぶまれる政治的・軍事的情勢であったが、事態収束の後は、証如は大坂御坊を新たな本願寺と定め、顕如が生まれる前年には新造の阿弥陀堂を完成させ、両堂（御影堂・阿弥陀堂）を調えていた。寺内町も発展し、本願寺は武家・公家ら諸方と音信儀礼により関係を深め、社会的位置を確保していった。顕如の誕生は、大坂本願寺をとりまく状況が安定期に入ったころのことであった[7]。

顕如の誕生については、証如の日記『天文日記』（以下、適宜『天』と省略）の当日条には「辰剋半時計、男子誕生也」とあり、本願寺一門衆である順興寺実従（蓮如十三男）の日記『私心記』（以下、適宜『私』と省略）には「五半時程ニ新殿ニ若子（顕如）御誕生候、則御太刀持参候」とある[8]。今で言う午前八時ごろの誕生であった。幼名は「ちゃちゃ」（茶々）と呼ばれた（『天』天文十六年正月十四日条ほか）。『天文日記』には各所からの誕生祝の到着が記録されている。正月十二日には「誕生七日之祝」があり（『天』『私』）、二月二十一日には誕生を祝う能が行なわれた（『天』）。六月二日には新造された「小児居所」に移住し（『天』『私』）、七月十一日には「小児生霊玉」として生御霊（盂蘭盆会の行事）が行なわれた（『天』）。十二月十七日には、本来三歳ごろに行なうべき「髪置」の儀式を、顕如がよく風邪をひき危ないからとして、執行した（『天』『私』）。

ところで、顕如が数え四歳の天文十五年（一五四六）四月二十五日、本願寺が末寺銭を上納していた比叡山延暦寺西塔院が、次年の新礼拝講なる儀式の執事役を、ほかならぬ顕如に差定してきた（『天』）。証如は即座に断ったが、翌年にも同様のやりとりがあった（『天』天文十六年二月二十日条、二十五日条）。奇妙な事態ではあるが、幼少の顕如を取りまく社会的状況として興味深い。

その後、天文十六年（一五四七）正月十四日には数え五歳で「深曾木」（髪そぎ）の儀式（『天』『私』）、天文二十二年（一五五四）十一月六日には数え十一歳で「眉直幷歯黒」の儀式があり（『天』『私』）、公家的な通過儀礼を執り行ないながら、顕如は育っていった。

なお、顕如には、三歳下で唯一のきょうだいとなる妹（字有子）がいた[9]。彼女はのちに播磨本徳寺（三河本宗寺）証専の室となり[10]、証専死去後は播磨教団の統括者として活躍した（顕妙尼）[11]。

証如唯一の息男であった顕如は、当然ながらその後継として育てられた。天文二十二年（一五五三）十月二日には証如自ら『正信偈』の冒頭四句を教授して、翌日には順興寺実従が「都見諸仏」以下を教え始め（『天』『私』）、十二月二十四日に教え終えた（『私』）。その後も儀式作法は実従が指南役であり、翌年八月六日には『和讃』の教授がなされた（『私』）。

さて、顕如の得度は、天文二十三年（一五五四）八月十二日に執行された（『私』）。それは結果的に父証如の死去前日のこととなったが、本願寺の歴代は青蓮院で得度をするのが慣例であったといわれ、証如の容態の悪化による緊急対応であった状況が指摘されている[12]。『私心記』の当日条によれば、午後二時ごろ実従と教行寺実誓の提案により、にわかに得度式が執行され、御亭において証如が剃刀を当てた。顕如は童体で白素絹の法衣に袈裟衣を着用して得度式に臨み、御堂衆光徳寺乗賢により髪がすべて剃り落とされた。西の方に「開山ノ等身ノ御影」（親鸞真向影像）を掛け、西方に向いて得度式をしたと記されている。興味深い作法である。法名「顕如」が授けられた。なお、諱（実名）は光佐である。

ところで、顕如は九条稙通を猶父としたという[13]。先立っては証如が九条尚経の猶子となっている[14]。本願寺蓮如の猶父は広橋兼郷、実如の猶父は日野勝光とされるから[15]、九条家への猶子成りは公家的家格の上昇を意味する。九条稙通は天文二年（一五三三）に関白になったものの、翌年には経済的困窮などで辞任し、その後は西国を放浪していた[16]。公家社会において失脚していた九条稙通を猶父としたとすれば、それは家格の上昇と権威の獲得のためと見るほかない。『天文日記』天文十八年（一五四九）六月十八日条に、本願寺証如が九条稙通に二千疋を進上したという記述がある。この経済的援助と顕如が稙通の猶子になったこととは、明らかに対応していると言えよう。

第二節　継職・結婚

天文二十三年（一五五四）八月十三日、顕如の父証如は数え三十九歳で死去した（『私』）。顕如はただちに本願寺を継職したが、証如はその遺言で、自身の母である慶寿院に後事を託していた（『私』同日条）。顕如にとっては祖母に当たるこの慶寿院は、すでに天文年間、大坂本願寺で辣腕をふるっていたが、孫の顕如が継職すると、元亀元年（一五七〇）に数え七十九歳で死去するまで[17]、顕如をよく後見し、補佐した。

慶寿院の補佐・後見とともに、本願寺の法要儀式に関しては、順興寺実従と三河土呂本宗寺実円（実如息男[18]）らの補佐があった。本願寺教団最大の法要行事である報恩講や毎月二十八日（親鸞命日法要）における式文拝読については、証如の死後、当初は実従・実円が担当し、弘治元年（一五五五）十一月の報恩講で初めて顕如が式文拝読を勤めた（『私』）。儀式作法を実従からよく習ってのことであったと考えられる。なお、同年四月十二日、広橋兼秀が勅使として大坂に下向し、顕如を直叙法眼に叙す勅書が伝えられ（『私』）、同月二十一日には顕如から後奈良天皇へその御礼金五千疋が進上された[19]。法眼とは僧綱の官位（僧位）の一つで、下位の法橋を経ずにただちに法眼に叙されたので直叙法眼というのであるが、それは本願寺住職の僧位僧官の上昇を意味するものであった。

続いて顕如は、弘治三年（一五五七）四月十七日、数え十五歳で結婚した（『私』）。顕如より一歳年下の妻如春尼は公家三条公頼の娘で、室町幕府管領細川晴元の養女となり、さらに近江の戦国大名六角義賢を猶父とした[20]。ちなみに如春尼には姉が二人いて、一人は細川晴元に嫁ぎ、もう一人は武田信玄に嫁いだという関係であった。これがのちに反織田信長同盟のつながりにもなっていった（【図1】）。

『私心記』によれば、四月十二日に「晴元御料人」（如春尼）がにわかに舟で大坂へ下向し、同日中に慶寿院と対面、その後、二、三日過ぎて「大方殿」（如従尼＝顕如母）にも対面した。十七日は夕方より祝言の儀式があり、まず白小袖を着用し、饗が五膳あり、その後、白小袖から色小袖に着替えて慶寿院・大方殿・御料人が座敷に出座した（『私』）。雑煮が初献、その後、二献、三献と供御があり、汁三・菜十五であった。慶寿院から小袖五色が贈られ、「ウヘノ唐織」を御料人が着したという。十八日は続々と祝言の贈答儀礼があり、十九日には三日目の祝が、十七日と同じく式三献の饗で行なわれた。また、二十九日には震殿において祝言を寿ぐ能があった。なお、この縁談自体は、先立つ天文十三年（一五四四）七月三十日、顕如が数え二歳の時に、細川晴元から証如に対して申し込まれていたものである（『天』）。

結婚して翌年の永禄元年（一五五八）九月十六日、長男の教如が誕生した（『私』）。顕如とは十五歳違いとなる。その後、永禄七年（一五六四）に二男の顕尊、天正五年（一五七七）に三男の准如が生まれた[21]。

【図1】系図（戦国期本願寺・公家関係〈抄〉）

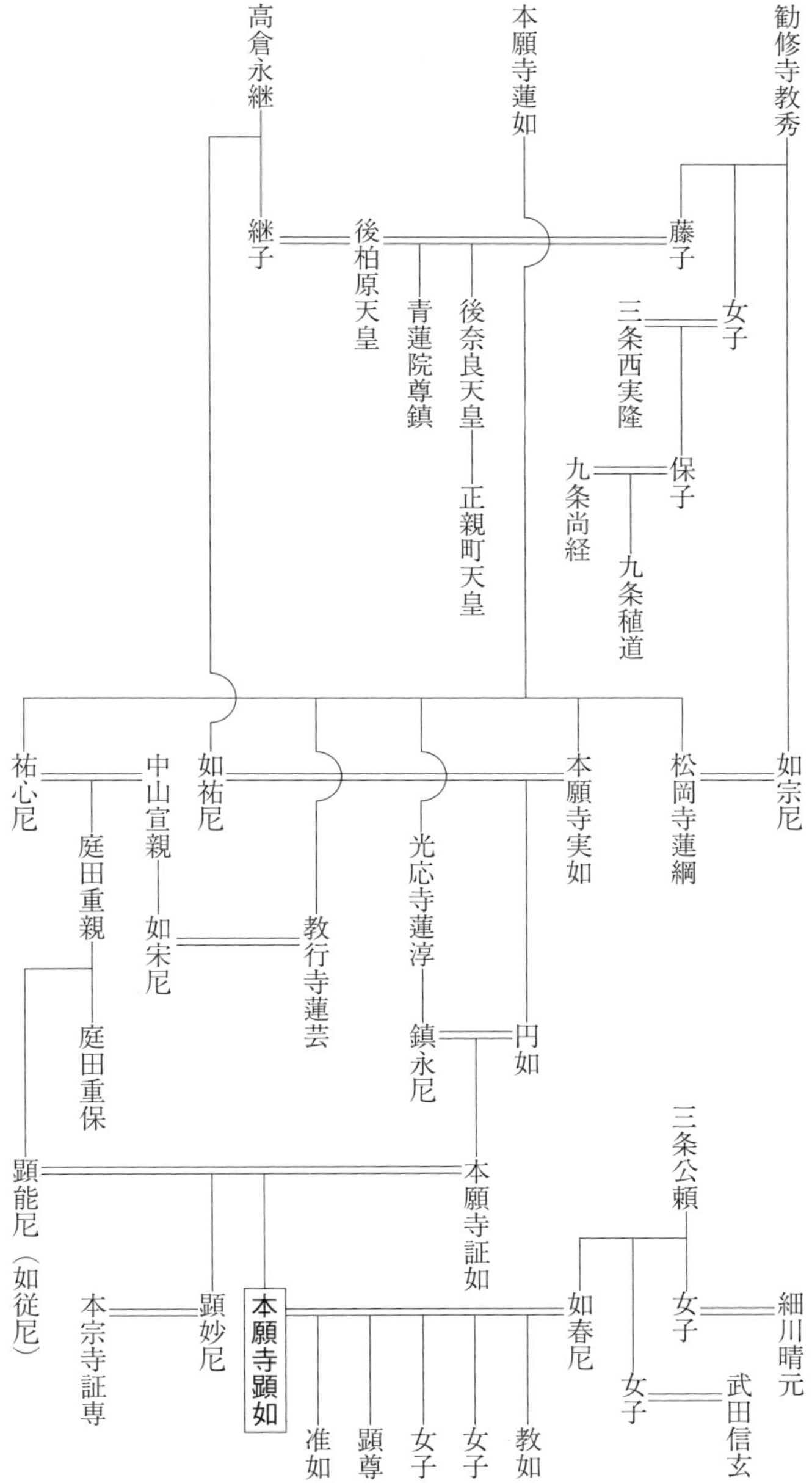

むすびにかえて

本書第Ⅱ部第三章で本願寺証如のさまざまな顔に論及したが、顕如についても、やはりさまざまな側面を読み取ることができる。①僧侶としての顕如、②公家としての顕如、③武将としての顕如である。このうち、①②については、この補論で扱った範囲でも明確に示すことができる[22]。

①僧侶としての顕如…若年期から本願寺の継承者として声明・儀式作法を教え込まれ、本願寺住職となった顕如は、教団の儀式主宰者として、親鸞三百回忌という初めての〝御遠忌〟ともなる盛大な法要儀式を確かに勤め上げた。また、法義をその身に体現し、それを司る存在（〝法主〟的性格）であったが、一家衆・御堂衆の対立のなかで必ずしも的確な判断ができなかった可能性がある。教学研鑽の核となる『教行信証』伝授は永禄三年（一五六〇）に至り、順興寺実従から返伝されたという[23]。顕如教学は課題である。

②公家としての顕如…顕如誕生時、大坂本願寺は戦国社会において武家・公家・寺社諸方と音信関係を結びつつ社会的位置を確保し、そのなかで僧侶身分の上昇や猶子成りによって公家的性格を強めていた。顕如若年期の通過儀礼を見れば、明らかにそれは公家的世界の様相である。また、門跡になることも公家的性格と密接に関係していた。門跡としての顕如は、戦国期の公家社会・寺院社会に秩序再編の新たな方向性を示すことになり、同時に親鸞を祖とする浄土真宗・本願寺の本質を問う課題も露顕した。

最後に、**③武将としての顕如**については、元亀元年（一五七〇）に始まる「石山合戦」期の問題として検討する必要がある。しかし、たとえば有名な武将姿の顕如像[24]があるものの、明らかに後世における描かれ方である。同時代の具体相を明らかにするには、さらなる追求が必要である。

注

(1) 真宗本願寺派宗務所文書部編纂課、一九四一年。谷下一夢氏による執筆であり、のちに同『増補真宗史の諸研究』(同朋舎、一九七七年)に再録。
(2) 『本願寺史』(浄土真宗本願寺派、一九六一年)、『増補改訂本願寺史』第一巻(浄土真宗本願寺派、二〇一〇年)など。
(3) 本願寺出版社、一九九〇年。
(4) 本願寺出版社、一九九〇年。
(5) 宮帯出版、二〇一六年。
(6) 同論集第二章「顕如の前半生――本願寺「門跡成」から親鸞三百回忌へ――」第一節を中心に改稿。ちなみに、同論文の第二節は本書第Ⅱ部第四章、第三節は本書第Ⅰ部第四・五章の内容と相応する。第四節は改稿して本書第Ⅰ部補論1として収録。
(7) 以上、本書第Ⅱ部第一章。
(8) 『天文日記』は『真宗史料集成』(以下『集成』)第三巻(同朋舎、一九七九年)、『大系真宗史料』(以下『大系』)文書記録編8「天文日記Ⅰ」・9「天文日記Ⅱ」(法藏館、二〇一五・七年)、『私心記』は同じく『集成』第三巻、『大系』文書記録編10「私心記」(法藏館、二〇一六年)。この補論ではいちいちの注と頁数は付さず、必要に応じて「天文〇年〇月〇日条」等と表記する。
(9) 『天文日記』天文十五年五月二十五日条「丑刻女子誕生也」とある。
(10) 『日野一流系図』(『真宗史料集成』第七巻、同朋舎、一九七五年)。
(11) 『播磨と本願寺――親鸞・蓮如と念仏の世界――』(兵庫県立歴史博物館、二〇一四年)。
(12) 前掲注(2)『本願寺史』など。

(13)　前掲注(10)『日野一流系図』など。
(14)　『実隆公記』享禄元年九月五日条（『大系』文書記録編5「戦国期記録編年」法藏館、二〇一四年）。前掲注(10)『日野一流系図』など。
(15)　前掲注(10)『日野一流系図』など。
(16)　『国史大辞典』「九条稙通」の項など。
(17)　前掲注(10)『日野一流系図』など。
(18)　本書第Ⅰ部第三章を参照。実円は弘治元年十二月十八日に死去した（『私心記』）。
(19)　『お湯殿の上の日記』同日条（『大系』文書記録編5）。
(20)　『厳助大僧正記』同日条（『大系』文書記録編5）。
(21)　前掲注(10)『日野一流系図』など。顕尊については本書第Ⅱ部補論2参照。
(22)　また、本書第Ⅰ部第四・五章・補論1・補論2・補論3、第Ⅱ部第四章からも指摘できよう。
(23)　前掲注(8)『大系』文書記録編10解題・解説（大原実代子氏執筆）。『真宗相伝叢書』別巻（方丈堂出版、二〇一〇年）所収「相伝史年表」も参照。
(24)　石川県立歴史博物館蔵。参考『教如上人――東本願寺を開かれた御生涯――』（東本願寺、二〇一三年）。描かれた顕如像の問題を考えるならば、やはり法宝物として授与される法体像から検討の必要がある。前掲注(3)『顕如上人余芳』など参照。

第五章　本願寺「門跡成」ノート

はじめに

永禄二年（一五五九）十二月十五日、本願寺顕如は正親町天皇の勅許により門跡となった。まず、これに直接言及する史料を三点、掲げる。

【史料1】『私心記』永禄二年十二月十六・十七日条(1)

十六日（中略）昨日大坂へ万里小路殿御下候云々、
十七日　朝孫二郎大坂殿へ進候、興西へ文遣候、七過帰候、ソレヨリ用意候て、夜四時ヨリ船ニテ大坂殿へ参候、暁八時過ニ着、少将同、上様御門跡ニ被成申候為御祝也、富田宿ニ清沢御入候所へ着候也、

【史料2】『お湯殿の上の日記』永禄二年十二月二十七日条(2)

廿七日（中略）ほんくわん寺より、門跡成の御れいに、御たち・万疋御れい申、（中略）ほんくわん寺よりのは、前内ふとりつきてまいる、

【史料3】『兼右卿記』永禄二年十二月二十七日条(3)

廿七日（中略）本願寺被授門跡号為御礼、下間周防上洛了、近年公武共以不思儀之昇進在之、中々不足言々々、

【史料1】から、門跡勅許の日が十五日（勅使の大坂下向）であり、その勅使を務めたのは「万里小路殿」であることが知られる。また**【史料2】**から、同年末に本願寺が朝廷に「門跡成の御れい」として太刀とともに二万疋を納めたこと、それを取り次いだのがやはり前内府の万里小路秀房であったこともわかる。**【史料3】**では、朝廷への御礼の使者として本願寺家臣の下間周防の名が記されるとともに、近年は公武ともに不思議な昇進があるという批判も記されている。また、『今古独語』(4)にも「兼テハマタ、今師上人禁裏ヨリ門跡ニナシ申サル、勅使ハ万里《マデ》ノ小路前内府秀房公ナリ」と記され、教団内の認識の一端が知られる。

さて、この本願寺「門跡成」については、浅野長武氏(5)、谷下一夢氏(6)による先駆的研究がある。そこでは、「門跡成」の前提となる朝廷との関係の推移や、門跡成以後の院家・坊官の成立などについて、基本的経過がおおよそ明らかにされた。さらにこうした成果をうけつつ、本願寺の通史においても「門跡成」が叙述された(7)。

その後、長い研究史上の空白期間(8)を経て、遠藤一氏(9)、草野顕之氏(10)、石田晴男氏(11)らにより「門跡成」が再び注目された。まず遠藤氏の研究が画期的で、「「本願寺法王国」という一向一揆と本願寺権力の合体した領域支配の特質を中世国家体制の中で論議しようとするならば、「門跡」化の問題は避けるべきではない」と提言した。そして、それまで一向一揆論上で議論されずにきた本願寺の「門跡」化について、谷下氏の研究をふまえた上で「門跡成」前後の経緯を再検討した。さらには、院家・御坊寺院を核とする地域的一揆体制に注目しつつ、「門跡」化により、

それまで不安定であった「教団支配の制度的安定化」がもたらされたとした。遠藤氏の議論はその後、草野氏により⑴「門跡成」以前より見られる天皇との関係を総体的に評価すべきであり、⑵「門跡成」の意味を本願寺宗主―一家衆体制の権威化の問題のみに限定しすぎ、という批判を受けたものの、今なお重要な研究成果である。

その草野氏は、戦国期本願寺の教団編成と儀式・年中行事の確立を論じたなかで天皇との関係に注目し、永正十七年頃の教団制度化と、「門跡成」の二つの画期を指摘した。そして、とくに永禄四年（一五六三）親鸞三百回忌の儀式改変における「門跡成」の影響を論じた。これをうけて「門跡成」と親鸞三百回忌の問題をさらに追求したのが、本書第Ⅰ部である。(12)

また石田氏は、音信儀礼に注目して戦国期本願寺の対外関係を論じ、本願寺の目標は「武家の覇者になることではなく、天皇を頂点とした秩序のなかでの安定的位置を占めることであり、おそらくそれは門跡への道であった」と述べた。(13)この石田氏の指摘から、本願寺は「門跡成」によりその社会的位置を確保していったと見通すことができ、発展的に継承すべき論点として重要である。

さらに金龍静氏が「一向宗」（本願寺教団）という宗派が公的認可されていく過程を、天文年間の勅願寺化、永禄二年の「門跡成」、文禄四年に始まる大仏千僧会への出仕という三段階で捉えるという見通しを提示した。(14)金龍氏はまた、「門跡成」により戦国期本願寺教団における「寺内化運動」が「国家的認知」を受ける可能性を持ったとも指摘した。(15)この指摘をうけて、戦国期畿内社会を論ずる小谷利明氏は、本願寺の「門跡成」と、「大坂並」文言の発生を同一の政治過程として捉えようとした。(16)その一方、戦国期にも中世の宗教権力体制が強靭であったとし、本願寺門跡もそれに連なったとした矢田俊文氏の議論や、(17)本願寺と織田信長の勅命講和に注目した藤木久志氏、今谷明氏、神田千里氏らの研究、(18)また本願寺の貴族化に寺内町特権の問題を絡めて再注目する脇田晴子氏の研究が特(19)

筆される。

以上が本願寺「門跡成」に関説するおおよその研究史である。根本的な問題点は、いずれの研究も重要な論点や見通しを問題提起してはいるものの、本願寺「門跡成」の総体的な歴史的評価にはいたっていないことである。また以上の各論を、部分的に修正すべき点を修正しつつ包括した捉え方を提示してもなお、総合的把握にはいたり得ない。というのは近年、議論が進んだ「門跡」論の射程のなかで本願寺門跡の問題が議論されていないからである。唯一、遠藤氏がそれを見据えた見解を提示しているが[20]、なお検討すべき点もある。さらに、中世から近世へと時代社会が変革していく歴史のなかで、本願寺「門跡成」の歴史的位置がどのように考えられるのか、その見通しを意識した議論もないという研究状況である。

以上のような問題意識を前提に、本章では、第一節で近年の「門跡」論（中世・近世）から視点を模索し、それをうけて第二節では本願寺「門跡成」の歴史的位置を試論して、見通しを探ることにしたい。

第一節　「門跡」論の射程

1　中世「門跡」論の視座

まず近年、研究が推し進められている中世仏教史・寺院史研究における「門跡」論について整理する。ただし網羅的に見ていくことはできないので、本願寺「門跡成」に関わる論点、おおよそ「門跡」の定義に関わる議論を中心に見ていくことになる。

最大の問題点は、おそらくこれまでの中世「門跡」論のなかで、本願寺門跡は「門跡」ではないことである。研究傾向が中世前期に大きく偏り、下っても室町時代までが限界という状況もあるが、中世寺社勢力における「門跡」と本願寺門跡のイメージが著しくかけ離れているように見られること、また「門跡」の定義自体、なお議論の余地が残されていることなどが、背景にある。

「門跡」の語義の変遷を検討した永村眞氏(21)によれば、「門跡」は(A)法流、(B)門徒、(C)院家・院主、(D)貴種住持の院家、貴種の院主、という語義を持つという。平安時代にはまず(A)を原義とする「門跡」があり、その継承主体として(B)が派生、鎌倉時代に法流伝持の拠点としての院家と院家を人格的に代表する(C)の語義が新たに出現、鎌倉中期以降はさらに(D)という、より限定的な語義として用いられだし、南北朝期にそれが確立した。そして、その背景には「鎌倉前・中期に皇族・公卿の師弟がその世俗的立場を保持しながら貴種として院家に入寺する現象の拡大と、寺院社会側も権貴「一門」との媒介となる貴種を積極的に受容しようという意識」「南都北嶺や京洛諸大寺において諸宗法流を伝持し「門跡」と称される院家が、貴種を迎えるにふさわしい場と認識」があったという。

門跡の成立は十二世紀院政期にあると見られるなかで、その語義の確立が南北朝期であるとする点、また「法流」を大きな機軸として院家・門跡を考えていく点に、永村氏の議論の特徴がある。

この永村氏の議論については、稲葉伸道氏(22)が大きく評価しつつも、(i)平安末期に門跡の実質的な組織ができたという黒田俊雄説(23)との関係はどうなるのか、貴種門跡成立の理由は何か、(ii)「〇〇門跡」という組織名称の成立期はいつか、といった課題を指摘した。門跡組織の実態解明と語義上の問題とがどう対応してくるのかが問題となる。

研究史の大方は、稲葉氏のように成立期へ関心が向かう傾向にある。しかし、本章の問題関心からすれば、展開・変容期が焦点である。

永村氏はさらに、「寺院社会における「門跡」確立の意義」として「南北朝時代には確定する「門跡」の門跡化とは、法門嫡流としての「門跡」による、寺院・院家の系列化の象徴と理解される」と言う。「教学を代表する「門跡」を中心に、法流の門葉に連なる諸院家の再編と系列化が進む」とする点は重要であり、たとえば下坂守氏(24)が検討した中世後期青蓮院の門跡体制の実態には明らかにそれがうかがえる。当該期のその他の門跡の組織的実態がどうであったかはまた課題となるが、少なくとも本願寺は、「門跡成」にあたって青蓮院の門跡体制を前提としており、「門跡」を頂点とした諸院家の再編・系列化は、それこそ本願寺「門跡成」に色濃く見られる状況である。この点はすでに遠藤氏が言及したが、問題は本願寺教団の内部編成にとどまらず、さらに大枠への展望が期待できる。

以上のことから本願寺「門跡成」に関わる視座を抽出し直せば、①門跡組織そのものの実態解明、②前提となる中世門跡体制との関係解明、③その際に「門跡」を頂点とした諸院家の再編・系列化が指標となること、となろうか。また、もう一つ鍵概念として「貴種」が挙げられる。すなわち「門跡」そのものの歴史的位置は、各寺院勢力内に完結する編成ではなく、最高位に天皇を配置する国家体制のもとで理解されるものである。

さらに社会・民衆との関係はどうか。これについては中世後期における「寺院の在地性の深化」と「百姓勢力の宗教的自立化」志向の対応に注目し「根来寺や一向衆勢力などを、中世末期における荘園制支配体制の衰退過程で生成した「民衆」的中世宗教勢力」と位置付ける大石雅章氏(25)の見通しが重要である。本願寺の「民衆」性と、地方一門・御坊寺院が院家化する志向の対応が、この大石氏の指摘と関わる鍵になる。

ところで、「門跡」論の時代的射程はどのように展望できるのか。永村氏の議論を参考に「門跡」の時代区分を試みれば、

〈第一期〉 平安時代（法流・門徒）

〈第二期〉 鎌倉時代（院家→門跡）

〈第三期〉南北朝時代（「門跡」確立）
〈第四期〉室町時代（武家門跡の発生）
〈第五期〉戦国時代（本願寺「門跡成」）

となる。このうちの第五期となる中世「門跡」の最終段階に本願寺「門跡成」の問題を位置付け、近世への接続を図っていくのが本章の課題となる。(26)

2　近世「門跡」論の視座

次に近世の「門跡」をめぐる議論について見ていくが、中世の蓄積に比べればわずかな研究しかないのが現状である。その根本的理由としては、辻善之助氏による仏教堕落論以来、近世仏教史研究そのものが進展しなかったという問題状況がある。同時に、近世史研究が構築を目指した時代の全体像において、宗教・仏教というものが否定的文脈のなかにしか位置付けられてこなかったからだと思われる。こうした研究潮流においては、堕落論を克服しようとする「近世仏教」論の試みを始めようとも、なかなか全体史的枠組みとの接点が確保されずにきたと言える。

そのなかで大桑斉氏による問題提起は重要である。(27)大桑氏は、先に深谷克己氏(28)が近世教団の「本末関係の頂上部分（本寺）を門跡制等によってつなぎあわせ、それぞれの宗派に権威を与えた朝廷の役割」を指摘したことをうけて、近世教団における本末制の結合紐帯に門跡の権威（天皇の権威）を指摘した。併せて、天皇権威に基礎付けられる将軍権力そのものの宗教的権威化（東照宮）を論じ、近世の「国家頂点において、天皇・将軍・門跡の三者は、権威の分有によって相互補完関係を形成して、国家的統合を確立した」との見通しを提示した。そして「門跡・本末制が教団の上部構造であるなら、寺檀制はその基礎構造である」として近世仏教の全体構造を捉えたが、これに対し否定的なのが杣田善雄氏である(29)。

杣田氏は「それらは具体的事実に立脚した立論とは言い難く、教団・本末制等の一定の研究蓄積に国家論的視角を接ぎ木した、未だ仮説的出発点の域を出ない」として、「近世の門跡それ自体に関する具体的研究」の必要性を指摘した。しかし、「門跡寺院としてよりも、門跡その人の側面に比重」を置いた具体的解明を進めた点は確かな成果ではあるものの、一方で近世教団の本末関係などの課題に見通しがないため、構造的把握について検討の余地が多分に残る。

また、ここでもやはり本願寺の存在を杣田氏が視野に入れていないことは問題である。この点は修験道・陰陽道集団をも視野に入れながら近世国家と本末関係を論じ、公儀による門跡編成について構造的には深谷・大桑両氏と類似した捉え方をする高埜利彦氏の研究(30)にしても、同様である。本願寺は「准門跡(31)」でしかなく、門跡ではない。そのためか両氏の視野には入らない。しかし、それでは近世社会において大きな存在感を持った「本願寺門跡」の歴史的位置をどのように捉えたらよいのか。「本願寺門跡」の問題を捨象したまま、近世「門跡」の全体像を描くことには賛成できない。「本願寺門跡」だけを問題にするのも一面的であるが、宮門跡・摂家門跡などのみで捉えようとすることもやはり全面的ではない。これらを包括した全体像の構築を――杣田氏が言う具体的実態・論証の積み重ねの上に――目指していかねばならないだろう。

ところで、かつて森龍吉氏が本願寺門跡に対する強烈な一神教的信仰を「人神」的崇敬と捉えたが(32)、この問題はさらに奈倉哲三氏の研究によって深められた(33)。奈倉氏は近世後期の越後蒲原地方に焦点を当て、本願寺「法主」（門跡）に対する門徒民衆の「生き仏」信仰を検討した。この「法主―門徒」の関係構造に、前述した大桑氏の捉え方が重ね合わせられよう。本願寺門跡の歴史的特徴は、善知識あるいは〝生き仏〟と門跡とが、本願寺住職（宗主）という一人格に一致したところにあると思われるが、他の門跡にはそれが見出せない。しかし門跡の生きた機能を近世社会に見出すとすれば、この本願寺門跡に対する門徒民衆の信仰の問題は外せない。真宗特殊論として無視せず、むしろ重要な指標として捉えるべきである。

以上、近世「門跡」論の課題から視座を導き出せば、それは門跡の④国家的編成と⑤社会的機能をどのように見るかになる。杣田氏は近世の門跡に⑤はないと見たようであり、一方で奈倉氏には④への視点が弱い。とすれば④⑤をつなぎ合わせることが可能な大桑氏の視点と、本願寺門跡という素材の有効性があらためて想起される。この視座は、いわゆる近世という時代のみならず、本願寺が「門跡成」を果たした戦国時代にも適用できる。天皇権威に基づく門跡編成、門跡信仰を経由した民衆編成の構造が戦国社会に見出せるか。検討すべき課題である。

第二節　本願寺「門跡成」の歴史的位置

1　本願寺と門跡組織（院家・坊官）

本節では、前節において抽出した課題に沿い、検討を進めていく。ただし①～③については、すでに基礎検討がある[34]。先行研究の成果にも拠りつつ、本願寺門跡における最初期の院家・坊官について整理したのが【表1】【表2】である。

①組織制度の解明については、元亀・天正年間以降の研究があまりないのが問題ではあるものの、天文年間を中心に本願寺教団の組織制度は検討が相当進んでおり、「門跡成」前後については本書第Ⅰ部でも論じた[35]。院家はい

【表1】 本願寺門跡・脇門跡・院家（最初期）

年月日	法名	諱	齢	寺院名	拠点地域	血縁関係	備考（史料根拠など）
永禄2・12・15 ＊門跡成	顕如	光佐	17	本願寺	―	証如長男	『私心記』『御湯殿上日記』『今古独語』
永禄3・11・21	証専	教任	21	本宗寺・本徳寺	三河土呂・播磨英賀	実如子実円孫・顕如妹が正室	『私心記』『御湯殿上日記』『今古独語』
永禄3・11・21	証恵	教幸	45	願証寺	伊勢長島	蓮淳次男実恵長男	『私心記』『今古独語』
永禄3・11・21	証淳	教忠	28	顕証寺	河内久宝寺	蓮淳長男実淳養子（実恵三男）	『私心記』『今古独語』
永禄3・12・19	実従	兼智	63	順興寺	河内枚方	蓮如十三男	『私心記』『今古独語』
永禄3・12・19	実誓	兼詮	55	教行寺	摂津富田	蓮芸長男	『私心記』『今古独語』
永禄3・12・―	実誓	教清	42	慈敬寺	近江堅田	実賢長男	『今古独語』
永禄3・12・―	証賢	純恵	46	常楽寺	摂津刀根山	蓮如長女如慶尼曽孫・証淳妹が正室	『今古独語』
永禄3・12？	慶栄	芸承	？	勝興寺	越中土山	蓮誓長男実玄次男	『今古独語』＊疑問の余地あり
永禄8・夏	証誓	佐栄	？	教行寺	摂津富田	実誓長男	『今古独語』＊父実誓没（永禄6）相続
永禄9・8？	顕誓	兼順	63	光教寺	―	蓮誓次男	『今古独語』
永禄9・8・―	証意	佐玄	？	願証寺	伊勢長島	証恵長男	『今古独語』＊父証恵没（永禄7）相続
永禄9・8・―	証珍	佐順	？	本善寺	大和飯貝	実従次男	『今古独語』＊父実従没（永禄7）相続
永禄12・8・20 ＊脇門跡成	顕尊	佐超	6	興正寺	―	顕如次男	『興正寺文書』
元亀3・―・―	証智	佐増	？	慈敬寺	近江堅田	実誓長男	『日野一流系図』＊父実誓没（元亀4）
天正4・2・8	実悟	兼俊	85	願得寺	―	蓮如十男	『日野一流系図』

【表2】本願寺坊官（最初期）

年月日	姓名	法名	官途名・僧位	備考（史料根拠など）
永禄2・12・15―	下間頼良	道嘉	大蔵卿・法橋	『今古独語』
永禄2・12・15―	下間頼充	正秀	上野・法橋（→法眼）	『今古独語』＊「左衛門大夫頼資」改め
永禄2・12・15―	下間頼総	証念	丹後・法眼（→法印）	『今古独語』

わゆる本願寺一門衆が、坊官は家人（内衆）下間氏がなったが、とくに院家は当初、寺院ではなく一人格に付く呼称号であり、血縁関係でそれが相続されたなど[36]、いわゆる「一門・一家衆体制」の上に付け加えられたものであった。院家制度によってもたらされた変化は確かにあるものの、すでに前段階で院家に類似した体制を保持していたのである。

②中世門跡体制と本願寺の関係については、遠藤氏が、本願寺はその成立期である覚如の時代から、日野家関連の寺院として青蓮院門跡の門流支配体制のなかにあり、「法印・権大僧都」という僧位・僧官を指標として「「三綱の家」と称すべきような、僧の家で寺家を構成する寺と考えるのが妥当」と指摘した[37]。青蓮院との関係がうかがえることは確かであるものの、「三綱の家」なるものの実態が不明で、さらに本願寺がそのような位置付けにあったかどうかは疑問である。なぜならば覚如から本願寺歴代が青蓮院の門室組織のなかで機能していた徴証がないからである。

前章で、本願寺は「青蓮院の末寺」ではなく、「青蓮院之候仁」（候人）という表現があることに注目したが、初期本願寺と青蓮院の関係を中世「門跡」論の視点から捉え直した大田壮一郎氏の研究がある[38]。大田氏は、天台教学圏における活動、「本所」妙香院門跡と青蓮院の関係、「摂関家をはじめとする都市貴族層の浄土信仰への希求を背景に、洛中洛外に存在する「家門」寺院では、その門流とは必ずしも関係を持たない浄土系寺院をも包摂した組織構造（仮に門跡圏と呼んでおく）が形成された」ことなどを前提として、初期本願寺は「門跡寺院組織に固有の師資関係を介さない「候人」という立場で青蓮院門跡に属していた」と言う。そこから「外様院家」を経て「門跡成」にいたる階梯は前章で論じたとおりである。

③「門跡」を頂点とした諸院家の再編・系列化という指標については、前述した遠藤氏による門跡制度を本願寺宗主（住職）権力の安定保障と見る議論がある。これについても同様に、前述した草野氏による批判、また本書第Ⅰ部で必ずしも安定保障と言えない局面もあったことを検討したが、近世教団体制構築へ向けた大きな流れとして捉えれば、紆余曲折しつつも、そのとおりの展開があったと考えられる。

ところで、先行研究は、本願寺「門跡成」（あるいは院家成）への道筋と僧位僧官獲得とを、まったく同じ一本線で捉えたが、やや問題がある。本章の【表1】と前章の【表3】を対比してみると、同時に僧位僧官を獲得しながら、片方が院家になり片方はならない、という差異も見受けられる。そもそも、門跡・院家・坊官の問題と僧位・僧官の問題は、ただちに同一次元の問題と言えるのかが疑問である。勅許を指標に朝廷との関係として考えれば同じことかもしれないが、検討の余地があるように思われる。

つまり、日本仏教における僧侶の身分を規定する僧綱制と、本来「私」的な性格を色濃く持つ「門跡」は、性質として異なるものではないかという基本的な疑問である。後者は南北朝以降、制度的な色を濃くするが、それは実態的に見えるだけで、国家的に制定した類のものではない。その点で前者とはやはり異なる。とすれば、戦国期において、本願寺という新たな勢力を包摂しつつ、天皇を頂点に両者（僧綱と門跡）を結合させる動向が顕著に見えることが問題となる。のみならず、戦国期における天皇と仏教の関係を考えれば、「勅願寺」ほか多数の天皇勅許の資格・称号が見受けられ、(39)これはさらに当該期の天皇権威（宗教性）の問題へと展開する。戦国期天皇をめぐる議論[40]は活発であったが、天皇権威をめぐり没落と見るか浮上と見るかで見解が分かれた。この議論に対し全面的に踏み込む用意はないが、本願寺「門跡成」を勅許すること自体の異例さも、以上のような状況のなかにあると見られるから、意識して検討を進めていく必要がある。なぜ朝廷が本願寺を「門跡」にしたのか、課題④国家的編成・機能の問題へと展開していくが、その際に、門跡編成と公家衆の動向に注目してみたい。

2　戦国期朝廷・公家社会と本願寺門跡

本願寺「門跡成」が諸方にもたらした衝撃がどのようであったか、同時代の実態としてはあまり明確にならない。しかし、本来成らないものであるはずの「門跡」に、成れないはずの本願寺が成ったことは、それが当該期の門跡編成に与えた影響がまず問題になる。そこで本願寺「門跡成」段階の門跡編成について【表3】にまとめてみた。ただし同時代史料のみでその編成・動向を包括的にまとめることは難しい。そのため後世史料も参照したので、あくまで参考資料である。しかしこれまで漠然としていた総体的編成が想起できよう。

これを見ると、よく名の知られた門跡が戦国期にも存在していることがわかる。このなかに本願寺が参入していった、その当初に大きな混乱があったかといえば、『お湯殿の上の日記』などを見る限り、そうでもない。のちに醍醐寺義演が強い本願寺嫌悪を示すような事例[41]が、戦国期時点ではうかがえないのである。あるいはこれ以前、本願寺証如の九条家猶子成り、あるいは脇門跡申請（失敗）の際に見受けられた、公家などの抵抗も見えない[42]。これは周知のことかもしれないが、あらためて重要な実態状況と考える。

この理由の一つには、本願寺「門跡成」が、当該期の朝廷で活発な動きを示していた公家衆との関係のなかで行なわれたことが指摘できる。本願寺と公家社会の関係はこれまでも論じられてきた。しかし先行研究では「門跡

【表3】 戦国期の門跡編成（ただし天文～天正とその前後を中心に）

門跡名	門主名	血縁・系譜関係	備考	
日光（輪王寺・滋賀院）	―		＊近世門跡	天台宗五箇室門跡
青蓮院	尊鎮法親王	後柏原第三皇子、母勧修寺教秀女	天台座主、天文19没、二品	天台宗三門跡（山門系）
	（月清院宮）	伏見宮邦輔親王息？	天文24早世	
	尊朝法親王	伏見宮邦輔親王息④、正親町猶子	弘治元門室相続（4歳）、永禄5得度（11歳、戒師覚恕）、天正13座主、二品	
曼殊院（竹内）	覚恕准三后	後奈良院皇子、母刑部卿親就女	元亀元座主、天正2没	青蓮院脇門跡
	良恕入道親王	陽光院第三皇子、母勧修寺晴秀女	天正2生、寛永16座主、寛永20没	
妙法院	堯尊法親王	伏見宮貞敦親王息③、母贈太政大臣実香女	天文19座主、無品	天台宗三門跡（山門系）
	常胤法親王	伏見宮邦輔親王息③、正親町猶子	慶長2座主	
梶井（梨本・三千院・円融院）	彦胤法親王	後奈良院第四皇子、母源雅行女		天台宗三門跡（山門系）
	応胤法親王	伏見宮貞敦親王息⑤、後奈良院猶子、母藤原実常女	天文22座主、二品	
	最胤法親王	伏見宮邦輔親王息⑥、正親町院猶子	慶長17座主	
聖護院	興意（道勝）	陽光院皇子	元和6没	天台宗寺門系
円満院	余慶	筑前国早良郡人	永禄元座主	天台宗寺門系
実相院	―	―	―	天台宗寺門系
照高院	―	―	―	↓聖護院
毘沙門堂	―	―	―	↓日光（輪王寺・滋賀院）
仁和寺	任助法親王	伏見宮貞敦親王息④、母贈太政大臣実香女、後奈良院猶子	大永5生、天文8入室出家、天正12没	真言宗
	守理法親王	伏見宮邦輔親王息⑤	「依非器御退出」	
	覚深法親王	後陽成第一皇子、母中山親綱女	天正15生、正保5没（61歳）、「廃太子」	

大覚寺	性守大僧正	二条政嗣息	法務東寺長者、享禄3没	真言宗
	義俊大僧正	近衛尚通息、母相国実淳女	「准后善住院本善意　号称名寺」	
	尊信准三后	近衛植家息	「号善住院」	
	空性法親王	陽光院第二皇子、勧修寺晴豊女	慶安3没（78歳）	
勧修寺	海覚法親王	伏見宮邦高息②、後柏原院猶子、母「上臈左大臣興公女」	安祥寺寺務、無品	真言宗
	寛（覚?）欽法親王	伏見宮貞敦息②、母藤原実香女、後奈良院猶子	安祥寺寺務、無品	
三宝院	義堯大僧正	九条政基息③、足利義植猶子	永正2生、法務、東寺長者	真言宗
	義演准三后	二条晴良息、足利義昭猶子	永禄元生、法務、東寺長者、醍醐座主	
随心院	長静権大僧都	藤原定長息（伊豆守光房孫）、東大寺別当		真言宗
	増孝大僧正	九条兼孝（天文22生）息、母高倉永家女	天正14以降生、法務、東大寺別当、東寺長者、護持僧	
安井（蓮華光院・小川）	―	―	―	＊岡崎門跡（天台宗山門系）の近世再興
一乗院	覚誉大僧正	近衛尚通息	法務、興福寺別当	南都興福寺
	覚慶得業	源義晴息、母近衛尚通女		
	尊勢大僧正	近衛前久息	准三后、法務、興福寺別当	
大乗院	尋憲大僧正	二条尹房息③		南都興福寺
	経尋大僧正	九条尚経二男	法務、興福寺別当	
	尋円少僧都	九条尚経三男	大僧正、法務、興福寺別当	
知恩院	―	―	＊近世門跡	＊戦国期は青蓮院院家
本願寺	顕如	本願寺証如	永禄2門跡成	

＊ただし天文年間～天正年間とその前後を中心とした。
＊本来は同時代史料のみで確認すべきであるが、まとまった後世史料として『門跡伝』（弘化二年）を参照した。

成」の前段階となる天文年間、あるいは勅命講和の天正年間がとくに注目された一方で、「門跡成」そのものの前後については、なぜか等閑視された。ここでは「門跡成」直近における大坂本願寺と公家衆の関係の実態を検討してみたい。

『お湯殿の上の日記』から大坂本願寺をめぐる公家衆の動向についてまとめたのが【表4】、さらに『私心記』の関係条から「門跡成」前後の数年間分に限定して抽出したのが【表5】である。「門跡成」前後の状況がうかがえよう。

本願寺「門跡成」の歴史的前提の一つとして、蓮如期より始まる公家との姻戚関係が指摘されたが[43]、さらに「門跡成」直近にもう一段階が見出される。「門跡成」に重要な役割を果たした公家として、前述した万里小路秀房と、当該期、本願寺に長期逗留した烏丸光康の存在が指摘されるが[44]、彼らは本願寺との姻戚関係を有さない公家である。姻戚関係の深い中山・庭田・広橋・白川らとの関係は天文年間より一貫して見られたが、万里小路秀房や烏丸光康との関係は、とくに証如から顕如への代替期に急速に深まったものである。

烏丸光康と大坂本願寺の関係は、従来『公卿補任』[45]の記述などから永禄二〜八年に大坂滞在と考えられていた[46]。しかし、天文二十四年（一五五五）に最初の下向が見え、翌弘治二年にはすでに大坂寺内に居宅があった可能性がある。さらに永禄元年（一五五八）には常在していたことが確実である[47]。この烏丸光康は、単に戦乱からの避難、経済的困窮により大坂に寄寓したという評価におさまらず、本願寺顕如の側近にあり参謀・助言役として機能していた。このような本願寺常住公家とも言うべき存在は、すでに天文年間の青蓮院坊官鳥居小路経厚に見え、永禄年間の大坂本願寺は、烏丸光康のほかにも青蓮院の院家（執事）の尊勝院慈承など複数の常住公家を擁していた[48]。彼らは本願寺の内と外をつなぐ結節点となったのである。

万里小路秀房は、その娘が正親町天皇の室であり、正親町天皇の母親も万里小路賢房の娘すなわち秀房の兄妹で

【表4】「門跡成」（永禄2）前後の大坂本願寺と公家の関係（『お湯殿の上の日記』）

年月日	人物名	内容
天文9・2・14	青蓮院尊鎮	もんせき大さかよりくわんきよなりてならします、
天文9・3・18	白河雅業・広橋国光	はくおさかよりのほりて、御たる一か、二色まいる、ひろはし中納言よりもいなか二か、二色、
天文11・11・5	広橋国光	ひろはしおさかよりのほりたる御みやけとて、二色二かしん上あり、
天文13・10・29	白河雅業	はくおさかよりのほりにて、三色一かまいる、
天文14・3・20	庭田重保	ほんくわん寺ことしの御れいに十かう十かしん上申、ほんくわん寺こせ《（と）》しのひてのほるとて、三色、いなか三か御わたくしまてとて、にわたよりまいる、
天文17・5・2	庭田重保	にわたおさかよりのほりて、三色三かしん上申さるゝ、
天文21・4・9	庭田重保	ほんくわん寺よりとし〳〵ねんしの御れい十かう十か、たいにて五百疋、にわたひろう、
天文22・9・23	中山孝親	なか山ほんくわん寺もんとの物とて、けうけいそうつの事申て、十てう、御あふきしん上申、
天文23・6・23	伏見殿（邦輔）	ふしみ殿より大さかのとて、よく一ふたまいる、
天文24・5・27	伏見殿（邦輔）	しやうれん院殿御ちこ御所御たかいあるより、ふしみ殿より申さるゝ、
天文24・6・5	庭田重保	にわたおさかよりのほりにて、三色三かまいる、
弘治2・4・4	飛鳥井雅教	あすか井さへもんのかみおさかよりまかりのほりて、二色二かしん上申て、御れいにまいらるゝ、
弘治2・5・28	庭田重保	にわたおさかよりのほりにて、三色二かしん上あり、
弘治2・9・13	広橋国光	ひろはし大納言おさかよりの御みやけ三色三かまいる、
弘治3・7・8	庭田重保	にわたおさかよりのほりにて、二色、いなか一かまいる、
弘治3・11・6	広橋国光	ほんくわん寺くわうさそうつより御代かはりの御れいとして、御たち。御むままいる、御むまの代三百疋、申つきひろはし大納言くにみつ卿、
永禄元・3・17	中山孝親	おさかのしゆんこう寺より中山大納言して、せうそうつの事申、御心えのよしあり、
永禄元・3・20	庭田重保	にわた大さかへくたるとて、御いとま申さるゝ、
永禄元・8・21	滋野井公古	おなしくしけのゐおさかよりこれものほりなり、

永禄2・11・19	中山孝親	中山大納言孝親、大坂よりのほりて、二色二かまいる、
永禄2・12・27	万里小路秀房	ほんくわん寺より、門跡成の御れいに、御たち万疋御れい申（中略）ほんくわん寺よりのは、先内ふとりつきてまいる、
永禄3・2・12	広橋国光	ひろはし大さかへくたるとて、大すけして御いとまの事申、
永禄3・2・15	広橋国光	大かく寺は、ひろはしおさかへくたりてるすのあいた、称名院してまいらせらる、、
永禄3・4・17	＊	大さかより万疋まいりて、御しはいあり、
永禄3・3・26	庭田重保・広橋国光	庭田とのより二色二かまいらせ候、□さゑくたり候とて御みやにまいる、ひろはしとのよりも二か二色おさかみやけとてまいる、
永禄3・5・17	万里小路惟房	万里小路大納言大坂へ下る、
永禄3・6・6	＊	ほんくわん寺、はくよりいとまいりて、御くはりになる、
永禄3・6・26	伏見殿	ふしみとのより大さかのけつりも丶一ふた、
永禄3・8・16	＊	大工中務分の事にゑもんのかみ大さかへくたりて、あとにうえのしんしして衛門にと言事申さる丶、
永禄3・9・15	みなみな	大さかよりみな〳〵のほりて、御みやともまいる、
永禄3・12・1	万里小路秀房	ほんくわん寺一かの物、はりまのいんけを申て万疋御れいまいりて、みしゆりかたへ五千疋、御しいはに五千疋なる、ほんくわん寺よりは御たちはかりまいる、前内ふとりつきて申入らる丶、
永禄4・3・26	庭田重保	庭田大さかのくたりとて、御いとま申さる丶、
永禄4・4・4	庭田重保	庭田大さかよりのほりたるとて、二色二かまいる、
永禄4・4・11	万里小路惟房・輔房	万里小路大納言、同頭左中弁大さかよりの御みやともまいる、ほんくわん寺より僧正の御れい二千疋、御たち一ふりまいる、
永禄4・9・6	万里小路秀房	ほんくわゐ(ん)しよりまいる御いた、わかみやの御かたまいらる丶、内ふこのほとわつらはる丶とてつかはさる丶、
永禄4・11・1	庭田重保	庭田おさかよりのほりたるよし申さる丶、
永禄4・11・4	庭田重保	庭田よりおさかの御みやとて御ひら一折まいる、
永禄6・2・3	広橋兼秀	ひろはしおさかよりのほりて、

永禄6・4・28	中山孝親	中山おさかよりよへのほりとて、二色二かまいる、
永禄6・4・29	万里小路惟房	けふまでのこうち大なこんおさかより御たるまいる、みな〱めしてうたはさる丶、
永禄6・9・29	万里小路秀房	ほんくわん寺よりてんそうしゆの御れいて御むま《代百疋》、御たち、前内ふひろうなり、
永禄7・正・3	庭田重保	おさかほんりう寺より御たるのたいとて二千疋まいるよし、庭田より申さる丶、
永禄7・3・20	庭田重保	庭田(お)さかよりの御みやとて、三色三かまいる、
永禄7・4・10	中山孝親・庭田重保	中山大納言大さかへの御いとまの事、はんのついてになかはしして申さる丶、庭田おさかへくたるとて御いとまの事、長はしまてまいりて申さる丶、
永禄7・4・11	万里小路惟房	までのこうち大納言大さかへくたりの御いとまの御事、大すけ殿して申さる丶、
永禄7・4・16	万里小路惟房	までのこうち大納言あすおさかへくたり候とて御いとまこいにまいらる丶、
永禄7・5・18	中山孝親・万里小路惟房・庭田重保	中山、までのこうち、庭田おさかよりのほりのよし申さる丶、
永禄7・5・19	中山孝親	中山おさかよりのほりとて三色二かまいる、
永禄7・5・20	万里小路惟房	までのこうちより、おさかよりのほりとて二色二かまいる、
永禄7・5・21	庭田重保	庭田よりおさかよりのほりとてたいの物二かまいる、
永禄7・7・19	四辻季恩	四つし大納言大さかよりのとうろけさんに入まいるよし申され候ま丶、
永禄7・12・28	*	大さかにはかにやけて、源中納言くたるよし申、
永禄8・8・11	中山孝親	中山大納言おさかへくたり候とて、十日はかりの御いとまの御事申さる丶、
永禄8・11・3	庭田重保	にわたおさかよりにはかにむかゐのほりて、おや子なからくたらる丶、
永禄9・正・23	庭田重保	庭田おさかへくたり候とて、ない丶丶御いとま申させらる丶、
永禄9・6・13	庭田重保	庭田よへおさかよりのほり候よし申さる丶、
永禄9・閏8・8	頭中将・源中納言	大さかより七人、法印、こんりつし申、頭中将とり申、かきいたし事も頭中将かくへきよし申、上卿は源中納言のよし申、いつれもちよつきよあり、
永禄9・9・1	*	大さかより三人のふん御れいとて、十かう十かまいる、法印、権律師御れい也、
永禄11・正・28	水無瀬親氏	おさかよりみなせ御れいとも申さる丶、
永禄12・5・6	中山孝親・甘露寺・庭田重保	庭田おさかへくたりとて、御いとま申さるる、中山、かんろしとの、ちきやうの事をほんくわん寺へおほせいたされてと、中文のあんまいる、庭田へ文いたさる丶、

永禄12・5・29	庭田重保	にわた中将おさかよりの御みやとて、たいの物二、御たる二か、
永禄12・閏5・10	甘露寺経元・庭田重保・中山孝親	かんろしか、のちきやうの事と、のへしん上申よしほうくわん寺より申よし、庭田殿より御申、やかてかんろし、中山少将めして、ちきやうあんとのよしおほせらる、、
元亀元・9・18	*	ふけよりおさかの一きおこり候はぬやうおほせいたされ候へのよし、一位の大納言して申さる、、
元亀4・4・6	「けんさい将」?	大さかよりけんさい将のほり、
元亀4・5・10	源中納言	源中納言大さかへくたりとて、
天正元・9・4	中山孝親・源中納言	なか山前大納言、けん中納言おさかよりのほりのよし申て、
天正8・正・2	庭田重保・勧修寺晴豊	〔頭書〕庭田大、勧中大さかよりのほり、御かへり事もちてくわん中御まいり、やうたいたつねらる、、
天正8・正・18	勧修寺晴豊	くわんしゆ寺おさかと前右ふとのくわほくの事に、あつちへくたりにて、はく申つき、
天正8・5・18	勧修寺晴豊	くわんしゆ寺中納言大さかよりのほりにて、ちやわんのつほ二まいる、
天正8・7・4	源大納言・勧修寺晴豊	大さかよりのふなかと大さかとのくわほくの事に、御たち、きんす御むまのたいにまいる、けん大納言、くわん中納言。新大すけしてひろう、
天正8・7・5	*	けさきのふの大さかよりのきんす御くはりにする、けふの御かんきんあり、
天正8・7・6	*	けふ大さかの御くはりかねにてあり、
天正8・7・18	*	大さかへちきなくわたして、のふなかきけんのよしさたあり、めてたし〳〵、
天正8・7・28	*	おさかの事、人しちわたりて、くわほくになりたるとなり、
天正8・8・15	*	のふなかけふうちより八わたをみて、それよりおさかへゆくとなり、おほきまち中納言、日野の中納言、日の、しん中納言、なかはして、のふなかとゆくとて御いとまの事申さる、、
天正9・正・26	*	大さかよりねんとうの御れいのとし〳〵の御たる十か十かう、たいにてまいる、ぬし文となり、そへしやう下間少進法橋、つかゐは藤井八郎左衛門といふものなり、なかはしひろう、けん中納言もちてまいる、

※ここでは取次・折衝・大坂下向に限り、勅願寺樽進上などは省いた。
※『お湯殿の上の日記』（続群書類従補遺）

【表5】『私心記』天文24年〜永禄2年にみえる大坂本願寺と公家衆の関係

年月日	人物名	内容	備考
天文24・4・12〜20	広橋国光	十二日、朝広橋殿御下候、（中略）広橋殿御下候ハ、禁裏御使也、上様ヲ直叙法眼ニ叙シ被申候、勅書持テ御下候、同口宣案参候、（中略）二十日、朝広橋殿早々御上候、夜前上ニ御出候時、御暇乞ニ参候、	『私心記』
天文24・4・29	烏丸光康	烏丸殿御下候、四時過北殿ニテ御対、	『私心記』
天文24・5・3	烏丸光康	三日、烏丸殿、御堂御見物ニ候、其後御暇乞ニ東座敷へ参候、ヤカテ上洛、殿原衆ワウサウ橋マテ送申サレ候、	『私心記』
天文24・5・20〜29	庭田重保	廿日、庭田殿御下候、（中略）廿九日、北殿へ庭田殿、供御ニ御出、	『私心記』
弘治2・3・14	烏丸光康・広橋国光・庭田重保	十四日、烏丸殿へ広橋大納言・庭田殿御下候、	『私心記』堺本
弘治2・3・23	飛鳥井雅教・公家三人（烏丸光康・広橋国光・庭田重保）	廿三日、ハレノ鞠今日アリ、震殿ノ庭也、八時ハシマル扇クジ也、飛鳥井其外公家三人、初八二八トワケテ両度ニ鞠（後略）	『私心記』堺本
弘治2・8・22	烏丸光康・広橋国光	廿五日、朝五半時過四時分御能ハシマル春日大夫能十三番（中略）五献メ斗ニ烏丸・広橋座敷へ御出候、	『私心記』堺本
弘治3・6・14	山科言継	十四日、公家山科殿、今朝御下候、	『私心記』
弘治3・6・18	山科言継	山科殿、今朝早々御上候、	『私心記』
弘治3・12・16	庭田（重親）	十六日、北殿ニテ点心サセラル故、庭田殿廿五年御志云々、各々参候、	『私心記』
永禄元・3・17	烏丸光康・広橋国光	十七日、朝烏丸殿・広橋殿御下候、御新造ニテ御対面候、	『私心記』
永禄元・3・18	烏丸光康・広橋国光	十八日、朝飯、北殿ニテ烏・広御出候、	『私心記』
永禄元・3・21	烏丸光康・広橋国光	廿一日、ウラ庭へ御出候、烏・広御出候、典楽・双六、後御酒アリ、	『私心記』
永禄元・3・23	庭田重保	廿三日、朝供御過テ庭田殿へ御礼ニ参候、	『私心記』
永禄元・3・28	公家衆	廿八日、御斎如常、式予ヨミ申候、念仏三位、公家衆ハ御堂へ御参候、	『私心記』
永禄元・4・5	公家衆	五日、公家衆御上候間五時御暇乞ニ参候、昼ヨリ御上候、	『私心記』
永禄元・7・14	庭田重保・烏丸光康	其後燈炉御覧候、庭田殿同前ニ御覧候、其後烏丸殿見物候、	『私心記』

永禄元・8・2	烏丸光康・庭田重保	其後上・慶・烏丸・庭田マテ座敷へ御出候、有御酒云々、	『私心記』
永禄元・8・14～16	醍醐寺水本報恩院	十四日、水本下向候、十五日、夜水本行、（中略）十六日、今朝新造へ水本殿ヲ御ヨヒ候、慶・予斗相伴候、（中略）水本茶五袋給候、	『私心記』
永禄元・9・19	烏丸光康	十九日、朝飯ニ左衛門大夫宿へ御出候、上様御歩行候、予ヲフト・白衣ニテ、スヘヒロカリ持候、烏丸殿御同道候、	『私心記』
永禄元・9・29	烏丸光康	廿九日、昼前将監宿へ御出候、上様・慶御輿也、烏丸殿御輿也、	『私心記』
永禄元・10・1	広橋国光・庭田重保	広橋殿・庭殿御下候、	『私心記』
永禄元・10・11	烏丸光康・広橋国光・中山孝親・庭田重保	西宿へ御出候、可参候由候間上様御カチ也、烏丸殿・広橋殿・中山殿・庭田殿・予・堅田・土少将御供候、	『私心記』
永禄元・10・12	烏丸光康・広橋国光	十二日、自細川殿晴元、田井孫九郎、御誕生候御礼ニ下候、太夜ハヤシ、其後孫九郎御対面、五献湯付参候、烏丸殿・広橋・慈敬寺相伴云々、	『私心記』
永禄元・10・14	烏丸光康・広橋国光・庭田重保	昼源次宿へ御出候、（中略）烏丸・広橋・庭田御同道候、	『私心記』
永禄元・12・21	烏丸光康	春日御亭ニテ能仕候、烏丸殿御出候、	『私心記』
永禄元・12・26	烏丸光康	昼新造へ召候、有御酒、烏丸殿後ニ御入候、	『私心記』
永禄元・12・30	烏丸光康	太夜ハヤシ候、則御影参候、烏丸殿へ礼、行道ニテ御出候、	『私心記』
永禄2・正・1	烏丸光康	夜、烏丸殿へ礼ニ行、	『私心記』
永禄2・正・2	烏丸光康	能、（中略）烏丸殿御入候テ有御酒、	『私心記』
永禄2・正・7	烏丸光康	九時千寿万歳（中略）烏丸殿御入候、	『私心記』
永禄2・正・10	烏丸光康	其後御小座敷、御茶湯サセラレ候、烏丸殿御出候、	『私心記』
永禄2・正・15	烏丸光康	昼酒殿ニテ有御酒、烏丸殿御入候、	『私心記』
永禄2・正・21	烏丸光康	新造へ上様御申候、（中略）烏丸御料人（中略）烏丸殿・同御方（後略）	『私心記』
永禄2・正・29	烏丸光康	今朝興正寺へ被申入候、上様御輿也（中略）烏丸殿御出候、	『私心記』
永禄2・2・8	烏丸光康	於震殿御能候（中略）烏丸殿御入候、	『私心記』
永禄2・2・19	広橋国光・烏丸光康	朝飯過テ新開へ御出候、レウスル御覧候、上・慶・広・烏・同御方御出候、	『私心記』

永禄2・2・22	広橋国光・烏丸光康	上・慶・広・烏・同御方・御南向・予・堅皆乗物ニテ御出候、聖霊会御見物候、	『私心記』
永禄2・2・23	広橋国光・烏丸光康	於震殿有御能、春日仕候、十三番、先日八日ヨリ寝殿ソノマ、ヲカル、広・烏御出候、座敷上・慶・御南・予・堅・広入・烏・同御方計也、	『私心記』
永禄2・4・5	庭田重保	庭田殿此間塩風呂へ御入候、御母儀死去注進候て、去夜御帰候、今朝早々御上候、	『私心記』
永禄2・9・29	烏丸光康	明日、烏丸殿へ上様御出候ニ付テ、今日昼参候、	『私心記』
永禄2・9・30	烏丸光康	昼時分、烏丸殿へ上・慶御出候、御輿也、（中略）座敷人数、烏・同御方・尊勝院御布白・予・富田也、	『私心記』
永禄2・11・6	烏丸光康	昼、新造へ烏丸殿御方御出候て、御元服候、烏帽子ヒタ、レキヌ白也、着用候て、御祝三献参候、烏ヨリ御樽三種五荷、新造へ参候也、夜ニ入、烏丸殿へ御礼ニ参候、	『私心記』
永禄2・11・7	烏丸光康	烏殿ヨリ喜介使、太刀給候、	『私心記』
永禄2・12・2	烏丸光康	平潟衆参候、朝、烏丸殿へ御礼ニ参候、五十疋、平潟被仰付候故也、喜介ニ廿疋、児島ニ廿疋遣候、其上ニ折紙進候へ共、御取ナク候、	『私心記』
永禄2・12・6	烏丸光康	枚潟へノ儀、上様御幼少間、此方不堪忍事不足之由、慶被仰之由承候間、然ハ此方ニ可居住之由、烏丸殿又浄照坊シテモ、頻ニ申候へ共、只可罷越之由被仰候間、其分ニ相定候也、仍物ヲ取置ナリ、余所へもアツケ候、下ノ座敷ノ二ノ間ニ入テ、ジヤウヲオロシ候也、大ニニアツケ候、九日吉日也、仍平潟へ九日ニ可行分也、	『私心記』

※『私心記』は『真宗史料集成』第三巻、弘治三・永禄元については『加能史料研究』第一七号（二〇〇五年）所収の『私心記』本願寺本を用いた（本書収録にあたっては『大系』を参照して校訂）。

あったから、万里小路家は当該期、天皇の外戚として大きな力を持っていた。それ自体は周知のことであろうが、これを本願寺「門跡成」の文脈で捉え直すと、まず中山・庭田らとの姻戚関係を大きな媒介に、本願寺が公家社会とつながりを深めていった。それを前提に烏丸光康らの本願寺常住も果たされ、さらに万里小路という天皇の外戚として朝廷運営に大きな位置を占めていた存在を引き込んだものと見られる。この秀房、そして惟房・輔房（頼

【図1】 系図（戦国期本願寺・院家関係）

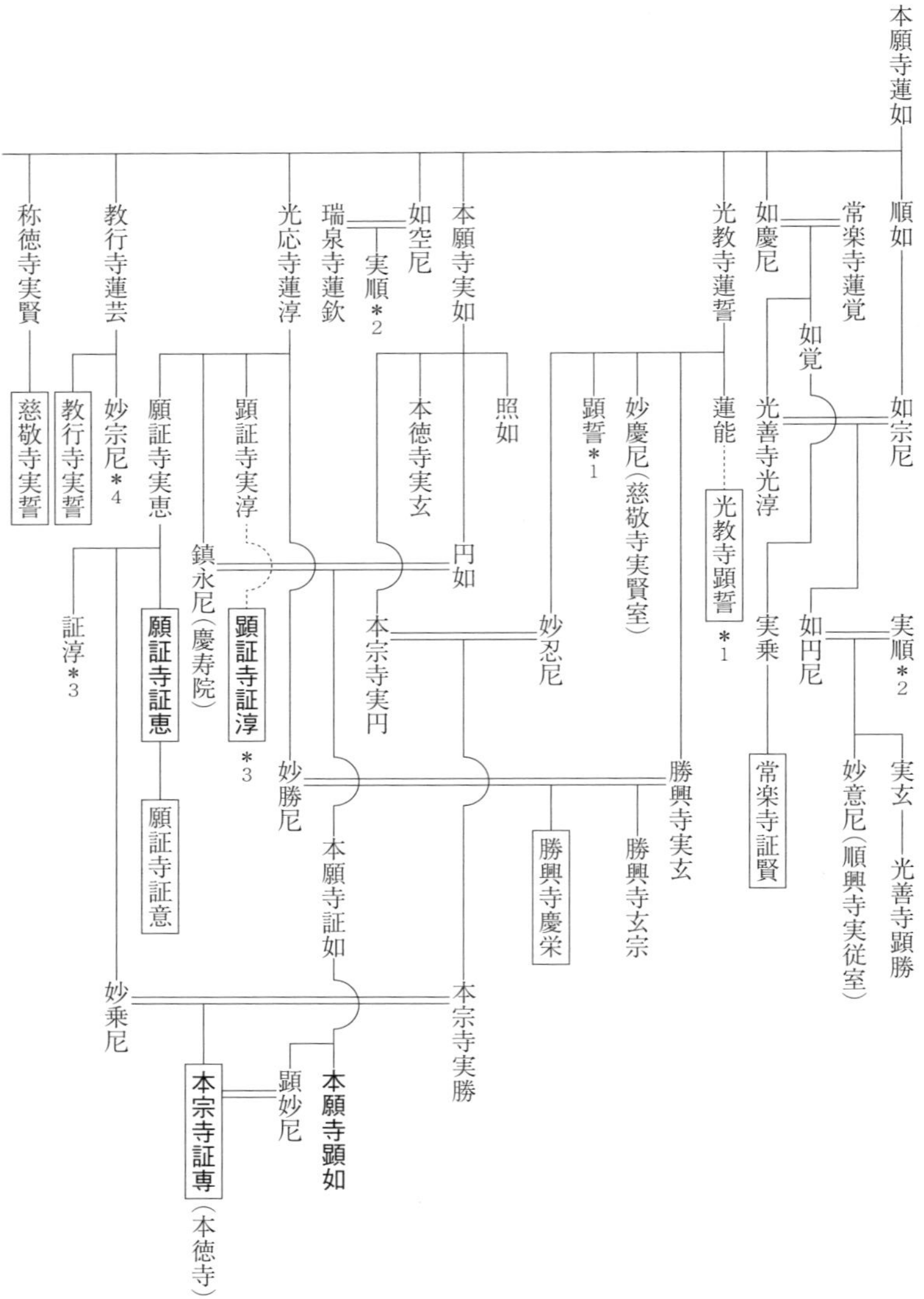

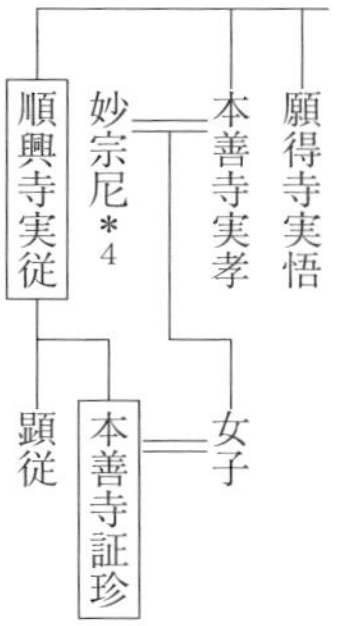

房）と続く万里小路家を中心とした天皇輔弼体制には注意が必要である。当該期の公家が大きな視野を常に保持して行動していたとは考え難いが、一方で節操のない動向としてのみ捉えるのも問題であろう。永禄八年（一五六五）、キリシタン宣教師が正親町天皇の綸旨により京都から追放されたが、その後の宣教師らの帰京をめぐる最大の障害は万里小路惟房・輔房父子だとフロイスは認識していたという(49)。結果論かもしれないが、朝廷・公家社会が、本願寺は取り込みキリシタンは排除、というこの構図には、大きくは戦国期日本社会における宗教秩序の変革という問題が見出せるのではないか。朝廷・公家社会は、かつて国家的弾圧・排除の対象となっていた本願寺を門跡にすることで自らの秩序内に取り込み、一方で新たな異端（キリシタン）を見出していったのである(50)。

万里小路との関係は『天文日記』(51)などにはわずかな音信しか見られない。しかし、**【表5】**によれば「門跡成」以降は激増し、大坂下向も実現した。全体的に見ても、本願寺と公家の関係は天文年間以前から音信・贈答関係を中心に強化されていたにもかかわらず、公家衆の大坂下向という点では「門跡成」以降の永禄年間に激増した。このことは、公家衆が戦乱を避けて地方に下向する一連の状況内にあり、また経済的依存の問題でもあったが、とはいえ、この頻繁な往来により、朝廷・公家社会を支えるもはや最大の宗教勢力として、大坂本願寺が社会的に認知されていったと理解してよい。

このことを再度「門跡」編成の問題として捉えてみれば、相次ぐ「門跡」の衰退ないし没落により、宗教的側面においても天皇権威の没落が危惧されたが、これを補完するために、新たな宗教勢力として台頭していた本願寺を、新たな「門跡」として、確実に朝廷秩序のなかに編成したと見ることができる。公家衆はその実行部隊であり、ここに、没落回避に必死な公家と、大衆組織を見捨て門跡体制のみの保持を志向した寺家が統合した〈公〉（公武関係論というところの「公」の意味）の姿を見て取ることができよう。これは確かに「権力としての実質を失った天皇・朝廷が（中略）未開拓の新興勢力に目をつけて、延命策として必死に編成した結果」[52]ではあるが、結果的にそれがもたらした新たな状況の歴史的意義は非常に大きかったとも言える。

門跡となった本願寺は、中世から近世へと向かう時代社会の過渡期において、天皇権威をさまざまな面で支えていくことになった。ただし天皇・本願寺相互の権威が相互に保障されたのである。戦国期宗教勢力としての本願寺教団が最終的に選んだ到達点が「門跡成」であり、これは中世から近世へと変革する時代社会を生き抜くためにも重要な、広範な社会的認知を得る一方、天皇権威との結び付きという点で大きな限界と深い問題をはらんでいた。

いずれにせよ、ここに、来たる〈武〉信長との対抗の前提として、本願寺が中世的〈公〉権力に連なった状況が出現してくる。この本願寺のような新興勢力が天皇権威を支え出す体制は、新たな近世的秩序の先駆けとも位置付けられる。天皇権威の復活は統一権力によってなされたという指摘[53]もあるが、先んじて本願寺がそれをなしたという評価すら考えてもよいのではないか。このような、いわば国家的編成における位置付けを前提に、本願寺「門跡成」の波紋は広がっていった。

むすびにかえて

本章では、本願寺「門跡成」と「門跡」論に関する研究史整理から始めて、五点の視座・課題を導き出した。そのうちすでに論じた①②③の成果も示しつつ、さらに、④国家的編成の問題について、とくに本願寺への門跡勅許を実現に至らせた公家衆の動向に注目し、検討した。最後に⑤社会的機能の見通しを探っておきたい。

本願寺「門跡成」が戦国社会に与えた影響としては、たとえば、本章で触れた小谷利明氏や金龍静氏、脇田晴子氏が関連付けて言及した「寺内町」の問題は、一つの重要な焦点である。寺内町ネットワークを前提とした「本願寺法王国」への期待という問題に展開できるからである。

これは、本願寺門跡を頂点とした教団編成とその現実的地盤が、門徒民衆の支持により、独自の世界構築の可能性を示したものと言える。その打倒が統一政権出現の前提という捉え方(54)はすでにほとんど取り上げられなくなっているが、再検討の必要もあると思われる。

その一方で、本願寺は天皇権威の下に吸収されてしまったという評価も可能になる。この点で、脇田晴子氏が示す、戦国期における官位・宗教・文化を機軸とした天皇制イデオロギーの大衆化現象という捉え方は、超え難い問題提起であろう。

しかし、戦国から近世へと新たな社会編成が志向され構築されていくなかで、広範な民衆基盤に拠って立つ本願寺教団という新たな宗教勢力を、駆逐するのではなく包括する方向に進んだことは、大きな秩序変革である。上部（国家）と下部（民衆）をつなぐ結節点として本願寺「門跡」の存在を位置付けることができ、それゆえ朝廷・公家社会にしろ、統一政権にしろ、本願寺の掌握を必須課題としたのである。そこには天皇・門跡―民衆・門徒の構図が見出される。それはまた、深刻な問題を近現代に出現させていくことになるのであるが、そのことはまた本書で取り上げている範囲とは別に問題にしなくてはならない。

注

（1）蓮如十三男で本願寺一家衆の順興寺実従（一四九八～一五六四）の日記。『真宗史料集成』（以下『集成』）第三巻（同朋舎、一九七九年）八六八頁、『大系真宗史料』（以下『大系』）文書記録編10「私心記」（法藏館、二〇一六年）四七五頁。史料文については『大系真宗史料』に従った。

（2）禁裏（朝廷）に仕える女官の日記。『大系』文書記録編5「戦国期記録編年」（法藏館、二〇一四年）二四三頁。同史料集は「先内ふ」に「（広橋兼秀）」の傍注を付けているが疑問がある。なお、本章のタイトルに用いている「門跡成」は当該史料上の表現である。

（3）神道家（吉田神道）の吉田兼右（一五一六～七三）の日記。『大系』文書記録編5二四三―二四四頁。

（4）蓮如の孫で本願寺一家衆の光教寺顕誓が永禄十年（一五六七）に著した歴史書。『集成』第二巻（同朋舎出版、一九九一年改訂版）七二二頁、『大系』文書記録編3「戦国教団」（法藏館、二〇一四年）三〇頁。なお、この史料では勅使を万里小路秀房と記しているが、その息子の惟房である可能性のほうが高いか（参考＝前掲注（1）史料集）。

（5）浅野長武「本願寺の准門跡勅許に関する研究」（『史学雑誌』第三三編第九号、一九二二年）。

（6）谷下一夢「本願寺門跡に於ける院家の起原に就いて」（『龍谷学報』第三〇五号、一九三三年）、同『顕如上人伝』（浄土真宗本願寺派、一九四一年）。いずれものちに同『増補真宗史の諸研究』（同朋舎出版、一九七九年）所収。

（7）『本願寺史』（浄土真宗本願寺派、一九六一年）など。

（8）この空白の理由はさまざまに考えられようが、一つには「門跡成」が本願寺の貴族化であって、これは真宗の教義論上では否定的文脈でしか捉えられないことが大きな問題と考えられる。この視点は教団内のみならず、たとえば黒田俊雄「転換期の指導者」（難波別院編『南御堂』、一九八四年。のちに『黒田俊雄全集』第四巻〈法藏館、一九九五年〉再録）でも強調されるため、長らく研究史を呪縛してきたとも言える。しかしながら、真宗史のみならず、全体史的枠組みにおいても取り上げられずにきたということ自体は、本願寺「門跡成」を総体的に捉える視座が未成熟であったと考えるよりほかはない。

(9) 遠藤一「本願寺成立の特質――真宗教団史論の一前提――」（『仏教史研究』第一八号、一九八三年）、同「『本願寺法王国論』への一視点」（北西弘先生還暦記念会編『中世社会と一向一揆』、吉川弘文館、一九八五年）。いずれものちに同『戦国期真宗の歴史像』（永田文昌堂、一九九一年）所収（第二部第五・六章）。なお「本願寺法王国」論については、まず長沼賢海「宗教一揆」（国史研究会編『岩波講座日本歴史』、岩波書店、一九三五年）によっておそらく初めて論じられ、井上鋭夫『一向一揆の研究』（吉川弘文館、一九六八年）においても本願寺門跡の問題と結び付けられて展開され、藤木久志「大名領国制論」（のちに『戦国大名の権力構造』〈吉川弘文館、一九八七年〉再録）も言及した議論である。

(10) 草野顕之「戦国期の本願寺教団と天皇」（『大谷大学史学論究』第四号、一九九〇年。のちに『蓮如大系』第四巻〈法藏館、一九九八年〉再録、同『戦国期本願寺教団史の研究』〈法藏館、二〇〇四年〉第Ⅲ部第四章）。

(11) 石田晴男「『天文日記』の音信・贈答・儀礼からみた社会秩序――戦国期畿内の情報と政治社会――」（『歴史学研究』第六二七号、一九九一年）。

(12) 本書第Ⅰ部第三・四・五章。

(13) 前掲注(11)石田論文。

(14) 金龍静『蓮如』（吉川弘文館、一九九七年）。

(15) 金龍静「宗教一揆論」（『岩波講座日本通史』第一〇巻中世四、一九九四年。のちに金龍静『一向一揆論』〈吉川弘文館、二〇〇四年〉第八章）。前提となる議論として前掲注(9)井上著書。

(16) 小谷利明「戦国期の河内国守護と一向一揆勢力」（『佛教大学総合研究所紀要』別冊「宗教と政治」、一九九八年。のちに同『畿内戦国期守護と地域社会』〈清文堂出版、二〇〇三年〉第二部第二章）。

(17) 矢田俊文「戦国期宗教権力論」(『講座蓮如』第四巻、平凡社、一九九七年)。
(18) 前掲注(9)藤木論文、今谷明『室町の王権』(中公新書、一九九〇年)、神田千里『信長と石山合戦』(吉川弘文館、一九九五年)。これに対し勅命講和は選択肢の一つに過ぎず天皇権威への依存は見られないと批判した堀新「織田信長と勅命講和」(歴史学研究会編『戦争と平和の中近世史』、青木書店、二〇〇一年、のちに同『織豊期王権論』〈校倉書房、二〇一一年〉第Ⅰ部第四章)の見解もある。
(19) 脇田晴子『天皇と中世文化』(吉川弘文館、二〇〇三年)。前提となる論文は脇田晴子「戦国期における天皇権威の浮上(上・下)」(『日本史研究』第三四〇・三四一号、一九九〇・九一年)。
(20) 前掲注(9)遠藤論文、遠藤一「戦国期本願寺の開幕と蓮如の宗教活動」(『講座蓮如』第三巻、一九九七年)。
(21) 永村眞「「門跡」と門跡」(大隅和雄編『中世の仏教と社会』、吉川弘文館、二〇〇〇年)。
(22) 稲葉伸道「青蓮院門跡の形成と展開」(河音能平・福田榮次郎編『延暦寺と中世社会』、法藏館、二〇〇四年)。
(23) 黒田俊雄『寺社勢力――もう一つの中世社会――』(岩波新書、一九八〇年)。
(24) 下坂守「中世門跡寺院の組織と運営」(村井康彦編『公家と武家――その比較文明史的考察――』、思文閣出版、一九九五年、同「中世門跡寺院の歴史的機能」(『京都国立博物館学叢』第二一号、一九九九年)。のちに同『中世寺院社会の研究』(思文閣出版、二〇〇一年)第四篇第一・二章。
(25) 大石雅章「寺院と中世社会」(『岩波講座日本通史』第八巻中世二、一九九四年。のちに同『日本中世社会と寺院』〈清文堂出版、二〇〇四年〉結)。
(26) なお、第四期については室町期公武権力論の問題として水野智之氏、また室町期仏教論として大田壮一郎氏らの課題になる。水野智之「室町将軍による公家衆の家門安堵」(『史学雑誌』第一〇六編第一〇号、一九九七年、のちに同『室町時代公武関係の研究』〈吉川弘文館、二〇〇五年〉第Ⅰ部第一章)、水野智之「室町時代公武関係論の視角と課題――王権概念の検討から――」(『歴史の理論と教育』第一〇八号、二〇〇一年、のちに前掲同著書序章)、大田壮一郎「室町幕府の追善仏事に関する一考察――武家八講の史的展開――」(『仏教史学研究』第四四巻第二号、二〇〇二年)、大田壮一郎「室町殿の宗教構想と武家祈禱」(『ヒストリア』第一八八号、二〇〇四年、のちに同『室町幕府の政治と宗教』〈塙書房、二〇一四年〉第Ⅰ部第四章)などを参照。

(27) 大桑斉『日本近世の思想と仏教』(法藏館、一九八九年)。
(28) 深谷克己「幕藩制国家と天皇――寛永期を中心に――」(北島正元編『幕藩制国家形成過程の研究』、吉川弘文館、一九七八年。のちに深谷克己『近世の国家・社会と天皇』〈校倉書房、一九九一年〉第一部第三章)。
(29) 杣田善雄「幕藩制国家と門跡――天台座主・天台門跡を中心に――」(『日本史研究』第二七七号、一九八五年)、同「近世の門跡」(『岩波講座日本通史』第一一巻近世一、岩波書店、一九九三年)。いずれも、のちに同『幕藩権力と寺院・門跡』(思文閣出版、二〇〇三年)所収(第Ⅰ部第四・五章)。
(30) 高埜利彦「幕藩制国家と本末体制」(『歴史学研究別冊(一九七九年度)』、のちに同「近世日本の国家権力と宗教」〈東京大学出版会、一九八九年〉第四章)。
(31) 『華頂要略』では本願寺は「准門跡」とされている。というより本願寺が准門跡であるということ自体、先行研究の視野に入っていないように思われる。ただし、太田光俊「本願寺〈門跡成〉と〈准門跡〉本願寺」永村眞編『中世の門跡と公武権力』(戎光祥出版、二〇一七年)によって、ようやく議論の進展が図られようとしている。
(32) 森龍吉「幕藩体制と宗教――本願寺教団を対象とした封建的宗教の思想史的な試論――」(『日本宗教史講座』第一巻「国家と宗教」、三一書房、一九五九年)。
(33) 奈倉哲三『真宗信仰の思想史的研究――越後蒲原門徒の行動と足跡――』(校倉書房、一九九〇年)。
(34) 前掲注(6)谷下論文・著書、前掲注(9)遠藤論文ほか。
(35) 代表的かつ最新の研究として草野顕之『戦国期本願寺教団史の研究』(法藏館、二〇〇四年)を挙げておく。そのほか詳細については本書第Ⅰ部を参照。
(36) 永禄九年(一五六六)実従(順興寺)→証珍(本善寺)の事例など(**【表1】**参照)。
(37) 遠藤一「戦国期本願寺の開幕と蓮如の宗教活動」(『講座蓮如』第三巻、一九九七年)。
(38) 大田壮一郎「初期本願寺と青蓮院門跡」(大阪真宗史研究会編『真宗教団の構造と地域社会』、清文堂出版、二〇〇四年)。
(39) 伊藤克己「戦国期の寺院・教団と天皇勅許の資格・称号――紫衣・勅願寺の効果について――」(『歴史評論』第五一二号、一九九二年)。

(40)　前掲注(18)(19)各論文・著書ほか『講座前近代の天皇』全五巻（青木書店、一九九二〜九五年）など多数。
(41)　本書第Ⅱ部第六章。
(42)　享禄元年（一五二八）に証如が九条尚経の猶子になるにあたっては三条西実隆が強く反対した（『実隆公記』当該条）。また天文五年（一五三八）の脇門跡申請却下については青蓮院門跡尊鎮の規制が働いたと見られている。前掲注(10)草野論文、本書第Ⅱ部第四章などを参照。
(43)　石田晴男「戦国期の本願寺の社会的位置――『天文日記』の音信・贈答から見た――」（『講座蓮如』第三巻、平凡社、一九九七年）。
(44)　前掲注(6)谷下著書。本書第Ⅱ部第四章。
(45)　『新訂増補国史大系』第五五巻（吉川弘文館、一九六五年）。
(46)　『国史大辞典』（吉川弘文館）「烏丸光康」の項目ほか前掲注(19)脇田著書なども同様である。
(47)　『私心記』天文二十四年四月三十日条、同年五月三日条、弘治二年三月十四日条、永禄元・二年の関連条（**【表5】**参照）。永禄元年については『集成』第三巻、『石山本願寺日記』下巻等に掲載されていない。古くは禿氏祐祥「私心記の新出本に就いて」（『日本仏教史学』第一巻第四号、一九四二年）で紹介されていたが、大原美代子「史料紹介 本願寺本『私心記』弘治三年・永禄元年」（『加能史料研究』第十七号、二〇〇五年）において再度全文翻刻された。そして前掲注(1)『大系』に収録されるにいたった。
(48)　本書第Ⅱ部第四章。
(49)　ルイス・フロイス『日本史』（東洋文庫、平凡社）。村井早苗「キリシタンの「天皇観」」（『講座前近代の天皇』第五巻〈青木書店、一九九五年〉）参照。
(50)　永禄のキリシタン追放に法華宗信徒の公家竹内季治が強く絡んでいたという（前掲注(49)村井論文）から、法華宗もまた本願寺と同様である。キリシタンという外来異宗教の存在が新たな「日本仏教」の枠組み意識の強化を促した可能性についてはさらに検討しなくてはならない。拙稿「戦国期宗教勢力論」（中世後期研究会編『室町・戦国期研究を読みなおす』思文閣出版、二〇〇七年）。
(51)　『集成』第三巻。そのほか「音信日記」（北西弘『一向一揆の研究』、春秋社、一九八一年）なども確認した。

(52)　前掲注(19)脇田著書。「天皇の勅許は、既成権力の秩序の体系化に利用される面と、新興勢力の格づけや自治都市の名分化に役立つ面との両面性があった」という脇田氏の指摘はそのとおりであるが、この問題に宗教性を排する論調には賛同はできない。天皇の本質に宗教性があるかどうかはともかく、天皇権威を中心に編成されていく状況そのものが宗教性をはらんでいる。編成される側の意識に追求すべき点が多分にある。この点は「文化の政治性」として「中央を象徴する宮廷文化の諸国への普遍化・一般化が天皇権威を支えた」という議論についても同様の問題を感じる。

(53)　水林彪「幕藩体制における公儀と朝廷——統一権力形成期の天皇制復活の論理——」(『日本の社会史』第三巻、岩波書店、一九八七年)。

(54)　朝尾直弘『将軍権力の創出』(岩波書店、一九九四年)などを参照。

補論2　本願寺の脇門跡興正寺顕尊について

はじめに

本願寺の脇門跡となる興正寺顕尊は、本願寺第十一世顕如の二男である。永禄七年（一五六四）に生まれ、慶長四年（一五九九）に数え三十六歳で死去した。諱は佐超、幼名は阿古。生前に花恩院と号し、死去後に往還院（追贈）。母は三条公頼の娘（細川晴元養女、六角義賢猶子）、如春であり、兄としてのちに東本願寺を創立した教如、弟に西本願寺を継職した准如がいた。永禄十年（一五六七）、四歳で興正寺証秀の養子となって同寺に入り法嗣となった。翌年に証秀が死去したため興正寺第十七世を継承する身と定まった。天正三年（一五七五）、顕如を戒師として得度したという[1]。注目すべきは、永禄十二年（一五六九）に興正寺が本願寺の脇門跡に勅許されていることである。また、その後の激動する本願寺教団において、顕如・教如、そして准如を常に補佐し支え続けたのが、興正寺顕尊であった。

以上のように略歴がまとめられる興正寺顕尊ではあるが、これまで当人を中心に据えた歴史的研究は皆無である。本願寺史上、著名かつ重要な人物と認識されてはいるものの、通史的叙述のなかで部分的に言及されてきたにとどまる[2]。興正寺史においても、歴代の一人に数えられるにとどまり、本格的な検証はなかった[3]。しかし、熊野（北島）恒陽氏による『興正寺史話』(4)がようやく詳しく取り上げることになり、さらなる歴史的検証が期待されるところである。

とはいえ、そもそも興正寺とはどのような歴史的存在なのか。それが本願寺門跡の脇門跡になるとはどういう意味を持つのか。いわゆる「石山合戦」から東西分派へと激動する本願寺教団において、脇門跡である顕尊がどのような役割を果たしたのか。同時代の政治・社会においても信長・秀吉・家康による統一政権の展開過程において、本願寺教団の位置付けはどのように捉えられるのか。また、顕尊に冷泉為益の娘が入嫁したことから公家社会との交流が盛んに行なわれたことも注目すべき問題である。課題が多すぎることを認識した上で、この補論では、いまだ十分にまとまった提示のない顕尊伝(5)を点描し、各論点の確認を試みることにしたい。

第一節　本願寺脇門跡興正寺顕尊の生涯

興正寺は現在、西本願寺の南に所在し、真宗興正派の本山寺院である。親鸞が越後流罪赦免後に一度、京都に帰還して創建したという伝承を持つ。史実としては、関東から上洛した了源が正中元年（一三二四）に山科に建立した一宇を濫觴とする。それを本願寺覚如が興正寺と名付けた。元徳二年（一三三〇）に京都汁谷に移転したのち、存覚が佛光寺と改名したという（『存覚一期記』）。佛光寺は、初期真宗門流の最大勢力である荒木門徒を主な担い手としながら発展し、蓮如以前は本願寺をしのぐ隆盛を見せたという（『本福寺由来記』）。ところが、文明十四年（一四八二）に佛光寺第十四世経豪自らが多くの門徒を率いて蓮如に帰依し、本願寺教団に参入したという（『反古裏書』）。経豪は法名を蓮教と改名し、寺名も佛光寺から興正寺と変更した。(6)興正寺はその後、本願寺教団内において

【図1】　興正寺顕尊関係系図

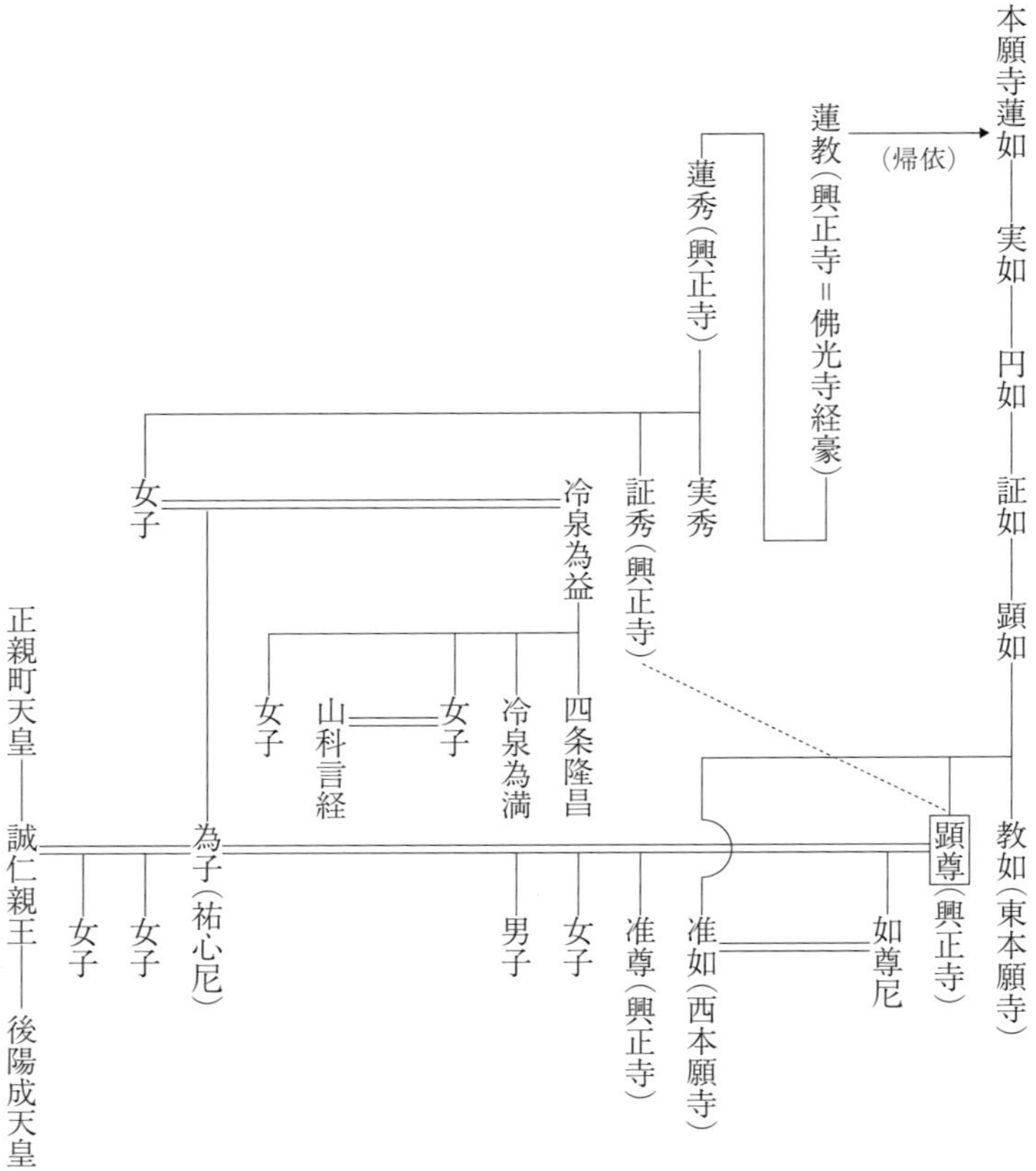

独自の位置を持ちながら、蓮秀、証秀と次第相承することになった（【図1】）。

『興正寺顕尊誕生幷慶事記』(7)によれば、顕尊は永禄七年（一五六四）正月二十二日の夜亥刻（午後十時ごろ）に生まれた。翌年十二月十九日に「御くしおき」（髪置）が行なわれ（二歳）、永禄十一年（一五六八）十一月十四日には「御ふかそき」（深曾木）が、兄教如の「御はくろミ」（歯黒）と併せて行なわれた（五歳）。天正二年（一五七四）二月二十五日に至り顕尊の「御はくろミ」（歯黒）も行なわれた（十一歳）。

相前後するが、永禄十年（一

五六七）九月二十六日に興正寺証秀の法嗣になり（四歳）、その証秀は翌年三月に死去したという。(8) そして永禄十二年（一五六九）八月二十日、六歳で、正親町天皇の勅許により本願寺の脇門跡になった。(9) ちなみに得度は天正三年（一五七五）正月二十八日、十二歳のことであり（法名顕尊、諱佐超）、翌年二月九日には「直叙法眼」になったという。(10)

天正八年（一五八〇）のいわゆる「石山合戦」終結時には十七歳となっていた顕尊は、その前年より本願寺の報恩講に内陣出仕して巡讃を勤めるようになっていた。長兄教如は父顕如と対立し出奔したが、顕尊は顕如とともに紀伊国鷺森に下り、その年の報恩講の巡讃を、常楽寺証賢とともにわずか二人で勤めた。なお、後年、弟の准如が本願寺住職となった時代も、顕尊は内陣出仕をし続け、座次は筆頭であったことが知られる。(11)

天正十年（一五八二）六月、本能寺の変で織田信長が急死した後、顕如と教如の父子和解に際しては、『鷺森日記』(12)によれば、顕尊の尽力があった。顕如の難渋を勅使に伝え、正親町天皇の叡慮として示してもらうよう頼み、それを実現させたという。同年八月、公家の冷泉為益の娘で誠仁親王に仕えていた為子が、誠仁親王の許可を得て紀伊国鷺森へと下り、顕尊に嫁いだ。(13) また同年中、秀吉が堺の地を本願寺に返付し、興正寺分も返付された。(14)

天正十一年（一五八三）七月、顕如らは鷺森から和泉国貝塚に移った。『貝塚御座所日記』には、天正十三年（一五八五）にかけて、貝塚における諸事が記録され、そのなかで顕尊が常に父顕如や兄教如に従って行動した状況がうかがえる。(15) 中村一氏との音信関係や、秀吉の根来・雑賀出兵にあたり大津や雑賀に顕如・教如・顕尊が揃って陣中見舞いをする内容が注目される。なお、天正十二年には最初の子（長女）が生まれた。(16)

天正十三年、顕如らは大坂天満に移ることになり、ここで本願寺が再興された。六月十四日には、寺内屋敷普請の開始について、顕尊が本願寺を代表して大坂城の秀吉と対面し挨拶した。八月三十日に天満に入り、九月八日には、顕如・教如・顕尊に加え、如春尼と准如も揃って秀吉に対面した。十月七日には長男（准尊）が誕生。その後も、「御門跡」（顕如）「新門」（教如）とともに「興門」として「御門跡御三所」と呼ばれ、活動が記録される(17)。

ところで、天正十三年、勅勘を蒙った山科言経・冷泉為満・四条隆昌が、興正寺顕尊を頼って本願寺に身を寄せることになった(18)。顕尊室が冷泉為益の娘という縁故である。前述の結婚以降、『言経卿記』に顕尊関係の記述が出るようになっていたが、これ以降はさらに記事が増え、日常的な交友がうかがえる。ただし、顕尊室や子らへの診脈・与薬など奥向き中心の記録であり、顕尊の表向きの動きが多く記録されているわけではない(19)。

天正十四年（一五八六）正月二十三日、興正寺でおせち料理が顕如らにふるまわれた。近年乱世で途絶えていた旧儀の再興であった。同年八月には本願寺の御影堂が完成し、証如三十三回忌が勤修され（六～十三日）、十九日には興正寺御堂の棟上となった。九月二十三日には、顕尊が三河下向のため京都まで行くも、十月一日に家康と秀吉の間に緊張関係が生じ帰寺となった。十一月十三日には、顕如の准后成り、教如の僧正補任に伴い宮中に参内した(20)。

天正十五年（一五八七）七月二十一日には秀吉の九州出征からの凱旋に顕如・教如・顕尊が上洛し対面した。十一月四日には次女が誕生。翌年四月には聚楽第行幸に際しての上洛、六月には秀吉生母の大政所が危篤のため見舞いに上洛と相次ぎ、八月以降、顕尊は体調を崩した。

天正十七年（一五八九）正月には有名な天満寺内検断事件があり、三月二日、顕尊も顕如・教如とともに本尊の裏に起請文を書いて提出する事態となった。さらに五月五日に秀吉への礼参、六月十三日に鶴松出生祝賀の上洛と相次いだのち、少し落ち着いたようで、山科言経が顕尊を訪れ、座敷絵の描画（六月二十五日）、楊弓（七月七日）の見学をしたり、顕尊の求めに応じて『吾妻鏡』を書写して渡したりしたことが知られる。こうした文化的営為は、顕尊室にさらに活発な動向が非常に多く見出される。天正十八年（一五九〇）二月には、今度は秀吉の関東出征の陣中見舞いに顕如・教如・顕尊が上洛した。

天正十九年（一五九一）には本願寺が京都に移転した。顕尊本人の移住時期は不明であるが、顕如らは八月六日に移り、顕尊室や山科言経らもその前後に移動したので、同時期であろう。ただし、九月十五日には顕尊が瘡病を患い言経の診脈を受けたことが知られる。二十三日に回復したが、これ以降、顕尊は頻繁に体調を崩すようになっていった。とはいえ、その後も天満に下向・上洛、翌年の紀伊下向、堺下向など多忙な動きを顕尊は見せた(21)。

文禄元年（一五九二）十一月二十四日、顕如が死去した（五十歳。教如三十五歳、顕尊二十九歳、准如十六歳）。葬儀にはもちろん顕尊も参列し、棺を乗せた輿の肩入れ、焼香などをした(22)。顕如の後を継いだのは長男教如で、二男の興正寺顕尊は、引き続き脇門跡として本願寺教如を支える立場に位置した。ところが、よく知られるように、教如は文禄二年（一五九三）閏九月、秀吉により本願寺住職を准如と交代させられてしまう事態となった。

顕尊はこの時、十四日に教如とともに大坂城に下向したが、詳しい動向は不明である。教如の隠居が定められた十八日には帰寺し、三十日には如春尼が顕尊の所で山科言経を呼び、准如継職の証明を見せた。追って十月十六日には、天正十九年四月二日に生まれてまだ幼い顕尊二男が死去してしまった。一方で文禄三年（一五九四）三月十五日には准尊が得度し、文禄四年（一五九五）十二月三十日には長女（如尊）と准如の婚儀が定まった。

慶長元年（一五九六）五月四日には准尊の法眼叙任が議論された。閏七月十三日には大地震が起こり興正寺御堂も倒壊してしまった(23)。そして慶長三年（一五九八）正月十六日に如春尼が死去(24)。『宇野新蔵覚書』によれば、隠居状態で准如と対立していた教如は、顕尊を通じて遺体との対面を望んだが准如がこれを拒否したという。ただし、火葬直前の火屋勤行への参列と焼香は特別な扱いで実現した(25)。顕尊のはからいであろう。

その顕尊も慶長四年（一五九九）三月二日に死去した（三十六歳）。『言経卿記』には「上下衆愁傷事外也」と記されている。葬儀は三月十日に行なわれ、准尊をはじめ、准如や院家衆、下間氏ら多くの人びとが参列し、「貴賤群集」であったとも記されている。閏三月二十一日の四十九日法要の二日後、顕尊室は得度した（法名祐心尼）[26]。興正寺は准尊が継職し、その後、本願寺東西分派に関する揺動もありながら、脇門跡として重要な位置にあり続けた。

以上、網羅はできていないが、顕尊の生涯をたどってきた。次節で主要な論点を整理したい。

第二節　興正寺顕尊をめぐる歴史的諸論点

まず第一の論点は、やはり、興正寺が脇門跡になったということである。その理由や背景を記した史料はない。門跡には、院家・坊官のみならず脇門跡の存在も必要ということはあるだろうが、なぜそれが興正寺なのかという点も含めて理解の整理が必要である。一つには、すでに明らかなように、興正寺がもともと佛光寺であり、歴史的に本願寺と異なる別派本山寺院格という性格を持っていたことである。院家寺院の一つを脇門跡に昇格させるわけにもいかない状況も背景にあっただろう。もう一つには、まず間違いなく興正寺の脇門跡化を見通して、本願寺門跡顕如の二男である顕尊を幼少で入寺させたことである。これにより、興正寺の別格化がさらに図られることになった。

なお、永禄十二年（一五六九）とされる興正寺の脇門跡成については、『お湯殿の上の日記』等には関係記述が見当たらず、興正寺文書[27]のみが現存する史料状況である。不明な点も多いが、同時代の教団内史料はもちろん、山科言経の『言経卿記』等でも疑いなく「興門」と記されたから、本願寺の脇門跡として認知されていたことに疑いはない。

興正寺門跡としての公的な働きが大きな意味を持った端緒は、天正十年（一五八〇）六月の顕如・教如父子和解時の口入である。二男として父と兄の仲を取り持ったという私的な関係にとどまらず、この場合は、難色を示した本願寺門跡顕如の意向を知った顕尊が脇門跡として公的に勅使に働きかけ、正親町天皇の勅命によるかたちをとったことが重要である。その後も顕如の代理で秀吉と対面したり、顕如・教如とともに「三門跡」として行動したりしたことは、ただの随行ではなく、脇門跡としての存在に意味があったと理解できる。

興正寺門跡の社会的地位をさらに明らかにするのが、家族・姻戚関係である。顕尊は、前述のように、冷泉為益の娘で誠仁親王に仕え典侍局と呼ばれた為子の入嫁を得て、その間に四人の子女をなした（前掲**【図1】**）[28]。為子との婚姻には、すでに山科言経（為子姉婿）、冷泉為満（為子兄）、四条隆昌（同）らも関与し、さらに尼門跡曇花院（清秀女王）も関わった[29]。為子の入嫁を可能にしたのも興正寺が脇門跡格を有していたからであろう。そして、為子を通じて山科言経らにより、興正寺さらに本願寺に公家文化がもたらされていった。とくに言経はたびたび本願寺・興正寺からの衣体に関する相談に応じており[30]、常住公家としての役割をしっかりと果たした[31]。

次に、興正寺門跡の寺院組織の実態を第二の論点として挙げたい。坊官としては早くから下間頼亮がつけられたことが知られる。初出は八月二十九日付頼亮書状（安楽寺蔵）[32]で、いわゆる「石山合戦」期のものである。阿波国安楽寺・安養寺と両門徒中にあてて勧進を要請した興正寺顕尊からの御書の添状と考えられる。その御書が同じく安楽寺に所蔵される九月二十六日付阿古（顕尊幼名）書状かどうかは定かではないが[33]、両史料とも「石山合戦」期に興正寺門跡顕尊が実動していたことを示唆する内容である。頼亮は後述する三河国平地御坊の興正寺兼帯計画においても、書状を出したり取次をしたりという活動が確認できる[34]。頼亮の妻も顕尊室に仕えていた[35]。また、興正寺に仕える青侍として「久蔵」（多忠重）の名も知られる[36]。

顕尊配下の坊主衆については、その全容は不明ながら、たとえば顕如の葬儀の際には「興門様御堂衆三人」の参列が記録されており[37]、独自の御堂衆を擁していたことがわかる。また『言経卿記』慶長元年（一五九六）九月七日条には「花恩院殿御内正応寺」からの問い合わせに答える内容が記され、「花恩院」すなわち顕尊の配下に正応寺がいたことがわかる。この正応寺は性応寺であろうか[38]。

なお、『言経卿記』天正十九年十一月十九日条には川原者の岩鶴が興正寺に出入を許されたという記述がある。川原者（河原者）とは中世における被差別民の一とされ、この場合は「京都の四条川原で興行された芝居、能楽、舞踊などの役者[39]」の類と見られる。岩鶴はもともと言経の川原者であったという（『言経卿記』同条）。こうした芸人役者の出入は、本願寺教団における能楽の興行など文化的営為の高揚と関わり興味深い事象である[40]。

寺院構造に関わり触れておかなくてはならないのが、興正寺兼帯御坊（掛所・別院）の存在である。寺内町で著名な富田林は興正寺御坊（富田林道場）を中核とし、天満や堺にも興正寺御坊が存在した。顕尊が天満や堺にしばしば下向することは『言経卿記』に見えている。さらに、天正年間の三河においても興正寺兼帯と見られる平地御坊（本宗寺）が存在した[41]。前述の天正十四年（一五八六）における顕尊の三河下向行動とその中止は、兼帯住持することになった平地御坊への下向と考えられる。その前年にすでに平地御坊に本尊・蓮如影像を安置する旨を伝えた下間頼亮書状がある。親鸞絵伝の安置に関する天正十六年（一五八八）付の興正寺御印書案も残っている[42]。顕尊の三河下向自体は中止され、それ以降に実現することはなかったが、顕尊の意向を受けた下間頼亮による三河本願寺教団への関与は継続的なものであった。このように本願寺と同様、御坊を有し兼帯住持した興正寺の歴史的実態は、どのように位置付けられるものなのか。興正寺門徒団の地域的展開の把握もまた必要となってくる[43]。興正寺門徒団と顕尊が具体的にどのような宗教的紐帯を持つのかも鍵である。

最後に第三の論点として、本願寺教団の法要儀式における興正寺という問題がある。繰り返すように、別格的性格を持つ興正寺は、本願寺教団の一家衆体制においては天文四年（一五三五）に蓮秀が一家衆に列せられたものの[44]、報恩講における内陣出仕などはしない位置にあった。それが顕尊の代になると、天正七年（一五七九）の内陣出仕・巡讃勤仕以降、顕尊は、教如がいる時期には教如に次ぐ位置に、准如が本願寺を継いでのちは准如に次ぐ、つまり筆頭の座次に位置した。ところで、慶長元年（一五九六）のことであるが、京都東山大仏千僧会に出仕しなくてはならない准如の代わりに准尊（顕尊長男）が報恩講の斎を主宰したことも知られる[45]。その一方で、大仏千僧会については、たびたびその他の一家衆が准如名代として出仕するものの[46]、興正寺がそれを勤めたことはないこともまた興味深い[47]。いずれも本願寺門跡―興正寺脇門跡体制を考える重要な検討課題である。

むすびにかえて

この補論では、本願寺の脇門跡である興正寺顕尊について、その生涯を略述してたどった。さらに①興正寺が脇門跡になることとの歴史的背景、②興正寺門跡の寺院組織、③本願寺儀式における興正寺、という論点について、若干の考察・整理を行なった。いずれの課題も、今後さらに史料の丹念な基礎検討とその提示から行なわなくてはならない段階である。さしあたり、『言経卿記』に記される本願寺・興正寺の動向については、興正寺顕尊室の文化的行動も含めて、検討を進めるべきであろう。また、全国的展開が想起される興正寺門徒団（教団）の歴史的実態については、史料の博捜も含めて継続的な課題である。

とはいえ、興正寺顕尊の歴史像を理解していく見通しを立てることはできた。前章の本願寺門跡論、次章で論じる京都東山大仏千僧会の時代を考える補完的議論として提示しておく次第である。

注

（1）『興正寺年表』（永田文昌堂、一九九一年）、『真宗人名辞典』（法藏館、一九九九年）などを参照。
（2）谷下一夢『顕如上人伝』（浄土真宗本願寺派、一九四一年。のちに谷下一夢『増補真宗史の諸研究』〈同朋舎、一九七九年〉所収）、『本願寺史』（浄土真宗本願寺派、一九六一年）などを参照。
（3）北島（熊野）恒陽氏のご教示。
（4）真宗興正派『宗報』連載。百二十八～百五十八が顕尊の生涯に該当する部分であり、大いに参考になる。
（5）前掲注（4）のように、熊野恒陽『興正寺史話』百二十八～百五十八がそれに相当するが、本願寺史もかなり詳しく述べるので、顕尊伝としてはやや捉えにくい構成になっている。また、概説的な性格上、さらに検討すべき点も多々ある。
（6）佛光寺の歴史については、たとえば佛光寺編『佛光寺の歴史と文化』（法藏館、二〇一一年）。
（7）『真宗史料集成』（以下『集成』）第四巻「専修寺・諸派」（同朋舎出版、一九八二年）六一三―六一六頁。
（8）『大谷本願寺通紀』巻五（『集成』第八巻「寺誌・遺跡」〈同朋舎、一九七四年〉四二六頁）
（9）（一）興正寺顕尊脇門跡勅許関係文書（『集成』第四巻六一七頁）。
（10）前掲注（8）同。
（11）以上、顕尊（佐超）の報恩講出仕については青木忠夫『本願寺教団の展開――戦国期から近世へ――』（法藏館、二〇〇四年）。
（12）『集成』第三巻「一向一揆」（同朋舎、一九七九年）一一九八―一一九九頁。
（13）『言経卿記』天正十年八月二日条（東京大学史料編纂所編『大日本古記録』、岩波書店、一九六〇～九二年。以下同）。
（14）『鷺森日記』天正十年条（『集成』第三巻一二〇〇頁）。

(15)『集成』第三巻。単独行が記されるのは天正十三年二月五日に薪能を見物し、さらに伊勢神宮参詣、近江を通って京都見物に出かけることくらいである（『集成』第三巻二二一五頁）。なお、『貝塚御座所日記』については、『寺内町研究』創刊号（一九九五年）～第六号（二〇〇二年）における大澤研一氏の史料翻刻・紹介も参照。
(16)『言経卿記』天正十一年十月十七日条・同年四月十七日条。
(17) 以上、『貝塚御座所日記』（『集成』第三巻二二二一―二二二七・二二三四頁）。
(18)『言経卿記』同年条ほか。
(19) 西口順子「興正寺と山科言経」（『真宗研究』第二四輯、一九八〇年）。
(20) 以上、『貝塚御座所日記』（『集成』第三巻二二二八―二二三三頁）。宮中参内は『言経卿記』同年月日条も記す。
(21) 以上、『言経卿記』。
(22)『青蓮院殿ヨリ諡号信楽院殿顕如上人様記』（『西光寺古記　本願寺史料集成』同朋舎出版、一九八八年）。
(23) 以上、『言経卿記』。
(24)『宇野新蔵覚書』（『続真宗大系』第十六巻、真宗典籍刊行会、一九三九年）。
(25)『宇野新蔵覚書』『教光院殿如春様御往生幷御葬礼記』（『西光寺古記』）
(26) 以上、『言経卿記』。
(27) 前掲注(9)。なお、同文書によれば、庭田重保の関与があった。
(28)『別格諸寺系図（麻布善福寺本）』「興正寺御門跡系図」（『集成』第七巻）等を参照して作成。ただし、前述のように顕尊の二女一二男の出生順は『言経卿記』のとおりであり、「興正寺御門跡系図」は二男―二女となっているため修正した。
(29)『言経卿記』天正十年（一五八二）八月二日条。
(30)『言経卿記』天正十九年（一五九一）閏正月二十一日条、文禄元年（一五九二）十一月二十八日条など。
(31) 本願寺における常住公家については本書第Ⅱ部第四章。興正寺と山科言経の関係については前掲注(19)西口論文。
(32)『集成』第四巻六一七頁。天正六年（一五七八）に推定されており、内容的には確かにその前後の時期とは思われるが、なお要検討である。

(33)『集成』第四巻六一七頁。この文書も天正六年（一五七八）に推定されているが、顕尊は天正三年（一五七五）に得度したはずであり、幼名で出すのかどうか疑問である。文書中の使者の名も前述の下間頼亮書状中の使者名と異なるため、両史料が御書と添状の関係である可能性は低いのではないか。いずれの課題もなお要検討である。

(34)拙稿「天正年間三河本願寺教団の再興過程――平地御坊体制をめぐって――」（『安城市史研究』第六号、二〇〇五年）。

(35)『言経卿記』文禄元年（一五九二）七月二十五日条。当然ながら奥向きにはさらに仕えている女性たちが存在する。

(36)『言経卿記』文禄三年（一五九四）三月十四日条。

(37)前掲注(22)『青蓮院殿ヨリ謚号信楽院殿顕如上人様記』。

(38)『慶長日記　本願寺史料集成』（同朋舎出版、一九八〇年）、前掲注(22)『西光寺古記　本願寺史料集成』各解説を参照。性応寺であるならば、了尊も文禄三年（一五九四）に得度しているが、この段階ではその父了寂であろうか。

(39)『日本国語大辞典』「四条の川原者」の項。

(40)当該期の本願寺教団の文化史的研究として、籠谷真智子『芸能史のなかの本願寺――能・狂言・茶の湯・花の文化史――』（自照社出版、二〇〇五年）の研究は重要である。

(41)前掲注(34)拙稿。

(42)上宮寺文書一六一・九〇（『新編岡崎市史6史料古代中世』岡崎市、一九八三年）。

(43)西国への展開史としては児玉識『近世真宗の展開過程――西日本を中心として――』（吉川弘文館、一九七六年）、大和への展開史として岡村喜史「大和平野南部における興正寺教線の伸展」（大阪真宗史研究会編『真宗教団の構造と地域社会』（清文堂出版、二〇〇五年）などが挙げられるが、さらに、初期真宗の荒木門流の展開なども踏まえ、また戦国期・近世の全国的状況などを実証的に捉える研究進展が必要である。

(44)『私心記』同年十二月十八日条（『集成』第三巻五八〇頁、『大系』文書記録編10「私心記」〈法藏館、二〇一六年〉四七頁）。

(45)前掲注(11)青木著書。

(46) たとえば慶長二年十一月二十五日は光教寺琇孝が准如名代で導師出仕をしている（前掲注(11)青木著書）。
(47) 本書第Ⅱ部第六章。

第六章　京都東山大仏千僧会と一向宗

――戦国期宗教勢力の帰結――

はじめに

本章の課題は、京都東山大仏千僧会[1]における一向宗（真宗）[2]の出仕をめぐり、その実態と歴史的性格を明らかにすること、そしてその検討を通じて戦国期宗教勢力の歴史的帰結について論じることである。

豊臣政権によって文禄四年（一五九五）から慶長二十年（一六一五、元和改元）にかけて京都東山にて行なわれた大仏千僧会における一向宗の出仕について、従来の真宗史研究に本格的な論究は見られない。管見の限りでは上原芳太郎氏[3]、満井秀城氏[4]、金龍静氏[5]がわずかに言及するのみである。真宗史の概説書として著名な『本願寺史』『真宗史概説』にはまったく言及がない[6]。この大仏千僧会という歴史的事実は、真宗史上に位置付けられていないのはもちろん、ほとんど周知すらされていないのが現状と言えよう。先に挙げた三氏も具体的な検討はしていないため、多分に研究すべき余地がある。ただし満井氏の「新儀八宗体制」への言及の早さは評価すべきで、また金龍氏の見解は重要である。すなわち金龍氏は「天文六年（一五三七）の勅願寺勅許、永禄二年（一五五九）の門跡勅許という、寺院としての本願寺あるいは宗主個人への公的認可が先行し、やがて、文禄四年（一五九五）完成の大仏殿への出仕というかたちで、「八宗」の一番最後ながら、宗派自体の公的認可が下されるにいたった」という[7]。ここに、戦国期宗教勢力としての本願寺教団の歴史的展開と社会的位置付けに関し、勅願寺化（証如期）、門跡成（顕如期）、千僧会出仕（准如・教如期）という過程を見出すことができる。この三段階を実態に即して検討することが当面の課題と考える。

一方、日本仏教史においては、この大仏千僧会は著名である。それは、日奥を中心とする法華宗不受不施派がこの大仏千僧会への出仕を拒否し、以来、近世を通じて幕藩権力の統制から外れて弾圧されていく契機となったからである。そのことは通史的に周知されていることと言えよう(8)。

しかしながら、この大仏千僧会そのものの実態や歴史的意義をめぐる本格的な研究については、河内将芳氏の成果をまたねばならなかった(9)。河内氏は大仏千僧会と法華宗不受不施派の問題(10)、また大仏・大仏殿に関する辻善之助氏(11)、大桑斉氏(12)、三鬼清一郎氏(13)、西山克氏(14)の諸論を先行研究に挙げ、比較的新しい西山氏の研究にしても、「実像そのものを明らかにしないまま議論を展開しているがため、事実誤認とみられる箇所も少なからず存する」と指摘した。そして、「できうるかぎりその実像を明らかにすることを最大の目的」に掲げて具体的検討を行ない、「中近世移行期における権力と宗教」の問題を論じた。これが現時点での研究到達点となる。

よって本章では、多く河内氏の研究に言及し依拠していくことにもなるが、もちろん課題も多くある。詳しくは後述するが、一つには河内氏が用いていない史料が、とくに真宗史料に分類されるところでまだ多く残されていることである。これらの史料を用いて大仏千僧会の具体像を再検討してみることが必要となる。もう一つは戦国期宗教勢力論の構築である。かつて藤井学氏が提唱した「戦国仏教論(15)」が周知されて久しいが、これをふまえて志向されるはずの戦国期宗教勢力史論は、河内氏の研究(16)以外さして議論が蓄積していない。仮に河内氏の議論自体、それがどちらかと言えば法華教団研究から始まる筋道から生まれたものだとするならば、別の筋道からも吟味し議論を重ねていく必要があると考えられる。すなわち、戦国期宗教勢力の代表的存在として、法華教団と並びもう一つ挙げられる本願寺教団の研究から、戦国期宗教勢力史論へと展開する筋道が即座に想起されよう。さらにそこから、日本仏教界全体の枠組みにおける戦国期的状況が論じられなければならない。その際に指標になるのが、「顕密仏教」(17)という概念もさることながら、むしろ伝統的な日本仏教界の枠組みを表す語「八宗」である。「新儀八宗」を措定した大仏千僧会により詳しく注目し、議論を重ねていくことが重要である。

以上を前提となる問題情況として、まずは河内氏の成果を整理して必要な論点を抽出してみることにしたい。

第一節　大仏千僧会について

大仏千僧会の実態とその意義について、河内氏の研究を参照しながら、その概略を把握しておきたい（章末注【参考資料１・２】）。基本的な史料として、次に『言経卿記』(18)と『義演准后日記』(19)の当該条を掲げる。

【史料１】『言経卿記』文禄四年（一五九五）九月二十五日条

一、大仏経堂ニテ　太閤ヨリ御母儀〔故〕大政所御父母榮雲院道円囷儀・榮光院妙円囷儀等御吊トヲ、八宗ニ被仰付法事有之、昔ヨリ八宗都ニ無之分有之間、新儀ニ先真言宗東寺・醍醐寺・高山(寺脱)、・天台宗七十人、加三井寺三十人、、律僧・五山禅宗・日蓮党・浄土宗・遊行・一向衆等也、一宗ヨリ百人ツ、也云々、一宗ツ、ニテ濟(齊)有之、貴賤群集也、寅下刻ヨリ相始、申刻ニ相済了、見物予・四条・阿茶丸等罷向了。

【史料2】『義演准后日記』文禄五年（一五九六）正月二十九日条

廿九日、〔寅未剋雪及晩頭降雨〕、寅未剋自妙門跡御案内、仍各用意供奉者相触早、予装束、法服香・平袈裟香・指貫・独古・念珠〔半装束〕以下如常、**扈従延命院法印公秀**〔尭助弟子〕**松橋大僧都尭演**〔尭雅附弟〕**両人仰付**、御簾褰等儀如常、十弟子亮済・演俊両人香居役等如例、

理趣三昧次第事、年頭之間表白、聊草々談了、五悔・勧請幷理趣経以下悉セイ〳〵、諸衆行道、但極官不立行道、真光院僧正・宝泉院権僧正・金剛珠院権僧正也、理性院大僧正・光台院権僧正故障、

百口衆事、当寺山上山下、東寺・仁和寺・大覚寺・高雄衆等悉、**本寺衆法服・衲袈沙（裟）也**、**自余衆付衣也**、卯剋計相果了、斎以下之儀、如毎月仕儀、

千僧会次第事、最初真言宗・第二天台宗・第三律宗・第四禅宗・第五浄土宗・第六日蓮衆・第七自衆共、**第八一向衆共也**、抑真言・天台前後、種々雖及訴訟、任道理、依先例、自宗最初相定了、

此千僧会事、去年九月廿五日ヨリ初テ、毎月御執行、施主太閤秀吉公先祖奉為御菩提也、廿九日ヨリ隔月也、来月ハ大覚寺宮〔八宗耳〕御導師御番也、**当時東寺門々跡導師人体、彼宮ヨリ予只両人之外無之**、零落無念〳〵、浄土宗以下。同日同請、当時為体応威命計也、**法相・三論・花厳既召請之有増有之、雖然南都遠路難渋之由懇望歟**、于今無出仕、

会場事、大仏殿東、先年太閤御所御建立、妙法院御移徙、則号妙法院、彼宮御旧跡故也、東西廿一間云々、以外広大殊勝、中央仏壇本尊尺（釈）迦三尊安置、

【史料3】『義演准后日記』慶長四年（一五九九）五月二十四日条

廿四日、大雨降、洪水、
大仏千僧会、一ヶ月一宗宛ニ被減云々、従東寺触来了、
五月天台一宗　六月八宗　七月真言一宗
八月律一宗　九月禅僧一宗　十月浄土一宗
十一月日蓮一衆　十二月遊行一衆　正月本願寺一衆
已上
四月廿五日正月《ツキ》、八宗悉出仕、六月廿九日正月《ツキ》、八宗悉出仕、

河内氏は右の史料をはじめ多くの史料を駆使し、おおよそ次のような内容を明らかにした。

〔期間〕文禄四年（一五九五）から慶長二十年（一六一五、元和改元）まで。豊臣政権により「国家之祈禱」[20]と同事とされて開始（京都所司代である徳善院民部卿玄以により諸宗に通達[21]）、豊臣政権の滅亡により終結した。

〔場所〕「大仏経堂」[22]「大仏之奥妙法院殿経堂」[23]「千僧供養堂」[24]などと呼ばれた妙法院内の巨大な堂舎。大仏殿や大仏の前ではないことに注意が必要。なお「大仏住持」には聖護院（照高院）道澄が任命され[25]、また妙法院も大仏運営に深く関わった。

〔日時〕秀吉の母方祖父母の命日に当たる毎月二十五日・二十九日（隔月）。当日は「新儀」の八宗（真言・天台・律・禅・日蓮・浄土・遊行・一向衆）が早朝から交替出仕し、一日かけて各宗による法要が勤修された。

〔転機〕慶長四年（一五九九）五月以降、八宗出仕は四月と六月のみで、それ以外は八宗が交替で各一日担当、い

わゆる月番制となった。この契機として前年の秀吉の死去が想定される。

〔意義〕「新儀」の八宗が出仕した、豊臣政権による国家的法会に匹敵する、あるいは準ずる意味を持った恒常的・継続的な法会であり、「中近世移行期における権力と宗教」の問題を如実に示すもの（南都寺院の不出仕も重要）。河内氏は黒田俊雄氏の言を引用しつつ、「統一された世俗権力のもとに相互に対等でしかも自立的に分立した宗派という姿、すなわち近世的な宗教秩序をこの千僧会を通して最も可視的に現出することになった」と述べる。

この研究到達点を確認した上で、本章で問題にしていく課題は次のとおりである。

⑴大仏千僧会の具体的状況。法華宗（日蓮宗）・真宗（一向宗）などが「経堂の釈迦三尊の前でいかなる法事を執り行なっていたかはそれ自体興味深い問題」であり、「世俗権力の命令に従い千僧会に出仕することに何らジレンマを、感じ得なかったとは考えられない」と河内氏が述べるように、この大仏千僧会において初めて〝国家的法会〟に出仕することになった、いわゆる〝戦国仏教〟の出仕の内実やその意識はどのようなものであったか。本章では『法流故実条々秘録』という史料を中心に本願寺の出仕実態を、さらにいくつかの史料から佛光寺や時宗の出仕についても検討することになる。またそのような〝戦国仏教〟と、本意ならず同座とさせられた既存勢力の動向や意識はどのようなものであったのか。たとえば醍醐寺義演の「一向宗」嫌悪の意識が象徴的であり、検討したい。

⑵豊臣政権の宗教構想あるいは宗教政策についての段階的把握。本章でこの問題を全面的に検討する用意はないが、たとえば大仏千僧会の位置付けにしても、豊臣政権の確立期・全盛期・形骸期で異なるであろうことは十分に注意しておく必要がある。善光寺如来の勧請やその内実が二転三転する状況をみても、それは政策的意図というより結果的表出の感が強い。それらを超えて豊臣政権に一貫した宗教構想があったとすれば、それは何なのか。いずれ寺社政策の実態論のみでは捉え切れない思想史的検討が必要になるであろう。十六世紀の全体的な宗教状況、豊

臣政権における京都の意味などを考える必要があるものと思われる。

検討すべき課題は多々あるが、本章ではまず一向宗（真宗）、とりわけ本願寺教団の大仏千僧会出仕をめぐる基礎史料の検討から始めなければならない。

第二節　「大仏法事之次第」

1　一向宗の大仏千僧会出仕に関する史料

さて、一向宗に焦点を当てて見ていく。関係史料をまとめると【表1】のとおりである。このうち史料A～Fに関しては河内氏が取り上げているので詳述しない。[26] 史料G以下について説明していく。

まず、同時代史料となる日記類として、G『准如筆慶長期報恩講日記』、[27] I『慶長三年御堂ノ御作法日々記』、J『慶長拾八年癸丑正月ヨリ日次之覚』がある。[28] 史料Iは、その名のとおり慶長三年（一五九八）の西本願寺の御堂にて行なわれたことがらを時の御堂衆が記したもので、そのなかに「一　廿五日、大仏法事、夏ノ御文、朝勤ニアリ、日没モ同」とある。同様の史料に同程度の記載はほかにも見出せるだろう。史料Jも同様の性格を持つ史料で「一　坊主衆今日御斎ニ毎年召申候衆、廿六日ノ御斎ニ召申候、是ハ大仏殿ノ法事御一流ノ輪番ニ相当申候付、参詣ノ坊主衆不残出申候故也、惣シテハ去七月輪番ナリトイヘトモ、大仏殿ノ方丈ノ修理有之、其上七日迄ハタ、ミツメシキナルヲ、マワリシキニ成申候付、当月迄相延申候也」と記されている。また当該期の西本願寺の御堂年中行事記に断片的な記載があることが確認できる。

注目すべきは史料Gである。史料紹介をした青木忠夫氏によれば、これは時の本願寺住職准如が直筆した報恩講日記であり、一種の備忘録であるが、この執筆は、本願寺住職が教団最大の法要行事である報恩講の儀式主宰者であったことを示すという。この報恩講日記もまた「大仏法事」への出仕については断片的に記録するに過ぎない。しかし、教団最大の法要行事である報恩講と、豊臣政権から出仕を要請された国家的法会に等しい大仏千僧会が重なった時、本願寺がどのような対応を見せたかという点で興味深い実態が判明するので、次節で検討したい。

【表1】一向宗の千僧会出仕に関する史料

A	（慶長二年）三月晦日付下間頼廉等連署書状
B	『文禄五年佛光寺寺中惣日記』
C	『言経卿記』
D	『義演准后日記』
E	『大仏千僧会出仕次第』
F	『千僧会布施米請取状』
G	『准如筆慶長期報恩講日記』
H	「慶長二年五月廿九日大仏経堂へ御出仕行列」
I	『慶長三年御堂ノ御作法日々記』
J	『慶長拾八年癸丑正月ヨリ日次之覚』
K	『佛光寺先規作法記録』
L	『法流故実条々秘録』第五十三条「大仏法事之次第」
M	『洛東大仏八宗法事記』
N	『大谷本願寺通紀』

史料Hは上原芳太郎氏が「本願寺の家臣と環境」を論じたなかで紹介する史料で、「太閤様被成御参詣候時」に准如が大仏経堂へ出仕する行列次第を記したものであるが、詳細は不明である。実物は横半帳に記されたもののようで、出仕行列に侍衆や俗名の家臣団もが加わっていたことなどが知られる(29)。

同時代史料の断片的な記述だけでは、それらをつむいである程度の史実確定はできても、一向宗が大仏千僧会においてどのような法会を行なったかといった実態的な詳細部分、また、大仏千僧会出仕について本願寺教団がどのような認識を持っていたかといった歴史的意義を考える上で重要な論点については、十分な史料とはなってくれない。この点で注目すべき史料が、L『法流故実条々秘録(30)』である。

この史料Lは、准如期の西本願寺の御堂定衆、西光寺祐俊が寛文九年（一六六九）に編んだものであり、本願寺の故実をうかがう上で重要な史料として知られている。その二巻目の第五十三条目に「大仏法事之次第」という一つ書き十三か条のまとまりがある。「総目」（目次）では「大仏殿八宗法事之次第付、法服・七条袈裟初テ着用之事」とある。管見の限りこれは今まで取り上げられたことはないようであるが、重要な内容を有している。

史料の性格について言えば、寛文九年（一六六九）の編である以上、二次史料の類である。しかしながら、本文末尾に「右、法事之時分、我等未若輩故、（中略）併両三度出申、幼年ヨリ度々見物仕候付、見及所任思出今草書也、是等之儀サヘ当時慥ニ覚候人無之候」とある。西光寺祐俊は慶長二年（一五九七）の出生だから、大仏千僧会の開始当初は生まれていない。しかし大仏千僧会は慶長二十年（一六一五）まで継続されたから、祐俊は幼年より実際に見物し、のちには三度出仕したというのである。また史料Jの序文は、祐俊が御堂衆であった父祐従から多くのことを聞き書きしたとする。以上のことから、ある程度の史実的信憑性も期待できるだろう。何よりもまとまって記されている点で見逃せない。

祐俊はさらに寛文十年（一六七〇）、M『洛東大仏八宗法事記』(31)を記している。これも一書になされている点で興味深いが、基本的に史料Lをもとに編集、清書したものと見られるから、ひとまずは史料Lの具体的な記述を中心に検討を進めてみよう(32)。

2　「大仏法事之次第」の検討

「大仏法会之次第」は十三か条と結語をあわせ「右十四ケ条大仏法事由来之由也」とされる。次に掲げる。

【史料4】『法流故実条々秘録』第二巻第五十三条「大仏法事之次第」

大仏法事之次第

五十三
一、御一宗ニ法服・鈍色・七条袈裟被着候事ハ、大仏法事ヨリ着シ被初也、大仏之法事ト云ハ、慶長三戊戌年八月十八日、豊臣太閤秀吉公時六十三歳薨逝アリ、為其御追善其翌年歟又アクル年歟、年暦追テ可尋記也於大仏大法事被執行初候、其法事ノ所ハ、豊国之門ノ内櫛馬場ノ北カワ門ヨリ卅間計東也、千僧供養ノ堂被建置。候、堂ノ大サ東西廿四・五間計、南北十五・六間計歟、北ニ仏壇有本尊ハ座像釈迦歟此堂南光坊被申請、今ハ坂本ニアリ南向也、於此堂四月ーートハ八月十八日ト毎年両度者八宗不残被出候也八宗ハ根本之八宗ニテハ無之、当時世間流布之宗旨也

毎月ーーハ一宗ツ、番ニ替リ被出候、八宗之時ノ次第ハ、一番天台宗・二番真言宗・三番律宗・四番禅宗・五番浄土宗・六番日蓮宗・七番時宗・八番御一宗也、天台宗ト真言宗ト前後ノ諍《アラソヒ》アリ、替々先ニ成候由候、御一宗ハ、初ハ浄土宗ノ次、日蓮宗ノ先ニ被定云々宗旨ノ初ル次第トアルニ付、如此也後ニ御理被仰、惣ノ終リ巻軸被成候、…①

一、時分ハ一番ノ天台歟真言宗歟ハ未明ニ入堂候也、一宗〳〵ノ入堂前ニ鐘鳴リ候、入堂着座之後、宗々ノ。勤行終テ斎アリ、座配等ハ其宗々ノ作法也菓子茶過候時、又鐘ナリ退出候、次之宗、門前ニテ入替リ入堂也、御一宗ハ惣ノ終ニテ、大方。未刻半計ニ入堂候テ、申刻過ニ相済候、一宗〳〵ノ僧数百人ツ、ニ被定候、…②

一、八宗各勤行法事之時ノ座配ハ、其家々ノ作法ニヨリ相替候禅宗ナトハ行道也、時宗勤行ノ時ハ 一 二・・・ 三・・・ 四・・・ 五・・・ 如此、被着候 勤行長御座候斎之時之座配ハ、八宗共同前也、仏壇ノ前ノ丸柱左右ヲ上座ニヲ、両方ニ一面ニ被着座候、則堂ノ指図座配等ハ、別ニ書記候也斎ノ飯ハモリキリ也、当御所毎月御斎ノ、飯ヨリハ小候…③

一、御一宗之勤行ハ、先伽陀稽首天人所恭敬御堂衆上座調声大方祐従也、伽陀ノ中ニ礼盤之へ御移候テ。磬一ツ打讃仏偈御門跡様御調声次ニ光顔巍々ーー、次ニ十四行偈道俗時衆等、短念仏、廻向我説彼尊、…④

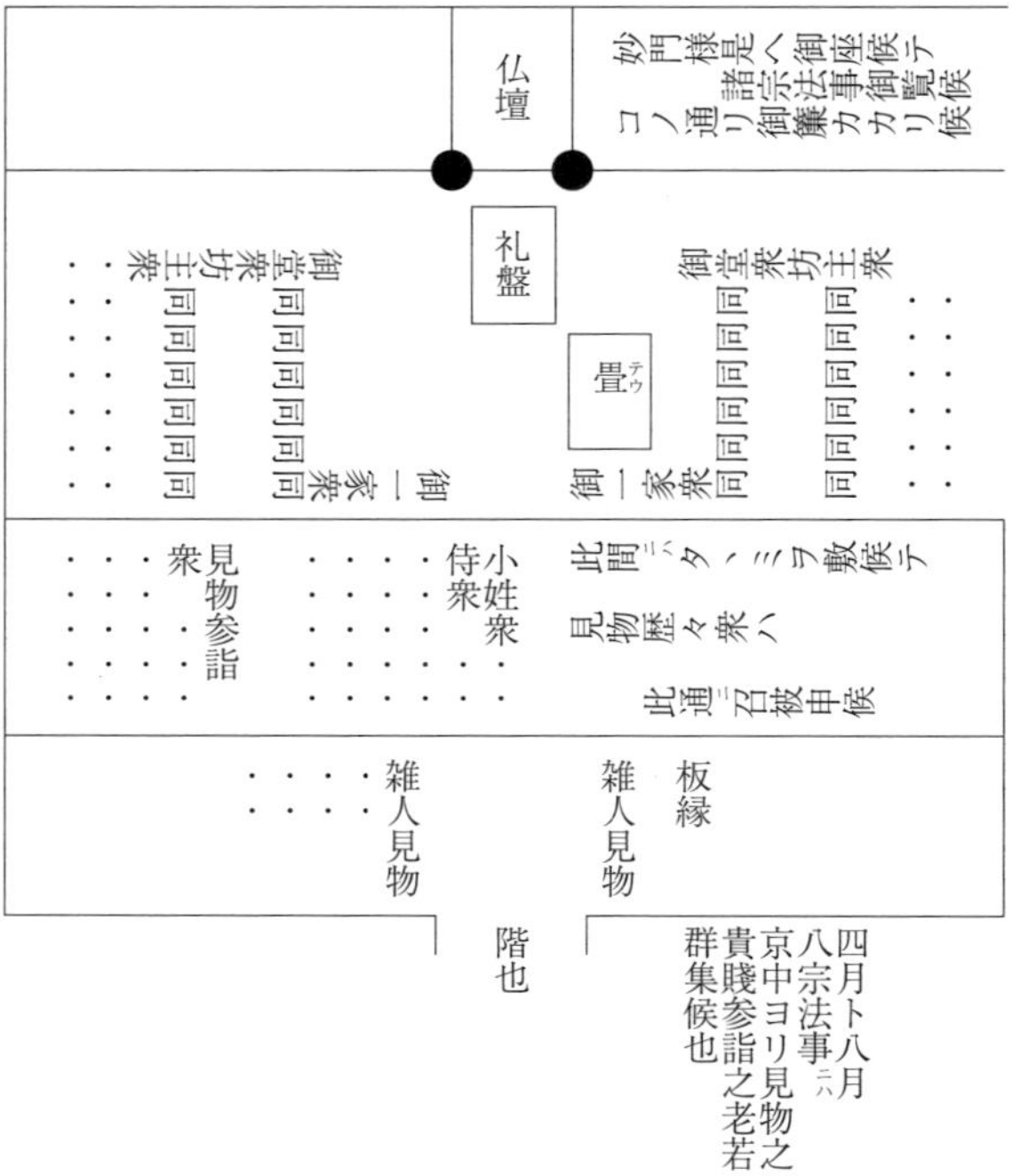

一、時衆《ジシュ》迄七宗相済、御一宗之時ハ、堂内悉行堂其外《アンタウ》俗人十二・三人箒持出候テハキ掃候テ、仏壇之前、東ノ丸柱之通ニ畳《デウ》一畳持出被敷候、仏壇ノ真中外陣也ニ礼盤被置候(挿入)「礼盤ノ右ノ方ニ磬台置候、礼盤・磬台等ハ、法事ノ度々此方ゟ持参候、」惣御堂衆・坊主衆着座之後ニ御門跡様仏壇之東之後《ウシロ》ヨリノ御出候テ、東ノ縁ヨリ南へ御廻リ候テ、畳《デウ》之上へ御着座被成候御堂衆・坊主衆、御門跡様御出之時、崇敬当御堂同前御門跡様御出之前ニ、小姓衆・侍衆卅人計肩絹袴ニテ、南ノ正面ニ祗候諸人見物衆ノ前ニ被申候、勤行之時座配如此、…⑤

一、御門跡様准如上人畳《デウ》之上ニ御着座之後、伽陀初リ、伽陀之間タニ礼盤へ御移被成候、伽陀過テ磬《ケイ》ニツ御鳴ナサレ、讃仏偈御門跡様御調声、偈終リ磬一ツ鳴シ候テ、十四行偈又御調声候也、…⑥

一、右勤行過テ、御門跡様ハ如右御通リ被成、簾中へ御入被成候、御一家衆両人若ハ一人之時モアリ、御出候時モ御帰之時モ御供申簾中へ参候、則御斎モ御門跡様御相伴ニテ簾中ニテ終候、御門跡様簾中へ御入候後、御堂衆・坊主衆着座候テ、御斎スワリ申也予両三度御供仕候、…⑦

一、右法事、八宗之次第等被相定候、則東御門跡教如上人、東西両家替々御出候様、色々御望之由ニ候へ共、秀吉太閤御在世之時、当家本寺ニ被定置候付、御望不叶由候、同仏光寺、一派之宗門ニ候間、出申度色々望被申候へ共、本願寺ニ相付出可申由候付、是も成不申之由候、…⑧

一、此大仏法事初（慶長四年歟）候時、諸宗之付合候へハ、常式之法衣ニテハ如何可有トテ、御門跡方へ被成御相談候テ、法服・鈍色・七条等初テ被着用候也、其時迄ハ御一宗之御堂衆・坊主衆、晴之時ハ直綴ニ青袈裟、又ハ白袈裟也、其時分迄ハ諸大名衆、遠行ナトノ時モ、今ノ如ク。所々へ諷経ナトニ被遣候事モ無之候キ、自然御門跡様御使僧トノ、御堂衆ナトヲ諸宗参会之所へ被相遣候時ハ、御堂之御蔵ニ証如上人御葬之時、調声人ニ被懸セ候鈍《ドン》子《ス》（地紋トモニ色モエキ紋ハ牡丹カラクサ）五条袈裟御座候ヲ、御借被成候（ソノ袈裟所々キハ、ツキイヤミモ古候）祐従ナト度々懸被申候（其時分ハ此古段子ノ袈裟、今ノ本金ノ七条ヨリハ、皆々結構ニ見ナシ申候キ）…⑨

一、右四月ト八月、八宗参会之時モ御一宗ノ僧衆、其時分迄ハ、近辺ニ百人迄ハ無之候付、。（此法事初リ一両年ハ、）摂州・河州・江州・近国之坊主衆へ被仰付、一年ニ両度ツヽ上洛被申候、御堂衆モ、其時分ハ十一・二人ニハ過不申候、一両年過候而、近国之坊主も御理被申上、上洛無之、京・伏見・大津、随分被触集候へ共、六・七十之内外ニテ、百人ニ足不申候キ、サレトモ、四月ト八月トノ八宗之付合之時ハ、色々《人々》才覚ヲ以、九十人余リツヽ被出候、一宗充ノ当番ニハ、六・七十人計也、余リニ無人之時ハ、在家之禅門十・廿人、衣ニ白袈裟ナトニテ被成候キ、…⑩

一、法服・鈍色・七条袈裟ハ御門跡様ニ被二拵《コシラヘ》置一候テ、前日面々へ被借出候、四月・八月八宗之時ハ、必百人ツヽ、被相揃候、百人之中、法服・七条之衆ハ十二・三人計、鈍色・七条三十人計（歴々ノ坊主分）也、其次之衆ハ裳

付ニ鈍子袈裟、又ハ青袈裟、其末之坊主ハ常ノ衣ニ白袈裟也、　…⑪

一、右大仏之法事、大坂落城以来断絶候也、慶長四年歟五年歟ニ○一条目初リ、同十九年之八月迄前後十五年計在之歟、此法事之時、御一宗之儀式、諸宗各別ニ相見ヘ候テ、京・田舎ノ参詣・見物之諸人驚目候キ、

右千僧供養ノ堂モ、大坂落城之後、元和七・八之比、南光坊被申請、坂本へ被引候、　…⑫

一、○毎月一宗ツヽノ時ハ、摂州・江州等ヨリ坊主衆不罷上候テ、寺内・京上下・伏見・大津之坊主衆被召集候、其時分迄ハ、百人ニ難足候テ、祐従、如此之儀、万事下知被仕候ヘ共、七十人余、八十人迄モ無之事多候キ、　…⑬

右法事之時分、我等未若輩故、如此之事等○其時々之儀不記置、残念至極也、併両三度出申、幼年ヨリ度々見物仕候付、見及所任思出今草書也、是等之儀サヘ当時慥ニ覚候人無之候、

右、五十三ヶ条内ノ十四ヶ条、大仏法事由来之由也、　…⑭

さまざまな論点が見出されるので、便宜上、条数と題目を付して以下、順に検討していく。ちなみに最後の⑭は一つ書きではなく、⑬の途中で改行される「右法事之時分」から結語に入ると見て、分括を判断した。

①大仏千僧会の由来と八宗の理解

まず冒頭に「御一宗ニ法服・鈍色・七条袈裟被着候事ハ、大仏法事ヨリ着シ被初也、大仏之法事ト云ハ」とある。本願寺教団において法服・鈍色・七条袈裟を用いることは「大仏法事」より始まるとして以下、「大仏法事」の説明が連ねられていく。そもそもこの「大仏法会之次第」条目は、前後の条目との連絡からしても、本願寺が法会儀

式の際に用いる法衣装束に関する故実を語る脈絡のなかの一条である。

次に①は「大仏法事」について、慶長三年八月十八日、秀吉死去によりその追善行事として始まったと記す。史実としての大仏千僧会は文禄四年に始まったから、はなから史実と異なっているが、だからといって即座に却下するわけにはいかない(33)。むしろ同時代からさほど下らない段階で、この大仏千僧会が本願寺にとっては〝秀吉追善〟と叙述、認識されたこと自体が重要である。すなわち、ここから本願寺は豊臣家の追善仏事として大仏千僧会を受け入れたことが推察される。これは西本願寺が豊臣秀吉による取り立てであったことが大きく関係すると見られ、本願寺が大仏千僧会にどのような姿勢・立場で出仕していたかという疑問を解く鍵になりそうである。秀吉やその母が一向宗門徒であったかどうかという議論まではともかく、豊臣家と本願寺との関係については、あらためて注目する必要を感じる。

①はさらに「千僧供養ノ堂」の位置（豊国門内櫛馬場北側、門より三十間東）・規模（東西二十四、五間・南北十五、六間……。**【史料2】**では「東西廿一間」）を記し、南向きの堂で北の仏壇に「本尊座像釈迦」とする。続いて「八宗ハ根本之八宗ニテハ無之、当時世間流布之宗旨也」として、天台宗から「御一宗」（本願寺教団）まで八宗の序列を『言経卿記』などと同じように記す。ただし「御一宗ハ、初ハ浄土宗ノ次、日蓮宗ノ先ニ彼定云々宗旨ノ初ル次第ト、アルニ付如此也後ニ御理被仰、惣ノ終リ巻軸被成候」と記述する。『義演准后日記』『言経卿記』などからうかがえる、天台・真言間の激烈な座次争論や法華・浄土間の座次交替などとの連関が想起されるが、「一向宗」・他宗間の座次争論は確認されないから、これは要するに八宗の序列に関する本願寺方の自意識ということになろう。しかしながら、八宗の序列に関し宗が始まった順番を意識すること、また「惣ノ終リ巻軸被成候」と最後を締めくくるのが本願寺という説明は特徴的である。

②八宗の入堂経過

大仏千僧会が行なわれる一日の経過が記されている。一番の天台宗あるいは真言宗は未明に入堂、入退堂の際には鐘が鳴らされたという。座配などは各宗の作法に則り、「勤行」と斎が行なわれた。本願寺は八宗の最後、「大方未刻半計ニ入堂候テ、申刻過ニ相済候」とあり、④から本願寺の勤行は比較的短いものとみられるから、斎にあてる時間がかなり長いことになる。この大仏千僧会において斎が行なわれたことは重要である。参詣する一般民衆にまで開かれていた可能性が考えられるかもしれない。

③八宗各の勤行・座配

勤行内容と法会時の座配は各宗それぞれの作法であり、禅宗は「行道」を行ない、時宗の勤行は長かったと記す。河内氏が言及した各宗の法事内容は、真言宗＝理趣三昧、天台宗＝懺法・釈迦行法、禅宗＝焼香・問訊である。いわゆる行道は真言宗でも行なわれており、後述するように本願寺でも行なわれた可能性があり、注意を要する。また斎の座配は八宗すべて同様で、仏壇前の丸柱の左右を上座として両側に着座したという（**【史料4】**中の指図参照）。

④本願寺の勤行内容

伽陀（稽首天人所恭敬）・讃仏偈（光顔巍々）・十四行偈（道俗時衆等）・短念仏・廻向（我説彼尊功徳事）の次第で勤めたという。勤め方により所要時間は異なるが、おおよそ三十分は超えない次第である。御堂衆上座が伽陀を調声（これを祐俊の父祐従が勤めることが多かったという）、その後、「磬一ツ打」ち、十四行偈が始まったから、行道が行なわれた可能性もある。『正信偈』『和讃』『御文』といった本願寺独自の勤行内容ではなく、他宗にも通じる偈文を依用した点が注意される。これは永禄二年（一五五九）本願寺「門跡成」以降、これをうけて行なわれた二年後の親鸞三百回忌以来の傾向である。(34)

⑤本願寺の法会準備・座配　付堂内座配図

本願寺出仕時の準備・座配その他の状況が記されている。まず堂内を掃き掃除し、十二、三人の「行堂」（童形ヵ）・俗人が幕を準備、仏壇前の東の丸柱に合わせて畳を一畳敷き、仏壇の正面に礼盤を設置、礼盤の右に磬台を置いた。礼盤・磬台は出仕ごとに本願寺から持参したという。御堂衆・坊主衆がすべて着座した後、「御門跡」である准如が仏壇東後方より東の縁から南を廻って出仕し、先に敷かれた畳一畳の上に着座、この時に御堂衆・坊主衆は本願寺御堂における場合と同様の崇敬作法を行なった。また准如出仕の前に小姓衆・侍衆が三十人ほど「肩絹袴」を着し、南正面に参内衆の前に祗候したという。

さらにこの条に指図（【史料4】参照）が付される。これにより、千僧会における本願寺の出仕座配がおおよそ判明し、さらに堂内の配置も簡略ながら判明する。指図を見ると、堂内に「雑人見物」とあり、また「四月ト八月八宗法事ニハ京中ヨリ見物之貴賤参詣之老若群集候也」と記されている。千僧会は閉ざされた法会空間ではなく、衆人に開かれていたものと考えられる。この点は『言経卿記』からすでに河内氏も指摘したことではあるが、国家的法会の場が衆人に開かれていくこと自体、非常に重要である。民衆の宗教的希求に対応した豊臣政権の姿勢としても評価できよう(35)。

以上の、とくに③④⑤は、大仏千僧会でどのような法事が行なわれていたかという河内氏の疑問に答える内容になる。

⑥本願寺門跡の儀式作法・⑦一家衆の御供と設斎

⑥は出仕した准如が勤行に当たり、伽陀が始まるとともに礼盤に移動し、讃仏偈・十四行偈の調声や打磬を行なったことなどが記されているが、④と重複する内容もある。⑦は勤行後、准如は簾中に退き、供の一家衆もそれ

に従った。斎に際して、准如は簾中より相伴した。准如退座後、堂内は着座し直し、斎が始まったという。

ここで注意すべきは、本願寺の教団内身分である「一家衆」と「御堂衆・坊主衆」の役割・位置の相違である。門跡に供する一家衆は二人が基本で、一人の時もあったと記すが、勤行時・斎時ともに、御堂衆・坊主衆とは完全に区別され序列化されていたことがうかがえる。戦国期における制度的な曖昧さや「門跡成」直後の身分的動揺は、もはや見られないと言えよう。またこの導師に供僧二人というかたちは真言宗の場合も同様なので、大仏千僧会出仕の基本形とも考えられる（**【史料2】**）。

⑧東本願寺・佛光寺の出仕は却下

⑧は、この大仏千僧会に、東本願寺と佛光寺も出仕を希望したことを記す。慶長七年（一六〇二）に徳川家康の寺地寄進を受けた教如により慶長九年（一六〇四）に創立した東本願寺は、それ以前から教如を中心に独自の動きを見せてはいたが、この大仏千僧会出仕を画策する動きについては、ほかに史料が知られない。東西かわるがわるの出仕を望んだというが、秀吉在世時に「当家」が「本寺」に定まったから「不叶」という。

一方、佛光寺も「一派之宗門」のため出仕を望んだが、「本願寺ニ相付出可申由候」ということで成らなかったという。これについては、史料K『佛光寺先規作法記録』が佛光寺側の認識からこの千僧会出仕争論一件を記しているので、後であらためて取り上げたい。

⑨法服・鈍色・七条など法衣のこと

⑨は法衣（儀式装束）の問題である。「大仏法事」の始まった時、諸宗との付き合い上、従来の法衣では問題があるということで、門跡（青蓮院）方に相談して、御堂衆・坊主衆までが初めて法服・鈍色・七条を着用したという。前述のように、史実としては相異があるが、続く記述が大仏千僧会当該期の実情を記すと見え、興味深い。

大仏千僧会以前、御堂衆・坊主衆のハレの法衣は直綴・青袈裟あるいは白袈裟であったという。また、以前は大名死去の際も「諷経」などに派遣されることもなく、宗主の使僧として御堂衆が諸宗参会への場に出る時は、御堂の蔵にしまわれた、証如の葬式の際に調声人の御堂衆が懸けた鈍子（地・紋ともに萌黄色で紋は牡丹唐草だという）・五条袈裟を借りていったという。古びた袈裟のため嫌味を言われたというのが妙に現実的である。

いずれにせよ、これは豊臣期の大仏千僧会が、西本願寺にとって法服等の装束が御堂衆・坊主衆に至るまで一般化していく大きな契機であったということになる。またここの「御門跡方」は青蓮院門跡と見られるが、親鸞三百回忌の際にも青蓮院の院家松泉院に問い合わせたと伝えられている[36]。本願寺と青蓮院の関係史は長く、大仏千僧会の段階においても儀式関連の差配をめぐり同様の関係性にあったとすれば興味深い。

⑩八宗参会時の出仕者百人の集め方

⑩によれば、四月・八月の八宗参会の時、本願寺の僧衆が近辺に百人もいなかったため、摂津・河内・近江など近国の坊主衆に触れ、一年に両度ずつ上洛出仕させたという。また御堂衆もそのころは十一、二人を超えなかったともいう[37]。一両年が過ぎると近国坊主衆も上洛を断るようになり、京・伏見・大津にずいぶん触れたけれども一宗当番の時の出仕者は六、七十人を超えず、八宗参会の時は何とか九十人余を確保したけれども、あまりに人がいなかった時は「在家之禅門」十～二十人が衣に白袈裟を着けて出仕したと記している。

本願寺においても出仕者の確保に四苦八苦した様子がうかがえよう。河内氏が用いた「安楽寺文書」（史料A）は、阿波・讃岐門徒に対する（慶長二年）五月二十九日の大仏法事への出仕要請で、鈍色または裳付衣に絹袈裟を持参して二日前までに上洛することを求めたものであり、七か寺・其外坊主衆中にあてて「各之内ヨリ廿人可被罷上候」とまでいうから、相当なりふりかまわない状況である。

ところで「大仏法会之次第」は⑩までで記述を一度終えようとしている。すなわち、ここで「右十一ケ条大仏法事□由也」と書いて消し、さらに⑪⑫⑬を追加したのである。

⑪出仕僧侶の法衣

⑪は⑨に関連する内容である。法服が准如のもとで調整され、大仏千僧会出仕の際、それを出仕僧侶に貸し出していたという。しかしながら出仕僧侶百人中、法服・七条袈裟を着用できたのは十二、三人、鈍色・七条が三十人程度、あとは裳付衣に緞子袈裟・青袈裟の坊主衆、「常ノ衣」に白袈裟の末坊主衆であったという、これまた苦しい実情が記されている。もっとも真言宗の場合でも法服を着するのは本寺衆程度で、衆僧は付衣であったという（**【史料2】**）から、逆に法服・鈍色あわせて四十人を超えたとする本願寺のほうが充実していた可能性もある。

⑫千僧会断絶のこと

⑫は大仏法事が大坂落城以来断絶したとし、①と同じく開始を慶長四・五年と記す。大仏法事における本願寺の儀式が諸宗に比べ各別に見え、京・田舎の参詣見物衆の目を驚かしたともいう。また「千僧供養ノ堂」は、大坂落城後の元和七・八年ごろ、南光坊（天海）が坂本に引き取ったという興味深い事後談を付している。

⑬毎月一宗出仕時の坊主衆召集

⑬も⑩と重複するような内容であり、毎月一宗担当の時は摂津・近江などから坊主衆が上洛せず、御堂衆であった祐従が人数確保に苦労したことが記されている。ただし人数確保に苦慮したのは本願寺のみならず諸宗いずれも同様であった。『義演准后日記』を見れば、真言宗ですら七十人程度の出仕であることが少なくない(38)。

⑭祐俊述懐、結語

最後に結語。大仏法事の時分、祐俊は若輩であり、その時々に書き記し置かなかったことが残念であるが、両三度出仕し、また幼年よりたびたび見物していたので、見及んだところを思い出して草書した。当時（寛永九年）となっては、千僧会について確かに覚えている人もいないという。

以上、各条の内容を紹介してきた。本願寺の大仏千僧会出仕をめぐる具体的状況がかなり明らかになったのではないだろうか。ただ史料的信憑性の問題については、大仏千僧会を実見し出仕も三度している祐俊ではあったが、約半世紀も経過した後年に記したという弱みが残る。そこで次に、同時代史料の断片的な記述から一向宗の大仏千僧会出仕について再検討し、補強してみたい。

第三節　一向宗の大仏千僧会出仕をめぐって

1　本願寺の出仕状況

先の**【表1】**に掲げた同時代史料C～Gから本願寺の出仕関係を網羅すると、おおよそ次のことがらが判明する（章末**【参考資料1・2】**も参照）。

(1)本願寺は八宗序列の最後に出仕。基本的に当代住職（宗主）准如を筆頭に出仕したが、名代を立てる場合もあった。ただし名代出仕は諸宗でもままあり、真言宗では大覚寺名代として延命院・松橋・光明院、三宝院（義演）名代として理性院・延命院・行願院、天台宗でも妙法院名代として照高院・正敷坊、聖護院名代として勝仙院、竹内門跡名代として徳善院・四王院などの名が確認できる。(39)

(2)准如名代を務めた人物として、常楽寺中将昭恵（准賢。慶長十～十三・十五～十九年…史料上、名代出仕が確認できる年次。以下同）、広教寺琇孝（賢超。光教寺とも。慶長二・十八年）、顕証寺佐尋（顕淳。慶長十三年）、慈敬寺佐賢

（顕智。慶長十五・十九年）が、史料上確認できる。(40) 本願寺において彼らは報恩講で式文拝読を担当した一門衆（近一家衆）であり、いわゆる院家衆であった。(41) しかし別格筆頭の興正寺佐超（顕尊）・昭玄（准尊）や、同じく慶長初期の筆頭格であった順興寺佐厳らの名代出仕は確認できない。

(3)布施米請取状発給者として「本願寺門跡内」の黒田作右衛門・早間作右衛門という在俗門徒と見られる人物名が判明する。(42) また注目すべきことに、慶長十二年以降、「東門跡内」「七条東門内」すなわち東本願寺方の大野作左衛門・里村孫左衛門の名も見られる。「大仏法会之次第」⑧条目を信じれば東本願寺の出仕はなく、実際、彼らの名が見られる時は准如の名代である中将（常楽寺）の出仕である。当該期の東西本願寺における門徒の帰属状態の曖昧さを示すのか、あるいは負担の大きさから布施米のレベルでは東本願寺方の関与を受け入れざるを得なかったのか、いずれにせよ興味深い状況である。

(4)大仏千僧会出仕にあたっては前日に勤行の稽古をした。

(5)本願寺教団最大の法要行事である報恩講と重なった場合、報恩講は時間をずらして行ない、千僧会出仕に向かった。

次に『准如筆慶長期報恩講日記』（史料G）から慶長元年と慶長十八年の事例を具体的に見てみたい。

【史料5】『准如筆慶長期報恩講日記』慶長元年（一五九六）十一月二十四・二十五日条

一、於亭也。七時過ニ初也、大仏之千僧供養之勤之ケイコ有之、（中略）

廿五日　（中略）

一、朝勤ニ引ツ、ケテ日中有也、式予、念仏琇孝、迦（伽）陀真宗寺勝弥、□□□（五時少）前相果也、右之

一、（ママ）意趣者今日大仏法事有之間、予九月・十月両月▨合不参間、当月出仕候也、▨▨然者法事さしやうニ付如此、日中ヲスル也、

一、斎。〔予不参、〕（相伴）為予名代昭玄出也、一家衆佐厳・毫摂寺斗也、坊主衆当番二人斗也、除之。〔一家衆〕坊主皆伴也、平衆六十人斗歟、

（中略）

一、四時ニ大仏へ越候也、

一、。〔従大仏也、〕九時過ニ帰候也、

【史料6】『准如筆慶長期報恩講日記』慶長二年（一五九七）十一月二十四・二十五日条

太夜過御堂ニテ明日大仏之法事之。〔坊主衆〕可出由、以常住衆申出也、

廿五日　（中略）

一、日中、式予、念仏佐超、迦（伽）陀光永寺也、一家衆各不参ナシ、坊主衆ハ式過テヤカテ▨▨大仏ヘ行候、勤之内ニ□□（佐超）意見候て如此也

一、◆大仏法事之道師光教寺遣之候也、日中過テ被行候、日中四時過也

一、斎相伴一家衆悉、但琇孝不参也、常住衆・定衆不参、。〔依〕大仏行候也、当番衆ハ一人残候間、相伴ニ出也、坊主衆一人も無也、皆平衆也　（中略）

一、非時、七時▨〔過ク〕（八時過）、相伴佐超・昭玄一家衆悉（常住衆三人・定衆一人信乗斗也、今朝斎ニ初中後へ呼候坊主不呼候間、非時ニ可呼由日記ヲ出シ候、▨但大仏へモ不参シ候衆ハ非時にも不呼候也）也、汁菜果子同前、

いずれも報恩講の中日に千僧会が重なった時の事例であるが、慶長元年（一五九六）の事例から、前日の大仏千僧供養の勤稽古が確認できる。さらに二十五日当日の状況を見ていくと、朝勤（晨朝）法要に引き続き、連続して日中法要が行なわれた。その理由は、九月・十月と准如は大仏千僧会に不出仕のため、当月は出仕しなくてはならないからだという。四時に大仏へと向かい、九時過ぎに帰寺したが、留守中の本願寺では報恩講日中後の斎に准如は当然不参、名代を興正寺昭玄が務め、一家衆は順興寺佐厳と毫摂寺の二人だけで、坊主衆は当番の二人、これを除く坊主衆はすべて大仏法事に出仕し、報恩講斎には残る平衆六十人ばかりが相伴したのみという状況が確認できる。

また慶長二年（一五九七）は、前日に御堂において准如から「大仏法事」への出仕が常住衆を介して坊主衆に伝えられた。そして、当日は、一家衆は皆、報恩講に出仕したが、日中の式文拝読中に坊主衆は大仏へ向かい、遅れて准如名代として広教寺琇孝が向かった。報恩講の斎は准如と一家衆が相伴したものの、定衆・常住衆以下坊主衆は皆、「大仏法事」に出仕しており平衆のみの相伴。そのため非時に呼ぶ坊主衆を考慮しているが、大仏へも出仕しなかった僧は外すとしている。ところで二十五日夜は御伝鈔拝読が通例であるが、拝読したかどうかの記載はない(43)。

以上、本願寺は、報恩講中の大仏千僧会出仕にあたっては、その差定を変則的に組み替えて対処していたことを確認した。この報恩講の変則実施を、千僧会の優先、豊臣政権への完全な従属とのみ見てはならないであろう。変則ながらも中止せず行なったこともまた重要であり、本願寺が、いかに教団の独自性を確保しつつ政治権力と関係していくかに苦心したことを示す具体的な事例である。ここで明らかにした准如や一家衆・御堂衆、坊主衆の大仏千僧会出仕の実態は、おおよそ「大仏法会之次第」の記述とも合致していくものであり、よって以上を総合した内容が、史料から知られてくる本願寺の大仏千僧会出仕をめぐる具体的状況である。

2　『佛光寺先規作法記録』をめぐって

一方、本願寺と出仕争論をしたとされる佛光寺教団の当該期における実態には明らかにされていない点が多い。史料K『佛光寺先規作法記録』は河内将芳氏がすでに取り上げた史料ではある。しかし河内氏により用いられたのは『古事類苑』宗教部四二に抄出されたものであったため、史料の性格などが不分明なままであった。この史料については、すでに首藤善樹氏が、明治期の写しではあるが全文翻刻を紹介していた(44)ので、それに拠り検討を加えてみたい。

首藤氏によれば、この書は江戸時代前期の史料で、寺僧六坊の一つ久遠院（中坊）の元秀が記したものという。元秀は佛光寺経海の代の人物というから、経海が死去した明暦二年（一六五六）以前の成立が推定される。とすれば先に検討した『法流故実条々秘録』より早い成立となる。冒頭に「佛光寺御住持并寺僧ト諸事ニ付、先規ヨリノ作法、久遠院元秀伝聞之次第、某一代之内相哢候通書置之事」とあり、以下全三十七か条にわたり書き連ねられている。このうち大仏千僧会をめぐる部分は最後の三十七条目である。主要な内容を見ていこう。

まず、太閤秀吉の父母孝養として大仏妙法院において「千僧供養御斎」が始まったとするが、八宗の序列に関し、一向宗を七番目、時宗を八番目とするのが独特の理解である。佛光寺は十一月二十九日に南方・江州の末寺が上洛し、百六人が出仕した。法衣は院主存海と寺僧六坊が法服、末寺衆・出世は浅黄色の五条袈裟、無官は五条白袈裟。座配は仏前の左に六坊（房）のうち新房知祐・西房信秀・南房覚秀・式部卿内訓（奥房新発意）・刑部卿玄秀（中房新発意）、右に中房隠居昌通・奥房明信・角房宗林・中房玄通・宗春。勤行内容は伽陀（調声玄通、伽陀中に存海出仕し直に高座に着座）・「広懺悔ノハカセ」（導師存海）。座敷奉行は、南坊下の八夫村覚念と、中坊下である上京の正順の二名であったという。以上が三十七条目の主文の内容であり、その後「付リ」が連なっていく。

「付リ」①は末寺衆の袈裟に関する内容で、詳細は省くが、着用許可に関する料足が記され、大仏千僧会を画期とする法衣の変化が見出せる。「付リ」②は座配の内容で、左上座を一番、右上座を二番として、出世次第に着座したという。「付リ」③も袈裟の許可について、段子五条と金襴五条が問題となっている。これを末寺衆が望むについては当代の佛光寺経海の時代より「御免」(免許)。ただし、段子袈裟は大仏千僧会の段階で宗春らが存海より許可されたが、金襴は存海が院主と寺僧の法衣として、上下区別のため末寺衆には許可しなかったと記す。

「付リ」④以下が『古事類苑』に抄出された本願寺との争論の記述である。文禄四年(一五九五)十月十五日、二回目の大仏千僧会を終えた後、妙法院門跡が秀吉にうかがったところ、秀吉は、佛光寺の出仕が無いので来月は佛光寺も出仕せよと言った。よって十一月二十九日に佛光寺出仕、以後は各月で交替出仕としたところ、おそらくこの議論勃発がすでに十一月に入ってからのことだったのだろう、本願寺から、月が始まっているので十一月は本願寺出仕、来月に佛光寺が出るべきだという申し懸けがあり、妙法院が説く「理」にも従わず「センサク」に至る。佛光寺は、それならば、もともと佛光寺のほうが本願寺より先に始まり開山親鸞の跡継ぎの寺なので、本願寺の後に出ることはないと主張し、伏見の奉行所において公事となった。佛光寺からは西坊信秀・南坊覚秀・中坊玄通が出て公事に勝ち、十一月の出仕に至ったという。

「付リ」⑤では、これに対して本願寺は明くる正月に秀吉に申上して、佛光寺は本願寺に付いて出仕すべしとの朱印状を申し請けたとあり、続いて徳善院民部卿法印玄以からその旨を佛光寺に知らせる書状が写されている。月替出仕ではなく、佛光寺の本願寺付随出仕の通達であった。佛光寺は返答として、文禄五年正月二十二日、次の三点の「理」を申し上げたという(ここまでが『古事類苑』抄出)。一点目は、文明年中に本願寺が邪法を行なった時、山門より佛光寺は本願寺とは別格とする証文を貰っているのに、（今になり）何かと申し掠めるのは迷惑である。二点目は、古来より本願寺が参会しないことは文明年中に山門が堅く定め置いたところで、誓詞もしたのに、子々孫々が参会するのは迷惑である。三点目は、確かな証文を披露すれば、一向宗義法度、山門の置目、佛光寺・本願寺の相違は明らかである。

このようにして再度訴訟に及び、玄以のもとへ従前の三者が出頭し理を説いたところ、玄以が山門の証文の所在を尋ねたので三通が上がった。しかし玄以祐筆の梅軒がこれを読めず、二通をその場で玄通が読んだ。玄以は確かな証文と認め三通を預かるというので、それは写しであるから原本を持参すると佛光寺方は言うが、玄以はそれには及ばないとして写しを秀吉に披露した。読んだ秀吉は、本願寺が偽りを言っており、本願寺は佛光寺より末寺であるとして朱印状の撤回を決めたところ、ここにいたって佛光寺はそれを断った。出仕をしたいのはもっともだが、末寺が田舎・遠国にあり上洛し難いので、願わくは赦免していただきたいと申し上げ、秀吉がそれを聞き入れ、不出仕になったという。

長々と説明をして結末があっけない。最後のあたりは佛光寺の強弁に過ぎないと言わざるを得ないであろう。実際のところは、史料B『文禄五年佛光寺寺中惣日記』(45)に「大仏出仕之儀付而、朽木河内殿え御樽之日記」とあり、文禄四年十二月五日から翌年閏七月七日までの日付で玄以や諸方への音信・贈物が記されているから、この間に、本願寺と月替か付随かはわからないが、佛光寺も出仕に及んだ可能性はある。しかしながら、この時点での佛光寺には長期にわたり継続的に出仕するだけの教団体力がなかったというのが実情ではなかっただろうか。自身の正当性を主張しながらいかにも苦しい説明で終えているが、佛光寺を支える末寺が田舎・遠国にあって上洛困難ということ自体は確かであろう。とはいえ、これだけ詳しく記す以上、十一月二十九日の出仕は史実と見てよく、出仕状況を記すあたりの信憑性は基本的に認められると考える。

以上、河内氏が明らかにし得なかった部分も含めて史料の内容を追ってきた。『佛光寺先規作法記録』は、佛光寺における寺僧六坊の特別性を強調したい立場から記され、また本願寺への対抗意識から強弁に及んだ部分もあるが、今のところ佛光寺の大仏千僧会出仕の具体的状況を知る唯一の史料として貴重である。

このような本願寺・佛光寺の関係論から導き出される問題点を提示しておきたい。一つは、佛光寺も本願寺も「一向宗」に包括されるものとして認識されたがゆえに争論となったことである。この時点で、「一向宗」の呼称が、雑然とした汎浄土教系的集団の一部に見られた存在の別称ではなく、明らかに近世以降の独立した一宗派的集団を指す言葉として認識されていたことになる。佛光寺が本願寺に先んずる親鸞の流れであること、山門による大谷本願寺破却の際に佛光寺が本願寺とは別という認知を受けたこと自体はそのとおりであるが、問題なのは、争論があくまで「一向宗」という枠内でしか、すでに行なえない状況にあったことである。また大仏千僧会開始の段階で「一向宗」と言った時にまず本願寺が出仕したこと自体、相互の勢力的優劣は明らかだったと言えよう。

もう一つ、そうであるとはいえ、高田派の専修寺が出仕を主張したり、召集が企図されたりすることはなかったことにも留意が必要である。南都のように「遠路難渋」（『義演准后日記』前掲条）という建前で問題外とされた可能性も残らないではないが、おそらくそれ以上に、これは〝京都にある寺院・宗派〟であることが大仏千僧会の出仕条件として重要だったのである。ここから、本願寺の京都移転自体も、単なる寺基移転史の最終章ではなく、豊臣政権の宗教構想の一環として評価できる可能性が浮上する。この点は最後にもう一度触れたい。

3　時宗（時衆・遊行）の大仏千僧会出仕

さて、ここで視点を移し、時宗の大仏千僧会出仕について寸考しておきたい。『義演准后日記』に「第六日蓮衆・第七自衆共、第八一向衆共」と記されるように、日蓮宗・時宗・一向宗は、当該期の日本仏教界の既存勢力からすれば〝宗〟として同列には認められ難い存在だった。とくに時宗と一向宗は、義演によって「衆共」とことさらに見下されている。戦国期宗教勢力の典型としては、法華宗（日蓮宗）と本願寺教団（一向宗）が想定されようが、となれば、もう一つ時宗も視野に入れる必要があるのかもしれない。ただし今のところ戦国期時宗教団の研究はほとんどなく、法華宗や本願寺のような戦国期型の教団形成をしていたのかどうか不詳である。しかしながら、「新儀八宗」の一つに数えられる以上、それだけの存在感を持っていたはずで、序列も日蓮宗と一向宗の間にある。当該期の日本仏教界にとっては、この三宗が新規参入と見なされたことは疑いない。よってひとまず、時宗（遊行）の千僧会出仕をめぐる状況だけでも手がかりを探っておきたい。

『大仏千僧会出仕次第』『千僧会布施米請取状』から知られる「遊行」については、導師として二寮・「七条ノ住持」（金光寺）と永福寺、布施米請取状発給者として遊行（遊門）之内の二留守居・納所（玄直）・二条と豊国寺・永福寺・二寮が確認できるのみである。

ところで、当該期の藤沢上人普光の書状に、千僧会に言及したものが二通ある。(46) この二通から判明する状況やその背景は、おおよそ次のとおりである。

遊行三十二代普光が天正十七年（一五八九）に隠居し、三十三代を継いだ満悟は豊臣政権とのつながりを深め、慶長三年（一五九八）には秀頼の外護により大仏殿の前に豊国寺を創建、千僧会出仕にあたってこの豊国寺のみが焼香の特権を与えられたらしい。これに対し、慶長十七年に満悟が死去して燈外が遊行第三十四代を継ぐにあたり、藤沢清浄光寺（慶長十二年再建）において藤沢上人普光が、満悟の措置を宗儀に合わないとして改め、寺頭と認める七条道場金光寺を筆頭に永福寺・豊国寺・聞名寺の四か寺の輪番で大仏殿の斎における焼香を勤めるよう、四か寺に「諸末寺法式」として慶長十八年四月四日付で通達、五月一日には大仏を管理する妙法院へも拝上した。

すなわち、時宗の大仏千僧会出仕は、京都の七条道場金光寺を中心とする四か寺によってなされ、それを関東の藤沢清浄光寺が統括していたことが見出せるであろう。しかし、遊行上人満悟と藤沢上人普光の関係、豊国寺の位置付けなどについて、時宗の教団形成の問題をふまえ段階的に追っていくと、問題はそれほど簡単ではない。

そもそも戦国期に至るまで、時宗の教団結束意識は薄いと見られる。近世に時宗十二派と括られるが、それ以前はかなり拡散的な状況で、藤沢清浄光寺が総本山として機能していたわけではないとされている(47)。さらには大仏千僧会が開始される文禄四年時点の清浄光寺は、戦乱により荒廃したままであった。すなわち大仏千僧会の当初は、清浄光寺と並ぶ七条金光寺の主導を想定しなくてはならない。その後、新たに創建された豊国寺に主導権は移ったが、一方で慶長十二年の清浄光寺再建後、同寺に入った普光により末寺の組織化が志向されていく。もともと遊行上人が、隠居後に藤沢上人となり、清浄光寺において末寺の組織的管轄を行なったとされるが、とくにこの普光の活動には注目すべきである。満悟の政策を翻したところに想起される遊行上人と藤沢上人の対立問題のみならず、大仏千僧会への出仕作法に際して、同時に宗儀の引き締めを図り、さらに金光寺を寺頭として押さえ、京都四か寺を並列的に掌握して組織化を図ったものと評価できるのではないだろうか。

時宗教団史では、徳川幕府の宗教統制の結果、時宗という一宗が形式的に成立したとされる(48)が、それ以前に豊臣政権期の大仏千僧会の段階で、藤沢中興普光の活動により、清浄光寺を本山とする教団形成の動きが見られたと言えよう。一概に政治権力側の政策に要因を求めるのではなく、中近世変革期における宗教勢力の自立的な動向を重視する必要があり、時宗においては普光の活動がそれと評価できる。

以上、時宗の大仏千僧会出仕と教団形成の問題を寸考した。本章におけるこれまでの検討と、河内氏に至る法華宗不受不施派研究[49]の成果と併せて、ようやく「新儀八宗」中の新規参入勢力である三宗の出仕状況の総体的検討がなされたと言える。不受不施派を輩出した法華宗と異なり、一向宗・時宗において大仏千僧会出仕に対する反発的な動向は概してうかがえない。しかしながら、単なる政治権力への従属という評価では捉え切れない、宗教勢力独自の自律的動向が見出せる。この三宗を戦国期宗教勢力と評価するゆえんは、実はそこにある。法華宗や一向宗という一度はその宗教一揆的行動を弾圧された勢力が、近世にむしろ他勢力より早く教団の再展開を見せるのは、内部から教団形成を志向する自立的動向を強く生み出せたからこそ、と考えられよう。

4　日本仏教界における既存勢力の反発——醍醐寺義演の場合

以上のような三宗の動向が、対外的にどのように受けとめられたかという問題がある。とくに日本仏教界における既存勢力の反応はどのようなものであっただろうか。再び本願寺をめぐる状況を中心に検討してみよう。

本願寺の大仏千僧会出仕について『言経卿記』と『義演准后日記』で相反する評価を見出すことができる。すなわち大仏千僧会の見物に出かけることもたびたびであった山科言経は、本願寺の出仕に何ら疑義を記してはいない。というのも山科言経は冷泉為満・四条隆昌とともに天正十三年（一五八五）に勅勘を請けてのち、慶長五年に至るまで、興正寺顕尊を頼り本願寺寺内に寄寓していたから[50]、当然と言える。言経は本願寺を「一向衆」（【史料1】「門跡ノ衆[51]」などと記し「一向宗」とは記さなかったが、「真言衆」とも記したくらいだから、言経の表現は「宗」「衆」をめぐる問題の判断基準にならない。むしろ、言経は本願寺において公家の文化・作法などの教授をしていたから、出仕作法にも助言していた可能性が高い。実際、初めて大仏千僧会が行なわれた文禄四年（一五九五）九月二十五日の前日夜、言経は本願寺准如に呼び出されて大仏経堂における法事について談合をしたことが知られる(52)。

山科言経の場合、立場が特殊であったが、当該期の社会一般においても、本願寺の出仕に関して、とくに拒否反応は知られない。むしろ、さかのぼる永禄年間に門跡となり、親鸞三百回忌を社会的に開いて盛大に勤め上げた実績を持つ本願寺は、民衆の支持を基盤にしつつおおむね好意的に受け入れられたように見える。また先に触れたように、本願寺が法衣に関して青蓮院に問い合わせたともいうから、局面的にはどうあれ、天台宗においても激しく拒絶した動きはあり得ないだろう。

一方で、「一向衆共」に対して激烈な嫌悪感を示し続けたのが、真言宗の醍醐寺三宝院義演である。『義演准后日記』からは真言宗の大仏千僧会出仕状況が多くうかがえるが、同時に、たびたび本願寺を露骨に嫌悪する内容も記されている。「大仏千僧会、当月一向衆番云々、但来廿九日也、浄土・日蓮・自(時)宗・一向衆マテ八宗ノ次ニ出仕、末世末法アサマシキ次第也、雖然無力儀也(53)」と嘆いたことは、すでに河内氏により指摘されている。さらに義演は別のところにも「十二日　天晴、従二条殿御文拝領、香呂箱・居箱・草座御借用、伝聞、本願寺ヨリ以内証借用ノ由也、新調本ノタメト云々、誠ニ蝙蝠ノ沙門トシテ、如此ノ法具マテ、顕密ノ宗ヲ模シ、用意ノ段添目、弥正法滅シテ邪法増長ノ基也、珎事〱(54)」と本願寺を罵っていた。公家の二条昭実が内々に本願寺から法具を借用したことを伝え聞き、顕密の法具を本願寺が用意し所持していることを「正法」破滅「邪法増長」と批難したのである（章末【付記】）。「蝙蝠ノ沙門」と侮蔑した義演の本願寺嫌いは相当なものである。

大仏千僧会の問題ではないが、義演にはその後、次のような状況における発言もある。

【史料7】『義演准后日記』慶長十四年正月十一日条(55)

慶長十四年正月十一日、本願寺一向衆初而参内、新儀也、伝聞、大僧正ニ転任云々、僧正モ彼父初而勅許〇光教、天文八年ニ権僧正トナリ、光佐、永禄二年ニ僧正トナレリ彼ハ権僧正歟〇九年九月二十六日ノ条ニ、光昭参内僧正、拝任ノ恩ヲ謝シ奉ル事アリ、本書誤レリ剰大ニ転任、奇代之事、参内モ父只一度参内歟、年頭諸門跡ト一同今度初度也、次第可有如何哉、内々御談合、則以伝奏伺被申云、先年於将軍家、本願寺與随門次第、如官位御礼アリ、仍将軍ヨリ仰云、本願寺ナトカ摂家門跡ノ上ニ着ノ段不可然由被仰出、其後随門ノ下ニ被著畢、此由訴訟、則早朝披露、勅掟云、然ハ悉礼畢以後、本願寺御礼可申入由被仰出、仍如此也、**前代未聞ノ体、併仏法衰微之故也**、不可説々々、元祖真鸞(親)上人ハ青蓮院門跡ノ出世也、**家ニヲイテ下賤也、身ニヲイテハ不浄ノ穢僧也**、何ヲ以テカ為貴哉、於朝家御崇重何事哉、**八宗ハ添日遂年衰微、是併邪法興盛之所致也**、可悲々々、

大僧正になった本願寺准如が初めて年頭に諸門跡と一同に参内することになり、義演らがその次第をどうするかで談合、先年の将軍家においては本願寺が摂家門跡の上に着座してはならないとした先例を披露したところ、「勅掟」は諸門跡の礼がすべて終了後、本願寺が礼を申し上げることになったという。とはいえ、この本願寺の参内について義演は「前代未聞」「仏法衰微之故」と嘆き、八宗が日に沿い年を遂げ衰微するのは邪法興盛のためと悲歎した。金龍静氏はこの義演の態度について、先例遵守を楯に新参者を選別し溜飲をさげる姑息なさまとまでいうが、[56]実際のところ、このような本願寺の下剋上は、伝統的な権威に拠る既存勢力にとってはどうしても認められないものだったであろう。

この一連の義演の記述は、多分に彼個人の突出した感情的なものではあるが、当該期の日本仏教界における秩序状況の問題を象徴的に表したものとも言える。[57]中世仏教、具体的には天台宗の〝異端〟に過ぎないところから出現

した本願寺が、戦国乱世のなかで上昇し続け、ついには門跡にもなり国家的な秩序のなかに参入を果たしたのである。これに対する伝統的な既存勢力側の反発の最たる表現が義演の記述だったのである。

このような義演を頂点とする真言宗の大仏千僧会出仕の実態についてはどのようなものであっただろうか。これについては風間弘盛氏が真言宗の内部編成の問題を中心に検討したが、(58)『義演准后日記』を見れば、必ずしも十分な出仕体制を取り得ていなかったことがうかがえる。導師にしても、当初は病身の大覚寺宮と義演の両名のみであったため(【史料2】)、名代の養成を急いだ向きがある。出仕人数も「今日雨中之間、以外無人、漸及六七十人歟、来月ヨリ堅可相触者也(59)」という事態や、四十人程度(60)の時すらあった。しかしながら慶長三年(一五九八)八月二十二日、ついに執行された大仏殿千僧供養の威容は『義演准后日記』同日条からうかがえるとおりである。義演はこれにあたり周到に準備し、また「建久六年南都大仏供養記」を拝写(61)するとともに応永年中相国寺大塔供養にも言及し、(62)正統的な国家的法会としての位置付けを確かめている。天台・真言のみで行なわれたこの一回限りの壮大な法会は、「新儀八宗」という歴史的な流れに対する既存勢力の最後の抵抗であったのかもしれない。

むすびにかえて

本章では、先に河内氏が大仏千僧会の大枠を提示したのに対し、基礎史料の検討から始めたために、それに多くを割くことになった。最後に現段階の見通しを述べてむすびにかえたい。

豊臣政権による京都東山大仏千僧会の歴史的評価について、河内氏は次のような見解を示した。「中近世移行期」において国家的法会と同義の性格を持ち、それに「新儀八宗」が出仕したことは「統一された世俗権力のもとに相互に対等でしかも自立的に分立した宗派という姿、すなわち近世的な宗教秩序」の可視的な現出で、幕藩権力の宗教統制に先んずる過渡的なものであった。そして、これを契機として豊臣・徳川と引き継がれていく方向性を重視すべきだというものである。この見解自体に異論はない。しかし、この問題が今後、政治権力による宗教統制論の範疇でのみ議論されていくのならば、それはやはり問題である。ここでは課題を三点にまとめて提示してみたい。一点目は当該期の法会体系さらには全体的な宗教体系における大仏千僧会の位置であり、二点目は国家的法会の歴史的展開におけるその位置である。この二点は豊臣政権の宗教構想の問題として捉えられる。[63]

一点目は、河内氏も指摘するように、当該期は戦国の争乱により国家的法会がことごとく退転しており、それゆえ大仏千僧会が重視され評価されることは、まさしくそのとおりである。しかし、ここで注意しておきたいのは、大仏そのものの歴史的位置である。かつて大桑斉氏が論じたように、天正寺の創建中絶から大仏（方広寺）の建立に至る豊臣政権の宗教構想は紆余曲折を経たが、[64]東山に大仏を据え、同時に京都に本願寺を復帰させせつつ、大仏千僧会に至る構想を実現させ、これを継続した歴史的意義は大きい。その意味でこの千僧会は、大仏殿で天台・真言が執行した法会とは区別すべきではあるものの、やはりあくまで大仏のもとにおける千僧会と見るべきである。「新儀八宗」による法会の継続が、国家的支配の正当性確保のため民衆救済の課題をも背負う大仏の宗教性を充塡するものと言えよう。[65]本章で「大仏千僧会」と記し続けた理由はここにある。

一方で、これは当該期の仏教勢力のみの問題であり、その他の、たとえば修験勢力や神道勢力などを包括していないという批判が想定される。これに対しては、たとえばこの段階の修験勢力などはひとまず顕密寺社下に再編される方向性があったことで、社会的に独立した宗教勢力としての可能性はまだ低かったと言わざるを得ないだろう。[66]神道勢力に関しては、秀吉死後のことになるが豊国祭が注目できる。慶長三年（一五九八）九月十一日、大仏山寺に鎮守が建立され、翌年正月五日、この大仏鎮守に秀吉を祀るとして四月十八日に遷宮し、豊国祭が始まった(67)。翌月に大仏千僧会が八宗月番制に移行したから、これは対応していた可能性が高い。すなわちこれ以降、大仏を頂点にした豊国祭による神道勢力と、千僧会による仏教勢力の統合が志向されたと見ることができるだろう。

二点目の問題も議論はこれからであるが、追善を掲げて国家的宗教体制の構築・維持を図った法会は、すでに歴史上に見出される。たとえば、摂関期の道長追善を掲げた法成寺の法華八講(68)、室町幕府における将軍追善仏事としての法華八講の再展開(69)などである。前者を論じた上島享氏の議論は、個別分野史でない宗教史像の模索、民衆救済に向かう中世仏教をめぐり重層的な法会体系に国内宗教秩序の形成を見る視点、さらに南北朝期に顕密体制は崩壊したと断言する点など刺激的である。いずれにせよ、戦国・織豊期における日本仏教界の全体像をめぐっては新たな捉え方を模索する必要性が痛感される。そして大仏千僧会がその帰結点、近世への接続点になることは確かであろう。そこで、民衆を基盤とする戦国期宗教勢力が大仏千僧会に出仕するという意味を問わねばならない。

すなわち三点目が戦国期宗教勢力の歴史的帰結である。一向一揆や法華一揆の敗北をもって「宗教の時代」中世の終焉を象徴させる説明は、近世宗教史研究の意義やそれとの接続点が見え難くなる点で問題があるが、一方で、宗教勢力が中世から近世への時代的転換にあたって質的転換なく静的に移行したとする捉え方にも違和感がある。信長により殲滅されかけた本願寺教団が秀吉により復興し、近世の国家・社会において巨大な存在感を持ったことをどのように位置付けていくのか。時代の変革に直面した日本仏教の自律的再編の、その方向性の問題として捉える必要がある。

ここであらためて「新儀八宗」が問題となる。本願寺が大仏千僧会出仕に関して抵抗感を抱いていなかったように見えるのは、豊臣家の追善仏事という認識もともかく、それがたとえ政治的な経緯を経て用意されたものであったとはいえ、究極的には日本仏教の枠組みたる「八宗」による「大仏法事」だったからと考えられる。蓮如に始まる戦国期宗教勢力としての本願寺教団の確立過程は、天台宗・比叡山からの相対的独立は志向されたとはいえ、日本仏教という枠組みそのものから外れるものではなかった。むしろ金龍静氏が述べた「宗派」の成立が目指されたのであれば、大仏千僧会出仕はその達成の社会的認知であり、戦国期宗教勢力が近世へとさらなる展開を遂げるために行き着くべき一つの帰結点であったと言えよう。[70]粗雑な見通しに過ぎないが、十六世紀の戦国争乱ともあいまって、混沌とした宗教状況のなかで無数に生まれた宗教勢力の行方は、一つには顕密寺社下に編成されていく方向性が、もう一つには宗派・教団として独立する方向性があり、後者を進んだ代表的な存在として本願寺教団があったと考えられる。一方、全国統一を果たしつつあった豊臣政権からの働きかけを契機として、日本仏教界の総体的な体制・秩序の再編成もが志向された。それは民衆支配を貫徹していくために、民衆を大きな基盤とする戦国期宗教勢力を新たな秩序に組み込んでいく必要があったためとみることができる。本願寺教団なども、それに対応する方向性を示したと言えるのではないだろうか。

　課題は多い。本願寺教団史に限っても、いわゆる「石山合戦」以後、東西分派に直結させていく通史的叙述をあらため、豊臣政権との関係性について、本格的に検討していかなくてはならない段階である。このような意味からも、京都東山大仏千僧会における一向宗の出仕は、日本仏教史における中世から近世への展開の重要な一齣である。

注

（1）　河内将芳「京都東山大仏千僧会について――中近世移行期における権力と宗教――」（『日本史研究』第四二五号、一九九八年。のちに同『中世京都の民衆と社会』〈思文閣出版、二〇〇〇年〉第二部第五章）。

（2）「一向宗」の語をめぐってはさまざまな議論がある（たとえば、神田千里『一向一揆と真宗信仰』〈吉川弘文館、一九九一年〉、金龍静「一向宗の宗派の成立」〈『講座蓮如』第四巻、平凡社、一九九七年〉など）。しかし本章の場合、当該史料上の「一向宗」「一向衆」はいわゆる真宗教団、とくに京都における本願寺教団、そして佛光寺教団を指しているので、行論上はその意味に限定して使用する。

（3）上原芳太郎編『本願寺秘史』（信義会、一九三五年）。

（4）満井秀城「中世末本願寺の一特質」（『東アジアと日本』宗教・文学編、一九八七年。のちに同『蓮如教学の思想史』〈法藏館、一九九六年〉所収）。

（5）金龍静『蓮如』（吉川弘文館、一九九七年）。

（6）『本願寺史』（浄土真宗本願寺派、一九六一年）、赤松俊秀・笠原一男編『真宗史概説』（平楽寺書店、一九六三年）。

（7）前掲注（5）金龍著書。

（8）たとえば圭室文雄『日本仏教史　近世』（吉川弘文館、一九八七年）。

（9）前掲注（1）河内論文。同「近世移行期の権力と教団・寺院――豊臣政権と京都法華宗を中心に――」（『日本史研究』第四五二号、二〇〇〇年）、同「大仏千僧供養会と京都日蓮教団」（『日本の名僧⑭反骨の導師 日親・日奥』、吉川弘文館、二〇〇四年）。同『中世京都の都市と宗教』（思文閣出版、二〇〇六年）も参照。

（10）藤井学「法華宗不受不施派についての一考察――近世初期におけるその思想と社会的基盤を中心として――」（『日本史研究』第三六号、一九五八年）ほか。

（11）辻善之助『日本仏教史』第七巻近世編之一（岩波書店、一九五二年）。

（12）大桑斉「天正寺の創建・中絶から大仏造営へ――天正期豊臣政権と仏教――」（『大谷学報』第六三巻第二号、一九八三年。のちに同『日本近世の思想と仏教』〈法藏館、一九八九年〉第1編第四章）。

（13）三鬼清一郎「方広寺大仏殿造営に関する一考察」（永原慶二・稲垣泰彦・山口啓二編『中世・近世の国家と社会』、東京大学出版会、一九八六年）。

（14）西山克「王権と善光寺如来堂」（塚本学先生退官記念論文集『古代・中世の信濃社会』、銀河書房、一九九二年）。

（15）藤井学「近世初期の政治思想と国家意識」（岩波講座『日本歴史』第十巻近世2、一九七五年。のちに同『法華

文化の展開』〈法藏館、二〇〇二年〉所収）。
(16) 河内将芳「宗教勢力の運動方向」（『日本史講座』第5巻「近世の形成」、東京大学出版会、二〇〇四年）。前掲注(9)同著書も参照。
(17) 黒田俊雄『日本中世の国家と宗教』（岩波書店、一九七五年）。
(18) 『大日本古記録』（東京大学史料編纂所編、岩波書店、一九五九年）。
(19) 『史料纂集』（続群書類従完成会編、一九七六年）。本章で掲出した文禄五年正月二十五日条（**【史料2】**）については便宜上、二箇所に改行をかけている。
(20) （文禄四年）九月二十四日付玄以書状案（『龍華秘書』〈『日蓮宗宗学全書』第十九巻史伝旧事記二、山喜房佛書林、一九六〇年〉）。
(21) （文禄四年）九月十日付玄以書状（東寺文書楽甲八〈『東寺文書聚英』、同朋舎出版、一九八五年〉）。
(22) 『言経卿記』文禄四年九月二十五日条。
(23) 『言経卿記』慶長二年正月二十九日条。なお妙法院と千僧会の関係については村山修一『皇族寺院変革史――天台宗妙法院門跡の歴史――』（塙書房、二〇〇〇年）にも言及がある。
(24) 『華頂要略』門主伝第二十四（『大日本仏教全書』、仏書刊行会、一九一二年）。
(25) 『言経卿記』文禄四年九月二十一日条。
(26) 文書については、河内氏によって取り上げられた史料A（慶長二年）三月晦日付下間頼廉等連署書状（「大仏法事出勤に付下間頼廉書状」〈千葉乗隆編『安楽寺文書』上、同朋舎出版、一九九〇年〉）に加えて、次の二点も知られる。**【史料8】**は金龍静氏、**【史料9】**とその参考史料については熊野（北島）恒陽氏よりご教示いただいた。

【史料8】下間頼廉書状（安養寺文書、『岐阜県史』史料編古代・中世一）

（封紙ウハ書）
「　刑部卿法印
安養寺　頼廉
回章　　　　」

只管別被御免候、□月大仏御法事付、名代被差上候旨、具遂披露候、
随而為音物鳥眼五十疋上給候、御懇情之至難申謝候、先以此方、
上々様御堅固御座候、可御心□□《安候カ》、御用事候者、可被相越候、
不可有如□《在カ》候、猶期後音候、恐々謹言
□月廿六日　　頼廉（木版花押）
安養寺
回報

【史料9】下間頼賑・頼廉書状（光触寺文書、『播磨と本願寺』兵庫県立歴史博物館、二〇一四年）

猶々　内府様　名代被可被差上候、
より被入御念候間　右之旨、能々可申遣
由断有間敷候　由候、恐々謹言、
以上
少弐法眼
来四月廿五日　三月六日　頼賑（花押）
大仏御法事へ
御門跡様被成
御出仕候間、各可　刑部卿法印
被罷上旨、被　頼廉（花押）
仰出候、遠境可
為雑左候へ共、被抛　播州
万事、可有参　円光寺
上候、聊由断有間　光善寺

敷候、被相煩衆候者

明石
光触寺
延末
飾万津
浄心御房
永応寺
万福寺

【参考史料】興法寺文書（『豊中市史』史料編四）

「焼綃七条　円起
　興法寺宝物書大切之物也」

此袈裟ハ　豊臣秀吉公大仏有二御供養一時キ、諸宗一日ツ、有二御招一、顕如上人御勤参有レ之、初中後之銘々御供被為仰付、其時ノ初中後ト云ハ当国ニハ仏勝寺・常清寺・常顕寺・寿命寺〔上郡四ケ寺〕・光徧寺〔今東派〕・超光寺・如来寺・当寺〔下郡四ケ寺〕摂州八ケ寺順如上人御前ニテ、東派ニ参間敷ト申誓紙之寺共ト聞、然ルニ超光寺一番ニ東へ参リ後帰参ス、光徧寺不帰在東凡聞及タル寺悉ク記ス、大和ニテハ名称寺・浄教寺・広済寺・広慶寺、浪華ニテハ定専坊・定正房・常光寺・長願寺、京ニテハ橋ノ房・西光寺・光永寺〔今昇進ス〕・金宝寺・東房・光来寺〔昇進ス〕・〔山科〕西宗寺・〔河州〕誓願寺〔今昇進〕、越前ハ本専寺、光触寺〔摂州昇進ス〕其外ハ不存、三十ケ寺余リ御供ス、其時秀吉公ヨリ拝領之袈裟其ノ御免書光献寺ニ有之由聞及、則真宗僧分七条之懸初メト聞及候、此袈裟ナリ、綃ハ黒舟又四天五ツハ高台寺綃後ニ人ありて見定メ無相違、仍縁起由来書置ナリ、

　天明八戊申年初夏中旬
　　　　　　　　　　住持懐道

(27)　青木忠夫〔史料紹介〕「准如筆「慶長期報恩講日記」（一）（其の二）」（『同朋大学仏教文化研究所紀要』第一九・二〇号、一九九九・二〇〇〇年。のちに同『本願寺教団の展開――戦国期から近世へ――』〈法藏館、二〇〇三年〉

第四部第二章)。
(28) 史料Ⅰ・Ｊともに『慶長日記』(本願寺史料集成、同朋舎出版、一九八〇年)。
(29) 前掲注(3)上原著書。当該史料は西本願寺所蔵。本願寺史料研究所において写真版を確認したが、上原翻刻は少々誤っており、また列を改行配列している点に注意が必要である。
(30) 『真宗史料集成』(以下『集成』)第九巻「教団の制度化」(同朋舎、一九七六年)、『大系真宗史料』(以下『大系』)文書記録編13「儀式・故実」(法藏館、二〇一七年)。
(31) 『祖門旧事記残篇』(『新編真宗全書』史伝編二、思文閣出版、一九七五年)。これが『集成』第九巻解題にて言及される「大仏法会記」のことだと思われる。
(32) 史料Ｎ『大谷本願寺通紀』(『集成』第八巻「寺誌・遺跡」、同朋舎、一九七四年)については、近世後期の史料(天明五年〈一七八五〉成立)であり、千僧会関係の記述に関しては今のところ目に付く論点はない。ただ、このように近世史伝にしっかり記されている本願寺の千僧会出仕が、明治以降の真宗史においてまったく取り上げられなかったことは、研究史上の問題として興味深い。
(33) ちなみに冒頭の法服等の依用にしても史実は大仏千僧会からではなく、永禄四年(一五六一)親鸞三百回忌からである。本書第Ⅰ部第四章を参照。なおこの親鸞三百回忌について、近世仏教諸宗における遠忌法要の先駆的なもの(大田壮一郎氏のご教示)、また国家的法会が退転していた戦国期において大きな意味を持った可能性がある(本書第Ⅰ部第五章)。
(34) 本書第Ⅰ部第四章。
(35) 大桑斉『日本仏教の近世』(法藏館、二〇〇三年)。
(36) 『今古独語』(『集成』第二巻〈同朋舎出版、一九九一年改訂版〉、『大系』文書記録編3「戦国教団」〈法藏館、二〇一四年〉)。
(37) 御堂衆については本書第Ⅰ部補論2を参照。
(38) 諸宗の出仕人数については、前掲注(1)河内論文中の表1からも確認される。また本章末尾掲出の**【参考資料1】**も参照。

(39)『義演准后日記』当該各条、『大仏千僧会出仕次第』(『妙法院史料』第五巻、吉川弘文館、一九七六年)。
(40)『大仏千僧会出仕次第』、『准如筆慶長期報恩講日記』。
(41)報恩講の式文拝読については本書第Ⅰ部第三・四章を参照。
(42)『千僧会布施米請取状』(『妙法院史料』第五巻)。
(43)戦国期本願寺教団の組織構造については草野顕之『戦国期本願寺教団史の研究』(法藏館、二〇〇四年)があるが、天正・文禄・慶長年間については本格的検討が今後の課題である。
(44)首藤善樹「佛光寺の寺僧六坊――佛光寺先規作法之記録――」(平松令三先生古稀記念『日本の宗教と文化』、同朋舎出版、一九九〇年)。同論文の翻刻によれば、原本は佛光寺蔵で明治十九年に修史局編集星野恒氏が採訪し、二十二年に謄写し終えたという。なおすでに佐々木篤祐『佛光寺史の研究』(本山佛光寺、一九七三年)による検討もある(熊野〈北島〉恒陽氏のご教示)。
(45)『集成』第四巻「専修寺・諸派」(同朋舎出版、一九八二年)。
(46)「七條文書」〔廿〕〔廿一〕(『定本　時宗宗典』上巻、時宗宗務所、一九七九年)。史料の存在は小野澤眞氏のご教示。
(47)高野修『時宗教団史――時宗の歴史と文化――』(岩田書院、二〇〇三年)。時宗史研究については小野澤眞『中世時衆史の研究』(八木書店、二〇一二年)も参照。
(48)前掲注(47)高野著書。
(49)たとえば宮崎英修『禁制不受不施派の研究』(平楽寺書店、一九五九年)、同『不受不施派の源流と展開』(平楽寺書店、一九六九年)などは基本的研究として参照すべき点が多い。
(50)西口順子「興正寺と山科言経」(『真宗研究』第二四輯、一九八〇年)。本書第2部補論2参照。
(51)『言経卿記』文禄五年二月二十五日条。
(52)『言経卿記』当該条。
(53)『義演准后日記』慶長五年正月二十五日条。
(54)『義演准后日記』慶長二年十月十二日条。

(55)『大日本史料』第十二編之五。
(56)金龍静「戦国期一向宗の地平」(岩波講座『天皇と王権を考える』第四巻「宗教と権威」、岩波書店、二〇〇二年)。
(57)また、左右田昌幸氏は、本願寺を「家ニヲイテ下賤」「不浄ノ穢僧」と表現する義演の「穢」意識の背景に、真宗の死穢を厭わない姿勢を問題視し、「一向宗」を「汚穢不浄」とする京都の公家社会の認識があったと見た(左右田昌幸「山城真宗教団素描」〈『講座蓮如』第五巻、一九九七年〉)。しかしもはやこの段階に至っては義演の強硬な立場のほうが少数派だった可能性が高い。
(58)風間弘盛「近世初頭における真言宗——京都東山大仏千僧会出仕を通して——」(『豊山教学大会紀要』第二九号、二〇〇一年)。
(59)『義演准后日記』文禄五年五月二十九日条。
(60)『義演准后日記』文禄五年閏七月二十五日条。
(61)『義演准后日記』慶長三年八月一日条。
(62)『義演准后日記』慶長三年七月二十六日条。
(63)豊臣政権の寺社政策についてはさらに研究が蓄積されつつあるが、たとえば近年の成果である伊藤真昭『京都の寺社と豊臣政権』(法藏館、二〇〇三年)においても、寺社勢力内部の自律的な動向に重点を置いた検討に欠けるのが課題である。
(64)前掲注(12)大桑論文。この問題に関し補足を試みれば、結果的に、天正寺という禅宗寺院では諸宗統合の機能を果たせなかったと言える。木食応其という本願僧(多分に政治的動向を見せたが、聖という性格を持った)が登場し、大仏建立に至り得た意味を考えなくてはならない。
(65)統一政権と民衆救済の問題については前掲注(35)大桑著書参照。『言経卿記』によれば、大仏千僧会開始以前より言経はたびたび「大仏見物」をしていた(天正十九年三月二十五日条ほか)。大仏千僧会に「貴賤群集」(本文掲出条)とも言うから、京都社会における大仏参詣の意味についてさらに考える必要があるだろう。西山克氏が取り上げた善光寺如来をめぐる議論もここから捉え直しができるものと考える。

(66) 長谷川賢二「中世後期における顕密寺社組織の再編――修験道本山派の成立をめぐって――」(『ヒストリア』第一二五号、一九八九年)、同「中世後期における寺院秩序と修験道」(『日本史研究』第三三六号、一九九〇年)などを参照。とはいえ宗教史の観点から十六世紀の宗教状況を総体として見るならば、編成され得なかった宗教勢力の動向を汲み取る必要もあり、この点で前掲注(16)河内論文における議論は検討の余地がある。

(67) 『義演准后日記』当該条。豊国社については、たとえば河内将芳「豊国社の成立過程について――秀吉神格化をめぐって――」(『ヒストリア』第一六四号、一九九九年)。

(68) 上島享「中世国家と寺社」(日本史研究会・歴史学研究会編『日本史講座』第三巻「中世の形成」、東京大学出版会、二〇〇四年)。同『日本中世社会の形成と王権』(名古屋大学出版会、二〇一〇年)も参照。

(69) 大田壮一郎「室町幕府の追善仏事に関する一考察――武家八講の史的展開――」(『仏教史学研究』第四四巻第二号、二〇〇二年)、同「室町殿の宗教構想と武家祈禱」(『ヒストリア』第一八八号、二〇〇四年)。同『室町幕府の政治と宗教』(塙書房、二〇一四年)も参照。

(70) 前掲注(2)金龍論文。

【付記】 本章の初出時点では史料解釈を誤っていた。大桑斉氏のご教示により修正した。

【参考資料1】 大仏殿・千僧会・本願寺関連年表

元号	年月日	大仏殿・千僧会関係	政局他関連	本願寺	典拠史料
天正	8・8・2			教如、大坂退去。	本願寺文書
	12・4・8		小牧・長久手の戦。		―
	12・10・4	秀吉、天正寺の創建を企図し、寺地を寄進。			総見院文書
	13・5・3			本願寺、天満へ移転。	貝塚
	13・7・―		秀吉、関白になる。		―
	14・12・―	（このころまでに天正寺創建は中止。大仏建立へ。）	秀吉、太政大臣となり、豊臣姓となる。		―
	16・5・15	大仏殿、定礎。			言経
	16・7・8	『刀狩令』第2条において大仏造立の意義が説かれる。	刀狩令。		刀狩令
	18・1・―			秀吉、本願寺の京都移転を命ずる。	言経
	19・①・5			秀吉、本願寺に七条坊門堀川の地を寄進。	本願寺文書
	19・5・20	大仏殿柱立。			言経
	19・9・―		朝鮮出兵の命令。		―
	19・11・20			京都本願寺において最初の報恩講。	天正
文禄	1・6・21			阿弥陀堂上棟。	移徙記
	1・11・24			顕如死去。教如継職。	言経
	2・9・―	大仏殿、上棟。			―
	2・⑨・―			教如退隠。准如継職。	駒井日記
	4・7・28		秀次死去。		―

	4・9・10	京都所司代前田玄以、真言宗にあて千僧会の出仕を通達する。			東寺文書
	4・9・21	秀吉、聖護院道澄を大仏殿住持とする。			言経
	4・9・25	大仏経堂にて千僧会、はじまる。			言経
	5・2・24	大仏中門柱、すべて立つ。			義演
	5・7・24	大仏殿供養が企画される。			義演
	5・⑦・13	大地震で大仏堂は小損。大仏が大破する。			言経・義演
慶長	2・5・23	秀吉、大仏の造り替えを命じる。			義演
	2・7・18	大仏堂に善光寺如来遷座。蓮台の上に宝塔をつくり、その中に安置。			言経・義演
	2・10・―			御影堂、上棟。	慶長
	3・1・16			如春尼死去。	言経
	3・8・17	善光寺如来、甲斐国（信濃国）へ帰座。			言経・義演
	3・8・18		秀吉死去。		―
	3・8・22	大仏供養会開催。			言経・義演
	3・9・11	大仏山寺に鎮守を建立。			義演
	4・1・5	大仏鎮守に秀吉を神として祀るという。			義演
	4・3・3			興正寺顕尊死去。	言経
	4・4・18	大仏鎮守、遷宮。			義演
	4・5・24	千僧会が八宗月番制となる。			義演
	4・5・25	大仏本尊、造立。宝塔を取り壊す。			義演
	4・9・26	応其、高野聖と争い、大仏廟に籠る。			義演
	4・10・19	大仏本尊、銅を鋳掛はじめる。			義演
	4・11・5	新大仏の応其住坊・護摩堂・灌頂堂、焼失。			義演

	5・3・18	大仏に七重塔・講堂・廻廊の建立計画。			義演
	5・5・12	大仏築地を広げ、三十三間堂を含める。			義演
	5・9・—		関ヶ原の戦。		—
	7・2・—			家康、教如に東六条の寺地を寄進。	宇野新蔵覚書
	7・12・4	大仏殿・本尊、焼失。			言経・義演
	8・2・—		家康、征夷大将軍。		—
	9・9・16			東本願寺御影堂落慶法要(両堂完成)。	御堂日記
	13・10	木食応其死去。			—
	15・6・12	大仏殿、地鎮・釿始、立柱。			義演
	16・3・18			親鸞三百五十回忌。	御堂日記
	19・4・	大仏殿落成。			—
	19・5・7	秀頼、大仏殿供養を企画。			義演
	19・7・8	大仏殿供養にあたり、天台・真言の座次相論(天海の訴)。家康、本多正純・崇伝を通して片桐勝元に詳細を尋ねる。			駿府記
	19・10・5			東本願寺教如、死去。	内真記
	19・10・—		大坂冬の陣。		—
	20・3・29	最後の千僧会開催。			出仕
	20・4・—		大坂夏の陣。		—

※典拠史料略称:「言経」は『言経卿記』、「貝塚」は『貝塚御座所日記』、「天正」は『天正十九年京都最初報恩講記』、「義演」は『義演准后日記』、「移徙記」は『天正十九年京都七条へ御影堂移徙等記』、「慶長」は『慶長二年御影堂上棟道具事』、「出仕」は『大仏千僧会出仕次第』。

【参考資料2】 千僧会出仕一覧（文禄4～慶長14）

年	月日	宗派	寺院名	布施米請取状発給者	典拠史料
文禄4	9・25	八宗	①真言宗、②天台宗、③律僧、④五山禅宗、⑤日蓮党、⑥浄土宗、⑦遊行、⑧一向衆。貴賤群集。	—	言経・義演・華頂
	10・25	八宗	天台、早懺法を勤める。晩に帰院。	—	華頂
	11・29	八宗	大仏斎会あり。一向宗は佛光寺が出仕と伝わる（本願寺と出仕相論）。	—	華頂・佛光寺
	12・25	八宗	—	—	（史料無）
文禄5	1・29	八宗	①真言宗、②天台宗、③律宗、④禅宗、⑤浄土宗、⑥日蓮衆、⑦時衆共、⑧一向衆共。	—	義演
	2・25	八宗	真言導師大覚寺に代わり三宝院（義演）が勤める。	—	言経・義演
	3・29	八宗	真言導師大覚寺、百人出仕。天台導師青蓮院、僧侶七、八十人出仕、懺法を勤める。	—	義演・華頂
	4・25	八宗	真言導師大覚寺、天台導師聖護院。	—	言経・義演
	5・29	八宗	真言調声東寺妙観院、天台梶井（梨本）門跡出仕。	—	言経・義演・華頂
	6・25	八宗	真言導師三宝院。	—	言経・義演
	7・29	八宗	真言導師三宝院。天台導師青蓮院、釈迦行法を勤める。	—	義演
	⑦・25	八宗	真言導師延命院公秀（大覚寺名代）。地震による影響のためか僧侶出仕四十余人。	—	言経・義演
	8・29	八宗	真言導師理性院堯助（三宝院・大覚寺故障のため）、僧侶百人出仕。	—	義演
	9・25	八宗	真言導師大覚寺。本願寺准如は不参（名代）。	—	義演・准如

*慶長1	10・29	八宗	真言導師三宝院。本願寺准如は不参（名代）。	―	義演・准如
	11・25	八宗	真言導師理性院（大覚寺名代）。天台導師青蓮院。本願寺は前日、千僧会稽古。当日は報恩講日中を引上げて行ない、千僧会に准如・一家集・坊主衆・平衆六十人出仕。	―	義演・准如・華頂
	12・25	八宗	真言導師三宝院、七十人計出仕。天台導師竹内。	―	義演
慶長2	1・29	八宗	真言導師大覚寺、七十人出仕。	―	言経・義演
	2・25	八宗	真言導師三宝院、六十余人出仕。	―	言経
	3・29	八宗	大仏之奥妙法院経堂にて例月之法事ありという。	―	言経
	4・25	八宗	秀吉聴聞のため、開始延引。真言導師三宝院。本願寺准如、千僧会出仕につき言経に相談。秀吉、諸宗に布施。	―	言経・義演
	5・29	八宗	①天台（照高院）、②真言（三宝院）…となる。以後、座次相論、活発となる。	―	義演
	6・25	八宗	①天台（妙法院）、②真言（三宝院）…	―	言経・義演
	7・25	八宗	①真言（大覚寺）、②天台（聖護院）…。導師の戒臈による。	―	義演
	8・29	八宗	①真言（三宝院）、七十人計出仕。②天台（竹内）…	―	言経・義演
	9・25	八宗	①天台、②真言（大覚寺名代延命院）…	―	義演
	10・29	八宗	①天台（照高院）、②真言（三宝院）…	―	義演
	11・25	八宗	真言導師理性院（三宝院名代）、天台導師積善院（門跡名代）。本願寺は一家衆光教寺琇孝を導師として派遣。	―	言経・義演・准如
	12・―	八宗	―	―	（史料無）
	1・25	八宗	①天台（梶井）、②真言（義演不参）…	―	言経・義演
	2・29	八宗	真言導師大覚寺、天台導師妙法院。	―	義演
	3・29	八宗	①真言（大覚寺）、②天台（積善院）…	―	言経・義演
	4・25	八宗	大仏奥妙法院殿にて例月法事ありという。	―	言経

慶長3	5・—	八宗	—	—	(史料無)
	6・25	八宗	①天台(竹内)、②真言(三宝院名代延命院)。	—	義演
	7・—	八宗	—	—	(史料無)
	8・22	＊	大仏堂供養(真言・天台のみ出仕)。貴賤群集。	—	言経・義演
	9・29	八宗	真言導師大覚寺名代。	—	義演
	10・25	八宗	—	—	(史料無)
	11・29	八宗	真言導師松橋(大覚寺名代)。	—	義演
	12・25	八宗	真言導師三宝院名代、天台導師梶井。	—	義演
慶長4	1・29	八宗	真言導師大覚寺、天台導師照高院。	—	義演
	2・25	八宗	—	—	(史料無)
	3・29	八宗	真言導師東寺(大覚寺名代)、天台導師聖護院。	—	義演
	③・25	八宗	真言導師三宝院名代、天台導師梶井。	—	義演
	4・25	八宗	北政所、千僧会を聴聞。①真言(大覚寺)、供養法無言、理趣三昧。②天台(竹内)、③律…	—	義演
	5・25	天台	天台当番。これより、千僧会、一か月に一宗、4・6月のみ八宗総出仕となる。	—	義演
	6・29	八宗	①天台(妙法院)、②真言(三宝院)…	—	義演
	7・25	真言	導師大覚寺。	—	義演
	※8月～翌年1月まで史料がなく不明。2月に「再開」(下記)とあるので途絶があったと考えられる。				
	2・25	真言	千僧会、再開。導師三宝院。	—	義演
	3・—	(天台)	—	—	(史料無)
	4・25	八宗	真言導師仁和寺摩尼珠院(大覚寺名代)、天台導師梶井。	—	義演

慶長5	5・—	(律)	—	—	(史料無)
	6・29	八宗	①天台(照高院)、②真言(三宝院)…。戒藹による。	—	義演
	※7月～11月は史料がなく不明であるが、12月に「八宗一巡」(下記)とあるので、7月＝禅、8月＝浄土、9月＝法華(日蓮)、10月＝遊行、11月＝本願寺と考えられる。				
	12・25	天台	八宗一巡し、当月は天台より始まる。	—	義演
慶長6	※1～3月は史料がなく不明であるが、前年12月に天台から始まっているので(上記)、1月＝真言、2月＝律、3月＝禅と考えられる。				
	4・25	八宗	義演不参。	—	義演
	5・—	(浄土)	—	—	(史料無)
	6・29	八宗	真言導師大覚寺。	—	義演
	※7～10月は史料がなく不明であるが、7月＝法華(日蓮)、8月＝遊行、9月＝本願寺、10月＝天台と考えられる。				
	11・25	真言	導師三宝院。	—	義演
	※12月・翌年1～3月・5月は史料がなく不明。7月に再び天台から始まるので(これも真言と一番目を交代で担当する原則から外れている)、律・禅・浄土・法華(日蓮)・遊行・本願寺のうち、一宗がどこかで不担当になっていると考えられる。				
慶長7	4・25	八宗	①天台(照高院)、②真言(三宝院)、五、六十人出仕、③律…	—	義演
	5・—	?	—	—	(史料無)
	6・29	八宗	①真言(三宝院)、七十人出仕、②天台(竹内)。	—	義演
	7・25	天台	(※異例。順番なら真言から開始のはず)	—	義演
	8・29	真言	導師大覚寺。	—	義演
	9・25	律	泉涌寺・二尊院。	二尊院恵玄／泉涌寺奉行秀長	布施
	11・25	浄土	知恩院。	知恩院内納所・豊後	布施
	12・25	日蓮	本隆寺。	本隆寺行事・玄妙	布施
	1・29	遊行	—	遊行之内二留守居	布施

慶長8	2・25	本願寺	―	本願寺門跡内黒田作右衛門	布施
	3・29	天台	―	宰相・大蔵卿・内類分・戒蔵分／はし本蓮蔵坊／西塔院惣代真乗坊／積善院雑掌覚俊／梶井門跡内忠海／青門内信盛／横川大弐／三井寺当奉行多宝分正玄	布施
	4・25	八宗	真言導師三宝院。	（4・29）鞍馬寺円頓坊／鞍馬寺月性院	義演・布施
	5・29	真言	真言導師三宝院（大覚寺故障のため）。	―	義演
	6・29	八宗	①真言（三宝院）、②天台（竹内）…	―	義演
	7・25	律	―	泉涌寺奉行秀長	布施
	8・29	禅	―	納所宗玖	布施
	9・25	浄土	―	黒谷侶世	布施
	※10～12月は史料がなく不明であるが、10月＝法華（日蓮）、11月＝遊行、12月＝本願寺と考えられる。				
	1・29	天台	導師照高院。	花蔵院・輪定坊・円乗坊・花徳院／西谷覚林坊・玉蔵坊・自性坊／無動寺蓮蔵坊・玉泉坊／宝蔵坊・金蔵坊／青門内信盛／山門西塔取次喜見院・行住坊・中将公／梶井門跡内忠海／鞍馬寺直指院／東南谷宝積院・千手坊・□□坊・龍口坊／法輪坊・右衛門／三井寺但馬・常楽坊・善法院／はし本蓮蔵坊／大原北坊・実光院	義演・布施
	2・25	真言	導師光明院（大覚寺名代）	東寺雑掌	義演・布施

慶長9	3・25	律	―	泉涌寺奉行元秘／二尊院奉行役者	布施
	4・25	八宗	①天台（妙法院）、②真言（三宝院）…。義演不満。	―	義演
	5・29	禅	―	建仁能仙・東福能就・相国能智	布施
	6・29	八宗	真言導師大覚寺。	―	義演
	7・25	浄土	―	知恩院内納所	布施
	8・29	日蓮	―	本能寺之内役者隆真坊	布施
	9・29	遊行	―	遊行之内納所	布施
	10・―	（本願寺）	―	―	（史料無）
	11・―	真言	導師理性院（三宝院名代）。	―	義演
	12・25	天台	―	東塔北谷光乗坊・実教坊／東塔西谷中道坊／玉蔵坊・長運坊・兵部卿／東塔東谷岩本坊／東塔南谷延寿坊／（12・29）東塔無動寺蓮蔵坊	布施
	1・29	律	泉涌寺・二尊院	泉涌寺奉行元秘／二尊院納所	出仕・布施
	2・25	禅	大徳寺	大徳寺納所宗伯	出仕・布施
	3・29	浄土	黒谷	黒谷役者	出仕・布施
	4・25	八宗	①天台（竹内門跡名代徳善院）、②真言（大覚寺門跡名代光明院）、③律（泉涌寺・二尊院）、④禅（妙心寺）、⑤浄土（知恩院）、⑥日蓮（本国寺）、⑦遊行、⑧天満門跡（名代中将院家）。	―	出仕
	5・29	日蓮	隆本寺	本禅寺役者	出仕・布施

慶長10	6・29	八宗	①天台（導師青蓮院）、②真言（導師三宝院名代行願院）、③律、④五山、⑤浄土（永観堂）、⑥日蓮（本禅寺）、⑦遊行、⑧本願寺門跡（名代中将）	—	出仕
	7・25	遊行	—	遊行之内二条	出仕・布施
	8・29	本願寺	門跡	本願寺内早間作右衛門	出仕・布施
	9・25	天台	導師照高院、他名代三井日光院。	蓮蔵坊／大原法泉坊・二位／東塔真如坊・西塔正教坊・横川正明坊／照高院内蔵坊・十如坊／信盛／玉蔵坊・長運坊・東湯坊／革堂一人分宝蔵坊	出仕・布施
	10・29	真言	三宝院	東寺雑掌	出仕・布施
	11・25	律	泉涌寺・二尊院	泉涌寺奉行元秘・二尊院奉行玉倫	出仕・布施
	12・25	禅	五山	—	出仕
	1・29	浄土	百万遍	浄土宗知恩寺納所	出仕・布施
	2・25	日蓮	妙万寺上人導師	妙満寺役者安立坊日興	出仕・布施
	3・29	遊行	—	—	出仕
	4・25	八宗	①天台（導師妙法院門跡）、②真言（大覚寺門跡名代）、③律（泉涌寺・二尊院）、④禅（大徳寺）、⑤浄土（黒谷）、⑥日蓮（妙蓮寺）、⑦遊行、⑧本願寺（名代中将）。	—	出仕
	5・29	本願寺	門跡	本願寺門跡内早間作右衛門	出仕・布施
	6・29	八宗	①真言（三宝院）、②天台（聖護院名代）、③律（泉涌寺・二尊院）、④禅（妙心寺）、⑤浄土（知恩院名代）、⑥日蓮（妙典寺）、⑦遊行、⑧本願寺（名代）。	—	出仕

慶長11	7・25	真言	大覚寺門跡	東寺役者但馬・豊後・土佐	出仕・布施
	8・25	天台	竹内門跡	青門内栄賢／真如堂／革堂宝蔵坊／竹内門跡内久蔵／養源院／蓮蔵／山門東塔真智坊・西塔一音坊・横川一音院／（11・12）西宝坊永真／玉蔵坊・法輪坊・兵部卿／（11・27）宝泉坊幸如／（2・25）革堂等善	出仕・布施
	9・25	律	泉涌寺・二尊院	二尊院奉行観秀・玉倫／泉涌寺奉行元秘・監相	出仕・布施
	10・―	禅	五山	―	出仕
	11・25	浄土	永観堂	せいくわんし寿学・奉行洞室	出仕・布施
	12・25	日蓮	本満寺	本満寺法界坊月長	出仕・布施
慶長12	1・29	遊行	―	遊門内納所	出仕・布施
	2・25	本願寺	門跡	本願寺門跡内早間作右衛門	出仕・布施
	3・29	真言	三宝院名代	東寺役者土佐・但馬・豊後・円安	出仕・布施
	4・25	八宗	①天台（導師妙法院門跡名代照高院）、②真言（大覚寺門跡）、③律（泉涌寺・二尊院）、④禅（五山）、⑥日蓮（宝法寺）、⑦遊行、⑧本願寺（門跡）。	―	出仕
	5・25	天台	導師青蓮院門跡	鞍馬寺円頓院慶賢・宝積院盛栄／栄賢／隆恵・二位／三井寺惣代成就坊・西執行代／納所／蓮蔵坊	出仕・布施
	6・29	八宗	①真言（三宝院）、②天台（導師照高院名代）、③律（泉涌寺・二尊院）、④禅（大徳寺）、⑤浄土（黒谷）、⑥日蓮（妙覚	―	出仕

			寺)、⑦遊行、⑧本願寺(門跡)		
	7・25	律	泉涌寺・二尊院	泉涌寺奉行元知・二尊院奉行玉倫	出仕・布施
	8・29	禅	妙心寺	妙心寺内能諌・同能秀	出仕・布施
	9・25	浄土	知恩院	知恩院役者・松樹	出仕・布施
	10・29	日蓮	妙蓮寺	妙覚寺行事円頓	出仕・布施
	11・25	遊行	｜	遊門納所玄直	出仕・布施
	12・25	本願寺	名代中将	東門跡内大野作左衛門	出仕・布施
慶長13	1・29	真言	導師三宝院名代	東寺豊後・敬法・円秀・土佐	出仕・布施
	2・25	天台	妙法院門跡	真如堂役者帥／玉蔵坊・法輪坊・兵部卿／鞍馬寺梅太坊／蓮蔵／加下井戸さま内な丶せん坊幸円／三井寺本光坊惣代／栄賢法印／養源院納所／少弐／岩本坊／大原衆北房／横川役者	出仕・布施
	3・29	律	二尊院・泉涌寺	泉涌寺奉行覚存／二尊院奉行意林	出仕・布施
	4・25	八宗	①真言(三宝院)、②天台(聖護院名代勝仙院)、③律(泉涌寺・二尊院)、④禅(五山)、⑤浄土(禅林寺)、⑥日蓮(妙典寺)、⑦遊行、⑧本願寺(名代顕証寺)	｜	出仕
	5・29	禅	五山	五山等・南禅寺常・天龍寺寿珍・建仁寺能心・東福寺恵祐・万寿寺寿三	出仕・布施
	6・29	八宗	①天台(竹内門跡名代四王院)、②真言(大覚寺門跡名代)、③律(二尊院)、④禅(大徳寺)、⑤浄土(百万遍)、⑥日蓮(本国寺)、⑦遊行(名代二寮)、⑧本願寺(名代中将)	｜	出仕

7・25	浄土	黒谷	黒谷役者	出仕・布施
8・29	日蓮	本満寺	法花衆本満寺行事本覚坊／妙顕寺行事常楽坊	出仕・布施
9・25	遊行	導師二寮	遊行之内二条	出仕・布施
10・29	本願寺	名代中将	七条東門内里村孫左衛門	出仕・布施
11・25	真言	三宝院	東寺役者土佐・円道・豊後・但馬	出仕・布施
12・25	天台	導師梶井	竹門内玉蔵坊／妙法院内信教／西塔衆／山門西谷惣代／山門東谷惣代／東塔南谷／真如堂役者仲／北坊／妙法院内蓮蔵坊／山門無動寺惣代／覚源院内納所／四王院信教／三井寺惣代十如坊／東塔北谷／山門横川別当／青門内／戒光院□□・大教坊光□／(10・25)革堂別当坊幸蔵／横川八人覚常	出仕・布施
1・29	律	二尊院・泉涌寺	泉涌寺奉行元昶・二尊院奉行意林	出仕・布施
2・25	禅	妙心寺	妙心寺内能諫・同能秀	出仕・布施
3・29	浄土	知恩院名代	知恩院役者	出仕・布施
4・25	八宗	①天台(導師青蓮院)、②真言(大覚寺門跡名代)、③律(泉涌寺)、④禅(五山)、⑤浄土(禅林寺)、⑥日蓮(妙覚寺)、⑦遊行(名代)、⑧本願寺。	—	出仕
5・29	日蓮	隆本寺	本澄寺会元大本坊・本国寺妙泉坊	出仕・布施

慶長14	6・29	八宗	①真言（三宝院）、②天台（妙法院名代正敷坊）、③律（泉涌寺）、④禅（五山）、⑤浄土（百万遍）、⑥日蓮（妙本禅寺）、⑦遊行（名代）、⑧本願寺（名代）	―	出仕
	7・25	遊行	名代	遊行之内二寮	出仕・布施
	8・29	本願寺	門跡	本願寺内早間作右衛門	出仕・布施
	9・25	真言	三宝院名代	東寺役者土佐・豊後・但馬	出仕・布施
	10・29	天台	照高院名代	鞍馬寺円頓院・真勝院／照高院内少将／大教坊／少弐沙弥／東塔東谷分実相坊／玉泉坊／正智坊・玉泉坊／極楽坊南谷／華蔵坊・西塔院学頭代／右勝実相心院／養源院内納所／（11・15）一条革堂納所／玉蔵坊長教	出仕・布施
	11・25	律	泉涌寺・二尊院	泉涌寺奉行元昶・二尊院奉行意林	出仕・布施
	12・25	禅	大徳寺	大徳寺沙弥	出仕・布施

※河内論文（注1）内の表（慶長15～20）に準じて作成した。

※典拠史料：言経は『言経卿記』（大日本古記録）、義演は『義演准后日記』（史料纂集）、華頂は『華頂要略』（大日本仏教全書）、佛光寺は『佛光寺先規作法之記録』（古事類苑。また参考として『文禄五年佛光寺寺中惣日記』）、准如は『准如筆慶長期報恩講日記』、出仕は『千僧会出仕次第』（妙法院史料）、布施は『千僧会布施米請取状』（妙法院史料）。

補論3　「一向宗（衆）」について

はじめに

「一向宗（衆）」と浄土真宗、本願寺教団とは、もともと同義ではない。蓮如によれば、「一向宗」呼称は、『大無量寿経』に「一向専念無量寿仏」とあることから、いわれなきことでもないが、祖師親鸞はこの宗を「浄土真宗」と定めている、と言う（『五帖御文』第一帖第十五通）。

親鸞も蓮如も「一向宗」呼称を認めていないが、中世には政治権力や世間一般から、秩序を乱す怪しげな念仏集団というような意味合いでしばしばそう呼ばれた（他称）。そのなかには時宗僧や修験者なども含まれていることが多かったが、本願寺門徒が自称することもあり、一向一揆の印象もあって、江戸時代には宗派名として定着した。なお、「真宗」公称は明治五年（一八七二）のことである。

以上は図録『特別展　播磨と本願寺――親鸞・蓮如と念仏の世界――』にコラムとして書いた文章である[1]。本書の課題である戦国期宗教勢力史論において、重要な論点の一つに宗派・教団化という問題がある。天台宗系の小さな一寺院であった本願寺が多くの門末を組織・編成して「教団」化し、一つの「宗派」として自立し、国家的社会的認可を獲得していった。それがすなわち戦国期宗教勢力の代表的存在である本願寺教団の歴史的展開である。この過程で「一向衆」などと呼ばれ、その帰結には「一向宗」として豊臣政権による京都東山大仏千僧会に出仕していくことになった（本書第Ⅱ部第六章）。これは大きく捉えれば、中世顕密仏教「八宗」の秩序から、新義の「八宗」という近世的な仏教秩序への転換・変動と考えられる問題である。古代においては学派的な意味であった「宗」が、中世においては日本仏教の総体的な意味の「宗」となり、さらに戦国期から近世以降、現代にもつながる宗派・教団としての「宗」へと展開していくことについては、日本仏教史上、きわめて重要な論点であろう。

ところで、本願寺・一向一揆研究において「一向宗（衆）」呼称の問題はこれまでにも意識されてきた。とはいえ、「一向衆」がそのまま本願寺門徒なのではなく、時衆などとも混同され、蓮如自身は宗名としての「一向宗」を否定していたという理解があった程度で、本格的な検討は神田千里氏の研究を待たねばならなかった。(2)(3)

神田氏は多くの関係史料を検討し、「一向宗徒は、真宗のみならず時宗、一向派を含む多様な念仏者」で、「その信心も、真宗の開祖親鸞や、時宗の開祖一遍、さらに一向俊聖の説くそれとはかなり内容のずれた、いわば雑信仰ともいうべき念仏信仰」であったとした。そうした一向宗徒は「山伏、巫女、琵琶法師などを主体とする民間宗教者、民間芸能者であり、彼らが、いわば霊能者として民衆の信仰を集めていたために、一向宗伝道の主力となっていた」とし、「蓮如は一向宗徒の信心を批判しつつも、門徒としてはうけいれていた」という。(4)(5)

人間集団内部は本来的に多様で、信仰共同体においても、内部が同質の信仰で完全に一致していたなどということとは歴史的現実としてはあり得ない。また、いくつかの史料から、神田氏の指摘する歴史的実態もうかがうことはできよう。しかし、神田氏の言う「一向宗徒」は存在してもあくまで実態の一部に過ぎず、考慮に入れるべきであることは確かながら、それを中核において「一向宗」や本願寺・一向一揆を論ずることは適切ではない。(6)(7)

神田氏の論説への批判は丁寧に行なわねばならず、ここで全面的には展開しない。ただし、関係する問題として、本書で主に取り扱った蓮如期以降、すなわち本願寺実如・証如・顕如・教如・准如の時代における「一向宗（衆）」の問題については、丁寧に史料を確かめながら検討する必要があることは指摘しておきたい。また、時代・地域・史料の各性格を考慮して捉えなくてはならない。

前述のように、豊臣政権期に本願寺が「一向宗（衆）」として京都東山大仏千僧会に出仕していったこと、また本願寺の東西分派と「宗」の問題が関わるかどうかということなども含め、蓮如期以降も見通した「一向宗（衆）」論が、戦国期本願寺教団の社会的位置を考える際に重要な課題であり、ここで寸考しておきたい。なお、史料上、「宗」と「衆」の区別はとくに意識せずに使用されている場合が多い（後掲『義演准后日記』は除く）。しかし、研究理解としては「宗」（宗派）と「衆」（集団）は区別すべきであることを最初に注意しておきたい。

第一節　蓮如期までの「一向宗（衆）」問題

本節では、次節での行論に必要な範囲で、蓮如期までの「一向宗（衆）」問題について、先行研究を確認しながらまとめていく。

そもそも、歴史的には親鸞が浄土真宗という宗派・教団を開いたわけでない。その意味では、前掲した蓮如の『御文』[8]における説明に疑問を持つ見解[9]もわからなくはない。しかし、親鸞自身、その主著『教行信証』に「大無量寿経　真実の教　浄土真宗」[10]と掲げ、その書簡に「浄土真宗は大乗のなかの至極なり」[11]と記した。蓮如はその宗教的精神の継承を示したのであり、意味がないことではない。

「一向宗（衆）」という語の淵源については、詳しくは不明である。しかし、たとえば親鸞の『愚禿鈔』[12]に「一向専修」の語が見えるように、ひたすらに念仏を専修していくところに語源を求めることは間違いではないだろう。社会集団の名称として記す史料上の早い事例では、永仁四年（一二九六）成立という『天狗草紙』[13]には一遍（一二三九～八九）の集団を指して、「一向衆といひて、弥陀如来の外の余仏に帰依する人をにくみ、神明に参詣するものをそねむ」と述べられている。その一方で、親鸞の門弟集団は自分たちと異なる集団として「一向衆と号し諸国横行放埒輩」を認識しており[14]、彼らと自分たちが混同されないように主張している。いずれも「一向専修」性に基づいて呼ばれたものではなく、むしろ社会秩序を乱す存在として非難される対象としての「一向衆」表現であることは確認しておく必要がある。

この社会秩序を乱す存在としての「一向衆」認識（他称）は基本的に蓮如期まで続いたと言える。著名な加賀一向一揆に言及した禅宗史料『翰林胡蘆集』の「一妄男子、一向宗と号し、百姓を簧鼓す、蟻衆烏合し、諸宗を排毀し、以て己の党となす」[15]については、「一妄男子」が蓮如であると考えられ、一向宗を自称していたとも読める。ただし、そのことは蓮如自身が「一向宗」を否定していることと齟齬し、事実かどうかはわからない。一向一揆を戦った主体が「一向宗と号し」た可能性のほうが高いと考えられている[16]。奈良興福寺の尋尊が記録した『大乗院寺社雑事記』文明六年（一四七四）十一月一日条に「加賀国一向宗土民無碍光衆と号す[17]」とあることなどから、基本的に一向一揆を戦う本願寺門徒を指して「一向宗（衆）」という社会秩序を乱す存在と認識し、そのように呼称したという理解から始めなくてはならない。

ところで、この『大乗院寺社雑事記』に出てくる「無碍光衆と号す」については草野顕之氏の研究がある[18]。草野氏によれば、①比叡山が本願寺に対して「号無礙光、建立一宗」[19]と非難したが、その他はとくに非難めいた意味もなく「無碍光宗」と呼ばれることがあった、②五山禅宗僧が「無碍光宗」を中国の白蓮教徒に類比させたことにより邪宗観が生まれた、③専修寺・佛光寺などは本願寺との混同を恐れ「無碍光宗」呼称を拒否して「一向宗（衆）」呼称を望んだ一方で、蓮如は宗名として「無碍光宗」については肯定的に考えていた、④蓮如期以降も本願寺門徒・一向一揆を指して「無碍光宗」と呼ぶ事例が見られた、という。

いくつかの示唆のうち、とくにここで注目しておくべきは、「宗」を号した点である。中世仏教は「宗」を公的正統たるものとしていたから、「宗」は私的に号してよいものではなかった。そうであるがゆえに「号無礙光、建立一宗」が非難されたのであることをあらためて確認しておく必要がある。「号一向宗」もその意味で捉える必要がある。

ただし、草野氏が言うように蓮如は「無碍光宗」呼称に反発はなかったかもしれないが、積極的に用いたわけでもない。基本的には次に掲げる『御文』の言説が蓮如の態度であった。

【史料1】蓮如御文（『五帖御文』第一帖第十五通）[20]

問テイハク、当流ヲミナ世間ニ流布シテ一向宗トナツケ候ハ、イカヤウナル子細ニテ候ヤラン、不審ニオホエ候、答テイハク、アナカチニ我流ヲ一向宗トナノルコトハ別シテ祖師モサタメラレス、オホヨソ阿弥陀仏ヲ一向ニタノムニヨリテ、ミナヒトノマウシナスユヘナリ、シカリトイヘトモ、**経文ニ一向専念无量寿仏トトキタマフユヘニ、一向ニ无量寿仏ヲセヨトイヘルコヽロナルトキハ、一向宗トマフシタルモ子細ナシ、サリナカラ、開山ハコノ宗ヲハ浄土真宗トコソサタメタマヘリ、サレハ、一向宗トイフ名言ハ、サラニ本宗ヨリマウサヌナリトシルヘシ**、サレハ、自余ノ浄土宗ハ、モロ〱ノ雑行ヲユルス、ワカ聖人ハ雑行ヲエラヒタマフ、コノユ

ヘニ真実報土ノ往生ヲトクルナリ、コノイハレアルカユヘニ、別シテ真ノ字ヲイレタマフナリ、（中略）

文明第五九月下旬第二日至于巳尅加州山中湯治之内書集之訖、

しかし、「浄土真宗」呼称が用いられることはなく、また、草野氏は「無碍光宗」呼称の広まりを指摘したが、その後も圧倒的に多いのは「一向宗（衆）」であった。明応八年（一四九九）三月二十五日に蓮如は死去したが、『実隆公記』は「山科法印一向宗、今日入滅云々」、『東寺過去帳』は「本願寺山科　一向衆長老、明八三」と記している[21]。

第二節　蓮如期以降の「一向宗（衆）」問題

次に、ここからが本題である。蓮如期以降の「一向宗（衆）」問題について、時代・地域・史料の各性格に注意しながら点描していく。

蓮如の後継である実如とその時代の本願寺関係者による「宗」（教団）認識史料は見出せない。その一方で、他称としては「一向宗（衆）」が頻出する。

まずは永正三年（一五〇三）の全国的な動乱に際して、諸国で「一向衆」が蜂起したという諸記録である。『尋尊大僧正記』『宣胤卿記』『東寺過去帳』『実隆公記』等に見出すことができる。このうち『尋尊大僧正記』のみ「一向宗」と記し、その他は「一向衆」であるが、表記の違いに特段の意図はないだろう。

『東寺過去帳』はたびたび「一向衆」を記しており、北陸の「一向衆」蜂起のみならず、没年記事として永正十一年（一五一四）の堅田本福寺法住、大永五年（一五二五）の本願寺実如についても「一向衆」としている。なお、

『東寺過去帳』において、佛光寺経誉については「一向衆」とは記されておらず（永正九年〈一五一二〉九月十二日）、注意すべき点である。

永正年間の地域史料では『鵤荘引付』の「一向衆念仏道場」検断記事が有名である。[22]永正十一年（一五一四）二月十三日に、東保村に所在した「一向衆念仏道場」を庄例に任せて検断したという。総じて播磨国の「一向衆」は京都より成敗があり鵤荘でも禁制し続けているとして、二道場が破却された。地域における禁制・検断対象としての「一向衆」の歴史的実態がうかがえるものである。

その一方で、公家の日記に本願寺関係者を指して「一向衆」と表記する事例が見受けられるが（『二水記』永正十六年〈一五一九〉三月二十二日など）、交流関係を示すもので、忌避意識などは見受けられない。

一揆蜂起、もしくは地域で道場が検断対象となるような「一向衆」認識と、ただ本願寺関係者であることを示すのみの「一向衆」表記が並列していると言える。この傾向は次の証如期前半まで続く。

証如期の前半は、何と言っても享禄・天文の一向一揆が問題である。とくに天文元年（一五三二）から同四年にかけては公家等の日記に「一向宗（衆）」に関する記述が頻出する（『快元僧都記』『祇園執行日記』『二水記』『経厚法印日記』『後法成寺関白記』『実隆公記』『蓮成院記録』『言継卿記』『後奈良天皇宸記』など）。いずれも、妙な忌避表現などはないものの、一向一揆の軍事的動向に関わる記述である。

ところが、その後の天文五年（一五三六）以降は公家等の日記に「一向宗（衆）」表記がほとんど見出せなくなる。「本願寺」に関する記述はむしろ多くなっているにもかかわらず、である。史料把握に偏重があるかもしれないが、この傾向は偶然ではないものと思われる。理由として考えられるのは、天文年間における本願寺の社会的位置の上昇である（本書第Ⅱ部第三・四章）。公家にとって大坂本願寺はもはや「一向衆」と呼べる対象ではなくなっていたのではないだろうか。

本願寺証如においては「宗」（教団）認識に関する記述が見出される。証如の日記である『天文日記』の天文七年（一五三八）八月十五日条に「宗体法度」という表現が見出され（本書第Ⅱ部第四章）、これは本願寺という一宗における根本的な教義と掟・法を意味し、それを主張するものであった。その前提に一宗としての独立意識があることは明白である。[23]

とはいえ、明確に「宗」を名のる史料もまた見出せない。顕如期になるとよく見出されるのが、「開山之一流」とそれに類する表現である。とくに、いわゆる「石山合戦」開戦期の檄文などに見出せるが、「御一流」という表記もまた蓮如期からあり、教団認識を示すものとして捉えておく必要がある。なお、「石山合戦」終結期にあっては「一宗仏法」の退転を危惧する顕如書状なども見受けられる。[24][25]

永禄二年（一五五九）に門跡に勅許された本願寺はもはや「一向宗（衆）」と呼ばれなくなったかと思いきや、三河・尾張・奈良などの地域における本願寺系道場に関しては「一向宗（衆）」と呼ばれる事例が見出せる（『言継卿記』『紹巴冨士見道記』『多聞院日記』など）。また、キリシタン宣教師史料においては「一向宗」表現は頻出し続ける。それらは本願寺という歴史的実態に向き合った上でのキリシタン宣教師による印象的理解・評価である。[26]

ところで、このようにして見てくると、神田氏が重要な史料として掲げる天文二十四年（一五五五）の『相良氏法度』の特異性も、あらためて想起されてくる。もちろん重要な史料であることにまちがいはないが、そこに示された「一向宗」は多分に実態を示したものではない。むしろ領国支配を進めていくにあたり、宗教秩序を創出するために掲げられた架空性も含む禁制対象であったという理解も必要になってくるのではないだろうか。少なくとも、ただちに実態を示す史料として用いることには慎重でありたい。当該期の相良氏領国内に大規模な本願寺門徒集団が存在していたとは言えないからでもある。ましてや近世薩摩藩の史料まで用いるとなれば、ぼう大な近世史料を網羅して全国的な実態把握とともに丁寧に位置付けなくては、妥当な理解にはたどり着けない。

最後に教如・准如期について検討する。京都東山大仏千僧会への新儀の「八宗」出仕について、公家の山科言経にはおそらく特段の意識はなかったのに比べ、真言宗の醍醐寺義演は明確な嫌悪感とそれに基づく記録を残している（本書第Ⅱ部第六章）。

【史料2】『義演准后日記』文禄五年（一五九六）正月二十九日条[27]

千僧会次第事、最初真言宗・第二天台宗・第三律宗・第四禅宗・第五浄土宗・第六日蓮衆・第七自衆共、第八一向衆共也、

すなわち義演は、真言・天台・律・禅・浄土までは「宗」として認めていたものの、それ以下の日蓮（法華）衆、自衆（時宗・遊行）、一向衆（本願寺）については「衆」「衆共」と表記してはっきり区別した。この「宗」「衆」の表記による区別は、『義演准后日記』慶長四年（一五九九）五月二十四日条や慶長五年（一六〇〇）正月二十五日条等でも一貫していた。義演からすれば、法華宗・時宗・一向宗などを自らの真言宗と同じ「宗」として認めることはできなかったのである。

一方で、本願寺側の意識はどうであったかと言えば、同じく大仏千僧会への出仕を記録する『法流故実条々秘録』[28]（寛文九年〈一六六九〉成立）によれば「御一宗」という表記である。『法流故実条々秘録』は准如方の史料であるが、教如方については「東西両家」、佛光寺については「一派之宗門」と表記した。いずれにせよ「一向宗」と

いう表記は見られず、この段階でも本願寺においては「一向宗」が自称ではないと言えよう。なお、『佛光寺先規作法之記録』(29)（近世初期成立）には「一向宗」表記がある。

本願寺の東西分派に関しては、歴史的実態としては教団の分立であるが、当該期の捉え方としては「宗」をめぐる対抗ではなく、本願寺門跡の家の分立であった。そのなかで「本寺」＝西本願寺、「裏方」＝東本願寺という表記がしばしばなされた(30)。

近世においては藩・地域によって表記も多様であり、「一向宗東」「一向宗西」「一向宗高田」などと表記することもあれば、「東本願寺宗」「西本願寺宗」「高田宗」といった表記もあり、「浄土真宗」が用いられているところもある(31)。ただし、公的には「浄土真宗」表記は許されておらず、そのため、安永三年（一七七四）に東西本願寺・専修寺・佛光寺が江戸幕府に「浄土真宗」の公称許可を求め、それに対して浄土宗側が反駁するという、いわゆる「宗名」論争が始まることになる(32)。そして「真宗」公称が認められたのが、冒頭に示したように明治五年（一五七二）のことなのである(33)。

むすびにかえて

この補論では、前章の京都東山大仏千僧会に本願寺が「一向宗（衆）」として出仕したという問題から、あらためて「一向宗（衆）」の問題について整理しておく必要を感じ、取り組んだものである。雑駁な点描ではあるが、いくつかの見通しは立てられたものと考える。第Ⅱ部を通しての課題である戦国期本願寺教団の社会的位置を考えるにあたり、「宗」の問題は重要であった。基本的には、本願寺が宗派・教団として独自性・主体性を持ち、それが国家的社会的に認知されていく歴史的過程である。そのなかで蓮如が望んだ宗派名「浄土真宗」を用いることができず、受け入れ難かった宗派名「一向宗」がむしろ本願寺の歴史的特徴を表してもいて、その「一向宗」を宗派名とし、本願寺教団の戦国期は帰結していくことになるのである。

注

(1) 図録『特別展　播磨と本願寺――親鸞・蓮如と念仏の世界――』(兵庫県立歴史博物館、二〇一四年) コラム10「「一向宗」の呼称について」。表記をやや修正した。

(2) 井上鋭夫『一向一揆の研究』(吉川弘文館、一九六八年) など。

(3) 神田千里a「加賀一向一揆の発生」(『史学雑誌』第九〇巻第一一号、一九八一年)、同『一向一揆と真宗信仰』(吉川弘文館、一九九一年)、同b「原始一向宗の実像」(網野善彦・石井進編『中世の風景を読む4　日本海交通の展開』新人物往来社、一九九五年)、同c「戦国期一向宗の実像」(勝俣鎮夫編『中世人の生活世界』山川出版社、一九九六年)。以上のうち論文の三本は、のちに同『一向一揆と戦国社会』〈吉川弘文館、一九九八年〉第一部第一章~三章)。

(4) 前掲注(3)『一向一揆と戦国社会』序章。

(5) 前掲注(3)『一向一揆と戦国社会』序章。

(6) 神田氏が述べた「中世語としての「一向宗」に対応する社会集団を包括的に捉える視点が必要ではないか」(前掲注(3)神田論文b) という指摘はまったくそのとおりである。ただし、神田氏の検討過程の一部と最終的な結論は妥当性を欠く。なお、金龍静氏は論点を簡潔に捉えた上で、次第に「一向宗という名は、専ら蓮如教団の独占的宗名であるかのようになっていった」という理解を示した(同「一向宗の宗派の成立」〈『講座蓮如』第四巻、平凡社、一九九七年〉など)。神田氏が言う「一向宗」と本願寺教団のずれについては、ほとんど問題にしていないようで、それにもまた疑問がある。

（7）拙稿「一向一揆研究の現状と課題」（新行紀一編『戦国期の真宗と一向一揆』吉川弘文館、二〇一〇年）。
（8）『真宗史料集成』（以下『集成』）第二巻（同朋舎出版、一九九一年改訂版）など。
（9）前掲注（3）神田a論文。
（10）『集成』第一巻（同朋舎、一九七四年）など。
（11）『末燈鈔』第一通（『集成』第一巻など）。
（12）『集成』第一巻など。
（13）『続日本絵巻大成』第一九巻（中央公論社、一九八四年）。
（14）元亨元年二月日『本願寺親鸞上人門弟等謹言上』（『集成』第一巻「大谷廟堂創立時代文書」）など。
（15）教学研究所編『蓮如上人行実』（真宗大谷派宗務所出版部、一九九四年）など。
（16）前掲注（3）神田論文群参照。
（17）前掲注（15）『蓮如上人行実』など。
（18）草野顕之「「無碍光宗」について」（薗田香融編『日本仏教の史的展開』塙書房、一九九九年。のちに同『戦国期本願寺教団史の研究』〈法藏館、二〇〇四年〉第Ⅰ部第三章）。
（19）「叡山牒状」（『金森日記抜』〈『集成』第二巻など〉）。
（20）『集成』第二巻「諸文集」(32)。なお、同年月日付の『御文』行徳寺真本（「諸文集」(31)、草野氏引用）のほうがさらに詳しく、また帖外13（「諸文集」(36)、神田氏引用）も同様の内容である。
（21）『大系真宗史料』文書記録編5「戦国期記録編年」（法藏館、二〇一四年）。以下、注記をつけない史料に関しては同書に典拠。
（22）『兵庫県史』第三巻（兵庫県、一九七八年）、『兵庫県史』史料編中世三（兵庫県、一九八八年）。
（23）『集成』第三巻（同朋舎、一九七九年）など。
（24）『大系』文書記録編4「宗主消息」（法藏館、二〇一四年）など。
（25）前掲注（21）『大系』など。
（26）真宗海外史料研究会編『キリシタンが見た真宗』（真宗大谷派宗務所出版部、一九九八年）など。

(27)『史料纂集』（続群書類従完成会編、一九七六年）。
(28)『大系』文書記録編13「儀式・故実」（法藏館、二〇一七年）など。
(29)首藤善樹「仏光寺の寺僧六坊――仏光寺先規作法記録――」（平松令三先生古稀記念会編『日本の宗教と文化』同朋舎出版、一九八九年）。
(30)『大系』文書記録編14「東西分派」（法藏館、二〇一六年）。
(31)各自治体史の近世資料編に史料が散見される。「門徒宗」表記などもある。
(32)宗名論争については、木場明志『『宗名往復録』註解』（真宗大谷派宗務所出版部、二〇〇八年）参照。
(33)『太政官日誌』明治五年（一八七二）三月十二日条（『維新日誌』名著刊行会、一九六六年）など。

第七章　本願寺教如の生涯と歴史的論点

はじめに

尽十方無碍光の　大悲大願の海水に　煩悩の衆流帰しぬれば　智慧のうしほに一味なり

（親鸞『浄土高僧和讃』曇鸞讃22）

これは、浄土真宗を開いた親鸞が撰述した『浄土高僧和讃』における曇鸞和讃の一首である。「尽十方無碍光」すなわち阿弥陀仏（如来）の、すべての衆生をひとしく救う「大悲大願」を、広大な海の水にたとえ、煩悩にまみれる衆生はさまざまに流れているが、どの流れも（阿弥陀仏の救いの）海に帰っていけば、（阿弥陀仏の）智慧の潮のなかで一味となっていくとうたう。阿弥陀仏の衆生救済を海と海に流れ込む（川の）流れにたとえたものである。

慶長九年（一六〇四）に東本願寺を創立した教如は、この曇鸞和讃を重んじ、十字名号に添えて記している(1)。親鸞の教えを受け継ごうとする教如の教学的特徴がここに見出せる。さらに言うならば、阿弥陀仏のそうした大悲大願にもかかわらず、自らの生きざまにより本願寺教団が二つに割れ、一つになれないその現実に直面し、しかしそれを引き受けて戦国時代を生き抜いていくことしかできなかったのが教如であった。そうした教如の想いを、この曇鸞和讃を重んじるところから、読み出すことができるのではないか。

教如は、いわゆる東本願寺教団の独立創設者である。（東）本願寺第十二世に数えられる。現在の真宗大谷派の派祖と言ってもよい。戦国末期の永禄元年（一五五八）に生まれ、江戸初期の慶長十九年（一六一四）に死去した。教如は、日本の歴史社会が中世から近世へと変革していった時代に、新たな教団を形成し、その本山として東本願寺を独立させた。一般に、織田信長・豊臣秀吉・徳川家康らと渡り合った戦国武将的な印象をもたれやすいが、当然ながらそうした政治・軍事史的側面のみで評価するのはまちがいである。たとえば、好戦的で粗野、政治的で狡猾を本質とする人物であったならば、それほど多くの人びとが慕い、方向性をともにしていくことはなかっただろう。死と隣り合わせの戦国乱世であればこそ、人びとは生きる力を求めていた。そうした人びとの願いのなかで、教如は自ら〝信〟に立って生き、生きるよりどころとなるものを掲げ、戦国乱世を生き抜く力を示した。だからこそ、多くの人びとが教如を慕い、教如を支え、教如を中心に新たな教団が創り上げられていったのである。もし、教如が途中でくじけ、あきらめていたら、多くの人びとが生きるよりどころを失ったであろう。ここで言う、生きるよりどころとは普遍的には浄土真宗の教えであり、歴史的にその具体的象徴となるのが「開山（親鸞）聖人の御座所」（本廟）たる本願寺であった。教如教団はそのよりどころとなる本廟として東本願寺を分立・創立したのである。

なぜ、教如は東本願寺をつくったのかという問いに対しては今、以上のように説明する。こうした理解を根底に持ちつつ、本章では本願寺教如の歴史的検証を研究課題とする。

教如研究はあまり蓄積されていないと言われがちである。しかし、それは親鸞や蓮如に比して、という感もあり、実際には必ずしも少なくはない。近世には東西本願寺の間で分派をめぐる論争があり、どちらが正嫡かという多分に感情論的な応酬があったが、そのなかでも基本事項の確認は進められた。近代以降も、早くからその生涯の概略や重要事項などは述べられており、本願寺の東西分派をめぐっては、日本仏教史上の重要課題として取り扱われた。(2)そこでは当然ながら教如の歴史的評価は必須の課題となった。(3)また、戦後に活性化した一向一揆研究においても教如への言及が少なかったわけではなかった。(4)ただし、一般的には、家康による本願寺分割論という誤った言説にふりまわされたり、いわゆる「石山合戦」終結時の父子義絶密計説、もしくは父母との相克などが注目されすぎたりと、偏った部分がとりあげられてきたきらいはあった。また、それが近年の戦国・織豊期研究になると、本願寺・一向一揆研究への関心の薄れ、位置付けの低下もあいまって、「石山合戦」終結期の動きが政治的文脈でのみわずかにとりあげられるに過ぎない、もしくは言及されなくもなってきている状況が見受けられる。

その一方で、真宗史・本願寺教団史においても、これまで十分な言及と評価があったわけではない。教如による東本願寺の創立（本願寺の東西分派）を真正面から論じた研究としては、教如の法宝物下付と「門主」意識、教如教団の形成をめぐる地域門徒団の問題などを論点とした先駆的業績はある。(5)しかし、教如という歴史的人物の生涯とその論点を網羅的、総体的に捉えようとした研究ということになれば、たしかに多くはないのである。

さて、平成二十五年（二〇一三）は教如四百回忌に相当し、これを契機とする教如研究の進展が見られた。まず注目すべきは大桑斉氏の『教如――東本願寺への道――』(6)であり、教如による東本願寺創立の理念をめぐる考察が提示された。そこでは、教如は人びとが「念仏とともに生きることで、生きる意味が紡ぎ出され続ける場（トポス）を守り抜こうとして歴史の反逆者となった」と強調された。現代的な意味を意識したからトポスという語が用いられたようであるが、教如の〝仏法領〟論と読み直してもよいであろう。この理念をめぐり、「宗主」意識、仏法再興、「本願寺は慈悲の家」、和讃を書き添えた名号、『浄土文類聚鈔』の重視、といった論点での考察が提示された。

さらに教如の流浪ならぬ「秘回」、道場地域を中心とした教如派教団の形成、それへの弾圧と抵抗、といった動向が検討された。教如研究の一つの到達点と言うべき内容であり、本章冒頭の曇鸞和讃の紹介もこうした問題提起をうけて述べたものである。とはいえ、課題もなお多い。理念をめぐる考察は別の視点・表現からもなされるべきであり、また、同書において理念編の前に置かれた伝記編は昭和六十年（一九八五）に発表された論考であり(7)、初めての本格的な教如伝であったとして評価すべきではあるが、現時点では増補・修正すべき点も少なくはない。

また、上場顕雄氏の『教如上人と大坂(8)』は平成元年（一九八九）から平成五年（一九九三）にかけて新聞『南御堂』（真宗大谷派難波別院発行）に連載された内容を一書にしたものである。大坂から天満・京都に至る本願寺教団史の諸論点が盛り込まれており、重要な成果である。上場氏はさらに『教如上人――その生涯と事績――(9)』という小冊子を著したが、その内容はかつて上場氏が主に関わった教学研究所編『教如上人と東本願寺創立(10)』の内容をふまえたものである。これらの三冊で強調された新たな論点としては、教如の本願寺住職強制退隠をめぐる豊臣政権内部の石田三成派・千利休派の対立の指摘が注目される。しかし、両派対立そのものの具体的内実の解明、教如教団の主体的独立という視点とどう交わるのかといった問題が残る。また、いずれもわかりやすく至便な概説書であるものの、史料提示の少なさなど、概説書であるがゆえの限界も見える。

展覧図録としては真宗大谷派から『教如上人――東本願寺を開かれた御生涯――(11)』が刊行された。その生涯の時間軸を意識しながら章節構成を行ない、新出を含む多岐にわたる関係史料・法宝物を掲載した図録である。

そのほかには小泉義博氏の『本願寺教如の研究（上・下）(12)』がある。渾身作であり、史料の博捜提示と教如や家臣団の花押検討といった点が大きな成果である。しかし、生涯を通した構成ではなく、論点を絞り過ぎたきらいもある。また、文書等の同時代史料と由緒書等の後世史料を並列的に並べて議論する傾向が見え、史料の扱いにも課題が残る。小泉氏の独特な成果を参照はしつつも、総合的な文脈からの検討が必要である。

以上の研究現況の全体的な傾向と課題として、概説書の論述が先行し、それらの前提として取り組まれたはずの史料の検討・提示という歴史研究の基礎作業が必ずしも十分に公表されていないことが注意される。また、教如をめぐる歴史的諸論点については、戦国史・教団史さまざまにさらに多くの課題が掲げられる。こうした課題を意識しつつ、同朋大学仏教文化研究所が『教如と東西本願寺』(13)を刊行し、そこで教如研究はまた大きな進展を見た。戦国期宗教勢力の歴史的帰結とともに、近世宗教勢力の歴史的出発の重要な鍵の一つとして、さらに新たな教如研究に取り組んでいくことが現在の課題である。

本章では、本願寺教如の生涯と歴史的諸論点について概括する。第一節で本願寺教如の生涯について概説的に、しかし根拠とする史料をできるだけ提示しながら述べる。続いて第二節で、本願寺教如とその教団がいかなる社会的位置を有したか、またいかなる教団的実態を有したかという視点を中心に、論点整理を行なう。なお、参考として本願寺教如関係系図を章末に付した。

第一節　本願寺教如の生涯

1　誕生・石山合戦期

教如は、永禄元年（一五五八）九月十六日、大坂（石山）本願寺で生まれた（一歳。『私心記』(14)）。父は本願寺顕如（十六歳）、母は如春尼（十五歳）で、その長男である（『大谷嫡流実記』(15)、以下、系譜的内容は基本的にこれによる）。

本願寺は、浄土真宗を開いた親鸞の死去後、その墓所（大谷廟堂）に始まり、親鸞曾孫覚如により寺院化して本願寺となり、戦国時代に蓮如により本願寺教団が形成された。本願寺の所在地は最初、京都東山大谷にあり、その後、山城国山科、そして摂津国大坂（石山）へと移った。顕如は本願寺の第十一世に数えられている。

教如の母如春尼は公家三条公頼の三女で、室町幕府管領細川晴元の養女となり、弘治三年（一五五七）、顕如に嫁した。如春尼の長姉は細川晴元に嫁し、次姉は甲斐国の戦国大名武田信玄に嫁していた。本願寺は蓮如以降、本格的に公家との婚姻関係を強めており、顕如の母顕能尼如従も公家庭田重親の娘であった（『日野一流系図』[16]）。

教如の幼名は茶々丸と伝えられるが、得度以前の幼少期については同時代史料に動きは見えない。誕生の翌年末には父顕如が朝廷より門跡に勅許され（『お湯殿の上の日記』[17]）、永禄四年（一六五三）親鸞三百回忌が盛大に厳修された（『私心記』[18]）。大坂本願寺には寺内町が形成され、戦国期本願寺教団の絶頂期を迎えていたと言ってよい。しかし、その後は教団内における一家衆と御堂衆の対立や永禄七年（一五六四）十二月二十六日の火災による本願寺・寺内町焼失（『言継卿記』[19]）、翌年にかけての再興といった混乱も起こった。いずれも、幼き茶々丸（教如）の成長に何らかの影響を与えたであろう。なお、永禄七年正月二十二日には弟の顕尊が誕生した（七歳）。顕尊はのちに興正寺に入り、本願寺の脇門跡となった（本書第Ⅱ部補論2）。永禄十年（一五六七）には本願寺と和議を結んだ越前の戦国大名朝倉義景の娘と教如の婚儀が約束され（十歳）、のち天正元年（一五七三）朝倉氏滅亡の際、義景の娘は大坂に入ったという[20]。

教如は永禄十三年（一五七〇〈元亀改元〉）二月十六日に十三歳で得度した（『教如上人御得度記』[21]）。諱は光寿で、近衛前嗣（前久）の猶子になったという。教如の得度に関して同月十三日に近衛前久が吉田兼右に衣体等を問い合わせており、その際に青蓮院の院家松泉院応全が、本願寺は代々、青蓮院で得度する慣例であったが、今回は申し入れがなく詳細が不明と述べたともいう（『兼右卿記』[22]）。先立つ顕如の得度以降、青蓮院から独立して得度式を行なうようになったということが、必ずしも当時の公家（寺社）社会において了解されていたわけではないことが知られよう。ともかく、得度により教如は「新門」（新門主・新門跡＝本願寺後継者）となった。

教如が得度したその年の八月から十月にかけ、本願寺顕如（門跡・門主）は諸国門徒に信長打倒の檄文を発した。いわゆる「石山合戦」の勃発である。以降、天正八年（一五八〇）の終結までの十一年間は、大坂本願寺をめぐる織田信長との戦いのなかに教如はいた。この間の教如の動向も詳らかにはならない。伝承が各地にいくつか残っているが、ただちに史実とは認められない。確実なところでは、天正六年（一五七八）七月段階で播磨英賀（本徳寺）に渡海したことが知られる（二十一歳。和歌山県念誓寺蔵顕如書状ほか）(23)。英賀御坊本徳寺は大坂本願寺教団の西方の最重要拠点である。安芸広島の毛利氏、その手前の鞆に所在した将軍足利義昭との関係が推察されようが、それが次の〝大坂拘様《かかえざま》〟にどのように関係するかまでは定かではない。一説には天正七年（一五七九）には顕如・教如の父子不和が生じていたともいうが、なお要検討である(24)。ちなみに、この「石山合戦」のさなか、天正五年（一五七七）に弟の准如が誕生した（二十歳）。

教如は、かつて蓮如が見出した大坂の本願寺に生まれ育った。そして、その大坂をめぐり、織田信長と「石山合戦」が戦われ、教如はそのただなかにいた。そのことが次に展開する教如の〝大坂拘様〟の背景にある。

2　〝大坂拘様〟・流浪（秘回）期

教如は天正八年（一五八〇）の「石山合戦」終結の際、正親町天皇による勅命講和を受け入れて大坂を退去した父顕如とは見解と行動を別にし、織田信長との徹底抗戦を主張してさらに籠城を続けた（二十三歳）。いわゆる〝大坂拘様〟である。この時期の史料については、顕如方、教如方、家臣方、門徒方、信長方、朝廷方の六方面からの文書群があり、状況把握の錯綜とそれぞれの意図の相違に注意が必要である。
『天正八年信長と媾《ママ》和及大坂退城に関する文書』[25]によれば、経過としては、三月一日に近衛前久と庭田重保・勧修寺晴豊の両勅使が大坂に下った。前年末からの交渉を受けての下向である。三月十七日には織田信長から、惣赦免、加賀二郡の返却、七月盆までの大坂退去など七か条にわたる和議の誓詞が提出され、閏三月五日には顕如による和議受諾の誓詞が提出された。この際、教如も父顕如と同文の誓詞を提出した。

　ところが、その二日後となる閏三月七日付で、教如は逆に、数代にわたり「本寺聖人の御座」となった大坂本願寺を信長勢の馬の蹄に汚されることを嘆き、当寺を拘える（護持する）ことを触れたのである。そしてそのことは顕如の意に背くものではないとし、「一味同心」を門徒に募った。こうした教如の意思表示とその後の行動を顕如が了解していたという父子密計説もかつて言われたが、現在ではほぼ否定されている[26]。「石山合戦」終結をめぐる教如と顕如の対立は、両者の本願寺護持存続方針の相違、本願寺家臣団の思惑と作為、そして坊主衆・門徒衆の分裂的動向が複雑に絡み合って惹起し展開したものと考えられる。

　教如の〝大坂拘様〟をめぐる信仰的理由は、蓮如創建で「（親鸞）聖人の御座（所）」となった大坂を、いわば「仏法領」と考え、それを信長から守り抜きたいというものであった[27]。これは大坂退去により本願寺の存続を図った顕如とは方針を異にする。ともに本願寺の護持存続を願うところは同じでありながらの路線対立であった。また、〝大坂拘様〟の政治的理由としては、毛利氏や将軍足利義昭との関係を想定することもできる。ただ、具体的にどれだけの連動があったかは不分明である。事実としては、約束期限の七月を越えた八月二日に教如も大坂を退去している。籠城を長期にわたって継続できる見通しがないままの〝大坂拘様〟の提唱であったとも言えよう。しかし、教如を支持する坊主衆・門徒衆勢力は多く存在した。〝大坂拘様〟への支援を感謝する教如の書状が、九月二十日前後の日付、三月九日前後の日付で多数、残っている（たとえば三河本證寺文書、三河慈光寺文書など[28]）。

教如が〝大坂拘様〟を提唱する一方で、顕如は四月九日には親鸞影像などを奉じて大坂を退去し、翌日には紀伊国鷺森に到着していた。九月六日、鷺森まで下った教如の合流を顕如は拒否した。これ以降、いわば父子断絶の状態となり、教如の足跡は天正十年（一五八二）六月まで表向き不明である。

このおよそ二年間、教如は諸国を流浪していたと、いや意図をもって「秘回」していたとも、言われる[29]。さまざまな伝承も残されているが、教如の動向として確実なところでは、天正九年（一五八一）に三河・尾張・美濃の支持勢力に対して証如影像を多く下付したことが知られる（二十四歳。高浜専修坊蔵証如影像裏書ほか[30]）。法宝物下付は原則として本願寺住職の専権行為であり、当該期の教如の意志が読み取れよう。また、教如は天正十年に推定される二月二十日付の書状（三河西照寺文書[31]）で、無事に山中まで退いたこと、甲州へ向かうも路次に不都合があり果たせなかったことを記している（二十五歳）。さらに四月八日付上杉景勝書状（越中善徳寺文書[32]）では、教如が越中五箇山辺りにいたことが示唆され、東海・北信越地域における活動が垣間見える。なお、当該地域には多くの教如伝承が残るが、これをそのまま当該期の史実に用いることには慎重でありたい。伝承にはもっと別の評価が必要である。その他の伝えとしては、安芸広島下向も近江慈敬寺と広島御坊創建の関連で知られているが[33]、これも今のところ史実としての確定はできない。とはいえ、以上に挙げた地域が教如を支持する有力な教団的基盤となったことは確かである。

3　教団帰参・再新門期——豊臣政権期①

教如は天正十年（一五八二）六月二十七日付で父顕如、母如春尼に対して詫状（本願寺文書[34]）を提出し、教団に帰参した（二十五歳）。顕如の教如に対する勘気は表向き解けたが、教如を支持した坊主衆・門徒衆への勘気・破門は継続された。教如は自らを支持した勢力に対して、決して見放さず破門解除に尽力することを約束した（七月八日付真宗寺あて書状など）(35)。ただし、それが果たされたのは天正十四年（一五八六）八月、天満本願寺で行なわれた証如三十三回忌のことである(36)。

教如の教団帰参を決定付けたのは本能寺の変であった。織田信長の頓死により、状況が急転したのである。越後に向かう途中の教如は、本能寺の変を知り行き先を紀伊鷺森に変更した。巷説に教如が本能寺の変の黒幕だという話もあるが、状況的にはあり得ない。父子和解には教如の弟興正寺顕尊の尽力があった（『鷺森日記』(37)）。兄教如の流浪中、顕如の側にいたのはこの二男顕尊であったが、帰参した教如が再び「新門」の位置に復帰していくことになる。まず同年十一月の報恩講で、教如は内陣出仕、巡讃首座の位置に座った(38)。

さて、以降の動向については本願寺家臣宇野主水が記した『貝塚御座所日記』(39)に詳しい。これによって見ていこう。

天正十一年（一五八三）七月四日、顕如をはじめとする本願寺一行は船で紀伊鷺森を出て和泉貝塚に移った（二十六歳）。ここには卜半斎了珍の貝塚御坊（のちの願泉寺）があった。ここに教団中枢部を移したのであるが、教如は顕尊らとともに顕如に随従した。教如はこの貝塚時代に教寿院如祐（おふく）を側室とした(40)。最初の妻であった三位殿（朝倉義景の娘）とは「石山合戦」期に離別したらしく(41)、教団帰参後に二人目の妻、東之督（久我通堅の娘）を迎えていたとすれば、その直後の側室抱えが後々まで問題視されたことも頷けよう。ところで、同年もなお教如は、数は少ないながら門末に対して法宝物下付をしたことが知られる（近江善敬寺・尾張専養坊など）(42)。これが本願寺住職の権限である以上、なおも続く教如の意図的活動として注目すべきである。

貝塚時代の天正十二年（一五八四）四月七日、顕如と教如は非公式に瀬田・宇治あたりに見物に出かけ、教如はさらに京都見物にも足を延ばした（二十七歳）。ちょうど尾張の小牧・長久手では秀吉と家康が激突しているさなかである。ただの物見遊山ではなかったことがうかがわれよう。その後、本願寺は秀吉への音信を頻繁に行ない、翌年の根来寺・雑賀攻めには顕如・教如・顕尊が揃って陣中見舞いに参じた（二十八歳）。

天正十三年（一五八五）五月三日、秀吉から今度は大坂城対岸の天満中島の地が本願寺に与えられた。翌月二十七日には教如が大坂城で秀吉・千利休と茶会を催した。これ以降、豊臣政権内における教如の茶湯を通じた人的交流がよく見られる。(43) 教如が単独で秀吉の茶会に招かれたこともあり、また興正寺顕尊とともに茶会に出ることもあった。同年八月三十日、顕如ら本願寺教団中枢部は船で貝塚から大坂天満に移ったが、教如はさらに翌日の閏八月一日、秀吉の北国陣中見舞いとして急遽下向した。越前境の大聖寺において秀吉に会い、その後、越前・加賀両国を巡見したが、秀吉の意見があり門徒による馳走はなされなかった。九月八日には顕如・教如・顕尊は如春尼と児（准如）も伴い、天満の御礼に大坂城の秀吉と会見した。

本願寺再興となった天満において、天正十四年（一五八六）八月六日から十三日にわたり証如三十三回忌（一七日法要）が執行された（以上、『貝塚御座所日記』）。この法要に際して、破門されていた教如派勢力も起請文を提出して教団に復帰することになった。ここに本願寺教団の平時回復がなされたのである。天満本願寺の御影堂造営の資材調達に関しては教如の尽力があった（二十九歳）。(44) これは教如派勢力の教団帰参を後押ししたであろう。なお、『大谷一流系図』(45) によれば、同年十一月に教如は権大僧正に任じられたという。

豊臣政権と本願寺教団の関係については、概して友好的と言われがちであるが、そうではなく、多分に緊張関係をはらんだものであった。(46) 秀吉の天正十五年（一五八七）九州出征（三十歳。備後光照寺文書）(47)、天正十八年（一五九〇）小田原出征に際して、教如は陣中見舞いに下向したが（三十三歳。三河専福寺文書ほか(48)）、九州出征見舞などは明らかに人質を取られた上での行動であった。この時期、教如はたびたび病む顕如の名代として動いていたようである。天正十七年（一五八九）の聚楽第落書事件に連動した天満本願寺検断事件も、本願寺の寺内特権を否定したものとしてよく知られる(49)。この際、教如も顕如らとともに豊臣政権に起請文を提出した（三十二歳(50)）。本願寺教団としては、豊臣政権下での生き残りを画策していくことが基本路線であった。

ただし、教如は豊臣政権内での立ち回りのみに腐心していたわけではなかった。九州下向に際しては独自の教化活動をしていたとみられ、その足跡には注意が必要である。教如の九州下向は文禄・慶長の役（朝鮮出兵）の際にもあり、注目すべき法宝物下付も見られる（唐津高徳寺蔵親鸞影像裏書）。教如と西国地域の関係については相当検討を要する。また、天正十五年（一五八七）教如の草津湯治に際しては関東下向途中に三河に立ち寄り、同地域における教如派教団再編の方向性を決定づけた（三河上宮寺文書(51)）。天正十七年（一五八九）、三河上宮寺に妙秀・妙祐連坐像を下付したなど（同寺蔵同影像裏書(52)）、重要な法宝物下付活動も確認することができる。

天正十九年（一五九一）閏正月五日、本願寺は秀吉の命により京都に移転した（西本願寺現在地）。この前日、教如が千利休の茶会に招かれていた（『利休百会記(53)』）。翌月二十八日に利休が切腹したことも含め、さまざまな政治的状況も想起されよう。しかし、ともかくも本願寺は、旧地大谷ではないものの京都への帰還を果たしたのである。

なお、この時期の本願寺や顕如・教如の動向については『言経卿記』に重要記述が散見される。山科言経の妻と教如の弟興正寺顕尊の妻が姉妹である関係などから、言経は本願寺と密接な関係にあった。こうした公家との関係、また本願寺の脇門跡興正寺顕尊の歴史的位置なども重要な論点である（本書第Ⅱ部補論2・第八章）。

4　本願寺継職・強制退隠——豊臣政権期②

京都六条堀川に移転した本願寺において、教如は病みがちの顕如を支えて両堂造営に励みながら、さらには秀吉の朝鮮出兵への陣中見舞いで九州名護屋城まで下向した。天正二十年（一五九二）六月のことであった（三十五歳）。そして両堂の造営がなった京都本願寺の報恩講中、十一月二十四日に顕如が死去したが、翌日より教如が本願寺住職の座に位置して報恩講を勤めた（本書第Ⅰ部第六章）。十二月十日には顕如の葬儀を行ない、九州名護屋城に在陣する秀吉に顕如の死去と自身の継職を知らせた。これに対して十二月十二日付の秀吉朱印状がある（本願寺文書）(54)。顕如の死去を悼みつつ、教如の継職を認め、励むよう伝えるものであった。

秀吉による本願寺継職認可を受けた教如は、翌年（文禄二年〈一五九三〉）にかけ、自身の教団編成を進めた（三十六歳）。家臣団については顕如より勘気を受けていた下間頼龍を再び奏者（家臣）に任じ、反教如派の下間仲之を解任した。一家衆・坊主衆についても、教行寺・慈敬寺ら大坂拘様以来の教如派で固めることになった。地域門徒への法宝物下付も積極的に行ない、新たな教団づくりに励んだ。

ところが、同年九月、九州から戻り摂津国有馬で湯治をしていた秀吉のもとに、教如の母如春尼が訪れた。教如ではなく、三男准如に本願寺を譲るとした顕如の譲り状を携えてのことであった。教如の継職に異ありとする如春尼の訴えを受け、大坂城に戻った秀吉は閏九月、浅野長政・石田三成・増田長盛らに命じ、教如一党を呼び出して尋問を行なわせた。そこで豊臣政権側から示された十一か条の主な内容は、①大坂拘様を行ない信長の大敵であったこと、②教如の側室抱えなどの不行儀、③顕如の譲り状の存在、④顕如勘気の者を登用したこと、⑤以上の心底を改めるならば十年間の在職を認めるが、十年後には准如に譲ること、⑥そうできないのであれば、三千石を下すから茶の湯友だちとして奉公せよ、というものであった。これに対して教如は受諾の意思を見せたが、下間頼廉ら家臣団が譲り状の存在に疑問を付し抗議したところ、秀吉から即刻の譲職を言い渡されることになった。閏九月十七日には教如から譲職を認める文書、准如から継職を受ける文書が、施薬院全宗・長束正家・木下半介・山中橘内あてに提出され、これに対して十月十三日に関白秀次、同月十六日に太閤秀吉の朱印状が出されて決着した（以上、『駒井日記』など）[55]。

こうした教如の継職・退隠について、まず教団側の問題は、何よりも教如の継職が覆されていくほどに内部が分裂していたことである。家臣団筆頭の下間頼廉ですら知らないという顕如の譲り状が提示される状況が実現してしまったところに、如春尼の動きを促した反教如派の実力と規模が推測される。この内部分裂に加え、母如春尼と側室教寿院の不和などの家族問題が絡み、教如の廃嫡が実行された。古来、顕如譲り状の偽作説は指摘されるところであるが、作成の具体的状況を問題にしなくてはならず、その一方で教如への譲り状がないこともまた事実である。それにしても、こうした局面において弟准如の想いはどのようなものであっただろうか[56]。のちに先鋭化する対立のイメージのみで考えないほうがよいだろう。

一方で豊臣政権側にも教如廃嫡の明確な意図があった。当初は秀吉朱印状により教如継職を認めたにもかかわらず、准如への譲り状を偽作と知りながら、「叡慮」を経ることにより正当化し、覆していったのである。ここには千利休派を潰していく石田三成らの画策があったと言われているが[57]、大坂拘様以来の教如の危険性を察知していた豊臣政権による、教団の内部分裂に便乗した措置であったとも言えよう。

いずれにせよ、教如は文禄元年（一五九二）十二月に本願寺住職を実質的に継ぎながら、翌二年（一五九三）十月にはその座を退くことになったのである。

5　教団独立活動期——「関ヶ原の戦い」前夜

教如の隠居屋敷は、本願寺の北にある屋敷（北ノ御所）[58]であった。『宇野新蔵覚書』[59]によれば、如春尼・准如と入れ替わりそこに住んだ教如であったが、御堂の門、御亭の門に鍵をおろし、台所門のみ開けていたという状況のなかで、御堂の勤行は継続したという。隠居屋敷にはかなり早い段階から勤行のできる御堂があったことになる。助音は富島下総・松井但馬・上田肥後。御堂衆ではなく俗人家臣団である。さらに稲波嘉兵衛が登用され、中物（法宝物）取次を担うことになったという。また、隠居にあたり、問題の一端であった教寿院は近江福田寺に預け置かれたが（護送の途中で宇野主水が死去）、非公式に上洛し五条坊門に隠し置き、そこで女子（のちの本徳寺寿継室）が誕生したという。その乳母に召出されたのが、のちに宣如を産む妙玄院であった。

さて、教如はその後も法宝物下付を継続するなど、あらためて実質的な活動を推進した。真宗大谷派難波別院に現存する文禄五年（一五九六）「大谷本願寺」銘の撞鐘は教如によるもので、大谷本願寺建立の動きがあったとも言われる[60]。同年、教如は近江湖西経由で北陸に下向し、長浜で体調不良のため引き返したが、慈敬寺を中心とした門徒勢力の支援を受けた（三十九歳。近江慈敬寺文書[61]）。北陸の加賀・越中では慶長二年（一五九七）にかけて教如派と准如派の対立が激化し、前田家により教如派は弾圧された（本願寺文書[62]）。一方で、三河では慶長二年の教如三河下向に際して教如派の結束が固められ、准如派とならないことが誓約された（四十歳。三河上宮寺文書[63]）。

各地で教如派教団の動きが高まるなか、それでも豊臣政権下でその動きは抑圧されていたが、流れが変わったのが慶長三年（一五九八）である（四十一歳）。同年正月十六日に如春尼が死去し（『宇野新蔵覚書』）、さらに同年八月（十八日）には秀吉が死去した。これにより、教如とその周辺の動きが加速し始めることとなった。

まず、慶長四年（一五九九）十一月、教如は『正信偈』『三帖和讃』を開版した（四十二歳。同版識語）[64]。かつて蓮如が文明五年（一四七三）にこれらを初めて開版したが、その蓮如版は、おそらく「石山合戦」で焼失した。その再興を理念として教如版が作成されたが、これはまさしく、そうした儀式聖教の版が必要になったからにほかならない。つまり、儀式を執行する両堂（御影堂・阿弥陀堂）の整備が進められたと考えられるのである（本書第Ⅱ部第八章）。慶長七年（一六〇二）の家康による寺地寄進以前に、教如教団の両堂は北屋敷に確実にあった（『重要日記抜書』）[65]。続いて慶長五年（一六〇〇）四月二十三日、粟津勝兵衛に命じ、御堂衆による『御堂日記』の執筆を開始させた（四十三歳。『御堂日記』[66]『重要日記抜書』）。これ以降、教如の本願寺における御堂儀式が脈々と書き継がれていくことになる。

こうした教如本願寺の整備と並行し、秀吉死後の政治的状況も緊迫を迎えていたが、そのなかで教如は明確に徳川家康との連携を深めていった。自分を追い落としたのが石田三成であれば、三成に近づくはずもないが、家康もまた、かつて三河一向一揆を敗北させ坊主衆追放政策を行なった人物である。しかし、天正十年（一五八二）末に本願寺と家康は音信関係を回復し（『貝塚御座所日記』）、その後は摩擦もありつつ、通交関係が継続された。公家山科言経の日記『言経卿記』によれば、慶長元年（一五九六）から三年にかけて、家康が教如の隠居所をしばしば訪ねており（本書第Ⅱ部第八章）、両者の接近が、秀吉死後に始まるといったにわかなものではないことが知られる。

教如は慶長五年（一六〇〇）六月、大津御坊を建立完成させた（四十三歳）。御坊は本願寺の支坊・別院である。すでに自身の本願寺があることが前提となる。この御坊は大津城のすぐそばに建立された。そして九月の関ヶ原の戦いを迎えるのである。『宇野新蔵覚書』によれば、関ヶ原の戦いの直前、教如は上杉攻めの陣中にあった家康を見舞い、その帰路、石田三成の妨害に遭って難儀をしたという。教如が関東に下向し、直後に東海道を通り帰洛たことは、教如家臣団の文書群から知ることができる。それ以上の史実は詳らかにならないが、尾張・美濃地域には、この際に三成方襲撃の危機に瀕した教如を死守・護送したという伝承が多い。重要な〝伝承〟として注目すべきである。

6　東本願寺の創立・教団整備（・死去）——徳川政権期

教如教団の本山寺院たる東本願寺は、慶長九年（一六〇四）九月十六日、御影堂遷座法要をもって創立した。慶長七年（一六〇二）家康の寺地寄進により創立とするのは妥当ではない。また教如教団の本願寺自体はそれ以前から実質的には存在していた。以下、「東本願寺」創立の経過を探っていきたい[67]。

教如は関ヶ原の戦いの終わった直後、九月十九日には近江へ家康を迎えに行き、二十日に大津城で対面した（『重要日記抜書』）。戦勝祝いである。ところで、これ以降、教如の働きかけを受けた家康による東本願寺取立の動きが加速したと言われるが、厳密には少し異なる。教如本願寺はすでに自らの北屋敷にあった。そこには御影堂・阿弥陀堂が存在していたからである。さらに、のち慶長八年（一六〇三）に至って迎える上野国厩橋妙安寺の親鸞木造影像（御真影）についても、すでに慶長五年（一六〇〇）二月二日には妙安寺に対して親鸞真向影像を授与したから（同影像裏書[68]）、「御真影」移徙の約諾はなされていたと言ってよい。あとはしかるべき場所への移転が望ましかったというのが実態であった。かくして慶長七年（一六〇二）二月、教如は烏丸七条の寺地の寄進を家康から受けたのである（四十五歳。『宇野新蔵覚書』ほか）。

この家康による寺地寄進には、家康腹心の家臣本多正信の進言があったという。『宇野新蔵覚書』によれば、正信は家康に対して、本願寺の家は他の家と異なること、太閤秀吉の時代に二本になっている（教団は二つに分かれている）ので、そうしてしかるべきこと、三河で一向一揆を起こし家康の命をあやうくさせたのも本願寺だと述べた。それに首肯した家康が寺地四町四方を寄進し、さらに妙安寺の親鸞影像も上らせることになった。三河一向一揆の際には一揆方となり家康と戦い、のち門徒ではないと約束をして家康家臣に復帰した正信であったが、内心は本願寺贔屓なので内情をよく知り、そう進言したとのことである。

巷間に言う、家康が一向一揆を恐れて本願寺教団を二分したという説も、ここから派生誇大化したものとみられるが、もちろん妥当ではない。ここであらためて、すでに秀吉の時代に教団は分裂という言説があることを見逃してはならないし、何よりも、実際に教如教団という集団勢力は確かな規模で先に存在していたのである。教如の申し入れに対して家康側がこれを追認し、さらに寺地寄進を行なうことで関ヶ原の戦いにおける貢献に報いたというのが、歴史的事実である。

さて、寄進地は准如本願寺の東側だったため、のち「東本願寺」と通称されるようになった。選地理由については准如本願寺と秀吉建立の東山大仏、秀吉の埋葬された阿弥陀ケ峰を結ぶラインの分断が意図されたという説がある(69)。この地に北屋敷から御堂などを引き移したと『宇野新蔵覚書』は伝える。『重要日記抜書』によれば、慶長八年（一六〇三）正月三日に妙安寺の親鸞影像を迎え、同月十三日に茶所を取り壊し、五月六日に親鸞影像を北屋敷内の阿弥陀堂に移し、翌日に同御影堂を壊した（四十六歳）。そして六月八日丑刻（午前一～三時ごろ）に、教如は親鸞影像とともに新屋敷仮御堂に移った。十月十八日に阿弥陀堂は上棟、十一月十日に遷仏法要が勤修された。御影堂は慶長九年（一六〇四）六月十四日に柱立、そして九月十六日に遷座法要が勤修された。この日は四十七歳の教如の誕生日であった。御影堂造営中には新たに撞鐘が鋳造され六月六日に釣られた。教如の院号「信浄院」などが刻銘されたこの撞鐘は現存している(70)。また、八月には教如が大僧正に補任、同月晦日に参内した（『大谷嫡流実記』ほか）。

以上、東本願寺の創立経緯について見てきたが、この問題はさらに詳細な検討が可能であり、また必要である。しかし、それ以上に検討不十分の課題は、これ以降の東本願寺教団の展開過程である。

慶長十年（一六〇五）正月十二日、教如は関東に下向し、二月二十二日に帰寺した（四十八歳。『重要日記抜書』）。家康への年頭挨拶であった。これ以降、毎年の慣例となり、徳川幕府との関係維持は大原則となった。また、千利休死後も茶湯の交流は頻繁で、慶長年間には古田織部・織田有楽らとの交流が盛んであった（『織部茶会記』『有楽亭茶湯日記』ほか）[71]。茶湯を通じた文化的交流もまた、武家社会、公家社会における教如（光寿）個人の位置確保とともに、彼の教団の社会的認知につながった。なおも「ほんくわんしゐんきょ（本願寺隠居）」「しんしゃうゐん（信浄院）」（『お湯殿の上の日記』）などと呼ばれた教如であったが、同時に「新門跡」「信門主」（『織部茶会記』ほか）としての呼称が教如の新たな本願寺を内外に印象付けた。

そして、何よりも諸地域の門徒勢力に対し、東本願寺の創設を伝え、結集を呼びかける必要があった。最初から教如支持を鮮明とする勢力も多かったが、それにもまして多くの門徒は東本願寺の誕生に困惑もした。どちらに参詣すべきか。この時期の実態がよく表出したのは慶長十六年（一六一一）親鸞三百五十回忌であった（五十四歳）。教如（裏方）は准如（表方）に遠慮し、時間をずらして法要を執行したが（『紫雲殿由縁記』）[72]、それは双方への参詣を可能にするものでもあった。そして参詣者は東本願寺のほうが多かったという[73]。

東本願寺は創設当初から本山儀式の執行を可能にする教如派一家衆が存在し、さらに御堂衆の登用など体制整備が進んだ（『重要日記抜書』）。また、門徒との宗教的紐帯を結ぶ法宝物下付については、奏者・取次衆として粟津氏ら家臣団も整備された[74]。

また、教如は諸地域に御坊を創建し、門徒の信仰拠点、地域教団の中核とした。金沢・難波・五村・大津・茨木・八尾・桑名など、さらに多くの御坊が教如創建の由緒・歴史を持っている[75]。

法宝物下付については慶長年間ごろから教如の寿像下付の多さが特徴的である。御坊やそれに準ずる寺院には色衣・五条袈裟の寿像が、地域の道場・門徒へは黒衣・墨袈裟の寿像が下付された[76]。

教如の後継は最終的に末子宣如となった。長男尊如が慶長元年（一六〇〇）早世、二男観如が慶長十六年（一六一一）に死去したためである。とりわけ法嗣として得度もしていた観如の死は教如に大きな悲歎をもたらした。慶長十九年（一六一四）十月五日、教如は死去した（『重要日記抜書』）。五十七歳の生涯であった。

第二節　本願寺教如の歴史的論点

本願寺教如という歴史上の人物から、いかなる歴史的論点が導き出せるであろうか。根本的には、なぜ教如は東本願寺教団を創ったのかという点に収斂されてくるが、歴史的にはさらに数多くの論点が想定される。ここでは、本願寺教如をめぐる十の歴史的論点として、前半に戦国史・織豊期研究における教如の歴史的位置（社会的関係）、後半に真宗史研究における教如の歴史的評価（教団的実態）について、それぞれ五点ずつ論点を提示してみたい。

1　本願寺教如をめぐる社会的関係

①戦国社会

本願寺教如という存在が、日本の戦国時代において、どれだけの歴史的意味を持ったのか。もとより一個人に注目し過ぎる検討は英雄史観に陥るだけのことで、教如とその教団というまとまりで見ていく必要がある。しかし、それにしても戦国史研究においては従来、「石山合戦」終結期に顕如と対立して大坂籠城をしばらく続けた人物であったといった程度の言及しかなされないのが大概である。豊臣政権期の茶湯において触れられればよいほうで、本願寺継職・退隠、東本願寺創立などは、近年の豊臣政権論、徳川政権論では、ほとんど言及すらされない。そうした政治史的文脈では、よくても寺社政策の一事例にしかなり得ないのであろう。とはいえ、それでよいわけではなく、もっと別の視点からの捉え方が必要である。

まず、大きく日本の歴史全体でみたとき、浄土真宗の歴史文化的影響力は大きく、東本願寺教団（現真宗大谷派）が、近世以降、現代に至るまで残してきた歴史的足跡は決して小さくはない。今なお、日本の仏教全宗派寺院数の一割以上を真宗大谷派寺院が占めていることも、その歴史的な勢力規模を示唆する。そうした宗教勢力の新規創設者として、教如は戦国時代だけではない範疇で捉えていく必要がある。

次に、そこから戦国史にあらためて焦点を当てたとき、問題になるのは、本願寺教如の行動が戦国社会に見せた歴史的可能性である。かつて、戦国期本願寺教団の方向性に統一権力と異なる近世の可能性をみる議論があった。今はそこまで構想付けられないにせよ、本願寺教団の門徒が、戦国社会の広範囲に、潜在的・隔地間的にそれなりの組織的連関をもって存在していたのは事実であり、そこには宗教勢力の持つ独自な地域性、宗教領国性が見出される。本願寺が戦国社会に印象付けた、いわば「仏法領」の世界である。門徒のみならず非門徒も含む多くの人びとが、こうした本願寺をよりどころとして戦国社会を生きようとしたのではなかったか。これを背景として、教如の父顕如は信長勢力と「石山合戦」を戦ったのであったが、門跡であることにより勅命講和を受け入れ、その可能性は潰えかけていた。そこに現れたのが、教如であった。彼は勅命に背き、〝大坂拘様〟を提唱した。

〝大坂拘様〟自体はわずか数か月で頓挫したから、当初から確たる構想を教如が持っていたわけではなかったか、もしくは見通しが甘すぎたのであるが、それでも多くの人びとが教如を支持した。これを重く受けとめた教如は流浪（秘回）期に支持地域をめぐり、実際に門徒とともに生きようとするなかで、新たな教団構想を持ち得たのではないか。そして、それは顕如のもとへの帰参後も実態として、あるいは可能性としてあり続けた。教如とともに戦国社会を生きようとした人びとのつながりは、統一権力から見ればきわめて異質なものであった。

だからこそ、信長も秀吉も家康も、そのほか多くの政治勢力も、教如という存在を少なからず注意して捉えていくことになったと見ることができよう。

②織田信長(77)

教如が織田信長の視界に入ってきたのは、天正八年（一五八〇）「石山合戦」終結時、教如による大坂拘様をめぐってのことである。のちに豊臣政権から「信長様御一類には大敵」（『駒井日記』）と言われた教如であったが、この時二十三歳。同年閏三月五日に朝廷へ和睦受諾の起請文を提出した二日後に大坂拘様を提唱した教如は信長と敵対したが、この局面で信長方はどのように教如を見ていたのであろうか。

六月二十三日付信長朱印状（本願寺文書(78)）では、「新坊主退出遅々」と教如の大坂不退出を問題視し、顕如と雑賀衆の誠意を疑わないとしながらも、大坂一件が落着していないことを表向きの理由として使者には会わないと言い、「出入事、信長時節歟、若坊主相果候歟」と、教如に対し信長は厳しい意志を示した。その後、七月には教如の大坂退出が取沙汰され、同月十七日には「本願寺新門主」あてに赦免条件を掲げた信長の血判誓詞(79)が提示されたことはよく知られているが、三日後、なお信長は教如への不審を近衛前久に伝えた。そのため、前久はさらに二十四日付で「新門主本願寺」あてに起請文を提示するなど、両者間の折衝に奔走した。(80)かくして八月二日の教如の大坂退去に至ったのであるが、信長方にも教如への不審は通底していた。そのために、紀伊鷺森の顕如は教如の合流を拒否し、教如は自身を支持してくれた門徒地域かつ反信長勢力地域を、本能寺の変が起こるまで流浪（秘回）し続けたのである。

この時期の教如の社会的位置を考える上で、反信長勢力の動静は重要な問題である。西は安芸の毛利輝元と鞆の足利義昭、東は甲斐の武田信玄・勝頼、越後の上杉謙信らが挙げられるが、とりわけ教如の〝大坂拘様〟に喜んだのが足利義昭であった。ただし、この政治的関係を過大評価するのは疑問である。両者の連動を言うには、教如派内部に義昭と通ずる具体的存在を挙げる必要がある。教如が実際に動いたのが確実なのは中部山間地域であり、それは姻戚関係のある武田氏との連動を企図したものである。西ではなく東を中心に考えるべきであろう。

③豊臣秀吉(81)

次に、豊臣秀吉とその政権から見た教如と本願寺教団の問題である。一般的に、信長に比べ、秀吉は本願寺教団を優遇したかのように言われることもある。しかし、信長も「石山合戦」後は紀伊鷺森への参詣路次保障を行なうなどした。また秀吉も本願寺再興を認めていく一方で、天満寺内検断事件をはじめ、明らかに制圧的な政策も行なった。よって、いずれも単純に弾圧・優遇の二者択一的見方は妥当ではない。とはいえ、秀吉方には大政所（秀吉母）に一向宗信仰の徴証があるなど複雑な事情も推察される。全般に豊臣政権と本願寺教団（顕如・教如）の関係については、鷺森・貝塚・天満・京都と移転するなかでの本願寺教団の再興過程、豊臣秀吉の天下統一戦線における顕如・教如の随従、秀吉や千利休、織田有楽そのほか複数の茶人武将と教如の茶湯を通じた交流、そして何よりも教如の本願寺継職・退隠とその後の動向など、論じるべき課題が多く残されている。

　そのなかで教如論としてはやはり、秀吉がなぜ一度認めた継職を覆したのかという点が最大の問題である。〈文禄元年〈一五九二〉十二月十二日付秀吉朱印状(82)では確かに「其方総領儀候間、有相続」とし、顕尊・准如への指導、母如春尼への孝行すら言い添えられていた。その後も如春尼が訴え出るまで、表向き問題は出ていなかった。状況を一転させたのが、如春尼のもたらした顕如による准如への譲り状の存在である。この譲り状は下間頼廉らも疑問を付し、近代以降の研究でも明らかに偽文書とされる。その意味で、基本的に偽文書を前提とした豊臣政権の強硬政策と見てよいが、見方を変えれば、教如に対する譲り状がないことも、前述のように問題である。顕如の死に至る状況推移のなかで、なぜ顕如が教如に対する譲り状を認めなかったのかという点も課題となろう。また、教如継職後、教団の体制転換があり、本願寺中央のみならず各地で教如派の動きが活性化した。このことが一向一揆を警戒する豊臣政権に危惧を与えた可能性も考えられよう。いずれにせよ、政権内部の政治的対立がもたらしたと見るだけでは不十分である。

④徳川家康(83)

　教如教団の独立的動向はもちろんながら、徳川家康による寺地寄進がなければまた、東本願寺という寺院の創立はなかった。徳川家康との関係から教如を考えることは、当然ながら重要な課題である。

　家康は三河国の領有過程で一向一揆と戦い、かなり危機に瀕した局面があったとされる（『宇野新蔵覚書』）。一向一揆終結後、二十年間にわたり本願寺坊主衆の家康領国外への追放策をとったが、坊主衆赦免・還住後の本願寺教団との音信回復は早く、また三河本願寺教団が教如派を中心に再興していく情勢にも家康は関与した。家康の乳母妙春尼が三河門徒の統括者で家康に禁教解除を促したり、前述のように本多正信も本願寺贔屓であったりと、秀吉と同じく近しいところに本願寺と関係を持つ存在があった。一方で、禁教解除が小牧・長久手の戦いを見据えた処置であったなど、豊臣秀吉とその政権に対する独自の地歩固めの意識も家康にあった。とはいえ、顕如存命期に教如と家康の独自な接触は今のところ見出せず、いつから両者の関係が密になったのかという点は課題である。その契機が継職なのか、退隠なのか、それによって歴史的評価も変わる。秀吉死去もしくは関ヶ原の戦い前後ということは、前述したように『言経卿記』に慶長初頭からの交流が記されるからあり得ない。

家康はなぜ教如に寺地寄進をして東本願寺を取り立てたのか。関ヶ原の戦いにおける恩賞、家康の寺社政策の範疇で考えていく必要もあるが、教如教団の動きを前提にすれば、いつまでもあいまいなまま教如を動かしていくほうが危険に思えたからという理由も考えられよう。本願寺が今もって昔のようならば……と、その危険性を示唆した（家康を脅した）本多正信の言があらためて注目されよう（『宇野新蔵覚書』）。

なお、教如の関東下向により東海道で拠点化した三河三か寺末を中心とする東本願寺交通網の整備、幕府成立による三河武士の江戸定着と連動した東本願寺末の江戸進出、拠点化なども重要な問題である。

⑤公家社会(84)

本願寺教如の社会的関係を考える上で、見逃せないのが公家社会におけるその位置と動向である。門跡という立場に併せて、朝廷からの僧位・僧官の問題も関係してくることになる。

教如はまず、母如春尼が公家三条公頼の娘であった。のちの母子不和のみが注目されがちだが、母の姉妹関係（長女＝細川晴元室、次女＝武田信玄室）で反信長勢力がつながっていたことは看過できない。その結節に一役買った三条家の歴史的位置も注目すべきであろう。次に、教如は得度に際して公家近衛前嗣（前久）の猶子となった。本願寺歴代はしかるべき公家の猶子となり得度するのが慣例であり、蓮如は広橋兼郷、実如は日野勝光、証如に至って九条尚経の猶子成りを果たし、そして顕如の猶父は九条稙通であった。教如が近衛家の猶子となった背景とそれによる影響については検討すべき課題であり、「石山合戦」終結の勅命講和に近衛前久、勧修寺晴豊、庭田重保（顕如従兄）が動いたことも含め、本願寺をめぐる公家の動向にはさらに注意が必要である。

教如の本願寺住職退隠から東本願寺創立に至る過程で、公家との交流が変わりなく見られることにも注意が必要である。教如は本願寺住職でなくなっただけで、公家社会における位置を失っていない。それは一つには門跡という立場が関わっている。また、教如は大僧正にまでなったが、それも失われていない。朝廷から得た僧官だからである。こうした教如の朝廷・公家との関係に基づく社会的位置は、准如との関係においても現れる。

慶長八年（一六〇三）二月、将軍となった家康と二条城で対面した際、教如と准如の順番争いがあったと伝わる（『宇野新蔵覚書』）。結果は「先官次第」として教如が先に対面となったという。また、兄弟順、嫡家・総領を理由とする伝えもある。とはいえ、本願寺門跡そのものは、醍醐寺三宝院門跡義演が嫌悪を含む不審を記録したように、当時の仏教界の秩序では異質なものであった（『義演准后日記』[85]）。すなわち寺院・門跡社会における位置も重要な論点となるのである。

2　本願寺教如をめぐる教団的実態

①本山造営[86]

教如は新たに東本願寺教団を創設した。繰り返すように、これが最も強調すべき歴史的意義である。教如教団の濫觴は「石山合戦」終結時の〝大坂拘様〟に始まり、その後の流浪（秘回）期、本願寺住職退隠後の教団独立活動期を経て、名実ともに東本願寺教団としてスタートしたのは、御影堂・阿弥陀堂の両堂が創建整備された慶長九年（一六〇四）のことであった。

慶長度の両堂造営については、『重要日記抜書』でその経緯が概略知られる（前述）。創建された東本願寺の建築物・寺域等については、『寛永年中洛中絵図』(87)によれば、「東御門跡」の御影堂（開山堂）は南北（幅）二十二間半、東西（奥行）十八間、その南に阿弥陀堂が南北十三間、東西十三間の規模で並んで東面し、両堂の間は廊でつながっていた。御影堂の東北に南北十一間、東西四三間半の広間があり、門が御影堂と広間のそれぞれ東側にあった。それ以上の詳細は不明であるが、強調したいのは、戦国時代の本願寺（大坂本願寺御影堂は推定九間）よりもさらに大きな規模の両堂を創建できるだけの技術・経済力などを含む実力（勢力規模）を、すでに教如教団が持っていたことである。慶長度造営に門徒団がどのように関わったかという実態はなかなか明らかにならないが、『重要日記抜書』には寺内衆、大津衆、伏見衆の地築参加が確認される。また、御堂建立に関わる教如書状（御書）(88)が各地に残存し、広範囲に本山造営に関する馳走・懇志を呼びかけたことも知られる。今後も地域史料の博捜による実態解明を進めていくことが重要である。

さらに恵空の制作という『教如様之御時御寺内之図』(89)によれば、御影堂の北には広間ではなく対面所・鐺間、そして台所・鶴間があり、御影堂西北に茶所が付設されていた。阿弥陀堂の南には鐘楼堂があり、寺内には白洲、蓮池、撞鐘鋳造時にできたという大きな池などが描かれている。対面所への建替は寛永六年（一六二九）の可能性があり、厳密に教如期の寺内の実態を示した図面とは言えないであろうが、その基本構造は見て取れよう。こうした烏丸七条の四町四方の寺内に加えて南側には墓地があり（のちに東山祖廟に移転し、家臣屋敷地に改替）、東・北には近世的な寺内町が形成されていった。

東本願寺はその後、明暦・寛文度の造営で御影堂が増改築され、近世後期以降、天明の大火による焼失・再建から四度にわたる再建を繰り返した。注目すべきはその際に強調された言説である。東本願寺は徳川家康の取立建立であったこと、教如は家康からさらに寺領寄進の申し出があったのに対し、東本願寺の存立基盤は門徒の懇志であるとして断り、門徒教化の場として御影堂の大きさだけは認めてもらうようにした、ということである（『三河大谷派記録』など）[90]。もちろん後世に物語られるようになった由緒であるが、東本願寺の本山としての性格を特徴立てた教如由来言説として特筆される。

なお、現在の東本願寺両堂は明治二十八年（一八九五）の再建であり、御影堂は南北四十二間、東西三十二間の規模で、建築面積において世界最大の木造建築物である（阿弥陀堂は南北二十九間、東西二十六間）。教如期の遺物としては唯一、慶長九年（一六〇四）鋳造の撞鐘が現存し、境内に今も安置されている。

②教化活動[91]

教如は僧侶（宗教者）である。その活動の根幹には人びとへの教化がある。この点は従来、あまり注目されてこなかったが、検討が不可欠なのは当然である。

まず、教如の教学的基礎について。具体的な研鑽状況は不明であるが、のちに諸方に下付する影像類の賛文に用いる『教行信証』『浄土文類聚鈔』、名号に添えた和讃、五帖目を中心とした取り混ぜ御文などから、その傾向が見出せる。とりわけ『浄土文類聚鈔』を重用するのが特徴であり、慶長七年（一六〇二）同版本は教如によるという説もある[92]。同書の教学的位置の高さを感じる一方で、教如が『教行信証』相伝を受けていなかった可能性も指摘できる。また、名号に和讃を添える独自性も注目され、曇鸞和讃を重視する傾向があった（前述）。教如判御文は花押の形状が早期と見られ、流浪（秘回）期の教化に用いられたと推測される。御文の版木の問題もある。

門徒あての書状（御書）に記される教化文言への注目も重要である。定型文などとして片付けられがちであるが、生きた言葉として読むべきである。教如書状は真偽含めてぼう大にあるが、教化意識に関してはとりわけ大坂退去時と御堂建立時の御書が重要である。いずれも蓮如『御文』を継承しつつ、初期は「信心決定」「報土往生」と説き、後期には「仏恩報謝」「称名念仏」「談合」という表現が多用された。また、地域門徒の異安心を嘆く内容も注目される。

本願寺住職の権限である法宝物下付を天正九年（一五八一）より行なっていたが、とりわけ慶長年間に下付が激増した寿像には、強い意味がある。描かれる法衣の用い分けの問題もあるが、何よりも寿像下付により、支持する門徒に対して教如という存在が強く印象付けられた。

教如は新たな本願寺創立の過程で、教如派の一家衆・御堂衆らとともに、伝統的な本願寺儀式の執行をすぐさま可能にした。儀式もまた教化の場であり、やはり重視すべき事象である。

③教団組織(93)

教如教団は多くの門徒集団の教如支持により成立し得たが、教団機構を保持運営する組織体制への注目も重要である。とはいえ、教如は新たな組織を志向してはいなかった。それまでの本願寺教団の組織体制が教如を中心に編成し直されたというのが基本線である。それだけに特色が見出しにくいのか、先行研究は多くない。

そのなかで比較的研究が進んでいるのは、家臣団である。大坂退去時の父子対立は家臣団の分裂が促したという見方が強いこともあり、明確に教如派として動いた下間頼龍を中心に注目されてきた。流浪（秘回）期以降の教如による法宝物下付を可能にした家臣団編成の実態の解明は重要である。加えて、粟津氏の台頭、稲波嘉兵衛の登用など、下間氏以外の俗人家臣団の充実も特徴的である。ところで、反教如派であることが明らかな下間仲之はともかく、家臣筆頭格の下間頼廉は教如継職時には従っており、このあたりをどのように考えるか、そもそもなぜ家臣が対立するのか、その理由は何かなど、議論を深めるべき課題はなお多い。

戦国期本願寺教団の大きな特徴として、一家衆という親族集団の輔弼体制がある。教如派一家衆の顔ぶれは、教行寺証誓、慈敬寺証智、毫摂寺善芸、本善寺顕珍、圓明寺一閑などが有力者であるが、彼らがなぜ教如派なのか。その政治的動向や地域的基盤、教団内関係が問題となる。顕珍（二位殿・実は教行寺証誓息男）などは本善寺を捨てての教如支持であり、その行動原理・背景は積極的に考えたい。彼らもまた教如にかけた人びとである。血縁の遠近といった静態的関係だけではなく、さまざまな状況のなかでの動態的な把握が必要である。

最も研究が進んでいないのは御堂衆である[94]。泉龍寺・宝光坊（聖運寺）・専光寺など、顔ぶれはそれなりに判明しているものの、その具体的動向は断片的に知られるのみである。しかし、御堂荘厳・儀式執行といった基本業務に加えて教学研鑽の問題もあり、僧分家臣団として御堂衆の教団体制における位置付けは重要である。

④家族関係[95]

真宗史において家族論は重要な課題である。教如の家族関係については、母如春尼との確執、教如の側室抱えが住職退隠の一因とされ、複雑な視線で見られてきた。また、多くは系図史料に拠っており、史実不分明な点も多い。ここでは教如の婚姻関係、息女の配嫁先、後継問題を中心に、わかり得る範囲の内容を整理しておきたい（本章末系図参照)。

教如の室は、一人目が朝倉義景の娘(三位殿)、二人目が久我通堅の娘(東之督)である。三位殿は「石山合戦」終結時に離別し、天正十年(一五八二)の教団帰参後に東之督が配嫁されたと推測される。ところが、貝塚で新川家出身のおふく(教寿院如祐)を側室とし(三人目)、これが問題視された。さらにのち、妙玄院如空が側室となった(四人目)。

『大谷嫡流実記』などによれば、教如の子女は合計三男十女である。三位殿に一女(妙空)、東之督に子はなく、教寿院に二男七女、妙玄院に一男二女があった。このうち、花山院忠長に嫁した如頓は忠長勅勘後、加賀勧帰寺玄誓に配され、ともに桑名本統寺に転住して開基となった。次の教応は織田頼長(有楽息男)に嫁し、離別後に越前本瑞寺教瑛に再嫁した。次の教妙は本善寺教珍に嫁し、播磨船場で本徳寺を再興した。以降の六女子もすべて各地域の有力寺院に配嫁された。こうした息女配嫁による関係強化は蓮如以降の本願寺教団の基本形であり、教如もそれを踏襲したと言えよう。御坊建立と併せた地域教団の掌握方法として注目される。

教如の息男は三人いたが、系図史料等を考証すると、長男尊如は慶長元年(一五九六)に誕生したが同年に死去。二男観如は慶長二年(一五九七)誕生、同十六年(一六一一)死去(前年に法嗣として得度)。末男宣如は慶長九年(一六〇四)二月二十二日誕生と記録されているが、実は同十二年(一六〇七)誕生の可能性もある。匿われて養育され、教如死去時に継職というが、『華頂要略』(96)は元和二年(一六一六)青蓮院で得度と記す。教如死後、花山院忠長と如頓の子公海(のちの寛永寺二世)擁立の動きもあり、いくつかの混乱を経て宣如継職が定まったとされている。

⑤教如伝承[97]

教如教団の地域的基盤は、下付された法宝物の残存状況によると東北から九州にかけての全国にわたるが、やはり、畿内・北陸・東海に大きな勢力が見出される。そのなかで、北信越山間部、また湖北・美濃・尾張に注目すべき教如伝承が多く残されている。この問題を的確に把握したい。

北信越山間部には天正・流浪（秘回）期にかかる伝承が残る。越中五箇山、越前大野、奥美濃などの各地の寺院由緒書が伝えるもので、基本的に寺伝のなかに教如逗留が語られる。歴史学研究の常識的な史料論では、由緒書の詳細をそのまま史実として用いることはできないが、前述のように、同時代史料からもこの時期の北信越山間部における教如潜伏自体は裏付けられる。そうした史実に基づいて語られるようになった伝承として重要である。

湖北・美濃・尾張の各地に多く見出されるのは、慶長・関ヶ原の戦いにおける教如遭難・救出伝承である[98]。教如が西軍の情報を関東の家康に伝えた帰路、尾張・美濃において、教如を害そうとした石田三成方の襲撃に遭ったという。土手組《どろて》といわれる門徒集団が死者を出しながら教如を守護した、あるいは逃れて潜伏した森部光顕寺で辞世の歌を詠んで刻んだといった伝承が特筆される。門徒の必死の守護により、教如は伊吹山北方をまわり五村・長浜に出て、そこからは湯次方の門徒集団に護持されたという。やはり、伝承と史実の距離には注意が必要であるが、教如が石田方の妨害に遭い、それを乗り越えた状況自体はあったようで、それは地域門徒の支援がなかったならば成り立たないものである。

親鸞や蓮如にまつわる数多くの伝承の創出はよく知られているが、当然ながら近世後期以降の増幅・新作も多い。教如伝承にも同じ傾向はあろうが、それ以上に重視すべきは、こうした教如伝承の創出はかなり早く、近世初期の段階から自らが東本願寺門徒であるという意識が強く打ち出され、伝え続けられたものであろうという点である。

それを伝統とし、今もなお教如寿像を奉懸し営まれている、僧俗一体的な教如講の存在は貴重である。

むすびにかえて

本願寺教如の歴史学的研究には、多くの課題が浮かび上がる。これまでは本願寺の東西分派をめぐり、その政治的要因や、東西本願寺の正嫡論争のなかでとりあげられてきたことから、おのずと教如の歴史的評価については消極的説明が付きまとってきた。今後もそうした傾向とは向き合っていかねばならないが、より必要なのは、教如とその教団の生きた実態の解明である。そのいくつかは『教如と東西本願寺』の各論考でなされたが、総体的かつ基本的な課題として、当たり前のことであるが、的確な史料考証に基づく歴史像の提示が求められる。

まず、基礎作業の具体的な課題として、㈠本願寺教如の生涯については、根拠となる史料とその性格をすべて明示した〈完全年表〉の作成が必要である。これまでの概説的内容を越えた本格的内容を提示しなくてはならない。そのために㈡既知の史料の再確認とともに史料博捜の必要がある。教如史料は全国各地に相当数が散在しており、たとえば自治体史・郷土史における史料情報にしても、必ずしも網羅的に把握し切れているわけではない。また、とくに慶長年間の史料は、自治体史において中世と近世の狭間で抜け落ちる傾向があり、全国的に地道な地域調査が必要な研究段階である。こうした史料の網羅的把握・検討により、教如とその教団の実態はさらに大きな歴史的規模で描かれ得る可能性がある。

こうした基礎作業を進めていくなかで、あらためて本願寺の東西分派の歴史的実態と評価をめぐる検討・考察が課題となってくる。繰り返しになるが、本願寺が東西に分かれたのは、根本的に、徳川幕府の政治的意図ではなく、教如教団の主体的独立である。教如のみならず、その教団を構成する人びとのさまざまな意思と動向とその結果的行方を総体的に把握する必要があるとともに、問題はさらに、それが当該期の社会構造の変化などにどう関わるのかという点である。これには、もう一方の西本願寺・准如教団の実態と併せた検討が必要となる。地域社会においては、僧俗分離という身分政策と、それが徹底されず生き残った僧俗未分離の世界、教団体制においては、戦国期に形成された組織制度の近世的変容、教団機構を担う坊主（僧）・家臣（俗）らの歴史的特質、そして、そうした宗教勢力そのものの社会的位置と存在意義が、総体的に検討されることにより、単なる政治的力学や感情的対立という次元ではない歴史的把握が可能となる。(99)

注

（1）たとえば、真宗大谷派八尾別院蔵（『教如上人――東本願寺を開かれた御生涯――』東本願寺出版部、二〇一三年）。大桑斉『教如――東本願寺への道――』（法藏館、二〇一三年）参照。
（2）たとえば、教如三百回忌を機縁とした大河内了智『三百年記念出版　教如上人　附録壱瞻仰御影縁起』（法藏館、一九〇一年）、日野了蔵『教如上人』（仏教図書出版株式会社、一九〇一年）など。
（3）たとえば、辻善之助「東本願寺の独立について」（『史林』第二三巻第四号、一九三八年）、同『日本仏教史』第七巻（岩波書店、一九五二年）など。
（4）たとえば、笠原一男『一向一揆の研究』（山川出版社、一九六二年）、井上鋭夫『一向一揆の研究』（吉川弘文館、一九六八年）など。
（5）たとえば、藤島達朗「真宗東西分派の一視点――教如の立場を中心に――」（『大谷史学』第六号、一九五七年）、大桑斉「東西分派論序説――天正末～文禄期における教団変革の視角から――」（『真宗研究』第一二輯、一九六七年）、青木馨ａ「三河本願寺教団の復興と教如の動向――石山合戦終結をめぐって――」（北西弘先生還暦記念会編

『中世仏教と真宗』吉川弘文館、一九八五年)、同b「本願寺教如の教化伝道について」(千葉乗隆博士傘寿記念会編『日本の歴史と真宗』自照社出版、二〇〇一年)など。

(6) 前掲注(1)大桑著書。

(7) 大桑斉「教如——東本願寺の分立——」(真継伸彦編『浄土真宗〈宗派別〉日本の仏教・人と教え4』小学館、一九八五年)。

(8) 上場顕雄『教如上人と大坂』(真宗大谷派難波別院、二〇一三年)。

(9) 上場顕雄『教如上人——その生涯と事績——』(東本願寺出版部、二〇一二年)。

(10) 教学研究所編『教如上人と東本願寺創立——本願寺の東西分派——』(東本願寺出版部、二〇〇四年)。

(11) 前掲注(1)『教如上人——東本願寺を開かれた御生涯——』。

(12) 小泉義博『本願寺教如の研究(上・下)』(法藏館、二〇〇四・二〇〇七年)。

(13) 同朋大学仏教文化研究所編『教如と東西本願寺』(法藏館、二〇一三年)。本章は同書の総論を加筆修正したものである。

(14) 『真宗史料集成』(以下『集成』)第三巻「一向一揆」(同朋舎、一九七九年)、『大系真宗史料』(以下『大系』)文書記録編10「私心記」(法藏館、二〇一六年)。

(15) 『集成』第七巻「伝記・系図」(同朋舎、一九七五年)。

(16) 『集成』第七巻。

(17) 『大系』文書記録編5「戦国期記録編年」(法藏館、二〇一四年)。本書第Ⅱ部第四章参照。

(18) 『集成』第三巻、『大系』文書記録編10「私心記」。

(19) 『大系』文書記録編5「戦国期記録編年」。

(20) 『大谷嫡流実記』によれば、この朝倉義景の娘は三位殿と号し、「石山合戦」の際には三河国吉田城主酒井忠次に娘の妙空とともに預けられたという。酒井忠次はのちに出羽国庄内城主となるが、三位殿は出羽国庄内で死去したと記されている。なお、妙空は信濃国川中島で死去したと記されている。

(21) 『大系』文書記録編14「儀式・故実」(法藏館、二〇一七年)。

(22)『大系』文書記録編5「戦国期記録編年」。
(23)『大系』文書記録編4「宗主消息」(法藏館、二〇一四年)、金龍静「教如史料論」(前掲注(13)『教如と東西本願寺』)。
(24)木越祐馨「教如と石山合戦および在国期の北陸」(前掲注(13)『教如と東西本願寺』)。
(25)『続真宗大系』第十六巻(真宗典籍刊行会、一九三九年)。
(26)青木忠夫『本願寺教団の展開――戦国期から近世へ――』(法藏館、二〇〇三年)。
(27)草野顕之「コラム1教如による大坂籠城の理由」(前掲注(13)『教如と東西本願寺』)。
(28)『新編岡崎市史』6史料古代中世(岡崎市、一九八三年)。
(29)前掲注(12)小泉著書(上)、前掲注(1)大桑著書。
(30)前掲注(5)青木論文a、拙稿「教如教団の地域的基盤――三河を事例として――」(前掲注(13)『教如と東西本願寺』)。
(31)前掲注(28)『新編岡崎市史』6史料古代中世。
(32)『富山県史』史料編2中世(富山県、一九七五年)。
(33)たとえば『大谷一流系図』(『続真宗大系』第十六巻)「寿増」「光寿」項。
(34)鷲尾順敬編『国文東方仏教叢書　消息部　教如上人消息』(東方書院、一九三〇年)、前掲注(12)小泉著書(上)。
(35)『教如上人御消息集』(真宗大谷派宗史編修所、一九三三年)。
(36)太田光俊「大坂退城後の坊主衆の動向――十六通の起請文からみた顕如・教如対立の一断面――」(大阪真宗史研究会編『真宗教団の構造と地域社会』清文堂出版、二〇〇五年)。
(37)前掲注(14)『集成』第三巻、『大系』文書記録編14「東西分派」(法藏館、二〇一六年)。
(38)前掲注(26)青木著書。教如不在期には顕尊が首座に座り、教如復帰後は、顕尊は教如の次座に座っている。
(39)前掲注(14)『集成』第三巻、『大系』文書記録編14「東西分派」(法藏館、二〇一六年)。
(40)吉井克信「コラム2教如と教寿院(おふく)」(前掲注(13)『教如と東西本願寺』)。
(41)前掲注(20)参照。

(42) 八坂善敬寺史調査研究会編『史料にみる近江八坂善敬寺史』（八坂善敬寺、二〇〇三年）、『蓮如上人と尾張』（真宗大谷派名古屋教区教化センター、二〇〇〇年）。
(43) 青木馨「文化人としての教如」（前掲注(13)『教如と東西本願寺』）、山口昭彦「コラム3本願寺肩衝」（同）。
(44) 前掲注(35)『教如上人御消息集』。
(45) 前掲注(25)『続真宗大系』第十六巻。
(46) 遠藤一「教如と豊臣政権」（『教如と東西本願寺』）。
(47) 草野顕之「本願寺教団の朝鮮進出――関連史料を読む――」（朝鮮日々記研究会編『朝鮮日々記を読む――真宗僧が見た秀吉の朝鮮侵略――』法藏館、二〇〇〇年）、前掲注(46)遠藤論文。
(48) 前掲注(28)『新編岡崎市史』6史料古代中世。
(49) 鍛代敏雄『中世後期の寺社と経済』（思文閣出版、一九九九年）、早島有毅「豊臣政権の寺社政策」（『朝鮮日々記を読む』）など。
(50)『言経卿記』天正十七年三月十四日条。
(51) 前掲注(28)『新編岡崎市史』6史料古代中世。
(52) 同前。
(53)『茶道古典全集』第六巻（淡交新社、一九五八年）、前掲注(1)『教如上人――東本願寺を開かれた御生涯――』。
(54)『本願寺展』（朝日新聞社、二〇〇八年）。
(55) 藤田恒春校訂『増補駒井日記』（文献出版、一九九二年）。
(56) 岡村喜史「准如の継職から見た教如」（前掲注(13)『教如と東西本願寺』）。
(57) 前掲注(8)〜(10)。
(58)「北ノ御所」とされる建物は現在、愛知県豊田市浄照寺内に移築されている。
(59) 前掲注(25)『続真宗大系』第十六巻、『大系』文書記録編14「東西分派」。
(60) 前掲注(8)〜(10)。
(61) 前掲注(1)『教如上人――東本願寺を開かれた御生涯――』。

(62) 同前。
(63) 同前。
(64) 同前。
(65) 前掲注(25)『続真宗大系』第十六巻。
(66) 前掲注(1)『教如上人——東本願寺を開かれた御生涯——』。
(67) 川端泰幸「教如の東本願寺創立」(前掲注(13)『教如と東西本願寺』)。
(68) 前掲注(1)『教如上人——東本願寺を開かれた御生涯——』。
(69) 大桑斉「都市文化の中の聖と性」(『岩波講座近代日本の文化史2コスモロジーの「近世」』岩波書店、二〇〇一年。のちに同『民衆仏教思想史論』〔ぺりかん社、二〇一三年〕収録)。
(70) 小山正文「本願寺の梵鐘と教如」(前掲注(13)『教如と東西本願寺』)。
(71) 『古田織部茶書(二)』(思文閣出版、一九八四年)、『大日本史料　後水尾天皇自元和七年十一月至同年十二月』(東京大学史料編纂所、一九五八年)。
(72) 『真宗全書』第七十巻(国書刊行会、一九七六年)。
(73) 松金直美「東西分派後の東本願寺教団」(前掲注(13)『教如と東西本願寺』)。
(74) 太田光俊「教如とその家臣団——御家中衆座列関連史料の紹介——」(前掲注(13)『教如と東西本願寺』)。
(75) 木場明志監修『別院探訪』(東本願寺、二〇一一年)。
(76) 前掲注(1)大桑著書、前掲注(1)『教如上人——東本願寺を開かれた御生涯——』
(77) 前掲注(24)木越論文ほか。
(78) 『続真宗大系』第十六巻。
(79) 同前。
(80) 同前。
(81) 前掲注(46)遠藤論文、前掲注(56)岡村論文。
(82) 前掲注(54)『本願寺展』。

(83)前掲注(30)拙稿、前掲注(67)川端論文。
(84)前掲注(43)青木論文・山口コラム。
(85)『大日本古記録』。本書第Ⅱ部第六章参照。
(86)前掲注(70)小山論文、前掲注(73)松金論文。
(87)『真宗本廟（東本願寺）造営史――本願を受け継ぐ人びと――』（東本願寺出版部、二〇一一年）。
(88)前掲注(1)『教如上人――東本願寺を開かれた御生涯――』。
(89)前掲注(87)『真宗本廟（東本願寺）造営史――本願を受け継ぐ人びと――』
(90)『三河大谷派記録――近世・近代東本願寺教団史料――』（真宗大谷派岡崎教区、二〇〇九年）。
(91)前掲注(5)青木論文b、前掲注(6)大桑著書、前掲注(23)金龍論文、本書第Ⅱ部第八章。
(92)前掲注(6)大桑著書。
(93)柏原祐泉『日本近世近代仏教史の研究』（平楽寺書店、一九六九年）、前掲注(74)太田論文。
(94)日下無倫「東本願寺草創時代の御堂僧」（『日本仏教史学』第三巻第一号、一九四四年）。
(95)前掲注(40)吉井コラム。
(96)『大日本仏教全書』第一二八～一三〇巻（仏書刊行会、一九一三年）。
(97)宮部一三『教如流転――戦国新発掘　東本願寺開祖の不屈――』（教如上人奉賛会、一九八六年）、蒲池勢至「コラム4教如の寿像と伝承」（前掲注(13)『教如と東西本願寺』）、前掲注(1)『教如上人――東本願寺を開かれた御生涯――』。
(98)『土手組と教如――もう一つの関ヶ原合戦――』（岐阜県安八町、二〇〇四年）など。
(99)本章初出後、金龍静・木越祐馨編『顕如――信長も恐れた「本願寺」宗主の実像――』（宮帯出版社、二〇一六年）、大桑斉「本願寺教如の救済論――消息・証判御文・掛幅の思想史的検討――」（『大谷大学研究年報』第七十集、二〇一八年）、川端泰幸「教如上人消息一覧」（同）などが出され、研究は確かに進展している。

本願寺教如　関係系図

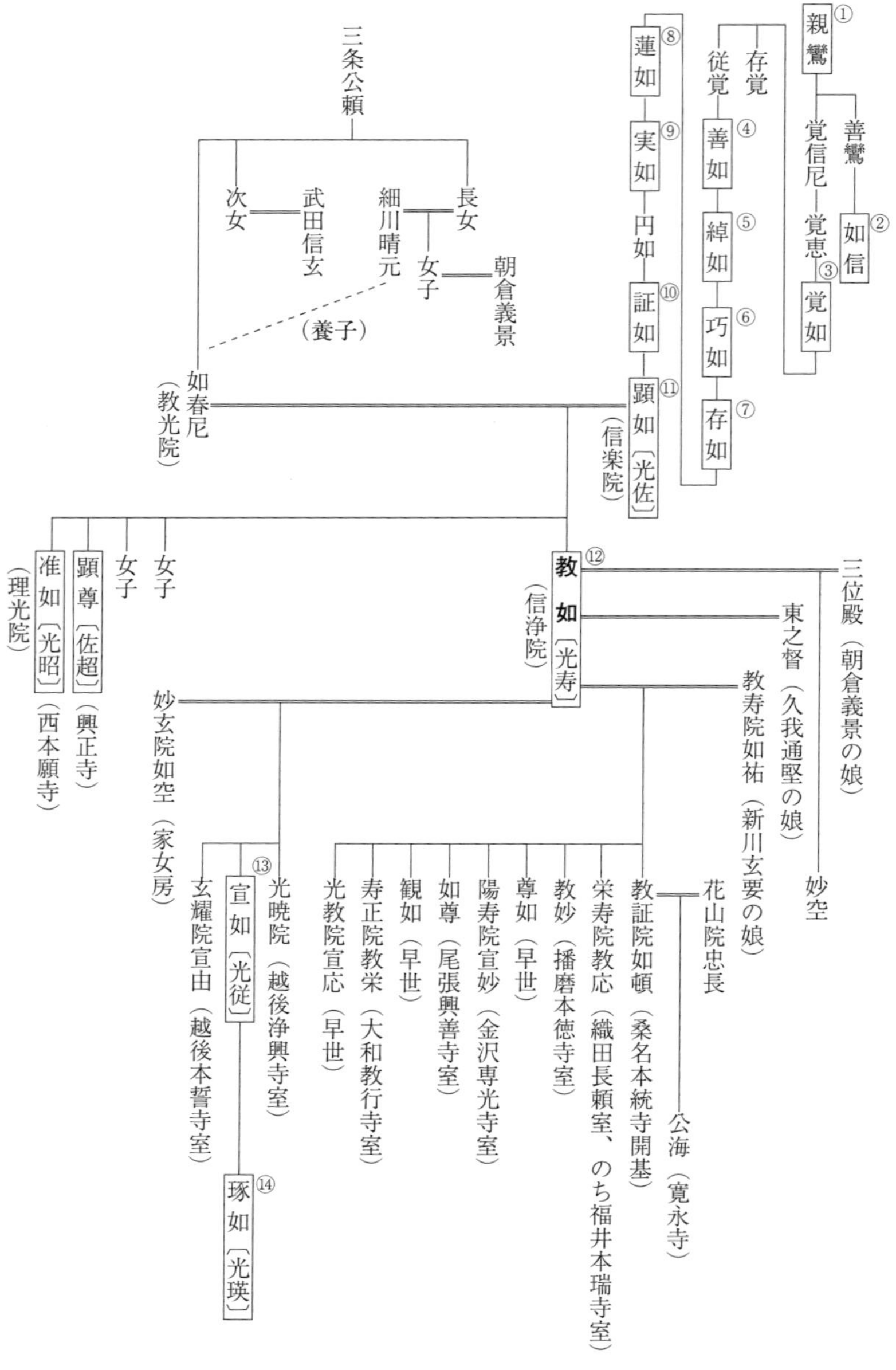

①親鸞
善鸞
②如信
覚信尼
覚恵
③覚如
存覚
従覚
④善如
⑤綽如
⑥巧如
⑦存如
⑧蓮如
⑨実如
円如
⑩証如
⑪顕如〔光佐〕（信楽院）
三条公頼
長女
細川晴元
女子
朝倉義景
次女
武田信玄
（養子）
如春尼（教光院）
女子
女子
顕尊〔佐超〕（興正寺）
准如〔光昭〕（西本願寺）（理光院）
⑫教如〔光寿〕（信浄院）
三位殿（朝倉義景の娘）
妙空
東之督（久我通堅の娘）
教寿院如祐（新川玄要の娘）
妙玄院如空（家女房）
花山院忠長
公海（寛永寺）
教証院如頓（桑名本統寺開基）
栄寿院教応（織田長頼室、のち福井本瑞寺室）
教妙（播磨本徳寺室）
尊如（早世）
陽寿院宣妙（金沢専光寺室）
如尊（尾張興善寺室）
観如（早世）
寿正院教栄（大和教行寺室）
光教院宣応（早世）
光暁院（越後浄興寺室）
⑬宣如〔光従〕
⑭琢如〔光瑛〕
玄耀院宣由（越後本誓寺室）

第八章　本願寺教如の宗教活動と社会的位置

はじめに

本章の課題は、前章[1]をうけ、東本願寺を創立した教如（一五五八～一六一四）の宗教活動について、主にその儀式執行を中心に検討することである。また、教如の社会的位置についても、慶長年間を中心に、その歴史的実態の一端を検討する。

本願寺教如の研究については、平成二十五年（二〇一三）の教如四百回忌にあたり、真宗大谷派が「東本願寺創立の上人」と表現し、法要とともに教如上人展を催したことは一つの重要な画期となった[2]。進展しつつある教如研究のなかで立ち遅れているのが、その宗教活動をめぐる検討と、東本願寺創立期における教如の社会的位置の問題である。

歴史的に見れば、教如にはさまざまな人的性格が見出せるが、その根幹は僧侶（宗教者）である。となれば、その宗教（教化）活動、とりわけ教法の宣布と儀式の執行への注目は必須である。ところが、この点についての本格的な研究はほとんどない。唯一、教化伝道をテーマとする専論として青木馨氏の研究があり、聖教開版、法宝物下付による門末教化を中心にした議論は示された[3]。その後の研究でこうした論点は基本的に青木氏の議論が踏襲されているといってよい。その方向性に異論はないが、なお課題として残っているのが、⑴聖教開版などからさらに教如の教学について歴史的な検討を加えること、また⑵儀式執行を中心とした歴史的検討、である。

⑴については和讃を書き添えた名号や『浄土文類聚鈔』に注目した大桑斉氏の研究[4]、御堂衆の教学研鑽に関する上場顕雄氏の知見がある[5]。これらをうけ、さらに包括的な研究が必要であるが、さしあたり⑵、すなわち、ほとんど検討されていない儀式執行を中心とした歴史的検討に着手するほうが先の課題である。

儀式執行への注目については、儀式執行もまた根幹的な宗教（教化）活動であるということは重要な確認である。また、儀式から教団を見ていく歴史的視点については、青木忠夫氏、遠藤一氏、草野顕之氏らの研究で提示され、そうした先行研究を継承しつつ筆者も研究を進めている[6]。本書第Ⅰ部でも論じてきたように、儀式を執行するということは、執行主体となる存在、すなわち教団のありようと、本質的に関わっている。教如とその教団が主体的に儀式を執行するようになるということは、そのまま教如教団すなわち東本願寺教団の成立と不可欠に関わる。また、儀式の場としての堂舎とその空間の存在も注目すべき問題である。こうした問題について、史料に即して検討してみると、教如による教団の独立（分立）、東本願寺の創立などについて、これまでの見方を変えるべき点が少なからずある。

また、当該期の教如の社会的位置についても、さらなる検討が課題である。教如の社会的位置という課題については、これまで①「石山合戦」終結期を中心とした織田信長との対抗関係、②本願寺継職・強制退隠を中心とした豊臣秀吉との緊張関係、③東本願寺創立をめぐる徳川家康との友好関係、という三点が主に注目されてはきた。しかし、①②に比して③、またとくに東本願寺創立以後についての言及は少ないのが現状である。とはいえ、戦国期宗教勢力の歴史的帰結という視点で見るならば、本書第Ⅱ部第六章で論じた准如教団と東山大仏千僧会の問題のみならず、並び立つ教如教団の歴史的状況も検討し、近世的変容をめぐる展望を確保しなくてはならない。

そこで本章では以下、第一・二節において教如の宗教活動を中心に、その教団形成と儀式執行の諸問題を論じる。そこでは本書第Ⅰ部からの議論が接続してくることになり、第Ⅱ部での議論との合流を図りたい。そして第三節では、とくに慶長年間における教如とその教団の社会的位置について点描し、第Ⅱ部の議論の締め括りとしたい。

第一節　教如における儀式執行の歴史的前提——儀式聖教の整備

まず、本節では、儀式聖教の整備という視点から、教如における儀式執行の歴史的前提について確認していく。ここで言う儀式聖教とは文字どおり、儀式に用いる聖教を指す。

1　教如判『御文』開版

教如が宗教活動を開始したのは、永禄十三年（一五七〇〈元亀元年〉）の得度を一つの契機と見てよいが、いわゆる「石山合戦」期と重なる最初期の動向は詳らかにならない。「新門」として「報恩講」に出仕していたことは知られるが、そこに教如本人の独自性を見出すことは困難である。天正六年（一五七八）の播磨下向については独自の宗教活動の意図があった可能性もあるが、それでも、顕如のもと「新門」として行動していたという状況からは離れない。

文禄元年（一五九二）本願寺継職以前に教如の宗教活動に独自性があったとすれば、それはやはり天正八年（一五八〇）「石山合戦」終結時に勅命講和を受諾した顕如の意に反して徹底抗戦を提唱し、大坂本願寺に数か月にわたり立て籠もった〝大坂拘様〟においてである。それに関わって各地に発した消息とともに、その後の天正九年（一五八一）から翌年にかけての流浪（秘回）期の活動が注目される。

ところで、教如が帖末に自らの署名と花押を据えた、いわゆる教如証判による版行『御文』が存在する。その開版時期は、花押の形状から早期のものと見られており、まさしく天正流浪（秘回）期との推測が可能である。『御文』は蓮如により制作され、実如期・証如期の教団において聖教化され、『五帖御文』が版行されていた。教如は、次の『正信偈』『三帖和讃』開版も併せて、蓮如の宗教活動にならった活動を意識的に行なった。

ただし、教如証判の『御文』は現在『五帖』揃いのものは一点知られるのみで、そのほとんどが五帖目に何通かを付した、いわゆる取り混ぜ『御文』である。[7] 付された何通かについては相当の組み合わせがあり、流浪（秘回）期において具体的にどのように版行をなし得たか、もしくはすでに刷ったもののみを用いていたかなど、版行や使用の実態の解明は重要な課題である。詳細解明は今後の課題であるが、たとえば使用の実態について推測してみれば、冊子本『御文』が勤行儀式において拝読に用いられる以上、教如も流浪（秘回）先の各地門徒とともに儀式を行ない、そのなかで拝読に用い、教えをひろめる活動をしたであろう。〝大坂拘様〟ののち、支援してくれた各地門徒のもとに赴き、支援への感謝と、支援してもらったにもかかわらず退去したことを詫びつつ、儀式の執行を通した門徒との結びつきを確かめる教如の姿を思い浮かべることができる。

こうした流浪（秘回）期における門徒との結びつきが、〝大坂拘様〟に端を発する教如教団の形成の最初期的状況と考えられている。しかし、その後、顕如のもとに帰参した教如の宗教活動の独自性は再び見えにくくなる。『宇野新蔵覚書』[8] によれば法宝物下付権限が与えられていたとされ、実際にいくつかの法宝物下付が確認される。また、教如派僧侶・門徒の教団帰参や天満本願寺造営をめぐる教如の奔走も見出せるが、儀式の執行については顕如に従うかたちであっただろう。天正二十年（一五九一〈文禄元年〉）十一月二十四日の報恩講期間中における顕如の死により、その翌日から教如が本願寺住職の位置で報恩講を勤めあげたから、「新門」（本願寺の後継者）として、儀式執行には精通していった様子はうかがい知れる。

2　慶長四年（一五九九）『正信偈』『三帖和讃』開版

教如における儀式聖教として最も注目すべきものが、慶長四年（一五九九）十一月に開版された『正信偈』『三帖和讃』である。この開版は、東本願寺創立への歴史的過程を考える上で、見逃せない重要な事象である。確認のため、次にその識語を掲げる。

【史料1】慶長四年（一五九九）『正信偈』『三帖和讃』識語(9)

右斯三帖和讃幷正信偈
四帖一部者、蓮如上人
為末代興隆板木雖被開
之近代依破滅令再興而已
慶長四巳亥霜月日教如（花押）

この『正信偈』『三帖和讃』四帖一部は蓮如が末代興隆のために開版したが、近代の破滅により再興するものと記されている。文明五年（一四七三）三月、蓮如が初めて『正信偈』『三帖和讃』を開版したことはよく知られており、その蓮如を継承しようとする教如の姿勢が読み取れる。ただし、教如がこの段階で開版に至った理由と背景については、さらに検討の余地がある。識語には「近代」「破滅」とある。これを文字どおりにとって状況を推測するならば、「石山合戦」による蓮如開版本の板木の喪失が考えられよう。あるいは蓮如開版本は准如方にあるゆえに、分流した教如方が新たに板木を必要としたと考えるべきであろうか。今は前者と考えておきたい。

続いて、この慶長版の開版前後の歴史的状況について考察する。文禄二年（一五九三）に教如は豊臣政権により本願寺住職を退隠させられ、いわゆる「北ノ御所」で隠居したと言われるが、その後も活動を継続していた。とはいえ、豊臣秀吉の健在なうちに大規模な活動は考えにくく、それゆえに文禄五年（一五九六）「大谷本願寺」銘の撞鐘をもって教如の大谷本願寺建立を示唆する見解には、慎重であるべきと考える。状況はもう少し段階を追って見るべきであろう。

慶長二年（一五九七）の北陸における教如派弾圧は、秀吉の体調悪化に伴う危機感から生じたものでもあろう。そして慶長三年（一五九八）が相当に大きな転機であったと考えられる。すなわち、正月十六日の母如春尼、八月十八日の秀吉の相次ぐ死去であり、これ以降に教如派の動きが大きく表面化していったのである。教如教団の独立的動向は慶長三年を機として本格的になったのであり、これ以降、教如教団の独自の儀式的な場、つまり教如による新たな本願寺の整備が実際に進み出したとみられる。

慶長四年（一五九九）の『正信偈』『三帖和讃』の開版も、その一連の流れのなかに位置付けられる。儀式を行なう場が整備されたからこそ、儀式聖教としての『正信偈』『三帖和讃』が開版されたのである。その儀式を行なう場とはこの場合、教如による本願寺（御影堂・阿弥陀堂）であり、その存在は、実は慶長七年（一六〇二）以前に確認することができるのである。そこで次節では、東本願寺創立期の歴史的状況について、堂舎の存在と儀式の執行を中心に検討してみたい。

第二節　初期東本願寺（教如教団）の儀式——『重要日記抜書』の検討

本節では、教如の御堂衆による『御堂日記』における重要事項を抜き書きした『重要日記抜書』[10]の記述を検討しながら、初期東本願寺の儀式について考察を加え、教如による本願寺の形成状況の実態を論じる。

1　儀式の場としての両堂（御影堂・阿弥陀堂）の成立

慶長四年（一五九九）の『正信偈』『三帖和讃』開版に引き続いて、慶長五年（一六〇〇）四月二十三日には『御堂日記』の記録が開始される。

【史料2】『重要日記抜書』慶長五年（一六〇〇・教如四十三歳）[11]

四月廿三日、勝兵衛殿奉にて日記之事被仰出候、是ヨリ毎日当番一人つゝ記之、

東本願寺には慶長五年（一六〇〇）から『御堂日記』が存在する。これは慶長七年（一六〇二）に家康の寺地寄進により教如の東本願寺が成立したと考えてしまうと、理解できない事象である。慶長五年四月に、儀式を記録する日記を作りだすということは、この段階で儀式を行なう場である御堂が存在していたということになる。それを明確に示す史料記述を次に掲げる。

【史料3】『重要日記抜書』慶長八年（一六〇三・教如四十六歳）

正月三日八ツ半時、聖人御真影御当着御堂僧三人後堂御番、六人は御迎に被遣候御所様御堂橋過迄御迎に御成、其儘御伝間に御座、御勤御和讃弥陀成仏ノ、コノカタハ御児様にも御同前に被為成候、御開山様仮の御厨子は浅黄綾にて御包被成、御伝間に御居被成候かりの間は御戸無、朝夕の勤行は御影堂にて如御作法御座候、

四日、本間にて阿弥陀経御始、引次御伝間にて朝御勤、両方共に蠟燭立、九字間へ御座を敷直し、如信様御太夜御勤申候御堂僧杉戸の、内に直り申候十三日、茶所こぼち申候、十四日、従大坂釣鐘上候、伏見内府様へ御礼に御成、十七日、伏見へ御会に御成、御留守昼前釣鐘を鐘楼へ御釣被成、則御児様御成、御所様にも還御御成被遊候、横修理を以て御堂僧、阿弥陀堂・御影堂当番両人昼夜相詰候様御達に候、（中略）

三月五日朝御勤御文ナシ昨晩より御堂前七間に簾かゝり、朝御勤に被参衆、を留め、昼前より御能始申候金春仕候（中略）

五月二日、江戸大納言殿ヨリ御使者、則下陣にて御対面、六日、晩方に御影様、阿弥陀堂へ御移被遊候、七日、早朝ヨリ御影堂こわし申候

六月八日、丑刻、新屋敷仮御堂へ御移り、御厨子は坊主衆衣白袴にてかき申候、御開山様は新き御輿にて是も坊主衆長柄かき申、御堂僧其廻り取廻し、上様其次侍衆其次内衆次第、御忍と候へ共松明以下如昼、朝御勤なし、辰刻に御経上巻小経念仏に廻向願以此、功徳、正信偈・御和讃七宝講堂三首引廻向世尊我、一心、御開山様御花束五色金の折、絵あり御本尊御花束折絵なし、彼岸の通、御斎九ツ時、

まず、確認のため、順を追い史料から読み取れる展開をたどる(12)。

教如は慶長八年（一六〇三）正月三日に、上野国厩橋妙安寺から「御真影」（親鸞木像）を迎えた。「御堂橋過」

まで直接、迎えに出て、そのまま「御伝間」に仮安置し、勤行をしたという。翌日には「本間」で阿弥陀経を読み、引き続いて「御伝間」で朝勤をし、さらに「九字間」に移り如信命日の逮夜勤行をしたとある。

十三日には「茶所」を壊した。だからそれ以前、すでに茶所があったことになる。十四日には大坂から「釣鐘」が上がっている。これが現在の真宗大谷派難波別院が所蔵する撞鐘だと考えられている。十七日には伏見に行き徳川家康と会見したが、「御礼に御成」とあり、これは「御真影」の移座に関するものであろう。「御真影」移譲についての家康の関与がうかがい知れる。その留守中に釣金を「鐘楼」に釣り、「御児様」すなわち観如が見学に来て、教如も伏見から戻ってのち、鐘楼に釣られた撞鐘を見学した。また同日、家臣の横田修理を通じて御堂僧に「阿弥陀堂・御影堂」の当番を二人ずつ昼夜相詰めて行なうよう達している。さらに三月五日条には、前日の晩より演能があり、「御堂前七間」に簾がかかったと記されている。また同月二十八日条には武家衆の参詣により「御真影」の御戸開きがあり、「表三間」の狭間が取り外されたとも記録されている。五月二日には徳川秀忠の使者と「下陣」で対面した。

そして、五月六日晩方、「御影様」を「阿弥陀堂」に移し、七日早朝から「御影堂」を取り壊し、六月八日丑刻（午前一～三時ごろ）、「新屋敷仮御堂」に移ったというのである。

以上に記されている「阿弥陀堂」「御影堂」は徳川家康が寄進した烏丸七条の地にあるものではなく、また准如方の両堂でもなく、明らかに教如の隠居屋敷（北ノ御所）地に存在したものである。

そして、その規模は、三月五日条から幅「七間」はあったものと考えられる。この記述からは七間以上あった可能性も考えられなくはないが、隠居屋敷地に形成された御影堂としては最大で七間規模と見るのが妥当であろう。その堂舎内容は、正面「本間」すなわち内陣が「三間」（三月二十八日条の「表三間」が該当）、両側に余間があり、余間については「御伝間」「九字間」が相当する。片側の余間に「御伝間」「九字間」が一間ずつあり、もう片側にも二間分の余間があったのか、片側に「御伝間」、もう片側に「九字間」があったのかは確定できないが、いずれにせよ、両余間は幅二間ずつの規模と推定される。そして、そうした内陣・余間に対応する「下陣」(外陣)が存在する。七間四面の正方形の堂舎を想定すれば、外陣の規模は幅七間に奥行は四間になる。ともかく、教如は隠居屋敷地に幅七間相当の、それなりの堂舎規模を持つ御影堂を造営していたのである。なお、同じく存在が明らかな阿弥陀堂については、規模を含めその詳細は不明である。三間四面規模であろうか。また、同敷地内に鐘楼と茶所があったことも知られる。

こうした両堂の造営時期については先に推測しているように、慶長三年(一五九八)以降に現実化し、慶長五年にかけての整備と考えられる。『重要日記抜書』慶長五年(一六〇〇)七月十八日に伏見御坊より御影四幅を、十九日に木仏道具を取り寄せたのも、新しい両堂整備に関連した動きと考えられよう。

以上をまとめると、教如は、慶長七年(一六〇二)二月とされる徳川家康からの寺地寄進を待たず、慶長三年(一五九八)から五年(一六〇〇)にかけて自らの両堂すなわち本願寺を、まずその隠居屋敷地に造営していった。妙安寺からの「御真影」移譲も慶長五年あたりには整っていたと考えられており、新たな寺地寄進も含めて、同時並行的に事態が進んでいった状況が浮かび上がる。慶長八年(一六〇三)に「御真影」奉迎を実現した教如は、前年に家康から寄進されたしかるべき地、すなわち烏丸七条への本願寺移転を実行し、そして同年十一月に阿弥陀堂を、明くる慶長九年(一六〇四)九月に御影堂を完成させ、名実ともに東本願寺が成立したのである。

2　初期東本願寺教団の儀式体系と儀式参加者

続いて、『重要日記抜書』すなわち『御堂日記』の記述から、初期東本願寺教団の儀式的実態を検討する。慶長五年（一六〇〇）の『御堂日記』の書き始めから教如が死去した慶長十九年（一六一四）までに限り見通しても、報恩講をはじめ歴代年忌、彼岸・盆、生御霊、松拍子、申御斎、御剃刀、能などの執行が確認できる。

①慶長五年（一六〇〇）報恩講

慶長五年（一六〇〇）条には閏十一月二十一日から「七昼夜御法事」すなわち報恩講の執行が記録されている。

【史料4】『重要日記抜書』慶長五年（一六〇〇・教如四十三歳）

閏十一月廿一日ヨリ、七昼夜御法事改悔御免御私記上様御代二位殿、教行寺殿、円明寺殿念仏も、同断伽陀泉龍寺・宝光坊・専光寺、御斎・非時勤福田寺・慈願寺・定専坊、

閏十一月の執行ということは、准如方の十一月執行との兼ね合いとみられるが、簡潔な記述ながら、改悔の実行とともに、式文拝読（・式間念仏・伽陀）、御斎・非時勤行の実行が判明する。改悔とは、本願寺では蓮如により本格的に始められた参詣僧俗による信仰告白の儀式のことであり、これが行なわれたということは、参詣僧俗が一定数、存在するということである。

さらに『報恩講式』を拝読する式文拝読と、その式間念仏の担当者から、教如教団における一家衆すなわち教如派親族集団の顔ぶれが知られる。慶長五年（一六〇〇）に式文拝読を担当したのは教如に加えて「二位殿」「教行寺殿」「圓明寺殿」の三人であった。

〔関係系図〕

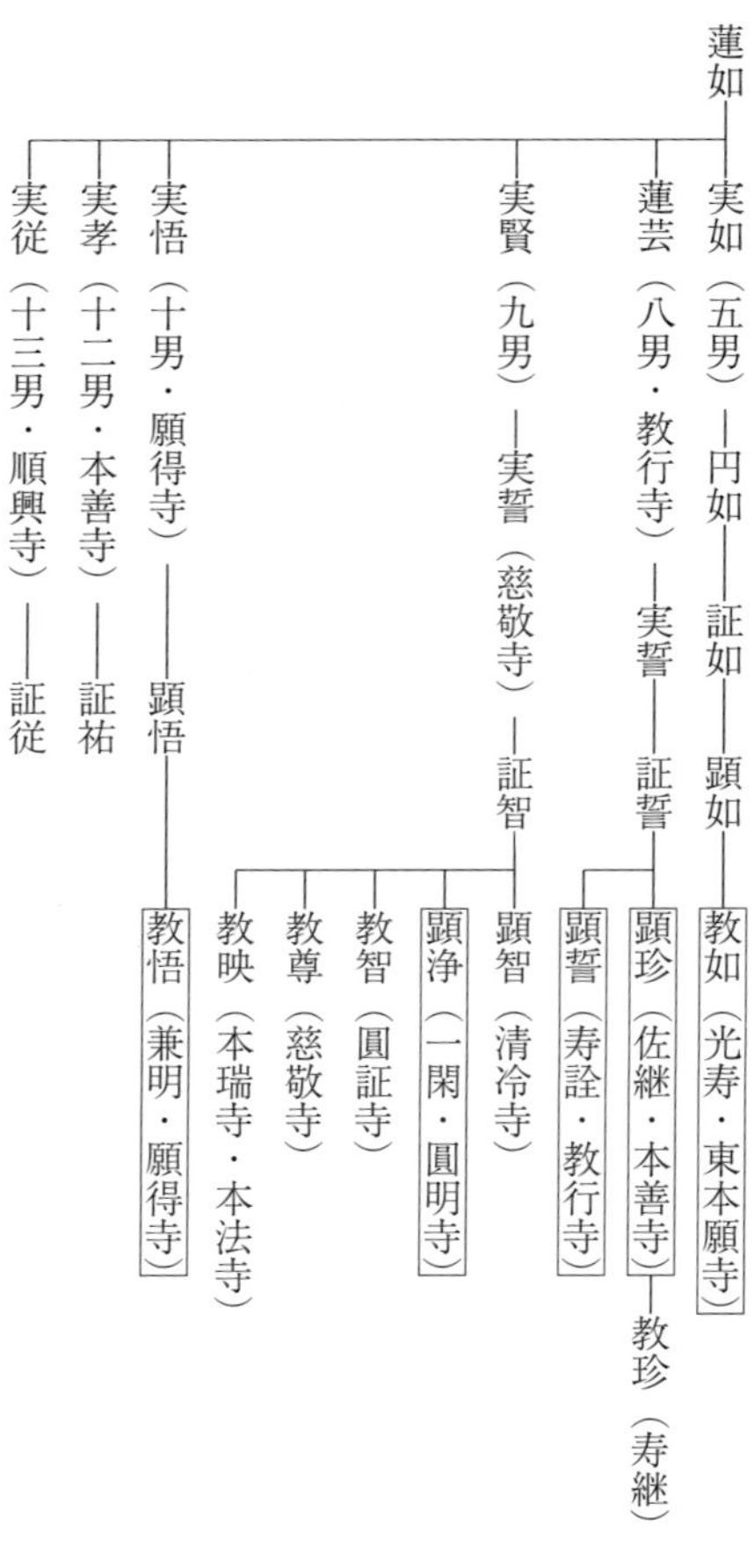

二位殿は大和吉野本善寺顕珍（諱は佐継）である。『大谷一流系図』によれば、教行寺証誓佐栄の長男であり、本善寺に入ったが、東西分派時には本善寺を捨てて息男教珍寿継を連れて教如派になったという。慶長十五年（一六一〇）二月十日に死去するまで、教如教団における一家衆の筆頭格であった。なお、教行寺と大和の所縁は、同じく『大谷一流系図』によれば、証誓佐栄が教行寺を大和佐味田に移し、文禄四年（一五九五）十二月二十一日に五十六歳で死去する以前の晩年には百済坊（大和）に住したということが、一つの画期である。

二位殿に次いで記される教行寺は、法名顕誓（諱は寿詮）。教行寺証誓（諱佐栄）の二男、つまり二位殿（本善寺顕珍佐継）の弟である。大和に田原坊を創建して移住し、慶長十年十二月五日に三十八歳で死去した。

圓明寺の法名は顕浄（諱は一閑）。圓明寺は大坂谷町にあり、そこに住したという。顕浄一閑は近江船木慈敬寺証智（諱は佐増）の二男である。証智佐増は教行寺証誓佐栄とともに「石山合戦」期から教如派の最有力一家衆であり、証智佐増が慶長三年二月二十七日に五十七歳で死去した後、その教団内での地位を顕浄一閑が継いだという経緯であろう。ちなみに証智佐増長男の顕智佐賢は准如派で清冷寺を称した。三男の教智寿増は広島圓証寺開基とされ、四男教尊智興が船木慈敬寺を継ぎ、五男教映従増は越前福井本瑞寺・三河吉良本法寺に入った。長男以外は教如派というのが慈敬寺一族の分派状況であった。

以上の顔ぶれからうかがえるのは、教如本願寺の草創期にその儀式に参画して教如を支えた一家衆の中核が、「石山合戦」期以来の本善寺・教行寺・慈敬寺という大和・摂津・近江を地域的基盤とした勢力であったということである。彼ら各人の意思もさることながら、その地域的基盤との関係も背景にあろう。

式文拝読時に下陣において伽陀を発声するのが御堂衆である。その顔ぶれは泉龍寺・宝光坊・専光寺であった。教如派御堂衆の研究については戦前までさかのぼる。日下無倫氏の研究(13)によれば、慶長十八年（一六一三）八月九日に教如が記したという『御堂衆次第』には、泉龍寺・真行寺・宝光寺（坊）・長泉寺・光泉寺・法光寺・誓源寺・等覚寺・聖順寺・長福寺・永念寺・正海・西念寺・常徳寺・勝円寺・善永寺・唯泉寺の十七人が書き上げられているという。しかし、『重要日記抜書』また『御堂日記』(14)そのものに記載されている内容とは必ずしも一致しない。このなかで、泉龍寺祐賢は尾張国蟹江受念寺の生まれで、顕如・教如に仕えて慶長年間には教如の御堂衆一老であった。宝光坊唯宗は三河国西尾に拠点があり、教如に従い、慶長八年（一六〇三）上野国妙安寺より「御真影」を移送するのに功績があり、「聖（人奉）運寺」の寺号を教如より拝領したという。日下氏によれば、専光寺は加賀国専光寺教心であるという。

また、斎・非時勤の調声についても福田寺・慈願寺・定専坊という三人の坊主衆が記されている。報恩講では各地域の僧侶・門徒が毎日の斎・非時（食事）を調進する頭人を勤めた。そして頭人の代表が、毎日しかるべき時間に行なわれた斎・非時頭人勤行で、調声をしたのである。福田寺は近江、慈願寺は河内、定専坊は摂津を拠点とする有力坊主衆であり、やはり教如本願寺の草創期を支えた地域的基盤をうかがう際、重要である。ただし、福田寺・定専坊はのちに西本願寺に転じていることも、東西分派の歴史的状況推移として課題とすべき事象である。

②慶長八年（一六〇三）阿弥陀堂遷仏法要・報恩講

次に、慶長八年（一六〇三）十一月十日の阿弥陀堂遷仏法要と、同月二十一日から執行された報恩講に関する記述を見ていく。

【史料5】『重要日記抜書』慶長八年（一六〇三・教如四十六歳）

十日、阿弥陀堂御遷仏一部経念仏にて廻向願以此功徳、正信偈御和讃南無阿弥陀仏ノ廻向ノ、二重弥陀観音大勢至、三重弥陀大悲ノ、本徳寺殿、念仏は教行寺殿、御廻向世尊我一心、御所様御装束紅御袍裳七条紺地金菊、御一家衆二位殿計、紅色七条、其外は純色綾袈裟、御堂僧純色青袈裟、坊主衆裳付白袈裟、

七昼夜、廿二日、朝御勤道光明朗、御文御正忌泉龍寺、御日中御式上様御素絹白、御袈裟赤、伽陀泉龍寺御和讃光明月日、御逮夜御道服紫御袈裟黄御和讃十方衆生ノタメニトテ御文中古以来、専光寺此外、中日・結願、御式上様中日御衣紫御袈裟雪の下、廿八日、紅素絹紅御袈裟、間の御式二位殿・願得寺殿・圓明寺殿・教行寺殿・、伽陀初中後泉龍寺、間専光寺・常称寺・、逮夜御文常称寺・聖順寺・圓成寺・専光寺・、御伝、御日中三重念仏二位殿、

二十九日、朝御勤御文泉龍寺、毎年一老役、若相違の時は、其次読可申由、勝兵衛殿御使被仰出

勤行内容と法衣装束について見ておくと、阿弥陀堂遷仏法要では一部経・念仏・廻向に加えて正信偈・和讃・廻向が勤められた。法衣装束は教如が紅色の袍裳に紺地金菊模様の七条袈裟であった。一家衆は二位殿（本善寺顕珍）のみ紅色の七条袈裟で、その他は鈍色に綾袈裟。御堂僧は鈍色に青袈裟で、坊主衆は裳付衣に白袈裟という区別があった。(15)七昼夜（報恩講）の記述はやはり簡略ながら、式文拝読を中心に、御伝鈔拝読や御文拝読とその担当者が記される。法衣は教如のみ記され、二十二日の日中は白素絹に赤色の袈裟、逮夜は紫の道服に黄色の袈裟。中日（二十五日）は紫衣に「雪の下」という袈裟で、結願（二十八日）は紅色の素絹に紅色の袈裟であった。この時期になると法衣の種類も相当に多様であった。

儀式に参加している一家衆については、式文拝読者の顔ぶれが二位殿・願得寺殿・圓明寺殿・教行寺殿とある。加わった願得寺は諱兼明（法名教悟）。蓮如十男実悟の孫に当たり、祖父・父ともに不遇に処せられたが、教悟は教如派一家衆としての位置を確保していった。

また、注目すべきは阿弥陀堂遷仏法要の際に和讃調声者として「本徳寺殿」が出てくることである。これを『続真宗大系』第十六巻では「寿継」と括弧書きで付しているが、要検討である。寿継とは顕珍の息男教珍のことであるが、前後の状況から推して、この本徳寺は二位殿すなわち顕珍その人である可能性が最も高い。本善寺を失った顕珍が、この段階ですでに本徳寺を称し始めていたとすれば、元和四年（一六一八）教如息女教妙を配嫁した教珍（寿継）の入寺をもって播磨船場本徳寺が始まったという歴史についても、さらに検討の必要が出てくる。(16)

御堂衆については、泉龍寺・専光寺に加えて常称寺・聖順寺・圓成寺の名が見出される。日下氏の研究によれば、常称寺は河内国常称寺珍暁、聖順寺は尾張国正順寺正恩（推定）、圓成寺は和泉国圓成寺明信であるという。なお、宝光坊の名が見出せなくなるのは、三河に下向していたためであろうか。ただし、宝光坊は、慶長十六年（一六一一）親鸞三百五十回忌には出仕、慶長十九年（一六一四）教如葬儀の際には導師を勤めた。

③慶長九年（一六〇四）御影堂遷座法要・顕如十三回忌

東本願寺の創立は両堂の完成をもってそれを示す。その意味での創立記念日は御影堂遷座法要が行なわれた九月十六日である。この日は教如の誕生日ということでも興味深いが、遷座法要と、引き続き行なわれた顕如十三回忌に関する記述を次に掲げる。

【史料6】『重要日記抜書』慶長九年（一六〇四・教如四十七歳）

九月十六日、御影堂御遷仏、先十五日九ツ時、御開山様、御影堂へ御移被成、十六日朝、御影堂御勤無之、阿弥陀堂たんとく也、引次直に御成、御影供、御仮御入被成、点心過、辰刻御入堂、一部御経・御和讃弥陀成仏ノコノカタハ三首、上様御装束紅純色・錦七条、御一家衆純色・七条、坊主衆裳付・白袈裟、泉龍寺伽陀の時、内陣にて七条、後下陣にて青けさ、両鶴両瓶、立花は池ノ坊師弟被参候、

十七日ヨリ顕如様十三回御忌御法事有之、日没過御逮夜御文なし、六ツ過、上様御堂縁へ御出、通夜之衆有之時は六角釣り可申由御意候、

十八日、朝紅道服・赤地御袈裟、同逮夜御堂御文専光寺改悔あり、

十九日、朝白御道服・赤地御袈裟、御文西然寺、御日中御経下巻二位殿、御逮夜前、水野惣兵衛殿御内儀御局にて御剃刀、御逮夜御素絹黄色・赤地浮紋御袈裟

廿三日、御日中、観経、御太夜御入堂、御文泉龍寺、日没唯泉寺、改悔あり、

廿四日、御日中、御経上巻正信偈なし、御式一段上様、二段二位殿、三段圓明寺殿、嘆徳教行寺殿、正信偈・御和讃三朝浄土ノ大師等、

御装束紅御素絹同御袈裟、御斎過、御掃除、
廿五日、諸国惣坊主衆へ御振舞被下候、

儀式内容で注目すべきは、顕如十三回忌における改悔の執行、また正当命日の二十四日の日中法要において式文拝読をしていることである。法衣装束の多様さについては記述のとおりである。一家衆は二位殿・教行寺・圓明寺の三名、御堂衆は泉龍寺・専光寺に加えて西然寺・唯泉寺の四名の名が見られる。これまた日下氏の研究によれば、西然寺は山城国山科西念寺、唯泉寺は近江国大津唯念寺であるという。なお、法要終了翌日の二十五日に「諸国惣坊主衆」に対して振舞がなされたとあり、諸国からの参詣・懇志が上がっていたことが知られる。この「諸国惣坊主衆」の内実、すなわち教如教団の地域的基盤については、さらなる追究が必要である。

④慶長十六年（一六一一）親鸞三百五十回忌

東本願寺が名実ともに成立し、十一月の報恩講を中心に毎年の年中行事が執行されるようになった後、その儀式的整備の詳細な展開過程は、教団機構の問題も含め、さらなる史料の発見を待つほかないが、草創期で注目すべきは親鸞三百五十回忌である。『紫雲伝由縁記』[17]によれば、東本願寺は西本願寺に配慮しつつ執行したが、参詣者は東本願寺のほうが多かったと伝えられている。実際に儀式内容はどうだったのか。

慶長十六年（一六一一）三月十八日より十昼夜執行された「御開山様三百五拾年御忌御法事」[18]については、『重要日記抜書』のみならず、『真宗本廟（東本願寺）造営史』に翻刻された『御堂日記』当該条が断片的ながら貴重な史料記述である。次に掲げる。

【史料7】『御堂日記』慶長十六年（一六一一・教如五十四歳）

二月九日ヨリ三月十九日迄日記なし、

三月廿日　真行寺

一、朝御勤、御入堂、御装束、金色之御素絹、雪之下之御袈裟、御和讃神力自在ナルコトハ、御文宝光坊、

一、御堂衆装束、裳付・五条袈裟、金ノ末広持、

一、御日中、御経下巻、御調声新門様、御経之念仏已後廻向なし、

一、阿弥陀経、新門様礼盤ニ而御始被成候、長老舎利弗、已後御行道被成候、其後、右之所へ御着座被成候而、正信偈、毎月廿八日御私記已後のことし、御和讃安楽仏土ノ依正ハ、三首、

一、御日中、御装束、地紫之法服、錦七条之御袈裟也、

一、御待夜、御装束、黄法服、白地錦御袈裟也、

一、御私記、新門様、正信偈如常、御和讃阿弥陀仏ノミナヲキ、、三首、

一、御堂衆装束、御日中・御太夜ハ法服・七条也、

一、大仏供、上様、御そなへ被成候、明日朝勤過、御控被成候、

一、御堂狭間障子、襖障子、万御作法、毎月廿八日のことし、

一、阿弥陀堂御勤ハ、讃仏之偈、十四行偈、念仏にて廻向我説彼尊也、但十日之間、毎朝如此、此外ニ別ニ勤行なし、

廿一日・二日之記なし、

三月廿三日　当番法光寺

一、朝御勤、御入堂、御和讃無明ノ太夜ヲアハレミテ、御文泉龍寺、
一、阿弥陀堂勤行、讃仏之偈、十四行偈、念仏過テ我説彼尊之廻向、
一、御装束、瑠璃之御素絹、香御袈裟、
一、御日中、両門様御入堂、御経下巻、伽陀泉龍寺、
一、行道、両門様、御院家衆七人、花籠之奉行長徳寺、新発意花籠くはり申候、
一、両門様之花籠者、柳箱ニ居へ、御一家衆御控被成候、柳箱金にたませられ候、
一、御経ハ廻向なし、
一、行道之後、正信偈、御和讃三首、本師龍樹菩薩ハ、
一、御逮夜、御入堂、御私記上様、御和讃龍樹大師世ニ出テ、御装束、紫地之御法服、白地之錦之七条、式間之念仏、新御所様、伽陀泉龍寺、
一、院家衆、法服・七条、御堂衆同前、但其日之役者ハ鈍色ニ五条、坊主衆、鈍色ニ七条、其外鈍色ニ五条、残ハ裳付ニ五条・青袈裟、
一、両定衆ハ法服也、但、唯念寺ハ鈍色也、是も定衆ニ而候へ共、仏照寺与源光寺と装束替申候故、扨事也、
廿四日・五日之記なし、
三月廿六日　　正海
一、朝御勤、御入堂、御和讃、御文唯泉寺、
一、御装束、香之御素絹、雪之下御袈裟、新門様御装束、白キ御素絹、
一、御日中、御経下巻、召請願得寺殿、伽陀光泉寺、

一、行道、新門様、御院家衆七人、御堂衆七人、
一、花籠之奉行、長徳寺、新発意衆花籠くはり申候、　新門様之花籠者、御一家衆御上被成候、
一、行道之後、正信偈三首引、
一、御経ニハ廻向なし、
一、御待夜、御装束、黄なる御法服、赤地之錦之七条、
一、御和讃、
一、御式、願徳寺殿、伽陀光泉寺、
一、御一家衆、法服・七条、御堂衆も同前也、
一、坊主衆、鈍色・七条、其外五条ニ鈍色もあり、
　廿七日ヨリ晦日迄日記なし、

遠忌法要の激務からか、二十日・二十三日・二十六日しか記録がないが、この点については遠忌に関する別の日記を作成していた可能性はある。それはともかく、儀式内容については、日中法要に読経（浄土三部経）を行ない、式文拝読を逮夜法要に移して勤めたのは、親鸞三百回忌と同様である。日中法要で、読経後に行道散華を行なったのも同様であるが、行道後に正信偈・和讃三首引の勤行が明記されていることは注目される。法衣装束は、遠忌法要であるゆえ法服が着用されている。行道衆の院家衆、御堂衆ともに法服・七条袈裟である。鈍色・七条、鈍色・五条などの御堂衆、坊主衆もいるなど、法衣の揃いをめぐる実態が見出される。

行道衆は院家衆七人、御堂衆七人とあるが、この場合、その全容は厳密には不明である。記述内に御堂衆の名が

既出よりさらに見えるが、そもそも『御堂日記』にはこれ以上に御堂衆の名が散見される。日下氏の研究とつなぎ、さらなる全容の解明が課題である。

儀式出仕者について、この親鸞三百五十回忌で最も注目すべきが、新門観如の出仕であろう。観如は教如の二男であるが、長男尊如が慶長元年（一五九六）に出生してすぐに死去しており、慶長二年（一五九七）の出生当初から後継ぎとして育てられていた。そして慶長十五年（一六一〇）三月三日に得度し、翌年の親鸞三百五十回忌では、たとえば、二十日の日中に読経の調声、二十六日には行道の先頭を勤めており、「新門」として教如の名代を確かに勤めていた。教如としては新門観如への儀式の継承を行ない、東本願寺教団の次代への継承を印象付ける親鸞三百五十回忌だったであろう。

しかし、観如は同年十一月二十五日に死去してしまう。折しも遠忌年の七昼夜（報恩講）であり、二十八日の日中法要では行道も執行されていた。十二月六日に至り葬儀が行なわれたが、観如の死が教如とその教団に与えた影響は大きかったと考えられる。そして教如もまた慶長十九年（一六一四）にその生涯を終えることになる。

第三節　本願寺教如の社会的位置——慶長年間を中心に

本願寺教如の生涯とその社会的位置については前章でも述べてきたが、本章冒頭で問題点を確認したように、東本願寺創立以降の歴史的状況については研究の蓄積が少ない。本節でいくつかの課題から点描したい。

まず、天正年間後半から慶長年間にかけて、本願寺ととても近い関係にあった公家の山科言経の日記『言経卿記』(19)を手がかりとして、言経が教如をどのように捉えて、その日記に記していたかを検討する。『言経卿記』の本願寺・教如に関する記事は先行研究でも取り上げられたが、網羅的に内容が提示されたわけではない。そこで『言経卿記』に見える教如関係記事を一覧にしたのが次頁の【表1】である。

あらためて網羅的に見ても、その内容は明確に教如の生涯の事績と対応する。顕如の後継ぎとして活動する「新門跡」「新門主」期間、本願寺を継職したわずか一年弱の「本願寺門跡」期間、そして「隠居」「真浄院」期間である。すでに指摘されているように、隠居後も言経は変わらず教如と接していたように見える。(20)ただし注意すべきは、言経が教如の動向に触れるのは慶長三年までで、これ以降は記事が見出せなくなることである。この時期、山科言経自身をめぐる状況も変化しているが、准如や顕尊・准尊に関する記事は継続的に出てくるので、慶長三・四年で言経と教如の関係に変化が生じた可能性は高い。すなわち、この時期を境に教如が独自行動を強めたことと対応しているのであろう。これ以降の『言経卿記』で教如（院号「真浄院」）が出てくるのは唯一、慶長九年（一六〇四）四月十一日、教如の娘（二女、教証院如頓尼）が花山院忠長に嫁ぐことを記した箇所のみである。

次に、同じく公家の西洞院時慶の日記『時慶記』(21)慶長九年条に見える教如について紹介する。慶長九年は教如が東本願寺の御影堂を完成させ、落慶法要を行なった年である。

正月十六日、教如母如春尼の七回忌があった。これはもちろん准如のもとで行なわれたが、時慶はさらに「信門」すなわち教如の居所へも赴いた。奏者は粟津勝兵衛で、時慶は教如に百疋を渡したと記録する。五月十六日からは智仁親王の発句により連歌会が開始されたが、これに「七条門跡隠居」すなわち教如も参加した（十七日条）。十九日には朝早くから「七条ノ信成院門主」すなわち教如の居所に、一条内基、近衛信尹、照高院道澄が申し入れて連歌興行が行なわれた。時慶も参加し、連衆は十二人であった。さらに七月二十二日には夜遅く、「七条信門」すなわち教如の居所で躍（おどり）があり、八月七日にも「信門」（教如）の居所で時慶らに対する振舞があった。

【表1】『言経卿記』にみる本願寺教如

年月日	表現	事項
天正13年(一五八五)正月8日	新門跡	山科言経、冷泉為満の依頼で、本願寺顕如・教如・顕尊への年頭挨拶状を代筆する。
天正14年(一五八六)正月3日	新門主	顕如・教如・顕尊、豊臣秀吉への年頭挨拶のため大坂城に行く。
天正14年(一五八六)11月13日	新門跡	顕如が准后に、教如が僧正に補任のため、朝廷・院御所に礼参する。
天正15年(一五八七)7月21日	新門跡	顕如・教如・顕尊・顕如室・児(准如)、九州出征から帰った秀吉に参賀する。
天正16年(一五八八)2月23日	新門跡	顕如・教如・顕如室・教如室・顕尊・顕尊娘ら、下間少進(仲康・仲之)邸に赴く。
天正16年(一五八八)4月10日	新門跡	顕如室・児(准如)・顕尊娘ら(はこの日)、また教如室・顕尊室ら(は明日予定)聚楽第幸見物に上洛する。
天正16年(一五八八)4月13日	新門跡	顕如・教如、上洛する。
天正16年(一五八八)6月2日	新門跡	教如、母(顕如室)と山科言経を「茶之座敷」において饗応する。楽あり。
天正16年(一五八八)6月15日	新門跡	顕如・教如・顕尊・顕如室・児(准如)、秀吉生母危篤の見舞いに上洛する。
天正16年(一五八八)11月15日	新門跡	教如の内衆宮部丹波守、顕如室の内衆弥介を通して山科言経に、秀吉内衆平野大炊頭への仲介を依頼する。
天正17年(一五八九)3月2日	新門跡	顕如・教如・顕尊、天満寺内検断事件に際して本尊の裏に起請文を書いて提出する。
天正17年(一五八九)5月5日	新門跡	顕如・顕如室・教如・顕尊・児(准如)、秀吉に礼参する。
天正17年(一五八九)6月15日	新門	顕如・教如・顕尊ら、秀吉子鶴松誕生の祝賀に淀城へ行く。
天正18年(一五九〇)2月25日	新門跡	顕如・教如・顕尊ら、秀吉の小田原出陣の暇乞いに上洛する。
天正18年(一五九〇)4月18日	新門跡	教如、能を興行する。
天正19年(一五九一)正月22日	新門跡	顕尊、顕如・教如・顕如室・児(准如)らを饗応する。
天正20年(一五九二)8月23日	—	教如室、腫物が痛むため、言経より筑後が使わされ、薬を受ける(24日)。

天正20年（一五九二）10月29日	新門跡	教如、豊臣秀次を茶湯で饗応する。
天正20年（一五九二）11月13日	新門主	教如室、山科言経の「診脈」を受ける。
天正20年（一五九二）11月26日	新門跡	教如、粟津右近を山科言経に遣わし、顕如葬儀における法衣について相談する。
天正20年（一五九二）12月2日	門跡	粟津右近が再び山科言経を訪問し、教如の法衣について相談する（～3日）。
文禄元年（一五九二）12月10日	新門跡	顕如の葬儀に、教如・顕尊・准如・顕尊児ら列する。
文禄2年（一五九三）正月20日	本願寺門跡	教如、山科言経とともに東福寺で豊臣秀次に会う。
文禄2年（一五九三）正月21日	本願寺	教如と豊臣秀次の対面の首尾につき、興正寺顕尊が山科言経に問い合わせる。
文禄2年（一五九三）閏9月14日	本願寺	教如、豊臣秀吉から大坂城に召喚される。
文禄2年（一五九三）閏9月18日	本願寺	教如、本願寺住職を退き、隠居する。
文禄3年（一五九四）正月3日	前本願寺	教如、粟津日向守を山科言経に遣わし、隠居の間における朝廷参内の衣装について問い合わせる（言経、前のとおりと返答する）。
文禄5年（一五九六）4月5日	本願寺之真浄院新門跡事也	教如の居所に徳川家康が行く。
文禄5年（一五九六）閏7月27日	真浄院新門跡事也	教如子息が二歳で体調を崩し、没する。
慶長元年（一五九六）12月13日	陰居門跡真浄院	教如の茶湯に徳川秀忠が招かれる。
慶長2年（一五九七）3月17日	本願寺隠居	教如の茶湯に徳川家康が招かれる。
慶長3年（一五九八）7月13日	真浄院隠居門跡	教如、横田修理入道を山科言経に遣わし、法服について談合する。
慶長3年（一五九八）12月10日	本願寺隠居	教如、徳川家康の訪問を受ける。
慶長9年（一六〇四）4月11日	真浄院	教如の娘、花山院忠長に嫁入りする。

そして十月三日には「信門」(教如)が「移徙」すなわち東本願寺御影堂の完成ならびに堂内への親鸞木像の移徙の記念に能を行ない、それに西洞院時直(時慶息)が招かれた。

公家たちの連歌興行に教如が加わっていたことは、まさしく当該期の教如の社会的位置を示すものであろう。また、「移徙之能」が興行されたことと、その見物に時慶息時直が出向いたことも重要である。東本願寺の創立が公家衆に認知されていたことが判明するからである。

西洞院時慶もどちらかと言えば西本願寺の准如と関係の深い公家であるが、慶長九年に関しては、他の年に比して教如関係記事が多いようである。東本願寺の創立と何らかの関係があるものと考えたい。

以上、山科言経、西洞院時慶の各日記に出てくる教如関係の記事から、彼らの教如に対する認識と、そこから想定される教如の社会的位置について考察した。教如が隠居した後も門跡としての社会的位置を確保していたこと、東本願寺創立にあたってはその活動をやはり活性化させていたことを確かめた。

むすびにかえて

慶長十九年(一六一四)十月五日、教如は五十七歳で死去した。後継ぎは三男宣如であった。『重要日記抜書』には十月五日の同日に得度したと記されている。教如の死去間際の緊急的なものと見られ、青蓮院の寺誌である『華頂要略』にも元和二年(一六一六)における宣如の得度が記されている。[22] 継職をめぐる熊丸(教如の孫。のちの公海)擁立の動きとの関連かとみられるが、儀式の視点からすれば、儀式を執行する僧侶の宗教的性格の生み出され方、権威の背景といった問題からも、注目すべき事象である。宣如が教如の儀式をどのように継承していったか、そして教団を形成しつつ、どのような社会的地位を確保していったかなど、宣如教団論が課題となる。

注

（1）教如の生涯に関する基本的事項とその注記について詳しくは前章で示したので、本章では重複する事項の注記はできるだけ省略する。
（2）『教如上人――東本願寺を開かれた御生涯――』（東本願寺出版部、二〇一三年）。
（3）青木馨「本願寺教如の教化伝道について」（千葉乗隆博士傘寿記念会編『日本の歴史と真宗』自照社出版、二〇〇一年）。
（4）大桑斉『教如――東本願寺への道――』（法藏館、二〇一三年）。
（5）上場顕雄『教如上人――その生涯と事績――』（東本願寺出版部、二〇一二年）。
（6）本書第Ⅰ部第一～六章。
（7）佐々木求巳『真宗典籍刊行史稿』（伝久寺、一九七三年）ほか。
（8）『続真宗大系』第十六巻（真宗典籍刊行会、一九三九年）、『大系真宗史料』文書記録編14「東西分派」（法藏館、二〇一六年）。
（9）前掲注（2）『教如上人――東本願寺を開かれた御生涯――』。
（10）前掲注（8）『続真宗大系』第十六巻。
（11）前掲注（8）『続真宗大系』第十六巻。以下、**【史料6】**まで同。
（12）参考として図録『江戸時代の東本願寺造営』（同朋大学仏教文化研究所、二〇〇九年）。
（13）日下無倫「東本願寺草創時代の御堂僧」（『日本仏教史学』第三巻第一号、一九四四年）。
（14）真宗大谷派蔵。『真宗本廟（東本願寺）造営史――本願を受け継ぐ人びと――』（東本願寺出版部、二〇一一年）に一部翻刻。また前掲注（1）図録にも出陳掲載。筆者もかつて史料調査において実見した。
（15）法衣については井筒雅風『法衣史』（雄山閣出版、一九七七年増補改訂版）などを参照。たとえば、純色（どんじき）は法服に準ずる法衣であるなど。
(16)　また『大谷嫡流実記』（『真宗史料集成』第七巻、同朋舎、一九七五年）によれば、教如の三男宣如は幼少期に播磨で養育されたと記すが、その時期にはまだ船場本徳寺はなく、亀山本徳寺を中心に播磨教団は教如派だったはずである。こうした点もなお解明すべき課題として残されている。
(17)　本書第Ⅰ部第六章参照。
(18)　前掲注(14)『真宗本廟（東本願寺）造営史』。
(19)　『大日本古記録』。
(20)　川端泰幸「教如の東本願寺創立」（同朋大学仏教文化研究所編『教如と東西本願寺』法藏館、二〇一三年）。
(21)　『時慶記』第三巻（臨川書店、二〇〇八年）。
(22)　『大日本仏教全書』（仏書刊行会、一九一三年）。

本書の総括と今後の課題

本書は「戦国期宗教勢力史論」と題して、戦国期宗教勢力の代表的存在である本願寺教団を主な素材としてとりあげ、その歴史的実態を検討し、論ずることを研究課題とした。後述するように、検討を残している課題も多いため、「戦国期宗教勢力史論」の総体的結論を示すにはまだ早い。しかし、さしあたっては本書における研究内容をごく簡単に総括し、その研究意義を示しつつ、今後の課題を展望することで、むすびにかえたい。

本書では最初に、序論で「戦国期宗教勢力史論」の構想を示した。戦国期（およそ十五世紀後半～十六世紀）を日本社会が中世から近世へと変革していく時代と考え、その大きな社会変動のなかで、本願寺教団を代表とする新たな「宗教勢力」が出現・躍動し、宗教秩序を変動させていったと捉えた。関係する先行研究を見渡し、諸論点を確かめた上で、戦国期における宗教秩序の変動過程を、中心・周縁の視点を用いながら構図化し、点描した。単純視すれば、顕密寺社の衰退と新仏教の台頭という基本構図の提示に見えるかもしれないが、諸「宗教勢力」の多様性を捉えることのできる視点もちりばめながらの仮説的問題提起である（序論）。ただし、本書では、そうした全体を捉えていく視点の養成を意識しつつも、まずは最大の課題として戦国期本願寺教団をめぐる研究に取り組んだ。その際、「報恩講」[1]を鍵とした戦国期本願寺教団の内部構造論（第Ⅰ部）、「門跡成」を鍵とした社会関係論（第Ⅱ

部）を重要な視点・課題と定めた。

第Ⅰ部では、「戦国期本願寺教団の儀式・組織」について研究した。とくに本願寺教団の中心法要となった「報恩講」儀式の歴史的展開に注目し、「報恩講」儀式に関わる教団構成員の歴史的実態について、史料に基づき詳細に検討した。(2)

そもそも、本願寺「報恩講」の始源は親鸞の忌日法要にある。しかし、当初は「報恩講」の呼称は未確立で、永仁二年（一二九四）の親鸞三十三回忌を期に覚如（親鸞曾孫）が『報恩講式』（式文）を撰述して儀式整備を行ない、門流の祖師忌として恒常的法要になった（第一章）。その後、戦国時代における蓮如の本願寺教団形成のなかで「報恩講」の意義が説かれ、その名称が確立し、教団の中心法要となった。その際に式文拝読のみならず、門徒による「斎」と「改悔」の執行が重要とされ、蓮如を継承した実如の時代に儀式内容が強化され、確立した（第二章）。

続いて、証如の時代になると、大坂本願寺における年中行事の中心として「報恩講」が行なわれ続けた。そのなかで、本願寺住職（宗主）・一家衆・御堂衆といった教団内身分が、儀式執行を分担することにより、それぞれの地位を確立した（第三章）。それが、顕如の時代には永禄二年（一五五九）の本願寺「門跡成」により翌々年の親鸞三百回忌が門跡寺院格の法要として執行され、儀式内容が変容した。これにより、とくに一家衆と御堂衆の緊張関係を中心とした教団内身分の動揺が起こり、再編されていくことになった（第四章）。

しかし、親鸞三百回忌そのものは、真宗史・仏教史上、初めての本格的な「御遠忌」法要として歴史的に評価できるものである。その盛大な執行は戦国期本願寺教団の到達点を示し、戦国社会において教団内外に大きな衝撃を与えた（第五章）。こうした本願寺「報恩講」は、いわゆる「石山合戦」期にも執行され続けた。さらに近世初期においても東西本願寺の儀式史料によれば、戦国時代の内容を継承した「報恩講」の執行が認められる（第六章）。ところで、前述した教団内身分において、御堂衆は本願寺教団の形成に伴い、次第に地域坊主衆が担い手となっていき、教団における儀式・教学の中心となっていった（第七章）。また、「報恩講」儀式において式文拝読や「改悔」とともに重要視された「斎」行事については、大坂本願寺において門徒民衆の主体的な信仰活動に基づき行なわれた一面を見出すことができる（第八章）。

なお、補論では三つの書物を素材にとりあげて論じたが、『顕誓領解之訴状』は教学の問題を議論する手がかりとなるもので、また『反古裏書』は歴史書として、『本願寺作法之次第』は儀式書として、それぞれ戦国期本願寺教団の歴史的確立を示すものである。

第Ⅰ部の研究成果を示す際に強調しておきたいのは、戦国乱世という時代状況において、本願寺教団という宗教勢力が、その基本的な宗教活動として「報恩講」という法要儀式を営み続けながら、確かに存在していたということである。その本願寺教団は、民衆が門徒として主な担い手（正式な教団構成員）となり、戦国社会において広域的に展開した。こうした門徒民衆からの救済を求める宗教的願望に、教学・儀式を整えて宗派・教団化し、応答した戦国期本願寺教団のありかたを、戦国期宗教勢力史論における根幹に位置付けて考えるものである。

第Ⅱ部は「戦国期本願寺教団の社会的位置」について研究した。本願寺を中心とする「教団」が形成され、その勢力が戦国社会において拡大していく歴史過程を追い、とくに永禄二年（一五五九）の本願寺「門跡成」を画期とする「教団」の到達点とその社会的な位置付けについて論じた。

中世の本願寺は京都東山大谷、山城国山科、摂津国大坂、同天満と所在地を変遷させた。その堂舎造営の歴史はそのまま「教団」の歴史でもあり、「教団」に参画するさまざまな人びとにより堂舎造営がなされ、本願寺が「教団」の本山寺院として整備されていった（第一章）。蓮如以前の初期真宗時代においては、師資相承に基づく諸「門流」が展開した。蓮如が本尊を阿弥陀如来、宗祖を親鸞と定め、名号・御文を用いた布教を行なうことで「教団」形成を進め、それを継承した実如の時代にさらなる体制強化が行なわれた（第二章）。実如の後を継いだ証如は『天文日記』という日記を記し続けた。証如自身が僧侶（本願寺住職）・公家・領主の三つの性格を持ち、大坂本願寺の戦国社会における地位を確立させていった（第三章）。その際に、比叡山延暦寺との関係は重要課題であった。延暦寺が大衆組織と門跡体制の二重構造になっていることに注目しつつ、大坂本願寺は大衆組織とは一定の距離を保つ一方で、門跡体制のなかで社会的上昇を進めていったことを論証した（第四章）。

そして、戦国期本願寺教団は、顕如が「門跡」に勅許されることで、いわばその存在が公的に認可された。天皇・公家社会が本願寺の「門跡成」を実現させていった背景には、新たな異端としてのキリシタンの存在があり、結果的に新たな宗教秩序の構築が促されていくことになった（第五章）。その新たな宗教秩序は、豊臣政権の時代に京都東山大仏千僧会への新儀「八宗」の出仕というかたちで可視的に示されることになった。本願寺が「一向宗」として新儀の「八宗」の最後に出仕したことは、いわゆる公的認可をさらに証明していくことになった（第六章）。

なお、補論1・2では顕如とその弟顕尊の生涯に関する寸考を行ない、補論3では「一向宗」という「宗」をめぐる問題を点描した。

ところで、本願寺教団は戦国末期に二つに分裂した。いわゆる東西分派である。本書の最後には、そうした事態の中心人物であった本願寺教如の生涯をたどり、教如教団の形成・独立とその社会的位置を研究した。織田信長・豊臣秀吉・徳川家康らと同時代を生き、彼らと政治的、軍事的に渡り合った教如ではあるが、もちろんその基本活動に教学・教化（布教）・儀式といった宗教営為があったことを確かめなければならない。そうした教如とともに戦国乱世を生きていくことを選んだ門徒民衆が教団を形成し、その本山寺院として教如が新たな本願寺の創立を実現していったのである（第七・八章）。

第Ⅱ部の研究成果については、戦国期本願寺教団の「宗派」化という視点を軸に考える必要がある。「宗派（教団）」化の方向性を取らなかった宗教勢力の多様な動向も知られるが、戦国期宗教史を考える際に「宗派（教団）」化の視点を持たずに全体を捉えることはできない。戦国期本願寺教団の歴史的展開は、第Ⅰ部で論じた「報恩講」儀式を中心とした組織的構造を持ち、その勢力の拡大とともに社会的定着を進め、「門跡成」を一つの大きな画期として、「宗」としての独立を方向付けていったものと考えることができる。

本書では、以上のように、戦国期宗教勢力としての本願寺教団の歴史的実態を研究した。先行研究の到達点をうけながら、新たな視点を加味しつつ論じた本書の内容は、本願寺教団という素材を通して「戦国期宗教勢力史論」を構築していく確かな取り組みになったと考える。とはいえ、今後の課題として、以下の三点を自覚している。

一点目は真宗地域史研究である。本書はまず教団の本山寺院となった本願寺を主な舞台とした諸問題を論じ、そのなかでもちろん門徒民衆の関係についても論じた。しかし、地域社会を基盤とした門徒民衆の歴史的動向をめぐる検討をさらに提示する必要がある。この課題について筆者は、三河・尾張とその関連地域をめぐる研究を蓄積しているため、できるだけ早く、その成果をまとめて示したい。

二点目は一向一揆研究である。「本願寺と一向一揆は一体ではないが、別物でもない」[3]と先に提言したように、戦国期宗教勢力としての本願寺教団を論じる際、一向一揆の歴史的解明は不可避の課題である。ただし、この課題については、まだ研究の蓄積と総体的把握の見通しが、筆者において十分ではない。一点目の真宗地域史研究とも重ね合わせながら、ひきつづき取り組んでいきたい。

三点目は、以上のような二点の課題をめぐる研究成果を示した上で、ようやく可能となる「戦国期宗教勢力史論」の総合的議論である。無前提に、多様な宗教勢力を均等に分析しても、全体像の的確な把握にはたどりつけない。戦国期宗教勢力としての本願寺教団の歴史的実態を指標にしながら、その他の宗教勢力をめぐる研究成果を重ね合わせて、総合していくことが重要と考えている。

すなわち、本書の続編を刊行していくことが具体的な課題となる。研究にいそしみたい。

注

（1）ただし、「報恩講」は本願寺のみが用いた儀式呼称ではない。他の浄土真宗各派のそれも検討しなくてはならないし、天台宗や根来寺などでも呼称として用いられ営まれたとみられる「報恩講」についても検討が必要である。

（2）本書では、この視点を重視したがゆえに、十分に検討できていない教団構成員はある。たとえば、家臣団など（拙稿「戦国期本願寺家臣団の基礎研究」〈『東海仏教』第六三輯、二〇一八年〉を参照）。あるいは家族、とりわけ女性など。

（3）拙稿「一向一揆研究の現状と課題」（新行紀一編『戦国期の真宗と一向一揆』吉川弘文館、二〇一〇年）。

初出一覧

序　論　原題「戦国期宗教勢力論」（中世後期研究会編『室町戦国期研究を読みなおす』思文閣出版、二〇〇七年）を大幅に改稿（第三節は拙稿「宗教一揆論という課題」〈『日本史研究』第六六七号、二〇一八年〉第二節「戦国期宗教勢力論の再検討」を増補改訂して挿入）。

第Ⅰ部　戦国期本願寺教団の儀式・組織

第一章　**本願寺「報恩講」の始源——親鸞〜覚如期・親鸞三十三回忌——**　【新稿】　ただし、『大系真宗史料』文書記録編13「儀式・故実」（法藏館、二〇一七年）解説「中世・近世の浄土真宗・本願寺教団における儀式・故実史料について」第一節「初期真宗の儀式」を増補改訂して成稿。

第二章　**本願寺「報恩講」の確立——蓮如〜実如期・「教団」形成との関係性——**　原題「戦国期本願寺「報恩講」の歴史的確立」（『同朋大学論叢』第九七号、二〇一三年）を改稿。

第三章　**本願寺「報恩講」の展開——証如期・「教団」構造との関係性——**　原題「戦国期本願寺教団構造についての覚書——「報恩講」儀式と寺院組織——」（『大谷大学大学院研究紀要』第一九号、二〇〇二年）を改稿。

第四章　**親鸞三百回忌の歴史的意義㈠——顕如期・「報恩講」の変容——**　原題「戦国期本願寺「報恩講」をめぐって——「門跡成」前後の「教団」——」（『真宗研究』第四六輯、二〇〇二年）を大幅に改稿。

第五章　**親鸞三百回忌の歴史的意義㈡——「御遠忌」のはじまり——**　原題「親鸞三百回忌の歴史的意義」（『真宗教学研究』第二七号、二〇〇六年）を改稿。

第六章　**戦国末・近世初期の本願寺「報恩講」**　【新稿】

第七章　**大坂本願寺の御堂衆をめぐって**　原題「戦国期本願寺の堂衆をめぐって——大坂本願寺時代を中心に——」（大阪

真宗史研究会編『真宗教団の構造と地域社会』清文堂出版、二〇〇五年）を改稿。

第八章　大坂本願寺における「斎」行事　原題「戦国期大坂本願寺における「斎」をめぐって」（稲葉伸道編『中世寺院と国家・地域・史料』法藏館、二〇一七年）を改稿。

補論1　『顕誓領解之訴状』考　原題「顕如の前半生――本願寺「門跡成」から親鸞三百回忌へ――」第四節「顕誓異義事件――親鸞三百回忌後の教団動揺――」（金龍静・木越祐馨編『顕如　信長も恐れた「本願寺」宗主の実像』宮帯出版社、二〇一六年）を増補改訂して成稿。

補論2　「権化の清流」は「霊場」へ――『反古裏書』に読む戦国期真宗僧の論理――　原題同名（大桑斉編『論集　仏教土着』法藏館、二〇〇三年）を改稿。

補論3　戦国期真宗僧の歴史認識――『山科御坊事幷其時代事』から『本願寺作法之次第』へ――　原題同名（『真宗研究』第五三輯、二〇〇八年）を改稿。

第Ⅱ部　戦国期本願寺教団の社会的位置

第一章　中世の本願寺造営史――大谷・山科・大坂・天満――　原題「近世以前の本願寺造営史」（『同朋佛教』第四五号、二〇〇九年）・原題「大坂本願寺の隆盛」（大谷大学真宗総合研究所真宗本廟（東本願寺）造営史資料室編）『真宗本廟（東本願寺）造営史――本願を受け継ぐ人びと――』東本願寺出版部、二〇一一年）を統合・改訂して成稿。

第二章　戦国期本願寺「教団」の形成　原題同名研究ノート（『同朋佛教』第五四号、二〇一八年）を改稿。

第三章　本願寺証如『天文日記』について　原題「『天文日記』（本願寺証如）――戦国乱世のただなかを生きた僧侶――」（松薗斉・近藤好和編『中世日記の世界』ミネルヴァ書房、二〇一七年）を改稿。

第四章　戦国期の大坂本願寺教団と比叡山延暦寺――『天文日記』の検討を中心に――　原題同名（同朋大学大学院文学研究科紀要『閲蔵』第一四号、二〇一八年）を改稿。

補論1　本願寺顕如の誕生・継職　原題「顕如の前半生――本願寺「門跡成」から親鸞三百回忌へ――」第一節「誕生・得度・猶子成・継職・結婚」（金龍静・木越祐馨編『顕如　信長も恐れた「本願寺」宗主の実像』宮帯出版社、二〇一六年）を増補改訂して成稿。

第五章　本願寺「門跡成」ノート　原題同名（『仏教史研究』五三号、二〇〇七年）を改稿。

補論2　本願寺の脇門跡興正寺顕尊について　【新稿】

第六章　京都東山大仏千僧会と一向宗――戦国期宗教勢力の帰結――　原題同名（『大谷大学史学論究』第一一号、二〇〇五年）を改稿。

補論3　「一向宗（衆）」について　【新稿】

第七章　本願寺教如の生涯と歴史的論点　原題「総論　本願寺教如――その生涯と歴史的論点――」（同朋大学仏教文化研究所編『教如と東西本願寺』法藏館、二〇一三年）を改稿。

第八章　本願寺教如の宗教活動と社会的位置　原題「本願寺教如の宗教活動」（『真宗教学研究』第三五号、二〇一四年）を増補改訂して成稿（第三節は新稿）。

本書の総括と今後の課題　【新稿】

＊本書第一部第三～五章・第二部第四～六章が大谷大学に提出し、二〇〇六年三月に学位を授与された博士論文「戦国期宗教勢力論」の本論である（さらに補論と参考論文を付して提出した）。

＊本書第一部第一～六章が、真宗大谷派に提出し、二〇一二年六月に承認された擬講論文「本願寺「報恩講」の歴史的研究」の本論である。

＊本書において、初出論文に基づく章はいずれも改訂（加除）をしており、初出時点とかなり異なる部分もある。もちろん、軸となる論旨の変更はしていない。

あとがき

「自分は何者なのか」という問いが〝根っこ〟のところにおそらくあると思うのだけれども、その答えはまだ明確ではない。三河の「土呂の蓮如さん」のお寺に生まれ育った筆者が、その蓮如が本願寺住職を継いだ年齢となって（超えて？）、ようやく一書をまとめることができたのも偶縁としか言いようがない。

本書は、筆者の学位請求論文「戦国期宗教勢力論」（大谷大学）と擬講論文「本願寺報恩講の歴史的研究」（真宗大谷派）を大幅に増補改訂したものである（初出一覧参照）。最初の論文（第Ⅰ部第四章）は二〇〇二年一月に公表したものであるから、十七年にわたる研究成果（ただし筆者の研究全体の三分の一ほど）をまとめたものである。一書とするにあたり、重複部分の削除・整合には努めたが、その作業は不十分となった。まだやるべきことがありもした。しかし、これ以上、遅らせることはできず、まずはこれで世に問うしかないと思い切った次第である。

筆者は、名古屋大学を卒業後、蓮如五百回忌の年に、京都の大谷大学大学院に進学した。真宗大谷派教師資格（住職になるために必要な資格）を取得することを考え、それなら併せて大学院でしっかりと歴史研究に取り組んでみたいと思ったからである。修士課程、そして博士後期課程にも進んだが、そこでは一貫して、大桑斉先生のご指導を受けた。また、名畑崇先生、大山喬平先生をはじめとする先生方からもご指導をいただいた。多くの先輩方、学友にも恵まれ、ともに研究に励んだ。真宗大谷派所蔵史料の調査にも関わらせていただいた。学外の研究会にも積極的に出かけ、日本宗教史懇話会サマーセミナー、佛教史学会などで、多くの方との知遇を得た。大阪真宗史研究会やウラ大乗院の会、文殊の会などの研究会、また山科本願寺・寺内町遺跡の保存・活用をめぐる取り組みへの参加も、大きな刺激を受ける重要な機会となった。

一方で、学部時代にはほとんど学問をしなかったが、お世話になった稲葉伸道先生、さらには三鬼清一郎先生から、新行紀一先生をご紹介いただいた。名古屋大学関係の先輩方や学友と一緒に新行先生の御宅におうかがいして一向一揆勉強会を開催し、ご指導をいただいた。また、先生方から、愛知県史、安城市史の仕事に取り組む機会までいただいた。お仕事をご一緒させていただきながら、ふと不思議な想いに駆られもした。その後、大学院を満期退学し、大谷大学の助手を経て二〇〇五年に同朋大学に奉職し、地元に戻ると、さらに豊田市史など、自治体史の仕事に本格的に取り組んでいくことになった。先輩方からのお誘いもあり、中世史研究会にも関わっていくことになった。

学位請求論文の提出年限は、同朋大学奉職一年目に当たった。同朋大学の先生方にあたたかく見守っていただき、何とか提出にこぎつけることはできた。提出先の大谷大学においては、主査の草野顕之先生や、大桑先生をはじめ審査に関わってくださった先生方からは、あたたかく厳しい励ましのお言葉をいただいた。その後、時間を置かず出版公表すべきであったが、学務繁忙が重なり、また新たな課題も多く生じたため、現在に至ってしまった。

その新たな課題の一つは、同朋大学仏教文化研究所における真宗史・仏教文化研究への取り組みであった。筆者の前任にあたり、「あんたのじいさんには世話になった」と言ってあたたかく接してくださった故織田顕信先生、小山正文先生、青木馨先生をはじめとする研究所関係者からいただき続けている学恩は大きい。そのなかで早くから、金龍静先生をはじめとする真宗史研究者の先輩方にお会いできたことも、筆者の研究の歩みにおいて大切なことであった。寺院調査の積み重ねと史料展示の実施、真宗史研究会の開催や親鸞・教如に関する論集刊行への取り組みのなかで、筆者の真宗史料論の基本は培われた。

さらに、真宗大谷派（東本願寺）関係の仕事に携わる機会もいただいた。筆者にとって、とくに大きな意味を持ったのは、親鸞七百五十回御遠忌における諸事業（親鸞展や造営史）だった。さらに三河・尾張や播磨をはじめ、各地でさまざまな史料調査や史料展示に取り組み、今なお継続中や新展開の事業もある。御遠忌の翌年には学階請求論文を提出して真宗大谷派の擬講となった。その後も、宗門における多くの課題に取り組む場をいただき続けている。真宗連合学会や東海印度学仏教学会など教学関係の学会も、貴重な学びの場である。

一方で、佛教史学会編『仏教史研究ハンドブック』（編集委員長）と『大系真宗史料』（文書記録編13儀式・故実を担当）の編集には長い時間を費やしてしまい、本当に苦労し、諸方に多大なご迷惑をおかけした。お詫び申しあげるほかはなく、ここで失ってしまったものも多いが、同時に得難くして得たものが大きかったことも実感してはいる。今後の取り組みのなかで、取り返せるものは取り返していきたい。

そのような日々のなかで、大学における学生さんたちとの学びが、筆者にとって大切な糧となり続けている。本書のさまざまな内容について、同朋大学（別科を含む）の学生の皆さん、大谷大学・愛知県立大学・中京大学で縁あって講義を聞いてくださった学生の皆さん、あるいは真宗大谷派岡崎教区・名古屋教区・高山教区・山陽教区で講義等を聞いてくださった皆さんに感謝申しあげるとともに、ようやく刊行に至ったことをお伝えしたい。調査でお世話になった寺院の皆様にも御礼申しあげる。

御礼を申しあげなければならない方は数多く、ここですべての御尊名を挙げさせていただくことは不可能である。

本書をお見せすることをお約束しながら、それができないうちに、御浄土へと還られた方もいらっしゃる。寂寥の想いもあるが、それでもご報告申しあげたい。

本書の刊行にあたっては、同朋大学から出版助成を受けた。法藏館の社長西村明高氏、編集長の戸城三千代氏、編集部の大山靖子氏には、お世話になり続けているが、あらためて深く御礼申しあげる。校正作業をお手伝いくださった松山大氏と老泉量氏にも感謝している。

最後に、筆者が今、研究に取り組むことができているのは、何よりも家族と浄専寺門信徒の皆様のおかげである。そのことを明記して甚深の謝意を表し、擱筆することにしたい。

二〇一九年二月十六日

安藤　弥

安藤　弥（あんどう　わたる）

1975年生まれ。

名古屋大学文学部史学科卒業、大谷大学大学院博士課程文学研究科仏教文化専攻満期退学。

現在、同朋大学文学部教授、同朋大学仏教文化研究所所長。

博士（文学）。真宗大谷派擬講。

主な業績に『大系真宗史料』文書記録編13儀式・故実（法藏館、2017年）、論文「宗教一揆論という課題」（『日本史研究』第667号、2018年）など。

戦国期宗教勢力史論

二〇一九年三月二五日　初版第一刷発行

著　者　安藤　弥
発行者　西村明高
発行所　株式会社 法藏館
京都市下京区正面通烏丸東入
郵便番号　六〇〇-八一五三
電話　〇七五-三四三-〇〇三〇（編集）
　　　〇七五-三四三-五六五六（営業）

印刷・製本　亜細亜印刷株式会社

ISBN 978-4-8318-6251-8　C3021

索　　引

I　人名・寺社名

＊ただし、本願寺とその歴代（親鸞・如信・覚如・善如・綽如・巧如・存如・蓮如・実如・証如・顕如・教如・准如・宣如）については項目から除外した。

さ行――

た行――

な行――

は行——

ま行——

や行——

ら行——

わ行――

Ⅱ　事項・地名・史料名

＊ただし、件数の多すぎる語句(報恩講、門跡成など)は項目から除外した。

あ行――

か行――

さ行――

た行——

な行——

は行——

ま行――

や行――

ら行――

わ行――

Ⅲ　研究者名

あ行――

か行――

さ行――

た行——

な行——

は行——

ま行——

や行——

わ行——